U0929761

天津市红桥区地方志编修委员会 编

图书在版编目（CIP）数据

天津市红桥年鉴：2020 / 天津市红桥区地方志编修委员会编.--北京：方志出版社.2020.9
ISBN 978-7-5144-4503-9

Ⅰ.①天… Ⅱ.①天… Ⅲ.①红桥区—2020—年鉴
Ⅳ.①Z522.13

中国版本图书馆CIP数据核字（2021）第008421号

天津市红桥年鉴（2020）

编　　者：天津市红桥区地方志编修委员会
责任编辑：黄　彦

出 版 者：方志出版社
地址　北京市朝阳区潘家园东里9号（国家方志馆4层）
邮编　100021
网址　http://www.zgfzcb.cn
发　　行：方志出版社图书经销中心
电话（010）67110500
经　　销：各地新华书店
印　　刷：天津市钧亚印务有限公司

开　　本：889×1194　1/16
印　　张：20
字　　数：600千
印　　数：001～800册
版　　次：2020年9月第1版　2020年9月第1次印刷

ISBN　978-7-5144-4503-9　定价：350.00元

## 天津市红桥区地方志编修委员会

**主　任：** 何智能

**副主任：** 于鹏洲　孙玉龙　杨宏丽

**委　员：** （按姓氏笔画排列）

艾　伟　白　伟　鲍晓峰　陈　瑞　陈　旭　陈春梅　程　梅　丁世云
范宝铭　范树健　高　明　戈艳华　谷继文　郭书宏　郭耀明　韩　珺
韩文华　回立群　贾亚强　李　冬　李　鹏　李　萍　李　强　李　状
李大为　李广明　李桂云　李少恒　李志江　刘　建　刘　武　刘殿良
刘会广　刘绍谦　刘晓琪　陆爱民　马建民　马墨林　马小川　潘　红
司玉红　宋立军　宋文莲　苏　青　王　静　王　欣　王建英　邢渤涛
徐　瑄　许凤新　杨立男　杨士东　杨永祥　于　泽　于学民　袁滨渤
张　瑾　张　凌　张　莹　张　镇　张爱春　张波涛　张国良　张航川
张红梅　张会群　张新义　赵文裕　赵志萍　郑丹棣　郑东平　周晓山

## 《天津市红桥年鉴（2020）》编审人员

**主　编：** 于鹏洲

**副主编：** 宋文莲

**编　辑：** 温　鹏　张　晨

**校　对：** 温　鹏　张　晨

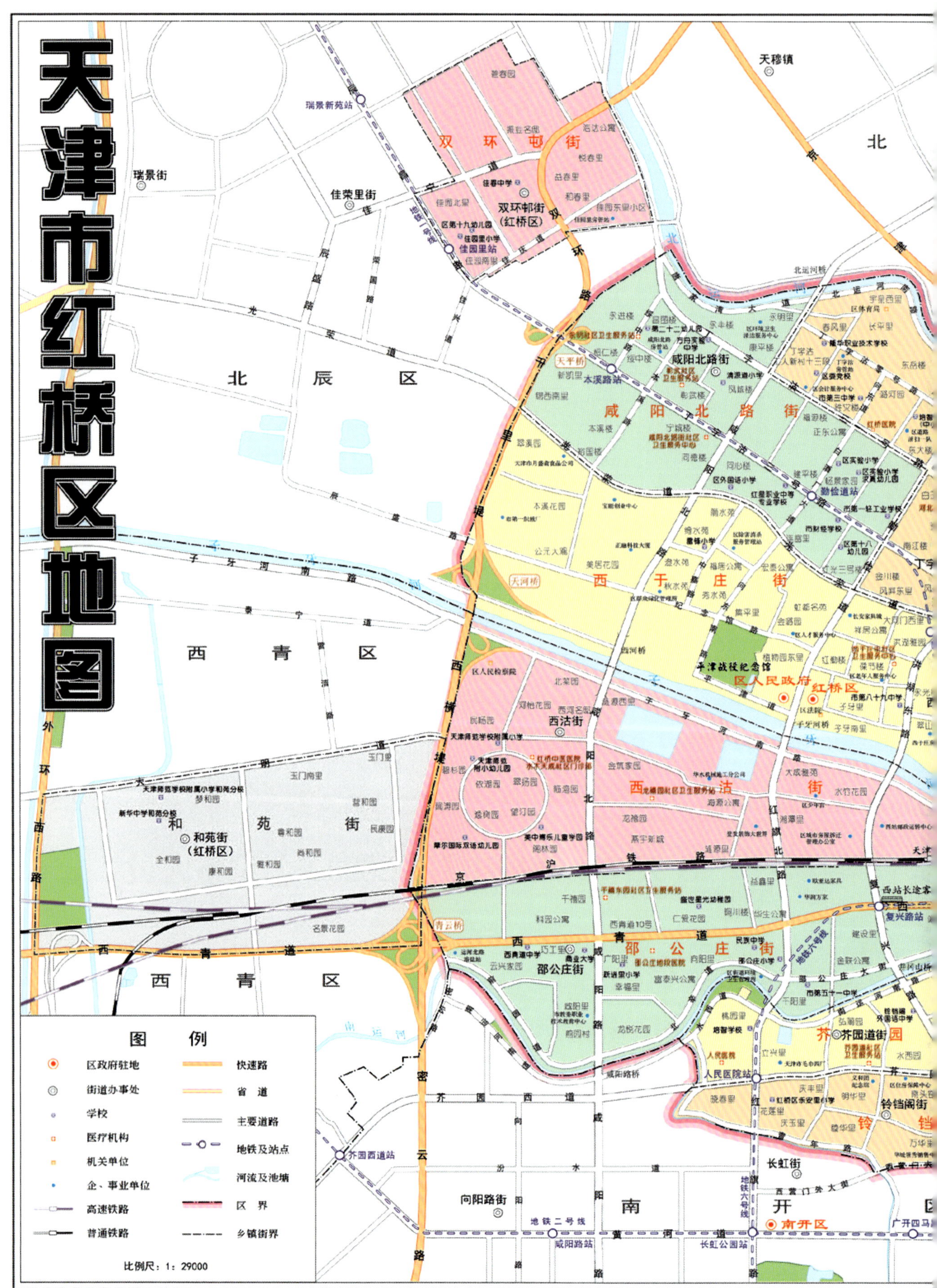


审图号：津S（2020）015

行政界线仅供参考，不作法律依据。

春到挑花堤　（区委宣传部提供）

南运河外景　（区委宣传部提供）

红桥区三岔河口

子牙河外景（区委宣传部提供）

（区委宣传部提供）

俯瞰北运河（区委宣传部提供）

西沽公园全景 （区方志办提供）

天津市民族文化宫

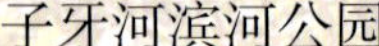

子牙河滨河公园 （区委宣传部提供）

（张晨　摄）

天津市少年宫　（张晨　摄）

天津西站　（区委宣传部提供）

2019 年 9 月 21 日，红桥区领导干部集体参加“不忘初心、牢记使命”主题教育之革命传统教育活动

（区委宣传部提供）

2019 年 10 月 28 日，红桥区全体处级干部集中参观“不忘初心、牢记使命”主题教育档案文献展

（区委宣传部提供）

2019 年 9 月 9 日，民进红桥区委会赴蓟州区社会服务基地，开展“不忘合作初心 继续携手前进”主题教育活动之“同心向党 歌唱祖国”彩虹行动

（民进红桥区委会提供）

2019 年 9 月 28 日，红桥区举行“不忘初心、牢记使命”向人民英雄敬献花篮仪式

（区委宣传部提供）

2019 年 6 月 28 日，卓朗科技有限公司参加“永远跟党走”天津市网信系统“不忘初心、牢记使命”主题教育大型视听党课

（刘子豪 摄）

2019 年 7 月 16 日，甘肃省合水县党政领导班子到区走访交流

（区委宣传部提供）

2019 年 8 月 13 日，甘肃省庆阳市党政代表团到区走访，参观艺点意创科技有限公司

（区委宣传部提供）

2019 年 10 月 17 日，在西站南广场举办的扶贫展销会现场市民踊跃购买扶贫产品

（区委宣传部提供）

2019 年 11 月 29 日，甘肃省碌曲县党政领导班子到区走访交流

（区委宣传部提供）

2019 年 9 月 15 日，“我和我的祖国”——庆祝中华人民共和国成立 70 周年文艺演出在区运河新天地举办

（区委宣传部提供）

2019 年 9 月 23 日，红桥区举办“壮丽 70 年 奋斗新时代”庆祝中华人民共和国成立 70 周年文艺演出

（区委宣传部提供）

2019 年 3 月 22 日，西于庄棚户区最后一户居民搬迁

（区委宣传部提供）

和苑西区安置房

（区委宣传部提供）

双青新家园安置房

（区委宣传部提供）

2019 年 3 月 22 日，红桥区举行投资贸易洽谈签约会重点项目签约仪式

（区委宣传部提供）

2019 年 5 月 16—19 日，中国船舶重工集团有限公司第七〇七研究所参加第三届世界智能大会

（区商务局提供）

2019 年 5 月 16-19 日，卓朗科技工业软件、工业互联网安全产品、视频云服务和办公云服务等多项核心软件产品亮相第三届世界智能大会

（蒋婷 摄）

2019 年 5 月 24 日，团区委带领区内 11 名青年企业家出席天津市青年企业家协会第十二次会员大会

（团区委提供）

2019 年 9 月 14 日，红桥区党政代表团赴重庆开展招商走访活动

（区委宣传部提供）

2019 年 11 月 8 日，天津商业大学承办“第二届 ICC 亚太区国际粮食科技大会”

（天津商业大学提供）

摩天轮市集　　（区委宣传部提供）

运河新天地夜市　　（区委宣传部提供）

五爱道夜市　　（区委宣传部提供）

2019 年 3 月 18 日，第 29 届天津运河桃花文化商贸旅游节盛大开幕

（区委宣传部提供）

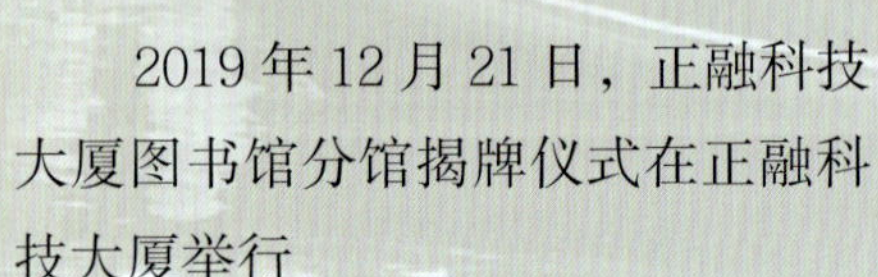

2019 年 12 月 21 日，正融科技大厦图书馆分馆揭牌仪式在正融科技大厦举行

（区委宣传部提供）

2019 年 6 月 5 日，红桥区庆祝“6·9”国际档案日活动在区档案馆举办

（区档案馆提供）

2019 年 7 月 20 日，红桥区武术协会组织代表队参加第十六届全国武术之乡武术套路比赛

（区体育局提供）

2019 年 5 月 16 日，全国职业院校技能大赛在区举办

（区体育局提供）

2019 年 8 月 18 日，全国第十届残运会暨第七届特奥会火炬传递——红桥区传递现场

（区体育局提供）

2019 年 7 月 20 日，和苑街道共建菜市场开业

（区委宣传部提供）

和苑街道营和园社区党群服务中心

（区委宣传部提供）

“智慧红桥”全科网格化平台

（区委宣传部提供）

2019 年 9 月 16 日，区人民法院智能导诉机器人“小红妹”亮相央视《法治中国说》节目

（区委宣传部提供）

2019 年 11 月 25 日，“海河英才 子牙行动”天津市红桥区京津冀大学生就业创业论坛在红星职专举办

（区委组织部提供）

2019 年 12 月 31 日，红桥区消防救援支队举行挂牌仪式

（区委宣传部提供）

# 目　录

## 特　载



## 专　文



## 大事记



## 红桥概览



## 中共红桥区委员会

## 红桥区人民代表大会



## 红桥区人民政府



## 中国人民政治协商会议<br>天津市红桥区委员会

## 纪检　监察



## 民主党派与工商联

## 群众团体



## 法 治

## 军　　事



## 街　　道

## 区域经济

## 综合经济管理

## 财政 税务



## 城市建设与管理

## 社会事业

## 社会生活



## 人　物



## 附　录

## 索　引

# Contents

## Features



## Articles



## Events



## Overview of Hongqiao District



## CPC Hongqiao District Committee

## The National People's Congress of Hongqiao District

## The People's Government of Hongqiao District



## The Chinese People's Political Consultative Conference Tianjin Hongqiao District Committee

## Discipline inspection and supervision



## Democratic parties and the Association of Industry and Commerce

## Mass organizations

## Rule of Law

## Military affairs



## Subdistricts

## Regional economy

## Integrated economic management

## Finance and tax administration



## Urban development and management

## Social undertaking

## Social life

## Figures



## Appendix

## Index

# 编辑说明

一、《天津市红桥年鉴(2020)》以马克思列宁主义、毛泽东思想、邓小平理论、“三个代表”重要思想、科学发展观、习近平新时代中国特色社会主义思想为指导,坚持辩证唯物主义和历史唯物主义的立场、观点和方法。深入贯彻落实中共十九大,十九届三中、四中、五中全会及市委十一届五次、六次、七次、八次全会精神,记述各单位部门主要工作和新情况、新业绩、新经验,为领导决策提供依据,为区域经济发展提供服务,为各部门及企事业单位提供有价值的资料和文献信息。

二、《天津市红桥年鉴(2020)》是在中共红桥区委领导下,由红桥区人民政府主办、红桥区地方志编修委员会编纂的综合性年刊。2006 年创刊,逐年出版,本卷为第 15 卷。《天津市红桥年鉴(2020)》全面系统地反映红桥区自然、政治、经济、文化、社会发展的基本情况。记述时限为 2019 年 1 月 1 日至 2019 年 12 月 31 日,个别事物的记述时间适当上溯或下延。

三、《天津市红桥年鉴(2020)》由类目、分目、条目组成。设中共红桥区委员会、红桥区人民代表大会、红桥区人民政府、中国人民政治协商会议天津市红桥区委员会、纪检监察、民主党派与工商联、群众团体、法治、军事、街道、区域经济、综合经济管理、财政税务、城市建设与管理、社会事业、社会生活、人物 17 个类目,另设特载、专文、大事记、红桥概览、附录、索引。

四、《天津市红桥年鉴(2020)》采用的条目、文字资料均由各单位、各部门撰写提供,并经撰稿单位负责人审定。统计资料以区统计局所提供的《天津市红桥区社会经济统计资料汇编》为准,区统计局无法提供的数据以各单位、各部门提供的数据为准,所有数据均使用法定计量单位。

# 特　　载

# 天津市红桥区政府工作报告(节选)

——在红桥区第十七届人民代表大会第六次会议上

2019年1月8日

红桥区人民政府区长　何智能

## 2019年工作回顾

过去一年,是新中国成立70周年,是红桥实现高质量发展进程中极不平凡的一年。在市委、市政府和区委的坚强领导下,在区人大、区政协的监督支持下,区政府坚持以习近平新时代中国特色社会主义思想为指导,全面学习贯彻党的十九大和十九届二中、三中、四中全会精神,深入贯彻落实习近平总书记对天津工作"三个着力"重要要求和一系列重要指示批示精神,坚持稳中求进工作总基调,扎实践行新发展理念,围绕打造绿色城区、建设美丽红桥,全力打好棚户区改造、招商引资、创文创卫、安全稳定四场硬仗,主动作为、攻坚克难,圆满完成区十七届人大四次会议确定的主要目标任务。主要经济指标增速位居全市前列,预计地区生产总值同比增长6%,一般公共预算收入同比增长5%,固定资产投资同比增长10%,社会消费品零售总额同比增长7.2%,外贸进出口总值同比增长20%,新增就业3.4万人,节能减排降碳完成目标任务。

**一、坚持创新驱动发展,经济运行质量进一步提高**

京津冀协同发展向纵深拓展。认真落实习近平总书记视察天津时作出的重要指示和在京津冀协同发展座谈会上的重要讲话精神,制定出台《发挥北方枢纽优势打造"服务雄安新区、对接京冀"桥头堡》10项措施、130项具体任务,项目化清单化推动落实落细。成立驻北京招商办公室,积极承接北京非首都功能疏解,一批来自北京的优质企业项目引进落地。全力推动"三站一场"环境服务提升整治,西站地区基础设施、站容站貌、运营秩序明显提升。设立"雄安驿站",面向所有来津企业提供服务。加强与京冀地区的基本公共服务共建共享,与河北工业大学联合合作办学,区教师进修学校与雄县教师发展中心签订合作协议,徐长青工作室简约教学荣城工作站揭牌成立,与北京通州、河北保定、张家口建立非遗保护传承互助机制。

优化营商环境成效明显。深入推动"一制三化"改革,区政务服务中心从政府大院迁入光荣道科技产业园,采取柜员制服务模式,实现"一窗受理、大厅通办"。全面推行"五减四办"、承诺制审批、容缺后补等改革举措,"网上办"达到72%、"一次办"达到90.2%,可承诺事项占全部事项的85%以上,各项指标均超过市级考核标准。企业开办时间压缩至1天,要件齐全的2小时内取走营业执照。严格落实"产业第一,企业家老大"理念,大力实施服务关爱企业九项行动,在"美丽红桥"微信公众号开设"红桥机会清单"专栏,便于企业及时捕捉商机。深入开展"双万双服促发展"活动,用足用好"红桥双十条"等配套政策,加速兑现各项扶持政策,累计发放产业扶持资金8200万元。严格落实减税降费政策措施,全区政策性新增减税降费2.94亿元,惠及90%以上的纳税企业。红桥区营商环境得到社会各界广泛好评。

招商引资招才引智成果丰硕。成功举办红桥投资贸易洽谈签约会等6场宣传推介活动,借助世界智能大会、津洽会等平台,大力宣传推介红桥。深入推进产业招商、以商招商、中介招商，新聘任45名招商顾问，与戴德梁行等8家中介机构签订委托招商协议。完成国内招商引资到位额54.7亿元，同比增长120.7%；新增注册企业3183户，同比增长10.7%，注册资金164亿元，同比增长55.3%，其中1000万元以上企业215户，国药商贸、中粮利金、中电信息技术研究院等一批优质企业项目落户红桥区。深入实施"海河英才""子牙人才"计划，完成落户9719人。积极落实人才激励政策，建成人才公寓187套，引进"双一流"人才128人。

产业结构不断优化。加快推进光荣道科技产业园建设，完善园区道路等配套设施，鼓励园区运营服务公司在管理机制和产业引进上大胆创新，新增注册各类市场主体974家，初步形成以新一代信息技术、人工智能为主导的产业聚集。泛在电力物联网综合示范区、国家人力资源产业服务园红桥分园建设同步启动。国家科技型中小企业评价入库190家，新认定国家高新技术企业21家、市级高新技术企业19家，认定雏鹰企业32家、瞪羚企业3家。评选出全区首批10家明星企业。税收超亿元楼宇2座。新引进天津银行第六中心支行、渤海银行红桥支行等金融机构，金融业留区税收同比增长20%。运河新天地成为全市市级夜间经济示范街区中率先开业的街区，摩天轮、凯莱赛、新五爱道等夜间经济街区成为拉动消费增长新引擎。

**二、坚持优化发展空间，城区载体功能进一步完善**

棚改"三年清零"任务提前超额完成。认真贯彻落实习近平总书记以人民为中心的发展思想，坚决执行市委关于"绝不允许在高楼大厦背后还有贫民屋"的工作要求，切实摒弃"怕老百姓占便宜"的思想，有效破解资金、房源等难题，经过全区上下不懈奋斗、合力攻坚，提前两个月完成市委、市政府下达的66.26万平方米棚改"三年清零"任务，实际完成73.77万平方米，超额完成7.51万平方米，受益居民3.33万户，超过15万人实现新居梦，释放出3000亩土地，为红桥未来发展打开空间。红桥区棚改工作的成效得到市委、市政府主要领导批示肯定，"渔村"危房居民搬迁安置工作做法登上《人民日报》头版头条。

规划引领作用不断增强。严格按照大运河文化保护传承利用要求，精心推进西沽南地区城市设计编制工作。全面启动"十四五"规划编制工作。制定出台红桥区促进高端服务业集聚发展行动方案。科学编制西于庄、大胡同等重点区域和地块城市规划设计。深入推进城镇低效用地调查摸底。全国第三次国土调查区级复核一次性通过国家级内业核查。

重点工程项目加快建设。全力推动36个项目建设，全年在施工程面积206万平方米，完工30.2万平方米，油脂储炼厂等项目进展顺利，泰盈科技大厦等项目主体完工，正融科技大厦等项目投入运营。加快土地整理，五十一中南地块实现出让，单家面铺、西站前广场等地块具备挂牌出让条件。持续优化路网结构，丁字沽零号路、民畅道、海源道、保康东路等一批道路建成通车，子牙河南路及北路启动建设。和苑起步区C地块海绵城市改造、团结路地道改造等项目顺利完工，改善周边区域居住环境和出行条件。

**三、坚持常态精细管理，城区环境品质进一步改善**

创文创卫工作成效显著。举全区之力打好国家卫生区创建攻坚战，顺利通过国家卫生区暗访检查。加大违法建设拆除力度，累计清拆3130间、6.65万平方米，丁字沽零号路、四新道、西关北里及南大寺周边、新红路南侧、水木天成、铃铛阁街宰牛点等一批存在多年的城市管理顽疾得到治理。对32条主干道路及部分支线道路621处窗改门进行封堵恢复。对废品回收站、违规报刊亭、雨水井污染、马路餐桌、露天烧烤、共享单车等"老大难"问题进行专项治理，取得积极成效。集中开展违建别墅问题清查整治专项行动，提前完成4处违建别墅拆除任务。彻底清拆北运河西路沿河违章建筑物7500平方米,生态红线环境得到明显改善。推动垃圾分类试点工作,建成15个机关学校示范点和居民区试点。全力推进天津市文明城区创建工作,大力宣传贯彻《天津市文明行为促进条例》,开展社区环境清整、文明交通、文明祭扫等主题志愿服务活动2000余场次,3000余名党员干部职工结对包保社区,营造人人关心双创、人人支持双创、人人参与双创的良好氛围。

绿化美化水平稳步提升。大力实施城区绿化提升工程,对唐家湾、千里堤、本溪楼社区小游园等进行提升改造。完成10万平方米子牙滨河公园一期工程建设,昔日棚户区变美丽的沿河公园,为群众提供休闲娱乐、康体健身、亲近自然的好去处。持续推进"厕所革命",新建龙悦路等14个公厕,彻底消除旱厕。加强停车管理,累计施划和复划689处停车泊位,增设87面停车指示标志,对幼儿园、中小学校周边停车秩序进行规范。

生态环境建设有效推进。全力打好污染防治攻坚战,中央环保督察反馈的255个环保类问题得到有效整改。加强扬尘管控,190余个工地全部落实"六个百分百"。强化非道路移动源污染控制,严厉查处超标排放机动车480辆。加强餐饮油烟污染治理,600余家餐饮企业安装环保净化设备并正常使用。妥善应对重污染天气,出重拳整治各类违法违规问题,PM2.5年均浓度降至54微克/立方米。严格落实河(湖)长制,全面排查入河排污(水)口,封堵口门41个,改造河道上游雨污混接点130处,地表水考核断面累计达标率100%,红桥区水质综合指数累计排名全市第一。

**四、坚持优质均衡共享,群众获得感和满意度进一步增强**

社会保障服务更加扎实。财政支出86%用于民生,人大代表票决的20件民生实事全部完成。用心用情用力解决"一老一小"等民生短板问题,新建4所养老院,新增养老床位372张,达到每千名老人拥有30张养老床位的国家标准;认真落实市委、市政府学前教育两年攻坚计划,补充学前教育学位3920个,完成两年总任务量的73%。集中开展"暖气够不够热?保证温暖到家!"专题检视工作,确保群众温暖过冬。新建芥园道、丁字沽一号路等5座菜市场,全区在营菜市场达20座。累计发放各类保障金4.66亿元,有效保障困难群众基本生活。全面完成治欠保支任务。深入开展打击欺诈骗保专项行动,追回医保基金22万元。全面完成79个小区、260万平方米老旧小区及远年住房改造任务,受益居民3.5万户。全力推进10个历史遗留项目产权证办理工作,办理产权证1.2万户,实现依申请应发尽发。全面落实各项住房保障政策,新增受益居民10117户,超额完成全年任务。成功创建7个市级美丽社区。认真做好国防动员和国防教育,应急应战水平有效提升。建成退役军人服务中心(站)133个,圆满完成军转干部、退役士兵接收安置任务,双拥创建工作成效明显。

各项社会事业全面发展。教育教学质量稳步提升。三条石小学完成主体结构施工,红咸里小学实现竣工,和苑营和园幼儿园开园招生。加快平安校园建设,在全市各区率先完成幼儿园三级监控平台建设任务。天津三中、民族中学、泰达实验中学体育场馆向社会开放。加快健康红桥建设,持续推进医药卫生体制改革,为患者让利6396万元,建设14个医联体,家庭医生签约18.2万人次。基层中医药服务能力不断提升。西沽街社区卫生服务中心迁建工程启动建设。建成7个120急救站点,平均反应时间缩短至10分钟以内,提前一年半在全市各区率先完成建设任务。顺利通过天津市慢性病综合防控示范区建设审核。高水平举办第29届天津运河桃花文化商贸旅游节,接待中外游客近110万人次。精心做好大运河红桥段文物保护传承利用,深入挖掘非物质文化遗产项目,全区各级非遗代表性项目达44项。图书馆分馆实现10个街道全覆盖。成功举办庆祝新中国成立70周年系列演出、天

津相声节、社区文体艺术节、红桥武术节等活动。圆满完成全国第十届残运会暨第七届特奥会象棋比赛服务保障工作，建成国家级试点丁字沽街社区健身中心。成功举办第26届民族团结月系列活动，市民族文化宫重建启用，连续7届荣获“全国民族团结进步模范集体”称号。市少年宫新址落成使用。深入推进东西部扶贫协作和对口支援工作，圆满完成6309.6万元消费扶贫、857.1万元捐款及人才支援、劳务协作等脱贫攻坚任务，有力助力受援县脱贫致富。妇女儿童、残疾人事业取得新发展，侨务外事、人防地震、档案区志等工作不断进步。

基层社会治理更加有力。全面落实市委“1号改革创新工程”，按照“战区制、主官上、权下放”的要求，大力推进党建引领基层治理体制机制创新，建立健全网格党建、基层治理、民计民生、服务企业四大体系，打造共建共治共享的基层社会治理格局。建成“红桥区基层社会治理平台”，构建“三级平台”“四级网格”，通过“一张网”整合全区党建、民政、城市管理、环保、行政审批、禁毒、消防、综治等各类网格资源，明确各级网格平台职责和74类社会治理重点问题，以现代信息技术提升社会治理精细化水平，共接收受理各类事项24.1万件，办结率99.3%。按照“一街道一台账、一社区一方案”的原则，逐一确定86个社区党群服务中心提升改造路径，105个应达标社区全部完成达标任务。加快社区扫保机制改革，建立旧楼区管理联动机制，落实准物业管理退出机制，20个管理薄弱小区完成原公司退出、新公司接管。完善“街道吹哨、部门报到”制度机制，各街道充分履行属地职能，在棚改、创文创卫、城市管理、安全稳定等各项工作中发挥重要作用。

社会大局保持和谐稳定。持续开展隐患大排查大起底大整改，完成55个燃气占压点位以及龙悦花园、和苑家园等9个小区消防安全隐患治理，对长庚老年公寓地下空间、天鸿大厦地下空间长期非法占用、畅景家园地下车库大量存放易燃物品、福居公寓小区地下空间安全隐患、胡同里烧烤违规囤积煤气罐等一批事故隐患进行彻底治理，全年未发生较大及以上安全事故。启动国家食品安全示范城市创建工作，顺利通过市级中期评估考核。严厉打击食品药品违法犯罪行为，保健品“打清整”专项行动取得实效。圆满完成新中国成立70周年大庆等重大安保任务，实现重要会议和重大活动期间零进京访目标。顺利完成市交办的140件信访积案化解工作。八类案件破案率100%。深入开展扫黑除恶专项斗争，打掉黑恶团伙5个，破获涉黑涉恶刑事案件39起，抓获犯罪嫌疑人50人，查处“官伞”“警伞”“庸伞”16人。

**五、坚持政府改革创新，现代治理能力进一步提升**

从严治政取得新成效。扎实开展“不忘初心、牢记使命”主题教育，坚持用习近平新时代中国特色社会主义思想和党的十九大精神武装头脑、指导实践、推动工作，政府工作人员践行初心使命，“四个意识”更加牢固，“四个自信”更加坚定，“两个维护”更加自觉。集中开展深化政治性警示教育“一抓三补四强化”专项行动，坚决肃清黄兴国、张泉芬、赵建国恶劣影响，推动政治生态持续向善向好。深入推进政府系统党风廉政建设，认真落实“基层减负年”要求，严格落实中央八项规定精神，加大“四风”问题监督检查力度，持续开展形式主义、官僚主义和不作为不担当问题专项治理，整治一批群众身边的不正之风和腐败问题。

依法履职展现新作为。全面执行区人大及其常委会的决议和决定，自觉接受人大工作监督、法律监督和政协民主监督，积极听取各民主党派、工商联、无党派人士和人民团体意见，共办理人大代表建议和政协提案231件，办复率和满意率均100%。加快推进依法治区，积极推行政府法律顾问制度，大力开展“七五”普法宣传教育，全面推行行政执法“三项制度”，着力整治执法中的“好人主义”。加大人民调解工作力度，累计调处各类矛盾纠纷1830起,调解成功率达99.8%。认真做好行政复议和应诉工作。大力推进政务公开和信息公开。全面推进社会诚信体系建设。严格部门绩效管理,持续开展重大政策措施落实情况跟踪审计,促进各项工作有效落实。认真做好8890、“政民零距离”、公仆热线等群众来信来访办理工作,按时回复率100%,满意率逐月提升。

重点领域改革取得新突破。全面完成党政机构改革和街道系统机构改革任务,扎实推进事业单位改革。完成区国投公司、国资经营公司、城市建设类公司、房产总公司和退休人员托管中心“四公司一中心”整合组建。股权划转和国有资产归口管理稳步推进,大福来公司混改顺利完成,空壳企业出清和僵尸企业注销取得积极进展。国有资产监管制度进一步完善,对289处行政事业单位和管理处经营性房产实现统一接收管理。

同时,政府工作还存在一些问题和不足:一是经济行稳致远的基础还未打牢,产业集聚效应不明显、支撑带动作用不强,亟须培育更多新动能;二是社会治理和城区管理精细化程度有待提升,绿色发展理念和生活方式还需进一步深入人心;三是基本公共服务供给距离人民群众对美好生活的新需求、新期盼还有差距,物业管理等群众关切的事情还需持续加大工作力度;四是思想观念不够解放,创新意识不够强,一些党员干部不作为、慢作为甚至是假作为的问题仍然存在。对于这些问题,红桥区将采取有力有效措施加快解决。

## 2020年主要工作

2020年是全面建成高质量小康社会和“十三五”规划收官之年。应当看到,天津市经济形势持续呈现稳中有进、稳中向好的良好态势,红桥区主要经济指标持续稳定增长,经济增速位居全市前列,棚改“三年清零”任务提前超额完成,区域后发优势明显,高质量发展的态势逐步显现。只要大力弘扬“棚改精神”,始终保持奋发有为的精神状态,自觉践行新发展理念,沿着高质量发展的道路砥砺前行、奋勇争先,就一定能推动美丽红桥建设取得更大成效。

政府工作的总体思路是:坚持以习近平新时代中国特色社会主义思想为指导,全面学习贯彻党的十九大、十九届二中、三中、四中全会和中央经济工作会议精神,深入贯彻落实习近平总书记对天津工作“三个着力”重要要求和一系列重要指示批示精神,按照市委、市政府和区委决策部署,坚持稳中求进工作总基调,坚决打赢三大攻坚战,全面做好“六稳”“三保”工作,坚持生态立区、教育兴区、土地强区,积极主动融入京津冀协同发展战略,坚定不移推动高质量发展,全面提高城市管理品质,着力保障和改善民生,不断提升政府治理能力现代化水平,加快打造绿色城区、建设美丽红桥,确保全面建成高质量小康社会和“十三五”规划圆满收官。

经济社会发展的主要预期目标是:地区生产总值同比增长5%,一般公共预算收入同比增长5%,全社会固定资产投资与上年度持平,力争在实际工作中完成得更好一些。

为实现上述目标,红桥区将全力做好以下五个方面重点工作:

**一、紧抓历史机遇,推进经济高质量发展**

深度融入京津冀协同发展战略。紧紧抓住疏解北京非首都功能这个“牛鼻子”不放松,绘制北京产业地图,围绕科技服务业、现代金融、高端商贸等重点行业进行精细化接洽,实施疏解项目清单管理,以西站为核心布局建设“京津冀城市微中心”。全面深化“三站一场”环境服务提升整治工作,完善站区软硬件配置,拓展“雄安驿站”功能,打造服务雄安、对接京冀的“桥头堡”。规划建设高端楼宇、多功能城市综合体等商务服务载体,吸引京津冀地区总部、运营结算中心等高品质项目落户,推动承接非首都功能转移工作取得更大成效。坚持以点带面,重点面向京津冀及高铁沿线城市举办招商推介会,用足用好市场力量，推行招商绩效管理，深化委托招商、以商招商、产业链招商。重点围绕新项目实缴注册、大项目增资扩股、企业纳统纳税等方面集中突破，实现招商实际利用内资额60亿元，同比增长超过9%。

全面营造一流营商环境。全方位推进“一制三化”审批制度改革2.0版本落地，落实好“证照分离”改革涉及红桥区的45个事项。加强区、街道、社区三级政务服务窗口建设，打造“窗口到门口”政务服务体系。提速“互联网+审批”不见面政务服务改革，全面完善网上办事流程。深化“信用红桥”建设，建立各市场主体信用信息记录，优化市场环境，实施信用承诺审批制度，塑造诚信品牌。持续开展“双万双服促发展”活动，设立1亿元产业发展资金，健全政策性减税降费制度，及时兑现配套产业扶持政策，以一流营商环境激发更大市场活力。

加大科技创新培育新动能。以大数据、智能化、信息化引领创新发展，实现光荣道科技产业园、泛在电力物联网综合示范区和国家人力资源服务产业园红桥分园共建，吸引智能科技、数字创意、智慧能源等新兴产业链上下游企业聚集，推动“产、学、研、用”四位一体融合转化。加快本溪路、保康路和科技园4-南公交场站建设，进一步完善公共停车位、公用充电桩等园区配套设施。建立分类企业库和科技服务专员制度，健全高成长性科技型企业挖掘、扶持机制，构建科技型企业“塔型”全生命周期扶持体系。加大对企业自主研发、关键核心技术攻关等支持力度，对“雏鹰—瞪羚—领军”企业分别给予贷款贴息、认定奖励等支持。实现国家科技型中小企业评价入库170家，国家高新技术企业总量达到85家，新增专利申请1000件，新增专利授权400件。

着力提升产业发展水平。全面启动宝能现代科技广场、泰盈科技大厦等15.7万平方米优质载体招商工作，加快盘活银泰大厦、大成广场等7万平方米载体，优化载体业态类型，大力发展跨域电商、新兴金融等高端服务业，打造一批特色楼宇。以陆家嘴金融广场、卓朗科技园等成熟载体为重点，吸引15家以上地区总部、金融服务等优质企业入驻。以西北角商圈为重点，实施特色商业“标杆工程”，加大知名品牌和网红店铺招商力度，发展智能零售、定制店等体验消费模式，提升商业品质，整体营业额增长10%以上。继续推动夜间经济发展，举办年货节等节假日特色活动，丰富各夜市经营业态，激发居民消费活力。

**二、发挥空间优势，加快城区现代化建设**

坚持高水平规划引领。高标准完成“十四五”规划和各专项规划编制工作。发挥规划“龙头引领”和“钢规铁律”作用，合理安排全区生产、生活、生态空间，全力做好天津西站、西于庄、铃铛阁、同义庄等重点地区的城市设计，提升城区空间品质。围绕教育、文化、体育、养老、医疗等设施配套需求，优化区域配套布局。加快新建区域海绵城市建设，推动城市双修现代化建设模式落实落地。统筹规划社区里巷路网整修，提升改造一批易积水点位，做好城市更新工作，使老城区焕发新活力。

全面提升土地利用效能。以土地强区为目标，牢固树立经营城市的理念，统筹利用棚改“三年清零”释放的3000亩土地资源，以高水平规划引领开发建设，合理配置商业、居住、公共服务等各类载体，推动产城融合发展。建立健全土地规划、出让、招商工作联动机制，加快各类棚改项目注销、结算等扫尾工作，有针对性地进行高质量专项招商，实现单家面铺、天津西站前广场、科技园5-北-2等地块挂牌出让，提高单位土地产出效率，为全区发展提供载体支撑。

大力推动重点项目建设。充分发挥项目投资拉动作用，在全区住宅、商贸、社会事业载体建设方面持续用力。重点实施35个项目，确保全区在施工程面积190.5万平方米。启动五十一中南、单家面铺等12个项目，推进油脂储炼厂、公元大观等项目加快建设，力促红咸雅苑、海上花苑(东段)等92.5万平方米项目完工。加快推进子牙河南路及北路、海源道、双环西路等13条道路建设。实施电网发展“1001工程”。实现三条石小学、碧春园幼儿园、区档案馆等社会事业项目完工,做强全区发展的“底盘”。

**三、优化城市管理,打造生态宜居城区**

强化市容环境精细化管理。成功创建国家卫生城区,以“绣花”般精细管理城市,不断提升城区形象。以钉钉子精神打好“五年违建”治理工作收官战,实现在册违建全部清零。全面实施环卫作业市场化改革,提升全区环卫精细化作业水平。推进生活垃圾分类管理,打造30个示范片区,创建10个示范单位,确保垃圾分类小区覆盖率达到100%。严格落实“门前三包”,完善餐厨垃圾收运处置监管,实现小散餐饮商户餐厨垃圾收运全覆盖。建立共享单车动态监控平台,对乱停乱放车辆依法查处。

全方位深化文明城区创建工作。大力弘扬社会主义核心价值观,深入推进《天津市文明行为促进条例》贯彻落实,扎实开展文明祭扫、文明交通、文明养犬等专项行动,强力治理不文明行为。弘扬志愿服务文化,广泛开展社区包保、环境保护、邻里互助、社会治安等志愿服务活动,实现全区注册志愿者占常住人口比例达到15%以上。在全区范围内开展政务环境、法治环境等8个环境建设,加大宣传力度,实现市民对创文工作总知晓率达到90%以上,满意率达到85%以上,营造创文工作人人参与的良好氛围,全力以赴创建天津市文明城区。

强力抓好生态环境建设。以生态立区为目标,扎实践行“绿水青山就是金山银山”的理念,努力创造宜业宜居的良好环境。坚决打赢蓝天保卫战,强化科技手段在治污领域的运用,对区域内污染源点位实施动态管理、精准施策。做好重污染天气应对,加大环境执法密度和强度,严格控制施工扬尘,强化裸露地面治理,在全域开展禁烧禁燃禁放工作,确保完成市级指标任务,空气质量持续改善。着力打好碧水保卫战,全面深化河(湖)长制,严格水环境监管,做好雨污混接点改造,确保国控点断面水质保持良好水平。扎实推进净土保卫战,全面实施土壤污染防治行动计划,有效管控城市建设用地土壤环境风险,确保全区污染地块安全利用率达到100%。实施绿化提升工程,加快推进子牙滨河公园二期工程建设,完成水木天成中心公园提升改造。

**四、完善民生保障,提升人民群众幸福指数**

持续改善民生。精心组织实施20项民心工程。加快养老机构建设,新建2所养老院和105个社区老年日间照料中心(站)。继续为辖区老年人和困难群体免费投保“政府扶贫救助保险”。提升12个一级和107个二级老人家食堂管理水平。坚持以创业带动就业,着力改善就业结构,提升就业质量,实现新增就业3.4万人。全面做好社会救助和住房保障工作,大力发展残疾人和社会福利事业,进一步扩大医保参保覆盖面。提升物业和准物业管理水平,创建4个美丽社区和2个精品社区。开展多种形式双拥活动,做好退役军人服务保障工作。加强食品安全监管,持续开展食品安全示范城市创建工作。加强劳动保障监察执法,完成根治欠薪工作任务,切实维护农民工合法权益。规范提升20个菜市场管理水平,新建北岸社区标准化菜市场。加大东西部扶贫协作和对口支援工作力度,做好对甘肃碌曲、合水两地产业扶贫、消费扶贫、智力支援、劳务协作和结对帮扶工作,帮助受援地区打赢脱贫攻坚战。

全面推动各项社会事业发展。以教育兴区为目标,推进学前教育普及普惠、义务教育优质均衡、普通高中特色发展,加强教师队伍建设,全面提升办学质量。落实立德树人根本任务,深入推进思政一体化建设。优化教育资源配置,补齐5370个学前教育学位,新建2所小学。做优做强职业教育,举办全国职业院校技能大赛和职业教育活动周。深化医药卫生体制改革,推行医疗卫生行业综合监管制度。严格落实基本药物制度,切实降低药品费用。启动红桥区中医医院建设，建成西沽街社区卫生服务中心。实施8所社区卫生服务中心标准化全科门诊建设，提升家庭医生团队签约服务水平。大力推动爱国卫生工作。进一步推动中医药传承创新发展。充分发挥市民族文化宫、市少年宫等市级载体作用，丰富群众文化生活。提高图书馆、文化馆总分馆制建设水平，全力推进图书馆、文化馆社区服务点建设。高水平举办第30届天津运河桃花文化商贸旅游节。推动文昌宫民族小学等3所学校体育场馆向公众开放。更新29个社区健身园健身器材，建设7个社区全民健身中心。大力做好国防动员和国防教育工作。更好发挥工会、共青团、妇联等群团组织桥梁纽带作用，推动妇女儿童、民宗、科普、人防、档案、侨务外事、红十字会等事业发展。

精心维护社会安全稳定。认真贯彻落实“三管三必须”和“四铁”要求，持续深化安全生产隐患大排查大起底大整治，进一步加大执法监管力度，有效遏制重大安全生产事故发生。严格落实消防安全责任，切实保障人民群众生命财产安全。完成西站消防中队建设，提升站区应急处置能力。全链条打击处置非法集资，有效防控金融风险。完善社会矛盾纠纷多元预防调处化解综合机制，持续深入开展“走百街入千家、万名党员干部‘四访’工作”活动，加大历史积案化解力度。进一步推动和规范社区矫正工作。深入推进“枫桥式公安派出所”创建，推动民警进社区、社区警务室进党群服务中心，提高群众见警率，确保全区110警情日均数下降至200起以内。持续保持高压态势，严厉打击各类违法犯罪活动，打好“扫黑除恶”专项斗争收官战，创建“无黑”城区。

**五、聚焦政治引领，强化政府自身建设**

加强政治建设。深入学习贯彻习近平新时代中国特色社会主义思想和党的十九届四中全会精神，牢固树立“四个意识”，坚定“四个自信”，坚决做到“两个维护”，奋力推进习近平新时代中国特色社会主义思想在红桥扎实实践。巩固和拓展“不忘初心、牢记使命”主题教育成果，激励广大党员干部把守初心、担使命的精气神转化为解难题、抓发展的推动力。将作风建设贯穿工作始终，严格落实中央八项规定精神，着力整治“文山会海”问题，坚决防止“四风”反弹。严格落实全面从严治党主体责任，持续肃清黄兴国、张泉芬、赵建国等恶劣影响，以零容忍态度惩治腐败，进一步促进政治生态海晏河清，着力建设廉洁型政府。

加强法治能力建设。严格落实政府重大决策出台前向区人大报告制度，不断强化政府部门同政协委员、民主党派、无党派人士和人民团体的民主协商，广泛吸纳意见，自觉接受人大代表、政协委员和社会各界监督。认真办理人大代表和政协委员建议提案，提升办理质量。深化国有企业改革，加强国有企业资本管理，促进国有资产保值增值。严格执行零基预算，牢固树立过紧日子的思想，坚决压减“三公”经费支出和一般性支出。加大对重点领域和关键环节审计力度，围绕中心工作，积极推进审计全覆盖，提高资金使用效益。全面加强绩效管理，推动各项工作和重点项目有序实施。严格落实行政执法“三项制度”和普法责任制，完成“七五”普法总结验收。全面做好政务公开，确保权力在阳光下运行。

加强治理能力现代化建设。统筹整合全区各类网格资源，持续推进数据资源开放共享，丰富“三级平台、四级网格”功能，编织区域社会治理“一张网”。加强人脸识别视频解析，全面提升社会治理中的技防效能。深入落实“战区制、主官上、权下放”，健全完善“吹哨报到”工作制度，推进党建引领基层治理体制机制创新，细化“上考下”和“下考上”工作机制，破解基层治理协同难题。全面做好8890、区长信箱、“政民零距离”等民生平台答复工作，提高群众满意度。

# 天津市棚户区改造“三年清零”行动计划完美收官

## 绝不允许在高楼大厦背后还有贫民屋

11 月 18 日,气温骤降,白天最高温度 4℃,夜间则达零下 2℃,成为津城入冬以来最冷的一天。

记者走进 57 岁的邓孝亮家新居,顿感温暖如春,热乎乎的暖气片让房间温度达到 24℃以上。“今年是我有生以来第一次在自己家里享受到如此温暖舒适的冬季生活。”邓孝亮感慨地说,“要不是政府帮助,仅凭棚户区一间 14.97 平方米平房补偿款,我和患有精神疾病的哥哥是无法分别买下两套 52 平方米单元楼房的,也难以改善困难窘迫的生活。”

2019 年是天津启动中心城区棚户区改造“三年清零”行动计划的收官之年。市住房和城乡建设委介绍,到 11 月底,我市将基本完成市区 147.33 万平方米棚户区改造任务,实现棚改“三年清零”的目标任务,有 6.24 万户棚户区居民圆梦新居。

### 确定棚改“三年清零”目标

与不少城市一样,由于历史原因,天津中心城区留存了一些较为集中的棚户区。记者曾走访过红桥区西于庄、丁字沽北大街、同义庄,河东区东宿舍、东孙台,河北区新大路,和平区昆明路、山东路,南开区灵隐南里等一批棚户区,发现那里的平房普遍年头长久、居室窄小、低矮潮湿、缺乏管道燃气和暖气等生活设施,并存在极大的安全隐患。恶劣脏乱的居住环境、落后破旧的配套设施、捉襟见肘的家庭条件,往往让棚户区居民每天一睁眼,就要为了生存而忙碌、挣扎,无暇顾及其他。

“不堪回首。”提起以前的生活,邓孝亮总是摇摇头,想也不愿去想。他原先住在丁字沽,一家人挤在不到 15 平方米的小平房里,一住就是十几年。“夏天热,冬天冷。最憷头过冬,这么多年,年年冬天都为取暖发愁!早先取暖就用煤球炉子,后来改成了电暖器,但屋里还是冻得人直哆嗦,睡觉都要穿着厚厚的衣服。”

棚户区群众渴盼早点拆迁改造,可谓望眼欲穿。“前些年就传说我们这片要搬迁改造,可是嚷嚷一段时间就没信儿了。”记者前两年到一些棚户区采访经常听到有居民抱怨。加快推进棚改,改善居住条件,是高楼大厦背后部分贫民屋百姓普遍而现实的呼声,也是考验当地党委政府能否解决老百姓最关心、最直接、最现实的问题,回应好社会广泛关注、群众热切期盼的一大课题。

城市发展依靠人民,更是为了人民。习近平总书记多次强调要“让全体人民住有所居”。市委、市政府高度重视棚改工作,郑重强调“绝不允许在高楼大厦背后还有贫民屋”,要求在保障和改善民生上下更大力量,高质量全面完成棚改任务。2017 年,棚改“三年清零”行动计划正式启动,至 2019 年连续三年列入市政府 20 件民心工程。

红桥区棚改任务总量最大,占全市总量的 47%。“我们要举全区之力坚决兑现对党和人民的庄严承诺,把棚户区改造与扶贫帮困和解决群众具体困难紧密结合起来,用足用好各项惠民政策,有针对性地帮助特困群体解决现实难题,确保在全面建成小康社会的道路上不落一户、不落一人。”红桥区委书记李清表示。

棚改成为各区保障和改善民生的重要工程,加快推进棚改“三年清零”对于改善群众生活水平、促进区域建设发展具有重要意义。市、区两级分别成立棚改组织机构,把棚改列为“一把手”工程,建立“分片包干”责任制。同时,把棚改任务完成情况纳入各区绩效考评,实施清单管理,开展督查考核,确保任务落地。一场棚户区改造攻坚战在津城全面而声势浩大地打响。

### 不怕老百姓占便宜

站在天津西站北侧的子牙河畔向对岸望去,新建成开放的子牙滨河公园一期工程美丽景观一览无余,山坡上“绿水青山就是金山银山”的硕大绿植字造型醒目可见。

该公园是利用西于庄棚户区改造拆迁地块建成的,其中临河的一部分就是远近闻名的郭家菜园“渔村”原址。这一由渔民聚集于此生活形成的自然村落,已有百年历史。房屋基本为村民沿河堤自建,年久失修,里巷狭窄,不仅有洪水冲泡房屋塌陷的危险,还存在极大的消防隐患。

2018年5月,新调任的红桥区委书记李清暗访“渔村”后感叹,“在这里只是活着,离生活还有一段距离,离总书记讲的美好生活还有很大距离!”很快,区委召开常委会,又召开常委扩大会,最终决定,将郭家菜园“渔村”增加到红桥区棚改“三年清零”任务中。

这一增加就是2.2万平方米,需要更多资金和安置房。更难的是“渔村”房屋普遍产权不明晰。500多户中仅38户有房屋产权证,其余都没正式房本,甚至没门牌号。那棚改标准怎么定?多算了面积,政府多花钱,少算面积,群众肯定不满意。有干部产生畏难情绪。

“历史旧账,错综复杂,各说各有理,以人民为中心才是最大的道理。天津这两年总讲一句话:不要怕老百姓占便宜。‘渔村’搬迁,要把这话砸实。”李清强调,2018年汛期前,一定完成搬迁。

不忘初心,带来了动力。全区千方百计协调来4亿元资金,调配出1080套房源,保证每户基本有两套房可选。所有政策都是从居民利益出发。房屋面积大一点的,可以拿着补偿款买房子。住房面积较小、补偿款买不起最小面积安置房的居民,由政府安置一套38平方米保障房,不需要交纳房屋差价。这种托底政策让“渔村”居民张桂荣乐开了花:“我家房子才8平方米,靠补偿款根本买不了房啊。没想到政府安置的一套小单元楼房,让我家住房也得到了改善!”短短13天,563户“渔村”居民全都完成封房手续,在2018年主汛期到来前实现搬迁。

市住房和城乡建设委介绍,棚改工作中,各区牢牢把握全心全意为人民服务的根本宗旨,广泛征求棚改居民意见需求,制定补偿政策、优惠政策、安置房户型和销售价格,得到棚户区居民的支持和拥护。各区还深入挖潜,对各类存量安置房源进行全面清理,摸清家底,统筹安排,用足用好。遴选津南区双港新家园地块、北辰区中储地块、东丽区金钟地块、西青区大寺新家园等14个适宜地块,通过市场化途径建设定向安置商品房,实现市区棚改安置需求全覆盖。

实施棚改“三年清零”行动计划以来,红桥区在完成好市里部署的棚改任务同时,主动在2017年增加完成了端阳里、团结村两个1.17万平方米的棚改项目,2018年下半年将和苑西区二期以及全区绝大多数零散平房纳入改造范围,新增加4.14万平方米,总计超额完成棚改任务7.51万平方米,使近3000户群众受益。

## 一把尺子量到底

棚户区大多是低收入群体,住房面积都很小,生活条件普遍困难,红桥棚户区的特点则更加突出,小面积户多、违章户多、特困户多、产权纠纷户多,各类社会矛盾交织,有的居民怕早走吃亏不愿走,有的居民家里纠纷没解决想走走不了。

公平公正是推进棚改顺利开展的加速器。不能让老实人吃亏,也不能让故意搅乱者占便宜。然而,要用好这把公平公正的尺子,单靠生硬地用标准卡、用尺子量是成不了事的。“尤其在棚改这项事关百姓重大切身利益的事情上,各项政策措施既有力度又有温度,需要广大动迁干部用心用情帮一时想不通的群众想通,用耐心细致、抽丝剥茧的方法帮有纠纷的家庭解开心结疙瘩。”红桥区住建委主任于鹏洲说。

家住西菜园红勤桥西里的老梁家,前后两进院子都是祖产,家中共有兄妹七人。西菜园棚改项目启动后,原本感情亲热的一家人却因补偿分配的事,争得不可开交。谁都觉得自己情况特殊,应当多分些,互不相让。为了解决梁家兄妹的纠纷,动迁干部蔡海艇一次次地往梁家跑,不开门就打电话,电话打不通就隔着门喊。一次、两次……到了第六次,终于敲开了老梁家的门。

蔡海艇事先帮梁家兄妹制订了多套分配方案。动之以情、晓之以理,数十次入户后,梁家七兄妹终于静下心来坐到了一起,共商补偿分配事宜,最终达成了皆大欢喜的一致意见,并在律师见证下,签订了搬迁协议。类似这样的动人故事在棚户区改造过程中不胜枚举。正如红桥区委副书记、区长袁家健所说:“用心用情用力给群众解决最实际的困难,以心换心,我们的工作就一定能得到群众的认可和支持。”

棚改“三年清零”期间,各区坚持以担当作为践行初心使命,奋斗在棚改一线的广大党员干部坚持把习近平总书记提出的“人民对美好生活的向往就是我们的奋斗目标”作为激励和鞭策,心系群众,严谨务实,不辱使命,无私奉献。棚户区群众的困苦,是他们肩上不可推卸的责任,他们不厌其烦,冒酷暑、顶严寒,逐一入户动员沟通,宣传征收政策。

针对棚户区低收入及困难群体的实际困难和需求,红桥区实行特殊扶助政策,将就业、入学、低保、慈善救助等纳入政策“工具包”,区分不同情况,因人因户精准施策,多渠道予以救助,在“一把尺子量到底”的同时,对1.16万户特殊困难家庭实施了精准帮扶,群众生活质量得到很大改善和提高。

## 棚改债券撬动融资401亿元

西沽南是继西于庄后,我市中心城区最大的棚户区,涉及居民7800多户,总面积15.8万平方米。西沽南紧靠北运河,身后是西沽公园,该片区的地域环境、地理位置比较好,可谓一块生态宝地。那为何西沽南片区棚改协商搬迁工作直到2018年9月10日才正式启动呢?

“这么多年了,西沽南棚户区不是不想拆,之所以一直没能启动,主要是这里拆迁难度太大了。”红桥区一位副区长坦言,“开发商来了一算经济账,开发收益不抵投入支出,没人愿意接手。”

面临这样窘境的不只西沽南,自棚改“三年清零”计划启动以来,各区在棚户区改造中频频遇到类似情况。

正当棚户区改造被资金短缺难题所困扰的时候,市委、市政府及时出台了地块平衡、区内平衡、全市统筹平衡“三个平衡”政策,即:可以通过地块出让实现资金平衡的自行平衡;地块出让不能实现资金平衡的区内寻找平衡地块解决;区内地块仍然不能实现资金平衡的,待项目完成后,根据届时土地出让实际情况,据实核算资金缺口,通过市级地块返还政府收益或提高区级留成比例,纳入全市统筹平衡。

“通过‘三个平衡’政策统筹全市力量,兜起民生底线,破解长久以来制约市区棚改的最大瓶颈问题,为实施三年棚改打开了通道。”市住建委有关负责人说。

“三个平衡”政策,让地块资金缺口有了解决渠道,可以跟金融机构对接。为防范政府隐性债务风险,及时跟进棚户区改造金融政策,由市财政部门牵头给予支持,通过代发地方政府债券、财政借款等方式,帮助各区筹集落实棚户区改造资金。作为棚改任务量最大的红桥区积极打开脑袋上的“津门”,解放思想、大胆创新,在全市第一个采用政府购买棚改服务模式实现融资贷款;在全国第一个发行棚改专项债券,撬动银行融资贷款401亿元。这些资金先后用在了西于庄、西沽南、丁字沽等多个项目中。“我们把西沽南项目和西于庄项目打包,共同设计债券发行方案。从这两个项目整体来看,收益和融资达到一个平衡要求。”红桥区财政局负责人说。

资金问题迎刃而解,各个片区棚改项目得以陆续顺利启动。“创新运用金融工具,为我们提前完成棚改‘三年清零’奠定了坚实的基础。”于鹏洲说。11月1日,喜讯传来,红桥区超额完成市里下达的66.26万平方米棚改“三年清零”任务,实际完成73.77万平方米,提前实现棚改“三年清零”目标,使3.33万户超过15万居民受益。

棚户区改造项目的顺利进行,在全市释放出大量土地,不仅为各区今后发展打开了空间,还为补齐民生短板提供了宝贵资源。如红桥区随着“渔村”、丁字沽、西沽南、同义庄、运输六场等沿河项目的清片和围园路的违建拆除,彻底根除了长期以来对北运河、南运河、子牙河和西沽公园的环境污染。三年来,在原零散平房点位上,红桥新建了风貌里、胜灾等12个社区党群服务中心,改扩建幸福、彰武等9个社区党群中心,并建设了一批社区老年日间照料中心、老人家食堂、菜市场等公共设施。此外,还规划建设天津三中南片校区等2所中学、天津师范附小分校区等6所小学,计划扩建西青道中学以及丁字沽等4所小学,规划新建碧春里幼儿园等14所幼儿园,建成投用后“一老一小”问题将得到有效缓解。

(摘自《天津日报》2019年12月4日第1版、第6版)

# 专　　文

# 夯实基础　筑牢根基

## ——红桥区发挥基层党组织轴心作用创新基层社会治理的调研报告

中共天津市红桥区委

习近平总书记指出:“要以最广大人民根本利益为坐标,加强社会治理制度建设,完善党委领导、政府负责、社会协同、公众参与、法治保障的社会治理体制,提高社会治理社会化、法治化、智能化、专业化水平。”这为新时代社会治理机制创新和体系完善指明方向,是实现社会治理现代化的根本遵循。红桥区坚持以习近平新时代中国特色社会主义思想为指引,深入学习贯彻习近平总书记关于加强和创新社会治理的重要指示精神,传承发扬“枫桥经验”,认真落实市委“1号改革创新工程”,借助“互联网+”、大数据、云平台等信息技术,积极打造智能化“全科网格”,建立完善“吹哨报到”机制,加强城市常态化管理和精细化治理,有效巩固党在基层的执政基础,提升基层社会治理水平,让保障和改善民生更加精准便捷高效,让企业办事感到“痛快”。

**一、着眼加强党建引领,努力打造网格党建体系**

1. 加强载体建设,全力补齐党群服务中心短板。2019年初,面对只有18.1%的达标率,区委将社区党群服务中心达标建设升格为“一把手”工程,区委主要负责同志多次主持召开专题会议,按照“一街道一台账、一社区一方案”的原则,逐一确定提升改造路径。深度挖掘和利用区域资源,采取“新建、改扩建、置换、租用”等方式,在财力十分紧张的情况下,多方筹措建设资金,强力推动实施,于年底前完成全部达标任务。在此基础上,更加突出功能设置,比如和苑街营和园社区将中心划分为“一委三会三室八站”,即在社区党委统一领导下,推进居委会、业委会与居务监督委员会职能全面纳入中心设置,配备党员活动室、群众文化活动室和图书阅览室,下设社区社会治理网格化管理站、党代表人大代表工作站、复退军人服务站、群团组织工作站、社区共建工作站、志愿者服务站、老年日间照料服务站、工会户外劳动者服务站八个基层治理服务站点,切实把党群服务中心建设成为党领导基层治理的“红色阵地”和服务党员群众的温馨家园。

2. 强化“轴心”地位,充分发挥基层党组织在社会治理中的战斗堡垒作用。积极打造基层党建网络,构建“社区党委—网格支部—楼门党小组”组织体系,有效增强基层党建整体效应。强化街道社区党组织带动作用,狠抓商务楼宇、产业园区、商圈市场、驻区单位网格党建,有效促进街道社区党建与单位党建、行业党建互联互动。加强街道“大工委”和社区“大党委”兼职委员队伍建设,实现大事共议、实事共办、要事共决、急事共商、难事共解“五事联办”,形成组织共建、资源共享、机制衔接、功能优化的城市基层党建工作格局。深化“双联系双报到”工作,组织180余家党政机关和企事业单位结对包保122个社区,要求在职党员向本单位联系社区和现居住地社区报到,积极融入城市基层治理,形成以党组织为中心、多元主体参与的基层社会治理新格局。

3. 健全制度体系,确保“街道吹哨、部门报到”顺畅运行。在深入调查研究、反复推演吹哨报到运转流程的基础上,制定出台《天津市红桥区关于落实“战区制、主官上、权下放”工作办法(试行)》等20个配套文件及17个配套附件,形成较为完善的“街道吹哨、部门报到”制度体系,对街道如何“能吹哨”“吹响哨”、职能部门怎么

“去报到”“报好到”作出明确规定，切实为基层赋权、减负、增效，有力推动市委“1号改革创新工程”的落地落实。制定《天津市红桥区关于落实街道相关职权的实施意见（试行）》，全面赋予街道对职能部门的考核评价权、人事建议权等6项职权，着力增强街道“战区”调度指挥能力。建立“哨源形成→街道吹哨→部门报到→监督考核”的工作流程，明确“吹哨报到”事项清单，推动职能部门力量在街道社区聚合，打破条块分割、各自为战的困局。制定《天津市红桥区街道考核评价区职能部门“吹哨报到”事项纪实管理办法（试行）》和专项考评工作方案，建立健全“下考上”考核评价体系，按照“一事一记一考”“年底算总账”的方式，重点对“吹哨报到”事项完成度、群众满意度和面向基层履职服务感知度进行评价，考核结果的占比提高到区职能部门年度绩效考评总成绩的50%，实现街道“说话能硬气、语调有底气”。制定《街道党工委和街道办事处职责清单（试行）》，明确街道123项职责事项；制定《天津市红桥区关于进一步开展社区减负工作的实施意见（试行）》，明确社区依法履职工作事项、依法协助工作事项、工作用章范围、日常出具证明事项、达标创建项目、取消和禁入的事项等6个清单，从源头上防止层层加码，让街道社区集中精力抓党建、抓治理、抓服务。

**二、着眼智能化精细化，努力打造基层治理体系**

1. 平台搭建突出创新引领。搭建区、街、社区三级基层社会治理平台，全国首个在基层社会治理中综合使用移动端数字证书+VPN+安全边界技术的平台在红桥区应用。在功能设置上，区级中心为“指挥平台”，街道分中心为“实战平台”，社区工作站为“基础平台”，形成上下贯通、分工明确、协同联动的工作格局。平台以2.5维地图为基础，涵盖人、地、事、物、组织五大要素，实行全区“一张网”挂图作战，实现基层社会治理的智能化、精细化。积极推动视频监控全网融合，公安技防主干道2370路全部纳入平台系统，同时还完成32个小区600多路视频监控系统的汇聚。与平台配套使用的，还有面向网格员和居民群众的3款移动终端，网格长使用“红桥指挥通”，网格员使用“红桥采集通”，居民群众使用“我爱红桥”微信公众号，确保与社会治理有关的“大事小情”能够第一时间上传至管理平台。

2. “网格”管理强化明职定责。构建起四级“全科网格”体系，实现基层社会治理全域网格化覆盖。整合网格员队伍，打造“一专多能”的“全科社工”。网格员以社区工作者为主体，吸纳志愿者参与网格管理，并选配一部分机关事业单位的干部，有效提升网格员队伍整体素质。全区网格员平均年龄36岁，87.2%具有大专以上学历，网格长全部由社区党组织书记担任。加强“责任捆绑”，实行“专号专岗”“专岗专责”工作制度，明确网格员日常巡排、反映问题、分析研判等工作职责，通过定人定岗定责，实现“一网多格、一格多员、一员多能”。“全科网格”体系的建立，有效激活网格员的责任意识、群众意识和服务意识，真正变“被动处理问题”为“主动发现问题”，变“坐等上门”为“主动服务”，社区百姓普遍反映“互动多了、心更近了”。

3. 问题处置体现联动高效。始终把及时发现、快速处置、有效解决基层社会治理中的问题，作为“三级平台”“四级网格”建设的重中之重，谋划工作想到网格、吹哨调度用活网格、考核评价依托网格，切实把资源、服务、管理按“网格”投放到基层，推动工作在一线落实、问题在一线解决、隐患在一线化解。建立“发现—解决—处置—督办—考评—奖励（追责）”的闭环工作模式，推动网格管理高效运行，做到一般性事件2个小时内解决，重大问题5个工作日内办结。在实际运行中，街道通过基层社会治理平台，直接向职能部门进行派单办理。在规定时限内未完成“吹哨报到”事项的，由区委督查室进行跟踪督办。办理结果查核未通过的，由街道行使第二次“吹哨”调度权，区委书记、区长带队报到，区纪委监委同步启动“不作为不担当问题”问责程序。认真践行共建共治共享理念,鼓励居民群众通过“我爱红桥”微信公众号积极反映问题,并引入“时间银行”机制,通过平台对志愿者开展志愿服务时长进行自动统计核算并予以奖励。

**三、着眼便民利民为民,努力打造保障民生体系**

1. 瞄准群众需求,提升服务群众的精准性。基层社会治理平台的运行,突出解决群众日常生产生活的所急所忧所怨所盼,明确 A、B、C 三级共 8 大类问题。A 级为紧急类,包括火灾、重大交通事故、重大安全事故、重大自然灾害、群体性事件、社会稳定等;B 级为一般类,包括创文创卫、违章建筑、河道污染、施工扰民、非法集资、打劫斗殴、火灾隐患、破坏公共设施、占用公共区域等;C 级为救助类,包括帮助辖区百姓解决物品丢失、党员群众微心愿、被困紧急救助、一般救助等。通过分级评估,网格员选择就地解决或上报平台,平台针对问题,协调职能部门“对症下药”,实现精准服务。引入“党建+互联网”O2O 模式,积极打造“社区微实事”工作室,将党务政务民生服务、党员干部结对服务和社会专业服务融于一体,有效促进各领域党建资源与群众需求精准对接,为需要长期帮扶的困难群众提供安全出行、健康管理、生活服务等专业化服务。针对老年人难以融入智能社会的问题,积极开设老年人“手机课堂”项目。

2. 注重整合资源,提升服务群众的便捷性。平台整合全区党建、民政、城市管理、环保、审批、禁毒、消防、综治、公安、街道等部门单位的数据资源,打通事件流程,消除信息壁垒,融合便民利民服务事项及事件咨询功能 30 项并下放至社区。市民版“我爱红桥”微信公众号,可提供老年证残疾证办理、结婚离婚预约等便民服务,解决以往民生领域中存在的条块分割、响应迟滞、社会主体活力不足等问题,使“全科网格”真正成为居民群众的“快递员”。

3. 强化吹哨调度,提升服务群众的时效性。“全科网格”建设,有效解决跨领域的网格队伍整合难,打破部门单位间的空间界限,强化“人在格中走、事在格中办”的理念。通过吹哨调度和督查督办,构建起一套从横向到纵向、从起点到终点可量化执行的工作准则和制度规范,树立基层为上、基层为重、基层为要的观念,倒逼各部门加强工作协同联动,做到“条条围着块块转,一针撬动千条线”,有效破解协同难问题,使为民办实事变得更加顺畅快捷。

**四、着眼企业“痛快”办事,努力打造服务企业体系**

1. 减轻企业负担。按照“一制三化”审批制度改革要求,充分运用现代信息技术,综合区域特点、企业特征、服务半径等因素,把政务服务、社会服务等各类资源集聚到“全科网格”上,实现一网覆盖、互联互通。通过“全科网格”平台,区内企业可以直接上报问题、进行事件咨询,有效避免无实质内容的“走访式”“慰问式”“表格式”服务,促使党委政府做到精准服务、靶向服务。企业家还可以无障碍约见区级领导,第一时间沟通情况。针对新设立的企业,免费提供行政审批、许可等全程帮办服务。

2. 方便企业办事。企业可以使用“全科网格”平台的“我爱红桥”微信公众号,直接对接区政务服务办的各办事窗口,或者在社区自助办证机在线办理,有力践行“马上办、网上办、就近办”,让数据多跑路、让企业少跑路,提高企业经营效率。

3. 助推企业发展。充分运用信息化手段,及时发布“红桥机会清单”,介绍红桥区产业、人才等扶持政策,发布招商引资动态,以及地块工程招投标安排、政府采购信息等社会事业项目机会,方便企业家及时捕捉各类商机。运用“吹哨报到”机制,各有关部门统筹资源力量,为企业提供全生命周期一站式服务。

# 关于红桥区打造一流营商环境的几点思考

区政府研究室

为深入贯彻落实习近平总书记视察天津重要指示精神和在京津冀协同发展座谈会上的重要讲话精神，红桥区主动服务雄安新区建设发展，积极融入京津冀协同发展战略，积极响应社会各界对于政务服务改革的迫切需求，坚持把优化营商环境摆在突出位置。为进一步理顺体制机制，持续提升红桥区政务服务软硬件水平，现从研究先进地区经验的角度思考分析如下。

## 一、营商环境的定义和具体内容

习近平总书记多次强调营商环境的重要性。2018 年 11 月 5 日，习近平总书记在首届中国国际进口博览会开幕式上的主旨演讲中指出“营商环境只有更好，没有最好”；2019 年 3 月 10 日，习近平总书记在福建代表团参加审议时强调，要营造有利于创新创业创造的良好发展环境。

2019 年 10 月，国务院公布的《优化营商环境条例》指出营商环境是指企业等市场主体在市场经济活动中所涉及的体制机制性因素和条件，并从强化市场主体保护、净化市场环境、优化政务服务、规范监管执法、加强法治保障 5 个方面提出一揽子机制性解决方案。

《天津市优化营商环境条例》指出营商环境是指市场主体在准入、生产经营、退出等过程中涉及的政务环境、市场环境、法治环境、人文环境等有关外部因素和条件的总和。

本文主要就政务环境开展研究。

## 二、红桥区营商环境现状

（一）红桥区政务环境评价指标体系及得分情况

中山大学徐现祥教授领导的《深化商事制度改革研究》课题组在 2018 年 7、8 月赴全国 16 省级行政单位、84 市、182 区的政务服务大厅进行实地调研。调研结果显示，红桥区政务环境达 82 分，居全国第二位。

（二）红桥区先进经验做法

1. 加快政务服务中心建设

红桥区政务服务中心于 2019 年 8 月 19 日整体迁入红桥区光荣道科技产业园区正融科技大厦。

持续提升硬件建设。中心总面积 2000 平方米，共设置 30 个审批窗口。服务大厅内设置网上办事区，由专人负责指导网上办理事项；在大厅内外设置综合咨询服务岗，提供各类事项咨询服务；在大厅外部设置审批“无人超市”包括审批、税务、人社、公积金各类自助终端，提供各类事项自助办理。

不断加大政务服务“智能化”建设，开发受理自助系统并对接审批系统。在全市率先开发要件复用功能，为办事企业和群众提供最大便利；对区级政务服务大厅全部窗口和综合受理审批工作实行实时动态管理和分析，用数据辅助政务服务工作；利用二维码自动链接网上办事系统，使“网上办”更加便捷；使用智能审批一体机，大力提升相对人办事体验。

全面提升服务水平。中心在保留原有各项服务功能的基础上，为进一步落实“三集中、三到位”原则，又新增加办理人社、住建和区级其他部门公共服务事项功能，共可办理各类区级各类政务服务事项 460 项，群众满意度不断提升。

2. 抓好雄安驿站建设

红桥区在天津西站设立“雄安驿站”（企业家服务中心），作为红桥区 24 小时服务窗口，对来津企业,不分投资与过路,提供住宿、餐饮、医疗等生活服务以及投资、注册等政策咨询,充分发挥天津西站交通枢纽作用,打造“解难题,有红桥”的服务品牌。

“雄安驿站”坐落于天津西站北广场出站口西侧,室内面积为70.3平方米,室内配备政务服务自助终端设备、专用服务电话(87210168)、互联网以及休闲服务用的饮水机、空气净化器、电视、书籍、休闲座椅设施设备。目前,正在着手策划服务中心的各项具体业务工作的政策指南、办事流程简介和企业展示布局等工作。“雄安驿站”已建设完成并对外开放,下一步将在对外试行服务过程中,进一步完善各项服务功能。

**全国政务环境总得分表**

表1

| 地区 | 得分 | 等级 | 排名 |
|---|---|---|---|
| 北京西城区 | 87 | 良好 | 1 |
| 天津红桥区 | 82 | 良好 | 2 |
| 宁夏银川市 | 81 | 良好 | 3 |
| 湖南长沙市 | 80 | 良好 | 4 |
| 湖南衡阳市 | 79 | 中等 | 5 |
| 福建三明市 | 79 | 中等 | 5 |
| 湖南怀化市 | 79 | 中等 | 5 |
| 北京通州区 | 79 | 中等 | 5 |
| 广东阳江市 | 78 | 中等 | 9 |
| 北京海淀区 | 78 | 中等 | 9 |

**红桥区政务环境评价指标体系及得分情况表**

表2

| 一级指标 | 二级指标 | 得分 | 排名 |
|---|---|---|---|
| 硬件 | 公共交通便利度 | 86 | 27 |
| | 效能设备便利度 | | |
| | 便民设备便利度 | | |
| | 反馈设备便利度 | | |
| 软件 | 办事流程清晰度 | 95 | 19 |
| | 办事窗口开放率 | | |
| 服务水平 | 提供服务的数量 | 65 | 4 |
| | 提供服务的质量 | | |

3. 推出服务关爱企业九项行动计划

近年来,为持续优化营商环境,红桥区坚持将优化对企业、企业家服务摆在突出位置,推出“九个有”的行动计划,努力打造全市乃至全国一流营商环境,助推经济绿色高质量发展。

“九个有”以企业家为导向,主要包括办事有效率、约见有安排、税费有减免、落户有帮办、产业有扶持、泊车有便利、营商有驿站、就医有预约、项目有推送等九项内容,既包含对企业开办、创新发展、产业机会等事业支持,也包含对人才落户、看病就医、住宿餐饮等生活扶持。

例如,市场支持方面,在“美丽红桥”微信公众号设置“红桥机会清单”专栏,及时推送招商引资、产业政策等信息,以便企业家及时捕捉各类商机,做到“项目有推送”。

“九个有”出台之后,各部门、各单位结合职责分工,切实落实责任,打破政策的“卷帘门”“玻璃门”“旋转门”,确保各项举措特别落到实处、见到实效。截至目前,所有举措均已落地,为企业家提供良好的服务环境。

**三、先进地区经验做法**

浙江、上海、广东等营商环境较好的省市,在培育法治环境、政务环境、市场环境、社会环境、政策环境、人才环境、开放环境等方面先行先试,形成值得借鉴的做法与经验。

(一)公平正义的法治环境

法治环境涵盖与法律法规有关的外部因素集合,主要包括完善地方立法、加强公正司法、延伸司法服务职能等方面。浙江省针对企业依法治企程度不高、知识产权保护意识不强、市场风险防范能力较弱、企业法律服务供需不匹配等问题,2017年开展惠企便民法律服务活动,出台司法行政惠企便民法律服务二十条。2018年将法律服务活动升级为“打造最佳营商环境法律服务专项行动”,扩展到营商环境法治保障、营商法律风险防范、企业矛盾纠纷化解等多个方面,切实保障市场主体合法权益。深圳市针对知识产权维权举证难、周期长、成本高、赔偿低的现象,加快知识产权保护立法,率先实施惩罚性赔偿制度,在提高知识产权损害赔偿标准、加大惩罚性赔偿力度、合理分配举证责任等方面先行先试。

(二)透明高效的政务环境

政务环境涵盖与政府行政有关的外部因素集合,主要包括行政制度建设、行政审批、政务服务等方面。深圳市全面推行清单管理制度,公布权力清单、责任清单、市场准入负面清单、行政事业性收费清单、财政专项资金清单、证明事项取消清单、人才公共服务清单、建设项目环保分类管理清单(名录)等8张清单,切实做到"清单之外无权力"。

(三)竞争有序的市场环境

市场环境涵盖与市场机制建设有关的外部因素集合,主要包括保持宏观经济稳定、保障公平竞争、加强市场监管等方面。浙江省出台关于落实"五个着力"推动民营经济新发展的若干意见,在解决融资难、放开市场准入、清理审批事项等方面提出10余项具体举措,设立200亿元的省级政府产业基金,安排100亿元的创新强省资金助推企业转型发展,截至2018年3月底全省市场主体总量突破600万户,同比增长11.6%,每万人市场主体1074户,位居全国榜首,市场主体活力不断增强。

(四)和谐稳定的社会环境

社会环境涵盖与城市整体形象有关的外部因素集合,主要包括市容市貌、人文、生态、安全稳定等方面。上海市围绕全力打响"上海服务""上海制造""上海购物""上海文化"四大品牌,制定打响"四大品牌"的总体意见和四大行动计划,在第一财经发布的《2018中国城市商业魅力排行榜》中,上海超越北京成为第一名,城市的吸引力、创造力、竞争力进一步增强。海南省全方位推进"全域旅游创建示范省"和"美丽海南百镇千村"建设,打造博鳌小镇、西岛渔村等一批特色旅游小镇和美丽乡村,形成"旅游+体育""旅游+健康""旅游+农业"等一系列融合型产业,形成独具特色的地区魅力。

(五)科学完善的政策环境

政策环境涵盖为实现一定的经济社会发展目标而制定的各种政策的集合。浙江省超前谋划和布局人工智能、大数据、云计算等一批信息经济产业,每年统筹安排1亿元省级专项资金推动信息服务业发展,在软件和信息服务领域,每年安排实施50项省重大科技项目,保障信息经济稳步发展。

(六)系统完备的人才环境

人才环境涵盖与人才队伍、人才储备有关的外部因素集合,主要包括人才体系建设、关键人才引进、人才激励、人才培养与发展等方面。浙江省深入实施"金蓝领"培训、"百校千企"工程和"千企千师"培养行动,积极推进技师学院、技能大师工作室和高技能人才公共实训基地建设,推动人才队伍发展壮大,组织就业技能培训、岗位技能提升培训、创业培训共85.8万人次,全省技能人才总量达到967.8万人,为推动技术创新、产业升级发挥重要作用。

**四、打造一流营商环境的几点思考**

营商环境是重要软实力,也是核心竞争力。建议对标先进、放管结合、标本兼治、筑巢引凤,为企业创造良好营商环境、提供周到服务,让天津成为企业家创业发展的舞台、温馨的港湾。

(一)对标先进,完善营商环境顶层设计

一是推出天津优化营商环境专项行动。明确优化营商环境的总体目标、工作重点、保障措施,细化各项重点任务的进度安排、完成时限,厘清各区、各部门职责分工。

二是建立健全组织领导机制。成立加强和改善营商环境工作领导小组,以深入推进营商环境试评价工作为契机,建立健全部门负责人联系服务企业机制、企业困难承办协调机制以及重点难点工作督办机制。

三是加强各区营商环境监测评比工作。将营商环境评价纳入领导干部绩效考核范畴,奖优惩劣。

(二)放管结合,优化政府公共服务供给

一是保护产权。完善平等保护产权的规范性文件,严格落实财产征收征用制度,大力推进法治政府和政务诚信建设,实施最严格的知识产权保护制度。

二是加强监管。按照国家机构改革部署要求进一步集中监管职能,进一步完善天津市市场主体信用信息公示系统功能,建立健全跨部门联合惩戒机制,实现“一处违法,处处受限”。

三是维护公平。鼓励、支持、引导非公有制经济发展,保证各种所有制经济依法同等受到法律保护,深入贯彻落实“津八条”,支持民营企业家创业发展。

四是强化激励。对在经济贡献、技术创新、社会影响等方面取得突出成绩、具有引领带动作用的龙头企业给予表彰奖励,促进市场主体品牌化、规模化、集群化发展。

(三)标本兼治,构建多元化投融资体系

一是优化金融信贷营商环境。鼓励金融机构建立专业化分类、批量化营销、标准化审贷、差异化授权机制,探索建立知识产权、应收账款及与环境相关的收益权、排放权、排污权担保抵押机制,解决小微企业融资难问题。

二是定制专属投融资服务。针对重大产业项目、总部经济项目和世界500强企业投资项目,量身定制包含风险投资、股权投资、供应链融资在内的专属投融资服务。

三是构建多层次资本市场。加大对企业股份制改造、挂牌交易和上市发行股票的支持力度,发挥政府引导资金带动作用,建立“私募股权基金+上市公司+政府引导基金”模式的产业引导基金,引导社会资本设立各类风险投资基金。

(四)筑巢引凤,培育津门创新创业沃土

一是运用大数据技术提高人口精细化管理水平。以现有人口数据库为依托,以视频监控、GPS地图动态数据为补充,建立标准化、网格化人口管理服务系统,加强人口动态监测和战略研究,摸清人口活动规律,梳理掌握人口与经济社会发展、空间布局、产业结构的内在关联机理。

二是坚持“引、育、用、留”一体化发展。强化市场发现、市场认可、市场评价的引才机制,研究制定基础研究型人才、应用型人才和科技成果转化型人才的评价标准和评价方式,逐步将岗位聘任、考核评价、收入分配等管理权下放给用人单位。

三是推进基本公共服务均等化改革。推进基本生存服务均等化、基本发展服务均等化、基本公共安全服务均等化、基本环境服务均等化,展现城市开放包容新姿态,解决外来人口后顾之忧,为“海河英才”行动计划创造良好的外部环境,提升城市吸引力和竞争力。

# 大 事 记

## 1月

2日　中国共产党天津市红桥区第十一届委员会第十一次全体会议暨经济工作会议召开。会议由区委常委会主持，区委书记李清讲话，区委副书记、区长袁家健传达市委十一届五次全会暨经济工作会议精神，总结和部署全区经济工作。区人大常委会主任高树彬、区政协主席杨焕参加。

7—9日　中国人民政治协商会议天津市红桥区第十四届委员会第三次会议召开。区政协主席杨焕代表政协红桥区第十四届委员会常务委员会作工作报告。区委书记李清，区委副书记、区长袁家健，区人大常委会主任高树彬参加会议。

8—9日　红桥区第十七届人民代表大会第四次会议召开。大会执行主席、主席团常务主席、区人大常委会主任高树彬主持会议，区委副书记、区长袁家健向大会作政府工作报告。区委书记李清，区政协主席杨焕参加会议。

20日　红桥区委常委会会议召开，传达学习贯彻习近平总书记在天津考察工作和在京津冀协同发展座谈会上的重要讲话精神，以及市委常委会扩大会议精神，研究红桥区贯彻落实举措。区委书记李清主持会议并讲话，区委副书记、区长袁家健，区人大常委会主任高树彬，区政协主席杨焕参加。

21日　副市长董家禄到区调研，区长袁家健、副区长李纪扬陪同。同日，常务副市长马顺清一行到区深入推动重大项目建设，区委副书记、区长袁家健、副区长郑宏、李丽玲陪同。

25日　红桥区创文创卫工作誓师大会召开，深入贯彻落实市委、市政府关于全域创建文明城市和创建国家卫生区的工作部署，推进红桥区创文创卫工作。区委书记李清参加会议并讲话，区政协主席杨焕出席，区委常委、区政府党组副书记管兴桥作部署，区委常委、区委宣传部部长陈东杰主持会议。

## 2月

2日　中共红桥区纪委十一届六次全会召开。会议以习近平新时代中国特色社会主义思想为指导，认真学习贯彻习近平总书记在十九届中央纪委三次全会上的重要讲话和中央纪委三次全会精神，落实市委十一届五次全会、市纪委十一届五次全会和区委十一届十一次全会部署，总结2018年全区纪检监察工作，部署2019年任务。市纪委有关负责人到会指导。区委书记李清出席会议并讲话，区委副书记、区长袁家健主持会议并传达习近平总书记在十九届中央纪委三次全会上的重要讲话、中央纪委三次全会精神和市纪委十一届五次全会精神，区人大常委会主任高树彬、政协主席杨焕出席会议。

是日　红桥区领导干部警示教育大会召开，深入贯彻习近平总书记关于全面从严治党的重要要求，认真落实市委全面从严治党主体责任检查考核反馈问题整改，对彻底肃清黄兴国、张泉芬、赵建国等人恶劣影响进行再动员、再部署、再要求，引导全区广大党员干部牢固树立“四个意识”，坚决落实“两个维护”，扎实推动全面从严治党向纵深发展，努力营造风清气正的良好政治生态。市纪委有关负责人到会指导。区委书记李清出席会议并讲话，区委副书记、区长袁家健主持会议，区人大常委会主任高树彬、政协主席杨焕出席会议。区委常委、区纪委书记、区监委主任芮永玲通报张泉芬、赵建国等7人严重违纪案件情况。

是日　接待市安全局政治部主任卢金盈到区调研，就市安全局机构改革相关工作进行座谈交流。区委书记李清，区委常委、区委政法委书记穆强出席活动。

18日　红桥区领导干部大会召开，再次传达学习贯彻习近平总书记在天津视察和京津冀协同发展座谈会上重要讲话精神，落实天津市领导干部大会精神，对学习宣传和贯彻落实工作进行再动员、再部署。区委书记李清参加会议并讲话，区委副书记、区长袁家健主持会议并作传达，区人大常委会主任高树彬、区政协主席杨焕参加。

21日　红桥区委常委会会议召开，传达学习市委不作为不担当警示教育大会精神和市委书记李鸿忠讲话要求，区委书记李清主持会议并讲话。

28日　中国共产党天津市红桥区第十一届委员会第十二次全体会议召开。会议审议通过《中共天津市红桥区委关于认真学习贯彻习近平总书记视察天津重要指示和在京津冀协同发展座谈会上重要讲话精神的实施意见》和全会决议。区委书记李清参加并讲话。区委副书记、区长袁家健传达市委十一届六次全会要求,并就《中共天津市红桥区委关于认真学习贯彻习近平总书记视察天津重要指示和在京津冀协同发展座谈会上重要讲话精神的实施意见(讨论稿)》作说明。区人大常委会主任高树彬、区政协主席杨焕参加。

## 3月

7日　常务副市长马顺清一行到区推动重大项目建设,区长袁家健、副区长李丽玲接待。

18日　第29届天津运河桃花文化商贸旅游节开幕。区委书记李清,区委副书记、区长袁家健,区人大常委会主任高树彬,区政协主席杨焕等区级领导参加。

22日　天津运河桃花文化商贸旅游节—红桥投资贸易洽谈签约会召开,副市长金湘军出席。区委书记李清、区长袁家健、区政协主席杨焕参加。

25日　天津市人大常委会副主任、市委组织部常务副部长梁宝明到区部分人大代表之家和隆春里社区代表工作站就市、区人大代表在社区联系选民和履职情况开展调研。

## 4月

11日　天津市人大常委会主任段春华到区调研扫黑除恶工作情况,市人大常委会秘书长贾凤山陪同。

16日　区长袁家健赴外交部参加天津全球推介活动。

23日　区委国家安全委员会第一次全体会议召开,深入学习贯彻习近平总书记关于做好国家安全工作的重要指示精神,对2019年红桥区国家安全工作作出部署。区委书记、区委国家安全委员会主任李清主持会议并讲话。

30日　红桥区委全面深化改革委员会第一次会议召开,传达学习习近平总书记在中央全面深化改革委员会第七次会议上的重要讲话精神和市委全面深化改革委员会第三次会议精神,研究部署2019年全面深化改革任务,推动中央和市委改革部署落地落实。区委书记、区委全面深化改革委员会主任李清主持会议并讲话,区委副书记、区长、区委全面深化改革委员会副主任袁家健作传达,区政协主席杨焕参加。

## 5月

6日　红桥区委财经委员会第一次会议召开,会议传达学习中央财经委员会第四次会议和市委财经委员会第一次会议精神,审议通过区委财经委员会工作规则及其办公室工作细则和2019年工作要点。区委书记、区委财经委员会主任李清主持会议并讲话。

是日　红桥区委审计委员会第一次会议召开,传达学习市委审计委员会第一次会议精神和市委书记李鸿忠讲话精神,审议通过区委审计委员会工作规则及其办公室工作细则,听取区审计局审计工作的情况汇报及2019年审计项目安排。区委书记、区委审计委员会主任李清主持会议。

7日　红桥区委全面依法治区委员会第一次会议召开,会议深入学习贯彻习近平总书记在中央全面依法治国委员会第二次会议上的重要讲话精神和市委全面依法治市委员会第一次会议精神,研究部署2019年依法治区工作。区委书记、区委全面依法治区委员会主任李清主持会议并讲话。

9日　红桥区推介会暨光荣道科技产业园启动规划发布活动举办,区长袁家健、副区长郑宏、徐卫京参加。

13日　区长袁家健赴甘肃省合水县、碌曲县开展扶贫协作。

16日　区委书记李清、区长袁家健参加第三届世界智能大会开幕式、主论坛第一场高峰会。

18日　副市长金湘军出席运河新天地夜市开街仪式,区委书记李清、区长袁家健陪同。

20日　市委书记李鸿忠、市长张国清到红

桥区运河新天地夜市调研夜间经济情况，区委书记李清、区长袁家健接待。

21日　市委副书记阴和俊到区调研社区党群服务中心和智慧红桥指挥中心。区委书记李清陪同调研。

23日　天津市人大常委会副主任王小宁到区调研宗教活动场所情况，市人大常委会秘书长贾凤山陪同。王小宁实地查看伊斯兰教天津清真大寺，听取清真寺管理情况介绍。区人大常委会党组书记郑会营、副主任张树起参加。

24日　市委网信办主任王芸一行到区调研考察网信工作。区委书记李清，区委常委、区委宣传部部长陈东杰陪同调研。

## 6月

1日　在伊斯兰教斋月“盖德尔夜”到来之际，区委书记李清、区长袁家健、区人大常委会党组书记郑会营、区政协主席杨焕分别带领相关部门领导干部到各清真寺走访慰问，与穆斯林群众一起欢度节日。

11日　红桥区委平安红桥建设领导小组第一次扩大会议召开，会议审议通过《2019年平安红桥建设工作要点》等6个相关文件。区委书记李清主持会议并讲话，区委副书记、区长袁家健传达市委平安天津建设领导小组会议精神，区委常委、区委政法委书记穆强对区委平安红桥建设有关文件的起草情况作说明。

27日　红桥区“领导干部学习大讲堂”暨区处两级理论中心组联合集体学习讲座举办，邀请市纪委监委研究室主任张磊解读《天津市纪委监委关于加强政治监督的工作意见(试行)》。区委书记李清、区政协主席杨焕参加，区委副书记芮永玲主持会议。

## 7月

4日　青春献力红桥“四场硬仗”主题实践活动暨红桥青少年创文创卫志愿服务进社区活动启动仪式在西沽公园举行，300余名少先队员、共青团员、青年代表参加。区委副书记芮永玲、区人大常委会副主任张东明、副区长刘玉明、区政协副主席杨宏丽参加活动。

8日　市长张国清到区艺点科技公司调研，区委书记李清、区长袁家健接待。

9日　中国劳动和社会保障科学研究院副院长莫荣到区调研座谈，区长袁家健、副区长徐卫京接待。

16日　甘肃省合水县党政代表团到区对接东西部扶贫协作和对口支援工作，并召开座谈会，就当前工作进展及下一步工作举措进行沟通交流。区委书记李清、区长袁家健、区委副书记芮永玲、区委统战部部长井春燕、区委组织部部长宋淑华参加会议。

18日　副市长孙文魁一行到区检查西沽公园设施养护管理有关情况，区长袁家健、区人大常委会副主任张东明、副区长刘玉明接待。

22日　副市长孙文魁一行到区调研西沽南有关情况，区委书记李清、区长袁家健、副区长李丽玲、刘玉明接待。

26日　区委书记李清、区长袁家健、区人大常委会主任郑会营、区政协主席杨焕、区武装部部长刘跃民走访慰问天津警备区和驻区部队，为部队官兵送去慰问金、慰问品和节日的祝福，对人民子弟兵长期以来大力支持地方建设与发展表示衷心感谢。

31日，市委书记李鸿忠到和苑街道康和园社区退役军人王晖家中慰问。

## 8月

1日　红桥区委常委会扩大会议召开，深入学习贯彻习近平新时代中国特色社会主义思想和党的十九大精神，认真落实习近平总书记对天津工作提出的“三个着力”重要要求和一系列重要指示批示精神，全面贯彻市委工作要求，部署推动当前各项重点工作。区委书记李清主持会议并讲话，区委副书记、区长袁家健总结部署全区经济社会发展工作，区政协主席杨焕、区委副书记芮永玲参加，区委常委、区委政法委书记穆强传达全市国庆70周年安保维稳工作动员部署会精神，部署红桥区70周年大庆安保维稳工作。

7日　副市长孙文魁主持市政府研究红桥区西沽南片区大运河文化保护传承利用有关工作会议，区长袁家健、副区长刘玉明参加。

9日 副市长金湘军到陆家嘴金融广场调研服务重点企业，区长袁家健、副区长徐卫京接待。

10日 区长袁家健参加第二届全国青年企业家峰会商务洽谈会。

13日 甘肃省庆阳市党政代表团到区考察对接东西部扶贫协作工作。区委书记李清，区委副书记芮永玲，区委常委、区委统战部部长井春燕陪同。

16日 区长袁家健参加2019年亚布力中国企业家论坛第十五届夏季峰会项目签约仪式和天津市欢迎会。

18日 第十届残疾人运动会暨第七届特殊奥林匹克运动会火炬传递活动在区举行。区长袁家健、区委副书记芮永玲、副区长刘玉明参加活动。

19—21日 区委副书记芮永玲，区委常委、区委统战部部长井春燕带领区政府相关部门、民营企业家代表一行赴甘肃省庆阳市合水县就做好扶贫协作和对口支援工作进行深入考察交流。庆阳市委常委、市纪委书记、市监察委代理主任盛云峰，合水县委书记解平陪同。

23日 红桥区在天津市政府新闻发布厅召开“壮丽70年 奋斗新时代”主题新闻发布会，回首红桥区与新中国同奋进、共成长历程，聚焦新中国成立70年特别是党的十八大以来区域巨变和经济社会发展取得的喜人成果，站在新时代的起点展望红桥未来发展。区委书记李清、区长袁家健、区委宣传部部长陈东杰参加。

25日 区长袁家健参加全国第十届残运会暨第七届特奥会开幕式。

26日 区委书记李清、区长袁家健、区政协主席杨焕、区委副书记芮永玲等区领导到市档案馆，集体参观“不忘初心、牢记使命”主题教育档案文献展。

28—30日 区委书记李清带领区党政代表团到甘肃省合水县、碌曲县就做好扶贫协作和对口支援工作进行考察调研。

## 9月

2日 区委书记李清、区长袁家健组织召开西沽南大运河文化传承保护利用工作会议。

6日 区委书记李清主持召开区委常委会扩大会议，会议传达学习习近平总书记关于湖北恩施恶性杀人事件重要指示批示精神、中央政法委电视电话会议和市委常委会会议有关要求，研究部署具体贯彻落实举措。

7日 “庆祝新中国成立七十周年大力弘扬新时代尊师风尚”红桥区教育大会暨庆祝新中国成立70周年和第35个教师节大会召开。天津市委教育工委常务副书记、市教委主任荆洪阳，红桥区委书记李清参加会议并讲话，区长袁家健宣读表彰决定，区委副书记芮永玲主持，区人大常委会副主任陈淑芳、副区长刘玉明参加。

9日 区长袁家健赴重庆开展招商引资活动。

11日 红桥区首期“青年马克思主义者培养工程”结业式暨第二期“青年马克思主义者培养工程”开班式举办。区委副书记芮永玲出席会议并讲话，区委常委、区委组织部部长宋淑华主持会议。

12日 红桥区“不忘初心、牢记使命”主题教育动员部署会召开。市委第三巡回指导组组长李凤出席会议并讲话，区委书记、区委“不忘初心、牢记使命”主题教育领导小组组长李清作动员讲话，区委副书记、区长袁家健主持，市委第三巡回指导组副组长王德群、区政协主席杨焕、区委副书记芮永玲参加。

17—19日 区委理论学习中心组举办第一期读书班，深入学习贯彻习近平新时代中国特色社会主义思想，学原著、悟原理，坚定信仰信念，查找差距不足，明确努力方向，坚决抓好落实。区委书记李清讲话，区委副书记、区长袁家健，区人大常委会主任郑会营，区政协主席杨焕，区委副书记芮永玲及区委常委参加，市委第三巡回指导组有关同志到会指导。

21日 区委“不忘初心、牢记使命”主题教育领导小组办公室举办红桥干部学习大讲堂暨区处两级理论学习中心组联合集体学习，邀请天津大学马克思主义学院教授刘娜以《坚守为人民谋幸福的初心不动摇》为题作辅导。区委书记李清，区委副书记、区长袁家健，区人大常委会主任郑会营,区政协主席杨焕,区委副书记芮永玲等区领导参加学习。区委常委、区委宣传部长陈东杰主持。

23日 “壮丽70年 奋斗新时代”红桥区庆祝中华人民共和国成立70周年文艺演出举办。区委副书记芮永玲,区委常委、区委宣传部部长陈东杰,副区长刘玉明,区政协副主席张志忠参加活动。

26日 红桥区政协庆祝中华人民共和国暨中国人民政治协商会议成立70周年大会召开。市政协民宗委主任王竞,区委书记李清,区委副书记、区长袁家健,区人大常委会主任郑会营参加会议。区政协主席杨焕主持并致开幕词。

30日 红桥区举行各界群众全国烈士纪念日向人民英雄敬献花篮仪式。红桥区区级领导与500余名退役军人、优抚对象、机关干部、团员青年等各界群众代表一起参加仪式。

## 10月

12日 市委副书记阴和俊到邵公庄街道调研,与街道领导班子及社区党组织书记座谈。

13日 市委组织部部长喻云林到邵公庄街调研“不忘初心、牢记使命”主题教育开展情况。

22日 红桥区举办“干部学习大讲堂”暨区处两级理论中心组集体学习,邀请天津市社会科学界联合会秘书长、博士生导师张再生教授,就如何践行新发展理念进行解读。全区区处两级领导干部350余人参加学习。

24日 红桥区委常委会扩大会议召开,传达学习贯彻市委常委会扩大会议暨市委财经委员会第二次会议精神,部署国家卫生区创建验收迎检工作。区委书记李清主持会议并讲话,区委常委、副区长管兴桥作传达,区委常委、区委宣传部部长陈东杰作部署。

## 11月

1日 中国电子信息产业集团和中央党校(国家行政学院)电子政务研究中心领导到区调研基层社会治理平台,区委书记李清,区委副书记芮永玲陪同。

13日 市委宣讲团成员、红桥区委书记李清在红桥区委礼堂作党的十九届四中全会精神宣讲报告会。全区副处级以上领导干部360余人参加。

21日 市委保密办在区召开天津市基层保密工作座谈会。市委保密委专职副主任张永新,市委保密办主任、市国家保密局局长丁洪明,区委书记李清参加。

27日 市委召开十一届七次全体会议,区委书记李清、区长袁家健参加。

## 12月

2日 中国共产党天津市红桥区第十一届委员会第十三次全体会议召开。全会以习近平新时代中国特色社会主义思想为指导,深入贯彻落实党的十九大和十九届四中全会精神,全面落实市委十一届七次全会部署要求,着力推进中国特色社会主义根本制度、基本制度、重要制度和国家治理体系在红桥的执行实施,全面提升基层社会治理能力和水平。区委书记李清,区委副书记、区长袁家健,区人大常委会主任郑会营,区政协主席杨焕参加。

6日 市委副书记阴和俊到区指导民主生活会,区委书记李清、区长袁家健、区委副书记芮永玲、区委组织部部长宋淑华接待。

是日 市人大常委会副主任、市委组织部常务副部长梁宝明到芥园街泉春里社区,调研人大代表履职情况、社区人大代表工作站建设情况和社区党建工作。

12日 区长袁家健赴上海参加津沪产业合作交流活动。

17日 区长袁家健、区委统战部部长井春燕赴北京参加“聚焦产城融合新机遇,建设绿色美丽新红桥”主题招商推介会,参加招商推介会开幕式。

19日 红桥区人民政府与中国黄金集团建设有限公司签订战略合作协议,中国黄金集团建设有限公司总经理贺云,党委副书记陆胜旗,广泽集团董事长孙文普,区委书记李清,区委副书记、区长袁家健,副区长李丽玲、徐卫京参加签约仪式。

# 红桥概览

## 基本地情

红桥历史悠久,红桥区是天津城市、商业、工业和近代教育的发祥地。南运河、子牙河、北运河贯穿全境,于三岔河口交汇流入海河,形成"三河五岸"独特的地理区位,历史上是南粮北运和水上运输的集散地,享有"先有三岔河口,后有天津卫"的美誉。世界文化遗产——中国大运河流经红桥区,大运河文化在红桥区不仅成就天津城市、商业、民族工业、近代教育四大发祥地,还是天津的高雅文化、盐商文化的兴盛之地。

**地理位置**　红桥区是天津市中心城区之一,位于天津城区西北部,以境内子牙河上的"大红桥"而得名,反映全区因河而兴,缘路而盛的枢纽地位。南起北马路、西马路,沿西关大街及青年路一线与南开区毗连,北部、东部以北运河、海河为界,与北辰区、河北区隔河相望,西至千里堤、西横堤,与北辰区、西青区接壤。全区面积21.31平方千米。政区中心地理坐标为:北纬39°09′56″,东经117°08′45″。地势西北高,东南低,海拔最高度为5.34米,最低2.04米。

**建制沿革**　红桥区1928年属天津特别市,今区境大部分属第二、第三、第四警区所辖。1949年天津解放前夕,以南运河为界,红桥区大部分在河北,为天津市第九区。东至北运河,南至南运河,西至旧市界,北至北运河。南运河以南为第八区,位于市区西北部,东至海河,南至鼓楼东、西大街、西关街,西至西营门市界,北至南运河。1952年10月,成立新第八区,东至北运河、北门外大街,南至北马路经西马路沿西关大街至南运河,西至千里堤、西横堤,北至北运河、丁字沽、唐家湾大道。1956年1月,根据《天津市人民委员会关于市辖区按地名称呼的通知》,第八区因界内子牙河上大红桥得名,改称红桥区。1966年"文化大革命"开始,红桥区改称"红卫区"。1967年12月成立"红卫区革命委员会"。1968年1月恢复原区名。

**行政区划**　红桥区辖10个街道办事处:西于庄街道、丁字沽街道、西沽街道、三条石街道、咸阳北路街道、铃铛阁街道、芥园道街道、邵公庄街道、双环邨街道、和苑街道办事处。

**人口与民族**　截至2019年年底,全区常住居民209819户509338人(男252055人、女257283人)。全区人口除汉族外,有36个少数民族;少数民族中人口最多的为回族,有40801人,占全区总人口8.01%。

**气候**　区境气候属于"中国暖温带半湿润季风型气候"。区境地处北半球中纬度地带,受地理纬度和季风的影响,气候四季分明。春季多风,雨水稀少;夏季炎热,降水较多;秋季天高,气爽宜人,冬季寒冷,干燥少雪。

**交通**　红桥区交通四通八达,地铁、普铁、高铁、快速路、市级主干道路一应俱全。拥有天津西站大型铁路客运站,京沪、京津、津保及津秦四条高速铁路接入天津西站,从红桥始发实现半小时到达北京,五小时到达上海,形成快速便捷的交通圈。区内西站长途汽车站和红桥长途客运站满足人们去往全国各地的长途需求。地铁1、6号线途经红桥区,规划4号线也将在红桥区建设。西青道快速路、西北半环快速路、中环线、京津公路经过红桥区,通向全市其他区县。

## 经济发展

**京津冀协同发展**　2019年,红桥区制定出台《发挥北方枢纽优势打造"服务雄安新区、对接京冀"桥头堡》10项措施、130项具体任务。成立驻北京招商办公室,积极承接北京非首都功能疏解,一批来自北京的优质企业项目引进落地。全力推动"三站一场"(天津西站地区、天津南站地区、天津站地区及天津滨海国际机场)环境服务提升整治,西站地区基础设施、站容站貌、运营秩序明显提升。设立“雄安驿站”,面向所有来津企业提供服务。加强与京冀地区的基本公共服务共建共享,与河北工业大学联合合作办学,区教师进修学校与雄县教师发展中心签订合作协议,徐长青工作室简约教学荣城工作站揭牌成立,与北京市通州区、河北省保定市、张家口市建立非遗保护传承互助机制。

**营商环境优化** 2019 年,红桥区深入推动“一制三化”改革(承诺制、标准化、智能化、便利化审批制度改革),区政务服务中心实现“一窗受理、大厅通办”。全面推行“五减四办”(在审批中减事项、减材料、减环节、减证照和减时限,推行马上办、就近办、网上办和一次办)改革举措,“网上办”达到 72%、“一次办”达到 90.20%。深入开展“双万双服促发展”活动,用足用好“红桥双十条”等配套政策,加速兑现各项扶持政策,累计发放产业扶持资金 8200 万元。严格落实减税降费政策措施,全区政策性新增减税降费 2.94 亿元,惠及 90%以上的纳税企业。

**招商引资 招才引智** 2019 年,红桥区成功举办红桥投资贸易洽谈签约会等 6 场宣传推介活动,借助世界智能大会、津洽会等平台,大力宣传推介红桥。深入推进产业招商、以商招商、中介招商,新聘任招商顾问 45 人,与戴德梁行等 8 家中介机构签订委托招商协议。完成国内招商引资到位额 54.7 亿元,同比增长 120.7%;新增注册企业 3183 家,同比增长 10.7%,注册资金 164 亿元,同比增长 55.3%,其中千万元以上企业 215 家,国药商贸、中粮利金、中电信息技术研究院等一批优质企业项目落户红桥区。深入实施“海河英才”“子牙人才”计划,完成落户 9719 人。积极落实人才激励政策,建成人才公寓 187 套,引进“双一流”(世界一流大学和一流学科建设)人才 128 人。

**产业结构优化** 2019 年,红桥区加快推进光荣道科技产业园建设,新增注册各类市场主体 974 家,初步形成以新一代信息技术、人工智能为主导的产业聚集。泛在电力物联网综合示范区、国家人力资源产业服务园红桥分园建设同步启动。国家科技型中小企业评价入库 190 家,新认定国家高新技术企业 21 家、市级高新技术企业 19 家,认定雏鹰企业 32 家、瞪羚企业 3 家。评选出全区首批 10 家明星企业。税收超亿元楼宇 2 座。新引进天津银行第六中心支行、渤海银行红桥支行等金融机构,金融业留区税收同比增长 20%。运河新天地成为全市市级夜间经济示范街区中率先开业的街区,摩天轮、凯莱赛、新五爱道等夜间经济街区成为拉动消费增长新引擎。

## 城市建设与治理

**棚户区改造“三年清零”** 2019 年,红桥区提前两个月完成市委、市政府下达的 66.26 万平方米棚改“三年清零”任务,实际完成 73.77 万平方米,超额完成 7.51 万平方米,受益居民 3.33 万户,超过 15 万人实现新居梦,释放 3000 亩土地,为红桥未来发展打开空间。红桥区棚改工作的成效得到市委、市政府主要领导批示肯定,“渔村”危房居民搬迁安置工作做法登上《人民日报》头版头条。

**重点工程建设** 2019 年,红桥区全力推动 36 个项目建设,全年在施工程面积 206 万平方米,完工 30.2 万平方米,油脂储炼厂等项目进展顺利,泰盈科技大厦等项目主体完工,正融科技大厦等项目投入运营。加快土地整理,五十一中南地块实现出让,单家面铺、西站前广场等地块具备挂牌出让条件。持续优化路网结构,丁字沽零号路、民畅道、海源道、保康东路等一批道路建成通车,子牙河南路及北路启动建设。和苑起步区 C 地块海绵城市改造、团结路地道改造等项目顺利完工,改善周边区域居住环境和出行条件。

**创文创卫**　2019 年,红桥区举全区之力打好国家卫生区创建攻坚战,顺利通过国家卫生区检查。加大违法建设拆除力度,累计清拆 3130 间、6.65 万平方米,丁字沽零号路、四新道、西关北里及南大寺周边、新红路南侧、水木天成、铃铛阁街宰牛点等一批存在多年的城市管理顽疾得到治理。对 32 条主干道路及部分支线道路 621 处窗改门进行封堵恢复。对废品回收站、违规报刊亭、雨水井污染、马路餐桌、露天烧烤、共享单车等问题进行专项治理。集中开展违建别墅问题清查整治专项行动,提前完成 4 处违建别墅拆除任务。彻底清拆北运河西路沿河违章建筑物 7500 平方米。推动垃圾分类试点工作,建成 15 个机关学校示范点和居民区试点。全力推进天津市文明城区创建工作,大力宣传贯彻《天津市文明行为促进条例》,开展社区环境清整、文明交通、文明祭扫等主题志愿服务活动 2000 余场次,3000 余名党员干部职工结对包保社区,营造人人关心双创、人人支持双创、人人参与双创的良好氛围。

**城区绿化**　2019 年,红桥区大力实施城区绿化提升工程,对唐家湾、千里堤、本溪楼社区小游园等进行提升改造。完成 10 万平方米子牙滨河公园一期工程建设,昔日棚户区变身沿河公园。持续推进"厕所革命",新建龙悦路等 14 个公厕,彻底消除旱厕。

**生态环境建设**　2019 年,红桥区全力打好污染防治攻坚战,中央环保督察反馈的 255 个环保类问题得到有效整改。加强扬尘管控,190 余个工地全部落实"六个百分百"(施工工地周边 100%围挡,物料堆放 100%覆盖,出入车辆 100%冲洗,施工现场地面 100%硬化,拆迁工地 100%湿法作业,渣土车辆 100%密闭运输)。强化非道路移动源污染控制,严厉查处超标排放机动车 480 辆。加强餐饮油烟污染治理,600 余家餐饮企业安装环保净化设备并正常使用。妥善应对重污染天气,出重拳整治各类违法违规问题,PM2.5 年均浓度降至 54 微克/立方米。严格落实河(湖)长制,全面排查入河排污(水)口,封堵口门 41 个,改造河道上游雨污混接点 130 处,地表水考核断面达标率 100%,全区水质综合指数累计排名全市第一。

## 民生保障

**社会保障**。2019 年,全区财政支出 86%用于民生,20 件民生实事全部完成。解决好"一老一小"等民生短板问题,新建 4 所养老院,新增养老床位 372 张,达到每千名老人拥有 30 张养老床位的国家标准;认真落实市委、市政府学前教育两年攻坚计划,补充学前教育学位 3920 个,完成两年总任务量的 73%。新建芥园道、丁字沽一号路等 5 座菜市场,全区在营菜市场 20 座。发放各类保障金 4.66 亿元,有效保障困难群众基本生活。全面完成治欠保支任务。深入开展打击欺诈骗保专项行动,追回医保基金 22 万元。全面完成 79 个、260 万平方米老旧小区及远年住房改造任务,受益居民 3.5 万户。全力推进 10 个历史遗留项目产权证办理工作,1.2 万个产权证实现依申请应发尽发。全面落实各项住房保障政策,新增受益居民 1.01 万余户,超额完成全年任务。成功创建市级美丽社区 7 个。建成退役军人服务中心(站)133 个,圆满完成军转干部、退役士兵接收安置任务。

**社会事业**　2019 年,三条石小学完成主体结构施工,红咸里小学实现竣工,和苑营和园幼儿园开园招生。加快平安校园建设,在全市各区率先完成幼儿园三级监控平台建设任务。天津三中、民族中学、泰达实验中学体育场馆向社会开放。加快健康红桥建设,持续推进医药卫生体制改革,为患者让利 6396 万元,建设 14 个医联体,家庭医生签约 18.2 万人次。西沽街社区卫生服务中心迁建工程启动建设。建成7个120急救站点，平均反应时间缩短至10分钟以内，提前一年半在全市各区率先完成建设任务。通过天津市慢性病综合防控示范区建设审核。举办第29届天津运河桃花文化商贸旅游节，接待中外游客近110万人次。做好大运河红桥段文物保护传承利用，深入挖掘非物质文化遗产项目，全区各级非遗代表性项目44项。区图书馆分馆实现10个街道全覆盖。举办庆祝新中国成立70周年系列演出、天津相声节、社区文体艺术节、红桥武术节等活动。完成全国第十届残运会暨第七届特奥会象棋比赛服务保障工作，建成国家级试点丁字沽街社区健身中心。举办第26届民族团结月系列活动，市民族文化宫重建启用，连续7次荣获"全国民族团结进步模范集体"称号。市少年宫新址落成使用。深入推进东西部扶贫协作和对口支援工作，完成6309.6万元消费扶贫和857.1万元捐款及人才支援、劳务协作等脱贫攻坚任务。

**基层社会治理** 2019年，红桥区全面落实市委"1号改革创新工程"，按照"战区制、主官上、权下放"的要求，大力推进党建引领基层治理体制机制创新，建立健全网格党建、基层治理、民计民生、服务企业四大体系，打造共建共治共享的基层社会治理格局。建成"红桥区基层社会治理平台"，构建"三级平台""四级网格"，通过"一张网"整合全区党建、民政、城市管理、环保、行政审批、禁毒、消防、综治等各类网格资源，明确各级网格平台职责和74类社会治理重点问题，以现代信息技术提升社会治理精细化水平，接收受理各类事项24.1万件，办结率99.3%。按照"一街道一台账、一社区一方案"的原则，逐一确定86个社区党群服务中心提升改造路径，105个应达标社区全部完成达标任务。加快社区扫保机制改革，建立旧楼区管理联动机制，落实准物业管理退出机制，20个管理薄弱小区完成原公司退出、新公司接管。

## 安全稳定

2019年，红桥区持续开展隐患大排查大起底大整改，完成55个燃气占压点位以及龙悦花园、和苑家园等9个小区消防安全隐患治理，对长庚老年公寓地下空间、天鸿大厦地下空间长期非法占用、畅景家园地下车库大量存放易燃物品、福居公寓小区地下空间安全隐患、胡同里烧烤违规囤积煤气罐等一批事故隐患进行彻底治理，全年未发生较大及以上安全事故。启动国家食品安全示范城市创建工作，通过市级中期评估考核。严厉打击食品药品违法犯罪行为，保健品"打清整"专项行动取得实效。完成新中国成立70周年大庆等重大安保任务，实现重要会议和重大活动期间零进京访目标。顺利完成市交办的140件信访积案化解工作。八类案件破案率100%。深入开展扫黑除恶专项斗争，打掉黑恶团伙5个，破获涉黑涉恶刑事案件39起，抓获犯罪嫌疑人50人，查处"官伞""警伞""庸伞"16人。

## 政治建设

2019年，红桥区开展"不忘初心、牢记使命"主题教育，坚持用习近平新时代中国特色社会主义思想和中共十九大精神武装头脑、指导实践、推动工作，践行初心使命，"四个意识"(政治意识、大局意识、核心意识、看齐意识)更加牢固，"四个自信"(中国特色社会主义道路自信、理论自信、制度自信、文化自信)更加坚定，"两个维护"(坚决维护习近平总书记党中央的核心、全党的核心地位，坚决维护党中央权威和集中统一领导)更加自觉。集中开展深化政治性警示教育"一抓三补四强化"(即抓警示教育落实，补思想认识、补风险防控、补制度机制，强化政治引领、强化警示震慑、强化纪律约束、强化作风养成)专项行动,推动政治生态持续向善向好。深入推进党风廉政建设,认真落实“基层减负年”要求,严格落实中央八项规定精神,加大“四风”问题(形式主义、官僚主义、享乐主义、奢靡之风)监督检查力度,持续开展形式主义、官僚主义和不作为不担当问题专项治理,整治一批群众身边的不正之风和腐败问题。

## 依法行政

2019 年,红桥区全面执行区人大及其常委会的决议和决定,自觉接受人大工作监督、法律监督和政协民主监督,积极听取各民主党派、工商联、无党派人士和人民团体意见,办理人大代表建议和政协提案 231 件,办复率和满意率均 100%。加快推进依法治区,积极推行政府法律顾问制度,大力开展“七五”普法宣传教育,全面推行行政执法“三项制度”(行政执法公示制度,行政执法全过程记录制度,重大执法决定法制审核制度),着力整治执法中的“好人主义”。加大人民调解工作力度,累计调处各类矛盾纠纷 1830 起,调解成功率 99.8%。认真做好“8890”“政民零距离”、公仆热线等群众来信来访办理工作,按时回复率 100%。

## 重点领域改革

2019 年,红桥区全面完成党政机构改革和街道系统机构改革任务,扎实推进事业单位改革。完成区国投公司、国资经营公司、城市建设类公司、房产总公司和退休人员托管中心“四公司一中心”整合组建。股权划转和国有资产归口管理稳步推进,大福来公司混改顺利完成,空壳企业出清和僵尸企业注销取得积极进展。国有资产监管制度进一步完善,对 289 处行政事业单位和管理处经营性房产实现统一接收管理。

# 中共红桥区委员会

# 中国共产党天津市红桥区第十一届委员会领导名单

(2019年)

区委书记:李　清
副 书 记:袁家健(至2019年12月19日)
　　　　　何智能(2019年12月19日任)
　　　　　芮永玲(女)(2019年6月13日任)
常　　委:穆　强(回族)(至2019年12月19日)
　　　　　芮永玲(女)(至2019年6月13日)
　　　　　管兴桥
　　　　　陈东杰(女)
　　　　　于　清(2019年9月28任)
　　　　　井春燕(女)
　　　　　何　斌(满族)
　　　　　张东明(2019年12月19日任)
　　　　　刘跃民(2019年3月28日任)
　　　　　宋淑华(女)

# 重要会议

**【区委十一届十一次全体会议】** 2019年1月2日,中国共产党天津市红桥区第十一届委员会第十一次全体会议在区委礼堂召开。全会的议题是以习近平新时代中国特色社会主义思想为指导,深入贯彻落实中共十九大和十九届二中、三中全会精神,全面落实中央经济工作会议和市委十一届五次全会暨经济工作会议部署要求,总结2018年工作,部署2019年任务。区委委员、候补委员出席会议;不是区委委员、候补委员的区级领导干部,区纪委常委,处级单位党政主要负责人、副处级单位主要负责人,部分基层党代表参加会议。邀请各民主党派、工商联主要负责人及无党派代表人士参加全体会议。

(杨　洁)

**【区委十一届十二次全体会议】** 2019年2月28日,中国共产党天津市红桥区第十一届委员会第十二次全体会议在天津市第五中学新校区礼堂召开。会议任务是以习近平新时代中国特色社会主义思想为指导,深入贯彻落实中共十九大和十九届二中、三中全会精神,全面落实市委十一届六次全会部署要求,对认真学习贯彻落实习近平总书记在津视察和京津冀协同发展座谈会上重要讲话精神进行全面部署。区委委员、候补委员,不是区委委员、候补委员的区级领导干部,区纪委常委,处级单位党政主要负责人、副处级单位主要负责人,部分基层党代表参加全体会议。

(杨　洁)

**【区委十一届十三次全体会议】** 2019年12月2日,中国共产党天津市红桥区第十一届委员会第十三次全体会议在区委礼堂召开。全会审议通过《中共天津市红桥区委贯彻落实〈中共中央关于坚持和完善中国特色社会主义制度、推进国家治理体系和治理能力现代化若干重大问题的决定〉的具体实施意见》。区委委员、候补委员,不是区委委员、候补委员的区级领导干部,区纪委常委,处级单位党政主要负责人、副处级单位主要负责人,部分基层党代表参加全体会议。

(杨　洁)

**【红桥区机构改革动员部署会】** 2019年1月3日,红桥区机构改革动员部署会在区委礼堂召开,全力落实党中央关于深化党和国家机构改革的决策部署以及市委工作要求,高质量完成全区机构改革任务。区委书记李清主持会议并讲话。区委副书记、区长袁家健宣读《红桥区机构改革实施方案》。全体区级领导,区委委员、候补委员,区纪委副书记、区监委副主任,处级单位党政主要负责人、副处级单位主要负责人参加会议。

(杨　洁)

**【红桥区棚户区改造"三年清零"攻坚誓师大会】** 2019年2月11日,红桥区棚户区改造"三年清零"攻坚誓师大会在区委礼堂召开。区委书记李清出席会议并讲话。区委副书记、区长袁家健部署2019年全区棚户区改造工作,各项目指挥部向区委区政府递交责任状,部分单位代表作表态发言。全体区级领导,处级单位党政主要负责人,副处级单位主要负责人,各项目指挥部指挥、副指挥、动迁干部代表参加会议。

(杨　洁)

**【全体领导干部会】** 2019年,红桥区召开全体领导干部会议2次。

2019年2月18日,红桥区领导干部会议在区委礼堂召开。区委书记李清参加会议并讲话,区委副书记、区长袁家健主持会议并传达习近平总书记在视察天津工作和京津冀协同发展座谈会上的重要讲话精神,区委常委、区政府副区长管兴桥部署红桥区贯彻落实措施。全体区级领导,区属处级单位党政主要负责人,各派出所所长,区属中、小学校主要负责人,红桥医院、红桥中医院、红桥区疾控中心、红桥区卫生监督所主要负责人,区图书馆、区少儿图书馆、区文化馆、义和团纪念馆、三条石博物馆主要负责人,区住建委、城管委下属单位主要负责人,全区各社区党组织主要负责人参加会议。

2019年4月24日,红桥区领导干部会议在区委礼堂召开,区委副书记、区长袁家健主持会议。区委组织部部长宋淑华通报2018年度绩效考评等次反馈情况,区委宣传部部长陈东杰就贯彻落实《天津市文明行为促进条例》提要求,区委政法委书记穆强通报中央扫黑除恶专项斗争第12督导组第3下沉督导组督导红桥区反馈意见,区委书记李清就落实全面从严治党主体责任检查考核暨市委领导约谈反馈红桥区问题整改工作作部署要求并讲话。全体区级领导,区属处级单位(不含处级学校)副处级实职以上领导干部、各派出所所长参加会议。

(杨　洁)

## 区委办公室工作

**【概况】** 2019年,中共红桥区委办公室(以下简称区委办公室)深入学习贯彻习近平新时代中国特色社会主义思想特别是习近平总书记对全国秘书长会议的批示精神,认真贯彻落实中央、市委决策部署和区委工作要求,迅速适应机构改革的新形势,围绕中心,服务大局,充分发挥综合部、参谋部、协调部、后勤部作用,全面促进中央决策部署和市、区委工作要求贯彻落实,强政治、抓落实、重服务,圆满完成年初确定的各项任务目标。

(陈元国　杨　洁)

**【统筹协调】** 2019年,区委办公室全力做好综合协调工作,努力当好区委的运转枢纽。牵头服务保障对习近平总书记到天津考察和在京津冀协同发展工作座谈会讲话精神的贯彻落实,组织推动全区党建工作部署会、庆祝新中国成立70周年大会等重大会议活动、重要工作。做好会务接待工作,累计承办书记专题会59次、区委常委会82次,承办区委全会等全区性大会20余次,组织全市视频会议(红桥分会场)7次。做好文件办理工作,区委办收文1900件、发文230件,拟办意见2400条。搞好基层服务,配合相关单位查阅文件百件次,使用印章500件次。配合服务相关单位召开领导小组会议、专项工作推动会等各类会议110场次。做好区委办自身运转服务,“OA”办公系统流转文件1200余件,拟办处理意见1100条。整理完成37次室务会记录纪要,跟踪督促落实相关事项。

(陈元国　杨　洁)

**【党内法规】** 2019年,区委办公室认真落实制度治党、依规治党重要要求,承担区委党内法规制度建设工作,推动规划、制定、审核、备案、清理和发文各环节同向发力,初步构建务实管用的区委党内法规工作体系。构建区委党内法规制度落实体系。成立区委党内法规和规范性文件制定工作联席会议,组建全区党内法规建设专兼职队伍。强化文件备案审查和前置审核,对全区各部门各单位拟以区委、区委办公室名义制发的党内规范性文件前置审核全覆盖。开展党内规范性文件集中清理,分批对区委1956至2018年发布的党内规范性文件进行全面集中清理。构建发文责任机制,建立“三审三校”工作制度,坚决压减发文数。加大党内法规制度的宣传教育力度,利用美丽红桥微信公众号等载体,对减负27

条等制度规定进行推送。

（陈元国　杨　洁）

【档案行政管理】　2019年，区委办公室、区档案局理顺档案工作领导管理体制、日常运转机制，开展“6·9”国际档案日主题宣传活动，抓好档案安全隐患排查，超前谋划涉机构改革单位的档案处置工作，指导全区53个涉及机构改革单位编制档案管理和处置方案，推动机构改革期间档案资源合理流向、妥善处置。

（陈元国　杨　洁）

【国家安全】　2019年，区委办公室（区委国安办）筹备召开区委国家安全委员会第一次会议，牵头制定印发区委国家安全等相关制度性文件，开展“4·15”全民国家安全教育日宣传教育活动暨《中华人民共和国反间谍法》5周年纪念活动，推进国家安全宣传教育进机关、进社区、进企业、进校园，切实增强全民国家安全意识，营造维护国家安全人人有责的浓厚氛围。

（陈元国　杨　洁）

【服务全区重点工作】　2019年，区委办公室2名班子成员分别牵头双创、一号改革创新工程任务，为推动全区重点工作开展发挥重要作用。统筹协调创文创卫各项工作，完成国卫专家对红桥区的创卫工作验收。组织区委办公室党员干部参与包保社区创卫工作，在各个攻坚阶段全员出动，发挥积极包保示范作用。发挥“一号改革创新工程”领导小组办公室职能作用，健全工作例会、议事协调、联席会商制度，推动91个党群服务中心达标，光采社区、子牙一社区等一批社区党群众服务中心投入使用。

（陈元国　杨　洁）

## 政策研究

【概况】　2019年，中共天津市红桥区委研究室（以下简称区委研究室）深入学习贯彻习近平新时代中国特色社会主义思想，全面贯彻党的十九大和十九届二中、三中、四中全会精神，牢固树立“四个意识”，坚定“四个自信”，坚决做到“两个维护”。深入服务领导决策，起草区委全会会议材料、区委领导讲话发言提纲等。建立重点调研课题台账，开展专题调查研究，推动调研成果转化。积极发挥区委改革办职能作用，推动全区改革工作，实施改革绩效考核，推进重点改革任务落地落实。出刊《红桥信息》，向市委报送红桥经济社会发展和党的建设工作成果。

（王　尧　李家奇）

【服务决策】　2019年，区委研究室起草完成区委交办的各类重要文件材料50余篇、40余万字，主要包括：区委十一届十二次、十三次、十四次全会等会议材料，《中共天津市红桥区委关于认真学习贯彻习近平总书记视察天津重要指示和在京津冀协同发展座谈会上重要讲话精神的实施意见》《中共天津市红桥区委关于贯彻落实〈中共中央关于坚持和完善中国特色社会主义制度、推进国家治理体系和治理能力现代化若干重大问题的决定〉的具体实施意见》《中共天津市红桥区委常委会2019年工作总结》《中共天津市红桥区委常委会2020年工作要点》等一系列文件。围绕贯彻落实市委“1号改革创新工程”相关工作，组织起草或修改各类汇报发言、经验报告、调研文章、新闻稿件等文稿9篇。

（王　尧　李家奇）

【文稿撰写】　2019年，区委研究室起草和审修各类重要文稿160余篇、60余万字，主要包括：区委常委会、区委主要负责人和有关负责人在

“不忘初心、牢记使命”主题教育期间系列材料,区委主要负责人在市委全会分组讨论、全市党建引领基层治理体制机制创新领导小组第三次会议暨工作现场推动会上的发言,以及在区棚改“三年清零”攻坚誓师大会、创文创卫工作推进大会、庆祝新中国成立70周年主题新闻发布会、区人大与“一府一委两院”领导座谈会、区政协庆祝中华人民共和国暨人民政协成立70周年大会上的讲话等文稿。完成《天津工作》《天津组工通讯》《支部生活》杂志约稿材料。

(王 尧 李家奇)

【调查研究】 2019年,区委研究室印发《红桥区2019年调研工作要点》《红桥区2019年度区、处级领导干部重点调研课题台账》,全区副处级以上领导干部全部确定调研课题并报送调研成果。围绕落实“战区制、主官上、权下放”推进党建引领基层治理体制机制创新、棚改“三年清零”等工作,到基层、一线开展专题调研,形成调研报告。其中参与起草的调研报告《哨音即令 令出即行 违者必究——红桥区狠抓基层治理“七个一”》刊发于市委《决策与参考》。

(王 尧 李家奇)

【推动改革】 2019年,区委研究室做好改革事项组织推动、协调沟通等工作。制定区委全面深化改革委员会工作规则、专项小组工作规则和区委改革办工作细则,印发《区委全面深化改革委员会2019年工作要点》《2019年全面深化改革任务台账》《落实〈天津市贯彻落实党的十九大报告重要改革举措实施规划(2018—2022年)〉工作方案》等文件。围绕14项重点改革任务,开展2019年度全面深化改革督察。做好全市改革绩效考评迎检工作,协调相关部门梳理改革任务完成情况,完成书面佐证材料整理上报。制定《红桥区2019年全面深化改革绩效考评实施细则》,对59家改革涉及单位逐一考核打分。

(王 尧 李家奇)

【信息报送】 2019年,区委研究室向市委报送全区重点工作和基层社情民意,上报各类信息984条,报送网络舆情2700余条,完成市委信息约稿18篇,市委各类刊物采用326条。广泛收集整理全区各部门各单位贯彻落实区委决策部署的特色亮点,全年出刊《红桥信息》43期。建立健全信息员、信息报送制度,落实信息采用反馈机制。

(王 尧 李家奇)

## 督查监督

【概况】 2019年1月,红桥区整合区委办公室、区政府办公室的督查职责,组建中共天津市红桥区委督查室(以下简称区委督查室)。2019年2月28日,将区委督查室调整为区委工作机关,为正处级单位,归口区委办公室管理,加挂区政府督查室牌子。2019年,区委督查室认真贯彻落实习近平总书记关于狠抓落实做好督查工作的重要要求,以开展“不忘初心、牢记使命”主题教育为主线,聚焦协调推进全区全面从严治党主体责任落实、统筹规范全区督查检查考核等重点工作,真督实查、真抓实干。

(于文乐 郝 强)

【主体责任】 2019年,区委督查室以落实市委主体责任检查考核暨市委领导约谈反馈问题整改为切入点,依托“两清单一平台”(全面从严治党主体责任清单和任务清单,全面从严治党主体责任监管平台),加强日常统筹协调和工作督促推动,层层压实责任、层层传导压力,不断推进全区全面从严治党向纵深发展。牵头制定《中共天津市红桥区委常委会2019年全面从严治党主体责任清单和任务清单》《中共天津市红桥区委落实全面从严治党主体责任检查考核暨市委领导约谈反馈红桥区问题整改任务分解和责任分工》《红桥区全面从严治党主体责任监管平台日常监督评分细则》(试行)等文件,制发《红桥区全面从严治党主体责任监管平台启动运行有关问题答疑》《全面从严治党主体责任和监督责任应知应会学习手册》等学习内容,每月印发《区级党政班子成员履行全面从严治党主体责任重点工作提示》,不断健全完善由承担区委常委会“两个清单”任务责任部门参加的工作例会机制、主体责任监管平台月查机制、信息报送制度等工作制度机制,提示督促推动全区各部门各单位把主体责任扛在肩上、抓在手上、落实到具体行动上,确保管党治党取得实际成效。2019年红桥区主体责任检查考核在全市16个区中排名第四,位列优秀行列。

(于文乐 郝 强)

**【督促检查】** 2019年,区委督查室聚焦党中央国务院重大决策部署、市委市政府重点工作、市委巡视巡察反馈问题整改、区委区政府重点工作部署、区委区政府主要领导同志批示、民生重点难点问题,紧紧围绕国务院第六次大督查、2018年中央环保督察反馈问题整改、为基层减负工作、市2019年重点工作完成情况、市民心工程进展情况等重要内容,采取调研督查、暗访督查、跟踪督查等形式,认真组织开展督促检查工作,及时了解和掌握第一手情况,督促推动中央和市委、区委重大决策部署和各项工作要求落地落实。全年出刊《红桥督查》22期,为领导科学决策提供有益参考。着眼解决督查检查考核过多过频、过度留痕的问题,制定《红桥区2019年度督查检查考核计划》,将全区各部门各单位督查检查考核的42项内容精简到10项,精简率76.2%。推动减轻街道社区负担,清理部分对街道社区“一票否决”事项及与街道社区签订的“责任状”事项,在保证工作有效开展的前提下,切实将广大基层干部从繁杂事务中解脱出来。狠抓绩效考评工作,督促推动督查指标落地见效。分批次对全区督查联络员队伍进行业务培训,组织深入学习习近平总书记关于狠抓落实做好督查工作的重要要求,增强做好督查工作的实际本领。做好“互联网+督查”、人民网、北方网留言办理工作,核准情况,落实责任,跟踪督办,推动解决一批群众反映强烈的问题,2019年累计办理各类留言反映问题千余件,办理市委专项查办件1件,回复率100%。

(于文乐 郝 强)

## 组织工作

**【概况】** 2019年,中共天津市红桥区委组织部(以下简称区委组织部)坚持组织路线服务政治路线、政治建设统领组织建设,开展“不忘初心、牢记使命”主题教育,建强党的组织体系,培养忠诚干净担当的高素质干部队伍,集聚爱国奉献的各方面优秀人才,为红桥经济社会发展提供组织保障。

(张静伟)

**【学习贯彻习近平新时代中国特色社会主义思想】** 2019年,区委组织部开展习近平新时代中国特色社会主义思想教育培训,制发《红桥区2019—2022年干部教育培训行动计划》,开设第34期中青年干部培训班、第二批“青年马克思主义者培养工程”、第7期处级领导干部进修班和第10期处级干部专题研修班,以“习近平新时代中国特色社会主义思想和党的初心使命”等为主题举办干部学习大讲堂6期,举办《中国共产党党员教育管理工作条例》区级重点培训班,举办发展对象培训班2期、新党员“筑基”培训班1期。

(张静伟)

2019年9月26日,区委组织部举办红桥区党支部书记示范班 (区委组织部提供)

【主题教育】 2019年,区委组织部牵头组织开展“不忘初心、牢记使命”主题教育,推进“四个先行”(学习教育先行、调查研究先行、检视问题先行、整改落实先行)活动,召开领导小组办公室会议9次和专题会议2次,组成10个暗访组,先后6轮次到75个单位开展调研。指导75个处级单位确定349个调研课题,与4998名干部群众进行面对面交流,收集意见建议1893条、解决问题663个。全区梳理整治内容123项,制定整改措施228项,建立相关制度127项。落实“向群众汇报”要求,“民意直通车”转办的192件信访件,办结率99.5%、群众满意率92.9%。对全区开展主题教育工作进行测评,1203名党员干部、群众代表参加,总体评价为“好”的占99.3%。

(张静伟)

【干部队伍建设】 2019年,区委组织部制定《红桥区领导干部政治素质考察实施办法(试行)》。全年调整区管领导班子130个次,任免处级干部216人次,其中提拔任职89人次,平职交流127人次,36名在“四场硬仗”一线表现优秀的干部得到提拔重用。大力选拔优秀年轻干部,提拔45岁以下正处级干部4名,40岁以下副处级干部21名,其中19名35岁以下优秀年轻干部到街道一线担任副职,选派7名干部援藏、援甘,援派70余名专技人员到对口支援地区甘肃省碌曲县、合水县工作,选派42名2018届选调生到社区一线锻炼。面向国有企事业单位公开选调8名科级干部。全面推行公务员职务与职级并行制度。推荐天津市“人民满意的公务员”2人,向市委组织部推荐担当作为先进典型人选26人。

(张静伟)

2019年11月22日,区委组织部召开红桥区2018届选调生到社区任职工作部署会

(区委组织部提供)

【干部管理监督】 2019年,区委组织部制定《红桥区结合巡察开展选人用人专项检查实施办法(试行)》,分2个批次对18个区管单位进行选人用人检查。对2018年受到“双撤”处分的干部进行“带病提拔”倒查。指导全区处级单位开展“一报告两评议”工作(本年度科级干部选拔任用工作情况向本单位干部群众报告,并在一定范围内接受对本单位党委(党组)选人用人工作和新提拔任用科级干部的民主评议)。探索对新任职“一把手”开展家访。开展个人有关事项抽查核实,随机抽查48人次,重点抽查105人次,对3名处级干部进行大额资金查核验证。组织全区460名处级干部做好领导干部亲属违规经商办企业排查工作。对16名离任党委(党组)书记进行离任检查,组织29名“一把手”进行离任交接,对18名党政领导干部进行经济责任审计委托。完善干部谈心谈话制度,用好提醒函询诫勉,对29名干部进行函询,对9名工作履职不力的处级干部进行批评教育。指导全区各单位党委(党

组)对130余名受处分干部进行帮扶回访。

(张静伟)

【基层党建】 2019年,区委组织部研究制定推进党建引领基层治理工作20个配套文件和17个附件。建立"吹哨报到"快速响应机制,推动落实区、街道、社区三级城市基层党建工作联席会议制度,健全街道"大工委"、社区"大党委"机制,建立区、处级党员领导干部支部(社区党委)联系点447个。落实"社区党委—网格党支部—楼门党小组"三级组织体系,基层社区650个党支部、1078个党小组全部纳入网格。采取"线上+线下"相结合形式,加强社区网格员绩效考核。开展基层党组织建设年活动,实施深化理论武装、支部分类定级、"头雁"素质提升、基础提档升级、智慧党建提速、品牌示范引领专项攻坚行动,明确19项工作、78项具体落实举措。抓好《中国共产党支部工作条例(试行)》等制度落实。结合机构改革,新设立和撤销相关党组(党委)34个,明确区委直属党组织21个。通过新建、改扩建、购置等方式,推动105个社区党群服务中心全部达标。推进社区评星定级工作,深化"社区微实事工作室"党建品牌创建。非公企业和社会组织党组织覆盖率分别达到87.3%、90.8%,11座商务楼宇全部成立综合党委。做好区管党费收缴、使用和管理,对2018年度区管党费收支情况进行公示,年度区管党费收入392.24万元,支出627.86万元。全年发展党员155人。

(张静伟)

2019年9月5日,区委组织部在陆家嘴金融大厦召开全区"两新"组织党支部规范化建设现场推动会暨贝壳技术有限公司党支部成立授牌大会(区委组织部提供)

【人才工作】 2019年,区委组织部开展"弘扬爱国奋斗精神、建功立业新时代"活动,推荐天津市践行爱国奋斗精神先进个人2名、先进集体1个。加大人才引进落户力度,全区受理人才落户1.45万人,完成落户1.03万人。推动中国天津人力资源服务产业园(红桥)建设。指导帮扶万科泊寓勤俭道店获批第三批天津市人才公寓,建成人才公寓6123平方米。推荐天津艺点意创科技有限公司和天津城建设计院有限公司分别成功申报天津市第三批、第四批战略性新兴产业领军企业,帮助办理急需紧缺人才14名。推进天津市企业家队伍建设"111"工程(到2020年,培养百名以上具有国际视野、善于国际化经营管理、具有一定国际市场影响力的"杰出企业家";培养千名以上经营业绩突出、创新能力处于国内同行业领先地位、在行业或区域具有一定知名度的"新型企业家";培养万名以上富有创新精神、具有一定行业或区域影响力的优秀企业家)。开展"双一流"人才、电商人才、适用性人才统计和资助工作,累计引进"双一流"人才128人。举办京津冀大学生就业创业论坛、"子牙人才、荟萃红桥"秋季京津冀专场招聘会。全年完成选派党政挂职干部11人,选派教育、卫生专业技术人才91人,接收到区挂职党政干部15人。围绕电商产

2019年11月25日,区委组织部在红星职专举办京津冀大学生就业创业论坛(区委组织部提供)

业发展、种植养殖、旅游开发及管理、党务知识等主题,举办专题培训班6期,培训合水、碌曲干部人才2404人次。

(张静伟)

## 宣传工作

**【概况】** 2019年,中共天津市红桥区委宣传部(以下简称区委宣传部)、天津市红桥区精神文明建设委员会办公室(以下简称区文明办)、天津市红桥区人民政府新闻办公室、天津市红桥区新闻出版局坚持以习近平新时代中国特色社会主义思想为指导,认真贯彻落实习近平总书记关于宣传思想工作的重要讲话精神以及全国、全市宣传思想工作会议精神,以庆祝中华人民共和国成立70周年和"不忘初心、牢记使命"主题教育为重点,围绕全区中心工作、服务全区发展大局,着力推动理论武装、意识形态、舆论引导、精神文明建设等各项工作扎实开展,为打造绿色城区、建设美丽红桥提供坚强思想保证和良好舆论氛围。

(刘星华)

**【理论教育】** 2019年,区委宣传部制定《关于区委常委会带头把学习贯彻习近平新时代中国特色社会主义思想不断引向深入的意见》,把学习习近平新时代中国特色社会主义思想作为党委(党组)中心组学习的首要任务,制发《全区党委(党组)理论学习中心组学习安排》,指导全区中心组有计划、成系统开展学习。围绕习近平总书记关于京津冀协同发展、全面从严治党、民族宗教、国家安全等重要论述和净化政治生态、"不忘初心、牢记使命"主题教育等重点工作,采取专题研讨、专家解读等形式,组织中心组学习,进一步理清工作思路、凝聚思想共识。截至年底,组织中心组学习48次,其中区委理论学习中心组学习17次,区处两级理论学习中心组联合集体学习10次,下发通知组织全区各党委(党组)理论学习中心组跟进学习中央和市、区委重要会议和文件精神22次。制定《关于习近平总书记在天津考察工作和京津冀协同发展座谈会上重要讲话精神的宣传工作方案》,加强党员干部对习近平总书记重要讲话精神和重要指示要求的学习领会、贯彻落实。组织开展《习近平新时代中国特色社会主义思想学习纲要》《习近平在正定》《新中国发展面对面》《2019年天津市党员学习读本》等读本的学习使用。开展"解放思想、改革创新"主题讨论活动,引导党员干部摆问题、找原因、明方向,进一步树牢锐意进取、改革创新的意识。开展"牢记嘱托·做新时代追梦人"知识竞赛,全区1.5万人次党员干部参与网络答题,持续深化习近平新时代中国特色社会主义思想学习成效。全面推广使用"学习强国"学习平台,实现全区在职党员全覆盖,举办专题培训会,定期通报注册使用情况,使其日益成为全区党员干部在线学习主阵地。制发《红桥区2019年基层理论宣讲重点》,召开基层宣讲工作推动会,总结表彰优秀基层宣讲团6个、优秀基层宣讲员75名、优秀基层宣讲课25个。开展千名支部书记讲党课、理论下基层和基层宣讲等活动2400余场,受众7.7万余人次。加强基层宣讲培训,不断提升宣讲工作能力和水平,全年围绕创文创卫、初心使命和中共十九届四中全会等重点工作和重大主题开展培训3次,受众460余人次。开展春节、夏季基层退休宣讲员慰问,慰问退休宣讲员301人次,加强宣讲工作指导,帮助解决宣讲员实际困难。丁字沽街道基层宣讲团获2019年天津市基层理论宣讲先进集体,1人获基层理论宣讲先进个人,1份报告获基层理论宣讲优秀报告。2019年,区委宣传部深入学习贯彻《新时代爱国主义教育实施纲要》,成立红桥区爱国奋斗宣讲团,广泛开展弘扬爱国奋斗精神基层宣讲210余场。利用重要时间节点,依托各级爱国主义教育基地，开展爱国主义和革命文化主题教育实践活动，弘扬英烈精神，开展红色教育，激发爱国热情。申报河北工业大学校史馆及北洋大学堂旧址为市级爱国主义教育基地，为其申请专项经费15万元用于布展提升改造，命名西于庄记忆展览馆、红桥区非物质文化遗产展览馆为区级爱国主义教育基地。组织全区各级党组织观看重大革命历史题材电影《周恩来回延安》，让党员干部接受革命精神的洗礼。利用微信、网站等平台上传爱国主义专题学习课程20余节，强化党员干部党史、国史教育。表彰2018年度全区思想政治工作优秀研究成果27项。

（刘星华）

2019年9月21日，红桥区举办干部学习大讲堂暨区处两级理论学习中心组联合集体学习，邀请天津大学马克思主义学院教授刘娜以《坚守为人民谋幸福的初心不动摇》为题做辅导（区委宣传部提供）

**【庆祝中华人民共和国成立70周年宣传】** 2019年，区委宣传部印发全区宣传工作方案，以庆祝中华人民共和国成立70周年为主线，精心组织国庆升国旗仪式、收听收看中央有关庆祝活动、向革命先烈敬献花篮和红桥区庆祝中华人民共和国成立70周年文艺演出等全区性纪念庆祝活动。扎实开展“时代新人说——我和祖国共成长”演讲展示、“我和我的祖国”征文征集、“喜庆70华诞 共建美丽红桥”红桥区第二届群众文艺创作表演大赛、“壮阔70载 共圆中国梦”天津市第九届文化艺术节、红桥区第十七届社区文化艺术节、“我和我的祖国”广场舞大赛、红色文化志愿宣讲进校园、爱国奋斗主题宣讲和观看革命历史题材电影“我和我的祖国”等群众性主题活动，承办天津市庆祝中华人民共和国成立70周年系列活动之中秋节文艺走基层活动，促进广大基层干部群众奋发有为、干事创业，为全区各项工作开展提供强大精神力量。在西于庄棚改区域、天津西站、平津战役纪念馆制作一批主题宣传景观小品，开展“我和祖国同框”网红打卡地征集合影活动，让市民群众共享祖国荣光、感受美好生活。组织参加全市举办的“庆祝中华人民共和国成立70周年”主题新闻发布会，统筹“报网微台”等区级各类宣传媒体，开展主题宣传报道，开设“壮丽70年·奋斗新时代”“同心筑梦七十载 光影盛赞新时代”“国庆时刻”等专题栏目，大力宣传中华人民共和国成立70年来的光辉历程、伟大成就、宝贵经验，全面展示党的十八大以来红桥区各领域的历史性变革和成就，充分反映全区人民对党的十八以来红桥经济社会发展水平不断提高、人民群众生活质量明显提升的充分肯定和赞许，展现全区广大党员干部立足岗位、积极作为，欢欣鼓舞庆祝中华人民共和国成立70周年的精神风貌。区级媒体报道1200余篇次，在中央及市级主要媒体报道30余篇。

（刘星华）

**【舆论引导】** 2019年，区委宣传部制发《新闻宣传和信息报送要点》12期。发挥好各级各类媒体的联动作用，开设“敢担当 善作为”“创文创卫进行时”“扫黑除恶专项斗争”“不忘初心 牢记使命”“感动红桥”等专题栏目，广泛宣传报道习近平新时代中国特色社会主义思想在红桥的扎实实践，广泛宣传报道红桥区落实习近平总书记指示要求和中央、市委决策部署的做法与成效。《天津日报》红桥周刊出版49期，采编各类新闻报道300余篇。“美丽红桥”官方微信号每天新闻发布增至三推，推送851期，发布报道2438篇。红桥有线电视中心加大新闻策划和制作力度，播出《红桥新闻》260期。中央驻津媒体、市级主流媒体持续关注红桥、宣传红桥，4月2日的《人民日报》在头版头条刊发《老渔村新生记》,报道红桥区深入实施中心城区棚户区改造“三年清零”行动,解决群众实际困难的经验做法,全国各大媒体纷纷报道转载,引起热烈反响。全年全区各类新闻被中央媒体采用60余篇次,市级媒体刊发百余篇次,展现红桥发展的良好势头和红桥党员干部群众干事创业的精神风貌。发挥媒体舆论监督作用,制定《关于深入贯彻落实和严格执行中央八项规定精神改进新闻报道的实施办法》,开设“监督台”专栏,播发42期,曝光群众关心关注的热点问题,督促问题整改。积极策划研究新闻发布选题,组织筹办新闻发布会。结合全区重点工作,及时拟定年度新闻发布计划,广泛征求意见,丰富发布内容。建立联络机制,及时准确掌握全区工作动态信息,把握工作进度,动态实施发布计划。加强组织协调,认真做好新闻发布各项工作。结合举办第29届天津运河桃花文化商贸旅游节、运河新天地夜市开街运营、庆祝中华人民共和国成立70周年、第十届天津相声节、打造一流营商环境等工作,在市政府新闻办召开新闻发布会5次,向社会各界反映红桥区经济社会发展成果。区融媒体中心挂牌,并实现集中办公,确定区融媒体中心性质及编制。研究制定《红桥区融媒体中心建设方案》,加快推进重点工作任务,整合各区属媒体,合并区政务网和红桥在线,合并《红桥》杂志和《天津日报》红桥专版,对“美丽红桥”公众号和“红桥发布”微博实行联动管理。设立采编中心,采用津云全媒体内容管理系统,建设稿库、数据库等,实现“一次采集、多种生成、全媒传播”。开发“家在红桥”手机应用程序,作为新闻宣传的主要媒介,融合热点新闻、政务信息、便民服务、在线互动于一体,集成主流舆论阵地、综合服务平台和社区信息枢纽三大功能。

(刘星华)

2019年8月23日,红桥区在市政府新闻发布厅召开“壮丽70年 奋斗新时代”主题新闻发布会

(区委宣传部提供)

**【意识形态工作】** 2019年,区委宣传部牢牢把握意识形态工作领导权,落实制度、严把关口、加强防范,全年未发生重大意识形态安全问题。每季度召开意识形态工作分析研判会,听取意识形态工作情况,研判意识形态领域形势,把握风险隐患。组织全区各部门、各单位层层开展意识形态风险点排查,梳理风险隐患、查找薄弱环节、做好预防应对,引导全区各党委(党组)树立忧患意识、风险意识,强化底线思维。制定《区委宣传部关于加强意识形态正面议题设置的工作方案》,组织全区紧扣重大节点,统筹网上网下,加强意识形态正面议题设置,持续唱响主旋律、弘扬正能量、保持正面强势、壮大主流态势。加强对论坛、讲座、报告会、研讨会活动的管理,建立健全落实报批、审查制度。对全区党政机关、企事业单位、民间团体举办的常态系列性讲座报告开展全面摸排,对可作为论坛讲座报告会的场地进行全面摸底,建立台账、加强引导,规范组织管理使用。妥善处置北京牧澜文化传播有限公司举办功夫财智会事宜,及时做好风险应对,牢牢把握舆论导向。召开红桥区2019年“扫黄打非”工作会议,加强对涉政类非法出版物查处力度。开展2019年“剑网”行动,完成印刷企业、零售企业年检工作,制定红桥区推进使用正版软件计划,组织天津市知识产权周版权宣传活动。积极引进京冀文化企业、项目,持续优化文化产业发展环境。

(刘星华)

**【精神文明建设】** 2019年,区委宣传部以创建天津市文明城区为龙头,以培育和践行社会主义核心价值观为根本,不断打磨美丽红桥的“内在美”。制作发布公益广告1200余处,覆盖全区道路、公园、广场、社区、学校等场所,做到处处可见。开展“我们的中国梦——文化进万家”活动,传承弘扬中华优秀传统文化。以传统节日为重点,开展“我们的节日”活动400余场,用群众喜闻乐见的文艺形式传播社会主义核心价值观。承办天津市“我们的节日·端午”活动,《人民日报》等中央和市级媒体进行报道。深入学习贯彻《新时代公民道德建设实施纲要》,广泛征集身边好人好事,全区41人当选“天津好人”,1人当选2019年天津市“新时代好少年”。组织开展第四届“感动红桥”人物评选,选树22位活跃在各条战线的先进典型。组织参加第六届天津市道德模范评选活动,1人当选第六届天津市道德模范,并获第七届全国道德模范提名奖,1人荣获市级道德模范提名奖。加强活动阵地建设,全面提升红桥区未成年人心理健康辅导站载体功能,新建11个社区“五爱”教育阵地,“快乐营地”建设实现社区未成年人活动阵地全覆盖。制作天津市道德模范事迹展览,组织媒体广泛报道,营造全社会学习道德、践行道德的浓厚氛围。组织开展《天津市文明行为促进条例》宣传月活动,开展“践行文明条例 倡导文明行为”主题集中宣传,发放条例单行本15万册,宣传单页6万张,广泛发放《致区级机关党员干部的倡议书》,开展各类社会宣传活动233场次。创作“快板说条例”,在公共场所开展“不文明不可以”快闪宣传活动,制作推广网红玩偶宣传短视频,以喜闻乐见的形式宣传条例内容,引发社会广泛关注。举办《践行文明条例 倡导文明行为》主题漫画展,承办全市践行文明条例相声剧演出,参观人数超过3000人次。利用网络媒体开展条例知识答题,收集不文明行为经投诉途径适时公布。邀请市专家对全区执法骨干进行专题培训,配合区人大开展对执法部门依法执法情况的督导检查,加大对典型案例报道力度,掀起抵制不文明行为的舆论热潮。牵头成立红桥区志愿服务联合会,召开红桥区志愿服务工作总结表彰暨推动会,表彰通报区2017年、2018年市区级优秀志愿服务典型。围绕庆祝中华人民共和国成立70周年,专题部署志愿服务活动,相关典型被市级多家媒体报道。坚持周末社区义务劳动,开展社区环境清整、文明交通、文明祭扫、文明旅游等主题志愿服务活动近2000场次,参与志愿者超过3万人次。举办全区志愿服务专题培训会,组织志愿服务骨干代表参加市级志愿服务工作培训,提升业务能力。协助市文明办完成《志愿中国》音乐短片红桥点位拍摄。为区千余名志愿者购买意外险。新招募垃圾分类宣传志愿者122人,定期开展垃圾分类宣传志愿服务活动。全区注册志愿者数7.8万余人,志愿服务团队332个。

(刘星华)

2019年4月,红桥区实验小学组织开展学习《天津市文明行为促进条例》活动 (区委宣传部提供)

**【组织和队伍建设】** 2019年,区委宣传部认真贯彻落实《中国共产党宣传工作条例》,以“四力”建设(脚力、眼力、脑力、笔力)为抓手,打造政治过硬、本领高强、求实创新、能打胜仗的宣传思想队伍。成立由区委书记担任组长的区委宣传思想工作领导小组,制定《红桥区贯彻落实〈中国共产党宣传工作条例〉责任分工方案》,压实责任,推动宣传思想工作再上新水平。严格落实区委“不忘初心、牢记使命”主题教育领导小组的部署要求,成立领导小组,制定工作方案,明确工作举措,推动工作落实。以党的政治建设为统领,压紧压实全面从严治党主体责任,制定并逐项落实清单台账。认真抓好区委第七轮巡察反馈问题的整改落实,完善规章制度,严格落实“三重一大”“三会一课”以及考勤制度,完成机关党支部换届选举工作,强化机关党建工作力量,推动开展机关党建工作规范化建设。组织党员领导干部着眼查找自身问题和解决实际问题,深入基层开展调研,认真落实创文工作要求,组织党员干部持续到铃铛阁街睦华里、明华里社区开展双创包保劳动。深入开展违反中央“八项规定”精神情况自查自纠,严肃整改发现的问题,建立和完善工作机制。加强警示教育,组织党员参观市全面从严治党主题展览、廉政书画展,传达学习相关通报。深入开展不作为不担当问题专项治理和形式主义、官僚主义集中整治,制定整改措施。深入学习贯彻习近平总书记在全国宣传思想工作会议上的讲话精神,制定《红桥区2018—2022年宣传干部教育培训规划和宣传思想战线“四力”实施方案》。组织全区宣传战线党员干部到和平区新兴街朝阳里社区、北辰区融媒体中心等地学访。完成机构改革及人员调整,落实好干部标准,选好用好和培养好机关干部,选拔优秀街道干部到宣传部任职,充实工作力量。选派党员干部到创文创卫、棚改拆迁等重点一线实践锻炼。

(刘星华)

## 统一战线工作

**【概况】** 2019年,中共天津市红桥区委统一战线工作部(以下简称区委统战部)以习近平新时代中国特色社会主义思想为指导,深入贯彻落实中共十九大和十九届二中、三中、四中全会精神,自觉增强“四个意识”、坚定“四个自信”、做到“两个维护”,以热烈庆祝中华人民共和国成立70周年为契机,紧扣加强党对统一战线工作集中统一领导这个根本,不折不扣贯彻落实党中央和市、区委关于统战工作的各项决策部署。充分发挥统战部门在大统战工作格局中的牵头协调作用,依据机构改革后全区各单位变动情况,调整充实全区统一战线工作领导小组成员单位并明确职责任务。以多会合一的形式,组织召开统一战线工作领导小组会议3次,认真总结阶段性工作成果,分析研判工作形势,安排部署工作任务,协调推进非公经济、民族宗教、对台工作等重点工作开展。2019年,红桥区民族和宗教事务委员会获全国民族团结进步模范集体称号,主要负责人赴北京参加全国民族团结进步表彰大会。2019年1月,区政府民宗办、区政府侨办并入区委统战部。

(马晓辰)

**【基层统战】** 2019年,区委统战部落实“战区制、主官上、权下放”工作部署要求,推动统战工作嵌入基层治理“全科网格”,强化与属地街道联动协作,实现对基层统战工作的实时监控、对统战各项数据的实时更新。设置街道统战委员,确保统战工作有专人负责。依托社区党群服务中心建设,打造“统战之家”基层统战阵地,落实好“有组织、建机制、明重点、强队伍、树典型”的“五位一体”模式。

(马晓辰)

2019年12月26日,在咸阳北路街道凤城社区党群服务中心,区委常委、区委统战部部长井春燕与咸阳北路街道党工委书记周鹏,共同为咸阳北路街道社区“统战之家”揭牌,标志着红桥区首个社区“统战之家”正式建立 (区委统战部提供)

【宣传教育】 2019年,区委统战部制定《区委统战部2019年宣传工作计划》,列入区委统战部2019年度工作重点内容之一。制定《红桥区统战系统庆祝中华人民共和国成立70周年系列活动方案》,在统战各领域开展庆祝新中国成立70周年大型宣传活动。指导各民主党派广泛开展学习纪念《告台湾同胞书》发表40周年纪念会上的重要讲话。通过"红桥统战"微信公众号平台、各领域微信工作群,刊发、转发140余条统战信息,对统一战线重要精神、重点工作、重大活动进行集中宣传。其中,中央统战部采用信息1条,民革中央主办的央级媒体刊物《团结报》刊载1条,《人民政协报》刊载2条,市级媒体《津门统战》刊载7条,市委统战部《天津统战》采用信息8条,区级媒体《美丽红桥》刊载信息39条。获得市委统战部2019年度信息工作三等奖。组织区、处两级中心组统战理论联合学习,邀请第十三届全国政协文化文史和学习委员会副主任叶小文作"关于我国宗教问题的理论政策和实践"专题辅导报告。将统一战线理论、政策纳入区委党校2019年度全区科级干部培训班和第34期中青年培训班等培训课程,围绕学习宣传贯彻新修订《宗教事务条例》以及如何做好基层民族宗教工作进行专题授课。

(冯福东)

2019年12月3日,举办"统战部长讲统战"大讲堂活动,区委常委、区委统战部部长井春燕就"提高做好新时代下统战工作的能力和水平"进行专题授课 (区委统战部提供)

【民主党派工作】 2019年,区委统战部制定《关于进一步推进学习贯彻中共十九大精神和习近平总书记关于加强和改进统一战线工作重要思想的实施方案》《关于支持红桥区各民主党派开展"不忘合作初心,继续携手前进"主题教育活动方案》,不断深化多党合作历史传统教育,增进对中国共产党和中国特色社会主义的政治认同、思想认同、理论认同、情感认同,自觉在思想上政治上行动上同以习近平同志为核心的中共中央保持高度一致。制定《红桥区2019年政党协商和民主监督计划》,召开协商会议5次。制定《红桥区民主党派人士建言献策"直通车"制度》。市委统战部参政议政刊物《海河同舟》刊发民建红桥区委会会员迟永梅撰写的《鼓励天津市24小时便利店发展的建议》、民盟红桥区委会盟员张宇撰写的《关于依托自由贸易账户体系大力推动我市金融开放创新的建议》。联系区纪委监委,确立聘任首届党外监察员制度,对区纪检监察工作实施党外监督。

(冯福东)

2019年11月25日,区委统战部召开统战工作联席会议,听取区各民主党派"不忘合作初心 继续携手前进"主题教育活动开展情况 (区委统战部提供)

【党外代表人士工作】 2019年,区委统战部严格执行"六个共同"工作机制(共同制定规划、共同物色选拔、共同培养教育、共同考察人选、共同讨论研究、共同督促检查),通过领导班子成员带队走访的方式指导全区党外干部工作,分析党外干部队伍现状及教、培、用、管各关键环节执行情况,主动与区委组织部进行工作会商。把党外干部培养工作纳入全区干部教育培养工作计划,全年安排党外处级干部平职交流2名,提拔副处级干部2名,向致公党市委会机关输送党外科级干部1名。建立党外优秀年轻干部名册,做好后备干部资源储备。继续保持在区人大、区政府、区政协和区人民检察院、区人民法院领导班子中党外干部的合理配备。推荐3名党外知识分子参加天津市党外知识分子专题研讨班,推荐4名新的社会阶层人士参加天津市新的社会阶层人士专题研讨班。调整和充实区党外知识分子联谊活动组、区新的社会阶层人士联谊会班子成员及人才库,推荐10人作为区青联委员。将政治素质好、专业能力强、群众认可、具有较强代表性的党外知识分子,纳入培养视野进行"无党派"政治面貌认定工作。做好区十四届政协委员中期调整的推荐提名工作。

(战以德)

2019年4月16日,区委统战部以"坚定信念跟党走,同心共筑中国梦"为主题举办红桥区党外代表人士培训班,组织党外代表人士赴河北省正定县实践交流 (区委统战部提供)

【民族工作】 2019年,区民族宗教委加强对少数民族流动人口的服务与管理,与新疆驻津工作组签订《少数民族流动人口流出地与流入地跨区域联络合作机制》。强化清真食品生产经营监管,依法依规开展清真食品网上备案,完成39家清真食品企业标志牌更换工作,组织开展清真食品企业门头牌匾规范工作。加强与区教育局、区重点民族学校的联系,坚持在少数民族学生中开展以"党旗在我心中、国旗在我心中"为主题的教育活动。为349名初、高中少数民族学生办理加分认定,为8人办理更改民族成分认定。做好回族重刀队参加第十一届全国少数民族传统体育运动会的工作,回族重刀队获表演类项目一等奖,区民族宗教委获优秀组织奖。开展民族团结进步创建工作,红桥区民族宗教委获全国民族团结进步模范集体称号,天津清真大寺和天津市舟恒远餐饮管理服务有限公司获得天津市民族团结进步创建示范单位称号。

(胡雪菲)

2019年11月1日,区民族宗教委与新疆维吾尔自治区驻天津市工作组在区委统战部会议室举行少数民族流动人口流出地与流入地跨区域联络合作机制签约仪式 (区委统战部提供)

【宗教工作】 2019年,区民族宗教委强化对宗教界人士的教育引领,组织区宗教界代表人士和各街道民族宗教专职干部,赴北京开展爱国主义教育实践行活动。在中华人民共和国成立70周年之际,组织宗教界人士赴平津战役纪念馆开展爱国主义教育参观活动,10月1日,组织宗教活动场所举行升旗仪式并集体观看国庆阅兵典礼,强化宗教界人士的爱国爱教意识。对接区委网信办、红桥公安分局等部门,联合制定《网络民族宗教事务管理制度》《抵御和防范校园传教渗透工作专题协调机制》,初步形成职能部门之间共享信息、集中研判、联合行动的工作格局。做好穆斯林群众朝觐报名服务,积极对接市民族宗教委,为区内14名穆斯林群众做好行前和归后的各项工作,确保朝觐人员的政治安全和人身安全。定期更换褪色和破损国旗,悬挂社会主义核心价值观主题条幅,为3座清真寺安装宣传栏,持续推进宗教活动场所"四进"工作(国旗、宪法和法律法规、社会主义核心价值观、中华优秀传统文化进宗教活动场所)。开展全区宗教活动场所消防安全隐患整改工作,4个场所完成整改工作现场施工。加强对宗教团体和宗教活动场所的依法管理,顺利完成区伊协换届;加强治理非法宗教活动,取缔非法基督教聚会点、天主教聚会点各1个,持续强化对各类私设宗教聚会点的管理。

(胡雪菲)

2019年9月29日,区民族宗教委组织宗教界人士赴平津战役纪念馆开展爱国主义教育参观活动,庆祝中华人民共和国成立70周年 (区委统战部提供)

**【民族团结月】** 2019年,区民族宗教委制定《关于开展红桥区第二十六届民族团结月活动的安排意见》,于5月6日至6月5日,以"迎庆中华人民共和国成立70周年,民族团结一家亲"为主题,开展红桥区第二十六届民族团结月系列活动。区领导深入宗教活动场所及社区,对宗教界人士、民族养老院老人和少数民族困难群众进行慰问,与少数民族群众共度传统节日。举办"民族团结一家亲 同心共筑中国梦"文艺演出,组织学校和社区开展第六届少数民族体育节、少数民族书画笔会等活动,向区人大代表汇报民心工程工作完成情况,不断提升民族团结月品牌活动影响力,进一步铸牢中华民族共同体意识。

(胡雪菲)

2019年5月9日,区委统战部在天津市第五中学举办"民族团结一家亲 同心共筑中国梦"文艺演出 (区委统战部提供)

**【民族宗教工作队伍体系】** 2019年,区民族宗教委创新工作模式,建立民族宗教工作助理员队伍,打造民族宗教工作"五大员"队伍体系,即各街道党工委书记为指战员,民族宗教工作分管负责人为指导员,负责民族宗教工作的科级干部为作战员,民族宗教工作专职聘用人员为助理员,各社区专职副书记为网格员,形成街道民族宗教工作"五大员"队伍体系。进一步加强基层民族宗教工作队伍建设,组织开展全区性培训2次,区委党校(区社会主义学院)各类主体班次授课3次,带领基层民族宗教工作人员赴外省市学习3次,制定《民族宗教工作指导手册》《助理员工作手册》,推动基层民族宗教工作顺利开展。

(胡雪菲)

2019年4月10日,区委统战部举办以"关于我国宗教问题的理论政策与实践"为主题的区、处两级中心组理论学习专题辅导报告会(区委统战部提供)

**【新的社会阶层工作】** 2019年,区委统战部创建“红新聚力”红桥区新的社会阶层人士统战工作实践创新示范基地品牌,创建“新知学堂”,探索制定8个(区级)子基地轮值制度,创新“1+1+1”工作模式,采取“一基地一月一轮值”形式,围绕“凝聚新力量,筑梦新时代”“弘扬爱国奋斗精神、建功立业新时代”主题,组织区党外知识分子联谊活动组、区新的社会阶层人士联谊会会员进行实践交流、座谈联谊,全年开展活动20次。组织区知联组、新联会会员积极参与红桥创建文明城区、脱贫攻坚工作。以环保骑行活动共同宣传践行《天津市文明行为促进条例》,以爱心光明行品牌活动,不断深化与对口支援地区结对关系,为贫困地区380名学生义诊、配镜,全年捐款、捐物、旅游扶贫价值43.23万元,为党外人士热心公益、投身社会服务工作提供广阔平台和渠道。

(尤小帅)

2019年10月20-23日,区委统战部以“同心筑梦、共庆华诞”为主题举办区新的社会阶层人士爱心光明行活动,为对口支援地区甘肃省合水县380名学生义诊、配制眼镜　(区委统战部提供)

**【工商界人士工作】** 2019年,区委统战部突出政治思想引领,加快构建新型“亲清”政商关系,促进“两个健康”发展。指导区工商联召开红桥区青年企业家“理想信念教育”专题座谈会,民营经济“19条”政策解析讲座暨红桥区政企对接会。统筹组织区工商联青年企业家赴蓟州区开展以“不忘初心、牢记使命”为主题的理想信念教育实践活动。牵头举办区工商联与甘肃省合水县东西部对口支援座谈会。

(冯福东)

2019年1月12日,区委统战部与区工商联联合举办民营经济“19条”政策解析讲座暨红桥区政企对接会　(区委统战部提供)

**【对台交流】** 2019年,区台办准确把握两岸关系形势变化,持续推进两岸各领域交流合作,共接待来自台湾新竹科技协会、清华大学台湾校友会等8个团组200余名台湾同胞。积极承接市台办组织的第十二届津台投资合作洽谈会暨2019年天津·台湾商品博览会、2019年“两岸情一家人”津台社区交流活动等。自主举办第二届“津台两地”剑道邀请赛,邀请来自新竹、台中、高雄、台北、桃园等市县150余名选手参赛。组织社区、卫生、教育、体育参访团赴台北市、嘉义市、高雄市等地参访,深入了解当地社区基础建设、养老服务、精细化管理等情况。认真研究落

2019年7月13日,区委统战部组织举办第二届“津台两地”剑道邀请赛　(区委统战部提供)

实国台办发《关于进一步促进两岸经济文化交流合作的若干措施》在红桥落地，组织驻区相关职能部门、台商、台胞开展“送政策、送服务、解难题”服务月活动。

（蒋昕辰）

【港澳台侨工作】　2019年，区委统战部将对港澳台侨统战工作纳入统战三级工作网络体系。完善《红桥区委统战部（2019—2020年）侨务工作计划》，推进侨务工作与社区建设有机结合，加强日常管理及新侨、归侨、侨眷排查工作。统计区内有归侨侨眷240余人。对区内港澳企业情况进行走访摸查，区内在册港资企业9家、澳资企业1家。为基层侨务部门发放《天津市涉侨政策法规宣传手册》，推广“侨宝”手机应用程序，做好社区居民有关归侨和侨眷的政策解答和咨询服务工作。以社区为宣传点，公布法律咨询热线，为归侨和侨眷提供法律咨询服务，维护归侨和侨眷的合法权益。

（蒋昕辰）

2019年9月15日，区委统战部举办红桥区侨界人士座谈会　（区委统战部提供）

## 机构编制管理

【概况】　2019年，中共红桥区委机构编制委员会办公室（以下简称区委编办）以深化党和国家机构改革为重点，按期完成党政机构改革、街道机构改革、综合行政执法改革、推进事业单位改革任务，加强实名制管理、强化事业单位法人登记事中事后监管。

（韩海寰）

【党政机构改革】　2019年，区委编办在走访调研、座谈会、书面征询全区58个部门提出161条建议基础上，形成《红桥区机构改革方案》。组建“三定”（职能配置、内设机构和人员编制规定）工作专班，起草“三定”规定。经区机构改革领导小组审议通过并印发，并在全市率先完成备案工作。改革后，红桥区设置纪检监察机关1个，区委工作机关13个，区政府工作部门28个。完成区级部门千余项权责清单调整工作，对改革后部门职能履行情况、机构运行情况、人员配备、职数使用和落实措施进行监督检查，并顺利通过市委编办、市委改革办机构改革专项督察。

（韩海寰）

【街道机构改革】　2019年，区委编办通过走访调研、书面征询、充分研讨，形成《红桥区街道机构改革实施方案》并印发全区。在区级机构改革中，精简34名行政编划入街道，撤销大胡同街道办事处，31名行政编制全部用于街道。街道“三定”规定经多次征询意见印发全区。对街道现有职责进行“大起底”，细化街道职责清单，梳理职责120余项印发全区。

（韩海寰）

【综合行政执法改革】　2019年，区委编办围绕文化市场、市场监管、生态环境、城市管理、住房建设等领域，组织综合行政执法改革。通过实地走访调研，组织召开市内六区综合行政执法改革交流研讨会，对比研究市级行政执法机构组建方案，与市委编办多次沟通，经市委编办批复同意，印发《红桥区综合行政执法改革实施方案》。

（韩海寰）

**【事业单位改革】** 2019 年,区委编办组织开展承担行政职能事业单位改革,全面梳理事业单位职责,分类别研讨剥离方案,完成 24 个相关单位撤销批复工作和 17 个单位行政职责剥离划转工作。配合区深化改革办公室制定区房产总公司改革方案,协助区人力社保局做好街道事业单位人员调配工作。指导各主管部门完成事业单位法人登记事项。结合区情实际,先行一步草拟公益类事业单位改革时间表,下发改革意向报备通知,搜集调研改革中的实际问题,参加中心城区工作研讨,提前撰写改革方案。配合党政机构改革,同步调整 46 个事业单位所属关系,跟进单位调整变更后的交接进度和法人登记变更情况。完成融媒体中心、大数据管理中心、退役军人服务中心、网格化管理中心组建工作。组建各街道党群服务中心(综合便民服务中心)、综合治理中心(网格化管理中心)、退役军人服务站,落实“减上补下”政策,除保证市委编办核拨街道编制专编专用外,向街道补充事业编制 187 人。

（韩海寰）

**【法人登记事中事后监管】** 2019 年,区委编办严格把关,梳理、解答公示过程中的重点难点问题,规范标准,确保公示信息质量,接受社会监督,全区需公示单位 171 个,完成公示单位 163 个,公示率 95.3%,法人年度报告公示工作在线公示。结合“放管服”(简政放权、放管结合、优化服务)改革,与西青区、武清区、南开区组成西北片区“双随机”(抽查单位随机、被抽查单位随机)联查组,对完成年度报告公示单位进行随机抽取 16 个法人单位的案卷初审、联查工作。

（韩海寰）

**【机构编制实名制管理】** 2019 年,区委编办办理机关和事业单位实名制联审 900 余项。完成 320 名新入职教师落编工作。调整实名制系统机构信息百余次、人员信息千余次,确保系统与市委编办数据一致性、人员信息与实有情况一致性。

（韩海寰）

## 网络安全和信息化

**【概况】** 2019 年,中共天津市红桥区委网络安全和信息化委员会办公室(以下简称区委网信办)以习近平新时代中国特色社会主义思想为指导,深入贯彻中共十九大和十九届二中、三中、四中全会精神,落实全国、全市网络安全和信息化工作会议、宣传思想工作会议精神,强化政治建设、提升维护核心能力,全面提高网络内容建设与管理、网络安全和信息化工作水平,为“打造绿色城区,建设美丽红桥”提供强大网上舆论支持、可靠网络安全保障和有力信息化技术支撑。

（朱玉琳）

**【网络宣传】** 2019 年,区委网信办发表“总书记关键词”“不忘初心、牢记使命”“践行习主席贺信要求”等主题推送 663 条,指导“红微矩阵”落实重点新闻推送指令,提升习近平新时代中国特色社会主义思想宣传的感染力和号召力。重点开展“壮丽 70 年、奋斗新时代”“70 年,我对中国说”等微话题,利用微信、微博等平台专题推送新中国成立 70 周年相关信息 496 条,把国庆宣传做出特色、做出新意,持续加温宣传热度,开展“这里是天津 · 津彩 60s”等微视频征集活动,进一步激发网民热爱祖国、建设天津的内生动力。围绕京津冀协同发展、第三届世界智能大会、全国第十届残运会暨第七届特奥会、2019 年国家网络安全宣传周、数字经济、天津全球推介活动、天津市推行文明行为促进条例等重点工作,在微博、微信等平台开设开展“春天的故事 · 遇见京津冀”“第三届世界智能大会”“牢记嘱托、天津实践”“网络安全为人民,网络安全靠人民”等网上主题宣传活动。主题宣传以图片、文字、视频、直播等形式,推送相关消息500余条。紧密围绕全区四场硬仗、天津市“1号改革创新工程”、运河桃花节、运河新天地夜市、环境宣传周、全民阅读、网络扶贫、网络公益、“中国好网民”“网络中国节”以及扫黑除恶专项斗争、不作为不担当专项治理、食品安全联合行动等系列主题进行报道,为市区重点工作开展营造浓厚的舆论氛围。第三届世界智能大会期间,在人民网、津云客户端等媒体平台刊发《红桥区委书记李清:把握智能化时代新机遇,打造红桥创新发展“新名片”》,报道红桥区加快智能科技产业发展的思路举措和进展成效,提升红桥美誉度。全年利用“网信红桥”微博、微信公众号、今日头条、一点资讯等平台推送消息5432条。组织基层网评员参加“四海声评”网络评论大赛,投稿64篇。

(刘 胜)

**【网络意识形态安全】** 2019年,区委网信办加强违法和不良信息的监看、巡查和举报工作,有效维护风清气正网络空间。扎实开展各项专项整治,深化“净网”“清朗”“剑网”“网剑”等专项行动,加强扫黑除恶专项斗争、属地网站食品安全问题、持续肃清黄、张、赵恶劣影响、集中打击清理整顿保健品乱象等系列专项整治。对属地网站平台进行系统排查、分类监管,建立动态调整的重点监管网站名录。加强活跃领域和重点环节检查,集中整治违法违规网络平台,持续清理网络谣言、淫秽色情等有害信息。联合公安红桥分局依法关停传播境内外盗版影片和淫秽视频的“瞄影网”网站、“瞄影电影”微信公众号。配合查处“大学生艺术在线”网站因网络安全漏洞而存在相关邪教言论链接信息案件,对天津市管道工程集团有限公司第八分公司、攻击区教育系统网站的网络公司等违法违规单位依法进行行政处罚,妥善解决天津精众创想科技有限公司所服务的第三方应用程序广告展示内容出现违规信息问题,切实维护网络空间清朗有序。

(刘 胜)

**【网络安全】** 2019年,区委网信办开展网络安全宣传教育,举办红桥区2019网络安全应急演练暨网络安全培训会,邀请专家进行现场网络安全应急演练,对《等级保护2.0标准》进行深入阐释解读,全面提升全区网信干部网络安全保障能力。举办“我学大数据”专题讲座,邀请专家团宣传普及《天津市促进大数据发展应用条例》。开展全区2019年网络安全执法检查工作,结合远程漏洞扫描等技术手段,向区内重点企事业单位下达整改通知书11次,督促整改落实。抓好关键时间节点,及时向全区发出网络安全预警提示,组织防范勒索病毒攻击、Windows远程桌面服务远程代码执行漏洞、Microsoft远程桌面服务远程代码执行漏洞、高危漏洞等问题,切实提高各单位网络安全防护能力,保障重要数据和业务系统安全稳定运行。完成区OA协同办公系统(二级)、红桥区电子政务云平台系统(三级)、红桥区电子政务外网基础网络系统(三级)三个业务的国家等级保护测评工作。

(高 磊)

**【信息化】** 2019年,区委网信办借助“互联网+”、大数据、云平台等信息技术,依据新时代基层社会治理的特点和任务,大力实施区、街道、社区三级社会治理平台建设。加强对数据资源的梳理、整合、应用,持续推进数据资源开放共享、平台功能广泛覆盖、移动端应用程序开发应用,实现区、街道、社区、基础网格四级基层社会治理网格化平台全区覆盖,打造共建共治共享的基层社会治理新格局。整合20个区级部门、10个市级直属部门单位数据资源,形成全区多网合一的社会治理网格化数据链,对区内部门提供输出服务,提高工作效率、提升服务质量。探索“党建+网格化管理”,将“两新”组织党建等内容融入社会治理平台,加强人脸识别及无人机应用,利用无人机AI巡航、人脸布控、视频解析等技术手段,提升社会治理中技防效能,完善信息资源,对接整合近5000路视频监控系统,构筑立体化社会治安防控体系,统一"吹哨"清单,科学规范制度机制,明确街道中心"一只哨"调度职权。制定《红桥区电子证照管理实施方案》,向全区下发《关于落实〈天津市电子证照管理暂行办法〉相关工作的通知》,推进电子证照应用和数据资源共享,规范全区电子证照建设和管理,支撑"互联网+政务服务"建设及社会应用。加快区"一网通"建设,制定《红桥区业务系统与共享交换平台实时对接工作方案》,汇总数据共享需求,实现各部门各单位可通过政务外网访问对应市级政务外网业务及登陆政务信息资源共享平台系统功能,完成首次数据导入,数据推送比例100%。实现电子政务外网"三个全覆盖",即党政机关电子政务外网全覆盖(110个),智慧红桥指挥中心区、街、社区三级社会治理平台视频会议系统全覆盖,122个党群服务中心全覆盖。25个党政机关实现互联网出口统一管理。拓展区电子政务外网和区电子云平台业务,为区协同办公系统、全面从严治党主体责任监管平台、组织部科级任免系统、区域卫生信息化平台、财政系统、审计系统、物价系统、网格化管理系统等提供承载支撑。完成区协同办公系统国产化提升改造,接入系统单位85家,办理数字证书1121个。至11月底,全区协同办公系统共发起公文2.41万余件,协同文件12.18万余件。加快推进基于互联网协议第六版(IPv6)的下一代互联网规模部署,促进互联网演进升级和健康发展,完成区级电子政务外网基础网络设备摸底调查,区级电子政务外网网络设备均双栈支持Pv4/IPv6协议。完成区审计系统IPv6升级测试并实现与国家审计署互联。完成区政府网站IPv6升级改造招投标工作,进行IPv6升级改造。梳理汇总区"互联网+监管"事项目录清单和事项检查实施清单,完成实施清单数210项。

(高　磊)

## 保密和机要管理

**【概况】** 2019年,中共天津市红桥区委保密和机要局(以下简称区委保密机要局)深入学习贯彻习近平新时代中国特色社会主义思想,全面贯彻中共十九大和十九届二中、三中、四中全会精神,深入贯彻落实习近平总书记关于保密和机要工作重要指示批示精神。认真完成机要通信保障、保密法治宣传、保密实地督导服务和全区保密销毁等保密机要重点工作。完成视频会议通信服务保障工作,定期对视频会议通信设备进行测试、维护,全年参与完成视频会议通信设备调试和会议服务保障60余次。积极服务全区重点工作,组织全体干部深入社区开展卫生清整、前往红桥客运站和登发装饰城进行站岗值守300余人次,结合岗位职能深入包保社区开展保密法制法规宣传,与社区党委签订共建协议,主动帮助协调解决包保社区反映问题。

(鲁元亨)

**【党的建设】** 2019年,区委保密机要局将学习教育、调查研究、检视问题、整改落实贯穿主题教育始终,突出保密机要工作特色,全面梳理汇总习近平总书记对保密机要工作指示批示精神和市委区委关于做好保密机要工作各项要求,对照最高标准学习、查找、整改。组织开展中心组、党小组读书交流研讨20次,全体干部党性实践锻炼20次,局班子成员以机要密码干部教育管理、保密机要重点工作为题深入开展调查研究60次,形成调研报告3篇,动态更新检视问题清单21条,切实通过主题教育强化初心使命,找准差距短板,勇于担当作为。抓实忠诚教育,开展机要密码干部主题纪律教育月活动，通过集体宣誓、参观基地、观看影片、谈心交流等方式传承红色基因、增强政治定力、增强风险意识、筑牢政治品质。选派干部参加市、区各类业务培训、专题业务交流30余次，参加全市保密检查10次，推荐参加市、区和支部各类征文演讲活动8次，帮助年轻干部搭建成长平台，在实践锻炼中增长才干。

（鲁元亨）

**【制度机制建设】** 2019年，红桥区在机构改革后重新调整保密委员会成员单位、组成人员，召开区委保密委全会（扩大）会议、红桥区2019年度保密工作部署暨自查自评业务培训会，要求全区各部门各单位进一步转变工作作风、提高保密意识、建立长效机制，坚决堵塞管理漏洞、消除失泄密隐患。制定印发加强保密和机要工作相关管理办法，对定密审批、涉密载体使用管理、便携式电子设备使用管理等重要领域进一步加强规范管理，为全区有序开展保密管理工作提供制度保障。完善修订局内制度28条，印制《中共天津市红桥区委保密和机要制度汇编》，不断梳理规范工作流程。

（鲁元亨）

**【保密法治宣传】** 2019年，区委保密机要局营造全区保密法治氛围，提高领导干部职工依法治密能力，普及全民保密常识，组织全区各单位观看保密警示教育片，开展“保密委主任讲党课”“保密干部讲保密”等各类培训讲座，组织保密主题党课1次、到各单位各部门实地开展专题培训讲座5次、组织全区讲座培训1次，切实帮助强化底线思维和风险意识。与和苑街道共建保密法制宣传教育基地，走进社区开展“护航建国70年、保密走进百姓家”保密法治宣传活动，发放保密宣传品750余件。通过红桥有线电视中心、“红桥组工”“美丽红桥”微信公众号和LED电子屏宣传保密知识，组织各部门各单位张贴保密海报、印发保密工作用品和警示标识、组织微信扫码答题等多渠道开展宣传活动，为庆祝中华人民共和国成立70周年创造良好安全保密环境。

（鲁元亨）

**【保密督导服务】** 2019年，区委保密机要局结合全区机构改革情况，选取新组建和重点部门单位作为督导对象，利用三个月时间，到全区38家单位开展实地督导服务，紧扣涉密人员管理和计算机使用管理等源头性、根本性问题，坚持检查为辅、服务为主，检查计算机159台，发现漏洞隐患67个，并通过“回头看”对26家单位重新检查，有效帮助提高各部门各单位保密意识和保密管理水平。

（鲁元亨）

## 老干部工作

**【概况】** 2019年，中共红桥区委老干部局（以下简称区委老干部局）坚持以习近平新时代中国特色社会主义思想为指引，深入贯彻中共十九大和十九届二中、三中、四中全会精神，牢牢把握十九大“认真做好离退休干部工作”重要要求，落实好老干部政治待遇和生活待遇，丰富老干部晚年生活，加强老干部工作宣传，进一步增强做好老干部工作政治责任感。

（王　琦）

**【老干部政治待遇】** 2019年，区委老干部局加强离退休干部党支部建设，发挥支部的战斗堡垒作用。坚持每季度印发《离退休干部党支部政治理论学习安排》。以“利于活动、便于管理、应建尽建”的原则,进一步优化组织设置。制定《关于推动在社区建立离退休干部党支部工作的实施方案》,建立《红桥区社区离退休干部党支部书记工作补贴发放制度》,积极推进在社区建立离退休干部党支部全覆盖工作,依托社区加强离退休干部党建工作,构建组织部门、老干部工作部门、社区党支部“三位一体”服务管理模式,推动更好融入全区基层党建大格局。10月14日,市委组织部副部长、老干部局局长张懿一行到区就社区离退休干部党建工作进行调研考察,走访西于庄街道子牙里一社区和三社区,与离退休干部开展座谈。加强离退休干部思想政治建设,积极在离退休干部中开展“不忘初心、牢记使命”主题教育,制定离退休干部主题教育系列活动方案,举办老干部大讲堂,邀请市关工委副秘书长杨桂华结合“不忘初心、牢记使命”主题教育为老同志作专题报告。组织老同志深入学习贯彻中共十九大和十九届三、四中全会精神,请党校讲师为老同志讲解习近平总书记在天津考察工作和京津冀协同发展座谈会上的重要讲话精神。结合建国70周年,组织老同志撰写庆祝新中国成立七十周年征文,开展以“不忘初心七十载·银发生辉新时代”为主题的“增添正能量·共筑中国梦”活动,组织参观大沽炮台“爱国主义教育”展览,组织“我和我的祖国”观影活动,促进老同志们与党同心、与时代同步。组织老同志参观市档案馆“不忘初心、牢记使命”主题教育展和石家大院廉政警示教育基地。发放离休干部建国70周年纪念章,为70名离休干部发放慰问金14万元,区委书记李清到离休干部史德山家中慰问,为老同志佩戴纪念章。组织老同志参观空港经济工业区企业文化。组织理论组召开“我看新中国成立70周年新成就”座谈会。

(王　琦)

2019年10月14日,市委组织部副部长、老干部局局长张懿(右三)一行到区专题就社区离退休干部党建工作进行调研考察　(区委老干部局提供)

**【老干部生活待遇】**　2019年,区委老干部局坚持完善离休干部“三个机制”(离休费保障机制、医药费保障机制、财政支持机制),确保离休费和由单位支付的各项费用按时足额发放,确保医药费按规定实报实销。年初发放企业离休干部医疗备用金16.2万元。坚持离休干部医药费“双月清”制度,累计为离休干部解决医药费313万元,发挥大病救助资金作用,解决离休干部大额医药费支出10人次38万元。做好改制和退出市场企业离休干部服务管理工作,及时拨付退出市场企业离休干部相关经费。做好离休干部“四就近”(就近学习、就近活动、就近医疗、就近得到关心照顾)服务工作。深入贯彻落实《关于进一步加强老干部社区“四就近”服务管理工作的实施意见》,拨付“四就近”经费7万余元。进一步完善“四就近”服务措施,利用社区医院服务平台,协同区卫健委探索为老同志建立家庭签约医疗服务优惠措施,提供医疗保健个性服务。组织400余位老同志进行健康查体。开展“冬送温暖、夏送凉爽”活动,走访慰问老同志600余人次,为老同志发放慰问金近百万元,局领导分别带队于元旦春节期间对35位生活上有特殊困难的老同志进行走访慰问,暑期对全区60余位离休干部普遍开展走访慰问,向老同志征求意见,让每位老同志感受到组织的关怀和温暖。开展精准服务,积极为老同志解难题办实事,与区内鸿佳和怡养老院建立“红桥区离退休干部养老基地”,满足独居、无人照顾老同志的生活所求。做好老同志来信来访工作,接待来电来访50余人次,耐心解答疑惑,做好心理疏导,确保“件件有回音,事事有着落”。为 79 位 90 岁以上老同志祝寿,同时做好老同志生病走访慰问、去世吊唁、离休干部免费骨灰存放等工作,及时为老同志及家属送上组织的温暖和关怀。发挥特困帮扶机制作用,对身患重病、失能、空巢、家庭变故等方面遇到特殊困难的老同志加大关怀和帮扶力度。落实已故离休干部无固定收入配偶或遗孀各项服务照顾措施,落实《关于规范已故离休干部无固定收入配偶采暖补贴发放问题的通知》《关于调整已故离休干部无固定收入配偶定期生活困难补助标准的通知》精神,及时协调解决特殊问题。

(王　琦)

2019 年 9 月 17 日,区委老干部局领导慰问老同志　　(区委老干部局提供)

**【老干部活动】** 2019 年,区委老干部局积极争取区领导支持,于 10 月份落实新的老干部活动中心用地,正在规划中。举办天津市第七届“红桥杯”离退休干部中国象棋邀请赛。参加市局以及各兄弟区举办的沙狐球、台球、乒乓球等联谊赛,举办手机培训班,搭建丰富老同志精神文化生活的大阵地、大舞台。积极开展爱国主义教育,联合区委区级机关工委和区中心小学举办“我和我的祖国老少共庆新中国成立 70 周年”文艺演出,举办庆祝新中国成立 70 周年书画笔会活动,进一步激发老同志的爱国热情。

2019 年 6 月 21 日,区委老干部局组织老同志参观空港经济区　　(区委老干部局提供)

(王　琦)

**【组织建设】** 2019 年,区委老干部局深入开展“不忘初心、牢记使命”主题教育,牢固树立“四个意识”,不断深化“诚心诚意,千方百计,为老干部服务创先争优”活动。局领导班子深入学习习近平新时代中国特色社会主义思想,认真检视新形势下做好离退休干部工作的政治站位和管理服务中存在的问题,制定整改措施。班子成员发扬率先垂范作用,带头走访慰问老同志,带头开展调查研究,主动向老同志征求意见,发放调查问卷 112 份,分别以“加强新形势下离退休干部思想政治工作”“加强社区离退休干部党建工作”“加强新形势下离退休干部服务管理工作”为主题形成调研报告。局领导带队对各街道社区老干部党建工作进行调研,召开社区党建推动会,促进社区离退休干部党支部建设工作。开展特色党日活动,组织党员干部参观党员教育基地,重温入党誓言,进一步增强做好老干部工作政治责任感。

(王　琦)

**【信息宣传】** 2019 年,区委老干部局微信公众号发布信息 200 余条次,为老同志提供获取信息、沟通思想、交流互动的网络渠道。上报各类工作信息 80 余条,多项活动在《支部生活—天津老干部版》《中老年时报》、天津广播电台“枫叶正红”栏目、“美丽红桥”微信公众号、手机报和红桥有线电视台等媒体报道,及时反映红桥区老干部工作动态,宣传老干部工作和老干部中的典型事迹,不断提升老干部工作影响力。

(王　琦)

## 区级机关党建

**【概况】** 2019 年,中共天津市红桥区委区级机关工作委员会(区委区级机关工委)坚持以习近平新时代中国特色社会主义思想为指导,深入贯彻中共十九大和十九届二中、三中、四中全会精神,全面落实新时代党的建设总要求,树牢“四个意识”、坚定“四个自信”、做到“两个维护”,认真开展“不忘初心、牢记使命”主题教育,狠抓机关党建各项工作任务落实,机关党组织创造力凝聚力战斗力得到增强,党员干部整体素质进一步提高,为加快美丽红桥建设提供坚强保证。

(丁　倩)

**【政治建设】** 2019 年,区委区级机关工委深入学习贯彻习近平新时代中国特色社会主义思想,特别是在中央和国家机关党的建设工作会议上的重要讲话精神,研究制定《关于加强和改进区级机关党的建设的意见》。加快推动《关于加强区级机关党的政治建设 努力争当“三个表率”建设“模范机关”的措施》落实,召开 2018 年度民主生活会和 3 次专题民主生活会,指导 96 个支部召开专题组织生活会、开展民主评议党员。从贯彻执行党的路线方针政策、落实“两个维护”情况等 10 个方面针对工委政治生态情况进行分析研判并整改。

2019 年 3 月 6 日,区委区级机关工委赴区级机关基层党组织指导 2018 年度组织生活会和民主评议党员工作　　（区委区级机关工委提供）

(丁　倩)

**【思想建设】** 2019 年,区委区级机关工委开展“不忘初心、牢记使命”主题教育。高标准完成 3 期读书班集中学习和 8 次集中(专题)研讨交流,走访基层调研、听取意见建议 20 余条;开展 10 项专项整治,查摆问题 15 个,制定整改措施 16 条。举办《习近平新时代中国特色社会主义思想解读》等 4 次专题讲座,培训党员干部 800 余人次。利用“学习强国”、机关党建微信公众号等平台,实现在线学习常态化。开展意识形态安全重大风险隐患排查,不断加强和改进意识形态工作。加强《中华人民共和国宪法》和党内法规的宣传教育,进一步增强机关党员干部的法制观念。

(丁　倩)

2019 年 9 月 27 日,区委区级机关工委、区委宣传部联合举办“区级机关大讲堂”,邀请河北工业大学马克思主义学院党委副书记为 200 余名机关党员干部解读《习近平新时代中国特色社会主义思想学习纲要》　　（区委区级机关工委提供）

**【组织建设】** 2019 年,区委区级机关工委印发《关于调整和明确区级机关涉及机构改革单位党的基层组织及隶属关系的通知》,撤销基层党组织 3 个,新建 14 个,调整隶属关系 1 个,平稳推进机构改革后基层党组织改选及其成员调整等工作。全面推行机关党建工作档案“五卷十册”，制定《关于党费收缴、使用和管理的规定》。指导17个党组织按期完成换届，实现按期换届率100%。根据工作需要动态调整机关党组织书记、副书记16名，会同区委组织部对机关基层党组织书记全覆盖培训。全年新发展党员10名，均为35岁以下青年党员，其中高知党员2名，预备党员转正10名。认真开展排查解决发展党员违规违纪和党员违规信教问题以及处置不合格党员工作，对1名失联党员给予停止党籍处理。

（丁　倩）

2019年3月6日，区级机关基层党组织开展换届选举工作　　（区委区级机关工委提供）

【作风建设】　2019年，区委区级机关工委组织46个机关党组织与社区党组织签订共建协议，

2019年8月11日，区委区级机关工委机关党支部党员深入结对包保社区助力“创文创卫”工作

（区委区级机关工委提供）

春节、“七一”期间集中走访慰问机关老党员和生活困难党员18人次。机关党员干部主动捐助扶贫善款36.8万元、认购扶贫产品85.1万元。深度访谈基层党组织书记、党务工作者和党员干部，收集机关基层党建工作的一手资料，完成《坚持以党员为中心加强区级机关党员教育培训工作的建议对策》等调研报告2篇，提出8项务实举措，建立健全4项工作机制。

（丁　倩）

【纪律建设】　2019年，区委区级机关工委坚持正面教育与警示教育相结合，采取专题培训、参观警示教育基地、以案释纪等多种方式，强化机关党员干部的组织纪律观念。深入开展不作为不担当问题专项治理和集中整治形式主义、官僚主义工作，深入开展领导干部利用名贵特产类特殊资源谋取私利问题等4项专项整治，对党的十八大以来违反中央八项规定精神问题再次深入自查自纠。对照市委专项巡视、中央巡视“回头看”以及落实全面从严治党主体责任检查考核等反馈的问题，逐项分析研判，认真开展“一抓三补四强化”专项行动，全年开展自查自纠工作7次，制定整改措施60余条。

（丁　倩）

2019年10月21日，区委区级机关工委机关党支部党员赴石家大院反腐倡廉教育基地开展主题党日活动　　（区委区级机关工委提供）

# 党校教育

【概况】 2019年,中共天津市红桥区委党校、天津市红桥区行政学院、中共天津市红桥区委党史研究室(以下简称区委党校、区行政学院、区委党史研究室)坚持以习近平新时代中国特色社会主义思想为指引,全面贯彻中共十九大和十九届二中、三中、四中全会精神,以习近平总书记对天津工作提出的"三个着力"重要要求为元为纲,坚持质量立校、改革兴校、人才强校,解放思想、转变观念,担当作为、真抓实干,加强党校建设,务好主业讲好主课尽好主责,为全区建设提供思想政治保证、人才保证和智力支持。2019年,机构改革工作中将区委党校(区行政学院)、区委党史研究室的职责整合,组建新的区委党校,加挂区行政学院、区委党史研究室牌子,作为区委直属事业单位,为正处级。

(唐一弘　王　彤)

【干部培训】 2019年,区委党校举办主体班次11个,培训人数1107人,与区卫健委联合办班5期,培训人数400人次。扶贫合作班2期100人。落实基层宣讲,发挥党校思想阵地作用,丰富教学专题,发布理论快车。党史研究室的职能并入后,党校教师下基层宣讲,扩大宣传范围,让习近平新时代中国特色社会主义思想和党史课程进机关、进企业、进社区、进校园。推出"习近平新时代中国特色社会主义思想"系列课程。以"不忘初心、牢记使命"主题教育为中心,准备教学新专题6个。区委党校教师下基层宣讲200余次,其中主题教育开展以来,下基层宣讲,为群众办好事、办实事66次,激发广大党员干部和青年学生爱党爱国的热情与情怀。

(唐一弘　王　彤)

2019年12月31日,红桥区第7期处级干部进修班开班仪式在区委党校召开　(崔健　摄)

【教学管理】 2019年,区委党校始终坚持培训工作超前谋划、抓好重点环节,各期培训班都做到提前协调相关部门,提前制定教学计划,协调沟通任课老师,做到周密安排,保证教学数量与质量。培训中注意抓重点环节,从考风学风抓起,坚持严格管理。学员管理坚持以人为本,突出"严"字当头。印制学员手册,将教学计划、课程表、学分制、学员守则、学员名单入编学员手册,进一步规范培训形式。严格培训纪律、考勤与请假制度,实行上下午签到制,为培训取得实效提供时间保证。

(唐一弘　王　彤)

2019年12月20日,区行政学院开展工作条例交流研讨　(崔健　摄)

【教研科研】 2019年,区委党校老师在理论与实践的基础上各自形成科研成果。《新中国成立70年来党领导社会主义文化建设的光辉历程和重要启示》一文在市委党校组织的中华人民共和国成立70周年理论研讨会上荣获一等奖,并受邀在市委党校中华人民共和国成立70周年理论研讨会纪念大会上发言。《供给侧结构性改革视域下加快老龄事业和产业发展研究》发表于《中国战略新兴产业》,《浅析天津市学龄人口与公共教育资源配置》发表于《锦绣》。针对十项专项整治工作中"雾锁津门"问题,我校全体教师参与编写系列教学案例课,每位老师针对存在"雾锁津门"的相关领域通过调研以案例教学课程的形式,面向全区广大党员领导干部撰写素材资料,为案例教学打下了坚实的基础。全体教师积极参与走出去、搞调研工作,每位教师选择一个调研课题进行调研、撰写。

2019年11月15日,区委党校召开党的十九届四中全会学习心得交流会 (崔健 摄)

(唐一弘 王 彤)

**【党史资料征编】** 2019年,区委党史研究室继续开展党史资料征集、整理工作,通过OA网、红桥在线等多种渠道广泛搜集,汇集资料,逐条记录和整理修改,总结和记录区委、区政府2018年在社会、经济、政治、文化等诸多方面的重要工作、重点工程、重大项目,为资政工作留存史料。集稿并编纂《红桥区2018年大事述要》,经过征求区委办公室、区政府办公室、区人大办公室、区政协秘书科、区委组织部秘书科、区纪委监委办公室等部门意见后,修改成稿报送市委党校,为市委党校编纂《中共天津工作(2018年)》提供稿件。对2019年红桥区大事记进行搜集和史料编纂整理,通过美丽红桥等微信公众号开展搜集工作,为下一年度《中共天津工作》的编纂做好准备。

(唐一弘 王 彤)

## 档案与地方志

**【概况】** 2019年,天津市红桥区档案馆(以下简称区档案馆)深入学习贯彻落实习近平总书记视察天津做出的重要指示精神以及习总书记对档案工作"三个走向"的重要指示要求,以机构改革、职能划转为契机,深入研究新时期档案工作创新发展方向,明确使命任务,积极主动作为,与区档案局加强沟通协调,建立区档案工作联席会议制度,全面理顺区档案工作领导管理和日常运转体制机制,围绕中心,服务大局,扎实履行档案保管利用职能和史志、年鉴编修职能,推动全区档案和地方志工作更高质量更高水平发展,确保市档案事业"十三五"规划在红桥区顺利实施。

(王 琳)

**【服务全区重点工作】** 2019年,区档案馆在棚户区改造、创文创卫、招商引税、安全稳定等工作中充分发挥档案工作基础性作用,积极安排党员干部深入各项重点工作一线锻炼,主动服务重点工作。针对棚改征收档案建立帮扶指导机制,在棚改档案收集整理、数字化处理和后期管理利用过程中提供服务。安排两名干部专职从事创文创卫档案相关工作,编制《红桥区2019年创文工作责任分工表及任务清单》及区创卫申报材料,对全区机关、企事业单位三年的创卫工作基础性材料进行指导把关,8月中旬高质量通过国家审核。主动服务机构改革工作,组织开展全区涉及机构改革单位档案管理与处置工作的业务培训,指导各涉改单位及时制(修)订《文件材料归档范围和档案保管期限表》。指导全区涉改单位完成内部档案处置工作,制订《关于加强我区国有企业改革档案处置工作实施意见》,与区国资委合作,走访相关单位研究制定并入企业档案处置工作方案;指导国资经营公司、职工委托中心新设立全宗,建立档案管理机构,制定档案管理制度,启动档案管理各项工作。

(王　琳)

2019年6月5日,区档案馆在全区创卫工作中向各专业组反馈创卫申报材料问题,协助各专业组进行整改　(区档案馆提供)

**【档案查询利用】**　2019年,区档案馆制定党员服务岗实施方案,规范窗口服务标准,主动调研群众需求,提供电话、预约等多种方式查询服务。截至12月底,为群众提供婚姻登记、知青下乡、政府信息公开文件等各类档案文件查询2247人次,调阅档案2.29万卷,帮助群众解决房产买卖、养老保险、子女返城等实际困难和问题,同时为各单位提供馆藏档案查询183人次,调阅档案6003卷,为各单位在工龄审定、工资变动等方面提供依据。积极开展涉民档案调研,走访涉民单位20余家,形成区重点涉民档案基本信息表,确认区重点涉民档案23类、80余万卷(件)。

(王　琳)

**【教育宣传】**　2019年,区档案馆利用纪念五四运动100周年、新中国成立70周年、“6·9”国际档案日、“9·5”档案开放日等重要时间节点开展“发挥档案优势,传承红色基因,弘扬爱国精神”主题教育系列活动,与全区中小学、街道社区签订共建协议156份,采取请进来、走出去方式,邀请中小学校师生到馆开展主题团日、队日活动,充分发挥区档案馆爱国主义教育基地作用,结合“不忘初心、牢记使命”主题教育,以档案网站、微信公众号等新媒体以及宣传栏、LED屏等为载体,面向群众大力宣传党史、新中国史,讲好天津故事、红桥故事,将传承红色基因、弘扬爱国精神纳入育人轨道,激发社会公众爱祖国、爱家乡、建设家乡热情,提升档案意识和法治意识。全年接待党政机关、学校、社区、企事业单位参观350余人次。

(王　琳)

2019年6月5日,区档案馆开展“发挥档案优势,传承红色基因,弘扬爱国精神”主题教育活动,组织共青团员、少先队员走进档案馆参观红桥区爱国主义教育基地,开展主题团日、队日活动

(区档案馆提供)

**【依法治档】**　2019年,区档案馆面向社会进一步加大档案普法宣传力度,增强群众档案法制意识,依法及时查处档案违法行为。认真贯彻落实行政执法公示制度、执法全过程记录制度,推进档案行政执法监督常态化制度化,组织执法人员参加公共法律知识培训考试,定期更新执法监督平台相关信息。针对档案接收、普查工作中发现的问题及时开展档案行政执法检查,督促相关单位完成问题整改。面向全区档案人员举办档案管理、档案法制业务培训,持续推进“档案法制教育进党校”活动,将档案法制教育列入区委党校

中青班、青马班教学计划，编入主体班次课程内容，进一步提高全区党政领导干部和国家公职人员对档案法规和档案工作的认知程度。

（王　琳）

2019年7月8日，区档案局、区档案馆到区委党校开展2019年度档案接收检查工作（区档案馆提供）

**【档案资源建设】** 2019年，区档案馆针对机构改革单位变动情况，及时修订完善档案进馆范围，加大档案接收力度。机构改革后，及时调整馆藏档案全宗名册，确定全宗143个，先后接收区委办、团区委、区委党校和区档案局4个单位档案1.49万卷件，区市政局、区民宗办、区房管局、区建委、大胡同街道5个涉改单位档案3.43万卷件。编制《红桥区档案馆2019年档案征集目录》《红桥区档案馆档案征集管理办法》，联系各拆迁指挥部、西于庄街道和郭家菜园拆迁居民等开展资料征集和口述档案录制，征集书籍、粮票、纪念章、居民捐赠实物以及照片、光盘等百余卷件。协调区体育局、区武协，确定武术门派10余个，制定口述大纲，开展武术方面口碑资料、口述档案收集。

（王　琳）

**【档案开放鉴定】** 2019年，区档案馆对1989年形成的保管期限满30年的馆藏档案进行逐卷逐件逐页鉴定，经过初审和鉴定委员会复审，开放全宗45个、开放档案510卷。安排档案人员前往河西区、南开区、河东区等6个区档案馆参与组建2019年档案鉴定委员会，对该区档案馆延期开放档案进行鉴定审核工作。

（王　琳）

**【档案行政执法检查反馈意见整改】** 2019年，区档案馆落实国家档案行政执法检查反馈意见整改要求，积极推进新档案馆建设。一季度完成设计方案，二季度开工建设，确保反馈意见整改取得实质性进展。开展馆藏档案第五期数字化工作，年底完成档案数字化加工168万页。完成团区委、区教育局、区委党校等21家单位的档案数字化工作，接收6家单位电子档案进馆，实现实体档案与电子档案同步移交进馆。

（王　琳）

**【档案安全体系建设】** 2019年，区档案馆健全完善档案安全应急预案和安全检查制度，强化消防安全教育，开展消防、用电等安全排查和应急演练，印发《关于开展档案安全风险隐患排查整治工作的通知》，推动各立档单位完善制度措施和应急方案，深入开展安全保密风险隐患排查治理。将安全风险评估指标纳入新档案馆建设，与建设方、施工方积极对接，逐项落实，整体推进。对档案数字化加工进行全程监督检查，定期进行系统维护和数据备份，加强对全区档案安全体系建设和档案数据安全工作的指导力度，按计划完成全区各单位档案数据备份及数字档案接收等

2019年6月28日，区档案馆组织开展消防安全知识培训和火灾应急演练　（区档案馆提供）

工作,确保数字档案安全。

(王　琳)

**【年鉴编纂】** 2019年,《红桥年鉴》编纂工作于3月份正式启动,向全区95个供稿单位发送《关于报送年鉴工作分管领导及撰稿人的通知》,并组织对全区新更换的供稿人开展专项业务培训。10月底完成全部内文稿件的三审三校工作,交由方志出版社审稿,并报送相关单位、领导审核。完成彩页照片筛选、调修、编辑照片说明、排版工作,从《红桥》杂志和各单位报送的共900余张照片中选出93张照片作为彩页照片,分为民主政治、经济商贸、城市建设与管理、社会事业、文化体育、民计民生、社区生活、纪念改革开放40周年、精准帮扶、创文创卫10个主题。至年底,《红桥年鉴(2019)》全部定稿。

(王　琳)

**【《红桥区志(1979—2010)》评论集编纂出版】** 2019年,区方志办为弥补《红桥区志(1979—2010)》中的遗憾,为今后的修志工作扬长避短,提高志书质量,认真分析天津市从事史志研究工作的专家学者情况,根据专家学者各自的研究领域,充分发挥专家学者各自优势,确定35位专家学者所评区志的编目。收到志评稿件、个人简介、照片32份10万余字,编修始末部分撰稿11万余字,全书共计20万余字。全部稿件于11月校审完毕,年底出版发行。

(王　琳)

**【地方志资源利用】** 2019年,区方志办全年向《天津史志》投送并发表有学术价值的文章3篇。主动对接区政府信息化办,搞好地方志网络建设,不断丰富地情文献资源,与区信息化办沟通,在区政府网站红桥概况栏目发布《红桥区志(1979—2010)》和《红桥年鉴(2018)》全文,确定逐年发布新版《红桥年鉴》全文,基本实现地方志和年鉴资料内容网上查阅目标。

(王　琳)

# 红桥区人民代表大会

# 天津市红桥区第十七届人大常委会领导名单

(2019年)

主　　　任:高树彬(至2019年4月26日)
　　　　　　郑会营(2019年6月21日任)
副　主　任:方立民(至2019年8月21日)
　　　　　　孙玉龙(2019年6月21日任)
　　　　　　陈淑芳(女)
　　　　　　郝凤新
　　　　　　张树起
　　　　　　张东明(至2019年12月27日)
党组副书记:穆　强(回族)(2019年12月27日任)

# 重要会议

**【区第十七届人民代表大会第四次会议】** 2019年1月8—9日举行。听取和审议红桥区人民政府区长袁家健所作《天津市红桥区人民政府工作报告》;审查红桥区2018年国民经济和社会发展计划执行情况与2019年国民经济和社会发展计划草案报告;审查红桥区2018年预算执行情况和2019年预算草案报告,批准红桥区2019年预算;听取和审议红桥区人民代表大会常务委员会主任高树彬所作的《天津市红桥区人民代表大会常务委员会工作报告》;听取和审议红桥区人民法院院长刘莉所作的《天津市红桥区人民法院工作报告》;听取和审议红桥区人民检察院检察长张春明所作的《天津市红桥区人民检察院工作报告》;选举芮永玲为红桥区监察委员会主任;票决政府民生实事项目;作出设立红桥区第十七届人民代表大会社会建设委员会以及内务司法委员会更名为监察和司法委员会的决定;表决通过红桥区第十七届人民代表大会社会建设委员会、监察和司法委员会组成人员名单。

(高　明)

**【区第十七届人民代表大会第五次会议】** 2019年6月20—21日举行。选举郑会营为红桥区第十七届人民代表大会常务委员会主任;孙玉龙为红桥区第十七届人民代表大会常务委员会副主任;李鹤贤为红桥区人民法院院长。

(高　明)

**【人大常委会会议】** 2019年,区十七届人大常委会召开会议9次。

1月4日,区人大常委会主任高树彬主持召开第十七次会议,决定接受张金刚辞去红桥区监察委员会主任职务的请求;审议通过人事事项,举行被任命人员向宪法宣誓仪式;审议区十七届人大四次会议的有关事项。

2月27日,区人大常委会主任高树彬主持召开第十八次会议,传达学习市委书记李鸿忠在市十七届人大二次会议闭幕会上的讲话精神;审议通过人事事项,举行被任命人员向宪法宣誓仪式;讨论通过红桥区人大常委会2019年主要工作安排意见;听取和审议关于红桥区2018年环境质量状况和环境保护目标完成情况报告,并作出审议意见;听取关于区十七届人大四次会议期间代表建议拟办意见报告;审议通过《天津市红桥区人大常委会预算审查监督网络系统管理暂行办法》;书面通报2018年度常委会组成人员参加常委会会议的出勤情况和联系人大代表情况。

4月26日,区人大常委会副主任方立民受区人大常委会委托主持召开第十九次会议,听取《天津市城乡规划条例》讲座;审议通过人事事项,举行被任命人员向宪法宣誓仪式;听取和审议关于促进民营企业发展相关政策落实情况报告,并作出审议意见;听取和审议关于推进国医堂建设、提升中医药服务能力情况报告,并作出审议意见;听取和审议区人民检察院关于开展民事行政检察工作情况报告,并作出审议意见;决定接受范永杰、耿利萍辞去红桥区第十七届人民代表大会代表职务请求,审议通过关于终止个别红桥区第十七届人民代表大会代表资格的审查报告;听取关于大胡同街道和三条石街道行政区划调整有关情况的报告;决定接受高树彬辞去红桥区人大常委会主任职务的请求。

5月28日,区人大常委会副主任方立民受区人大常委会委托主持召开第二十次会议,审议通过关于终止个别红桥区十七届人民代表大会代表资格的审查报告;审议通过关于补选红桥区第十七届人民代表大会代表的决定;审议通过红桥区补选领导小组成员名单;审议通过人事事项,举行被任命人员向宪法宣誓仪式。

6月17日,区人大常委会副主任方立民受区人大常委会委托主持召开第二十一次会议,听取关于补选区十七届人大代表情况的报告;审议通过关于代表资格审查的报告;决定接受刘莉辞去红桥区人民法院院长职务的请求;审议通过关于召开区十七届人大五次会议的决定;审议区十七届人大五次会议有关事项。

6月28日,区人大常委会主任郑会营主持召开第二十二次会议,听取《天津市文明行为促进条例》讲座;审议通过人事事项,举行被任命人员向宪法宣誓仪式;审议区政府关于红桥区2018年财政决算(草案)的报告的议案;听取和审议关于红桥区2018年财政决算(草案)的报告,并作出相应决议;听取和审议关于红桥区2018年区级预算执行和其他财政收支的审计工作报告;听取和审议关于红桥区提高教育教学质量情况的报告,开展专题询问,并作出审议意见;审议通过《天津市红桥区预算审查监督办法》《天津市红桥区人民代表大会代表建议、批评和意见办理工作办法》《天津市红桥区人民代表大会常务委员会讨论、决定重大事项的规定》;书面审议区政府《关于落实〈区人大常委会对2018年红桥区环境治理状况和环境保护目标完成情况报告的审议意见〉情况的报告》《关于落实〈区人大常委会对推进国医堂建设、提升中医药服务能力情况报告的审议意见〉情况的报告》和区检察院《关于落实〈区人大常委会对区人民检察院开展民事行政检察工作情况报告的审议意见〉情况的报告》。

8月21日,区人大常委会主任郑会营主持召开第二十三次会议,听取《中华人民共和国刑事诉讼法(修正案)》讲座;传达学习习近平总书记对地方人大及其常委会工作的重要指示精神和市委常委会要求;审议通过人事事项,举行被任命人员向宪法宣誓仪式;审议区人大常委会主任会议关于调整红桥区第十七届人大常委会代表资格审查委员会主任委员的决定(草案)的议案,并作出相应决定;审议区人大常委会主任会议关于接受个别代表辞去红桥区第十七届人民代表大会代表职务的请求的决定(草案)的议案;听取关于红桥区棚户区改造“三年清零”工作情况的报告;听取和审议关于红桥区行政事业性国有资产管理情况的报告,书面审议2018年度区属国有企业资产管理情况报告,并作出审议意见;听取和审议区法院关于开展扫黑除恶专项斗争工作情况的报告,并作出审议意见;书面审议区政府《关于落实〈区人大常委会对红桥区提高教育教学质量情况报告的审议意见〉情况的报告》;书面通报2019年以来常委会组成人员联系人大代表的情况。

10月30日,区人大常委会主任郑会营主持召开第二十四次会议,听取天津市体育基本公共服务体系建设专题讲座;审议通过人事事项,举行被任命人员向宪法宣誓仪式;决定于清为红桥区监察委员会代理主任;决定接受唐焕齐辞去红桥区第十七届人民代表大会监察和司法委员会、社会建设委员会主任委员职务的请求;决定接受李学青、吴敏、辛刚、唐焕齐、王玉琴、蒋汉民、王倩辞去红桥区第十七届人民代表大会代表职务的请求;审议通过关于终止个别红桥区第十七届人民代表大会代表的代表资格的审查报告;听取关于红桥区落实京津冀协同发展战略情况的报告;听取和审议关于2019年1—9月份预算执行情况的报告;听取和审议关于区十七届人大四次会议以来代表建议办理情况的报告;听取关于区十七届人大四次会议以来代表建议督办情况的报告;审议通过关于补选区十七届人大代表的决定和补选领导小组成员名单;审议通过关于召开区十七届人大六次会议的决定;书面审议区法院《关于落实〈区人大常委会对开展扫黑除恶专项斗争工作情况报告的审议意见〉情况的报告》。

12月27日,区人大常委会主任郑会营主持召开第二十五次会议,审议通过区政府关于提请审查和批准红桥区调整2019年财政预算支出的议案，听取有关情况的说明，并作出相应决议；初审红桥区2020年预算主要内容的报告；听取红桥区2019年民生实事项目完成情况和2020年民心工程候选项目形成情况的报告，决定将2020年民心工程候选项目提请区十七届人大六次会议票决；听取关于红桥区2019年民生实事项目实施情况的评价报告；听取部分区选的市十七届人大代表履职情况的报告；初审红桥区2019年国民经济和社会发展计划执行情况与2020年国民经济和社会发展计划草案的报告；听取关于补选区十七届人大代表结果的报告；审议关于区十七届人大代表资格的审查报告；审议通过人事事项，举行被任命人员向宪法宣誓仪式；补选何智能为天津市第十七届人民代表大会代表；审议区十七届人大六次会议的有关事项；书面审议区政府《关于落实〈区人大常委会对红桥区行政事业性国有资产管理情况报告的审议意见〉情况的报告》《关于红桥区2018年区级预算执行及其他财政收支审计查出问题整改情况的报告》。

（高　明）

## 人大常委会主要工作

**【概况】** 2019年，红桥区人民代表大会常务委员会（以下简称区人大常委会）始终坚持以政治建设为统领，不断深化对习近平新时代中国特色社会主义思想特别是关于人民代表大会制度的重要思想的理解和认识，全面增强贯彻落实习近平总书记对地方人大及其常委会工作重要指示精神的自觉性和坚定性，着力在学懂弄通做实上下功夫、见成效。常委会认真学习领会党的十九届四中全会的重大意义和精神实质，深入思考做好新时代人大工作的重大原则、思路举措和重点任务，研究制定贯彻落实的具体措施，充分发挥人大职能优势，为全面提高基层社会治理能力和治理水平贡献力量。深入开展“不忘初心、牢记使命”主题教育，紧密结合十项专项整治，不折不扣抓好整改落实，有效推进常委会各项工作。坚决落实区委部署要求，着力推动区委确定的棚户区改造、招商引资、创文创卫、安全稳定“四场硬仗”顺利实施。

2019年，区人大常委会召开常委会会议9次，听取审议专项工作报告19项，作出决议、决定15项，提出审议意见7项，深入区委确定的棚户区改造、招商引资、创文创卫、安全稳定“四场硬仗”和民生实事项目现场等百余个点位开展执法检查、视察和调研70余项。任免国家机关工作人员227人次。备案审查规范性文件7件。

（高　明）

2019年1月，红桥区第十七届人民代表大会第四次会议在区委礼堂隆重召开（区人大常委会提供）

**【助力全区中心工作】** 2019年，区人大常委会全力助推棚改“清零”目标，抽调多名干部投身棚改一线，参与多个片区棚改任务。领导班子成员多次集体深入航空机电、聚顺里、铃铛阁等棚改分指挥部和项目现场调研。专题听取全区棚改“三年清零”工作报告，集中视察依法服务保障棚改工作推进情况，组织百余名代表以专项视察、实地调研、提出建议、走访慰问、扶贫助困等形式助力棚改。推动营商环境持续优化,组织代表深入40余家企业、职能部门开展专项调研、帮扶,听取审议《区政府关于民营企业发展相关政策落实情况的报告》,开展中小企业促进法和市优化营商环境条例执法检查,积极主动为企业发展创造良好条件。领导班子成员深度参与“双万双服促发展”活动,定期深入意库创意、圣威科技、鹏安集团等20余家驻区企业、重点工程项目走访帮扶,针对企业反映的基础设施配套不足、消防安全、停车难等问题,积极协调有关部门加快落实。深入推动创文创卫工作,全年开展包访察、志愿服务、走访慰问等活动百余次。200余名人大代表以不同形式响应常委会发出的倡议书,集中开展“助力创建人大代表当先锋”主题日活动。积极维护安全稳定,领导班子成员紧扣中共十九届四中全会、70周年大庆等敏感时期和关键节点,认真落实30余件信访积案化解包保责任,面对面倾听信访群众诉求。向全体代表发出助力红桥争创全市首个“无黑”城区公开信,对全区扫黑除恶专项斗争工作开展全方位、多角度监督检查,切实维护社会和谐稳定。

(高　明)

2019年7月10日,区人大常委会主任会议成员视察棚户区“三年清零”行动情况

(区人大常委会提供)

【监督工作】 2019年,区人大常委会全程监督民生实事项目落实。2019年首次开展人大代表票决民生实事项目。常委会高度重视经人大代表票决产生的20个民生实事项目落实情况,制定并实施民生实事项目监督工作方案,成立20个“一对一”监督工作小组,先后发动120余名人大代表参与各环节工作,组织班子成员督察、人大代表视察、分组调研活动20余次,全程跟踪、全面覆盖、持续监督、确保落实。落实京津冀协同发展重大国家战略专项视察,支持和促进实现更高水平的协同发展。助推环保攻坚和生态宜居城区建设,听取审议环保工作报告,对水污染防治法、水污染防治条例开展执法检查,围绕打造生态宜居环境、加强城市精细化管理、完善城市基础设施建设等11个项目开展深度视察,并提出意见建议。聚焦群众反映的热点问题,听取审议红桥区推进国医堂建设、提升中医药服务能力情况的报告,对完善院前医疗急救体系、残疾人就业等6项工作开展视察和跟踪检查。着眼解决“一小”突出问题,瞄准区内教育教学质量存在的问题,组织开展专题询问,促进教育教学质量提升;对《中华人民共和国义务教育法》等3项教育领域的法律法规开展执法检查,围绕学前教育学位目标落实、学校安全管理等4项议题进行全方位视察调研,促进有关工作深入开展。加强司法工作监督,听取审议区法院扫黑除恶专项斗争工作、区人民检察院民事行政检察工作情况

2019年9月,区人大常委会对学前教育“一法一办法一条例”实施情况开展执法检查

(区人大常委会提供)

的报告，助推人民调解法贯彻落实，促进提高司法公信力。注重发挥“法律巡视”监督利剑作用，以暗访为重要手段，在《天津市文明行为促进条例》实施的同时，上下联动、同步开展执法检查，推动形成讲文明、树新风的浓厚氛围。完成《中华人民共和国社区矫正法》《天津市基本医疗保险条例》等立法、修法调研工作6项，助推提升立法质量。

（高 明）

**【代表工作】** 2019年，区人大常委会深入推动“家、站”人大代表之家和人大代表联络站标准化建设，制定《关于加强和规范人大代表之家和人大代表联络站建设的意见》，召开家、站规范化标准化建设推动会、研讨会。全年完成8个代表之家和51个代表联络站规范化建设，实现标牌标识、制度规章、展示宣传“三上墙”。探索家、站开展活动的创新模式和有效途径，全年1400余人次代表开展各项活动近400次，接待选民4000余人次。不断完善督办机制，修订代表建议、批评意见办理工作办法，聚焦重点难点问题听取建议办理和督办情况报告，召开多种形式的协调会、推动会、研讨会，开展现场专题视察30余次。坚持重点难点建议由班子成员牵头督办，加大和促进代表与承办部门的沟通联系，促进真办快办办结。对91件区内承办的代表建议全部办复完毕，数十条建议转化为稳增长、促改革、惠民生的具体措施。依托人大讲堂、常委会会前讲座、专委会和街道人大工委业务学习等平台，围绕贯彻落实党中央大政方针、人民代表大会制度理论、区域经济社会发展和法律法规等举办各项培训60余场，培训代表近1500人次。严格代表履职监督管理，完善代表履职报告记录制度，组织75名代表向选区述职，推动代表更好履职尽责。注重丰富闭会期间的代表活动，扎实推进“五比五看”（比学习，看综合素质；比履职，看发挥作用；比建功，看本职业绩；比奉献，看服务社会；比自律，看遵纪守法。），扩大代表对常委会、专委会工作的参与，组织180余名人大代表参加立法调研、视察检查、政策宣讲、志愿服务、扶贫助困、社会监督、征求意见等活动百余次。广大代表为社区办实事160余件，为各界捐赠款物60余万元，救助困难群众144户。提升市人大代表服务保障水平，做好区选市代表会前视察及市人代会服务工作，开展市人大代表向区人大常委会述职活动，加强与市人大代表联系。组织市人大代表参加市、区有关部门开展的学习培训、座谈研讨、征求意见和现场监督等活动20余次，积极协助市人大代表梳理、提交、督办意见建议26件，全力做好保障工作。

（高 明）

2019年8月，芥园街道芥园大堤社区人大代表召开联系选民会议 （区人大常委会提供）

**【人事任免工作】** 2019年，区人大常委会依法行使任免权、决定权，确保党的主张通过法定程序成为全区人民的共同意志。依法做好选举和人事任免工作。圆满完成区人大常委会主任和副主任、代理区长、监察委代理主任、副区长等人事任免、选举任务。组织相关选区补选19名出缺的区十七届人大代表。坚持党管干部与人大常委会依法任免相统一，不断提升人大任免的政治性、严肃性、权威性。制定落实宪法宣誓和任前法律知识考试制度监督检查实施意见，专题组织旁听常委会新任命法官、检察官的庭审活动，全年组织95人次开展宪法宣誓，进一步强化任免程序制度严格规范。修订讨论决定重大事项的规定，完善工作机制和运行程序，对贯彻执行人大决议决定提出要求。听取审议全区行政事业单位国有资产管理情况专项报告，强调规范资产统收流程，充分发挥国有资产效益。听取审议财政预算、决算、审计等5个专项报告，修订常委会预算审查监督办法，加强对重点支出、政府债务审查，强化预算绩效管理。

（高　明）

2019年1月4日，通过区人大常委会任命同志举行宪法宣誓仪式　（区人大常委会提供）

**【自身建设】** 2019年，区人大常委会制定加强“两个机关”（要使人大及其常委会成为全面担负起宪法法律赋予的各项职责的工作机关，成为同人民群众保持密切联系的代表机关。）建设的实施意见，全面加强常委会领导班子建设，严格落实请示报告制度，全年制定完善《中心组学习办法》《专题询问办法》《视察调研暂行办法》等决策议事程序、思想政治建设、机关政务管理方面工作制度20余项。依法完成监察和司法委员会、社会建设委员会更名、设立工作，加强对基层人大工作的指导，完善街道人大工作体系，扩大人大工作覆盖面。着力推进机关建设，对常委会组成人员依法履职提出新的明确要求，增强常委会议事效率和决策水平。大兴学习调研亲民尚能之风，领导班子成员带头深入基层，了解群众所思所盼，努力使人大工作更接地气、更合民意。全面加强机关干部队伍建设，加大选拔培养力度，提升业务能力素质，7名干部持续参与援藏和全区重点工作，围绕庆祝新中国成立70周年开展系列活动，强化爱国主义意识。高度重视人大理论研究和信息宣传工作，全年刊发各类文稿200余篇。

（高　明）

2019年6月，区人大常委会机关党总支组织全体党员开展党性实践系列活动

（区人大常委会提供）

# 红桥区人民政府

# 天津市红桥区第十七届人民政府领导名单

(2019年)

区　　　长:袁家健(至2019年12月27日)
代理区长:何智能(2019年12月27日任)
副区长:管兴桥(2019年2月27日任)
郑　宏(至2019年6月28日)
李纪扬(至2019年8月21日)
刘国庆(2019年10月30日任)
马　政(至2019年12月27日)
李丽玲(女)
徐卫京
刘玉明

# 重要会议

【区政府常务会议】　2019年,区政府召开常务会议52次。

1月3日　区长袁家健主持召开区政府第75次常务会议。会议传达学习习近平总书记在庆祝改革开放40周年大会上的讲话精神和天津市庆祝改革开放40周年大会精神,习近平总书记向国家综合性消防救援队伍致训词精神,市委书记李鸿忠在和平河西南开三区现场办公会议上的讲话精神、在全市党委办公厅(室)主任会议上的讲话精神,审议通过人事任免事项。

1月7日　区长袁家健主持召开区政府第76次常务会议。会议传达学习全市打击、清理、整顿保健品乱象专项整治行动工作推动会议精神,并审议通过红桥区工作实施方案;传达学习《中央办公厅 国务院办公厅印发关于全面深入持久开展民族团结进步创建工作铸牢中华民族共同体意识的意见的通知》精神、全市安全生产工作会议精神、全市贯彻新时代"枫桥经验"现场会暨2018年综治考评部署会精神。会议审议通过红桥区加快推进电子商务发展的若干政策、红桥区金潞园片区棚户区改造(旧城区改建)项目房屋征收补偿方案(征求意见稿)。

1月21日　区长袁家健主持召开区政府第77次常务会议。会议通报区政府领导班子分工调整情况。会议听取关于调整区政府常务会、区长办公会常任列席单位的情况汇报;关于丁字沽平房片区(一期)棚改项目征收补偿方案征求意见情况及下达征收决定的情况汇报;关于表彰运输六场和航空机电片区棚改项目指挥部的情况汇报;关于松楠楼、聚顺里及全区零散平房棚改项目(一期)征收补偿方案征求意见情况及下达征收决定的情况汇报;关于将区商务局(原区商务委)持有的区国资经营公司100%股权无偿划转至区国资委的情况汇报。会议传达学习习近平总书记在天津考察重要指示精神、在京津冀协同发展座谈会上重要讲话精神和市委常委扩大会议精神,以及1月9日全国安全生产电视电话会议精神、全市打击整治枪支爆炸物品违法犯罪专项行动会议精神、全市2019年道路交通安全工作会议精神。会议审议通过红桥区易产生非法集资风险类工商企业照前会商研判工作机制、关于红桥区行政事业单位经营性资产管理意见、关于街道生产服务管理处下属企业资产管理意见和人事任免事项。

1月26日　区长袁家健主持召开区政府第78次常务会议。会议传达学习市委书记李鸿忠在市委常委会议专题研究贯彻落实习近平总书记重要指示精神时的讲话精神;《市委、市政府关于进一步促进民营经济发展的若干意见》;1月23日全市安全生产工作电视电话会议和1月24日全市非煤矿山、危险化学品、烟花爆竹、金属冶炼行业企业安全生产责任保险工作视频会议精神;市委办公厅、市政府办公厅印发《天津市关于全面落实湖长制的实施意见》的通知;并研究红桥区贯彻落实措施。会议审议通过红桥区旧楼区准物业工作管理意见(试行)、《红桥区节水型社会达标建设实施方案》和人事任免事项。会议听取关于聚顺里、松楠楼及零散平房棚改项目房屋征收补偿方案(征求意见稿)的情况汇报、关于2019年天津西站地区春运工作开展情况的通报、关于丁字沽平房及周边零散平房(二期)棚改项目房屋征收补偿方案(征求意见稿)的情况汇报、关于表彰金潞园片区棚改项目指挥部的情况汇报。

2月3日 区长袁家健主持召开区政府第79次常务会议。会议传达学习市审计工作会议精神和天津市领导干部大会精神以及市委印发《关于认真学习贯彻习近平总书记在天津考察工作和京津冀协同发展座谈会上重要讲话精神的通知》、中央办公厅、国务院办公厅印发《关于改革和完善疫苗管理体制的意见》的通知,并审议通过红桥区贯彻落实工作方案。会议审议通过2019年人大代表建议和政协提案办理工作安排意见、红桥区2019年审计项目计划、《服务雄安对接京冀 打造红桥服务高地》十条措施、政府工作报告任务分解台账和人事任免事项。会议听取关于组建全区零散平房综合动迁组的情况汇报、关于对服装十四厂零散平房改造项目予以表彰的情况汇报

2月11日 区长袁家健主持召开区政府第80次常务会议。会议听取关于调整西沽南片区、同义庄片区棚改项目指挥部现场指挥的情况汇报。

2月25日 区长袁家健主持召开区政府第81次常务会议。会议传达学习《中共中央办公厅 国务院办公厅关于印发〈地方党政领导干部食品安全责任制规定〉的通知》和市委、市政府主要领导批示要求、市纪委《关于6起形式主义、官僚主义典型问题的通报》、市扫黑除恶专项斗争领导小组2019年第一次全体会议精神及《天津市扫黑除恶专项斗争领导小组2019年工作要点(征求意见稿)》主要精神、《中共中央办公厅关于印发〈中共文物管理办法〉(试行)的通知》和全市"三保"工作会议精神。会议审议通过红桥区消防安全形势分析评估报告、第29届天津运河桃花文化商贸旅游节实施方案、西沽街社区卫生服务中心新址建设方案、红桥区2019年老旧小区及远年住房改造工作实施方案、红桥区2019年度绩效管理和全面从严治党公众评议调查工作方案、红桥区2019年"双万双服促发展"活动工作方案。会议听取关于运输六场棚改项目指挥部调整组织领导机构的情况汇报、关于推进大福来公司混改工作的情况汇报、关于天津市红桥区社会治理网格化管理平台项目立项的情况汇报。

3月5日 区长袁家健主持召开区政府第82次常务会议。会议传达学习天津市不作为不担当警示教育大会精神、中央办公厅、国务院办公厅印发《关于推进基层整合审批服务执法力量的实施意见》的通知、中央办公厅、国务院办公厅印发《关于加强金融服务民营企业的若干意见》的通知、全市信访工作会议暨全国"两会"安保维稳工作动员部署会议精神、中央办公厅、国务院办公厅关于印发《大运河文化保护传承利用规划纲要》的通知,研究红桥区贯彻落实举措。会议听取关于金潞园片区棚改项目房屋征收补偿方案征求意见情况及作出《房屋征收决定》的情况汇报。

3月14日 区长袁家健主持召开区政府第83次常务会议。会议传达学习国务院副总理韩正在京津冀协同发展领导小组会议上的讲话精神及市委常委会会议有关要求。会议听取关于红桥区丁字沽平房片区及周边零散平房(二期)棚户区改造(旧城区改建)项目房屋征收补偿方案征求意见情况及作出《房屋征收决定》的情况汇报、关于红桥区聚顺里、松楠楼及零散平房棚户区改造(旧城区改建)项目(二期)房屋征收补偿方案征求意见情况及作出《房屋征收决定》的情况汇报、关于新建子牙滨河公园(渔村)堤岸加固项目有关情况说明。

3月21日 区长袁家健主持召开区政府第84次常务会议。会议传达学习市委常委、常务副市长马顺清在工程建设项目审批制度试点整改工作现场办公会议上的讲话精神。会议审议《天津市红桥区工程建设项目策划生成工作方案》、关于成立区重点工程项目指挥部方案、《红

桥区2019年河湖长制工作实施方案》、子牙滨河公园(渔村)设计方案和人事任免事项。会议听取关于三条石小学、档案馆项目下达《房屋征收决定》的情况汇报。

3月25日 区长袁家健主持召开区政府第85次常务会议。会议审议西沽街社区卫生服务中心新址建设方案和红桥中医医院新址建设方案。

4月8日 区长袁家健主持召开区政府第86次常务会议。会议传达学习中央扫黑除恶第12督导组督导天津市工作动员会和中央扫黑除恶第12督导组第一阶段向天津市委市政府反馈推进会议精神;全市禁毒工作会议精神;中央办公厅、国务院办公厅印发《关于国有企业退休人员社会化管理的指导意见》;中央办公厅、国务院办公厅印发《关于加强基础研究、应用基础研究和技术创新工作的指导意见》的通知;中央办公厅、国务院办公厅印发《关于加强专门学校建设和专门教育工作的意见》的通知;中央办公厅关于印发《中央教育工作领导小组2019年工作要点》的通知;3月27日全国进一步加强安全生产工作视频会议精神,并听取全区一季度安全生产工作情况汇报;天津市扶贫协作和支援合作工作领导小组扩大会议暨2019年工作推进会精神,并研究红桥区贯彻落实措施。会议听取关于大胡同街和三条石街区划调整的通报;关于世春里、隆春里、金领国际社区党群服务中心提升改造工作的情况汇报。会议审议开展"打击欺诈骗保,维护基金安全"集中宣传月活动实施方案;人事任免事项。

4月14日 区长袁家健主持召开区政府第87次常务会议。会议传达天津市垃圾分类工作会议精神,审议2019年红桥区生活垃圾分类工作实施方案;全市《天津市文明行为促进条例》宣传贯彻推动会精神,并研究红桥区落实举措。会议听取关于晓春里、万华里、睦华里、明华里社区党群服务中心提升改造工作的情况汇报;关于成立光荣道科技产业园工作领导小组的情况汇报;关于将住房建设委下属和参股企业、城投公司整体划转至国资委的情况汇报。

4月18日 区长袁家健主持召开区政府第88次常务会议。会议听取关于对桥口街24号房屋(龚望旧居)进行应急排险拆除的情况报告。

4月27日 区长袁家健主持召开区政府第89次常务会议。会议传达天津市"三站一场"环境服务提升整治动员会精神,并研究贯彻落实举措。会议听取一季度火灾形势分析报告;一季度经济运行情况报告;关于成立并调整部分区级议事协调机构组成人员的情况汇报;关于快速路交通噪声环保督查信访举报问题治理工作的情况汇报;交警支队关于围绕"双创"开展提升道路交通管理水平的情况报告;解除王砚强记过处分的情况报告。会议审议关于开展深入推进城镇低效用地再开发工作方案;关于开展第二十六届民族团结月活动的安排意见;天津市红桥区爱国卫生工作管理办法;人事任免事项。

5月6日 区长袁家健主持召开区政府第90次常务会议。会议传达习近平总书记关于退役军人工作重要论述和在天津考察时重要指示要求以及相关会议文件精神,并汇报红桥区2019年退役军人事务工作要点。会议听取关于龚望旧居予以撤销文物登记的汇报;关于设立国控南粤城市建设发展基金的情况汇报。会议审议人事任免事项。

5月12日 区长袁家健主持召开区政府第91次常务会议。会议传达学习市河(湖)长制工作领导小组会议精神,审议红桥区问题整改方案;市政府领导在《津政督查》(第2期)上的批示精神和天津市党政领导干部安全生产责任制实施细则,并审议区级党政领导安全生产职责任务分解表。会议听取关于开展第十一届双拥模范区考核评比工作的情况汇报;关于晓春里、民畅园等社区党群服务中心提升改造工作的情况汇报;关于2019年教育系统、卫生健康系统事业单位工作人员招聘工作计划的情况汇报。会议审议红桥区2019年防汛工作安排意见。会议通报人事任免事项。

5月20日 区长袁家健主持召开区政府第92次常务会议。会议传达学习天津市党政代表团赴浙江省学习考察有关情况;市扫黑除恶专项斗争领导小组2019年第五次全体会议精神。会议审议《红桥区宗教场所安全整改情况说明》;红桥区服务关爱企业八项行动方案;红桥区第八批非物质文化遗产代表性项目名录;人事任免事项。

5月27日　区长袁家健主持召开区政府第93次常务会议。会议传达学习贯彻关于违建别墅问题清查整治工作全国电视电话会议以及市委常委会议、市政府常务会议精神,并研究红桥区贯彻落实举措。会议审议关于明确三条石街道办事处行政执法区域的通知;关于红桥区2019年第二期棚改专项政府债券的使用方案。会议通报2018年绩效考评结果和绩效奖励发放安排。

6月4日　区长袁家健主持召开区政府第94次常务会议。会议传达学习中央扫黑除恶第12督导组督导天津市情况反馈精神和区委常委会有关要求;《中华人民共和国政府信息公开条例(新修订)》;市生态环境保护委员会第一次会议暨污染防治攻坚战推进会精神。会议听取关于红桥区2019年中、高考准备工作情况汇报;关于申请拨付2019年"以奖代补"区配比资金的情况报告。会议审议红桥区2019年"安全生产月"重点活动安排情况;《天津市红桥区科技型企业助创券管理办法(试行)》修订稿;《红桥区院前医疗急救站点建设工作方案》;《红桥区关于违建别墅问题清查整治专项行动的实施方案》;审议并通报人事任免事项。

6月11日　区长袁家健主持召开区政府第95次常务会议。会议审议2018年财政决算(草案)的报告;2018年区级预算执行情况和其他财政收支的审计工作报告。会议听取关于怡水园、永光楼等社区党群服务中心提升改造工作的情况汇报。

6月24日　区长袁家健主持召开区政府第96次常务会议。会议传达学习习近平总书记在"不忘初心、牢记使命"主题教育工作会议上的讲话精神等内容;会议审议并通报人事任免事项。

6月25日 区长袁家健主持召开区政府第97次常务会议。会议审议人事任免事项;会议通报区政府领导同志工作分工调整方案。

7月1日　区长袁家健主持召开区政府第98次常务会议。会议审议通过人事任免事项。

7月8日　区长袁家健主持召开区政府第99次常务会议。会议传达学习全市贯彻《天津市文明行为促进条例》严格执法责任强化整改落实专题会议精神,并研究红桥区贯彻落实措施;传达学习市委书记李鸿忠在"不忘初心、牢记使命"主题教育专题党课上的讲话精神;听取关于加快推进红桥区养老服务体系建设的情况汇报;审议通过"十四五"规划编制方案、《红桥区服务关爱企业九项行动方案》《红桥区生活垃圾分类工作实施方案》《红桥区2019年食品安全监管计划》《红桥区国家食品安全示范城市创建工作方案》以及人事任免事项。

7月11日 区长袁家健主持召开区政府第100次常务会议。会议审议通过2019年红桥区20项民心工程及市民心工程涉及红桥区项目二季度完成情况报告和关于红桥区院前医疗急救站点建设工作情况的报告。

7月15日　区长袁家健主持召开区政府第101次常务会议。会议听取关于昌图、绥中等14个社区党群服务中心提升改造工作的情况汇报;

部分退役士兵社会保险接续工作的情况汇报；进一步加强退役军人服务保障体系建设的情况汇报；关于2019年中、高考情况汇报；关于与河北工业大学签署《合作办学框架协议》的情况汇报。审议通过2019年治理车辆超载工作实施方案和人事任免事项。传达学习《关于学前教育深化改革规范发展的实施意见》并听取关于全区《学前教育资源建设两年攻坚行动方案》的情况汇报。

7月22日　区长袁家健主持召开区政府第102次常务会议。会议传达学习市委书记李鸿忠、市长张国清在全市防汛抗旱工作现场会上的讲话精神。听取关于加快推进红桥区养老服务载体建设的情况汇报。审议通过2019年上半年安全生产工作总结和下半年重点工作安排、上半年经济运行情况的报告和关于拟定下放和优化调整街道执法事项的报告。

7月29日　区长袁家健主持召开区政府第103次常务会议。会议集体学习《惠新安同志在全市解放思想优化环境加快高质量发展研讨交流会上的讲话》。审议通过关于自主就业退役士兵就业创业保障措施和人事任免事项。

8月5日　区长袁家健主持召开区政府第104次常务会议。会议传达学习市政府常务会议精神，研究推动红桥区民心工程具体举措；传达学习统计违法问题相关通报精神、中央和市委审计委员会第二次会议精神以及中办、国办关于印发《党政主要领导干部和国有企事业单位主要领导人员经济责任审计规定》的通知精神以及市扫黑除恶专项斗争领导小组2019年第七次全体会议精神。听取关于市规划和自然资源局下放土地供应职能调整审批流程的情况汇报。审议通过人事任免事项。

8月12日　区长袁家健主持召开区政府第105次常务会议。会议听取关于部分社区居委会管辖规模调整工作的情况汇报；宁城、凤城、千禧园、仁爱社区、咸阳5个社区党群服务中心提升改造工作的情况汇报。

8月19日　区长袁家健主持召开区政府第106次常务会议。会议传达学习天津市法治政府建设示范创建推动会精神、全市主题教育信访积案大化解活动现场会暨中期推动会精神以及市政府常务会精神，听取红桥区2019年以来安全生产工作情况的汇报。审议通过红桥区行政事业性国有资产管理情况的报告和第101届全国糖酒商品交易会红桥区规范交易秩序工作方案。

8月27日　区长袁家健主持召开区政府第107次常务会议。会议审议通过人事任免事项。

9月3日　区长袁家健主持召开区政府第108次常务会议。会议审议通过《红桥区信用信息共享系统建设方案》。

9月11日　区长袁家健主持召开区政府第109次常务会议。会议听取关于成立红桥区退休人员托管中心的情况汇报。通报区政府领导工作分工调整情况。审议通过人事任免事项。

9月16日　区长袁家健主持召开区政府第110次常务会议。会议解读《天津市优化营商环境条例》精神；审议通过发挥北方枢纽优势打造“服务雄安新区、对接京冀”桥头堡(修订稿)和红桥区促进消费扶贫补贴奖励实施方案。

9月19日　区长袁家健主持召开区政府第111次常务会议。会议传达学习市领导关于西于庄清片报捷有关文件批示精神；通报区政府领导工作分工调整情况；审议通过人事任免事项。

9月23日　区长袁家健主持召开区政府第112次常务会议。会议听取关于吕祖堂、曾公祠保护利用的情况汇报。

9月30日　区长袁家健主持召开区政府第113次常务会议。会议传达学习全市通报5起违反中央八项规定精神典型问题；传达学习市河(湖)长办关于打击涉河湖领域违法犯罪专项行动部署会精神,并审议通过红桥区专项行动方案;审议通过人防腐败问题调查整顿工作实施方案和人事任免事项。

10月13日 区长袁家健主持召开区政府第114次常务会议。会议听取红桥区8890便民专线服务中心今年以来承办工作情况分析及工作举措。会议审议通过红桥区贯彻落实《天津市优化营商环境条例》工作方案、产业扶持发展专项资金管理工作实施方案(修订稿)补充规定、文化旅游精准扶贫专项工作方案、调整红桥区进一步深化国有企业改革实施方案。通报市纪检委有关决定。

10月21日 区长袁家健主持召开区政府第115次常务会议。会议审议通过《红桥区贯彻落实大运河国家文化公园建设方案》和人事任免事项。

10月28日 区长袁家健主持召开区政府第116次常务会议。会议传达学习全国扫黑除恶专项斗争第二次推进会、天津市扫黑除恶专项斗争领导小组全体(扩大)视频会及全市扫黑除恶专项斗争督导整改情况汇报会精神;市委、市政府关于印发《天津市打好防范化解重大金融风险攻坚战实施方案》的通知。会议听取关于落实区房产总公司、街道系统"三中心"人员调配工作的情况汇报。审议通过区十七届人大四次会议以来代表建议办理情况报告、《红桥区2019年1—9月份预算执行情况报告》、房产总公司改革专项审计报告、三季度经济运行情况报告、红桥区贯彻落实中央对债务预警地区限制措施的17条具体举措和人事任免事项。

11月3日 区长袁家健主持召开区政府第117次常务会议。会议审议通过红桥区设立应急专项资金方案和建立红桥区诚信建设领导小组方案。

11月18日 区长袁家健主持召开区政府第118次常务会议。会议传达学习市委办公厅相关文件精神、市财政工作专题会议精神。听取关于红桥区申报2020年度市民心工程项目的情况汇报,并审议通过《红桥区2019-2020年秋冬大气污染综合治理攻坚行动方案》《红桥区重污染天气应急预案》《红桥区既有住宅加装电梯工作方案》《红桥区促进高端服务业聚集发展行动方案(2019-2022年)》和人事任免事项。

11月25日 区长袁家健主持召开区政府第119次常务会议。会议传达学习全市根治拖欠农民工工资工作领导小组电视电话会议精神,通报红桥区2019年度根治拖欠农民工工资工作进展情况,并审议通过《红桥区存量违法建设分类处置实施办法(试行)》和《关于进一步提升红桥区居民留言办理质量的工作规定(审议稿)》。

12月2日 区长袁家健主持召开区政府第120次常务会议。会议听取关于红桥区首批明星企业的情况汇报和红桥区老旧小区及远年住房改造工作的情况汇报。

12月9日 区长袁家健主持召开区政府第121次常务会议。会议传达学习习近平总书记在中央政治局第十九次集体学习时的讲话精神和12月4日全市安全生产电视电话会议精神,听取关于全区前三季度安全生产工作的情况汇报,并审议通过关于红桥区2018年区级财政预算执行和其他财政收支审计查出问题整改情况的报告以及人事任免事项。

12月16日 区长袁家健主持召开区政府第122次常务会议。会议传达学习市委转发《关于整治"景观亮化工程"过度化等"政绩工程"、"面子工程"问题的通知》、"证照分离"改革全覆盖试点工作培训动员部署电视电话会议精神,并审议通过红桥区贯彻落实措施。会议听取关于红桥区2020年预算主要内容及调整2019年财政预算收支议案的情况汇报、关于落实区人大常委会对区人民政府《关于红桥区行政事业性国有资产管理情况的报告》的审议意见的情况汇报,以及关于红桥区2019年民心工程完成情况和2020年拟实施项目情况汇报。

12月27日 副区长管兴桥主持召开区政府第123次常务会议。会议审议通过人事任免事项。

12月27日 区长何智能主持召开区政府第124次常务会议。会议审议通过关于红桥区2019年国民经济和社会发展计划执行情况与2020年国民经济和社会发展计划草案的报告和红桥区2019年预算执行情况和2020年预算草案的报告。

12月29日 区长何智能主持召开区政府第125次常务会议。会议听取关于将西沽南片区内三处不可移动文物公布为区级文物保护单位的情况汇报，并审议通过《2020年政府工作报告》（讨论稿）和人事任免事项。

12月30日 区长何智能主持召开区政府第126次常务会议。会议传达学习市委、市政府关于全面推进预算绩效管理的实施方案的通知、市委办公厅、市政府办公厅关于勤俭办事厉行节约坚决防止年底突击花钱从严从紧编制预算的通知，以及天津市安全生产集中排查整治汇报会精神，并研究红桥区贯彻落实措施。会议通报区政府领导工作分工调整情况。

（李 然）

## 区政府办公室工作

**【概况】** 2019年，天津市红桥区人民政府办公室（以下简称区政府办公室）以习近平新时代中国特色社会主义思想和中共十九大精神为指导，深入贯彻党的十九届四中全会精神，贯彻落实习近平总书记对天津提出的“三个着力”重要要求，以“不忘初心、牢记使命”主题教育为契机，坚持把坚定不移推进全面从严治党、加强党组织建设和推动政府办各项工作狠抓落实，认真履行参与政务、管理事务、搞好服务等各项职能，全力提高“三服务”（服务领导、服务基层、服务群众）水平，全面完成各项目标任务。

（刘泽峰）

**【文稿撰写】** 2019年，区政府办公室起草政府工作报告，起草区政府廉政工作会议、安全生产工作会议主要负责人讲话稿、公仆走进直播间《2019怎么干？区长访谈》《与河湖长面对面》《百姓问政》访谈材料，服务区政府党组“不忘初心、牢记使命”主题教育各环节工作，起草各阶段清单、台账、调研报告、读书班交流研讨、专题民主生活会等材料；起草并落实区领导接待方案和会务140余次。严格审核把关相关政府部门公文和会议文件稿120余篇。

（刘泽峰 张 亮）

**【公文管理】** 2019年，区政府办公室增强公文质量运转效率和机关保密工作水平，制定下发《关于优质高效做好公文办理工作的通知》，不断提高公文审核办理工作标准化、制度化、规范化水平，公文全部按时办结。截至11月底，收文万余件，网络收文6500余件，登记转办文件4500余件，其中OA系统转办文件6300余件，催办、督办各类文件240余件1300余次，先后完成区政府主要领导批示落实情况督促检查工作10批次、70余件次，以政府、政府办名义制发文件26件，超额完成较上年同比减少30%的目标任务。完成3年档案归档和迎检工作，评为优秀等次。为天津市2019年环保督查回头看、主题教育十项整治等提供各类文件档案资料700余件,做好档案资料整理等工作,保障迎检工作圆满完成。严格落实各项保密规定,细化保密工作职责,推动设备替换工作,实现全办专业保密工作软件自查全覆盖、日常化、制度化,未出现失泄密问题,顺利通过市保密委、区保密局保密检查。

(刘泽峰)

**【营商环境提升】** 2019年,区政府办公室落实"津八条""红十条"等政策要求,建立为企服务工作联席会机制,积极统筹调配区内资源。深入企业调研工作30余次,召开协调推动会40余次,形成会议纪要8篇,协调解决企业经营发展中遇到的各类问题60余件,协调解决陆津房地产开发有限公司"断头路"、载体空置、惠灵顿海上花苑项目地块内开闭站迁移及道路纠纷问题;协调解决中煤天津设计工程公司、中煤水文局企业迁移过程中遇到的问题;积极促成区房产总公司对企业房产的收购,解决宏仁堂厂房长期闲置及房地不合一等历史遗留问题。多方筹措办公用房,协调解决9家规上企业异地经营问题。会同区发展改革委研究出台"红桥区服务关爱企业九项行动"方案,为企业提供全方位服务,以明察暗访形式对相关部门的落实情况开展督查,确保各项服务保质保量落实到位。建立与企业的联系沟通渠道,设立涉企服务专线电话和微信公众号,共享营商法规政策,解决企业困难,截至10月底发布服务企业信息70余条。全面落实京津冀协同发展战略,以天津西站交通枢纽为依托开设"雄安驿站"企业家服务中心,为到津客商提供全天候优质帮办服务。积极洽谈驻京企业,成功引入方正网络公司,推动该公司的汉字书写系统项目在区内多个小学开展试点,并面向全市推广。

(孟　瑾)

**【会务接待】** 2019年,区政府办公室组织召开区政府常务会议、区长办公会等各类会议百余次,撰写区政府常务会议、区长办公会议纪要90余篇,撰写政府系统各类重要文稿百余篇,审核把关文稿(文件)300余篇(件),为区政府领导决策提供参考依据,为部门落实各项工作提供基本遵循。服务区政府党组主题教育开展,组织党组理论学习中心组读书班、研讨、专题党组会等10余次,形成研讨、调研、党课素材和情况报告等材料50余篇,为主题教育深入开展提供服务和保障。

(李　然)

**【政府信息与政务公开】** 2019年,区政府办公室全面完善落实信息报送、审核签发、落实反馈、负面报道处理等工作机制,截至10月底,区政府信息公开平台公开政府信息5600条,共收到政府信息公开依申请1060余件,均予以答复。向市政府办公厅报送相关信息628条,被市级刊物采用74条。完成老旧小区改造、发展学前教育、养老助餐服务等区内重点工作政策建议市政府办公厅专题约稿11篇。加大信息互通互享力度,宣传区情区貌,编辑出刊《红桥政务信息》34期,分别向区委组织部、区委研究室报送信息210余条。开设"民生热点""政民互动""建言献策""政务e访谈""民生e线""服务指南"等栏目,组织"政务e访谈"活动10场,分别就"金潞园房屋征收""第四次全国经济普查""安全生产""西沽公园提升改造"等热点问题回答网友提问,共提供负面新闻报道线索112条,为全区营造良好舆论氛围。

(孙乾坤)

**【政府网站和政务新媒体管理】** 2019年,区政府办公室下发《关于加强政务新媒体建设管理有关事项的通知》,对全区相关单位政务新媒体进行统计、备案。将区内29个政务微信、6个政务微博、1个今日头条号纳入日常监管,组织开展全区政府网站和网络新媒体大排查工作。与区委宣传部、津云集团进行多轮沟通对接，推动全区媒体融合工作，对红桥政务网进行等级保护测评、IPV6升级、页面改版和手机WAP版搭建工作。截至10月底，区政府主网站共发布各类素材12436篇，页面总访问量3772633次，未发生安全事故。牵头政务诚信工作，破解区级信用平台建设域名难题，制定并下发《红桥区加强政务诚信建设实施方案》。

（孙乾坤）

**【民心工程督查和外事工作】** 2019年，区政府办公室将区民心工程与民生实事票决试点工作有机结合，编制《红桥区2019年民心实事项目暨20项民心工程台账》，组织各相关单位做好任务分解、台账细化、开展定期督办，组织人大代表视察座谈、定期向区委常委会、区政府常务会汇报工程进度，确保民生实事项目落实落地。坚决执行中央有关对外方针政策，进一步规范《红桥区因公出国（境）管理办法》，认真做好出访手续办理工作。制定红桥区外事工作委员会和办公室的工作职责，进一步明确各级部门审批权限，规范审批事项，完善审批程序。审批办理因公出国（境）任务14个，办理公务护照迁移手续1人。

（李黎明 张玉杰）

**【绩效管理】** 2019年，区政府办公室组织实施政府系列各部门绩效考评工作，牵头成立政府部门考评组，制定《红桥区2019年度政府部门系列绩效考评工作实施方案》，组织31个部门建立红桥区2019年度政府部门系列绩效考评指标体系，综合运用指标考评、自查自评、过程评估、现场核验、领导评议等方法，加大考评力度，切实把被考评单位绩效目标任务完成情况考准考实。认真开展办内绩效管理工作。通过建章立制，强化督查考评，组织相关科室对政府系列31个部门和部分街道开展政务公开、政务规范运行、民心工程3项二级指标的考评工作，完成全部市绩效考评指标任务，办公室自身承担的各项区绩效考评指标任务全部按进度按要求完成。

（孙 俊）

**【综合服务和后勤保障】** 2019年，区政府办公室严格遵守执行中央八项规定，积极做好机关节能减排工作，降低行政成本，提高安全意识，提升行政效率。完成办公室文件制度汇编修订工作，形成以依法行政为主线、政策法规为重点的制度体系。不断完善加强政府食堂精细化、智能化管理，提供安全优质膳食服务保障。进一步加强安全意识，认真开展机关消防安全检查、变电站输送电安全检查、机关食堂食品安全和燃气等特种设备维护检查，做到机关全覆盖，无死角，无隐患，确保特种设备安全运行。加强节约型机关建设，切实抓好以节水、节电、节油为重点的机关节约工作，完成政府大院内改造提升工作和灯光系统节能改造，达到节能50%以上效果。严格物资采购、入库、出库管理，加强财务管理，结合机构改革开展部门办公用房调整和固定资产清查，确保资产使用情况真实可靠。加强保安物业管理及反恐维稳工作力度，提高对机关各重点部位的巡视力度，积极化解群访事件。持续巩固公车改革成果，强化公务用车监督检查，着力保障公务24小时出行需求，全年出车2500余次，传送机要文件4000余件。

（陈学刚）

**【为民服务专线网络】** 2019年，区政府办公室始终坚持“礼貌、耐心、周到、细致”的八字服务方针，利用“公仆接待日”“公仆走进直播间”“区长访谈”“河湖长制”等节目，组织区领导和部门负责人亲自接听解答居民反映的问题，组织活动7期，办理群众反映问题90件。把办理网民留言作为政府倾听民声、了解民意、检验作风、树立形象的重要窗口,积极做好“政民零距离”留言回复工作,截至10月底共受理1397件,答复率100%,解决率100%,满意率93%。受理“区长信箱”网民留言153件,人民网网民留言199件,全部转办落实回复,回复率100%,确保居民群众反映的问题得到有效落实。

(李　政)

**【建议和提案办理】**　2019年,区政府办公室全年共办理市区人大代表建议和政协提案260件(市“两会”建议提案29件、区“两会”建议提案231件),人大代表建议、政协提案全部按时限办复,出台《红桥区2019年人大代表建议和政协提案办理工作安排意见制定的说明》和《天津市红桥区人民政府办公室关于红桥区2019年人大代表建议和政协提案办理工作安排意见》,组织人大代表对区内代表建议中列入重点督办计划的重点、难点建议落实情况专门组织进行实地视察调研并召开座谈会,听取相关承办部门办理代表建议情况的汇报。

(李　莹)

**【机构改革】**　2019年,区政府办公室全面落实机构改革方案,严格落实机构编制管理的有关要求,按照“三定”规定科学制定各科室岗位职责,加强配合协同,优化工作流程,提升工作效率。机构改革中区政府办公室内设机构由13个缩减至9个,行政编制数由50名缩减为39名。做好涉改部门办公用房、通讯、网络等保障工作,制作牌匾70块,确保干部队伍稳定和机构改革工作平稳有序进行。

(孙　俊)

**【主题教育】**　2019年,区政府办公室推动“不忘初心 牢记使命”主题教育深入开展,作为区政府办全面从严治党主体责任的特色亮点工作,设立机关党建、民心工程、为民解难、减负增效、优化营商环境、政务公开、廉政风险防控7个党员集体示范岗,岗位内党员公开承诺带头争当标兵,针对既定的工作目标实行销号管理,确保件件落实。处级领导干部举办三期读书班进行集中学习,开展专题研讨,自觉找差距,剖析原因,制定整改举措。处级领导干部分别到分管科室讲授专题党课,并组织全办干部职工对主题教育相关材料进行深入学习。开展《我和我的祖国》影片、《榜样4》专题片观看,参观天津市主题教育档案文献展、天津烟草行业党建教育基地、廉政漫画展,举办警示教育讲座,开展线上及线下主题教育应知应会知识测试、“图书漂流”活动。坚持把调查研究贯穿始终,确定调研课题10个,领导班子成员形成个人调研报告,召开调研成果交流会。调研期间,政府办班子成员共开展调研111次,走访32个社区、19所学校、11个科所站队、群众150人,召开座谈会51次,发放调查问卷108张,共解决问题33个,提出整改措施46条。对照全区主题教育10项专项整治方案,区政府办形成自身检视问题清单。通过采取个别访谈、召开交流研讨会、设立意见箱、开通热线电话、发放征求意见表、新媒体留言等方式,听取基层党员群众、工作服务对象的意见建议,对问题清单不断充实完善。班子共检视出14个方面共29个问题。对照检视问题清单和主题教育十项专项整治问题清单,分别制定整改台账,将具体问题项分解到对应职能科室,明确牵头处级领导和整改时限,严格实行动态管理、销号管理,问题全部整改完成,并修订完善《政府办制度汇编》《政府办内部控制手册》等制度机制,推动主题教育常态长效。召开主题教育专题民主生活会,开展批评与自我批评,研究制定领导班子问题整改清单,共制定措施127条。

(于　莉)

## 政务研究

**【概况】** 2019年,天津市红桥区人民政府研究室(以下简称区政府研究室)坚持以习近平新时代中国特色社会主义思想为引领,深入贯彻党的十九大、十九届四中全会及市区委全会精神,紧紧围绕市、区委部署要求,落实全面从严治党各项要求,着力在课题调研、起草文稿、服务决策、加强机关支部规范化建设上下功夫,为实现打造绿色城区,建设美丽红桥宏伟目标,切实发挥研究部门参谋助手作用。

(李 睿)

**【创新服务决策】** 2019年,区政府研究室做好内部刊物编发工作。改进调查研究方式方法,结合全国、市、区重点热点工作,围绕民营经济、京津冀协同发展、高质量发展等主题编发《决策参考》24期。完成区政府重点工作任务细化台账,形成《2019年红桥区政府重点工作任务细化分解台账》,并以区政府文件形式下发全区。会同区发展改革委、区文化和旅游局等部门对大运河开展调研,形成调研报告并申报国家级、市级"十四五"规划重点项目。积极参与区"十四五"规划编制工作,参加调研成果座谈会,督促前期调研进度并提出合理化意见建议。

(李 睿)

**【调查研究】** 2019年,区政府研究室确定2019年区级领导调研课题,承担《关于我区打造一流营商环境的几点思考》调研课题。报送副区长撰写的《关于提升公安机关警务效能的实践与思考》获市委评选的第十四届优秀调研成果三等奖。参与西站地区规划设计方案工作,撰写《关于成立红桥人力资源服务产业园的基本设想》,参加市发展改革委到区调研活动,共同探讨西站"微中心"规划。开展上市公司扶持政策调研,借鉴先进地区经验并结合红桥区实际情况提出建议,形成《关于对我区上市企业扶持政策的几点建议》的调研报告。

(李 睿)

**【重要文稿起草】** 2019年,区政府研究室参与起草2019年政府工作报告2020年计划部分撰写。利用《天津政务参考》平台,宣传红桥区重点亮点工作,根据2018年政府工作情况,在《天津政务参考》上发表调研文章1篇。完成人力资源产业园初步方案、无人收费智慧停车平台(ETCP)和立思辰企业资料搜集等工作。协助区卫生健康委撰写完成红桥区创建国家卫生城区综合报告。起草政府常务会议材料2次。完成2019年《天津市情》红桥篇,以及《天津年鉴》主条目和特色条目的撰写工作,并及时报送市政府。完成《红桥年鉴》研究室篇的撰写上报工作。

(李 睿)

**【机构改革】** 2019年,区政府研究室严格执行中央和市区委部署,对照区委机构改革方案和相关工作要求,了解单位机构改革方案的落实情况和"三定"方案规定执行情况。向各区了解机构改革情况,提出机构职责修改意见。进行部门职能调整、整合,政府研究室的部门保留,原综合科、调研科两个科室缩减为一个科室,科室名拟定为综合调研科。原有6个公务员编制,缩减1个正科级职数,改为5个,并修改部门和科室相关职责内容,及时向全体干部公布。

(李 睿)

# 信　访

**【概况】**　2019 年,红桥区人民政府信访办公室(以下简称区政府信访办)扎实开展“不忘初心、牢记使命”主题教育,践行以人民为中心的发展思想,聚焦主责主业,扎实推进信访工作制度改革,完善信访工作机制,强化统筹协调、组织推动、督查督办职能作用,推进一批信访突出问题依法解决,为“打造绿色城区、建设美丽红桥”营造良好外部环境。

(方德超)

**【基础业务】**　2019 年,区政府信访办进一步畅通信访渠道,强化跟踪问效,不断夯实基础业务。规范来访接待流程,加强网上信访事项与信件办理,认真做好群众诉求登记和转办交办工作。发挥信访前置作用,强化信访预警,运用书面督办与实地督查,推动责任落实。严格落实规定要求,认真开展信访事项复查。开展全区矛盾纠纷大排查 4 次。深入推进人民调解员进驻接待大厅、公职律师定期给予法律援助等第三方参与机制建设。每周、每月梳理和总结信访工作情况,全年印发周报 29 期、月报 6 期。制订《红桥区 2019 年度信访工作绩效指标考评细则》,对全区 68 个单位和部门开展信访工作考核。深入推进“创‘三无’街镇(无进京访、无大规模集体访、无极端恶性事件和舆论负面炒作)、让群众满意”活动,全区 7 个街道成功创建全市信访工作百个示范街镇。

(方德超)

2019 年 6 月 20 日,区政府信访办组织开展街道系统信访干部基础业务培训　(区政府信访办提供)

**【案件化解】**　2019 年,区政府信访办始终把信访案件攻坚化解工作摆在突出位置,以落实信访工作责任制为抓手,在“事要解决、事心双结”上狠下功夫,充分发挥全区信访工作联席会议职能,运用分析研判机制,全力以赴推进信访案件攻坚化解。紧盯主题教育信访案件,国家级、市级和区级“四个重点”案件,“走百街入千家,万名党员干部‘四访’(开门接访、进门约访、登门走访、上门回访)”信访案件等重点任务,制定“八到位、四落实”工作机制,注重日常推动、督查督办,推动一批信访案件得到解决。

(方德超)

2019 年 7 月 16 日,区政府信访办(区信访联席办)组织召开信访工作联席会议,对信访案件进行分析研判　(区政府信访办提供)

**【落实信访工作职责】** 2019年，区政府信访办充分发挥职能作用，在市“两会”、全国“两会”、第二届“一带一路”国际合作高峰论坛、亚洲文明对话大会、新中国成立70周年大庆、中共十九届四中全会等重要节点期间，制定工作预案，细化工作举措，配强工作力量，组成工作专班，加强巡查检查，压实工作责任。严格落实信访工作责任制，针对信访工作履职不力的单位开展全区通报。综合运用多种方式，坚决当好首都“政治护城河”，切实维护社会大局和谐稳定。

（方德超）

2019年10月27日，在中共十九届四中全会召开之际，区政府信访办对各街信访工作责任制落实情况开展检查和指导 （区政府信访办提供）

## 政务服务

**【概况】** 天津市红桥区人民政府政务服务办公室（以下简称区政府政务服务办）贯彻落实党中央和市、区委关于优化政务服务、加强营商环境建设工作的方针政策和决策部署；协调推动政务服务事项的具体实施，负责行政审批制度改革工作；执行行政许可事项目录等事项的审批；组织推动天津市承诺制标准化智能化便利化审批制度改革，优化政务服务，落实改善营商环境措施，统筹协调各部门做好营商环境建设等工作。2019年，区政府政务服务办办理完成各类审批12.58万件。企业设立3452家，总注册资本279.17亿元。投资类项目46件，投资额78.68亿元。

（张　莉）

**【组织机构改革】** 2019年，区委、区政府下发津红党发〔2019〕3号文件，组建区政府政务服务办公室。将区行政审批局（区行政许可服务中心）的职责，以及组织推动有关部门提供优质规范高效的政务服务、推动整合政务服务信息、“互联网+政务服务”平台运行管理等职责整合，组建区政府政务服务办公室，作为区政府工作部门，保留区行政审批局牌子。不再保留单设的区行政审批局（区行政许可服务中心）。

（张　莉）

**【深化改革】** 2019年，区政务服务中心整体迁入红桥区光荣道科技产业园区正融科技大厦并正式对外启用，新办事大厅占地2318平方米，设置16台互联网电脑的自助服务区，配备审批、税务、人社、公积金等自助服务终端5台和24小时自助服务超市，实行“柜员制”审批服务模式，向社会各界介绍大厅创新服务举措和持续推进“一制三化（承诺制、标准化、智能化、便利化）”审批制度改革与“政务一网通”改革工作亮点。全面推行“五减（减事项、减材料、减环节、减证照、减时限)”、“四办(马上办、就近办、网上办、一次办)”、承诺制审批、容缺后补等改革举措，全年办理各类事项12.58万件，中心迁址后“网上办”达到71.79%、“一次办”达到90.2%、“马上办”达到61.3%，可承诺事项占全部事项的85%以上，各项指标均达到市级考核标准，并梳理出即办事项17项，由前台一次接件，立即办结。西站“雄安驿站”、和苑街道、政务服务中心等3个审批“无人超市”已建设完毕投用，10台自助审批终端投放到十个社区网点中，随时提供技术支援和业务指导。

(张　莉)

红桥区政务服务中心新办事大厅

(区政府政务服务办提供)

# 中国人民政治协商会议
# 天津市红桥区委员会

# 政协天津市红桥区第十四届委员会领导名单

(2019年)

主　席:杨　焕(女)

副主席:刘国光(回族)

张志忠

刘金城

杨宏丽(女)

韩恩山

李金胜

郭书宏

李大为

# 重要会议

**【常务委员会议】** 2019年,区政协召开常务委员会议5次。

2月28日,区政协主席杨焕主持召开区十四届政协第十五次常委会议。会议审议通过《红桥区政协2019年工作要点(审议稿)》;通报《红桥区2019年协商工作计划安排意见》;审议通过《政协红桥区第十四届委员会委员履职情况管理办法(试行)》(征求意见稿);审议通过2019年常委会议议题安排;听取各专委会2019年工作安排汇报;审议有关人事议题。区政协副主席刘国光、张志忠、刘金城、杨宏丽、韩恩山、李金胜、郭书宏、李大为,秘书长朱春田和常务委员出席会议。

6月20日,区政协主席杨焕主持召开区十四届政协第十六次常委会议。会议听取各专委会调研课题组外出调研工作及课题准备情况的汇报;听取区政协各专委会2019年上半年工作总结和下半年重点工作安排的汇报;审议通过《红桥区政协庆祝中华人民共和国和人民政协成立70周年系列活动方案(征求意见稿)》;审议通过有关人事议题。区政协副主席刘国光、张志忠、刘金城、杨宏丽、韩恩山、李金胜、郭书宏、李大为,秘书长朱春田和常务委员出席会议。各专委会主任,区政协机关各室主任、副主任列席会议。

10月22日,区政协主席杨焕主持召开区十四届政协第十七次常委会议。会议传达学习贯彻习近平总书记在中央政协工作会议暨庆祝中国人民政治协商会议成立70周年大会上的重要讲话精神、中央政协工作会议和市委常委会议精神;通报《红桥区政协贯彻落实中央政协工作会议精神的安排意见》;观看全国政协机关党组成员、办公厅研究室主任金学锋"学习贯彻中央政协工作会议精神"宣讲视频会议;区政协主席、副主席,常委代表围绕学习中央政协会议精神,特别是习近平总书记在中央政协工作会议暨庆祝中国人民政治协商会议成立70周年大会上的重要讲话精神进行交流发言;传达学习《中共中央关于新时代加强和改进人民政协工作的意见》(中发〔2019〕40号);部署近期工作。区委常委、组织部部长宋淑华受邀出席会议。区政协副主席刘国光、张志忠、刘金城、杨宏丽、韩恩山、李金胜、郭书宏、李大为,秘书长朱春田和常委委员出席会议。区政协机关各室主任、副主任列席会议。

11月12日,区政协主席杨焕主持召开区十四届政协第十八次常委会第三次专题议政会议。区政协八个专委会围绕"打造绿色城区 建设美丽红桥"主题进行协商发言。区委书记李清,区委副书记、区长袁家健出席会议并讲话。区政协副主席刘国光、张志忠、刘金城、杨宏丽、韩恩山、郭书宏、李大为,秘书长朱春田和常委委员出席会议。区委办公室、区委研究室、区政府办公室、区政府研究室、区发改委、区商务局、区教育局、区民宗办、区民政局、区住建委、区城管委、区文化旅游局、区体育局、区规划和自然资源分局等有关部门负责人出席会议。区政协机关各室主任、副主任列席会议。

12月20日,区政协主席杨焕主持召开区十四届政协第十九次常委会议。会议听取区政府十四届政协三次会议以来提案办复工作情况通报;听取各专委会2019年总结和2020年工作安排;审议通过《红桥区十四届政协常委会工作报告(审议稿)》《红桥区十四届政协常委会提案工作情况报告(审议稿)》《关于表彰2019年度优秀提案的决定(审议稿)》和优秀提案名单(审议稿)、关于召开区十四届政协四次会议的决定(草案)和区十四届政协四次会议有关文件;研究有关人事议题。区政协副主席刘国光、张志忠、刘金城、杨宏丽、韩恩山、李金胜、郭书宏、李大为,秘书长朱春田和常委委员出席会议。区政协机关各室主任、副主任列席会议。

(张文虎)

**【主席会议】** 2019年,区政协召开主席会议8次。

2月15日,区十四届政协召开第十七次主席会议。会议研究《红桥区政协2019年工作要点》《政协红桥区委员会2019年协商计划》。区政协主席杨焕,副主席刘国光、张志忠、刘金城、杨宏丽、韩恩山、郭书宏、李大为和秘书长朱春田出席。区政协机关各室主任、副主任列席会议。

2月28日,区十四届政协召开第十八次主席会议。会议协商审议《红桥区政协2019年工作要点(审议稿)》;通报《政协红桥区委员会2019年协商工作计划》;审议《政协红桥区第十四届委员会委员履职情况管理办法(试行)》(征求意见稿);审议通过2019年主席会议议题安排;协商审议2019年常委会议议题安排;研究确定召开十四届政协第十五次常委会议的时间和议题;审议通过2019年主席重点督办提案;审议有关人事议题。区政协主席杨焕,副主席刘国光、张志忠、刘金城、杨宏丽、韩恩山、李金胜、郭书宏、李大为和秘书长朱春田出席。

3月15日,区十四届政协召开第十九次主席(扩大)会议。会议研究对未参加2019年政协工作培训会的委员进行补课、约谈事宜;听取各位分管主席就落实2019年专题议政性协商会议题调研工作安排方案的汇报。区政协主席杨焕,副主席刘国光、张志忠、刘金城、杨宏丽、韩恩山、李金胜、郭书宏、李大为和秘书长朱春田出席。各室主任列席会议。

6月20日,区十四届政协召开第二十次主席会议。会议听取各专委会调研课题组外出调研工作及课题准备情况的汇报;听取区政协各专委会2019年上半年工作总结和下半年重点工作安排的汇报;审议《红桥区政协庆祝中华人民共和国和人民政协成立70周年系列活动方案(征求意见稿)》;审议通过召开十四届政协第十六次常委会议的时间、议题;

审议有关人事议题。区政协主席杨焕,副主席刘国光、张志忠、刘金城、杨宏丽、韩恩山、李金胜、郭书宏、李大为和秘书长朱春田出席。

8月27日,区十四届政协召开第二十一次主席(扩大)会议。会议传达学习《中央"不忘初心、牢记使命"主题教育领导小组、中共中央组织部关于优化改进基层党建考核工作的通知》和《中共中央组织部关于进一步激励干部担当作为有关具体措施的通知》;部署援甘扶贫结对认亲工作;听取各位主席所牵头调研课题进展情况的汇报;通报区政协庆祝新中国和人民政协成立70周年方案。区政协主席杨焕,副主席刘国光、张志忠、刘金城、杨宏丽、韩恩山、李金胜、郭书宏、李大为和秘书长朱春田出席。各室主任、副主任列席会议。

10月11日,区十四届政协召开第二十二次主席会议。会议传达市政协主席座谈会议精神;传达学习贯彻习近平总书记在中央政协工作会议暨庆祝中国人民政治协商会议成立70周年大会上的重要讲话精神和中央政协工作会议精神,审议红桥区政协贯彻落实中央政协工作会议精神的安排意见;研究确定召开十四届政协第十七次常委会议的时间、议题。区政协主席杨焕,副主席刘国光、张志忠、刘金城、杨宏丽、韩恩山、李金胜、郭书宏、李大为和秘书长朱春田出席。各室主任、副主任列席会议。

12月6日,区十四届政协召开第二十三次主席(扩大)会议。会议传达市委政协工作会议精神,与会同志围绕会议精神学习体会作交流发言。区政协主席杨焕,副主席刘国光、张志忠、刘金城、杨宏丽、韩恩山、李金胜、郭书宏、李大为和秘书长朱春田出席。各室主任、副主任列席会议。

12月20日,区十四届政协召开第二十四次主席会议。会议审议《红桥区十四届政协常委会工作报告(审议稿)》《红桥区十四届政协常委会提案工作情况报告(审议稿)》、关于召开区政协十四届四次会议的决定(草案)、区政协十四届四次会议的有关文件和《关于表彰2019年度优秀提案的决定(审议稿)》和优秀提案名单(审议稿);研究确定召开十四届政协第十九次常委会的时间和议题;研究有关人事议题。区政协主席杨焕,副主席刘国光、张志忠、刘金城、杨宏丽、韩恩山、李金胜、郭书宏、李大为和秘书长朱春田出席。

(张文虎)

**【其他重要会议】** 2019年2月28日至3月1日,区政协召开2019年工作培训会议。区政协主席杨焕出席会议并讲话,副主席刘国光、张志忠、刘金城、杨宏丽、韩恩山、李金胜、郭书宏、李大为和秘书长朱春田出席。会议传达习近平总书记在津考察工作和京津冀协同发展座谈会上的重要讲话和市、区委常委会扩大会议精神,通报《红桥区2019年政协工作要点》和《政协红桥区委员会2019年协商计划》,听取8个专委会及专委一办、专委二办、提案办、委员联络室关于2019年工作要点的汇报,各位副主席针对分管工作作点评。会议邀请天津市社会主义学院教研室主任张玲以《如何发挥新时代社会主义协商民主的重要作用》为题作专题培训,区纪委副书记、监委副主任尹会久就《中国共产党纪律处分条例》和《中华人民共和国监察法》作专题讲解。区政协全体委员,各民主党派、工商联专职干部,机关各处室主任、副主任及相关工作人员参加会议。

2019年3月29日,区政协召开传达学习全国"两会"精神专题辅导报告会。区政协主席杨焕主持会议并讲话,副区长、民盟区委会主委刘玉明,副主席刘国光、张志忠、杨宏丽、李金胜、郭书宏和秘书长朱春田出席,区政协全体委员、机关全体干部和区民盟盟员参加会议。会议邀请全国人大代表张智龙、全国政协委员郭景平作为主讲人,先后传达习近平总书记在全国"两会"上的重要讲话和全国"两会"精神。

2019年7月10日,区政协邀请中央党史研究室原副主任李忠杰,以"中国共产党人的初心和使命"为主题作辅导报告。区政协主席、党组书记杨焕主持并讲话,区委统战部部长井春燕,副主席刘国光、张志忠、刘金城、杨宏丽、韩恩山、李金胜、郭书宏、李大为和秘书长朱春田出席,全体区政协委员,各民主党派、工商联代表,区政协、区委宣传部、区委统战部机关党员干部参加。

2019年9月26日,区政协在区委礼堂举办庆祝中华人民共和国暨中国人民政治协商会议成立70周年大会。市政协民宗委主任王竞、区委书记李清、区长袁家健、区人大常委会主任郑会营应邀出席会议。区政协主席杨焕主持并致开幕词。区委常委、副区长管兴桥,区委宣传部部长陈东杰,区纪委书记于清,区武装部部长刘跃民,区人大常委会副主任孙玉龙、郝凤新、张东明,副区长刘玉明,区武装部政委郭继东,区政协副主席刘国光、张志忠、杨宏丽、韩恩山、李金胜、郭书宏、李大为,全体区政协委员,各民主党派、工商联、有关人民团体负责人和无党派人士代表近300人参加会议。

(张文虎)

## 主要工作

**【概况】** 2019 年,中国人民政治协商会议天津市红桥区委员会(以下简称区政协)以习近平新时代中国特色社会主义思想为指导,全面贯彻党的十九大精神和习近平总书记关于加强和改进人民政协工作的系列重要讲话,以及中央、市委政协工作会议精神,认真履行政治协商、民主监督、参政议政职能,始终保持坚定的政治定力、永不懈怠的斗争精神和求真务实的工作作风,不断推动红桥区人民政协工作高质量发展。区政协认真落实区委重要决策部署,及时反馈政协委员的意见建议,保证区委对政协工作的集中统一领导落实到履职工作全过程。扎实开展"不忘初心、牢记使命"主题教育。认真落实新时代党的建设总要求,探索实行政协党组成员联系界别委员、党员委员联系党外委员等制度,发挥党员委员先锋模范作用。全力助推打赢棚户区改造攻坚战,积极助力创文创卫工作。围绕区域发展献智献策献力。进一步深化委员"四个一"活动。集中智慧,为美丽红桥建设献一计。创新思路,为壮大区域经济招一商。深入走访,为帮扶委员企业支一招。情系百姓,为惠民生献爱心办一事。

2019 年,区政协举办庆祝中华人民共和国暨中国人民政治协商会议成立 70 周年大会;举办"奋进新时代 奋进新征程 政协委员展风采"主题演讲;举办"我和我的祖国"主题书画展。与市政协文化文史委联合举办"童声嘹亮"美丽中国 我是行动者 红桥区少年儿童"6 · 5"环境教育颁奖宣誓唱响活动;文化文史委创作的《三条石》文学作品出版发行。区政协常委、文化文史委主任李清资创作歌曲《永远跟党走》入选《庆祝人民政协成立 70 周年歌曲征集活动作品集》,同时被评为全国"优秀基层政协委员"。提案委委员李锐钧荣获第六届"全国自强模范"称号,参加全国自强模范暨助残先进表彰大会,受到习近平总书记的亲切会见并合影留念。积极筹建政协文史展室。加强内外宣传工作,制作完成 2019 年政协委员风采宣传片,更新机关宣传栏和学习园地 7 期,出刊《红桥政协信息》50 期,发布政协微信公众号动态 56 条,在人民政协网、《天津日报》、《求知》杂志、美丽红桥微信公众号等媒体报刊刊发稿件 10 余篇。

(张文虎)

2019 年 9 月 26 日,庆祝中华人民共和国暨中国人民政治协商会议成立 70 周年大会在区委礼堂召开　(区政协提供)

**【党的建设】** 2019 年,区政协扎实开展"不忘初心、牢记使命"主题教育。邀请中央党史研究室原副主任李忠杰教授,以"中国共产党人的初心和使命"为主题作辅导报告并举办专题学习交流会。主题教育期间,召开专题学习研讨 23 次,征求各方面意见建议 68 条,健全完善制度机制 17 项。开展深化政治性警示教育"一抓三补四强化"专项行动,加强党风廉政建设。充分发挥人民政协作为统一战线组织的重要作用,组织政协委员参加各类学习培训和交流,进一步引导广大政协委员增进对中国共产党和中国特色社会主义的政治认同、思想认同、理论认同、情感认同。认真落实新时代党的建设总要求，探索实行政协党组成员联系界别委员、党员委员联系党外委员等制度，提升专委会党建工作水平，健全临时党组织制度，推动党的组织对党员委员的全覆盖、党的工作对政协委员的全覆盖。开展党建专题研讨交流，提升专委会党建工作水平。健全临时党组织制度，在区政协十四届三次会议期间组建大会临时党委，各专委会组建临时党支部；在各专委会课题组外出调研期间设立临时党组织，推动党的组织对党员委员的全覆盖、党的工作对政协委员的全覆盖。强化制度建设，修订完善党组议事规则、“三重一大”议事规则。加强对机关党组工作的领导，定期研究部署机关党的建设工作，指导机关党组制定工作规则、议事决策规则以及加强自身建设等5项制度。

（张文虎）

2019年7月10日，区政协邀请中央党史研究室原副主任李忠杰作题为“中国共产党人的初心和使命”的辅导报告 （区政协提供）

**【政治协商】** 2019年，区政协坚持以制定实施年度协商工作计划为抓手，把协商民主体现在政协履行职能全过程、贯穿于开展工作各方面。8位副主席和秘书长于4月至6月带领课题组，赴先进地区和相关部门进行学访调研，提升建言资政准确度。140余名委员结合各自提案，到兄弟区和基层一线开展调研，不断加大调研深度和广度。在政协红桥区第十四届委员会第三次全体会议上，各民主党派、工商联提出调研建议7篇，积极协商议政。在第十八次常委会第三次专题议政会议上形成调研成果9篇，区委、区政府主要领导对委员提出的意见建议给予充分肯定。

（张文虎）

**【民主监督】** 2019年，区政协围绕全区四场硬仗，在棚户区改造、创文创卫工作、打赢扫黑除恶攻坚战、保障和改善民生等方面开展监督性履职活动。组织部分委员参加区级领导班子、领导成员述职述廉评议和区政府2019年度廉政工作会议，组织部分委员参与2019年度全面从严治党满意度调查，应邀对“征迁摇号选房”、“小升初”随机派位、“幼儿入学信息登录”等进行现场监督。尊重委员在建言献策活动中的主体作用，进一步提高提案办理质量，全年共审查立案140件并转交区政府办理，在规定期限内全部办复完毕。

（张文虎）

**【参政议政】** 2019年，区政协积极搭建知情明政平台，邀请区政府主要负责人通报区情；组织委员参加西于庄城市规划和控规调整解读会，拓宽参政议政视野和思路，为发挥主体作用创造良好条件。组织文化、少数民族界别委员对市民族文化宫建设开展帮扶服务，从运营发展、功能设置等方面提出意见建议。组织各专委会深入开展人民政协理论研究，围绕政协履职、政协历史、党的建设等主题，形成《完善建言资政和凝聚共识“双向发力”的制度、程序、机制》等理论研究文章12篇。充分发挥社情民意信息“直通车”作用，针对反映的企业消防检测难、小区停车难、旧楼改造维护不到位、街道社区“双创”疑难问题等形成重点社情民意专报8期，其中3期得到区政府有关领导批示，7个问题得到圆满解决。

（张文虎）

**【服务中心工作】** 2019年,区政协全力助推打赢棚户区改造攻坚战。聚焦市区棚户区改造"三年清零"行动计划,3名驻会副主席蹲点包片、干在一线,带领指挥部全力以赴做好冲刺攻坚,截至11月1日,区政协先后承担的10个片区11630户拆迁任务全部实现清零。天津电视台、《天津日报》《今晚报》《人民政协报》《求知》杂志等刊发红桥区政协在拆迁工作中的履职成效。积极助力创文创卫工作,联系相关部门解决包保社区在检查验收过程中存在的突出问题。组织委员到社区、学校宣讲身心健康知识。围绕创建"国家卫生城区""天津市文明城区",组织委员深入开展调研,提出意见建议。组织政协委员、企联会企业家和机关干部到包保社区开展集中清整劳动。进一步深化委员"四个一"活动(为美丽红桥建设献一计,为壮大区域经济招一商,为帮扶委员企业支一招,为惠民生献爱心办一事。)。围绕经济社会发展、民计民生改善、城市建设等提出建议135条。创新思路,为壮大区域经济招一商。发挥委员优势作用,引进工商银行总行远程银行中心、陕西建工第二建设集团有限公司天津分公司、国药(天津)商贸有限责任公司等企业落户红桥;盘活空置载体303厂区,引进成立鑫叁零叁产业园区。深入走访,为帮扶委员企业支一招。落实"双万双服促发展"部署要求,走访天津津酒集团等16家企业,协调解决发展中的实际困难。情系百姓,为惠民生献爱心办一事。动员和组织委员及机关党员干部以多种形式向对口帮扶地区捐款92.3万元,为打赢脱贫攻坚战、决胜全面建成小康社会贡献力量。与市政协社会法制委就"扫黑除恶专项斗争和创建'无黑'城市"开展联合调研,组织委员积极建言献策。接待香港青年交流团到卓朗科技有限公司考察。落实市、区委"走百街入千家,万名党员干部'四访'"活动要求,化解群众难题19件。

(张文虎)

2019年5月,区政协主席杨焕(左)到一线指导推动棚户区改造和创文创卫工作　　(区政协提供)

**【队伍建设】** 2019年,区政协深化同全市各兄弟区政协和不同地区互动交流,接待柳州市政协、长春市宽城区政协、南开区政协、河北区政协学访,介绍工作做法,相互借鉴经验。组织部分委员参加全国政协地方委员培训班。开展新任委员培训。严格落实委员履职规则,实行委员履职"积分制",引导督促委员主动完成"五个一"要求(每年至少参加一次专委会活动、一次学习活动,每年提交一件提案、一篇社情民意信息、一篇年度履职体会)、做好委员作业,常委交好履职报告。坚持主席、副主席联系委员制度,走访委员及委员所在单位,参加专委会和界别小组开展的各项活动。动员组织委员积极参加市政协举办的书法绘画作品展,上报11名委员的书法绘画作品全部入选,得到市政协好评。加强机关干部队伍建设,先后有7人得到提拔和进一步重用。全年组织政协委员参加市政协远程春秋讲堂6期,召开工作培训会1次,举办"红桥政协大讲堂"5场,开展座谈研讨3次,累计700余人次委员参与。

(张文虎)

# 纪检　监察

## 重要会议

**【区纪委全会】** 2019年2月2日,红桥区纪委十一届六次全体会议在天津市第五中学礼堂召开,总结2018年全区纪检监察工作,部署2019年任务。会议审议通过《加强政治建设 忠诚履职担当 努力取得新时代红桥纪检监察工作新成效》的工作报告。区委书记李清出席会议并讲话。

12月26日,红桥区纪委十一届七次全会在区委礼堂召开,专题开展述责述廉工作,切实压实各部门单位党(工)委(党组)主要负责人"第一责任人"责任,推动全面从严治党主体责任落地生根。

(臧晓森)

**【其他会议】** 2019年2月2日,红桥区领导干部警示教育大会在天津市第五中学礼堂召开,深入贯彻习近平总书记关于全面从严治党的重要要求,认真落实市委全面从严治党主体责任检查考核反馈问题整改,对彻底肃清黄兴国、张泉芬、赵建国等人恶劣影响进行再动员、再部署、再要求。区委书记李清出席会议并讲话,区委副书记、区长袁家健主持会议,区人大常委会主任高树彬、政协主席杨焕出席会议。

2019年4月17日,红桥区深化政治性警示教育"一抓三补四强化"(抓警示教育落实,补思想认识、补风险防控、补制度机制,强化政治引领、强化警示震慑、强化纪律约束、强化作风养成)专项行动部署暨形式主义官僚主义不作为不担当问题专项治理推进会议在天津市第五中学礼堂召开。区委书记李清出席并讲话,区委副书记、区长袁家健主持会议。

2019年10月24日,红桥区新任职区管领导干部党风廉政教育集体廉政谈话会在区委礼堂召开,对180余名新提拔交流的区管领导干部开展集体廉政谈话。区委宣传部、区委督查室、西于庄街道办事处领导干部作表态发言。区委常委、区纪委书记、区监委代理主任于清出席会议并讲话。

(臧晓森)

## 主要工作

**【概况】** 2019年,中国共产党天津市红桥区纪律检查委员会、天津市红桥区监察委员会(以下简称区纪委监委)坚持稳中求进工作总基调,增强"四个意识",坚定"四个自信",深入学习贯彻习近平新时代中国特色社会主义思想,坚决履行"两个维护"根本政治责任;牢固树立以人民为中心的发展思想,坚决整治群众身边腐败和作风问题;贯彻惩前毖后、治病救人方针,做细做实监督第一职责;驰而不息纠"四风",推动作风建设向深向实;聚焦发现问题、形成震慑,进一步发挥巡察利剑作用;不断深化纪检监察体制改革,激发制度效能;保持反腐败高压态势,巩固发展压倒性胜利;坚持自我约束从严,锻造纪检监察队伍。2019年,区纪委监委保持反腐败高压态势,巩固发展压倒性胜利。拓宽群众监督渠道,启用

2019年7月26日,红桥区第一届特约监察员聘任会议在区有线台二楼会议室召开 (张义 摄)

“12388”统一信访举报电话,受理群众信访举报1916件次,其中检举控告类289件次。累计处置问题线索331件,立案162件,处分168人,留置17人,移送司法机关10人,挽回经济损失3822.47万元;全年立案区管干部44人次。

(臧晓森)

【廉政教育】 2019年3月22日,红桥区组织全体区级领导参观天津市警示教育中心全面从严治党主题教育展。区委书记李清带领宣誓,重温入党誓言。2月2日,红桥区领导干部警示教育大会在天津市第五中学礼堂召开,通过召开全区警示教育大会、编发警示教育读本、组织全覆盖参观区属警示教育基地等,强化思想震慑,肃清恶劣影响,受教育党员干部累计达2.1万余人次。组织各单位紧紧围绕授权、用权、控权环节,查找岗位风险点814处,制定风险防控措施743条,完善制度机制586项。2019年,对查处的典型违纪违法案例中的79人次进行通报曝光,警示教育基地接纳参观320余场,召开警示教育专题党课660余次,通报分析违纪违法典型案例900余件次,召开专题民主生活会90余场,召开专题组织生活会900余场。

(臧晓森)

2019年3月22日,红桥区全体区级领导参观天津市警示教育中心 (郭佳 摄)

【回访教育】 2019年,区纪委监委制定工作办法,组织召开纪律处分决定执行工作专题培训会和帮扶回访教育工作推动会,进一步规范纪律处分决定执行工作,切实维护纪律的严肃性和权威性,压实帮扶回访教育各实施主体责任。对391名受处分人纪律处分决定执行情况进行检查,对57名受处分党员干部开展回访教育,强化激励关怀。

(臧晓森)

【基层监督】 2019年,区纪委监委制定《关于加强街道纪检监察组织建设的实施意见》,组建街道纪检监察工委,采取全员培训、整建制抽调、调研督导等方式,督促街道纪检监察干部强化主责意识,推动深化“三转”(转职能、转方式、转作风)。推动监督向基层延伸,在122个社区建立纪检监察工作联络站,出台管理办法,推动发挥作用。探索完善派驻监督领导体制和工作机制,通过听取汇报、定期约谈、述责述廉等方式督促履职。结合机构改革调整派驻机构综合监督单位,将区法院、区检察院纳入派驻监督范围,增设区纪委监委驻区市场监管局纪检监察组。

(臧晓森)

【巡察监督】 2019年,区纪委监委明确政治巡察重点监督内容,量身定制符合被巡察党组织实际的“政治体检表”。对26个单位开展三轮常规巡察,发现问题468个,提出整改意见和建议236条,移交问题线索21件。建立区委巡察组与区委组织部、区纪委监委监督检查室和派驻纪检监察组等联合检查整改评价机制,构建巡察监督与纪律监督、监察监督、派驻监督有序衔接、互为补充、协调一致的整改监督链条。

(臧晓森)

【扫黑除恶】 2019年,区纪委监委建立领导包片包案、街所联动、线索移交等制度机制,查处“官伞”1人,“警伞”13人,党员干部直接参与黑恶犯罪1人,不作为不担当“庸伞”6人,移送司法机关7人。认真落实“三个再一遍、两个大起底”要求,坚持“三个紧盯不放松”,坚决扛起破“网”打“伞”政治责任。通过“廉韵津沽·清风红桥”网站、“新风红桥”微信公众号、张贴海报、发放折页等多种形式，推动实现宣传发动全覆盖。全区所有街道社区的 9731 个胡同楼门张贴海报，所有社区公开栏全部实现宣传页公开摆放。

（臧晓森）

**【严查“微腐败”】** 2019 年，区纪委监委继续开展扶贫助困领域腐败和作风问题专项治理，开展漠视侵害群众利益问题专项整治，紧盯东西部扶贫协作和对口支援项目，深化与甘肃省合水县纪委监委异地协作。查处群众身边“微腐败”问题 54 件次，处分 65 人次，第一种形态处置 18 人次。

（臧晓森）

**【作风建设】** 2019 年，区纪委监委紧盯隐形变异的“四风”问题，持续开展明察暗访，巩固拓展落实中央“八项规定”精神成果，组织全区各单位各部门对落实中央“八项规定”精神问题再次自查自纠，推动问题整改清零。全区查处违反中央八项规定精神问题 32 件次，处分 26 人次，第一种形态处理 8 人次。持续整治形式主义官僚主义、不作为不担当顽疾。2019 年，全区查处形式主义官僚主义问题 104 起，问责 146 人；查处不作为不担当问题 117 起，问责 166 人次和 5 个党组织。

（臧晓森）

**【特约监察员】** 2019 年，天津市红桥区监察委员会召开第一届特约监察员聘任会议，为优选聘请的第一届特约监察员颁发聘书，并向特约监察员通报上半年全区纪检监察工作开展情况。红桥区第一届特约监察员共 23 人，是从全区机关企事业单位、“两新组织”和基层一线各系统各行业精挑细选、严格考察确定的，其中人大代表 10 人、政协委员 10 人、民主党派和无党派人士 10 人。

（贵荣杰）

2019 年 7 月 26 日，红桥区第一届特约监察员聘任会议在区有线台二楼会议室召开　（张义　摄）

# 民主党派与工商联

# 中国国民党革命委员会天津市红桥区委员会

**【概况】** 2019年,中国国民党革命委员会天津市红桥区委员会(以下简称民革红桥区委会)认真学习贯彻中共十九大精神,高举习近平新时代中国特色社会主义思想伟大旗帜,牢固树立“四个意识”,坚定“四个自信”,做到“两个维护”,认真贯彻“四新”(多党合作要有“新气象”、思想共识要有“新提高”、履职尽责要有“新作为”、参政党要有“新面貌”。)“三好”(各民主党派和无党派人士要做中国共产党的“好参谋、好帮手、好同事”。)要求,团结带领民革党员和所联系人士,全面加强自身建设,不断提升履职能力,各项工作稳步推进,取得显著成效。至年底民革区委会有党员160人,下设4个支部,其中市政协常委1人,市人大代表1人,区人大代表3人,区政协副主席1人,区政协副秘书长1人,区政协常委2人,区政协委员12人。

(赵　萍)

**【思想建设】** 2019年,民革红桥区委会组织党员深入学习习近平总书记视察天津重要指示和在京津冀协同发展座谈会上重要讲话精神,学习贯彻习近平总书记在中央政协工作会议上的讲话精神、关于加强和改进统一战线工作的重要思想、关于多党合作的重要论述,跟进学习中共十九届四中全会精神。集中学习民革中央常务副主席郑建邦在民革思想政治建设研讨会上的讲话。参加市社会主义学院副教授作的《中国新型政党制度》专题报告会及全国政协常委作的“四代政协人,传承爱国情”专题讲座;组织区委会党员观看爱国影片《周恩来回延安》;举办“不忘合作初心 继续携手前进”主题教育培训班,邀请天津市社会主义学院副教授为区委会党员作“不忘合作初心,筑梦伟大时代——学习贯彻习近平总书记关于加强和改进统一战线工作重要思想”专题讲座;举办传承民革情暨老中青党员交流座谈会,区委会历任老主委、退休老同志、现任领导班子成员及中青年党员40余人参加;邀请民革市委会专职副主委作“不忘合作初心 继续携手前进”主题教育宣讲;参加民革市委会组织的赴西安、延安的“不忘合作初心 继续携手前进”主题教育培训;参观市委统战部举办的天津统一战线庆祝中华人民共和国成立70周年图片摄影展、民革市委会举办的“风雨同舟70载 携手共建新时代”书画展及区委统战部举办的“同心筑梦 同贺华诞”书画作品展;骨干党员参演民革市委会举办的庆祝中华人民共和国成立70周年、纪念多党合作制度确立70周年文艺会演。

(赵　萍)

2019年8月9-10日,民革红桥区委会举办“不忘合作初心、继续携手前进”主题教育培训活动

(民革红桥区委会提供)

**【组织建设】** 2019年,民革红桥区委会发展新党员9名,完成外调5人,完成申请人谈话10余人,12人参加市委会入党申请人培训,3人参加市委会新党员培训;完成区委会全体党员党籍信息升级工作;成立区委会首个“民革党员之家”;在达标、示范支部创建工作中,各支部均达到“达标支部”的要求;制定《民革红桥区委会委员履职守则》,进一步规范区委会领导班子成员、区委

委员履行党内职务行为。

（赵　萍）

2019年12月26日，民革红桥区委会成立“民革党员之家”　（民革红桥区委会提供）

【参政议政】　2019年，民革红桥区委会在区政协大会上作题目为《关于建立健全我区物业市场化矛盾纠纷调处机制的建议》的大会发言；在区政协常委会上作关于《挖掘利用匠人资源，助推区域经济发展》专题发言；在市政协专题议政性协商会上作《强化基层社会治理基础建设 铲除黑恶势力滋生土壤》和《休闲视角下开发我市废弃铁路及周边工业遗存的建议》专题发言；区委会提交的《关于加强我区精神文明建设的建议》和区政协委员提交的《关于“深化子牙河两岸开发，打造会展旅游中心”的建议》等多个提案被区政协十四届三次会议评为优秀提案；区委会党员提交调研报告13篇、社情民意20余条，市委统战部《海河同舟》杂志约稿6篇，完成红桥区20项民心工程调研课题《我区棚户区改造中存在的主要问题及解决对策》及统一战线理政策理论研究征稿《新时代党外知识分子思想政治工作实践经验研究》；区政协委员积极参加政协“奋进新时代 奋进新征程 政协委员展风采”主题演讲活动。

（赵　萍）

2019年9月5日，民革红桥区委会党员、区政协委员参加政协“奋进新时代 奋进新征程 政协委员展风采”主题演讲活动　（民革红桥区委会提供）

【社会服务】　2019年，民革红桥区委会向全体区委会党员发出扶贫捐款的倡议，筹集善款219128元，其中1人捐款20万元，专项捐建纳雍县昆寨乡卫生院，并为昆寨乡4000余名在校学生每人捐赠一份保险；区委会2名党员赴甘肃、西藏参加医疗对口支援工作；多名党员到社区里巷参与环境治理工作；继续为“爱心牵手”活动帮扶对象提供智力帮扶，解决帮扶对象在学习、生活中的实际困难；成立由党员中律师组成的“法律服务工作组”，明确了工作职责；担任特约审计员、法院陪审员、监察委员会监督员的党员也在各自领域内继续履职尽责。

（赵　萍）

2019年6月，民革红桥区委会副主委赵刚向纳雍县昆寨乡扶贫捐款20万元

（民革红桥区委会提供）

【祖国统一】　2019年，民革红桥区委会组织党员学习习近平总书记在《告台湾同胞书》发表40周年纪念会上的重要讲话精神和对台工作重要

2019 年 8 月 15 日,民革红桥区委会党员参加市委会举办的学习习近平对台重要讲话精神报告会

(民革红桥区委会提供)

论述;召开区委会祖统工作会议,部署区委会祖统工作的重点任务;组织特色党员和青年骨干党员参加市委会祖统工作培训、交流,学习民革中央祖统工作会议精神,聆听市台办主任作的专题报告;开展"观故居 走多党合作之路"主题教育活动;应天津市黄埔同学会邀请,在区委会第三支部黄埔二代党员家中接待台湾访问团,进行书画笔会交流,抒发两岸同胞的深厚情怀。

(赵 萍)

## 中国民主同盟天津市红桥区委员会

**【概况】** 2019 年,中国民主同盟天津市红桥区委员会(以下简称民盟红桥区委会)坚持以习近平新时代中国特色社会主义思想为指导,深入学习贯彻中共十九大精神和党的十九届二中、三中、四中全会精神,坚持中国共产党领导的多党合作和政治协商制度,不断推进自身建设,全面提升履职能力,扎实开展社会服务,助力全区打好棚户区改造、招商引税、创文创卫、安全稳定四场硬仗,坚持围绕中心、服务大局,切实履行好参政党职能,为"打造绿色城区,建设美丽红桥"贡献民盟的智慧和力量。截至年底,全区共有盟员 305 人,下设 13 个基层支部,其中市人大代表 1 人,市政协委员 1 人,区人大代表 5 人,区政协委员 10 人。2019 年,民盟红桥区委会获民盟中央"民盟思想政治建设和宣传工作先进集体"、民盟中央"群言杂志社发行工作突出单位"和民盟天津市委员会"组织工作优秀集体"荣誉称号。

(刘宇新)

**【思想建设】** 2019 年,民盟红桥区委会坚持把深入学习贯彻落实习近平新时代中国特色社会主义思想作为首要政治任务,多次组织盟员集体学习中共十九大精神和十九届二中、三中、四中全会精神、习近平总书记《告台湾同胞书》发表 40 周年重要讲话精神、习近平总书记在津考察工作和京津冀协同发展座谈会上的重要讲话精神、"三个着力"重要要求、《习近平新时代中国特色社会主义思想纲要》《习近平关于"不忘初心 牢记使命"重要论述选编》等重点内容,组织参加区政协学习全国"两会"精神专题辅导报告会。开展庆祝中华人民共和国成立 70 周年系列活动,组织盟员报送庆祝中华人民共和国成立 70 周年征文和摄影作品;组织开展"不忘合作初心,继续携手前进"暨"弘扬爱国奋斗精神,建功立业新时代"庆祝中华人民共和国成立 70 周年暑期主题教育活动;组织参观市委统战部举办的"歌颂伟大祖国 同心携手奋进——天津市统一战线庆祝中华人民共和国成立 70 周年图片摄影展"及红桥区统一战线庆祝中华人民共和国成立 70 周年书画作品展;组织观看民盟天津市委会庆祝中华人民共和国成立 70 周年暨中国共产党领导的多党合作和政治协商制度确立 70 周年表彰大会及文艺演出;组织观看国庆献礼影片《我和我的祖国》,组织参观国庆 70 周年大型成就展网上展馆。组织召开"不忘合作初心,继续携手前进"主题教育活动动员部署会及理论学习会。承办"不忘合作初心,继续携手前进"民盟市委会领导班子成员走访基层指导推动主题教育活动;召开"不忘合作初心,继续携手前进"主题教育活动民主生活会。在庆祝改革开放40周年之际,组织参观“伟大的变革——庆祝改革开放40周年”大型展览;在纪念“五四运动”100周年之际,组织参观周邓纪念馆;为弘扬民盟优良传统,组织参观民盟传统教育基地暨“念初心 吾追寻——民盟先贤刘清扬生平事迹展”;在第三十五个教师节组织参观天津市惠灵顿国际学校。经济联合二支部组织部分盟员赴重庆市开展“不忘合作初心,继续携手前进”主题教育活动。区委委员郭荔获民盟天津市委会“弘扬爱国奋斗精神,建功立业新时代”先进盟员称号。民盟红桥区委会全年向民盟市委会和区委统战部报送各类信息共39期。

（刘宇新）

2019年7月11—12日,民盟红桥区委会组织盟员在蓟州区开展“不忘合作初心,继续携手前进”暨“弘扬爱国奋斗精神,建功立业新时代”庆祝新中国成立70周年暑期主题教育活动

（民盟红桥区委会提供）

【组织建设】 2019年,民盟红桥区委会进一步加强领导班子建设,认真贯彻民主集中制原则,全年共召开主委会、区委委员工作会议9次,向全体盟员下发“不忘合作初心,继续携手前进”主题教育活动征求意见表,切实听取盟员意见建议。加强基层组织建设,下发《红桥区民主党派基层支部工作手册》,规范基层支部工作程序,积极探索新形势下开展基层工作的新思路、新方法,进一步增强基层组织的活力和凝聚力。“三八”国际妇女节期间组织女盟员集体观影,经济联合一、二支部于年初联合召开2018年度总结会暨2019年工作部署会。坚持不断完善工作程序,提高工作标准,切实把好入口关。2019年共发展新盟员8人,平均年龄35岁,积极吸纳2位文艺界别优秀人士入盟。区委委员李莹荣获“2019年民盟天津市委员会组织工作先进个人”荣誉称号。

（刘宇新）

2019年8月1日,民盟红桥区委会在区民主党派机关会议室召开区委委员工作会议

（民盟红桥区委会提供）

【参政议政】 2019年,民盟红桥区委会围绕中心重点工作,积极参政议政,与民盟市委会科技委员会合作完成2019年度民盟市委会重点调研课题《继续完善我国环境保护法制建设,填补光污染监管空白》;围绕2019年红桥区20项民心工程,组织部分盟员到区交警支队、区停车办开展“关于加强城区停车管理”专题调研座谈,并撰写《关于加强城区停车管理的建议》;申报由区委委员高宇虹执笔完成的天津市统战理论政策研究成果《汲精华志弥坚,促发展增自信——从传统优秀文化视角刍议深化多党合作制度》,向区政协提交由盟员邹世娟执笔的十四届四次会议大会发言《生态文明建设下全面提升我区环境质量的建议》,参加区委召开的党外人士座谈会,围绕区委、区政府重点工作,探索加强协商民主建设的有效方法和途径。组织政协委员参加

民盟市委会参政议政工作培训会,全年共上报至民盟市委会和区委统战部党外人士意见建议16篇;盟员邹世娟执笔撰写的《关于防治对流臭氧层污染的提案》作为全国政协十三届二次会议书面发言;盟员穆恩鹏撰写的《关于"互联网+审判与执行"模式现阶段存在的问题与对策》荣获2019民盟法治论坛优秀论文三等奖,由其执笔的《党外公职人员监察全覆盖问题研究》获得由市委统战部颁发的天津市统战理论创新成果三等奖。组织盟员参加民盟华北五省市区"长城文化和生态发展论坛"暨盟务工作会议,盟员施振敏撰写的《长城历史文化资源的挖掘与利用》和盟员聂晶晶撰写的《建议以遗产资源活化为核心开发长城IP产业》刊登至2019年民盟华北五省市区"长城文化和生态发展论坛"暨盟务工作会议论文集上,盟员聂晶晶撰写的《建议引入民间力量参与大运河遗产保护》《建议以遗产资源活化为核心开发长城IP产业》被民盟中央2019年第三季度《民盟信息》采用。组织盟员中的政协委员参加红桥区政协工作培训会。

(刘宇新)

2019年8月1日,民盟红桥区委会组织盟员到区交警支队、区停车办开展2019年红桥区20项民心工程课题调研 (民盟红桥区委会提供)

**【社会服务】** 2019年,民盟红桥区委会把社会服务工作和脱贫攻坚工作作为履行参政党职能的重要抓手,在学雷锋活动月来临之际,下发《学雷锋活动月倡议书》,各支部积极响应号召,经济联合一支部组织盟员到天津惠喆货运公司开展社会服务活动,卫生支部组织盟员在第29届天津运河桃花文化商贸旅游节期间,到桃花堤开展"学雷锋"社会服务活动;为庆祝新中国成立70周年,动员更多党外代表人士积极参与红桥区创建文明城区、扶贫协作和支援合作工作中来,共同宣传践行《天津市文明行为促进条例》,民盟红桥区委会组织部分盟员参加区委统战部"同心共建文明城区,同路共倡扶贫助困"主题实践活动;在中秋佳节来临之际,民盟红桥区委会社会服务小组积极为丁字沽社区1名伤残人员诊治,为其伤残鉴定提供帮助,盟员们自发为困难家庭捐款,并为其购买生活用品;为深入开展"不忘合作初心,继续携手前进"主题教育活动,继续组织社会服务小组到区运之福养老院开展社会服务活动。积极响应号召,助推帮扶地区打赢脱贫攻坚战。审议通过《民盟红桥区委会关于进一步加强动员盟员捐款捐物献爱心组织工作方案》,动员全区盟员参与东西部扶贫协作和支援合作工作,积极奉献爱心。区委委员刘建军以所在建安医院名义捐款1万元。盟区委共计捐款82350元。盟区委下发开展消费扶贫助力打赢脱贫攻坚战倡议书,组织发动广大盟员积极主动购买贫困地区特色农产品,把日常消费行为与爱心行为结合起来,踊跃参与到消费扶贫行列中来。

(刘宇新)

2019年10月23日,民盟红桥区委会组织盟员到区运之福养老院开展社会服务活动

(民盟红桥区委会提供)

# 中国民主建国会天津市红桥区委员会

【概况】 2019年,中国民主建国会天津市红桥区委会(以下简称民建红桥区委会)团结带领广大会员,坚持以习近平新时代中国特色社会主义思想为指导,以党为师,认真开展"不忘合作初心,继续携手前进"主题教育活动,强化会员政治思想引领,持续推进区委会自身建设,认真履行参政党职能。

(侯红宇)

【理论学习】 2019年,民建红桥区委会扎实开展"不忘合作初心,继续携手前进"主题教育活动,深入学习贯彻习近平新时代中国特色社会主义思想,成立主题教育活动领导小组,制定下发实施方案,召开动员部署大会。组织全体区委委员和各支部领导班子成员、骨干会员近80人参加集中学习。邀请市社会主义学院教授贾维萍、李雯和南开会员王晓芳围绕教育活动主题为会员们做专题讲座;与市直属工委支部及会员开展优秀支部经验交流活动;召开主题教育活动交流座谈会,各支部主委分别作学习交流;召开主题教育活动征求意见座谈会,市委会主委栗庆林出席会议,各支部参会会员踊跃发言,对民建市委会、区委会提出意见和建议;区委会组建调研组,深入支部与支部班子成员、支部会员征求意见、交流思想。征求思想政治建设、组织建设、制度建设、作风建设、履职尽责等5个方面意见建议,经分类梳理共7条,其中须长期坚持的3条,明确整改期限的4条。办好《天津民建红桥专刊》,全年编印会刊纸质刊物1期、电子刊物3期。

(侯红宇)

【自身建设】 2019年,民建红桥区委会扎实推进基层组织建设,完成支部换届工作,恢复重建第四支部,新组建第十支部。新一届支部领导班子平均年龄42岁,均为大学以上学历。落实支部和会员量化考核制度。从思想建设、组织建设、参政议政、社会服务等方面考核支部和会员年度履职和参加活动情况,经支部测评、区委会审核,共评选出先进支部1个,区级优秀会员19名。完善会员信息动态管理,健全调整骨干会员和后备干部结构,全年发展新会员18名。深化与民建商业大学基层委员会结对子工作,扎实开展座谈沟通、参政调研等工作。协同与民建北京市委会企业委员会共同举办京津两地民建会员"不忘合作初心,继续携手前进"主题教育学习交流会。

(侯红宇)

【参政议政】 2019年,民建红桥区委会提交区政协党派提案4件,区委会政协委员提交提案17件;提交区政协大会发言《关于整合我区数据资源,完善数据共享融合的建议》;完成区政协调研课题《关于盘活空置楼宇助力经济发展的建议》、2020年大会发言《关于进一步完善红桥区院前医疗急救体系的建议》;区委统战部调研课题《关于以运河新天地为示范街区的红桥区发展夜间经济的建议》、理论研讨征稿《习近平意识形态建设思想探析》;全国政协培训中心征稿《加强政协委员调研能力建设的思考》;区委研究室工作调研《关于加快应急防控体系建设的研究》;市委统战部征集课题1篇。其中主委李金胜向市政协提交的《关于加快我市急救医疗体系建设的建议》被列为市政府重点督办提案,并参加副市长曹小红主持的提案办理协商会;副主委迟永梅主笔市委统战部征集课题《鼓励天津市24小时便利店发展的建议》被第55期《海河同舟》采用,并获得副市长金湘军批示。副主委马增悦撰写的《进一步向律师放宽企业工商档案查询的建议》《对坡屋顶实施安全检查的建议》均列为A类提案,分别得到市区有关领导和单位的高度重视。

(侯红宇)

【社会服务】 2019 年,民建红桥区委会把参与脱贫攻坚作为重要政治任务,积极组织开展对口扶贫捐款,会员们积极响应,共募集扶贫捐款 20 余万元。区委会连续三年组织对口帮扶家庭节日慰问活动。区委会获得民建中央颁发的脱贫攻坚先进集体荣誉称号,会员果立栋获得民建中央颁发的脱贫攻坚先进个人荣誉称号。各支部积极落实对口帮扶工作,走访帮助帮扶家庭;六支部组织到天津市红桥区培智学校组织开展关爱智障儿童的主题关爱活动,到礼貌楼、佳园东里等社区开展健康讲座、敬老爱老等活动;十支部积极参加由民建市委会、市养老院共同组织“献礼祖国七十华诞,夕阳岁月无限精彩”主题文艺晚会。

(侯红宇)

## 中国民主促进会天津市红桥区委员会

【概况】 2019 年,中国民主促进会天津市红桥区委员会(以下简称民进红桥区委会)以习近平新时代中国特色社会主义思想为指导,认真贯彻落实中共十九大精神、十九届四中全会精神、民进十二大精神,开展“热烈庆祝中华人民共和国成立 70 周年”系列活动及“不忘合作初心 继续携手前进”主题教育活动。2019 年民进红桥区委会共有会员 214 人,其中,男会员 104 人,女会员 110 人;市政协委员 2 人,区人大代表 4 人,区政协委员 14 人。

(马艺雯)

【思想建设】 2019 年,民进红桥区委会布置学习任务 14 项。组织会员深入学习习近平新时代中国特色社会主义思想和中共十九大精神,学习十九届四中全会重要精神,组织主副委、委员、支部主委观看习近平总书记在纪念《告台湾同胞书》发表 40 周年座谈会上的重要讲话及习近平总书记考察京津冀及座谈会上的重要讲话,并撰写心得体会。多次进行扫黑除恶专项学习并完成在线答题,学习《天津市文明促进条例》。下发“发挥界别优势,助力‘四场硬仗’攻坚——致红桥区全体民进会员”倡议书,庆祝中华人民共和国成立 70 周年系列活动方案及“不忘合作初心 继续携手前进”主题教育活动方案。开展“不忘合作初心 继续携手前进”主题教育活动座谈会及宣讲推动会。

(马艺雯)

2019 年 3 月 7 日,民进红桥区委会主委欧阳敏(左二)为会员们传达习近平总书记考察京津冀指示及座谈会讲话精神 (马艺雯 摄)

【组织建设】 2019 年,民进红桥区委会考察入会申请人 10 人,成功发展 4 人入会。副主委徐长青荣获“民进全国为民进组织建设做出突出贡献的会员”称号。五十一中学支部荣获“民进全国先进基层组织”称号。教师进修学校支部会员付群、八十中学联合支部会员王冰 2 人荣获“民进天津市为民进组织建设做出突出贡献的会员”称号。八十中学联合支部主委张钢、支部副主委律莉,第五中学支部副主委杨斌,小学第一联合支部副主委高霞,小学第二联合支部副主委曹雪媛共 5 人荣获“民进天津市先进基层组织负责人”称号。五十一中学支部、小学联合支部、教师进修学校支部共 3 个支部荣获“民进天津市先进基层组织”称号。全年组织活动 24 场，参加各级各类活动 35 场。3 月 8 日，举办“奋斗的青春最美丽”主题妇女节观影活动；3 月 22 日，承办市委会专职干部培训会，主委欧阳敏做基层建设经验分享，受到市委会副主委赵长龙和各区专职干部的高度评价。4 月 28 日，组织 20 余名会员开展羽毛球比赛。组织支部主委赴陕西省西安市、延安市红色教育培训基地开展“热烈庆祝新中国成立 70 周年——不忘合作初心 继续携手前进”主题学习培训活动。与民进延安市委会联合召开“同心共圆中国梦”座谈会，并签订友好合作协议。组织 30 余名会员观看电影《我和我的祖国》。12 月 26 日，民进红桥区委会召开“不忘合作初心 继续携手前进”主题领导班子民主生活会，召开区委委员述职述学会，召开区委会总结表彰大会。

（马艺雯）

2019 年 7 月 31 日，民进红桥区委会与民进延安市委会联合召开“同心共圆中国梦”座谈会，并签订友好合作协议 （马艺雯 摄）

**【参政议政】** 2019 年，民进红桥区委会发布参政议政工作条例，设立参政议政图书角并制订借阅管理制度。2019 年，民进红桥区委会共 16 名政协委员、人大代表参与上报区政协、区人大的提案建议 29 件。8 月初，区委会召开参政议政中期推动会，邀请陕西省社会主义学院教研室主任解永强作参政议政和信息工作专题培训。区委会成立课题组并两次到区教育局进行推进幼儿园建设的调研，形成《关于推进我区学前教育资源建设的建议》调研报告；到天津商业大学做金课建设的市级课题调研，形成《关于借助京津冀一体化的发展优势，促进我市高校慕课建设的建议》调研报告；到区城市管理委、双环邨街道、铃铛阁街道就《关于进一步推进我区垃圾分类细化的建议》课题进行调研；到区教育局、区教师进修学校做《关于加快红桥区中小学思政课建设的建议》调研；完成题为《新时代党外知识分子思想政治工作实践研究》统战理论课题 1 篇。

（马艺雯）

2019 年 4 月 19 日，民进红桥区委会课题组到区教育局就 20 项民心工程《关于推进我区幼儿园建设的建议》进行调研 （马艺雯 摄）

**【社会服务】** 2019 年 3 月 20 日，民进红桥区委会、徐长青工作室等单位联合举办“协同京津冀服务大雄安 牵手东西部”远程交流活动。开展多对一贫困生精准帮扶工作。5 月，组织近 20 名民进会员赴雄安新区社会服务基地，开展“携

2019 年 9 月 9 日，民进红桥区委会赴蓟州区社会服务基地，开展“不忘合作初心 继续携手前进”主题教育活动之“同心向党 歌唱祖国”彩虹行动。

（马艺雯 摄）

手京津冀 协同促发展”主题送教活动。5月31日,到区培智学校社会实践基地开展“走进培智伴爱成长”主题志愿者活动。教师节之际携手新阶层人士到区培智学校开展“不忘合作初心 继续携手前进”主题慰问活动。9月,区委会联合区教师进修学校、徐长青名师工作室赴蓟州区社会服务基地结合主题教育开展“同心向党 歌唱祖国”彩虹行动,并与两所学校进行合作协议的续签。2019年,民进红桥区委会组织会员向“东西部扶贫协作和支援合作”进行捐款,85名会员参与,共募集善款5.47万元。

(马艺雯)

## 中国农工民主党天津市红桥区委员会

**【概况】** 2019年,中国农工民主党天津市红桥区委员会(以下简称农工党红桥区委会)坚持以习近平新时代中国特色社会主义思想为指导,深入学习贯彻中共十九大和十九届四中全会精神,认真落实农工党十六大确定的各项目标任务,以开展“不忘合作初心,继续携手前进”主题教育为抓手,全面加强新时代高素质中国特色社会主义参政党建设。截至年底,有农工党员150人,其中男党员、女党员各75人;市政协委员1人,其中常委1人;区人大代表4人,其中常委1人;区政协委员11人,其中常委2人。下设6个基层支部委员会。

(牛 洁)

**【思想建设】** 2019年,农工党红桥区委会坚持坚持“四个强化”工作思路,结合工作实际深入开展各项学习活动。研究制定《农工党红桥区委会庆祝中华人民共和国成立70周年系列活动方案》《农工党红桥区委会深入开展“不忘合作初心,继续携手前进”主题教育活动方案》《农工党红桥区委会关于学习贯彻中共十九届四中全会精神的工作方案》等基础性文件。坚持“理论学习中心组”学习制度,集中学习《习近平新时代中国特色社会主义思想学习纲要》、习近平总书记关于加强和改进统一战线工作的重要思想内容、农工党中央关于开展主题教育活动的汇编材料等,跟进学习习近平总书记考察京津冀及座谈会上的重要讲话、在《告台湾同胞书》发表40周年纪念大会上的讲话、全国两会精神等。组织班子成员参加区委统战部举办的统战大讲堂、区政协举办的主题教育大讲堂等培训。组织广大党员开展扫黑除恶专项斗争学习和天津市文明促进条例学习。制定学习宣传贯彻中共十九届四中全会精神工作方案。在中华人民共和国成立70周年、中国人民政治协商会议成立70周年、中国共产党领导的多党合作和政治协商制度确立70周年之际,发动党员参加农工党市委会、区委统战部、区政协组织的征文活动、书画展、摄影比赛、文艺演出等。其中,参与文艺演出表演1场、参观各类艺术展3场、庆祝晚会1台、分享故事会1场,并有多份党员摄影作品、书画作品展出。组织骨干党员赴雄安新区开展党员学习参观、京津冀一体化建设考察、生态环境建设调研

2019年5月25日,农工党红桥区委会组织骨干党员赴雄安新区开展党员学习参观、京津冀一体化建设考察、生态环境建设调研及革命传统教育活动

(农工党红桥区委会提供)

及革命传统教育活动。召开班子成员扩大会议，集中学习天津市委开展形式主义官僚主义、不作为不担当问题专项治理以来通报的典型问题。组织班子成员参加市委会召开的风险预警提示座谈会。组织党员参加市委会、区政协举办的各类警示教育培训活动，加强对《中华人民共和国监察法》的学习。完成理论课题《加强政治思想建设，提升民主党派领导班子参政议政能力》。

（牛　洁）

**【参政议政】** 2019 年，农工党红桥区委会主要领导多次参加区委、区人大、区政府、区政协召开的民主协商会、座谈会和情况通报会。在区政协十四届三次会议上，提交集体提案 3 件，代表、委员建议和提案 22 件，区委会的《关于上足上好中小学体育课增强青少年体制的建议》和孟军的《关于充分利用高校大数据研发平台助推红桥区数字经济上台阶的建议》获优秀提案奖。农工党红桥区委会提交《关于尽快推进红桥区实施垃圾分类工作的建议》。参政议政课题组成员走进区规划局，与相关负责人就大胡同的历史街区升级定位、空间形态规划、生态保护、辐射带动、交通组织等多个问题进行深入讨论，完成重点课题《关于大胡同地区规划改造方向的建议》。提出包括环境建设改进、景区长效机制、活动成效转化等建议。在运河新天地夜市开业时，给商务委提意见包括交通、马路标识、卫生引导等方面并得到采纳。

（牛　洁）

2019 年 7 月 12 日，农工党红桥区委会调研课题组成员走进规划和自然资源红桥分局，就大胡同地区未来功能定位、改造升级等相关情况进行走访调研　（农工党红桥区委会提供）

**【组织建设】** 2019 年，农工党红桥区委会制定《农工党红桥区第五届委员会关于调整主任委员、副主任委员工作分工的办法》，对区委会主委、副主委分工作适当调整。召开民主生活会，班子成员对照中共中央关于加强中国特色社会主义参政党建设的意见要求，聚焦思想政治建设、组织建设、履职能力建设、作风建设、制度建设等方面的不足，深刻检视剖析，明确努力方向。坚持述职述学制度。制定《农工党红桥区委会党费使用和管理的规定》等基础性文件，下发党费证。为每个支部准备工作手册，保证各项工作落到实处。制定《农工党红桥区第五届委员会关于支部主任委员、副主任委员的选举办法》，6 个支部严格按照文件要求进行换届。推荐后备干部参加各级部门组织的学习培训。严格规范组织发展程序，严格规定入党预审期，严格对申请人进行入党预审期内的考评。

（牛　洁）

**【社会服务】** 2019 年，农工党红桥区委会红桥

2019 年 4 月 26 日，农工党红桥区委会随农工党市委会到大山乡开展督促检查暨帮扶活动

（农工党红桥区委会提供）

医院支部组织党员到桃花源养老院开展春节慰问活动,给老人们送上慰问品。教育支部到双环邨街道浩达公寓居委会为 10 户困难群众送去米、面、油等慰问品。医药卫生支部组织党员到双环邨街道社区卫生服务中心慰问 4 户贫困家庭学生。开展"美丽中国我是行动者"环境与健康知识宣传活动。组织党员看望并慰问老党员、生病党员及援甘党员家属。按照区委统战部"东西部扶贫协作和支援合作"捐款的工作部署,动员 91 人捐款,捐款总金额 1.17 万元。组织党员参加区委统战部举办的"同心共建文明城区 同路共倡扶贫助困"活动。

(牛　洁)

## 中国致公党天津市红桥区委员会

【概况】 2019 年,致公党天津市红桥区委员会(以下简称致公党红桥区委会)以习近平新时代中国特色社会主义思想为指导,全面贯彻中共十九大和十九届二中、三中、四中全会精神,进一步增强"四个意识"、坚定"四个自信"、做到"两个维护",以市、区两级中心工作和区委会年度工作为重点,秉承"致力为公、侨海报国"宗旨,夯实共同思想政治基础,不断提高履职效能。全年发展新党员 9 人。平均年龄 34 岁,侨海占比 66.7%,博士研究生 1 人、硕士研究生 3 人、本科 5 人,中级以上职称占比 55.6%,全区有党员 159 人。

(范丽红)

【自身建设】 2019 年,致公党红桥区委会召开会议专题传达学习全国"两会"精神、中共十九届四中全会精神,中央政协工作会议精神。专题学习习近平视察天津重要指示和在京津冀协同发展座谈会上重要讲话精神,习近平总书记在纪念"五四"运动 100 周年的讲话精神。组织开展 2019 年度红桥区骨干党员培训班,请专人作"牢记初心 不忘使命"主题报告。组织党员参加区委统战部举办的统战大讲堂,区政协举办的春秋讲堂等。制定《庆新中国成立七十周年系列活动工作方案》,组织开展或安排党员参加形式多样的纪念庆祝活动。参加致公党天津市委会主办的"激扬致公青春风采,献礼祖国七十华诞"主题演讲活动,开展"我和我的祖国"主题征文活动,组织党员参加区委统战部"我和我的祖国"歌曲快闪录制,组织党员到天津市博物馆参观市委统战部举办的"天津市统一战线庆祝中华人民共和国成立 70 周年图片摄影展",组织党员观看电影《我和我的祖国》,带领党员随致公党天津市委会赴北京参观庆祝中华人民共和国成立 70 周年成就展,组织文艺骨干党员参加致公党天津市委会庆祝中华人民共和国成立 70 周年文艺演出。举办"庆祝新中国成立 70 周年书画笔会"。开展"不忘合作初心,继续携手前进"主题教育活动。组织党员到天津图书大厦,参观致公党天津市委会主办的"不忘合作初心,继续携手前进——庆祝中华人民共和国成立 70 周年书画展",组织党员参观大沽炮台,进行爱国主义教育。

(范丽红)

【参政议政】 2019 年,致公党红桥区委会召开 2019 年参政议政工作会议,副主委作《如何写好提案和建议》的专题培训。向区政协报送《做强政府引导资金加快红桥新型产业发展的建议》大会发言 1 篇。党员张国洪撰写的《关于发挥侨海特色扩大教育对外开放的建议》,魏闵撰写的《关于设置限速标识提醒的建议》,李艳撰写的《关于完善天津邮轮母港周边交通的建议》,马昀撰写的《关于我区招商引资的几点建议》《关于加强大运河保护深入挖掘以大运河为重点的历史文化资源进一步增添城市吸引力的研究》,史晓光撰写的《关于治理老年代步车乱象的建议》《关于加强对高空坠物问题惩治的建议》《关于加强我市餐饮行业监管保障群众饮食安全的建议》,王常柏、史晓光联名撰写的《关于国家专门开发新型抢险救援设备的建议》《关于推进我市自动售药机建设的建议》,赵同军撰写的《关于进一步开展健康早餐推动餐饮升级的建议》,张素花撰写的《关于进一步践行生活垃圾分类提高环境保护意识是建议》,杨宇婴撰写的《关于挖掘河北工业大学文化资源丰富我区文化旅游市场的建议》,孙莹撰写的《关于丰富青少年假期社会实践活动内涵的建议》,姜颖撰写的《关于解决出租车议价拒载乱象的建议》,张洁撰写的《关于借助新媒体讲好红桥故事的建议》,阎文博撰写的《关于建立老旧楼修缮排险机制的建议》《关于针对基层实验和生产安全专项经费发建议》,刘学明撰写的《关于将急救知识纳入学生日常学习的建议》《关于成立天津市高尔夫教练员、裁判员、青少年委员会的建议》等提案多篇,其中孙莹撰写的《关于解决好乡村医生的"队伍和待遇"的问题的建议》的提案,被全国政协社情民意采用,获致公党天津市委员会2019年度参政议政优秀成果一等奖。

(范丽红)

【社会服务】 2019年,致公党红桥区委会开展"不忘合作初心,继续携手前进"主题教育活动。组织党员赴武清区"侨爱福利院"开展爱心慰问活动,党员代表参加"激扬致公青春风采,献礼祖国七十华诞"演讲会和"致青春·在行动"自闭症儿童帮扶调研实践活动,参加天津体育学院新校区举办的"致公党市委会社会实践活动基地"揭牌仪式和主题教育拓展活动,党员李国进随市委会赴四川绵阳、攀枝花参加"致福送诊"活动2次。全体党员向东西部扶贫捐款1.44万元,在西好货平台购物6600元。党员代表参加庆祝新中国成立70周年文艺演出活动。

(范丽红)

## 红桥区工商业联合会(红桥区商会)

【概况】 2019年,天津市红桥区工商业联合会、天津市红桥区商会(以下简称区工商联、区商会)以习近平新时代中国特色社会主义思想为指导,认真贯彻落实区委、区政府各项工作部署要求,坚持"政治建会、团结立会、服务兴会、改革强会",紧紧围绕"两个健康"主题,坚持突出政治引领、着力加强组织建设、努力营造良好营商环境,构建亲清政商关系。

(刘振凯 董 璐)

【政治引领】 2019年,区工商联召开十二届三次执委会,组织执委重点学习习近平总书记视察天津和在京津冀协同发展座谈会上的重要讲话精神。组织召开红桥区青年企业家"理想信念教育"专题座谈会。学习习近平总书记对推动京津冀协同发展提出的6个方面要求。组织青年企业家赴蓟州区开展以"不忘初心、牢记使命"为主题的理想信念教育实践活动。举办"坚守初心、砥砺前行、抢抓机遇、回报社会"主题教育活动。

(刘振凯 董 璐)

【营商环境优化】 2019年,区工商联构建亲清政商关系,开展"双万双服促发展"工作,举办民营经济19条政策解析讲座暨红桥区政企对接会,全年组织6期创享汇论坛,协调解决问题13

个,为区内企业提供相互沟通和交流合作的机会,并邀请银行、通讯服务类等企业现场为企业进行宣讲和服务。

(刘振凯　董　璐)

**【招商引资】** 2019年3月18日,第29届天津运河桃花文化商贸旅游节开幕,区工商联邀请全国20余家北京市异地商会会长赏桃花、话发展。区领导和区有关部门向北京市异地商会企业家颁发招商顾问聘书并签订委托招商协议,并就有关招商投资项目进行洽谈。全年共引入企业23家。

(刘振凯　董　璐)

**【企业服务】** 2019年4月26日,区工商联举办"双万双服促发展,减税降费惠民生"政策解读活动。区税务局和区发改委有关负责人分别对减税降费相关政策和我区促进民营经济发展的新政策做了解读和介绍。与区司法局联合举办"法律服务进商会"活动。邀请律师代表就房屋租赁合同纠纷、不动产买卖及遗产分割、民间借贷需注意的事项、企业经营遇到问题的法律诉讼、如何正确使用公证与律师见证等问题为企业家进行解答。与区检察院联合举办"检察护航民企发展"主题检察开放日暨红桥区民营企业法律维权服务联席会议座谈会等一系列活动。

(刘振凯　董　璐)

**【组织建设】** 2019年,区工商联推进街道商会改革和依法登记工作,在认真研究中央和天津市关于促进工商联所属商会改革和发展的实施意见的基础上,制定红桥区工商联所属商会改革和发展实施方案及红桥区街道商会依法登记工作方案。各街道商会和区青年商会召开成立大会。

(刘振凯　董　璐)

**【履行责任】** 2019年,区工商联组织会员企业参与东西部扶贫协作和"万企帮万村"行动,募集扶贫资金33万元。开展"万企帮万村"专项行动,深化45个对口帮扶贫困村计划。举办区工商联与甘肃省合水县东西部对口支援座谈会。合水县统战部一行到区参观考察大型超市、招商展示中心,并深入正荣科技大厦、五创电子商务公司、艺点意创科技发展有限公司,与区企业家就民营企业开展对口帮扶和发展民营经济进行深入交流。

(刘振凯　董　璐)

# 群众团体

# 红桥区总工会

【概况】 2019 年,天津市红桥区总工会(以下简称区总工会)团结带领全区各级工会组织和广大工会干部,深入学习贯彻习近平总书记关于工人阶级和工会工作的重要论述,以忠诚党的事业、竭诚服务职工为己任,紧扣时代主题,强化政治引领,推进工会系统党的建设。紧紧围绕助力全区绿色高质量发展和棚户区改造、招商引资、创文创卫、安全稳定四场硬仗,不断加强工会基层组织建设,维护职工合法权益,推进普惠服务,保持职工队伍稳定,引导职工建功立业。9 月 6 日,红桥区工会系统工作会议在区委礼堂召开。区总工会第七届委员会全体委员,区总工会第七届经审委员会全体委员,各街道、企事业单位工会主席和区级机关各委办局分管领导、工会主席,区总工会全体干部和工会社会化工作者共 270 人参会。

（袁　鹏）

2019 年 9 月 6 日,区总工会组织召开全区工会系统工作会议　（邢家乐　摄）

【思想政治引领】 2019 年,区总工会始终把团结引领广大职工听党话、跟党走作为重要的政治责任,认真学习宣传贯彻中共十九大精神和中国工会十七大精神,将习近平新时代中国特色社会主义思想、习近平总书记关于工人阶级和工会工作的重要论述入脑入心。组织召开区工会系统从严治党工作座谈会,全区工会系统 40 余个机关事业单位和企业代表参加会议。庆祝中华人民共和国成立 70 周年期间,组织 5 名劳模成立宣讲团,为机关、社区、企事业单位职工进行主题宣讲,组织“我和我的祖国”书画展,150 余幅精品书画作品报名参展,评选出 45 幅获奖作品。

（袁　鹏）

2019 年 9 月 19 日,市劳动模范邱盼虎为天津圣威科技有限公司职工进行主题宣讲　（邢家乐　摄）

【建会入会】 2019 年,区总工会把推进农民工入会、“两新”组织(新经济组织、新社会组织)建会作为重要的基础工作和紧迫的政治任务,最广泛地把农民工兄弟和“两新”组织吸收到工会中来。按照属地原则,分片划归,压实责任,在街道总工会下建立零散就业联合工会,吸纳未建会企业职工和零散就业职工加入工会组织。推广会员实名制工作,推进“智慧工会”建设。依托“知工”APP 终端,拓宽入会渠道,提升工会政策知晓率,提高工会组织黏性。发放《咱们为什么要入会——写给农民工的十二封信》1230 本,让农民工了解工会,自愿向工会组织靠拢,积极引导企业建立工会组织、职工加入工会组织。截至年底,全区符合建会条件的法人单位 2117 家,具有稳定劳动关系的农民工 458 人,全部入会。外包工、零散就业人员和派遣工共 665 人,全部入会,百人以上企业 10 家,其中非公有制企业 8 家,全部建会。

(袁　鹏)

2019 年 3 月 21 日,区总工会召开农民工入会、“两新”组织建会工作动员部署会　(邢家乐　摄)

【弘扬劳模精神】　2019 年,区总工会大力弘扬劳模精神、劳动精神、工匠精神,传播社会正能量,下发《2019 年红桥区劳动和技能竞赛活动推进意见》,开展“当好主人翁,建功新时代”主题劳动和技能竞赛,指导企业、行业开展“最强工程师”“打赢蓝天保卫战”等技术比武竞赛。评选红桥区“五一劳动奖章”45 名,“五一劳动奖状”7 个和工人先锋号 16 个。召开庆祝“五一”国际劳动节大会,讲述先进事迹、表彰典型模范。“五一”国际劳动节期间拍摄“劳动者风采”系列专题片,在微信公众号同步宣传典型事迹,激发和调动全区广大职工的积极性和创造性。

(袁　鹏)

2019 年 4 月 29 日,红桥区庆祝“五一”国际劳动节大会召开　(邢家乐　摄)

【服务劳模】　2019 年,区总工会走访慰问困难劳模,把党和工会组织温暖送到劳模心中。发放全国劳模困难帮扶金 6 万余元,发放市级劳模低收入补助金、困难帮扶金 16 万余元。春节期间慰问全国劳模及享受全国劳模待遇者 5 人,市级劳模及享受市级劳模待遇者 239 人,发放慰问金 24.9 万元,发放慰问品 244 份价值共计 12.2 万元。组织开展 80 岁以上劳模生日慰问,为 29 位劳模送上价值 500 元的慰问品和生日祝福,结合庆祝中华人民共和国成立 70 周年,入户慰问全部 12 名二十世纪五六十年代老劳模、11 名长期在基层一线和艰苦岗位工作的劳模代表。组织 5 位全模和 152 名市模进行劳模健康查体,组织部分市级劳模和先进人物 53 人赴北戴河工人疗养院疗休养。

(袁　鹏)

2019 年 9 月 26 日,区人大常委会副主任、区总工会主席孙玉龙(左二)带队走访慰问区内老劳模代表及长期在基层一线和艰苦岗位工作的劳模代表

(邢家乐　摄)

【职工权益维护】　2019 年,区总工会突出法律服务向基层、向职工延伸,联合区司法局、盈科律师事务所开展系列“普法下基层”活动,完成普法宣讲 5 场,设立区总工会“职工法律援助中心”,提供法律援助咨询 40 余次,满足广大职工的服务需求,促进全区企业和谐稳定。

(袁　鹏)

2019 年 5 月 4 日，区总工会聘请北京盈科(天津)律师事务所律师，在公安红桥分局进行“公安执法规定及女职工权益维护”主题讲座 (邢家乐 摄)

【普惠服务】 2019 年，区总工会以落实推动工会会员服务卡办理工作为契机，夯实普惠行动，做好会员服务卡年检注册动态调整和新入职会员办卡工作，全年完成 22673 张工会会员服务卡动态调整和缴费续保工作，为新入职工会会员办理会员服务卡 2104 张。积极落实全市民心工程，组织全区 1131 名困难职工、农民工进行免费健康查体。倾情关爱女职工和户外劳动者，建设爱心妈咪之家 7 个，户外劳动者服务站 15 个，开展“关爱职工行动”心理健康服务活动，在机关、区法院、教育系统、卫生系统、街道、企业中组织心理讲座和团体辅导 8 场。推进工会普惠救助政策落地落实，向全区广大会员职工发放 4 万余册《职工普惠手册》，为 51 名患重病持卡会员职工发放区叠加救助金 54 万余元；对 320 名工会会员进行职工住院慰问，发放住院慰问金 31.1 万元；为 11 名会员职工发放大病救助金 38 万元。为本区域、本系统内 246 名已入会和新入会农民工会员发放普惠补贴 3.69 万元。

(袁　鹏)

2019 年 4 月，区总工会联合天津市职工医院开展“服务职工送健康”免费查体活动 (邢家乐 摄)

【精准帮扶解困】 2019 年，区总工会践行以职工为中心的发展思想，积极做好困难职工解困脱困帮扶和保障工作，建立分级建档帮扶制度，分类别做好全国级、市级、区级、基层级四级困难职工群体的解困脱困工作。连续两次对全区困难职工信息摸底核查，强化困难职工精准识别、精准帮扶责任制，实现全区 33 户在网困难职工解困脱困。发放两节送温暖、迎国庆慰问困难职工生活救助款 6 万元。

(袁　鹏)

2019 年 9 月 9 日，区总工会召开督查落实解困脱困工作暨“十一”慰问困难职工摸底部署会 (邢家乐 摄)

【四季品牌服务】 2019 年，区总工会开展“春风送岗”专场招聘会，提供 400 余个就业岗位，吸引 600 余名求职者求职应聘。广泛开展对战高温斗酷暑一线岗位职工的慰问活动，围绕全区中心工作、重点工程、重点项目，投入送凉爽慰问资金 20 余万元。为 13 名在网困难职工家庭子女发放助学金 3.20 万元，在全区受助学子中开展“感恩我的祖国”主题征文活动，丰富助学形式和内容，助力贫困学子圆梦求学。开展对重点企业尤其是困难企业、困难职工、“八大群体”（货车司机、快递员、护工护理员、家政服务员、商场信息员、网约送餐员、房产中介员、保安员）、坚守岗位的一线职工以及劳模的走访慰问，投入送温暖慰问资金60余万元；春节期间为坚守工作岗位不能回家过年的590名外来务工人员开展吃饺子送年夜饭活动，投入资金5.90万元。

（袁　鹏）

2019年3月12日，区总工会开展2019年“春风行动”公益招聘会 （邢家乐　摄）

【资金监管】 2019年，区总工会加大资金下沉力度，给予全区11个街道总工会各10万元工作补助，共计拨付补助资金110万元，给予全区115个社区工会各3000元规范化建设经费，共计拨付社区规范化建设经费34.5万元，对区教育局、区市场监管局等基层工会拨付专项资金63万余元，切实做到经费向基层倾斜，让广大职工感受到工会组织就在身边。加强经审基础工作规范化建设，强化对各级工会经费的检查监督。完成“五个统一”（统一组织领导、统一审计方案、统一标准口径、统一审计报告、统一问题处理）集中审计行动，对全区125个机关事业单位进行工会经费审计和督促整改。

（袁　鹏）

2019年9月，区总工会财务部工作人员对街道工会经费账目进行检查 （邢家乐　摄）

## 中国共产主义青年团天津市红桥区委员会

【概况】 2019年，中国共产主义青年团天津市红桥区委员会（以下简称团区委）深入学习贯彻习近平新时代中国特色社会主义思想、中共十九大和十九届二中、三中、四中全会精神和团的十八大精神，紧扣团的根本任务、政治责任和工作主线，团结带领全区广大青少年听党话跟党走，切实增强团的政治性、先进性、群众性，全面履行团的职责使命，为打造绿色城区、建设美丽红桥贡献青春智慧和力量。

（刘　菂）

【青年思想引领】 2019年，团区委深入开展

2019年4月28日，团区委在天津五中礼堂举办“青春心向党·建功新时代”红桥区各族各界青年纪念五四运动100周年大会 （团区委提供）

习近平新时代中国特色社会主义思想和党的十九大精神学习教育。深入开展“不忘初心、牢记使命”主题教育,组织全区团员青年代表参观南开大学校史馆,召开“青春心向党·建功新时代”红桥区各族各界青年纪念五四运动100周年大会,举办第二届“红桥青年五四奖章”暨“红桥区向上向善好青年”评选活动,激发全区广大团员青年“不忘初心,继续前行”的工作热情,展现共青团新时代精神风貌。

(刘 药)

**【青年发展规划】** 2019年,团区委组织召开落实《天津市中长期青年发展规划(2017—2025年)》联席会议第一次会议,深入学习贯彻市级联席会议精神,研究部署红桥区落实《规划》各项工作,加强部门分工协作,推动《规划》在红桥落地见效。区委常委、区委组织部部长、联席会议召集人宋淑华人出席会议并讲话,联席会议34个成员单位的分管负责人和联络员参加,各街道分管负责人列席。

(吴旭冉)

2019年3月14日,团区委在区委礼堂召开落实《天津市中长期青年发展规划(2017—2025年)》联席会议第一次会议 (团区委提供)

**【服务招商引资】** 2019年,团区委坚持“开展活动促招商,整合资源促招商,提升服务促招商”的工作主线,充分利用青联平台和委员资源,发挥青联优势,打造青联及委员招商引资宣传名片。协调联络市青企协,邀请10名优秀青年企业家参加2019年红桥区运河桃花节投资贸易洽谈会,推荐产生11位红桥区青年企业家作为市青企协会员出席市青企协第十二次会员大会。

(吴旭冉)

2019年5月24日,团区委带领11名青年企业家在天津礼堂出席天津市青年企业家协会第十二次会员大会 (团区委提供)

**【青年志愿者服务】** 2019年,团区委组织全区集中开展“服务春运 暖冬行动”、“志愿青春·与国同行,创文创卫·红桥有我”——“3·5”学雷锋志愿服务系列活动、第29届天津运河桃花文化商贸旅游节志愿服务活动、“运河新天地”夜市志愿服务、“残奥会”火炬传递志愿者活动,累计服务红桥区居民万余人次。组织志愿者参与秩序疏导、环境维持和现场指引等志愿服务工作。

(尚小婷)

2019年3月5日,团区委组织青年志愿者走进西于庄街道翠溪园社区,开展“志愿青春·与国同行,创文创卫·红桥有我”志愿服务活动,时任共青团中央青年志愿者工作部部长张朝晖(左一)一行调研红桥区志愿服务工作 (团区委提供)

【青联建设】 2019年，天津市红桥区青年联合会第八届委员会第一次全体会议在红桥区政府礼堂召开，全区青联委员167人参会，全面回顾五年来红桥区青联工作的光辉历程，共同谋划未来五年的发展大计。团市委副书记、市青联主席王凤，区委副书记芮永玲出席开幕式并讲话。大会审议通过红桥区青年联合会第七届委员会工作报告，选举产生红桥区青年联合会第八届委员会新一届主席1人、副主席6人和常务委员会委员33人。

（吴旭冉）

2019年12月28日，天津市红桥区青年联合会第八届委员会第一次全体会议在红桥区政府礼堂召开

（团区委提供）

【"青"字号品牌活动】 2019年，团区委组织"不忘初心 牢记使命"各界群众全国烈士纪念日向人民英雄敬献花篮仪式在平津战役纪念馆举行，红桥区区级领导与500余名退役军人、优抚对象、机关干部、团员青年等各界群众代表出席

2019年9月30日，"不忘初心 牢记使命"各界群众全国烈士纪念日向人民英雄敬献花篮仪式在平津战役纪念馆举行 （团区委提供）

仪式，深刻缅怀烈士的不朽功绩，弘扬烈士精神。

（刘 莳）

【青少年权益保护】 2019年，团区委以突出法治教育、法治建设为目标，切实维护青少年合法权益。落实天津市2019年预防青少年违法犯罪工作会议精神，推动成立红桥区预防青少年违法犯罪工作领导小组；开展2019年"红桥区蓝天未检公开课"品牌活动、"青春自护 暑期安全"自护教育活动、"铸忠诚、守卫城、护稳定、保大庆"安全志愿宣讲等各类活动70余场，依托社工力量在社区开展青少年毒品预防教育培训活动，培养青少年自护意识。开展"美丽红桥 阳光少年"事迹宣讲活动、扮靓家园活动，做好重点困难青少年服务帮扶工作。

（尚小婷）

【新媒体建设】 2019年，团区委升级改版微信公众号"红青之声"，同时拓展宣传新渠道，利用天津v直播网络平台面向全网直播五四大会，向上向善好青年点赞活动网络点击突破140万人次；纪念五四运动100周年大会直播活动点击近20万人次；庆祝新中国成立70周年爱国主义音乐短片《我爱你中国》被美丽红桥、津云、学习强国等多家权威媒体转发。

（刘 莳）

【扶贫帮扶】 2018年，团区委、区青联组织区部分青联委员、青年企业家代表组成帮扶工作组，开展"青春暖冬 筑梦同行"主题活动，募集爱心善款1.20万元，为区内30余名困难家庭青少年送上新春关怀；联合天津市瑶华公益基金会举办"六一爱心相随 帮扶呵护成长"捐资助学活动，为全区51名困难家庭未成年人发放各类助学物资折合金额1.25万元；开展"青暖童心"活动，使用扶贫专项资金2.60万元，向甘肃省合水县留守儿童捐赠棉衣130套。

（吴旭冉）

2019 年 1 月 22 日,团区委、区青联联合举办“青春暖冬 筑爱同行”主题活动　(团区委提供)

【青年调查研究】 2019 年,团区委到丽豪装饰、协盛科技、文诺律所、艺点意创等红桥区重点企业开展调研,就企业团建、青年发展、团企合作等方面进行充分交流,建立稳定联系,将团建工作与红桥区“四场硬仗”工作充分结合,开展多方位合作。

(吴旭冉)

2019 年 6 月 12 日,团区委走访丽豪装饰公司进行调研　(团区委提供)

## 红桥区妇女联合会

【概况】 2019 年,天津市红桥区妇女联合会(以下简称区妇联)强化思想政治引领,激励妇女建功立业,自觉聚焦“强三性”要求,推动妇联改革落地见效,对照“不忘初心、牢记使命”主题教育目标任务,团结带领广大妇女为打造绿色城区、建设美丽红桥贡献巾帼力量。2019 年 6 月,区妇联办公地点调整至区委大院西配楼一楼,2019 年 10 月,区妇联办公地点调整至区委大院主楼八楼。

(杨博宇)

【思想作风建设】 2019 年度,区妇联开展“不忘初心、牢记使命”主题教育。走访 19 个社区,召开 14 次座谈会。全年组织中心组学习 36 次、党员集中学习 41 次。开展红桥区妇联系统调研周活动,到街道社区、机关事业单位、“两新”组织(新经济组织和新社会组织)实地走访座谈,听取妇联主席、执委、巾帼志愿者发挥作用情况。加强横向经验交流,到滨海新区、武清区、蓟州区妇联学访调研。举办三级妇联干部培训班,精心设置培训课程,260 余名妇联干部参加培训。

(杨博宇)

2019 年 10 月 30 日,区妇联机关党支部到天津时代记忆馆开展“重温红色记忆、传承革命精神、牢记时代使命”主题党日活动　(区妇联提供)

【宣传引领】 2019 年度,区妇联紧扣中华人民共和国成立 70 周年这条主线,组织各级妇联开展“巾帼心向党 礼赞新中国”群众性宣传教育活动23场。开展“百千万巾帼大宣讲”活动,线上线下同时推进,全年共举办114场,覆盖4278人次。红桥区张金兰、范红娜和王莉颖3名宣讲员被评为天津市优秀巾帼宣讲员。开展“巾帼建功新时代 志愿服务暖人心”活动,利用春节、敬老月等宣传节点组织巾帼志愿者开展各类健康文明、绿色环保等活动30场。“三八”国际妇女节期间,举行“巾帼同行心向党 奋力建功新时代”纪念大会,表彰2018年度市级三八红旗手标兵和市区级三八红旗手55名,市、区级三八红旗集体12个。红桥医院王红榕荣获全国巾帼建功标兵,红桥区人民法院民事审判四庭、和苑街道梦和园社区居委会荣获全国巾帼文明岗。

(杨博宇)

2019年8月8日,区妇联联合区纪委监委、区委宣传部、区文明办、区文化和旅游局、区文化馆、天津生活广播共同举办庆祝中华人民共和国成立70周年“巾帼同行颂祖国 不忘初心谱新篇”活动

(区妇联提供)

**【组织建设】** 2019年度,区妇联持续深化妇联改革,完善妇女代表、常执委工作制度,提高领导机构议事决策科学化水平。优化纵向组织覆盖,推动街道机构改革中妇联组织同步换届调整工作,按照1+5+X(主席1名、兼职副主席五名、执委若干名)配备要求,选举产生街道妇联主席7名、兼职副主席12名,落实行政编正科级配备要求。抓住社区党群服务中心提升改造时机,积极参与社区治理,在全区110个社区妇联中同步推进“五亮三强”要求(亮妇联标识、亮组织架构、亮工作职责、亮执委身份、亮活动内容,建设政治引领强、联系妇女强、服务作用强)。

(杨博宇)

2019年8月14日,三条石街道妇联在千吉花园社区召开第九届三次执委会 (区妇联提供)

**【创业就业】** “三八”国际妇女节期间,区妇联联合多部门举办2019年“春风行动”公益招聘会,发放宣传材料千份。充分发挥各级公共就业服务窗口作用,免费服务1211人,开展专场招聘活动19场,为下岗女工和女大学生拓宽就业信息渠道和就业服务形式。为推进落实2019年天津市民心工程“巾帼逐梦 双创扬帆”市妇联女性双创服务项目,在河北工业大学、卓朗科技有限公司召开经验交流分享会,百余名女性创业者参加。

(杨博宇)

2019年9月25日,区妇联承办的“巾帼筑梦卓朗行 创新创业再出发”经验交流分享会在卓朗科技大厦举办 (区妇联提供)

**【家庭建设】** 2019年,区妇联开展寻找“最美家庭”活动,推选全国最美家庭2户、市级最美家庭16户、区级最美家庭141户。以“家长学校”为依托,中小幼分类指导,开展“文明家庭大讲堂”进校园活动18场,通过“好习惯成就孩子一生”等公益讲座,引导家长帮助孩子树立正确的世界观、人生观、价值观。成立红桥区家庭教育指导站,开展“伴随成长”公益讲座和亲子活动等家庭教育指导服务。在和苑街道康和园社区儿童之家开展0~3岁儿童早期教育活动57次,传播系统、科学的教育理念,助力儿童健康成长。利用社区儿童之家、家长学校活动阵地,开展“小纽扣在行动”庆“六一”活动30余场,开展“伴随成长 祝福祖国”系列活动17场,将优质家庭教育服务带到居民家门口,《每日新报》、红桥有线《美丽红桥我来拍》等媒体进行专题报道。

(杨博宇)

2019年4月25日,“红桥区妇联0~3岁儿童早期教育项目”在和苑街道康和园社区儿童之家正式启动 (区妇联提供)

**【权益保障】** 2019年初,区妇联联合区法院在社区家事法庭建立红桥区婚姻家庭纠纷调解室,接待群众86人次。妇女法律心理帮助中心接待妇女儿童心理咨询170人次。开展心理知识进机关、进企业、进社区活动,发放宣传资料3500余份,开展心理咨询服务活动20场,1670余人受益。开展“建设法治红桥 巾帼在行动”等普法宣传以及妇女法律知识讲座。依托社区“半边天家园”普及法律知识,在110个社区广泛开展妇女议事活动,建立妇女微家10个。以“坚持男女平等基本国策 保障妇女儿童合法权益”为主题,推动男女平等基本国策进党校、进主体班次。将中心小学性别平等教育进课堂国家级试点项目的成功经验在红桥教育系统全面推进。

(杨博宇)

2019年1月,区妇联联合区法院在社区家事法庭建立红桥区婚姻家庭纠纷调解室 (区妇联提供)

**【精准帮扶】** 2019年度,区妇联落实区“二十项民心工程”及困难妇女救助政策,为502名单亲困难母亲免费缴纳安康保险。6名单亲困难母亲被市妇联评为天津市优秀自强母亲。利用元旦、春节、儿童节等节日,慰问培智学校学生并实地走访单亲困难母亲子女和孤儿;慰问天津五中

2019年春节前夕,区妇联开展“娘家温情送到家”慰问活动 (区妇联提供)

新疆班学生，送去价值2万元防寒服；向147名单亲困难母亲发放慰问品共3.60万余元；向46名特困学童发放助学金6万余元。组织爱心企业开展帮扶服务，为10名品学兼优困难学生赠送价值5000元购书卡。推进三个试点社区开展“小候鸟”活动，组织读书活动12场，受益学生260余人。开展“一家衣善”爱心捐衣活动50场，全年回收旧衣物300吨。组织扶贫助困献爱心活动，宣传99公益爱心捐，共募集捐款2.98万元。响应市妇联号召，筹集资金3万元帮扶甘肃省天水市脱贫攻坚，走进天水市张家川县慰问困难妇女儿童，为甘南圆梦微心愿捐款4000余元。

（杨博宇）

## 红桥区残疾人联合会

**【概况】** 2019年，天津市红桥区残疾人联合会（以下简称区残联）扎实开展各项残疾人工作，稳步推进残疾人事业发展，加快残疾人同步小康进程。加强机关党员干部和基层残疾人工作者的思想教育和政治引领。健全组织建设，强化对专门协会工作的指导和帮助，加强基层残疾人工作者队伍管理；精准落实党的惠残政策措施，进一步织密残疾人民生保障网，健全残疾人公共服务体系，加强残疾人康复服务，促进残疾人就业，提升托养服务水平，丰富残疾人文化体育生活，做好残疾人家庭无障碍改造工作，维护残疾人合法权益。完成全国第十届残疾人运动会暨第七届特殊奥林匹克运动会相关承办任务。截至年底，全区办理残疾人证的各类残疾人26301人。

（侯馨飞）

**【组织建设】** 2019年，区残联加强社区残疾人专职委员队伍日常管理，完善考评机制，提高基层残疾人工作者队伍整体素质。指导和帮助各专门协会积极开展活动，区聋人协会在“三八妇女节”开展趣味游戏活动；区肢体残疾人协会在全国助残日期间开展慰问残疾人、书画笔会进社区、送文化进校园等活动；区盲人协会分别在全国助残日、国庆前夕举办联欢会。区肢体残疾人协会主席李锐钧，在2019年被授予“全国自强模范”荣誉称号，并受到习近平总书记和李克强总理的接见。

（侯馨飞）

2019年5月24日，区肢体残疾人协会主席李锐钧带领书画家走进区培智学校，开展“送文化进校园”活动 （区残联提供）

**【扶残助残】** 2019年，区残联为236名符合条件的低保、低收入且患有大病残疾人发放医疗救助447.71万元。为11752人次视力、听力、言语残疾人发放通信信息消费补贴208.68万元。为4823人享受天津市最低生活保障待遇或低收入救助家庭中的残疾人发放生活用水、电、燃气补贴110.39万元。为重度残疾享受低保、低收入家庭，精神、智力三级的低保、低收入家庭，一户多残家庭等4529户残疾人家庭发放冬季取暖补贴181.16万元。为439名残疾学生和家庭经济困难残疾人的健全子女发放市级、区级扶残助学金39.94万元。为60周岁以下未就业、未入学的智力、精神(病情稳定)残疾人和其他类别的重度残疾人提供托养服务,全年服务10359人次,支付服务金200.98万元。举行冬季送温暖、第二十九次“全国助残日”、夏季送凉爽、精准帮扶等各类扶残助残活动,为困难残疾人免费发放米、面、油、绿豆、白糖、轮椅、衣服、帽子等助残物资,为十条街道及区培智学校发放慰问金33万元,并组织走访慰问。

(侯馨飞)

2019年5月29日,区残联到西于庄街道怡水苑社区慰问残疾儿童 (区残联提供)

**【残疾人就业】** 2019年,区残联为3名残疾人发放自主创业补贴。对辖区内的190个单位开展残疾人就业保障金年审工作,涉及残疾人393人。开展残疾人茶艺技能培训、插花技能培训和膳食营养等技能培训班310人次,为1名残疾人申报盲人医疗按摩人员考试,提高残疾人职业技能水平和就业能力。做好残疾人职介登记及高校残疾人劳动就业阶梯计划,登记用工需求单位4家、残疾人就业需求22人,为5名高校残疾人毕业生就业创业进行状况调查,积极协调用工单位,成功推荐3名残疾人就业。组织30名有就业意向残疾人和4个用工单位参加天津市残疾人专场招聘会,拓宽残疾人就业渠道。组织21名残疾人工作者报名残疾人就业指导员培训。

2019年10月21日,区残联在红桥区公共就业(人才服务)中心组织举办残疾人插花培训

(区残联提供)

(侯馨飞)

**【残疾康复服务】** 2019年,区残联举办第十九次“全国爱耳日”教育宣讲活动。全面实施残疾儿童康复救助制度,为105名符合条件的残疾儿童申请医疗手术类、康复训练类及辅助器具类的康复服务,救助资金150.42万元。为2018年办理贫困精神病人服药补贴手续的295名贫困精神病人结算医药费27.40万元。开展辅助器具适配工作,适配假肢5例,适配低视力助视器22例,为1100名贫困残疾人或重度残疾人适配轮椅、助行器、腋拐、洗浴凳等辅助器具1129件。参加全国辅助器具服务技能竞赛,取得优秀成绩。实施白内障免费复明手术8例。安排300

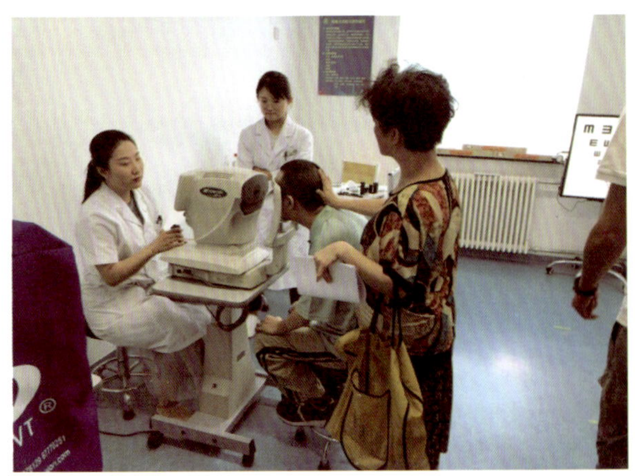

2019年6月26日,区残联组织在天津市残疾人辅助器具资源中心为残疾人验配低视力助视器

(区残联提供)

名残疾人进行免费体检。为50名视力残疾人开展盲人定向行走训练，发放盲人用品100件。

（侯馨飞）

【文化体育活动】 2019年，全国第十届残疾人运动会暨第七届特殊奥林匹克运动会在天津举行，红桥区完成火炬传递、象棋赛事活动、组织群众观赛、接待内蒙古代表团、组织参加开闭幕式5项任务，残疾人运动员赵瑞轩在特奥会游泳比赛中取得一百米蛙泳金牌、一百米仰泳银牌、五十米蛙泳铜牌的成绩。组织第二十九次“全国助残日”系列活动，携手农业银行红桥支行慰问帮扶残疾人，现场解答金融业务问题；依托和苑街道办事处、和苑街道残联，携手社区、社会组织共同举办“自强脱贫，助残共享”主题慰问演出；与星月书画社共同举办书画笔会进社区活动；携手区妇联和爱心企业走进红桥培智学校举行助残慰问活动。对符合条件的167名肢体残疾人入户进行康复体育器材需求调查，发放康复体育器材334件，健身器材167套。组织6名残疾人报名参加天津市第十一届残疾人歌唱大赛，2名残疾人获三等奖。组织残疾人参加“我和我的祖国”征文演讲活动，2名残疾人获一等奖。选送手语舞蹈和葫芦丝演奏节目参加第四届天津市社区残疾人文艺展演，两个节目均获三等奖。组织17名残疾人参加天津市第九届残疾人健身周活动。组织8名特奥运动员参加天津市第十三次全国特奥日活动。残疾人专职委员赵成瓛被评为“全国残疾人体育先进个人”。

（侯馨飞）

2019年8月18日，红桥区组织参加全国第十届残运会暨第七届特奥会红桥区火炬传递活动

（区残联提供）

【无障碍建设】 2019年，为1545名残疾人发放机动轮椅车燃油补贴40.17万元；为163户有需求的听力、言语残疾人入户安装可视门铃；为符合条件的视力残疾人发放盲人手机81部。全区26301名残疾人享有免费乘车卡。对43户有家庭无障碍改造需求的残疾人家庭进行入户勘察并完成改造，为252户有无障碍需求的贫困重度残疾人家庭配发无障碍辅具，合计8.36万元。

（侯馨飞）

【权益维护】 2019年，区残联加强残疾人事业法治宣传教育，积极开展普法教育活动，组织基层残疾人工作者开展《残疾人保障法》专题培训，增强法律意识。高度重视综治和平安建设工作，层层履行综治职责，真抓实管，制定防控应急预案，与各街道残联建立维稳防控联动机制。为符合法律援助经济困难条件的166名残疾人办理法律援助，发放法律援助办案补贴17.43万元。区街两级残联相互配合，处理残疾人来访215人次，来信38件。

（侯馨飞）

2019年4月18日，区残联邀请律师在红桥区公共就业（人才服务）中心为残疾人及残疾人工作者宣传解读《残疾人保障法》 （区残联提供）

## 红桥区红十字会

**【概况】** 2019 年,天津市红桥区红十字会(以下简称区红十字会)坚持以习近平新时代中国特色社会主义思想为指导,全面贯彻党的十九大和十九届二中、三中、四中全会精神,发挥党和政府在人道领域联系群众的桥梁纽带作用,全面加强从严治党、对困难群众实施救助、深入开展应急救护培训等工作,组织做好无偿献血、人体器官捐献和造血干细胞志愿者招募工作,推动区红十字事业持续健康发展。2019 年,召开区红十字会六届七次理事会,对区红十字会第六届理事会理事、常务理事变更情况和 2018 年工作报告进行审议,选举产生新一届红十字会会长、常务副会长、副会长。

(卢　滢)

**【博爱救助】** 2019 年,区红十字会以"人道救助惠民生,精准帮扶暖人心"为主题,在元旦春节期间,组织开展"红十字博爱送温暖"品牌救助活动,向全区 500 户突遭变故陷入困境的家庭及低保边缘户发放每户 300 元救助金,共计 15 万元。竭力救助白血病患儿家庭申请中国红十字会小天使救助金;协助申请中国红十字基金会天使阳光基金,帮助先天性心脏病患儿家庭申请中国红十字会天使阳光基金,为社会保障和公众视线之外的困境大病患儿和家庭带去一束暖光。

(卢　滢)

**【应急救护】** 2019 年,区红十字会面向社区基层,开展"博爱家园——红十字应急救护服务进社区"活动,加强红十字基层阵地建设,摸清社区现状底数,购置血压计,添置充实急救箱常用急救药品、红十字会专用柜急救用品,为社区群众日常开展应急救护和志愿服务活动搭建平台,提供支持和保障,发挥红十字会在联系和服务基层群众方面的作用。在"5·8"世界红十字日和"5·12"国家防灾减灾日等各种宣传日开展系列宣传活动,普及红十字运动基本知识,广泛传播红十字人道理念。为区培智学校全体教师举办应急救护知识普及宣教专场讲座。与区人防办、天津市第五十一中学(2019 年 9 月更名为河北工业大学附属红桥中学)联合举办防灾避险应急疏散演练活动。对天津市第五十一中学在校 800 余名学生开展现场应急疏散演练,指导学生进行心肺复苏和包扎救护技能演练,教授学生动手学习逃生绳结打法。与区应急局等单位联合在西沽公园广场向群众讲授心肺复苏技能。在陆家嘴广场开展安全生产月宣传活动。

(卢　滢)

## 红桥区消费者协会

**【概况】** 2019 年,天津市红桥区消费者协会(以下简称区消协)围绕中国消费者协会提出的"信用让消费更放心"主题为核心,发挥职能,履职职责,深化服务,构建与经济社会发展和市场监管职能相适应的消保维权机制,提升消协的维权能力和社会影响力。2019 年,区消协接待消费者投诉咨询 133 件,来函 2 件,接待群众来访 21 户次,各类问题均得到解决。

(赵洪喜)

【宣传服务】 2019年,区消协围绕消保维权工作组织系列宣传活动。"3·15"期间发放消保维权材料,宣传维权知识和知识产权保护相关法律法规,宣传讲解《消费者权益保护法》,提高消费者维权意识。在商场内部设置咨询台,接待消费者、商家咨询。通过循环广播、悬挂横幅、设立电子滚动屏等,加大消费维权知识宣讲,并借助市场主办单位网站、微信、微博等媒介进行广泛宣传。各消协分会以不同形式开展"3·15"纪念活动。区消协和各消协分会共发放消保宣传材料3000余份。

(赵洪喜)

【消费维权】 2019年,区消协以"协同共治,努力营造放心满意的消费环境"为主线,坚持协同一体化监管,推行线上线下一体化维权,与区市场监管局的各相关部门共同做好消费维权工作。积极指导各消协分会工作,督导各大卖场落实消费维权主体责任。2019年,区消协和各消协分会共办理投诉、举报3270件,办结率98%。

(赵洪喜)

【维权维稳】 2019年,区消协积极参与"天地和"维权维稳工作,参加区信访办组织的"天地和"专班工作,先后登记938户业主情况和相关诉求,接待咨询,做好为业主服务、劝导等工作。参与各项工作方案的制定、实施。到全市各区以及唐山市、北京市业主家中查核装修实际情况。全年共派出150余人次,查核业主500余户,接待业主咨询120余人次。

(赵洪喜)

## 红桥区个体劳动者、民营企业协会

【概况】 2019年,天津市红桥区个体劳动者、民营企业协会(以下简称区个体民企协会)围绕市区局重点工作和市协会部署的各项工作,借助分局各职能部门的行政职能,充分履行职能作用,不断完善"五大服务平台"建设,深化为会员服务,巩固和增强协会的凝聚力,结合区情为会员开展形式多样的服务活动,进一步促进协会与会员的凝聚力和加强协会的规范性建设,努力提升窗口文明服务的效能,共接待咨询服务72人次,为会员提供各类证明23人次。2019年,区个体劳动者协会被国家市场监督管理总局、中国个体劳动者协会评为"全国个私协会系统先进单位",协会工作人员穆欣被评为"全国个私协会系统先进工作者"。

(穆 欣)

【服务会员】 2019年,区个体民企协会落实区市场监管局和市协会关于加大服务工作力度,创新超前发展意识,全力推进"五个平台"(用工平台、资政平台、融资平台、维权平台、服务平台)建设要求,为会员与银行之间牵线搭桥。3月20日,召开银企对接会,邀请邮储银行红桥支行和工商银行园区支行就最新的融资政策进行宣讲,邀请区市场监管局审批科、企管科分别就"一制三化"审批制度和"市场主体年度报告"工作进行宣讲。全年共促成协会会员单位与银行之间达成贷款协议9人次,贷款金额530万元。

(穆 欣)

【服务社会】 2019年,区个体民企协会组织开展对口扶贫活动,弘扬民营企业家的奉献精神,展现民营企业家的社会责任感,与理事单位米兰超市多次前往静海区梁头镇后邓村进行实地考察,7月26日与村办企业签订水果购销协议,订购皇冠梨1万公斤,市场价值6万余元,并为区内企业的发展提供帮助。

(穆　欣)

**【学习座谈】** 2019年1月29日,市个体、民企协会联合市场监管委网监处举办个民企业《电子商务法》讲座,红桥区协会组织8家会员企业参加讲座。5月14日,区个体民企协会组织21家会员企业参与《关于支持服务我市中小民营企业健康发展有关情况的调查问卷》,将调查问卷所反映的问题整理汇总上报市协会。5月21日,市个体劳动者协会秘书长于洪升一行3人到区个体民企协会调研,区协会组织6家会员企业参加,市协会听取区协会的汇报,了解企业实际困难,梳理研究问题,为企业排忧解难。9月19日下午,区个体民企协会邀请中国中小企业发展研究员、市集体联合会会长张恒杰以“在应变中寻求新发展”为题,结合“外部环境的重大变化”“中央和我市对民营企业的方针政策”“对民营企业可持续发展的几点建议”等方面内容,为区协会50余家理事会员进行培训。

(穆　欣)

# 法　　治

# 政法委及综治

**【概况】** 2019 年,中共天津市红桥区委政法委员会(以下简称区委政法委)各部门认真学习贯彻习近平新时代中国特色社会主义思想,坚持党建引领,政治先行,创新社会治理体制机制,深化政法机关党的建设,深化司法体制改革,深化政法和社会治理各项事业,全力推进智慧红桥、平安红桥、"无黑"红桥、法治红桥建设,坚决筑牢政治护城河,为区域经济社会高质量发展和安全稳定提供坚强保障。

(叶大洋)

**【作风建设】** 2019 年,区委政法委坚持党对政法工作的绝对领导,深入学习《中国共产党政法工作条例》,制订《红桥区政法系统重大事项请示报告制度》,持续开展净化政治生态专题活动,完善区委政法委书记办公会、政法部门党建工作联席会议制度。坚持"政治建警",推动"不忘初心、牢记使命"主题教育在政法机关的深入开展。区政法系统成立由政法各部门主要领导为成员的主题教育工作推动领导小组,组织政法委书记大讲堂 4 场,印制《红桥区政法干警违法违纪典型案例》,召开政法干警先进事迹报告会,政法各部门领导深入基层一线,参加支部党员学习研讨活动,落实区委十项专项整治要求,扎实开展专项整治活动、学习研讨活动,推动主题教育取得实效,针对政法机关承担的主题教育十项专项整治中的第十项"扫黑除恶和信访积案化解",制定《关于开展对黄赌毒和黑恶势力听之任之、失职失责甚至包庇纵容、充当保护伞问题专项整治的实施方案》,对 242 家洗浴中心、歌舞厅、棋牌室、足疗店组织开展专项排查整治,出动人员 894 人次,检查重点场所 799 家,审查可疑人员 54 人,发现治安隐患 29 处,对 2 家歌舞厅、3 家无营业执照的行业场所责令停业整顿,打击黄赌毒违法犯罪案件 132 起。开展信访积案攻坚化解工作,第一批化解信访积案 38 件,结合全市开展"走百镇(街)入千家,万名党员干部'四访'"活动,市联席办交办红桥区 179 件信访积案,截至 12 月 20 日,办结 128 件,在全市处于领先位置。坚持正风肃纪,不断加强政法队伍建设。认真落实党风廉政建设责任制和党员领导干部"一岗双责",推进全面从严治党主体责任落实,全年区级领导开展集体廉政谈话 3 次,履职谈话 5 次。推进深化政治性警示教育"一抓三补四强化"专项行动,开展违反中央"八项规定"精神问题专项自查和整改工作,开展反面典型案例警示教育、学习先进事迹活动。

(叶大洋)

**【基层社会治理】** 2019 年,区委政法委创新基层社会治理体制机制,打造"全科网格",借助"互联网+"、大数据、云平台等信息技术,建设全区社会治理网格化管理平台,实现区、街道、社区、基础网格四级基层社会治理网格化平台的全域覆盖,划分区级网格 1 个、街道级网格 10 个、社区级网格 123 个、基础网格 992 个,实现人、地、事、物、组织五大要素"一张网"挂图作战。初步建成基层网格党建、基层社会治理、民计民生、服务企业四大体系,解决基层跨部门的数据共享难、跨网络的视频融合难、跨系统的平台信息互通难、跨部门的工作协同难、跨领域的网格员队伍整合难、企业办事难"六大难题",形成党建引领、网格单元、运行机制、服务阵地、保障措施"五位一体",提高基层网格化管理规范化精细化水平,打通联系群众、服务企业"最后一公里"。平台 4 月 28 日上线运行,截至 12 月 20 日,平台共接受办理各类事项 23.36 万件,办结 23.14 万件;吹哨事件 133 件,办结 100 件。

(叶大洋)

【平安红桥建设】 2019年，区委政法委组织开展矛盾纠纷排查化解“三百行动”，落实矛盾纠纷百分之百排查、矛盾纠纷百分之百化解，围绕全国“两会”、第二届“一带一路”国际合作高峰论坛、亚洲文明对话大会、中共十九届四中全会、中华人民共和国成立70周年等重要时间节点，启动战时工作机制，加强研判预警，加强重点案件化解，推动长庚老年公寓、天地和装饰有限公司、红咸里等重点案件化解稳定工作，推动e租宝、聚诚财富等涉众群体疏导工作，处理预警线索486条，启动“三道防线”查验、劝返工作，特别是二道防线核查12.50万余人。推进“十百千”平安示范工程建设，对7个街道50个社区落实综合研判室、警务室、调解室、心理咨询室功能载体建设。提升平安铁路建设水平，路地共建、共治机制基本形成，定期召开路地联席会议，实地督查12次，整治突出隐患点位66处，共拆除各类彩钢板房140余间，建筑面积4600平方米。组织开展矛盾纠纷专项排查、校园周边排查，矛盾纠纷专项排查、易肇事肇祸重精患者专项排查，区卫生健康委将2049人纳入台账，落实管理和服务措施，对1564名监护人落实重精患者监护人以奖代补政策；将其中32名高危人员列为重点监护对象，确保不发生重精患者肇事肇祸事件。加强反恐怖安全防范工作，拉动西站、检察院、校园反恐演练3次，开展专项督导检查600家次，排查、整改隐患85处，对328人严格落实“四见”措施。加强反邪教教育转化和防控打击工作，破获涉邪教案件12起，处理犯罪嫌疑人13人。

（叶大洋）

【无黑红桥建设】 2019年，区委政法委坚持高位推动扫黑除恶专项斗争，区委常委会先后13次听取汇报、研究工作，区扫黑除恶工作领导小组召开10次全体会议学习习近平总书记关于扫黑除恶工作的批示指示精神，部署和推动扫黑除恶工作开展，开展“大起底、大翻查”活动，发挥主力军作用，中央扫黑除恶第十二督导组到天津“回头看”，对红桥区扫黑除恶工作给予充分肯定。坚持高压态势，推进无黑城区建设，广泛开展宣传活动，印制宣传品64万件，深入开展问题线索排查、核查问题线索146条，公安机关破获涉黑涉恶案件39起，打掉团伙5个，抓获犯罪嫌疑人50人；区检察院批准逮捕4件8人，审查起诉7件36人；区法院新收涉黑涉恶案件7件，审结8件，判处被告人22人。以扫黑除恶专项斗争带动扫黑、除恶、治乱，打击各类刑事违法犯罪行为，公安机关开展打击整治涉枪涉爆犯罪、“云剑”“雷霆二号、三号”专项行动。截至12月20日，公安机关共破获各类刑事案件1970起，抓获犯罪嫌疑人785人；区检察院审查逮捕各类刑事案件154件230人，审查起诉案件306件531人；区法院新收刑事案件330件，审结293件，判处被告人457人。

（叶大洋）

【法治红桥建设】 2019年，区依法治区办调整充实依法治区委员会，制定《全面依法治区委员会2019年工作要点》，完善《区委全面依法治区委员会工作规则》《委员会办公室工作细则》等制度，组织召开区委依法治区办全体（扩大）会议和各协调小组会，对相关领域全面依法治区工作进行部署推进。组织开展食品药品执法司法监管专项自查、“营造法治化营商环境，保护民营企业发展”工作专项自查、法治政府建设示范创建专项自查。制定《法治政府示范创建工作方案》，制订《行政执法“三项制度”》《天津市红桥区综合执法及监督工作规则（试行）》，加强行政执法监督平台建设，理顺区级监督平台维护管理机制，完善执法信息归集、监督、大数据统计分析功能等。推进“七五”普法规划实施，利用“12·4”国家宪法日和各类宣传节点，组织开展以宪法为核心的中国特色社会主义法律体系宣传教育活动，落实“谁执法谁普法、谁主管谁负责”的普法责任制，完善普法责任清单、以案释法等配套制度,利用各种媒体宣传法律法规、推广典型经验。加强执法监督工作,制订《红桥区政法系统涉法涉诉信访问题联席会议制度》《红桥区涉法涉诉信访救助资金使用管理办法》《中共天津市红桥区委政法委员会关于加强案件督办工作的规定》等制度,完善执法监督制度机制,增强法学会服务保障能力和水平,组织区政法机关研讨涉黑恶、涉拆迁等案件20余件。组织区政法系统开展信访案件“大起底,大攻坚”行动,化解涉法涉诉信访案件24件。

(叶大洋)

# 公 安

【概况】 2019年,天津市公安局红桥分局(以下简称公安红桥分局)坚持以习近平新时代中国特色社会主义思想为指导,深入学习贯彻中共十九大和十九届二中、三中、四中全会精神,坚持党建引领公安工作创新发展,全面提升维护稳定、打击犯罪、服务发展、安全防范的能力和水平,圆满完成全国“两会”、北京“一带一路”高峰论坛、亚洲文明大会、全国残运会、庆祝中华人民共和国成立70周年、中共十九届四中全会等重要会议、重大活动的安全保卫任务,全区社会大局持续稳定。

2019年,公安红桥分局被市局授予“素质强警交流合作先进集体”称号。红桥区看守所被天津市人民政府授予“天津市模范公安基层单位”称号。缪淑玲被天津市人民政府授予“天津市特级优秀人民警察”称号、被全国妇联授予“全国巾帼建功标兵”称号。于泽被市委宣传部、市退役军人局、市关爱退役军人协会联合授予“天津最美退役军人”称号。

(贺俊刚)

【维护稳定】 2019年,公安红桥分局搜集上报各类情报信息1307条,其中市局采纳500条。完成落地核查线索43条,其中涉及外区转出7条;立案31起,破案31起;逮捕1人,行政拘留5人,治安警告2人,教育训诫23人,批评教育3人。查获“三非”案件9起,依法查处涉案人员18人。配合市局相关部门完成越南籍刑满释放人员、加纳籍“三非”人员(非法入境、非法居留、非法就业的人)遣返工作。圆满完成天津市“两会”、全国“两会”、北京“一带一路”高峰论坛、亚洲文明大会、庆祝中华人民共和国成立70周年、中共十九届四中全会和春节、劳动节、中秋节、国庆节等重要会议、重大活动期间的安保任务。研究制定《公安红桥分局固化警卫工作实施方案》,圆满完成各项警卫任务。深入开展矛盾纠纷排查化解,处置各类不安定因素459批次1249人次,其中集体访38批次709人次,个访421批次540人次,实现进京非正常访“零指标”和“北京不能去天津不能聚”的工作目标。加强民族宗教场所内部安全防范,会同区应急、消防等部门,对辖区9座清真寺、1座教堂开展安全检查50余次。每月召集1次各寺管会成员工作例会,集中学习法律法规和上级文件精神,开展扫黑除恶专项斗争法制宣传。圆满完成伊斯兰教斋月、盖德尔夜、开斋节、基督教复活节、圣诞节期间安全防范和保卫工作。开展反邪教工作,先后查获范某某、董某某等7名违法人员,收缴反宣品400余

2019年2月3日,公安红桥分局专项整治西站地区客运秩序 (公安红桥分局提供)

份。破获“张某某制作、散发反宣品案”“石某某散发反宣品案”等3起有较大社会影响的案件,抓获违法犯罪嫌疑人4名,刑事拘留1名,收缴反宣品743份。

（贺俊刚）

**【打击违法犯罪】**　2019年,公安红桥分局破获各类刑事案件2039起,其中入室盗窃61起、电信诈骗934起、毒品案件20起,命案实现100%破案,“八类案件”(故意杀人、故意伤害致人重伤或死亡、强奸、抢劫、贩卖毒品、放火、爆炸、投放危险物质)破案率95.2%。抓获各类犯罪嫌疑人807人,其中刑事拘留530人、取保候审265人、移送起诉499人;抓获网上在逃人员87人;行政拘留96人、强制戒毒25人、社区戒毒56人;缴获海洛因、冰毒等毒品1.98公斤。开展扫黑除恶专项斗争,组织侦办公安部督办案件1起,市委政法委督办案件2起,市局督办案件2起,摧毁涉黑组织1个、恶势力犯罪集团6个、恶势力团伙4个,采取刑事强制措施140人,破获各类刑事案件140起,缴获仿制手枪1支,查封、扣押、冻结涉案资产1712万元,移送检察院审查起诉99人,相继打掉李某某、朱某某、陈某某等为首的“套路贷”违法犯罪团伙。打击食药环犯罪,公安红桥分局“10·11”跨省生产、销售假HPV疫苗专案组辗转沪、冀和天津市抓获涉案犯罪嫌疑人5人,缴获欧版假HPV疫苗、韩版假减肥针剂20余支,涉案价值10余万元。打掉一个涉及山东、广东、江苏多省市,网上销售减肥笔、肉毒素、玻尿酸的特大销售假药犯罪网络团伙,抓获姜某等5名犯罪嫌疑人。摧毁藏匿于重庆、鄂州等地的“肉毒杆菌毒素生物药品”假药生产线3条,跨省抓获涉案人员26人,缴获保妥适、肉毒素等假药3万余瓶,搜查扣押设备20余台,冻结赃款百余万元,涉案总价值近亿元。打击经济犯罪,抓获经济犯罪嫌疑人129人,移诉113人,检察院起诉108人,协查全国各省市经济类案件165起,取协查笔录1258份,侦办的“王某、李某某等人虚开增值税专用发票案”被评为全国大要案件,为国家挽回损失1500余万元。

（贺俊刚）

**【治安管理】**　2019年,公安红桥分局全年查处治安案件222起,行政拘留263人。圆满完成第十届全国残疾人运动会、第101届全国糖酒会、第29届天津市运河桃花节、中超足球联赛、运河新天地夜市开街等一系列国家级、市级、区级安保任务30余次。圆满完成市级、区级重要会议、领导考察、市场清撤、基层调研等维稳安保任务20余次。建立健全“校园基础卷”工作制度,全面深化“一校一卷”工作,将学校幼儿园的人防、物防和技防建设、属地责任民警入校日常工作、校园周边治安乱点整治、巡逻防控以及建立督导考核和责任追究机制等工作情况整理成册。加强校园及周边巡逻防控网建设,严格落实校园高峰勤务机制和“一校一警”制度,强化校园周边巡控,织密护校安全网,尤其在高峰时段和重点路段,确保“见警察、见警车、见警灯”,有力震慑违法犯罪。全面加强危险物品安全管理,将12家使用危险物品单位和2家经营易制爆药品单位,全部纳入管控视线,全面排查整改治安隐患。对4家剧毒化学、放射性同位素等应用单位,严格落实危险化学品治安保卫管理制度,确保不发生安全责任事故。全面加强行业场所管理,组织各派出所对辖区行业场所开展全面摸排,对全区典当、废旧金属回收、机修、开锁、印刷、印章、旅馆、金银饰品加工、汽车租赁、歌舞娱乐、电子游艺、桑拿洗浴、足疗等278家行业场所逐一登记造册,并对从业人员逐一进行信息采集,全部完成基础信息采集录入工作。加强犬类治理工作,养犬登记办证330件,注册犬只41条。捕获流浪犬、违规犬406条。接群众举报养犬投诉694起,均及时处置,办结率100%,依据《天津市文明行为促进条例》行政处罚17起17人。天津电视台、电台先后5次对红桥区养犬管理办公室进行专访,推广红桥区养犬管理工作经验。

（贺俊刚）

2019 年 2 月 18 日,公安红桥分局民警维护开学首日校园周边安全　（公安红桥分局提供）

【户政工作】 2019 年,红桥区共办理出生 3194 人,所内移居 2869 人,移入 13748 人,迁入登记 13608 人,迁出注销 706 人,变更项目 84341 人次,死亡注销 5010 人,迁往国外、港澳台注销 57 人,回国落户 17 人;办理户限审批 1016 人,“海河英才”引进人才计划开具准迁证 10683 份、办理落户 10355 人;制作身份证 35603 个,其中丢失 8429 个、首次及换证 27174 个,办理临时身份证 2444 个,外区制证 1015 个,外省制证 1318 个,发证 16026 个;组织开展死亡未注销人员清理工作,注销 1950 人,纠正错、重、假户口 8 件,完成率 100%。截至 2019 年年底,全区常住居民 209819 户 509338 人(男 252055、女 257283 人);少数民族 36 个,其中回族 16502 户 40801 人(男 20135 人、女 20666 人);寄宿人口 109355 人,暂住人口 27959 人,境外人口 155 人。

（贺俊刚）

2019 年 7 月 10 日,红桥区人口服务管理中心正式实施《创新人口服务管理十项措施》,户政业务办理进入“高速时代”　（公安红桥分局提供）

【视频监控网建设】 2019 年,公安红桥分局完成全区一类视频监控点位补建、重点部位制高点云视频监控建设 24 个,人脸抓拍识别比对系统点位 220 处;对接红桥运河新天地、市人民医院、市中研院视频监控资源点位 764 个;完成分局技防网与区综治网格化视频平台对接,推送一、二类视频监控共 2587 路。推动 2012-2015 年旧楼小区改造视频监控运行维护工作。完成 2019 年旧楼小区升级改造视频监控 394 个。

（贺俊刚）

【互联网管控】 2019 年,公安红桥分局全面整顿网上秩序和互联网企业,先后破获刘某组织考试作弊案、刘某伪造买卖身份证系列案件、“瞄影网”传播淫秽视频案、“4·26”传播淫秽视频牟利案、“7·2”黑客侵入计算机系统案等 5 起部督案件,破获黑客、侵公、助考类主侦案 101 起,抓获违法犯罪嫌疑人 64 人。

（贺俊刚）

【监所工作】 2019 年,红桥区看守所重建人行 AB 门,安装全封闭立式辊闸门、防爆安检仪及虹膜等生物识别系统;在车行通道安装防冲撞设施,完善监控等技防安检设施;加装门禁系统,在提讯室、律师会见室以及家属会见室等部位安装合规栅栏,确保牢固可靠和出入口唯一;在周界外围墙加装滚笼刀刺网。制定《红桥区看守所网络拓扑和基础网络提升改造方案》,全面更换最新型号交换机、服务器等网络平台设备,构建一体化数字监管系统;依托天津市看守所信息管理平台,在各个监区安装电子水牌机 4 台;在值班大厅安装所级业务一体机,民警通过触控屏幕,即可掌握监室概况、重点人员情况、排班情况等信息，实时进行违规录入、提讯提解登记等采集上传操作；增配电子脚扣、无线监控器、虹膜设备，利用物联网整合大数据，完善出所就医监管措施手段。看守所配有4名执业医生和2名注册护士，做到24小时全天候应诊。加强对患精神病、吸毒成瘾、酒精依赖“三类人员”的身体指标监测，将所有医疗记录建档入卷。分别与市120急救中心、市结核病控制中心、市人民医院、市第二人民医院（传染病医院）和红桥医院，建立绿色通道、巡诊会诊等协作机制。

（贺俊刚）

2019年10月28日，红桥区看守所召开扫黑除恶坦检动员会　（公安红桥分局提供）

【消防管理】　2019年，公安红桥分局开展“防风险、保平安、迎大庆”消防安全执法专项检查，全年出动警力8106人次，检查单位4050家次，发现火灾隐患3114件，督改隐患3028件。开展红桥区“防范火灾风险 建设美好家园”宣传月活动。联合区教育局开展“开学第一课，消防进军训”宣传活动。通过市级电视媒体刊登稿件10篇，报刊媒体刊登稿件22篇，利用辖区户外大屏、电子屏播放消防公益广告并开展提示性宣传万余次。对全区孤老户开展宣传培训，在289个社区走访宣传2000余人次。印制发放各类宣传材料6.80万余份。

### 2019年红桥区火灾综合情况统计表

表3

| 项目 | 火灾情况 | | | | 接处警情况 | | | 战斗成果 | |
|---|---|---|---|---|---|---|---|---|---|
| | 起数 | 损失（元） | 伤人 | 死亡 | 出动起数（起） | 出动人员（人） | 出动车辆（台） | 抢救人员（人） | 抢救财产（万元） |
| 合计 | 45 | 4702678 | 2 | 1 | 3364 | 35228 | 6148 | 22 | 61.22 |
| 一季度 | 18 | 56000 | 1 | 0 | 787 | 9079 | 1580 | 6 | 12.4 |
| 二季度 | 10 | 56028 | 0 | 1 | 843 | 9335 | 1572 | 7 | 6.8 |
| 三季度 | 11 | 4556650 | 0 | 0 | 1048 | 9867 | 1741 | 7 | 38.12 |
| 四季度 | 6 | 23000 | 1 | 0 | 686 | 1255 | 6947 | 2 | 3.9 |

（贺俊刚）

【业务培训】　2019年，公安红桥分局推行“轮训轮值、战训合一”模式，组织侦查、巡警、网安等部门开展各类实战培训63期，参训民警483人次。选拔推荐领导干部参加各类高层次研修班和专题讲座，选派5名处级领导参加市委组织部开展的处级领导职务任职培训。扩大教育培训范围，选派符合条件的2名军转干部参加新接收军转干部入警培训，分8期选派符合条件的27名民警参加司晋督警衔晋升培训；分14期选拔推荐217名派出所民警参加市局集中脱产轮训。开展单警装备使用、自我防护和武器警械使用训练，组织基层一线符合配枪资格民警122人，分3期9批次进行“92式”手枪警务实战申报制考核；加强与天津市警备区训练基地、舟桥部队的共建工作；在西站南广场组织开展反恐处突拉动演练13次，150余名民警参加。组织符合条件人员 123 人,完成处级、科所队长理论资格考试工作;做好分局民警初级、中级执法资格考试考务工作;加强分局兼职教官队伍建设,探索建立兼职教官选任、培养和表彰奖励等激励机制,推选的 8 名民警被市局认定为兼职教官。

(贺俊刚)

## 交通管理

**【概况】** 2019 年,天津市公安交通管理局红桥交警支队(以下简称红桥交警支队)切实增强政治意识、大局意识和责任意识,从维护政治安全、防范化解重大风险隐患、维护社会大局稳定的高度,认真履行改善城市形象和环境、服务经济社会高质量发展的职责使命,把道路通行是否顺畅、是否安全,群众是否满意,作为衡量道路交通管理工作的主要标准,坚持落实交通安全管理科学化、精细化,圆满完成各项交通管理工作。2019 年,红桥交警支队共荣获集体二等功 1 个,集体三等功 2 个;集体嘉奖 1 个;个人二等功 1 个,个人三等功 7 个,个人嘉奖 63 个。

(李隆欣)

**【道路交通秩序管理】** 2019 年,红桥交警支队深入推进“除隐患、防事故、保大庆”交通安全整治攻坚战,进一步深化源头隐患清零、路面秩序净化、农村安全守护、宣传警示曝光、社会协同共治“五大行动”,结合辖区实际充分发挥自身优势,科学调整工作模式,优化警力资源配置,以严格管理、科学管理为手段,以《天津市文明行为促进条例》为助力,持续组织开展区域性晨检、日检、午检、夜检和夜后检等行动,保持秩序整治常态化、长效化。针对辖区内易堵点位、信号灯配时、标志标线设置等情况,开展大规模交通调研活动,制定科学治理措施,为全区广大人民群众的安全出行筑牢设施屏障。针对辖区涉牌违法及快速路酒驾两项重点违法突出情况,形成红桥交警支队涉牌治理技战法,“9・23”涉牌专案组跨省联合捣毁重大假牌制证窝点,当场查获伪造号牌成品 300 余副,半成品 2000 余副,制假机器 4 台,制假油漆、化学试剂若干桶。专案成果得到部发简报《天津提炼创制“一碰撞两比对”辨车牌技战法以情报引领假套牌嫌疑车辆打击工作》在全国经验推广。2019 年,红桥交警支队共组织集中治理行动(晨检、日检、夜检、夜后检)224 次;处罚非机动车(行人)8.66 万笔,机动车 3.79 万笔;大货车走禁行路 924 笔,涉牌涉证 59 笔,违法鸣号 2651 笔,机动车斑马线不礼让行人 2.38 万笔,酒后驾车 617 笔,治理静态违法 13.86 万笔;配合区环保局查获尾气不合格车辆 494 辆;电子警察采集室共采集上传摄录交通违法行为 25.72 万笔。

(李隆欣)

2019 年 1 月 29 日,红桥区召开 2019 年道路交通安全工作动员部署会暨春运工作会议

(红桥交警支队提供)

**【交通安全宣传管理】** 2019 年,红桥交警支队加大对“两客一危”(旅游客运、公路客运、危化品运输)运输企业、货运企业、长途客运站的安全监管,严查车辆动态监控、驾驶人内部教育、车辆安全等安全措施和制度落实等情况,重点对企业所属车辆和驾驶人信息进行清查,对所属车辆及驾驶人存在逾期未检验、逾期未报废、未处理交通违法记录超过 3 起、违法记分超过 12 分等情

况进行检查，对存在问题的，严格采取限期整改、挂交通安全不合格单位标志等措施，督促企业落实交通安全主体责任，限期“清零”各类安全隐患。严格落实“七进”工作（进企业、进学校、进社区、进农村、进家庭、进媒体、进网格）要求，到客运企业、餐饮企业、学校、街道广泛开展交通安全宣传。依托交通安全志愿者队伍，配合交通民警和交通协管员维护交通秩序，劝阻交通陋习，增强广大交通参与者的交通安全意识，减少事故发生，营造全社会支持配合交管工作和培养市民遵法守法的浓厚氛围。

（李隆欣）

2019年9月20日，红桥交警支队到辖区小学开展交通安全宣传教育　（红桥交警支队提供）

【交通事故处理】　2019年，红桥交警支队建立死亡事故排查分析和一案一鉴分析研判制度，结合110报警系统深挖事故多发点段，从案件和警情两方面入手，查找易发生事故的隐患点段，每周召开干部例会，及时汇报排查治理进度。排查出红旗路与西青道交口、子牙河南路尚都家园门前等6处事故多发点段，完善《红桥支队道路交通隐患点段排查治理工作流程》，指导各基层大队开展隐患治理工作，确保减少辖区内道路交通事故，6处事故多发点段均治理完毕。支队始终坚持以查缉伤人肇逃事故和久查未破案件为重点工作导向，坚持一线办案，对发生在辖区内的每一起重大交通肇事逃逸案件进行集中侦破，细心深挖查缉要点，注重案件完成时效，适时倒排工期，提高肇事逃逸案件侦破速度，保证证据效果完整准确。2019年，支队全年事故破案率96.6%，比上年同期提升4.9%，达到公安部颁考标准。

（李隆欣）

2019年12月30日，事故当事人到丁字沽大队赠予锦旗，表达对办案民警高效处理交通事故的感谢之情　（红桥交警支队提供）

## 消防救援

【概况】　2019年，天津市红桥区消防救援支队（以下简称区消防救援支队）深入学习贯彻习近平新时代中国特色社会主义思想，践行“对党忠诚、纪律严明、赴汤蹈火、竭诚为民”四句话方针，圆满完成各项灭火救援和消防保卫任务，全区消防安全形势和队伍内部总体稳定。

（戴　起）

【消防队伍挂牌更名】　2019年12月31日，天津市消防救援总队举行揭牌仪式。同日，红桥区消防救援支队举行挂牌仪式，下辖南运河路消防救援站、西站消防救援站、丁字沽消防救援站、本溪路消防救援站分别挂牌更名。全体消防指战员以此次挂牌仪式为契机，牢记习近平总书记重要训词精神，认真履职尽责，主动担当作为，全力以赴做好应急救援各项工作,努力创造良好的消防安全环境,用实际行动当好党和人民的忠诚卫士。

(戴　起)

2019 年 12 月 31 日,红桥区消防救援支队举行挂牌仪式　　(区消防救援支队提供)

**【社会面火灾防控】** 2019 年,区消防救援支队紧盯关键重点部署专项治理,开展“防风险 保平安 迎大庆”消防安全执法专项检查,聚焦“三大战役”(对老旧小区,易燃易爆危险品企业,大型商业综合体、大跨度仓储物流企业开展深入排查检查。),圆满完成残奥会、国庆节及“糖酒会”消防安保任务。提请政府一次性投资 3173 万余元,完成区内明华里等 7 家高层住宅小区的消防设施改造维修工程,投资 916 万元与区民政局共同对全区养老院消防设施、先天隐患等问题进行彻底整改。紧跟消防执法改革步伐,全面落实“双随机一公开”监管模式,支队全年出动警力 8106 人次,检查单位 4050 家次。

(戴　起)

2019 年 10 月 23 日,消防总队总队长张福好到“糖酒会”承办酒店检查指导工作

(区消防救援支队提供)

**【消防安全宣传】** 2019 年,区消防救援支队启动红桥区“防范火灾风险 建设美好家园”119 宣传月活动,联合区教育局开展“开学第一课,消防进军训”宣传活动,组织消防体验馆、队站开放日活动。通过市级电视媒体刊登稿件 10 篇,报刊媒体刊登稿件 22 篇,利用辖区户外大屏、电子屏播放消防公益广告并开展提示性宣传万余次。对全区登记的居家老人开展针对性宣传培训,足迹走遍全区 10 个街道 289 个社区,受益人数 2000 余人次,印制发放各类宣传材料 6.80 万余份,发放宣传品 4 万余份。

(戴　起)

2019 年 11 月 8 日,“119”消防宣传月活动启动仪式在行政许可服务中心举行

(区消防救援支队提供)

**【专业队伍训练】** 2019 年,区消防救援支队启动支队全员岗位大练兵活动,坚持以练促战,推动 9 类实战化操法训练,为基层官兵编制体能综合操,建立个人练兵考核档案,分 17 个岗位开展技能训练。打造专业处置队伍,推动高层建筑灭火救援专业队建设,编制 2 套高层创新操法,开展内部出水演练 11 次,参加消防总队高层专业队汇报测试演习;制定地震应急救援方案,组建重型、轻型 2 支地震搜救专业队,参加总队跨区域地震救援演习和“5 · 12”防灾减灾日

拉动集结。

（戴　起）

2019 年 5 月 12 日，区消防救援支队开展“5·12”防灾减灾日地震救援拉动集结

（区消防救援支队提供）

【实战救援】 2019 年，区消防救援支队狠抓实战演练，全年开展实地熟悉 234 次，对辖区 85 栋闷顶结构建筑建账立档，新增预案 121 家，修订预案 42 家。组织操法训练 22 次，参加练兵比武竞赛活动 6 次。在辖区万怡酒店、中投保大厦、津同加油站、欧亚达商业综合体等单位开展实兵实装联合演习 15 次。完成灭火救援处置任务，科学运用《初期火灾作战行动要诀》，消防队伍全年共接警出动 3364 次，出动消防车 6148 辆次，消防人员 35228 人次，抢救被困人员 22 人，疏散人员 260 人，抢救财产价值 61.2 万元。

（戴　起）

2019 年 12 月 19 日，区消防救援支队在天津中投保大厦开展灭火救援实战演习

（区消防救援支队提供）

## 检　察

【概况】 2019 年，天津市红桥区人民检察院（以下简称区检察院）定位“政治建设年”主题，全面学习贯彻中共十九大和十九届二中、三中、四中全会精神，深入贯彻落实习近平总书记系列重要指示批示精神，扎实开展“不忘初心、牢记使命”主题教育、扫黑除恶专项斗争、深化政治性警示教育“一抓三补四强化”专项行动和形式主义官僚主义、不作为不担当问题专项治理，完成内设机构改革、新中国成立 70 周年大庆安保维稳等工作任务。原刑事检察一部（未检）被评为“全国青年文明号”，新媒体作品《一分钟普法系列》荣获中央网信办和全国总工会联合主办的新媒体赛事二等奖；1 名干警荣获全国“七五”普法中期先进个人称号，1 名老同志荣获“庆祝中华人民共和国成立 70 周年”纪念章；全年共获得 13 项国家、省部级荣誉。3 篇调研文章在国家级权威刊物上发表。

（赵凤伟　张瑞爽）

【服务保障区域发展】 2019 年，区检察院服务保障招商引资，制定《“服务雄安新区、对接京冀”十项措施》，为重点企业提供上门法律服务，开展“检察护航民企发展”检察开放日活动，邀请民营企业家到院参观，了解诉求，营造法治化营商环境。服务保障“棚户区改造”，选派干部驻扎“三年清零”工程一线，积极化解矛盾，为百姓服务。服务保障“创文创卫”，干警们放弃休息日，常态化深入包保社区，与街道社区、职能部门共同开展全面清整。服务保障“安全稳定”，组织开展全区联合反恐演练，圆满完成新中国成立 70 周年大庆安保维稳任务，连续 13 年保持涉检进京非正常上访为零。积极开展对口援助工作,1 名干警主动请缨,赴新疆和田地区策勒县人民检察院交流挂职、帮助工作,开展结对帮扶,定点扶贫、司法救助等工作,完成司法救助案件 2 件,发放司法救助金 7 万元,在业务援助、维护稳定方面做出积极贡献。

(赵凤伟　张瑞爽)

2019 年 3 月 28 日,区检察院开展“服务雄安新区,对接京冀桥头堡”专题服务活动,到天津北方水运有限公司调研　(区检察院提供)

**【智慧检务】** 2019 年,区检察院建成全市检察系统首家规范化电子证据鉴定室,配备手机密码破解、毁坏手机内存提取、手机画像识别、云勘等多项前沿功能,设备先进性排名全市基层院第一,1 名干警发扬为一线服务的精神,完成电子证据鉴定和技术协助 97 件,占全市鉴定总量的 65%,居全市第一。建设公益诉讼快速检测室,引入环境类、食品类快检设备,丰富公益诉讼办案手段,切实维护公共利益。打造百人互动 VR 普法教学系统,邀请全国人大代表、全国政协委员及社会各界体验互动,创新普法宣传新模式。

(赵凤伟　张瑞爽)

**【刑事检察】** 2019 年,区检察院受理审查逮捕案件 238 件 396 人,审结 242 件 403 人,其中批准逮捕 160 件 241 人、不批准逮捕 82 件 162 人;受理一审公诉案件 388 件 700 人,审结 364 件 602 人,其中起诉 311 件 536 人、不起诉 53 件 66 人。立案监督 17 件,纠正漏捕后起诉 2 人、纠正漏诉 3 人,发出纠正违法通知书 1 份、检察建议 3 份,提出抗诉 2 件。严厉打击高某、刘某等 11 人恶势力犯罪集团敲诈勒索、寻衅滋事等案件,“11 · 22”等电信诈骗大、要案及邪教组织犯罪活动。全年受理审查逮捕黑恶案件 7 件 19 人、审查起诉黑恶案件 10 件 71 人,办理利用邪教组织破坏法律实施案 3 件 18 人。做好扫黑除恶“回头看”工作,移交“保护伞”和黑恶案件线索 29 件,追回穆某案非法所得 100 万元,新增查封房产 1 处,坚决铲除黑恶势力滋生土壤。成功承办“携手关爱,共护明天”检察开放日活动。积极推进检察长担任中小学法治副校长制度和高检院“一号检察建议”的监督落实工作,走访 8 所学校、幼儿园督导排查安全隐患,依法严惩性侵害未成年人犯罪 3 件 3 人。继续开展“法治进校园”“蓝天未检公开课”等特色活动,全年共开展法治宣讲 25 次,心理测试与疏导 15 人,观护帮教 15 人。

(赵凤伟　张瑞爽)

2019 年 6 月 24 日,区检察院与团区委、市第三中学联合开展“检校携手 · 护航青春”主题活动暨区检察院检察长张春明(后排中间)担任法治副校长聘任仪式　(区检察院提供)

**【法律监督】** 2019 年,区检察院开展“社区矫正专项巡查检察”“特赦专项”“看守所安全防范检察专项”活动,创新采用“定期巡察+不定点抽查谈话询问”双轨检察模式,强化社区矫正执行监督。对 3 名民营企业家开展羁押必要性审查,变更强制措施,帮助企业恢复生产。全年共办理羁押必要性案件 43 件,发出纠正违法通知书 69

份、检察建议18份。民事行政全年共受理案件35件，督促行政机关履行职责2件，提请抗诉3件，获全部支抗；与区市场监管局、区卫健委、区生态环境局等建立信息反馈机制，拓宽线索来源，摸查公益诉讼线索46件，立案23件，立案数量居全市检察机关前列，制发检察建议8份。开展信访事项“大起底、大攻坚”专项工作，滚动排查信访案件线索，随时更新工作台账，采取公开论证、公开答复等方式对刑事申诉案件进行公开审查，邀请律师参与化解矛盾纠纷，进一步增强办案透明度。全年共接待受理群众举报、来信来访和申诉163件414人次，受理案件55件。

（赵凤伟　张瑞爽）

2019年6月6日，区检察院到区运河新天地夜市开展联合检查行动　（区检察院提供）

【检务保障】　2019年，区检察院开展高检院诉讼档案归档专项清查工作，追缴并归档案卷971卷，策划推出《秒懂检察的十大关键词》等新媒体作品。全年累计加盖电子印章3万余次，下载传阅文件1700余份，编发检察信息180余篇，其中5篇被中央、高检院、市委、市委政法委采用；刊发传统媒体和“两微一端”新媒体新闻报道600余篇，其中被中央电视台、《检察日报》、正义网等国家级平台采用16次。在重要节点对严防“四风”问题反弹等内容开展明察暗访，制发督察建议16份。开展过问干预司法办案“三个规定”记录填报工作，织密织牢防范网络。配合区纪委监委接待全区1.4万名党员群众到反腐败警示教育基地参观学习。在全市率先完成工作网云桌面建设，积极开展安可替代化申报工作，全年完成法医、痕迹文证审查及司法会计鉴定32件，会议、摄像保障315次，进一步规范财务工作和后勤保障，对设备采购、物品领用、车辆管理等进行严格审批、登记，邀请区消防救援支队到院检查指导消防安全，做好对经济责任审计工作组的服务保障工作。

（赵凤伟　张瑞爽）

2019年5月30日，区检察院举办“携手关爱，共护明天”检察开放日活动　（区检察院提供）

## 法　院

【概况】　2019年，天津市红桥区人民法院（以下简称区法院）以习近平新时代中国特色社会主义思想为指导，深入贯彻习近平总书记系列重要讲话精神，认真履行宪法和法律赋予的职责，切实发挥审判职能作用，扎实做好扫黑除恶专项斗争、多元解纷机制构建、优化法治营商环境、推进法院队伍建设等各项工作，为全区改革发展稳定提供司法保障。全年受理民事、刑事、行政、执行等各类案件1.62万件，审结执结1.61万件，同比分别增长19.78%、19.06%，结案率95.67%。连续第三年荣立全市法院集体一等功，再次获评“全国优秀法院”荣誉称号。

（孙嘉晖）

【刑事审判】　2019 年，区法院深入开展扫黑除恶专项斗争，依法审结王某恶势力犯罪集团案及穆某关联案等涉黑涉恶案件 9 件，形成对黑恶犯罪压倒性态势，穆某案被写入最高人民法院“两会”报告。注重协调配合，坚持扫黑与“破网”“打伞”并重，落实“一案三查”（既要查办黑恶势力，又要追查黑恶势力背后的“关系网”和“保护伞”，还要倒查党委、政府的主体责任和有关部门的监管责任。），对近三年审理的办理九类刑事案件及涉黑涉恶人员涉及的所有刑事、民事、行政诉讼案件进行大排查。严格审查民间借贷案件，坚决打击虚假诉讼和非法放贷，将 30 条疑似犯罪线索移送公安机关。突出“打财断血”，坚决铲除黑恶势力经济基础，彻底摧毁再犯能力，刑事涉案财产执行到位 491.70 万元。妥善完成跨境电信诈骗案、非法吸收公众存款案、邪教案等新类型涉众型重点案件审理，全年审结刑事案件 328 件。

（孙嘉晖）

2019 年 10 月 22 日，区法院集中宣判 5 起涉黑涉恶刑事案件　（弘轩　摄）

【营商环境优化】　2019 年，区法院认真落实民营经济 19 条，妥善审结股东出资、市场租赁、工程施工、金融借款等各类民商事纠纷 9239 件，营造公正、透明的法治化营商环境。慎用查封、扣押、冻结等强制措施，最大限度降低对生产经营活动的不利影响，积极帮助困难企业开展自救。积极助力区域供给侧结构性改革，依法审理天津酒精厂、天津毛纺织技术研究所、天津市装饰建筑公司等 3 家国有企业破产清算案件，妥善处理“僵尸企业”，引导经济转型升级。开展“双万双服促发展”活动，赴银泰大厦等企业园区与民营企业代表开展座谈交流，建言献策、答疑解惑，助推民营经济持续健康发展。

（孙嘉晖）

2019 年 3 月 20 日，区法院组织干警到银泰大厦与民营企业代表座谈交流　（弘轩　摄）

【行政审判】　2019 年，区法院坚持监督、支持行政机关依法行政与保护公民合法权益并重，强化城建类涉众型行政案件化解处置，有效化解行政争议。审结行政诉讼案件 173 件，经协调和解撤诉 49 件。裁定准予执行行政行为 519 件，坚决维护行政机关执法权威。深化府院良性互动，健全联席会议机制，积极促进 11 名行政机关负责人出庭应诉，有效化解行政争议。延伸行政审判职能，与政府部门开展研讨 30 余次，从司法审判角度为重大决策建真言、献良策。针对审判中发现的执法不规范等问题，发布行政审判白皮书，帮助提高依法行政意识和行政管理水平。组织领导干部旁听职务犯罪典型案件 2 次，以“零距离”的庭审筑牢拒腐防变思想底线。

（孙嘉晖）

【诉讼服务】　2019 年，区法院升级“两个一站式”（一站式多元解纷机制、一站式诉讼服务中心）服务，加强智慧法院建设成果应用，全面开展网上立案、跨域立案、网上缴费、在线保全、电话送达、网络开庭等“互联网+”诉讼服务，让诉讼当事人少跑腿、零跑腿。丰富诉讼服务职能，引入大学生志愿者为群众提供程序性事项咨询、自助设备使用等诉讼辅导服务。深化立案登记制改革，当场立案率98.7%。导诉机器人“小红妹”亮相央视《法治中国说》，展示天津法院的现代化诉讼服务。全年接待诉讼群众2.40万余人次。依法保障律师执业权利，发出律师调查令720份。

（孙嘉晖）

2019年9月16日，区法院智能导诉机器人“小红妹”亮相央视《法治中国说》节目　（区法院提供）

【服务棚改】　2019年，区法院主动担当作为，全力冲刺区棚改工作“三年清零”目标完成。坚持端口前移，院庭长多次到各棚改指挥部，就难点问题逐件研究，将案件消化在诉前，为棚改清零赢得时间。充分发挥棚改派出法庭作用，扩大咨询调解覆盖面，全年共接待群众咨询3200余人次，调解纠纷109件，司法确认40件，为实现西于庄、同义庄、聚顺里等征收片区清片做出贡献。畅通“绿色通道”，加快办案节奏，审结涉征收拆迁案件927件，依法强制腾房25件，以法院力度、速度保证清零进度。不断彰显法律权威，对借棚改聚众扰乱社会秩序等违法犯罪行为坚决打击，依法重判严惩首要分子。

（孙嘉晖）

2019年6月21日，区法院到西沽南棚改指挥部走访调研　（弘轩　摄）

【民生保障】　2019年，区法院深化家事司法品牌建设，审结婚姻、继承等案件1107件，弘扬中华民族传统家庭美德，促进家风建设，家事审判庭被评为全国巾帼建功文明岗。全年妥善审结劳动就业、房屋买卖、医患纠纷、交通事故、食品药品等民生热点案件6098件，民事案件调撤率74.64%，切实以法治规范社会行为、引领社会风尚。高度关注困难弱势群体诉讼权益有效实现，依法为当事人减、缓、免诉讼费6.5万元，发放司法救助金97.8万元，确保解民所需、救民所急，体现司法人文关怀。

（孙嘉晖）

2019年3月15日，区法院组织干警到西沽公园开展主题为“信用让消费更放心‘3·15’维权在行动”的普法宣传活动　（弘轩　摄）

【多元化解】　2019年，区法院继续继承和发扬新时代“枫桥经验”，扎实开展多元解纷机制建设。加强解纷点位布局，成立洪湖里社区家事法庭，实现人员常驻，充分发挥法律咨询、矛盾预警、诉前调解、就地开庭多重功能，促进法治、德治、自治有机结合，助推社会治理能力现代化。

不断深化诉源治理,与区司法局、律师工作委员会合作,在诉讼服务中心设立律师调解工作室,开展诉前、诉中矛盾纠纷调解。采取线上视频调解与线下“面对面”调解相结合的方式快速解决纠纷,为当事人提供便利。全年诉前调解纠纷1300余件,司法确认1264件,解答群众咨询2000余人次。

(孙嘉晖)

2019年3月7日,区法院在新落成的洪湖里社区家事法庭召开家事审判新闻发布会　(弘轩　摄)

**【执行工作】**　2019年,区法院执结各类案件4553件,执行到位金额3.27亿元,集中办理事项委托、受托298件,发起网络拍卖255件,成交金额1.27亿元,同比增长60.47%。组织开展涉民生、涉教育、涉土地等专项行动23次,累计出动警力1200余人次,成功拘留被执行人18人,罚款14.70万元。保障全区重点部署安排,敢于动

2019年1月11日,区法院执行局开展案件执行案款集中发放活动　(弘轩　摄)

真碰硬,强制腾退铃铛阁中学、化工学校等处房屋1.20万余平方米。强化执行信息化建设,全力提高执行工作效率,推动执行指挥中心实体化运行,网络查询、冻结银行存款3.60亿元。强化执行联动,与公安、铁路部门建立常态化线索推送反馈机制,实现人员、车辆精准定位和现场查扣。完善失信惩戒机制,核实案件信息4782件,核查被执行人信息1.60万余人次,统一发起网络查控2.70万余人次,累计发布失信被执行人1738人,采取限制消费2037人。

(孙嘉晖)

**【信访攻坚】**　2019年,区法院扎实开展政法系统信访事项“大起底、大攻坚”专项活动,积极协助天地和装饰、长庚老年公寓等区域性重点隐患处置工作。积极落实“四访”活动要求,进一步畅通信访渠道,切实听取民意、凝聚民心,推动问题实质解决。深化执行信访管理,全面掌握执行信访案件症结,及时制定化解方案。落实申诉信访回访制度,加大执行信访化解,及时办理上级督办信访事项。严格依法规范申诉信访秩序,对4名在信访过程中寻衅滋事造成恶劣影响的被告人依法处以刑罚。

(孙嘉晖)

**【司法改革】**　2019年,区法院深化以审判为中心的刑事诉讼制度改革,落实证人、鉴定人、侦查人员出庭作证,推进律师辩护全覆盖,为235名被告人指定法律援助律师。推进认罪认罚从宽制度改革,探索“一步到庭”审理模式,建成远程提讯系统,对部分案件在看守所就地远程审理,速裁程序审结案件125件,平均审理时间2.40天。深化案件繁简分流机制改革,努力实现轻重分离、快慢分道,50.51%的案件通过简易程序快速办理。落实“让审理者裁判、由裁判者负责”基本原则,加强和改进审判执行工作团队建设,充分发挥带教法官作用,着力促进新入额法官司法能力提升。健全完善院庭长依法依规行使监

督权及专业法官会议机制，2019年院庭长带头承办重大、疑难、信访案件7332件。不断释放改革红利，完成公务员职务职级套转，明确业绩导向，激发办案活力。

（孙嘉晖）

**【司法公开】** 2019年，区法院坚持以公开促公正，依托互联网公开审判执行流程信息1.58万条，当事人可随时随地查询案件进展和流程节点，公布生效裁判文书7454份，开展庭审网络直播632次，在线观看网友10余万人。充分落实人民陪审员制度，年内陪审员累计参审案件1262件，陪审率97.38%。落实普法责任制，不断加强法院传播力，在《今日说法》《法治天下》《都市报道60分》等中央和市级品牌媒体刊发节目62期，区法院的微博、抖音等新媒体公众号，在全市法院保持领先位置，受到最高法院通报表扬，作品《矛盾漩涡》获得第四届平安中国“三微”比赛最佳微电影，代表全国政法系统参加第七届亚洲微电影艺术节并获优秀作品奖。

（孙嘉晖）

2019年7月31日，区法院通过“中国庭审公开网”向全区59名正处级领导干部直播职务犯罪案件庭审全过程　（弘轩　摄）

**【党的建设】** 2019年，区法院坚持把党的政治建设摆在首位，深入开展习近平新时代中国特色社会主义思想学习教育，提高干警政治站位，树牢“四个意识”，坚定“四个自信”，做到“两个维护”，把党的领导贯穿到法院工作的全过程和各方面。扎实开展“不忘初心、牢记使命”主题教育，切实为民办事、抓好专项整治、解决突出问题。组织干警1500人次参加创文创卫各项任务。认真开展政治性警示教育，切实营造海晏河清的政治生态。严格落实意识形态责任制，维护审判领域意识形态安全。落实政治学习考勤打卡，建设一支部一特色党建文化交流墙，把党小组建在团队上，保证党小组设置与审判团队设置架构平行，方便党员日常学习管理，不断强化基层党组织组织力。

（孙嘉晖）

**【从严治院】** 2019年，区法院持续深化作风纪律建设，坚持从严治院、从严管理。集中开展司法不严格、不规范、不公正、不文明问题等专项整治，逐项对照整治内容，坚持靶向治理，推动司法作风持续向好。落实干预案件“三个规定”要求，严防不当干预案件。开展在岗考勤、着装规范、会风会纪等方面审务督察42次，对督察发现的问题现场查纠。坚持严管与厚爱相结合，准确运用监督执纪“四种形态”，及时对22人次提醒谈话、批评教育，抓早抓小防微杜渐。深化廉政风险排查，梳理廉政风险点，集中开展案款清理、卷宗清理等专项活动，切实扎紧制度笼子，确保司法清正廉洁。

（孙嘉晖）

2019年4月19日，区法院召开2019年党风廉政建设和反腐败工作暨队伍建设工作会议（弘轩　摄）

## 司法行政

**【概况】** 2019 年,天津市红桥区司法局(以下简称区司法局)坚持以习近平新时代中国特色社会主义思想为指导,深入学习贯彻中共十九大和十九届二中、三中、四中全会精神,认真贯彻落实习近平总书记中央政法工作会议重要讲话精神,扎实开展"不忘初心、牢记使命"主题教育,增强"四个意识",坚定"四个自信",坚决做到"两个维护"。围绕打赢棚户区改造、招商引税、创文创卫、安全稳定四场硬仗,全面履行行政执法、刑事执行、公共法律服务职能,为维护国家安全和社会稳定、服务经济社会发展、推进全面依法治区工作提供法治保障和法律服务。

(孙江东)

**【助力棚改】** 2019 年,区司法局组织丁字沽、金璐园、聚顺里、松楠楼及零散平房等征收片区作出征补决定、催告等法律文书 700 余件,西沽南片区经申请法院强制执行下达裁定 300 余件,组织实施铃铛阁、同义庄、西沽南等片区强制执行 90 余次。红桥公证处为区棚改办理证据保全公证赴现场 60 余次,办理公证 157 户次。全区涉棚改行政诉讼案件立案 84 件,开庭 71 件,涉棚改行政复议案件 42 件。区诉前联合人民调解委员会和在西于庄、西沽南、运输六厂等棚改指挥部设立的诉前人民调解工作室累计调解拆迁纠纷 120 余件。

(孙江东)

**【法治政府建设】** 2019 年,区司法局强化行政执法规范化建设,召开红桥区委全面依法治区委员会执法协调小组工作会议,审议通过《执法协调小组工作规则》和《2019 年重点任务安排》等文件。全面推行行政执法三项制度,印发实施方案,对政府部门给予企业 3 万元以上行政处罚的重大行政执法决定进行法制审核。围绕《天津市文明行为促进条例》,开展街道综合执法培训及考试。起草《天津市红桥区综合执法及监督工作规则(试行)》,探索创新"街道吹哨、部门报到"行政执法机制。加强行政复议、应诉能力建设,制定行政复议工作流程、办事指南和群众来访接待等制度,提高复议应诉案件质效。推进法律顾问制度,印发《关于进一步加强和规范区行政机关、街道办事处法律顾问工作指导意见》,推动建立区、部门(街)两级法律顾问工作体系。全年区司法局就中央和市级规范性文件向全区各有关部门征求意见 23 次,对以区政府名义签订的合同提出法律意见 28 件。收到行政复议案件 33 件,其中予以受理 28 件,不予受理 5 件,作出行政复议决定 27 件,以区政府为被申请人的市政府行政复议案 43 件。办理以区政府为被告的诉讼案件 121 件,其中开庭 112 件。全区各行政执法部门共开展行政执法检查 46276 次,做出行政处罚 994 件,处罚金额 515 万元。

(孙江东)

2019 年 4 月 25 日,红桥区组织全区执法人员进行《天津市文明行为促进条例》法律知识考试

(区司法局提供)

**【普法守法】** 2019 年,区司法局持续加力落实"谁执法谁普法"普法责任制。召开红桥区委全面依法治区委员会普法守法协调小组第一次工

作会议，审议通过《红桥区普法守法协调小组工作规则》《天津市红桥区普法责任清单(修订)》等文件。针对扫黑除恶专项斗争、《天津市文明行为促进条例》、防范电信诈骗和非法集资等重点内容，以“法律六进”(进机关、进社区、进学校、进企业、进单位、进军营)为抓手，利用“两节”“4·15”国家安全教育日等重要节点，开展法治文化进社区，扫黑除恶知识进校园，法律进企业、进工地等法治宣传活动。加强以案释法，全年报送以案释法案例33个，其中4个入选司法部案例库。继续打造《释法说理》栏目精品，成功播出9期。开展天津市“七五”普法先进集体和先进个人推荐工作，推动法治教育基地创建，确定红桥区反腐败警示教育基地为红桥区青少年法治教育基地。在陆家嘴广场与街道、社区联动开展国家宪法日暨宪法宣传周系列宣传活动，激发全社会法治共鸣。

(孙江东)

2019年5月31日，区司法局组织开展法律服务进企业、进工地活动　(区司法局提供)

**【基层基础工作】**　2019年，区司法局开展坚持发展“枫桥经验”打造红桥人民调解升级版专项活动，完善人民调解员补贴动态调整机制，激发工作积极性。强化信息化平台应用，“津调通”系统使用率100%，案件录入率得到提升。建立退役军人法律服务工作站和人民调解委员会，打造“战友”律师志愿服务团、“老兵”调解室等特色品牌。新选聘2名“诉调对接”专职人民调解员和3名“访调对接”人民调解员，参与处理信访案件23件，接待来访群众百余人。全区各级人民调解委员会共调处各类矛盾纠纷1695件，调解成功1690件，调解成功率99.7%，调解协议涉及金额893万元，排查纠纷4109件，防治各类社会矛盾1586件，化解1起群体上访案件，涉及人员80人。在全局开展“短板大调研”活动，梳理出4大类17条短板。强化培训提升素质，举办《中国共产党政法工作条例》专题讲座，举办首期“司法所长讲堂”。适应机构改革需要，优化调整局机关部分科室办公区域，持续推进基层司法所办公用房调整改造。新建指挥中心，建立健全视频点名、信息速报等各项制度，司法部加密网建成投入使用。

(孙江东)

**【社矫安帮】**　2019年，区司法局开展社区矫正执法专项整改活动，制定问题责任清单，完善现有制度3项，新制定制度8项。完成对3名社区服刑人员的特赦，对13名社区服刑人员实施边控，与区图书馆合作设立“红桥区图书馆司法局服务点”，多维度提升监管实效。分3个批次开展“迎国庆 保平安”社区服刑人员集中教育训诫，确保重要时期特殊人群安全稳定。招聘13名社区矫正社会工作者，强化监管人员力量。举办社区矫正中心开放日活动，引导社会各界理解、支持、参与社区矫正工作。全区在册社区服刑人员172人，其中假释1人、缓刑165人、暂予监外执行6人。25名社区服刑人员因违反社区矫正管理规定被给予警告处罚，对41名社区服刑人员实施电子腕带定位，对167名社区服刑人员实施手机定位。全区安置帮教人员449人，衔接率100%，重点帮教对象接送率100%，一般帮教对象接送率60%，帮教率97%，安置率92%，矫正期满转入率100%，刑满释放人员建档率100%。服刑人员基本信息核查率100%，核实率98.6%。累计建立安置帮教基地14个，累计安置466人次，2019年安置9人次。全年对服刑人员未成年子女进行帮教活动6次,落实救助资金17820元;对刑满释放人员进行临时救助95人次,临时救助金22.93万余元,办理低保8人次,大病救助1人,救助资金1.81万元。

(孙江东)

2019年1月30日,区司法局召开司法行政执法专项整治工作推动会 (区司法局提供)

**【法律服务】** 2019年,区司法局引进司法鉴定服务,开展仲裁、司法鉴定业务培训,区公共法律服务中心实现全业务进驻。落实"领导干部公共法律服务接待日"和"群众批评意见收集分析"制度,提升公共法律服务精准度和满意率。开展"公证+认证"联办服务,完成公证机构绩效工资改革,试行组长负责制。开展律师进商会活动,为民营企业"法治体检",助力打造法治化营商环境。与区法院共同设立律师调解工作室,探索多元化纠纷解决机制。制定办理刑事法律援助案件工作规范,组建法援志愿律师资源库,推进刑事案件律师辩护全覆盖工作,刑事法律援助案件同比增长98%。法援中心共接待来电来访咨询1371件,办理法律援助案件628件,同比增长39%。红桥公证处共受理公证申请5631件,出证6117件(含2018年未结案件),为老年人、残疾人、特殊群体提供上门服务65人次。全区共有律师事务所28家(含外地分所2家),其中合伙所11家、个人所17家。律师259名,其中专职律师229人、兼职律师2人、分所派驻律师6人、法律援助律师1人、公职律师21人。全区单独设立党支部的律所11个,联合党支部2个。全区党员律师60人,预备党员1人,入党积极分子6人。

(孙江东)

2019年8月1日,区司法局开展法律服务进警营双拥共建活动 (区司法局提供)

# 军　　事

# 人民武装

**【概况】**　2019 年,中国人民解放军天津市红桥区人民武装部(以下简称区武装部)紧扣习近平新时代中国特色社会主义思想这一主线,增强“四个意识”、坚定“四个自信”、做到“两个维护”,贯彻军委主席负责制,落实党管武装工作各项制度,坚定维护核心,聚焦练兵备战,突出主责主业,国防动员和后备力量建设呈现出新面貌新气象。2019 年,区武装部被警备区表彰为征兵工作先进单位。

(王盛楠)

**【党管武装】**　2019 年,区武装部充分发扬党管武装的政治优势、组织优势、制度优势,成立和苑街道武装部和中船重工 707 研究所武装部,并配备专武干部。12 月 26 日,协调召开区委常委会议军会议,研究通过《红桥区委、区政府贯彻落实市委常委会议军会议精神的具体措施》,解决驻区部队子女入学入托和营区升级改造等问题。2 月 26 日,组织召开区年度武装工作暨街道党工委书记武装述职会议,各街道工委书记进行述职。联同区委、区政府出台《红桥区加强新时代基层人民武装部和专职人民武装干部队伍建设的措施》,同区委组织部对 5 名基层武装部部长进行任用考察,完善基层专武干部配备,充实基层专武干部队伍。通过理论考试,对区内基层专武干部进行资格认证,提升专武干部履职能力,培育过硬作风,解决区内武装工作的部分短板问题。结合年度武装工作绩效考核,对基干民兵预建党组织工作进行检查指导,为红桥区做好民兵预建党组织工作奠定基础。

(谭思奇)

**【政治教育】**　2019 年,区武装部加强思想政治建设,开展“学习近平新时代中国特色社会主义思想、做习主席好战士”活动,制定《关于保持高度的政治敏锐性及时抓好党中央、中央军委重大决策部署特别是习近平重要讲话和指示精神学习贯彻的意见》,组织本部和基层武装部开展“读原著、学原文、背金句”活动,组织辖区民兵开展“我与祖国共成长”主题演讲比赛,推动“学、做”活动向基层、向民兵拓展。依托平津战役纪念馆,分批次组织基干民兵开展“感悟红色历史、传承革命精神”活动。在西沽公园开展国防教育宣传日活动,分发国防教育宣传手册,增强辖区居民爱国主义意识。

(谭思奇)

**【军事训练】**　2019 年,区武装部通过警备区、协作区、武装部三级集训及“以勤代训”,对全区 10 名武装部长、12 名专武干事进行培训,提高业务技能,锻炼专武干部队伍。6 月 5 日,组织应急连参加警备区防汛抢险考核比武活动,取得拉动检验考核第一的成绩。7 月 25 日,组织驻区部队和民兵进行防汛勘察,依托铃铛阁街道应急排组织示范性演练。10 月 14 日至 23 日,采取分专业、分批次队应急连进行集中训练,开展政治教育和军事技能训练。提高遂行任务能力。10 月 17 日,邀请国庆受阅文职人员作事迹报告,激发大家爱军习武热情。11 月 15 日,组织干部、职工、专武干部和民兵参加群众性练兵比武,专武干部马志强取得个人第一的成绩。11 月 27 日,

2019 年 7 月 25 日,区武装部组织开展防汛演练

(区武装部提供)

组织应急连和特殊分队民兵在警备区综合训练基地进行实弹射击训练，提高民兵队伍姓军为战的思想认识。

（赵跃强）

**【民兵整组】** 2019年2月26日，区武装工作会议暨民兵整组任务部署会在中铁十五局召开，会上总结并部署年度工作及年度整组任务，表彰先进，街道工委书记进行述职。9月19日，组织相关单位召开推动会，完成应急类、专业类、特殊类队伍编组的年度整组任务，迎接警备区工作组现场点验2次。

（赵跃强）

2019年5月10日，红桥区2019年基干民兵应急队伍检验大会召开　（区武装部提供）

**【兵役征集】** 2019年4月13日、29日，区武装部分别到机电学院、河北工业大学开设国防宣讲席，向毕业生开展征兵政策宣讲。狠抓征兵工作主要环节，严格体检、政考标准，狠抓役前集训，高质量完成年度征兵任务，做到零退兵，并完成

2019年7月18日，红桥区2019年度征兵工作会议召开　（区武装部提供）

直招士官和女兵征集任务。8月30日，会同区政府、驻区部队和机电学院，召开军、地、校双拥共建共育国防特色班签约仪式，共建共育国防特色班，为精准征兵“预储”兵源，提高兵员质量。12月4日，组织第一批国防特色班学生参观平津战役纪念馆。

（赵跃强）

**【国防动员】** 2019年5月10日，区武装部在平津战役纪念馆组织350余人应急队伍点验，开展国防教育，提高民兵荣誉感、使命感，警备区战备建设局局长严木生出席活动。9月28日，组织区住建委编组的应急分队到盘山烈士陵园开展“不忘初心、牢记使命”教育及授旗仪式，用传统革命教育凝聚队伍士气。

（赵跃强）

2019年9月20日，区武装部组织开展国防动员教育宣传活动　（区武装部提供）

**【安全管理】** 2019年，区武装部以迎接“建国70周年保安全”为主题，以国防动员部安全检查为契机，以“双百活动”为抓手，狠抓制度落实、硬件完善。突出安全形势分析和安全知识宣传，营造“我的安全我有责、战友安全我负责、单位安全我尽责”的浓厚氛围。对机关所有库室、安防设施、装备库监控设施进行补充完善，实现“人防机防并重、严守安全底线”的目标，确保武装部年度安全平稳。

（赵跃强）

【双拥共建】 2019年,区武装部以全国双拥模范城(区)评比为契机,持续开展文明创建、双拥创建、和谐创建、平安创建活动。发挥军地桥梁纽带作用,与区退役军人局对接三项机制,做好退役军人管理与服务工作,协调相关单位组织开展“退役士兵、随军家属专场招聘会”,为辖区退役士兵、军属提供就业机会。会同团区委、区退役军人局在平津战役纪念馆开展以“传承2019清明祭英烈”为主题的烈士纪念日活动。在全区形成关心双拥、支持双拥的浓厚氛围。

(谭思奇)

【后勤保障】 2019年,区武装部坚持平战结合,完成民兵整组点验、民兵防汛比武、群众练兵比武等活动保障任务。与区经济动员办公室双方协作,对区内几家企业签订《国民经济动员协议书》。按照“功能齐全、利于战备、固化定位、方便行动”的原则,对部里的携运行物资、民兵专业分队的战备物资以及给养物资库进行整理。为4个街道应急排购置训练器材,做好随时遂行保障任务的各项准备工作。按时完成违规多占军队公寓住房的清退工作。在警备区组织的枪支弹药大清查工作中,对各街道武装部认真进行清理清查并签订责任书,圆满完成任务。制定财务管理规定,对经费使用进行细化,坚持“定项看规定、开支看预算、建设看方向、审批按权限”的原则,落实经费开支党委集体研究论证,确保经费开支的正确性与科学性。

(胡鹏程)

## 人民防空

【概况】 2019年,天津市红桥区人民防空办公室(以下简称区人防办)贯彻“能打仗、打胜仗”和“铸就坚不可摧的护民之盾”核心要求,广泛开展实战化训练演练活动,探索训练演练新模式新方法新手段,狠抓人防工程建设、防空警报管理、人防知识宣传等各项工作,全面提高“战时防空、平时服务、应急支援”使命任务能力。

(安玉明)

【训练演练】 2019年4月底,区人防办联合区红十字会、区教育局等多家单位,在天津市第五十一中学组织750人的应急疏散演练,教授学生应对突发事故和自然灾害的处理方法,增强国防意识和忧患意识,提高学生防空防灾能力和自救互救能力。稳步开展训练演练,10月参加京津冀地区人民防空协同室内推演训练;11月参加“首都地区联合防空作战天津地区防卫防护行动”课题训练。

(安玉明)

2019年4月26日,区人防办组织天津市第五十一中学学生进行疏散演练 (徐谦 摄)

【人防专业队整组】 2019年,区人防办对全区人防专业队开展整组工作,组织召开全区人防专业队负责人会议,对全区的群众防空组织进行部署,改进编组方法,优化整体结构,落实基层组织,整组后的群众防空组织共分9个专业队,编制440人。

(安玉明)

2019 年 11 月 26 日，区人防办召开红桥区人防专业队整组工作部署会　（徐谦　摄）

【防空警报器管理】　2019 年，区人防办加大对全区警报器的巡查维护力度，定期组织警报维护人员深入警报点，对警报设备隐患进行排查，发现问题立即维修维护。组织维管人员对天津市第八十中学的警报器进行警报器控制箱迁移，保障警报器安全使用。对全区各警报点进行维管维护，维修人员随时将现场情况的视频、照片发送到区人防办，做到随时掌握情况、随时了解现状，从督查管理、维护维修全方位开展警报巡查，与市人防指保中心警报科进行点对点测试，保障全区警报器均处于良好使用状态。

（安玉明）

2019 年 5 月，区人防办对防空警报器进行巡查检修　（张炟　摄）

【人防工程建设与管理】　2019 年，区人防办落实人防工程建设项目审批制度改革要求，做好人防工程结建许可行政审批服务工作，就新建项目向规划和自然资源红桥分局出具防空地下室建设意见。对全区在建人防工程进度情况进行汇总，建立台账及时了解项目动态情况。严格落实人防新竣工项目使用备案率要求，完成新竣工项目联合验收，新竣工人防工程平时使用备案率 100%。

（安玉明）

2019 年 4 月，警备区领导检查区内人防工程　（王颖　摄）

【人防工程招商】　2019 年，区人防办以发展智能科技产业为旗帜，推动高质量发展大局，推动重点企业“中国电子天津数据中心”项目落户红桥区，协助投资方在红桥区完成注册，完成地下建设改造方案和地下数据中心建设各项准备工作。

（安玉明）

2019 年 4 月，警备区领导听取数据中心项目汇报　（王颖　摄）

【人防工程安全隐患排查】 2019 年,区人防办组织完成安全隐患排查专项行动 5 次,对辖区内人防工程、平战结合用房开展大检查。发现问题下达责令整改通知,要求相关使用单位立即整改,解决堆放杂物、滥用电器、私拉电线、圈占居住等问题。会同三条石街道办事处、区消防救援支队、区应急局、大胡同派出所等部门,消除大胡同天鸿大厦地下工程私搭违章隔断安全隐患问题,制定解决安全隐患问题的实施方案。

(安玉明)

2019 年 5 月,人防办会同三条石街办事处、区消防救援支队、区应急局、大胡同派出所等部门,对大胡同地区地下工程安全隐患进行协调 (王颖 摄)

【人防工程执法】 2019 年,区人防办转变人防执法理念,把转变职能贯穿于人防执法全过程,构建管理、执法与服务三位一体的行政执法体制。对全区人防工程开展行政执法检查工作,对正融科技大厦项目、泰盈科技中心项目开工建设前未进行人防结建审批的情况,进行深入调查,对天津市治达安居建设有限责任公司开发建设双环新苑碧春里定向安置房项目,未办理结合民用建筑修建防空地下室手续,下达责令整改通知,并作出行政处罚 10 万元决定的执法,达到公正文明执法与为人民服务宗旨有机结合,实现执法效果和社会效果的统一。

(安玉明)

【人防宣传】 2019 年,区人防办强化全民国防观念和人防意识,提高安全防护技能,在平津战役纪念馆开展人民防空宣传咨询活动,向市民发放宣传材料 500 份。开展人防主题宣传教育活动,展示红桥区人民防空建设成绩,向市民传播现代军事知识,提高人民防空防灾能力,增强全民国防观念和忧患意识。

(安玉明)

2019 年 9 月 21 日,区人防办开展人防宣传活动

(徐谦 摄)

# 街　　道

# 西于庄街道

【概况】 西于庄街道位于红桥区中部。东以桥口街、桥口南街、三兴里、纯德里为界,与西沽街道相邻;南与西沽街道隔子牙河相望;西以千里堤与北辰区接壤;北以光荣道、新红路与咸阳北路街道、丁字沽街道、西沽街道相连。辖区面积3.89平方公里。户籍居民25338户66426人。有汉、回、满等多个民族。设16个社区居委会:翠溪园社区居委会、怡水苑社区居委会、绮水苑社区居委会、亿城堂庭社区居委会、集安里社区居委会、子牙一社区居委会、子牙三社区居委会、植物园社区居委会、永光楼社区居委会、礼貌楼社区居委会、敦煌楼社区居委会、祥居公寓社区居委会、西于庄社区居委会、纸厂社区居委会、增产里社区居委会、新建里社区居委会。办事处地址:红桥区西于庄后大道28号,邮编:300132,联系电话:86513600。

2019年,西于庄街道以习近平新时代中国特色社会主义思想和中共十九大精神为指导,以习近平总书记对天津工作提出的"三个着力"重要要求为元为纲,深入贯彻落实习近平总书记视察天津做出的重要指示,团结带领全街干部职工群众,紧紧围绕棚户区改造、民计民生、创文创卫、安全稳定四场硬仗,奋力拼搏、担当作为、真抓实干、攻坚克难,高标准完成全年各项工作任务。

(刘　伟)

【街域经济】 2019年,西于庄街道商务楼宇有宝能创业中心、银泰大厦、亿城大厦、长安商城、正融大厦5家,驻街企业1526家,其中新增企业121家。开展"双万双服促发展"活动,班子成员深入企业、深入园区、深入经营现场走访调研,送政策、摸需求,协调解决问题,营造营商环境,共解决11家企业提出的11条问题。政企互通服务信息化平台上83家企业全部开通。

(刘　伟　雷　雪)

2019年6月27日,西于庄街道领导走访调研天津市际达实业公司　(西于庄街道提供)

【创文创卫】 2019年,西于庄街道在全街范围内组织开展春季清整、百日攻坚、创卫冲刺等活动,深入推进各项整治、管理工作,创建良好的市容环境卫生,提升城市管理水平。顺利完成天津市病媒生物防制检查验收、创建天津市文明城区和创建国家卫生城市验收工作。

(刘　伟　胡　岳)

2019年10月22日,西于庄街道召开双创工作再推动再动员部署会　(西于庄街道提供)

【环境治理】 2019年,西于庄街道累计出动清理人员5593人次,清理点位30800余处,清运各种废弃物3512辆次,清运量6000余吨。清理僵尸车17辆、建筑垃圾类废弃物7000余处、公建设施乱涂乱画3000余处、小广告20000余处、地锁448个。清理饲养家禽40余家,更换垃圾桶522个。粉刷油污脏乱墙壁24处1100平方米,修整破损路面3万平方米。治理“七小行业”(小餐饮店、小食品店、小理发美容店、小旅店、小浴室、小歌舞厅、小网吧)52家。对辖片内本溪花园、澄水苑等10个小区进行老旧小区及远年住房改造工作,改善旧楼小区面貌。

(刘　伟　雷　雪)

2019年7月14日,西于庄街道组织开展环境卫生清整活动　(西于庄街道提供)

**【违章拆除】**　拆除子牙里、礼貌楼、济津楼、澄水苑、五峰里、五峰南里等老旧小区的非法圈占类、占路棚亭类违法建设310余处,面积3000平方米,销账97.2%。清拆社区各类违章建设390余处,清理庭院、绿化带圈占130余处2217平方米,清理乱拉乱挂点位450余处。联合区各职能部门对保康路违法建设进行拆除,共拆除违建房屋9间600余平方米,消除保康路长久存在的安全隐患。巩固洪湖南路、洪湖中路、增产大街等占路市场治理成果。

2019年9月9日,西于庄街道拆除五峰南里违法建设　(西于庄街道提供)

(刘　伟　钟虎辰)

**【环保治理】**　2019年,西于庄街道对街域内67家餐饮企业进行巡查,督促59家企业安装油烟净化器,实现餐饮企业油烟净化装置全覆盖。重点治理中嘉地区、洪湖里地区、五爱道夜市一带,取缔露天烧烤点位20余处、马路餐桌19处,全天候监控、无盲区巡查,确保辖区无污染点位。清除子牙河漂浮废物,累计出动200余人次,清理垃圾30余车。清理子牙河桥西侧私种菜地40平方米,对子牙河游泳俱乐部予以取缔,对其违建、圈占、堆物进行彻底清理。清理子牙河西站西大桥桥下非法停靠渔船30余艘。

(刘　伟　雷　雪)

2019年4月29日,西于庄街道对子牙河游泳俱乐部予以取缔,拆除违建、圈占　(西于庄街道提供)

**【社会救助】**　2019年,西于庄街道开展“迎新春送温暖”慰问活动,慰问居民720余户,发放慰问金、过年费等31万余元。做好临时救助工作,全年共救助困难群众551户、748人,发放救助金18万余元。做好夏令救助工作,救助困难户981户1037人,发放夏令救助津贴9.81万元。加强低保工作,发放低保金1977.60万元、低收入金45.43万元,定期对低保、特困户进行核查,形成动态管理。加强残疾人保障工作,累计发放残疾人两项补贴共计343.54万元。

(刘　伟　刘翀佚)

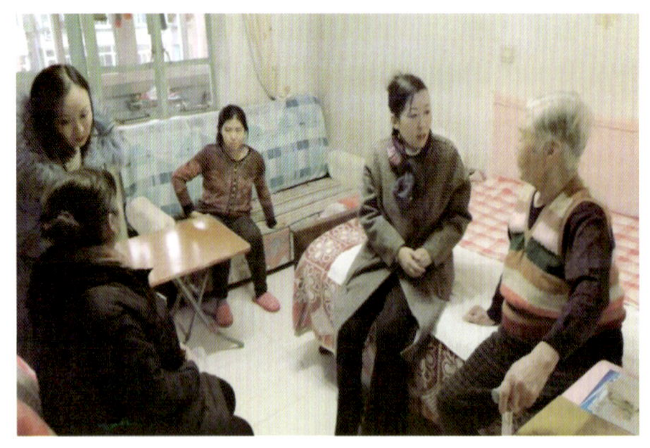

2019 年 12 月 25 日,西于庄街道救助慰问永光楼社区低保户　　(西于庄街道提供)

**【劳动保障和就业服务】**　2019 年,西于庄街道开展新增就业工作,举办招聘会 3 场。落实劳动服务保障惠民政策,为 437 人办理灵活就业社保补贴认定,为 6589 人发放失业金 814 万余元,为 117 人报销医药费 114 万余元,为 64 人办理养老保险,为 523 名老年人发放生活补贴,为 45 人办理异地养老认证。落实住房保障政策,办理廉租房补贴 50 户、经济租房补贴 47 户,为 348 人办理残疾证。

(刘　伟　杨　祺)

2019 年 3 月 8 日,西于庄街道组织开展“春风行动”招聘会　　(西于庄街道提供)

**【人口与卫生】**　2019 年,西于庄街道免费为 42 人提供孕前检测,为 25 位高危育龄孕妇提供出生缺陷监测,免费为 184 位特扶家庭人员办理意外保险,发放特别扶助金 323 万余元,发放家政服务卡 170 张。关注失独家庭,发放爱心就诊卡 26 个。积极开展文体活动,组织“迎春送福大拜年”活动 10 余场,注重食品安全工作,开展清理整顿保健品乱象专项整治行动。推进文化事业发展,为 5 个社区打造图书室,为 13 个社区配齐文化管理员。

(刘　伟　孙浩东)

2019 年 9 月 9 日,西于庄街道在重阳节开展文体娱乐活动　　(西于庄街道提供)

**【东西部扶贫】**　2019 年,西于庄街道与甘肃省合水县太白镇和碌曲县阿拉乡结成帮扶对子,踊跃购买合水县当地农特产品合计 8.48 万元。全街机关党员干部、社区工作人员及部分社区居民购买消费扶贫农特产品 7.31 万元。发动辖区企业资助合水县太白镇和碌曲县阿拉乡各 1 万元扶贫款。

(刘　伟)

**【信访维稳安保】**　2019 年,西于庄街道落实矛盾排查调处机制,排查矛盾纠纷 293 起,调解 293 起,调解成功率 100%,解决 2 起重点信访案件,完成全国“两会”“一带一路”、亚洲文明大会、70 周年大庆、进博会、十九届四中全会等重大节日期间的维稳工作。推进扫黑除恶专项斗争深入开展,对易滋生黑恶势力的重点区域、行业、领域,会同公安机关健全和落实市场准入、规范管理、重点监控等机制,堵塞管理漏洞,消除黑恶势力滋生土壤。对街域“九小场所”(小学校或幼儿园、小医院、小商场、小餐饮场所、小旅馆、小歌舞娱乐场所、小网吧、小美容洗浴场所、小生产加工企业。泛指对外经营的所有小型人员密集场所）、重点单位开展安全生产检查，下达整改通知书32份，约谈隐患相关负责人3次，完成隐患整改工作10件，消除福居公寓地下空间隐患问题。

（刘　伟）

2019年3月8日，市委政法委书记赵飞到西于庄街道检查工作　（西于庄街道提供）

【棚户区改造】　2019年，西于庄街道金潞园棚改项目，996户契证房屋全部封房搬迁，签约率100%，完成片区土地的平整和苫盖工作。全力推进零散平房拆迁工作，实施“一户一策”精准帮扶，动迁组所辖125户平房，全部实现封房搬迁，完成祥居、礼貌楼社区党群服务中心用地房屋拆除和场地清理。西于庄地区危陋房屋征收改造项目全部实现场清地平，顺利完成“三年清零”棚改任务。

（刘　伟　李　岳）

2019年4月16日，区委书记李清到金潞园片区调研指导拆迁工作　（西于庄街道提供）

【社区建设】　2019年，西于庄街道完成子牙一等12个社区党群服务中心提升改造，按照每100户30平方米标准，居委会办公面积全部达标。为社区配置各类办公家具和空调，完成功能室打造。实行网格化管理，全街124个网格，16名网格长，119名网格员。网格员定人、定岗、定责，大事全网联动、小事一格解决。网格化平台接收上报事件2.01万件次，办结率99.81%，使用网格平台“吹哨”21件次，办结19件次。实现街域网格化管理全覆盖。

（刘　伟　薛　松）

2019年7月1日，区委书记李清到子牙一社区党群服务中心调研工作　（西于庄街道提供）

【吹哨制度】　2019年，西于庄街道完善“街乡吹哨、部门报到”创新管理体制机制，落实福居公寓地下空间和翠溪园学生公寓隐患整治工作，各部门集中会商、综合整治、形成合力，实现矛盾联

2019年4月14日，西于庄街道联合区商务委、区综合执法局、区市场监督局等相关职能部门对街域内非法物资回收点进行取缔　（西于庄街道提供）

排、问题联治、工作联动,形成区长亲自抓、街道总牵头、多部门联合工作的强效机制。

(刘　伟　钟虎辰)

**【党建工作】** 2019 年,西于庄街道开展“不忘初心、牢记使命”主题教育活动,召开座谈会 12 次,征求意见 157 条,讲授专题党课 9 次,整改问题 27 个。开展送学上门、“微课堂”、观看红色影片、参观教育基地文献展等特色活动 35 次。春节期间慰问救助困难党员 497 人,救助资金 26 万元,为困难人群提供居家服务 1610 次。新建宝能联合、津宸工程设计等党组织 6 个,“两新”党组织数累计 22 个、党员 117 人。选树先进典型,绮水苑社区党委被推选为社区党建引领基层治理典型。

(刘　伟　李　梦)

2019 年 7 月,西于庄街道组织参观中共天津历史纪念馆　(西于庄街道提供)

## 丁字沽街道

**【概况】** 丁字沽街道位于天津市红桥区北部,东起光荣道与西沽街道相邻,西南临丁字沽一号路与咸阳北路街道接壤,西北至咸阳北路与咸阳北路街道相接,东北靠北运河与北辰区、河北区隔河相望。大清河入运河,纵横作丁字形,故得名丁字沽。办事处地址:红桥区五爱道 24 号,邮编:300130,联系电话:86513500,地域面积 2.47 平方公里,设 14 个社区党群服务中心。户籍居民 32184 户,80601 人,现居常住居民 24275 户,约 6.4 万人。街域内含自然小区 61 个,楼门 1181 个。界内有机关和企事业单位 180 多个,其中大学 2 所、中学 2 所、小学 3 所、幼儿园 5 所、医院 1 家、社区卫生服务中心 1 家。

2019 年,丁字沽街道办事处以习近平新时代中国特色社会主义思想为指引,以“三个着力”重要要求为元为纲,紧紧围绕“安全稳定”“创文创卫”“棚户区改造”等重点工作,精准发力,苦干实干。

(高　婵)

**【社区工作】** 2019 年,丁字沽街道调整社区党群服务中心书记 4 名。协助做好社区党群服务中心提升改造工作,研究制定党群服务中心提升改造方案。对辖区内 11 个办公面积未达标社区进行提升改造,紧盯民生保障领域“一老一小”问题,配备老年日间照料服务中心、老人家食堂、儿童之家等特色场所,同时着力打造综合文化服务中心、图书阅览室、学雷锋志愿服务站、退役军人服务站等特色功能室。组织开展“微实事”工作室、老年人“手机课堂”等项目,签约且在享受

2019 年,提升改造后的胜灾社区党群服务中心

(李晓艳　摄)

服务群众共533人,其中激励服务对象34人。社区累计开办集中班50个,集中培训老年人965人次,送学上门服务241人,结成帮学对子90个,设立咨询服务点14个,受理老年人学习咨询379人次,教授老年人手机预约就医396人次。

（叶　晶）

【双创工作】　2019年,丁字沽街道对14个社区60余个老旧楼区进行全面清理,提升社区环境,深挖分散平房区沉积多年的卫生死角,解决群众反映强烈的难点重点问题,清理西纵快速路10万平方米工地沉积12年之久的生活垃圾280余吨;完成3个居民小区2600平方米绿化提升,30个小区清整后的建筑外延及出入口修复,5处雨污管井掏挖治理,完成街域内32.7万平方米棚户区改造项目工地的卫生清整。各社区清脏治乱解决卫生死角万余处,清理杂土杂物1.5万吨,顺利通过多次创卫验收。清理店外摆卖、流动摊贩等占路经营5197起,违规报刊亭16处,涉及占路经营立案处罚30起,罚款共计4.01万元;简易处罚65起,罚款共计3250元;清理商户窗贴等乱贴乱画306处、LED灯乱吊乱挂316处,拆除违章圈占660处,拆除违章、违法建设(包括新建、在建违章、违法建设)989处7488.60平方米,拆除违法牌匾21处,封堵私开门脸285处,完成四新道及零号路整体提升改造拆违214处2377平方米、沿街底商违章建筑及48处居民楼破窗开门的封堵恢复工作。治理夜间烧烤、马路餐桌露天烧烤等382处,累计取缔夜间占道经营商贩、摊点18家。对唐家湾大街共占地6000平方米的两处废品回收院落进行全面清理整治,累积拆除违章建筑37间800平方米,清运渣土垃圾300吨。联合区委政法委、公安红桥分局、区综合执法局等相关部门,对"美肴冰品"违章建筑依法依规进行彻底拆除,累计拆除违章建筑19间800余平方米。

（孙金奎　熊　茜）

2019年6月3日,丁字沽街道联合多部门拆除唐家湾大街废品回收院　（李晓艳　摄）

【棚改工作】　2019年3月,邢台里项目、零散平房项目相继启动,总动迁量801户。丁字沽街道组织干部深入开展调查走访,充分开展宣传动员,深入分析户情户况。经过10个月连续奋战,实现居民搬迁安置702户,为实现年内清零任务打下坚实基础。

（王　欣）

2019年1月17日,丁字沽街道松楠楼片棚户区改造项目指挥部召开联席会议　（王欣　摄）

【社会保障】　2019年,丁字沽街道最低生活保障救助惠及居民1176户1762人,累计发放低保金2341.45万余元;低收入救助惠及居民115户223人,发放助困金48.66万元;特困供养救助7户7人,发放救助金17.20万元;全年临时救助1307户家庭、2134名困难群众,累计发放救助金254.60万余元;困难儿童救助408人次,发放救助金 104.32 万元。发放残疾人生活补贴 611 人次 199.68 万元;残疾人重度护理补贴 1455 人次 349.86 万元;办理残疾证 371 人,办理通信补贴 108 人,办理养老保险 94 人,为残疾人免费体检 30 人。向重度残疾和特困残疾人发放轮椅 89 辆、四角拐 38 件、助行器 13 件、折叠手杖 20 件、掖拐 3 件。计划生育特殊家庭 530 人,其中伤残家庭 315 人、失独家庭 215 人,全年发放特扶金 408.78 万元,慰问品价值 5.41 万元。积极落实全民参保工作,截至 2019 年年底完成保险扩面 4410 人次,城镇职工保险服务 5161 人次,办理社保卡 1041 人次;进一步解决困难群体就业问题,完成困难人员认定 632 人次,为社区居民举办招聘会 7 场,联系企业 45 家,采集信息 1502 条,提供岗位 453 个,职介人数千余人次。做好困难党员慰问工作,2019 年两节慰问困难党员 252 名,发放慰问金 13.72 万元;“七一”慰问困难党员 87 名,发放慰问金 2.61 万元。

(叶　晶　洪　磊)

2019 年 12 月 27 日,丁字沽街道办事处党工委书记丁世云(右)到困难党员家中慰问(李晓艳　摄)

【公共安全】 2019 年,丁字沽街道密切关注安全稳定风险点管控,确保人民安居、社会稳定,充分发挥“政治护城河”作用,化解信访积案 10 件,圆满完成天津市“两会”、全国“两会”、“一带一路”峰会、亚洲文明论坛、国庆 70 周年等多个节点的维稳工作。街综治信访服务中心共接待群众 815 人次,解答咨询问题 587 件,解决求助问题 228 件。各社区综治信访服务站共接待来访群众 8132 人,解答咨询问题 5216 件,解决求助问题 1974 件,调解各类纠纷 505 件,实现解决问题、化解矛盾在基层。2019 年签订消防安全责任书 53 份、安全生产责任书 1240 份。开展各类专项及全面安全隐患排查工作 452 组次,对排查出的问题及时予以整改,下达整改通知书 125 份。

(付映昌)

【基层科协组织】 2019 年 10 月 18 日,丁字沽街道科学技术协会成立大会暨第一次代表大会召开。会上,相关领导以及科协代表听取丁字沽街道科学技术协会筹备工作领导小组关于筹备工作的报告,审议通过《天津市红桥区丁字沽街道科学技术协会实施〈中国科学技术协会章程〉细则》。选举出第一届委员会委员,召开第一届委员会第一次全体会议并选举汪澎为第一届委员会主席,张建晟和刘敬为副主席,任命李强为秘书长,参会者听取并审议第一届委员会工作报告。至 2019 年 12 月底,丁字沽街道办事处 14 个社区党群服务中心全部完成社区科协组织建设工作。

(顾　博)

2019 年 10 月 18 日,丁字沽街道科学技术协会成立大会暨第一次代表大会召开　(高婵　摄)

【基层商会组织】 2019 年,丁字沽街道办事处成立以党工委书记任组长的丁字沽街道商会依法登记工作小组,召开专题会议研究商会依法登记工作，明确商会依法登记工作的指导思想和主要内容，起草相关文件。确定6家企业作为发起单位，吸纳24家企业作为会员单位。2019年12月20日上午，丁字沽街商会第一届第一次会员大会召开，街道党工委副书记、办事处主任刘婉婷作《关于天津市红桥区丁字沽街商会筹备的工作报告》。会员企业28名代表出席会议。在会上，参会代表以举手表决的方式通过《丁字沽街商会章程（草案）》和《选举办法（草案）》，选举产生丁字沽街商会第一届理事会成员及监事，召开丁字沽街商会第一次理事会议，选举出会长、副会长，聘任秘书长。

（张宜萌）

2019年12月20日，丁字沽街商会第一届第一次会员大会在街道办事处5楼会议室召开

（李晓艳　摄）

## 西沽街道

【概况】　西沽街道位于红桥区中部，横贯东西，东以北运河为界，与河北区隔河相望；南以津浦铁路为界，与三条石街道、邵公庄街道相连；西至西北外环快速路，与西青区相邻；北面一部分以子牙河为界，与西于庄街道隔河相望，一部分以光荣道、新红路为界，与丁字沽街道、西于庄街道相依。辖区面积4.77平方公里，是红桥区面积最大的街道。户籍居民38136户88433人，设21个社区居委会：仁和里居委会、小辛街居委会、青春里居委会、桥北居委会、桃林居委会、东庞居委会、西沽大街居委会、运河西居委会、流霞里居委会、桥南居委会、水竹花园居委会、湘潭道居委会、燕宇居委会、涟源里居委会、龙禧园第一居委会、龙禧园第二居委会、水木天成第一居委会、水木天成第二居委会、水木天成第三居委会、河怡花园居委会、民畅园居委会。办事处地址：红桥区红桥北大街139号，邮编：300312，联系电话：86513551。

2019年，西沽街道以创卫创文创城目标为牵引，坚持四个聚焦、强化作风养成、狠抓末端落实。

（李振铎）

【党建工作】　2019年，西沽街道深入践行“战区制、主官上、权下放”党建引领基层治理机制，立足长效常态抓实基层治理。定期召开党建联席会议，深入研判基层治理形势，加强党对基层治理的领导。深化街道机构改革，平稳完成机构重组、职能整合。结合社区党群服务中心达标建设，统筹调整社区治理网格体系。积极挖掘共建

新建的水竹花园党群服务中心

（西沽街道办事处提供）

资源,引导驻街单位、群团组织等各方面力量参与基层治理。对8名正科级干部进行重新任命,结合新科室新职能,对全街干部进行重新调整,确保机构改革期间工作不断、秩序不乱。充分发挥"两新"党建指导员作用,成立卓朗科技产业园第一联合党支部。

(李振铎)

【主题教育】 2019年,西沽街道深入推动"不忘初心、牢记使命"主题教育落实,街道和社区普遍开展革命传统教育、形势政策教育、先进典型教育和警示教育,班子成员带头讲党课10场,同时加强检查督查,全方位督促党员学习到位。坚持边学边查边思边改,街领导班子查摆问题43条,制订整改措施64条。

(李振铎)

2019年11月15日,西沽街道组织参观市警示教育中心重温入党誓词 (西沽街道办事处提供)

【提升改造】 2019年,西沽街把全面实施社区党群服务中心达标建设作为深入贯彻落实"战区制、主官上、权下放"推进党建引领基层治理体制机制创新的重要抓手。拓展服务群众的能力,配建会议室、图书室、活动室等场所和设施,强化便民服务功能。突出党建主题,强化党群服务中心政治氛围。完成19处党群服务中心的提升改造和新建工作,其中7处拆迁片社区搬入新址。对街道办事处进行重新选址改造,新址设有党群服务中心办事大厅一个,面积673平方米;办公楼2座,1号楼1260平方米;2号楼1556平方米;食堂254平方米;接待室、传达室、值班室151平方米;共计4144平方米。办事处内设大型会议室一个,中型会议室一个,小型会议室两个,人大工委活动室、会议室各一个。

(李振铎)

水木天成第三社区党群服务中心新址

(西沽街道办事处提供)

【棚户区改造】 2019年,西沽街道学习"渔村"搬迁安置工作经验,大力弘扬担当作为精神,量化目标、分解任务、落实责任、艰苦奋战,圆满完成对西于庄、同义庄、西沽南片区的棚改工作。其中西沽南棚改片区是市中心城区继西于庄棚改项目之后的第二大棚改项目,共涉及街巷胡同51个,居民7836户,契证4510个,面积15.8万平方米,经过一年努力实现全面清零。

(李振铎)

西沽南棚改清零后面貌(西沽街道办事处提供)

【生态红线】 2019年,西沽街道启动北运河生态环境和地上物拆除工程。清拆工程全长530米,宽25米,占地面积1.3万余平方米,建筑面积近7500平方米,共涉及20个院落、162户、373间,其中二层建筑14处、三层建筑3处,多数是违章建筑。指挥部连续6天奋战60余小时,全面完成北运河西路生态红线环境治理和地上物拆除工程。同时拆除片区内北运河沿线违章建筑,涉及15户31间,合计490余平方米。

(李振铎)

地上物拆除后的北运河生态红线内围园路

(西沽街道办事处提供)

**【食品安全】** 2019年,西沽街道充分利用"美丽西沽"公众号、社区宣传栏、党群服务中心活动室等平台和场所普及食品安全知识。利用标语、宣传栏、LED屏等形式积极开展《中华人民共和国食品安全法》等相关法律法规宣传工作,在全街每个楼门张贴宣传海报,入户发放宣传材料,提高居民知晓率、参与率。向居民群众、驻街企事业单位、沿街商户发放《携手共创国家食品安全示范城市 致红桥人民群众的一封信》万余份,张贴宣传海报千余张,发放宣传手袋千余个,公布投诉举报电话,拓宽群众信访举报渠道,通过网上、来信等多种形式接收群众关于食品安全问题的反映,着力提高群众的健康饮食安全意识和街道食品安全工作人员的监管服务水平。

(李振铎)

2019年6月,西沽街道办事处配合区市场监管局检查菜市场食品安全　(西沽街道办事处提供)

**【拆违攻坚】** 2019年,西沽街道重点攻坚水木天成、金筑家园、三河街、围园路、涟源路等地区环境脏乱、违章圈占、私装地锁等问题。共计拆除违法建设759处2.01万平方米。清理社区内违法圈占979处1.99万平方米,拆除违章棚亭、报刊亭81处、地锁2000余个。抽调专人成立水木天成综合整治(拆违)指挥部,制定落实《水木天成地区私搭乱盖问题治理方案》《水木天成综合整治决战阶段实施方案》,明确责任分工,严格按照时间节点推进工作。累计拆除水木天成地区一楼小院、二楼露台违法建设598处,共1.27万余平方米;对813处顶层露台搭建全部完成立案查处、限制房屋交易工作。对涟源路和海源道等沿线社会院落进行整治,完成益丰水厂院内积存10年的渣土垃圾清运工作,共清运200余车。

(李振铎)

2019年7月,西沽街道办事处组织拆除水木天成违章搭建　(西沽街道办事处提供)

**【环境治理】** 2019年,西沽街道加强"十乱"(乱贴、乱画、乱泼、乱倒、乱拉、乱挂、乱搭、乱建、乱停、乱放)治理,集中组织准物业企业、各社区物管员、执法队员地毯式清理堆物堆料、垃圾死角和各类小广告,清除堆物堆料 1.50 万余处、小广告 7 万余处、破损共享单车 618 辆。坚持问题导向,对日常发现的问题,分类建立台账,明确整改责任,按网格督查销账。加强对正式物业小区的督查,采取约谈、协助治理等方式,促动企业提升管理水平。严格旧楼区长效管理奖励补贴发放和物业退出机制,用经济杠杆撬动准物业企业履行主体责任。通过采取集中清理与循环整治相结合的方式,建立脏乱点位台账,组织力量集中销账,分别组织社区集中劳动和抽调人员成立突击小分队查漏补缺、治理反复点位,针对小区以外环境及责任不明点位问题主动担当。共出动街道工作人员 1150 人次、作业工人 4800 余人次,卡车 1300 余台次,电动垃圾车 700 余台次,对各社区及支线道路的环境卫生进行整治,清运垃圾杂物 6000 余吨,清理堆物杂物和垃圾死角 4500 处。积极推进垃圾分类,在燕宇小区设置垃圾分类宣传固定架,建立试点小区,逐步推行垃圾分类工作。

(李振铎)

2019 年 5 月,西沽街道组织开展社区环境集中整治 (西沽街道办事处提供)

**【困难救助】** 2019 年,西沽街道落实好最低生活保障制度,强化低保对象的动态管理,严格落实"按户施保",做到该进则进,该退则退。全年共办理低保和低收入人员 1091 户,发放低保、特困救助金额 1983.5 万元,退出 75 户;发放临时救助 556 户,资金 118 万元;全面落实残疾人保障政策,保证各类帮扶资金及时足额发放。开展两节期间扶贫帮困"大走访"和冬令救助活动,累计发放救助物资 1820 件,共计 12 万余元,慰问居民 575 户。落实住房保障政策,办理限价房、公租房、公产房等审核 67 户,办理经济租房、廉租房补贴 92 户。结合退役军人信息采集、悬挂光荣牌工作,采取登门入户的方式,摸清退役军人和其他优抚对象底数,悬挂光荣牌 1900 余块。做实各项优抚举措,充分发挥关爱退役军人协会作用,定期入户走访退役军人家庭,及时掌握情况变化和困难需求,做好帮扶工作。为 10 余名家庭困难疾病缠身的退役军人申请医疗补助。积极开展就业推荐工作,协调解决下岗失业、生活困难的退役军人再就业问题。

(李振铎)

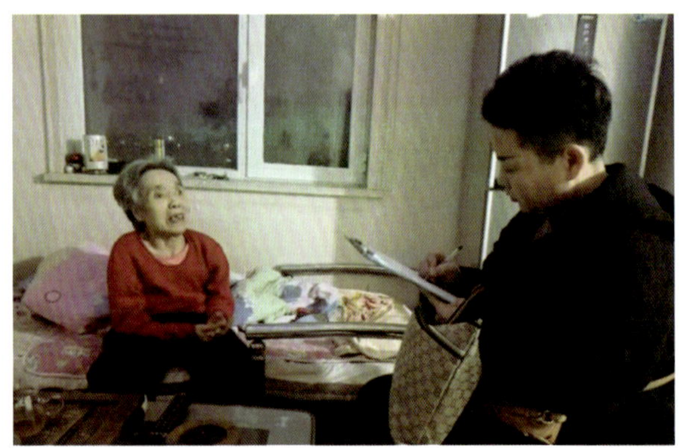

2019 年 1 月,西沽街道办事处慰问困难独居老人 (西沽街道办事处提供)

**【文化建设】** 2019 年,西沽街道提升社区硬件条件和办公设施,为水竹花园社区、青春里社区、涟源里社区等 12 个社区配备多项电子设备,确保社区功能有效发挥。继续巩固河怡、民畅、湘潭道等 5 个已命名的美丽社区建设成果。落实"迎春送福大拜年"和"社区文体艺术节书画交流活动"等主题文化活动,累计开展文化活动 232 场。继续推出惠民公益项目"文化大课堂",课程涵盖声乐、形体、舞蹈、电子琴等文化和艺术类别,累计开展文化培训 20 余场次。对街属 40 支文体团队骨干、117 名体育指导员进行再培训，开展“红十字博爱周”“世界献血者日”和“人体器官捐献宣传周”等主题宣传活动，张贴宣传海报30余张，发放宣传材料500余份。开展第三十三届科技周、专家进社区及2019年科普系列活动，累计开展现场咨询服务5场、专题座谈会2场、科普系列知识讲座50余场，发放科普宣传材料千余份，张贴宣传海报、宣传口号200余份。

（李振铎）

**【就业和社会保障】**　2019年，西沽街道以创业带动就业，定期举办招聘会，帮助就业困难人员实现灵活就业，办理十种困难人员认定720人，新增灵活就业保险补贴2768人，享受补贴金额1934万余元。开展SYB创业培训30人、技能培训570人，采集就业岗位600个。落实基本养老、医疗、失业、生育等保险制度，基本养老、医疗保险参保人数完成率100%。

（李振铎）

2019年3月，西沽街道办事处组织召开就业困难人群现场招聘会　（西沽街道办事处提供）

**【网格管理】**　2019年，西沽街道对所属辖区依据300户为基础进行网格化区域划分，分为21个社区网格区域、134个网格、辖区单位独立网格16个。明确21个社区网格长，社区129名网格员开展网格化服务管理工作。全年战区长吹哨事件27件，全部按时解决。网格员事件上报51897件、办结51875件，办结率99%。

（李振铎）

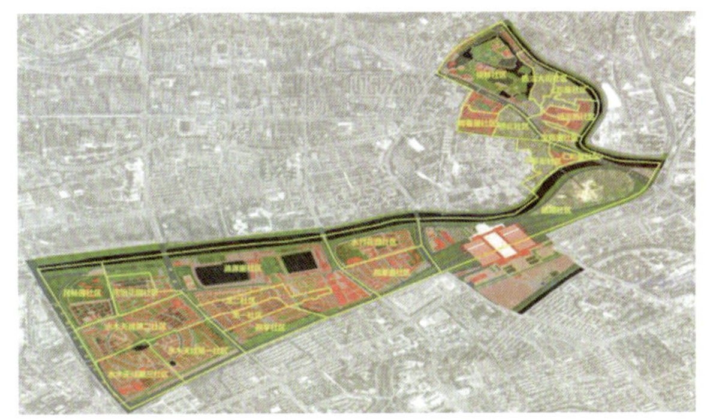

西沽街网格化管理划分示意图

（西沽街道办事处提供）

**【街片长制】**　2019年，西沽街道强化街片长制相关工作，着力提升基层治理能力。聚焦市容市貌、市容和秩序、环境卫生、基础设施、便民服务、维护稳定等重点工作，强化街道基层社会治理主站区功能，充分发挥街片长在基层治理中的重要作用。建立相关工作机制，进一步细化问题转办处置流程，调整人员力量配备，完善考核监督制度，提高考核运用实际效能，促进街、片长、网格长、网格员解决问题能力提升，提高服务群众能力。

（李振铎）

2019年12月，西沽街道办事处主任赵国庆（右一）履行街片长职责到社区解决居民问题

（西沽街道办事处提供）

**【综治维稳】**　2019年，西沽街道推动扫黑除恶专项斗争，制定印发《创建“无黑”街道工作方案》《纵深推进扫黑除恶专项斗争工作意见》等文件。在全街1676个楼门公布扫黑除恶群众举

报电话,21 个社区居委会设置扫黑除恶举报箱,通过网上、来信等多种形式接受群众关于"涉黑"问题的举报,与属地派出所密切配合,对 8 名西于庄拆迁户涉嫌聚众扰乱社会秩序罪依法打击。累计排查化解矛盾 378 件,化解率 99.20%。全年,共接待集体访 14 批次,接待个访 500 余人次。处理"8890"等投诉件 53 件,办复率 100%。

(李振铎)

2019 年 12 月,西沽街道办事处在西沽公园发放扫黑除恶宣传材料 (西沽街道办事处提供)

【精准扶贫】 2019 年,西沽街道办事处积极与帮扶支援对象甘肃省合水县、碌曲县对接,动员各类企业、社会组织、居民积极参与扶贫协作工作,开展结对帮扶、消费扶贫等活动。党政主要负责人与甘肃省特别困难的贫困户"结对帮扶",定期联系沟通,了解对方家庭困难,并给予支持和帮助。积极对接对口扶贫对象合水县板桥镇司家峁村和碌曲县拉仁关乡镇,捐赠取暖设备款 5.28 万元。动员辖区内企业参与东西部扶贫协作,2019 年度有 7 家企业自愿购买扶贫产品,购买金额合计 7.10 万元。

(李振铎)

2019 年 10 月,西沽街道办事处向合水县板桥镇捐赠物资现场 (西沽街道办事处提供)

## 三条石街道

【概况】 三条石街道位于红桥区东南部,地处子牙河、南运河与北马路、通北路交会形成的四边形地带,东至海河中心线与狮子林桥中心点连线,隔河与河北区相毗邻,南至北马路东段中心线,与南开区相接,西至西站前街中心线与大丰桥中心点连线,北至津浦铁路线南侧。2019 年,大胡同商贸区并入三条石街道,辖区面积由 1.47 平方公里扩大到 1.92 平方公里。户籍居民 20297 户 50743 人。街道设 7 个居委会和 1 个筹备组:北开花园社区居委会、尚都家园社区居委会、御河湾社区居委会、大胡同社区居委会、金领国际社区居委会、大丰东社区居委会、千吉花园社区居委会、海河华鼎筹备组。办事处地址:南运河北路(御河湾小区西南角),邮编:300123,联系电话:87738917。

2019 年,三条石街道深入推进棚户区改造、创文创卫、环境秩序、地区稳定、民计民生、基层党建等各项重点工作取得新成效,为充分发挥基层党组织轴心作用、带动地区发展提供了强有力的保证。2019 年,北开花园社区被评为市级"快乐营地";大丰东社区通过市民政局考核,被评定为"美丽社区";千吉花园社区被评选为 2019 年天津市优秀志愿服务社区。

(张　超)

【基层党建】 2019 年,三条石街道建设街级基层社会治理平台，划分社区网格69个、独立网格19个，确定网格长8人、网格员67人。完成全年社区服务群众专项经费使用计划和额度70余万元。打造海河华鼎商务楼宇党建品牌。完成“两新”组织排查走访3500余户次，组织“两新”企业党员、“两新”企业入党申请人、积极分子等170余人次开展各类共建活动12次，非公企业党组织覆盖率85%。组织党支部、党小组学习活动150余次，开展社区党组织书记业务培训20场次，培训党员1500余人次。组织理论学习中心组集中学习18次，街道宣讲团全年集中学习交流14次，为社区开展“扫黑除恶”、“创文创卫”等主题宣讲70余次。开展深化政治性警示教育“一抓三补四强化”专项行动。6月，在御河湾社区空中花园举行“喜庆建党98周年 共建美丽新红桥”大型文艺演出。尚都家园社区组织辖区青少年开展“悦享童年 彩泥DIY”手工制作活动。

（张　超）

2019年4月19日，三条石街道召开“一抓三补四强化”专项行动工作部署会　（三条石街道提供）

【主题教育】　2019年，三条石街道开展“不忘初心、牢记使命”主题教育，街道党工委领导班子开展3期读书研讨活动，检视出13个方面的30个问题，形成调研报告9篇。街道十项专项整治检视问题15个，制定整改措施23条，完成整改14个，制作和发放主题教育书签3000套。

（张　超）

2019年9月19日，三条石街道召开“不忘初心、牢记使命”主题教育动员部署会　（三条石街道提供）

【创文创卫】　2019年，三条石街道开展“文明条例进万家”活动，滚动播放宣传标语，张贴宣传海报500余张，发放条例单行本8000余册。制作“双创”公益广告200余块、“楼道革命”党员倡议书海报750张、新中国成立70周年公益宣传展牌百余块，设计制作主题教育海报、易拉宝、书签、一封信等宣传品约2万份。清理重点卫生点位7200次，清运杂物1089车、1600吨，拆除违法建设137处，封堵“窗改门”135处，拆除社区圈占39处，清理乱吊乱挂40处。拆除天鸿大厦、金领国际、北开花园地下违法建设7000余平方米，清理尚都家园地下车库杂物9车。清理群众影院和航空机电拆迁地块内的违法建设、临建房20余间，清理垃圾、废弃物70余车。发放治理门前三包行动通告1300余份。开展病媒防治工

22019年8月23日，三条石街道召开创文创卫工作誓师大会　（三条石街道提供）

作,定期对垃圾桶进行清刷,更换破损的鼠洞标识和鼠药并封堵鼠洞,及时处理社区内积水容器和点位,减少蚊蝇滋生。

(张　超)

**【棚户区改造】** 2019年,三条石街道完成群众影院片区、航空机电片区棚户区改造项目清片任务,群众影院片区滞留现场拆迁户于4月12日前全部主动撤离,航空机电片区棚户区改造项目197户于4月15日前全部主动撤离,均无强制执行和上访情况,完成2019年度民心工程,实现棚户区“三年清零行动”目标任务。

(张　超)

**【公共管理】** 2019年,三条石街道治理店外摆卖2387处次,无照占路经营1546处次。清理堆物3420处次,LED灯1223处次,灯箱刀牌1558处次,窗贴2654处次,乱吊乱挂1362处。拆除辖区内占路棚亭11处。在行政执法监督平台录入执法检查记录2200条,行政处罚20件,处罚金额3900元。对存量违法建设进行销账管理,累计销账违法建设33处(79间)、1549平方米,封堵“破窗改门”53处。在街域道路上非机动车停放密集区规划停车位28处。张贴禁烟标识,进行控烟宣传。治理燃煤锅炉,拆除大胡同金钟里社区燃煤锅炉1处。推进煤改电工作,完成2019年度247户散煤治理补贴发放49.4万元。治理南运河、海河非法捕捞问题,查处非法捕捞4起,没收渔网5个,地笼2个,劝导教育10余人,治理桥上捕鱼、桥上放生问题522处。解决日常环境问题,处理回复数字化平台案件8000余件。

(张　超)

2019年8月28日,区领导到现场指导金钟桥大街非法存车处问题　（三条石街道提供）

**【公共服务】** 2019年,三条石街道发放救助金1400万元,救助480人次,为789户1143人发放年终一次性补贴91.44万元。建成街道一级老年人食堂建设1家。342人享受重度残疾人生活补贴,778人享受重度残疾人护理补贴,为23人开展重病重残人员大病救助。发放保障性住房资格证121户,廉租住房租房补贴46户,经济住房租房补贴22户,实物配租补贴22户。为1185人办理城乡居民医疗保险,报销药费56份,新增参加城乡养老保险人员17人。办理即时社保卡369个,临时社保卡4个。为2533人发放失业救济金310.90万元。采集招聘单位信息75家,开发就业岗位406个,举办招聘会2场。录入新婚信息49人,办理一孩生育登记证180个,办理二孩生育登记证70个,再生育审批6个,计划生育率100%。举办社区文明祭扫活动29场,发放宣传单5500余份,办理无服务场所居民丧葬补贴61人,发放丧葬补贴10万余元。建军节期间为869名退役军人发放慰问金17.58万元。

(张　超)

2019年7月12日,三条石街道召开全体干部会,部署城市困难群众排查解困专项工作

（三条石街道提供）

【公共安全】　2019 年，三条石街道调处矛盾纠纷 1929 件，成功率 100%，受理网上信访 32 件，未发生进京非正常上访、进京越级上访、集体访现象。与辖区企业签订《2019 年安全生产、消防责任书》，开展消防安全知识讲座 7 次，发放各类消防宣传手册 2400 余份，组织逃生应急演练 12 场。专项检查地下空间、液化石油气罐、电梯安全、六小单位等 120 组次，400 余人次，排查出一般安全隐患 60 余件，全部整改完毕。报送扫黑除恶信息、线索台账 23 份，组织各社区开展扫黑除恶知识宣讲 10 次。开展社会面吸毒人员潜在隐患排查管控工作，对辖区 26 名吸毒人员进行逐个查询比对，摸清底数。开展集中打击清理整顿保健品乱象专项整治行动，出动执法人员 185 人次，检查商户 288 家次。开展食品摊贩安全风险大排查大整治“百日行动”，出动检查人员 1338 人次，检查经营单位 2220 家次。配合有关部门完成反恐涉恐专项排查、交通安全整治、铁路护路安全、非法集资专项整治等工作。

（张　超）

2019 年 12 月 17 日，市扫黑除恶督导组到三条石街道千吉花园社区听取汇报并指导相关工作

（三条石街道提供）

【社区建设】　2019 年，三条石街道完成 7 个社区党群服务中心提升改造工程，建立社区工作站，截至年底，社区党群服务中心提升改造基本完成。三条石街道召开科学技术协会成立大会暨第一次代表大会，全体代表表决通过三条石街道科协实施细则章程，选举三条石街道科协第一届委员会委员，选举产生主席、副主席，提名秘书长人选名单。组织开展社区文体惠民活动，开设兴趣培训班、建设社区公共文化设施、组织文艺演出和文化活动，推进全民健身核、全域科普建设，推动健康教育工作，开展志愿者服务。

（张　超）

2019 年 10 月 23 日，三条石街道在三楼大会议室召开科学技术协会成立大会暨第一次代表大会

（三条石街道提供）

【宣传工作】　2019 年，三条石街道开展《天津市文明行为促进条例》宣传工作，召开街道创文工作启动会暨业务培训会，开展庆祝中华人民共和国成立 70 周年主题活动。国庆节期间在辖区主干道路、临街商铺和居民区升挂国旗，加大对《中华人民工作和国国旗法》宣传力度，普及国旗使用知识。利用全街户外宣传牌、宣传栏、室内外 LED 电子显示屏，广泛刊发 70 周年主题社会宣传内容。举办“新中国 70 年经济发展成就与启示”主题讲座，组织党员群众观看国庆阅兵式、习近平总书记重要讲话，举办迎国庆文艺晚会等主题活动。

（张　超）

【综合执法】　2019 年，三条石街道综合执法大队对北开大街、赵家场大街、新三条石大街、大丰东马路早点摊易产生集聚点位进行清整。出动执法人员 40 余人，对违法违规无照游商进行暂扣的同时均实施一般程序处罚，单日进行立案处罚 6 起，罚款 1000 元。对大胡同商贸区年货零售批发进行秩序规范,坚持文明执法、严格执法、规范执法,累计治理里空外卖、无照游商等经营乱象 700 余处。

(张　超)

【综合保障】　2019 年,三条石街道募集社会帮扶款物共募集款 3 万元,用于资助甘肃省碌曲县双岔乡、合水县固城乡、合水县何家畔镇困难家庭学生。购买 4 万余元贫困县农产品。开展社会治理网格化管理平台工作,录入 17422 人群数据信息。其中,流动人群 1032 人,重点人群 300 人,特需人群 1241 人,组织 7 个社区 44 个网格员开展社会治理网格化管理平台培训会。机构改革后,三条石街道与原大胡同街道合并成立新的三条石街道。2019 年征兵工作发放政策宣传手册 350 张,张贴征兵画报 10 张,登记适龄兵役人员 92 人,18 岁青年登记率 100%。新增固定资产总金额 18.70 万元。接收大胡同固定资产,账外资产净值 17.69 万元,账内资产为 45.49 万元,合计总价值 63.18 万元的固定资产。

(张　超)

【群团工作】　2019 年 12 月 24 日,三条石街道召开三条石街商会成立大会,会议选举产生三条石街商会理事、监事。随后召开第一次理事会,选举产生三条石街第一届商会会长、副会长及秘书长。民联投资控股集团董事长赵刚当选首届三条石街商会会长。8 月 14 日,街道妇联召开九届三次执委会,增补街道妇联执委 9 人,选举产生街道妇联主席、兼职副主席。对辖区内御河湾等 5 个社区妇联组织进行届中调整。组织开展“巾帼心向党、礼赞新中国”主题宣讲活动。4 月,街道团工委组织街道、社区团员青年 50 人赴盘山烈士陵园开展“传承五四精神 缅怀革命先烈”主题团日活动。11 月,街道团工委对辖区内符合建团条件的非公企业摸排和青年底数摸排,建立天津市利庭酒店管理有限公司团支部。

(张　超)

2020 年 8 月 4 日,三条石街道大胡同社区组织开展征兵政策宣传活动　(三条石街道提供)

2019 年 4 月 7 日,三条石街道团工委组织街道、社区团员青年 50 人赴盘山烈士陵园开展“传承五四精神 缅怀革命先烈”主题团日活动　(三条石街道提供)

## 咸阳北路街道

【概况】　咸阳北路街道位于红桥区西北部,东面与丁字沽街道相靠,南面与西于庄街道相连,西面与双环邨街道相依,北面分别与丁字沽街道和北运河相邻。1980 年建街,街域面积 2.40 平方公里,现居 2.60 万户、常住人口 6.90 万人;户籍 2.90 万户、户籍人口 7.50 万人。设 17 个社区居委会:凤城居委会、开源居委会、昌图居委会、永进居委会、绥中居委会、彰武居委会、同心居委会、宁城居委会、本溪居委会、永明居委会、幸福居委会、红旗居委会、勤俭居委会、团结居委会、化工居委会、七〇七所社区家属居委会、郭辛庄居委会。街道办事处地址:咸阳北路街道清源道4号,邮编:300131,联系电话:86513831。

2019年,咸阳北路街道深入贯彻落实中共十九大和习近平总书记在天津考察工作时的重要讲话精神,顺应街道机构改革新形势,推进工作职能转变,以实现群众对美好生活的向往为目标,以深入推进党建引领基层治理体制机制创新为重点,攻坚克难,创新有为,圆满完成年度各项工作任务。

(张　武)

**【党建引领基层治理体制机制创新】** 2019年,咸阳北路街道扎实推进"一号改革创新工程"落实落细。采用租赁、共享、共建的模式扎实推进社区党群服务中心建设,除郭辛庄拆迁片外,16个社区党群服务中心全部实现达标。充分发挥党群服务中心阵地作用,社区按月制定党员活动安排、群众活动安排,增强社区对党员、群众的号召力、凝聚力和影响力。顺利完成街道机构改革任务,组建街道"一委八办三中心",做到人员到位、职责到位。街道启动行使"吹哨"调度权,有关区级部门积极响应,解决党群服务中心建设、养鸽污染环境卫生等急难问题。

(杨　蕊)

2019年8月20日,咸阳北路街道到和平区新兴街朝阳里社区开展学访活动　(咸阳北路街道提供)

**【创文创卫】** 2019年,咸阳北路街道积极开展卫生清整,将全街干部按片划分,包保社区,加强联动,加班加点对社区进行全面清整,重点对社区"十乱"、楼道堆物、小广告、僵尸自行车、枯树杂草、违章圈占等问题点位进行治理。积极组织街道执法大队、社区居委会、物业公司、各包保单位深入一线,在全街范围内开展大清整活动。紧紧盯住城市管理顽瘴痼疾,集中力量组织喜洋洋占路市场综合治理并实施长效管理,多部门联动解决永丰楼菜市场安全、信访和环保问题,借力信鸽协会开展养鸽、鸽棚专项治理,依法依规拆除一号路违建和封堵三号路"窗改门"。

(王刚民)

2019年5月24日,咸阳北路街道开展小区内废旧共享单车清理　(咸阳北路街道提供)

**【零散平房动迁】** 2019年,咸阳北路街道成立街道零散平房动迁组,经入户调查摸排后,确定符合零散平房拆迁政策户数393户。认真向群众宣传解释工作方针和政策,解决群众住房实际困难。截至2019年10月,零散平房拆迁报捷,正加快建筑拆除、地面修复、土地注销等后续工作。涉及属事属地的复杂问题、历史遗留信访难题得到有效化解。

(叶　明)

**【社会救助与社区建设】** 2019年,咸阳北路街道落实各项救助政策,做好扶贫助困工作,切实解决困难群众实际问题,每月发放低保金145万元,为低收入家庭发放救助金1.50万元;办理经济核查1635件,给予临时救助810人次;发放残疾人两项补贴 1779 人,每月发放补贴 39 万余元。做好"筑基"工程入户排查困难群众工作,累计入户访查 2.7 万余户,对摸排出的困难家庭申办救助帮扶。加强社区工作者队伍建设,不断优化人员配置,完成幸福、同心社区居委会成员补选工作,新招录社区工作者 1 名。成立"小区管家"志愿服务队,志愿者 366 名,以志愿服务为抓手,提升老旧社区治理能力。

(党秀龙 韩小明)

2019 年 7 月 18 日,咸阳北路街道开展"筑基"工程宣传工作 (咸阳北路街道提供)

**【综治信访】** 2019 年,咸阳北路街道紧紧围绕"全国两会"、中华人民共和国 70 周年大庆、十九届四中全会等重要会议和重要时期,强化全街"战区意识",做到超前谋划、领导包案、多方联动,推动信访案件从重要节点应对逐渐向常态化、制度化化解转变。成立三级攻坚突击梯队,700 余人次参加,维护政治安全和社会稳定。建立街所联动解决安全、信访、维稳问题的有效方式,为创新基层治理创造有利条件。传达学习中央、市、区扫黑除恶专项斗争会议精神,坚持问题导向,完善薄弱环节,完成中央第 12 督导组迎检工作。加大扫黑除恶宣传力度,组织知识竞赛,开展集中宣传 34 次。强化线索排查,公布举报渠道,接受群众监督。加强区域安全监管,共出动检查人员 1600 余人次,检查企业 5000 余家,查出隐患 261 处,完成整改 224 处。全年未发生重大安全生产事故或火灾事故。

(张奎亮)

2019 年 4 月 3 日,咸阳北路街道在凤城社区开展扫黑除恶宣传活动 (咸阳北路街道提供)

## 铃铛阁街道

**【概况】** 铃铛阁街道位于红桥区南部,东至西马路,南至西关街、掩骨会、西营门外大街,西至青年路、三元桥,与南开区毗邻,北至芥园街以芥园道为界。辖区面积 1.1 平方公里,下辖 12 个社区居委会,总户数 1.89 万户,户籍人口 3.40 万人,常住人口 3.86 万人。界内有国家级历史文物保护单位吕祖堂和百年清真南大寺。

2019 年,铃铛阁街道党工委、办事处认真学习贯彻习近平新时代中国特色社会主义思想和中共十九大、十九届二中、三中、四中全会精神,习近平总书记对天津工作提出的"三个着力"重要要求,团结带领全街广大党员干部群众,不断推动党的建设、民计民生、创文创卫、安全稳定等各个方面高质量发展,以铃铛阁之力为加快打造绿色城区、建设美丽红桥贡献力量。2019 年,我街下辖南头窑社区荣获天津市优秀志愿服务社区称号;下辖新春花苑社区分别荣获天津市"市级社区综合性文化服务中心"和红桥区"三八"

红旗集体称号；下辖庆丰里社区荣获天津市美丽社区称号；全街共5名干部分别获得市、区级表彰奖励。

（穆新亮）

**【主题教育】** 2019年，铃铛阁街道认真开展“不忘初心、牢记使命”主题教育，抓实领导班子学习教育，组织开展三期领导干部读书班，组织全体班子成员进行交流研讨发言，组织学习党史新中国史并交流研讨。领导班子深入开展调查研究，形成调研报告，组织召开调研成果交流研讨会。制定检视问题清单，领导班子检视出13个方面近30条问题。结合主题教育十项专项整治，对照检视问题清单，积极开展整改落实。开展革命传统教育、形势政策教育、先进典型教育和警示教育。抓实基层党组织学习教育，推动机关党支部围绕“六个一”开展主题教育，并加强监督检查。

（穆新亮）

2019年9月18日，铃铛阁街道召开“不忘初心、牢记使命”主题教育动员部署会（铃铛阁街道提供）

**【基层治理】** 认真落实“战区制、主官上、权下放”，推进党建引领基层治理体制机制创新。在全街划分12个社区网格、77个基础网格，设77名网格员。充分利用“吹哨报到”工作机制，协调区住房建设委、区市场监管局等10余个区相关职能部门，帮助解决社区党群服务中心提升改造、引进注册企业等街域内多个重难点问题。用好网格化平台，发挥“全科网格”作用，社区网格员在巡逻中共发现各类隐患事件2万余件，均妥善处理。行使街道综合管理行政职权，联合区生态环境局、区综合执法局、交警红桥支队等执法力量，共同对辖区市容环境、大气环保等问题进行联合执法。深化“双联系双报到”工作机制，制定《铃铛阁街道推行街片长制工作方案》，充分发挥街片长在基层治理中的作用。

（穆新亮）

**【党建工作】** 2019年，铃铛阁街道开展深化政治性警示教育“一抓三补四强化”专项行动，着力推动思想建设，组织街道党工委理论中心组开展全面从严治党专题学习，持续深入学习中共十九大精神和习近平新时代中国特色社会主义思想，特别是习近平总书记在天津视察和京津冀协同发展座谈会上的重要讲话精神。着力推动组织建设，统筹推进基层党组织建设，选优配强社区“两委”班子队伍，集中整顿软弱涣散基层党组织。抓好纪律作风建设，推动纪检监察工作向基层延伸，在节假日等重要节点，采取多种方式督促广大干部廉洁过节。组织社区纪检联络员和社会监督员对辖区内餐饮娱乐场所和机关事业单位进行检查。聚焦群众身边的微腐败，开展扶贫助困领域腐败和作风问题专项治理等工作。全年共受理信访举报14件（其中业务范围外5件），运用第一种形态处置6人次。

（穆新亮）

**【机构改革】** 2019年，铃铛阁街道稳步推进街道机构改革，街道党工委在充分调查研究和征求意见的基础上，结合本街道工作实际和干部队伍情况，对各委、办、中心等14名正科级干部进行重新任命，对全街干部进行重新调整，确保机构改革期间工作不断、秩序不乱。认真落实新修订的《中华人民共和国公务员法》和《公务员职务职级并行规定》，对全街非领导职务干部进行职级套转。2019年，提拔任用2名副科级干部，完成2名正科级干部、2名副科级干部和4名干部的试用期转正考察任命，办理2名处级领导干部和1名干部的退休手续,接收1名参公事业编干部,完成1名参公事业编干部和23名事业编干部的转隶手续。

(穆新亮)

【民计民生】 2019年,铃铛阁街道共为1.10万人次发放低保及低收入保障金1264万余元;为15730人次发放临时救助、大病医疗救助、残疾人补贴、无口可归、"两节"救助等,资金694.79万元;受理廉租住房租房补贴63户、经济租赁房租房补贴47户,限价房、公租房、廉租房、经济租赁房等各项业务年审139户,政策咨询6600余人次;办理就失业证49人,失业金发放6450人次,766.23万余元;举办4场招聘会,提供岗位207个;切实推动精准救助"百日会战"工作,走访重点户282户;中元节以及寒衣节期间,全街干部和社区工作者坚守第一线,确保辖区环境卫生和安全稳定。在现西关北里党群服务中心大厅开办老人家食堂,建筑面积150平方米。

(穆新亮)

【安全维稳】 2019年,铃铛阁街道做好安全生产、消防和隐患治理工作。在市"两会"、全国"两会"、"一带一路"高峰论坛、亚洲文明对话会、国庆节等重点维稳安保期,反复研讨制定维稳方案。在辖区内开展重点行业、地下空间、高层电梯、游乐场所、装修改造施工等领域专项排查检查治理行动。组织工作人员入户宣传《中华人民共和国安全生产法》《中华人民共和国消防法》,开展安全生产月活动,悬挂条幅12条,制作安放刊板11块,张贴宣传画、挂图200余张。持续做好市隐患排查治理信息化系统的运行保障工作,辖区内未发生安全生产及消防责任事故。

(穆新亮)

2019年12月26日,铃铛阁街道组织召开2019年安全生产工作调度会　(铃铛阁街道提供)

【扫黑除恶专项斗争】 2019年,铃铛阁街道推动扫黑除恶专项斗争向纵深发展,对照中央扫黑除恶第12督导组督导反馈问题,认真制定清单,逐一整改落实。多次召开班子会及扫黑除恶专项斗争推进会,传达市、区扫黑除恶会议精神,制定街道扫黑除恶工作及整改方案,列明清单,明确整改时限,对照清单坚决整改落实。坚持宣传先行、舆论先导,悬挂条幅10余条,发放各类宣传材料6万余份,使扫黑除恶专项斗争深入人心;每周向区扫黑除恶办公室报送工作信息1篇,每月报送工作简报及"无黑"城区创建工作开展情况。与南头窑派出所密切配合,在辖区娱乐场所开展宣传、排查和整改。

(穆新亮)

【创文创卫】 2019年,铃铛阁街道以全面落实创建国家卫生区攻坚行动、大气污染综合治理攻坚行动为主线,坚持法规宣传宣教、依法管理城市环境,抓实爱国卫生月城市环境综合治理。清拆庆丰里社区、乐安里社区、新春花苑二期、西关大街宰牛点、清真南大寺内的违章建筑299间、7646平方米,清理乱圈乱占471处,清除楼道和社区外环境堆物,清除涂鸦广告和僵尸机动车及非机动车,清整铃铛阁、聚顺里棚改拆迁片四至场地,抓实喷淋降尘作业和拆迁裸露地表苫盖,严防扬尘污染。全街干部和社区工作人员放弃公休和中秋节、国庆节假日,开展背街里巷清脏治乱,消除病媒生物滋生地,全力以赴助力创卫攻坚,圆满完成全年创文创卫各项工作目标和创国卫暗访迎检工作。

(穆新亮)

2019年8月，区“创城”督导调研组到西北角地区，就“创城”工作开展情况进行实地督导调研

（铃铛阁街道提供）

【西北角地区专项整治】 2019年，铃铛阁街道针对西北角地区违章违建顽疾，分重点攻坚、集中清拆、全面清拆三个阶段推进，拆除西北角地区73处2860余平方米违建，对西关大街近1000平方米的过渡性牛羊屠宰点进行整体拆除，切实提升西北角地区市容市貌。针对西北角地区出动执法人数2000余人次，对“鬼市”、占路经营、“十乱”、户外广告等问题进行治理，安排执法人员坚持上早、中午连岗值守及晚间延时巡查，巡查道路2100余条次，巡查社区1095个次，晚间巡查治理烧烤点位430余次。

（穆新亮）

2019年5月，铃铛阁街道领导到西北角地区查看违章建筑清拆情况　（铃铛阁街道提供）

# 芥园街道

【概况】 芥园街道位于红桥区南部，东起北门外大街，南以芥园道为界与铃铛阁街衔接，西至旧墙子河（津河）与南开区毗邻，北临南运河与邵公庄街道隔岸相望。辖区面积1.96平方公里，总户数13836户，户籍人口23542人，常住人口31636人，其中中共党员2203人。街道辖区内的常住少数民族居民有回族、满族、壮族、维吾尔族、羌族、蒙古族、苗族、仫佬族、布依族、朝鲜族、锡伯族、土家族，少数民族人口3285人，其中流动人口228人，占少数民族人口总数的7%、街域流动人口总数的24%。设8个社区居委会：隆春里社区居委会、世春里社区居委会、泉春里社区居委会、芥园大堤社区居委会、弘丽园社区居委会、水西园社区居委会、河滨花苑社区居委会、河庭花苑社区居委会。办事处地址：红桥区闸桥南路37号，邮编：300121，联系电话：27580466。

2019年，芥园街道全面学习贯彻中共十九大、十九届二中、三中、四中全会精神，认真贯彻落实习近平总书记对天津工作“三个着力”重要要求和系列重要指示批示精神，深入开展“不忘初心 牢记使命”主题教育，全力打好棚户区改造、招商引税、创文创卫、安全稳定四场硬仗，开创经济工作、城市管理、民生改善、平安建设、基层治理等各项工作新局面。

（于颖杰）

【街域经济】 2019年，芥园街道制定《芥园街2019年“双万双服促发展”活动任务清单》《芥园街2019年党员干部联系服务企业分解台账》，明确街域内帮扶企业负责人、负责科室和社区居委会，定期和企业进行联系，反馈企业问题，全年联系走访企业70余家，走访三级包联企业10余次。指定专人对政企互通服务信息化平台进行管理，严格按照要求辅导企业开通企业端口，平台共解答企业提出问题93条，答复率100%，评价率100%。走访帮扶企业，进行政策宣讲、征求意见，了解企业基本情况、发展现状、发展规划以及急需解决的问题和困难。完善引进企业档案，纳入引进企业执照，做到一企一档、档案清晰，及时传达市、区扶持政策，为引进税源企业定期发放产业扶持资金。

（白佳鑫）

2019年11月28日，芥园街道实地走访米兰超市（白佳鑫 摄）

【棚户区征收改造】 2019年，芥园街道坚定不移践行“以人民为中心”的发展思想，坚决执行市委、区委“三年清零”工作要求，始终坚定“全面小康路上不让一人一户掉队”的信念，算好时间账、任务账和民生账，坚持深入统筹与入户并重，动迁力度与温度并举，仅用1个月时间完成75%协商搬迁任务，实现100%交房封房，确保了按时清片收尾，使119户拆迁群众受益、实现新居梦。

（于颖杰）

2019年7月12日，芥园街道领导在宝义里胡同现场指挥、督察工作（姜玉红 摄）

【社会保障】 2019年，芥园街道深化“老弱病残困”特殊群众低保救助工作，累计服务8255人次，办理发放各类救助金296万元。开展“筑基工程”大排查、大整治、大清整活动，完成入户核查14363户。打造隆春里、世春里2个退役军人服务精品社区，采集信息983人，帮扶困难退役军人66名。

（赵学杨）

2019年10月15日，芥园街道劳动保障服务中心举办2019年第四季度大学生专场招聘会（赵学杨 摄）

【环境治理】 2019年，芥园街道所有干部按片划分，下沉社区，加强联动，压实责任，利用工作日、周末节假日时间，对辖区内社区进行全面清整，对全部社区卫生死角、脏乱点位进行统一大整治5次。清运各类杂物、堆物3600余车、7000吨，清理问题点位9万余处，清理社区小广告并进行同色覆盖千余处，对泉春里、纪春里、芥园大堤等社区200余个楼门进行彻底的“楼道革命”，累计出动巡查人员千余人次，加强对家禽、旱厕的巡查力度。

（李　阳）

2019年11月12日，芥园街道召开巩固创卫成果推动物业企业长效管理会暨芥园街道首次物业联席会　（马悦　摄）

【综治信访】　2019年，芥园街道持续做好新中国成立70周年、中共十九届四中全会、第十届残运会等时期信访安保工作。全年接收信访举报30件，办结24件，各社区工作站受理纠纷调解701起。开展街域内安全隐患大排查大检查，检查单位1808家次，680余个属地企业单位签订消防、安全生产公约。落实平安建设“十百千”工程，河滨花苑、河庭花苑、泉春里、芥园大堤4个社区达到“六有十无”（有组织、有场地、有平台、有服务、有队伍、有保障；无黑恶、无暴恐、无邪教、无命案、无“民转刑”、无吸毒、无传销、无火灾、无非法集资、无越级访）标准。开展扫黑除恶专项斗争，以第十二督导组到天津督导为契机，多形式开展宣传，印制发放宣传品2万余份，实现宣传全覆盖。

（刘希平）

【社区建设】　2019年，芥园街道完成全部社区党群服务中心提升改造。投入资金200余万元，为隆春里社区、世春里社区、弘丽园社区、水西园社区、芥园大堤社区进行提升改造，解决以上5个社区的办公用房不达标问题。社区建设办公室根据市区委组织部、民政局要求，对抽调社工问题进行清理，使全部社工按规定回到社区。全年多次组织社工进行美丽社区创建、物业、社工等级认定等业务领域与职业技能的培训。完善街道、社区文化活动室、活动站建设，各社区文化活动室面积均达标，并已申报全市，配置了服装、音响、道具等相关硬件。街文化站开展文体活动及各类培训52场，各社区文化室开展各类活动280场。成立街道、社区两级科协组织，结合社区党群服务中心建立社区科普阵地，实现有制度、有场所、有人员、有终端、有活动的“五有”阵地。完善基层科普队伍建设，明确各社区科普工作负责人，组织发展志愿者加入科普工作中来，利用新媒体如微信公众号、APP进行科普知识宣传，全年开展科普活动35场。指导河庭花苑等

2019年12月13日，市安委会到芥园街道检查推动工作　（安世博　摄）

2019年7月1日，芥园街道举办庆祝中华人民共和国成立70周年活动　（冯蕊　摄）

各社区业委会相关工作,解决业委会工作中产生的问题纠纷,回复关于业委会“8890”及信访投诉20余件,应诉隆春里原业委会2名成员关于隆春里业委会的行政诉讼案件。

(冯　蕊)

【党群工作】 2019年,芥园街道完成庆祝中华人民共和国成立70周年宣传工作,举办“不忘初心、牢记使命”庆祝新中国成立70周年暨芥园街道第十八届文体艺术节系列活动。组织社区开展“巾帼心向党”“巾帼大宣讲”“网络安全知识宣传活动”“垃圾分类家庭趣味运动会”等系列活动40余场,协助团区委在陆家嘴商场组织街道社区干部参加庆祝中华人民共和国成立70周年视频拍摄活动。完成红桥区统战理论政策研究成果《统一战线宣传和舆论引导工作研究》,推动区域在民族宗教氛围和谐稳定。

(汤　媛)

2019年9月12日,芥园街道协助团区委在陆家嘴商场门前开展庆祝中华人民共和国成立70周年音乐短片拍摄活动　(汤媛　摄)

【新经济组织和新社会组织】 2019年,芥园街道党工委组织开展“寻找党员”寻人启事特色活动,在各楼宇张贴“寻找党员”海报,海报中印有“芥园两新党建”公众号二维码,楼宇内党员可通过微信扫码找到自己的“家”,楼宇内选配的“两新”党建指导员也通过层层“扫楼”等方式寻找商圈楼宇党员,发放《致芥园街各商务楼宇内企业和广大党员、员工的一封信》;进入企业走访调研,根据掌握情况及时更新完善工作底册,坚持动态管理。用行动感召身边党员,主动快速办理组织关系。

(赵园静)

2019年3月25日,芥园街道党工委开展“寻找党员”寻人启事特色活动　(孙洪茹　摄)

【主题教育】 2019年,芥园街道开展“不忘初心,牢记使命”主题教育,集中交流研讨7次,到社区调研50余次,形成调研报告10篇,制定对策措施36条;召开专题民主生活会,抓好《习近平新时代中国特色社会主义思想学习纲要》《习近平关于“不忘初心、牢记使命”重要论述选编》等学习,印制张贴宣传海报2000余张、口袋卡片5000张,组织党员到宝坻开展红色主题培训、“重走长征路”、参观廉政展览等,实现了机关、社区、“两新”学习教育全覆盖。抓好10项专项整治。

(赵园静)

2019年9月17日,芥园街道召开“不忘初心 牢记使命”主题教育启动会　(赵园静　摄)

# 邵公庄街道

【概况】　邵公庄街道位于红桥区西南部，东至西站前街与三条石街为邻，南至南运河与芥园街道隔河相望，西至西横堤与西青区接壤，北靠津浦铁路。地势西高东低，南运河流经界内，中环线和西青道贯穿街境。辖区面积3.12平方公里，户籍居民27350户69499人，居民中包括回族、满族、土家族、达斡尔族、蒙古族、朝鲜族、壮族7个少数民族。下设13个社区居委会：西青道第二社区居委会、西青道第三社区居委会、西青道第四社区居委会、建设里社区居委会、中联社区居委会、洛川里社区居委会、幸福里第一社区居委会、幸福里第二社区居委会、咸阳社区居委会、前园社区居委会、杨庄子社区居委会、千禧园社区居委会、仁爱花园社区居委会。街道办事处地址：西青道闸桥北路5号，邮编：300122，电话：27324313，传真：27726680。

2019年，邵公庄街道做好全国第四次经济普查，共普查单位802个、个体经营户1305家，市场经营主体总数位列全区第二。

（翟羽琛）

【主题教育】　2019年，邵公庄街道开展“不忘初心、牢记使命”主题教育，街道领导班子集中学习研讨5次，检视自身问题13个，制定整改措施34个。基层党组织开展“四个教育”110余次，组织在职党员参加平安志愿、创文创卫志愿服务120余次，推动解决一批群众关注的社区环境卫生治理、物业管理不到位、小区无休闲座椅、下水道堵塞跑冒、路灯不亮等问题。

（翟羽琛）

2019年9月25日，邵公庄街道在洛川里居委会举行第一期读书班　（赵子彧　摄）

【“两新”党建】　2019年，邵公庄街道党工委积极发挥银发指导员作用，全年实地走访摸排非公企业906家，新排查党员44名，新成立金兴科技大厦党组织2个，覆盖企业10家。创新开展“两新”组织主题党日活动，组织参观改革开放40周年展、推广“学习强国”APP、观看电影《邹碧华》等活动，累计73次、290人次参与。

（翟羽琛）

2019年2月，邵公庄街道召开“两新”银发指导员工作部署会　（任荣　摄）

【思想宣传】　2019年，邵公庄街道组织社区开展庆祝中华人民共和国成立70周年爱国主义教

2019年10月1日，邵公庄街道中联社区举行升旗仪式　（王新芝　摄）

育系列活动,深入机关、社区、企业宣讲习近平新时代中国特色社会主义思想和党的十九大精神260余场次,8000余人次参加。全年公开信息549件,微信公众号推送信息206条,访问量达到26364次。向区委宣传部、区委网信办选送推荐作品40余篇,抖音发布作品161个,快手发布作品26个,受点赞千余次,评论百余条。

(翟羽琛)

【群团建设】 2019年,邵公庄街道团工委新成立麦德龙企业团支部、天津法眼法律咨询有限公司团支部,组织开展“3·5”雷锋志愿、普法宣传、扶贫助困援助青少年等系列活动。街道妇联圆满召开第九届四次执委会。街道总工会联合盈科律师事务所在天津艺点意创科技有限公司举办普法律师下基层活动。

(翟羽琛)

2019年11月15日,邵公庄街道总工会在天津艺点意创科技有限公司举行普法宣传活动

(葛美美 摄)

【执纪监督】 2019年,邵公庄街道纪检监察工委深入开展深化政治性警示教育“一抓三补四强化”专项行动,强化日常监督,建立13个社区纪检监察联络站,精准运用“四种形态”,组织召开2019年度街道领导班子成员和基层党组织书记述责述廉大会。

(翟羽琛)

【社区建设】 2019年,邵公庄街道社区党群服务中心建设全面达标,每百户达到42.40平方米,超过全市平均水平。新成立邵公庄街道科学技术协会,丰富居民业余生活,全年举办文化娱乐活动63场,2万余人次参加,荣获区级二等奖一次,三等奖二次,优秀奖5名,与河北区、武清区和静海区成立全市首个“四区大联盟”,丰富居民文化生活。

(翟羽琛)

2019年12月,提升改造后的仁爱花园社区党群服务中心

(赫洁 摄)

【社会救助】 2019年8月,邵公庄街道开展城乡困难群众排查解困“筑基”工程,入户访查15795户,完成率94%;解决群众反映的各类问题和诉求87个,占比92.5%;向市级部门反馈问题7个;征集群众意见建议9个。

(翟羽琛)

【日间照料】 2019年12月3日,邵公庄街道日间照料中心正式投入使用,建成街道——社区两级日间照料服务平台,打造1个一级老人家食堂

2019年12月3日,邵公庄日间照料中心开业运营,老人们纷纷前来参加活动

(邢凡浩 摄)

和10个二级老人家食堂，有111名老人进行实名登记，累计订餐675份，服务老人50余人。

（翟羽琛）

【生态环境】　2019年，邵公庄街道开展“清四乱”（乱占、乱系、乱堆、乱建）“百日清河”“打击涉河湖领域违法犯罪行动”，清理地笼15米，拆除私搭钓鱼台6处，清理绿地垃圾30余处，拆除绿地圈占1处、堆物5处。

（翟羽琛）

2019年8月19日，邵公庄街道河长办街级河长巡查南运河北岸环境卫生　（宋妍婷　摄）

【创文创卫】　2019年，邵公庄街道推进“国家卫生区”创建工作，开展“楼道革命”，清理脏乱死角1260处，拆除违章建筑及圈占205处、2892平方米；组织清理社区和背街里巷脏乱死角、堆物8900余处9600余吨；整治报刊亭10处，宣传教

2019年6月2日，邵公庄街道综合执法大队在仁爱花园进行社区清整　（赵子彧　摄）

育20余人次，下达责令限期改正通知10次，顺利通过创建国家卫生城区建设检查暗访组检查。

（翟羽琛）

【违章拆除】　2019年邵公庄街对菜市场、学校周边及拆迁片的市容秩序重点治理42次，清理占路摆卖232处。拆除红星美凯龙院内16年违建1500平方米、煤建东大道铁路院内20年违建500平方米，先后治理千禧东园、仁爱花园、龙悦花园违建，全年清拆违章建筑425间、6245平方米，完成5年拆违计划的95.2%。

（翟羽琛）

【安全检查】　2019年，邵公庄街道联合公安、应急、消防、商务、市场监管、综合执法等多部门对欧亚达商业广场、西青道菜市场、红星美凯龙家居商场等7家单位进行夏季安全检查，发现问题15项，口头督促整改4项，现场书面下达整改通知书3份。

（翟羽琛）

2019年8月6日，邵公庄街道在龙悦路六建门前、欧亚达商场进行夏季安全检查　（杜长建　摄）

【创业培训】　2019年，邵公庄街道组织开展就业援助活动，宣讲政策90人次，走访就业困难人员90户，为居民送岗位72人次；援助月共为69户困难人员家庭办理“十种人”认定。举办退役

2019 年 10 月 8—12 日,邵公庄街道劳服中心在西四委会议室举办创业培训班现场　　（金玉　摄）

军人、高校毕业生、外地务工人员等系列专场招聘会,开办创业培训班,为 6 家创业成功的企业发放小额贷款,贷款发放率居全区前三。

(翟羽琛)

【退役军人服务】　2019 年,邵公庄街道积极发挥退役军人服务站的作用,全力做好退役军人保险接续工作,为符合条件的退役军人补缴保险。积极做好退役军人帮扶解困工作,累计帮扶 19 人,发放困难帮扶资金 4.06 万元。

(翟羽琛)

# 双环邨街道

【概况】　双环邨街道位于红桥区西北部,东靠北运河,南起佳庆道,西至辰昌路,北至龙泉道。辖区面积 1.13 平方公里,户籍居民 37351 人,常住人口 44066 人。设 8 个社区居委会:佳园东里居委会、佳园南里居委会、佳园北里居委会、益春里居委会、浩达公寓居委会、碧春园居委会、新佳园东里居委会、碧春园第二社区居委会。办事处地址:辰兴路与连环道交口碧春园底商 4 楼,邮编:300134,电话:26683800。

2019 年,双环邨街道深入开展“不忘初心、牢记使命”主题教育,落实“战区制、主官上、权下放”推进党建引领基层治理体制机制创新 1 号工程,推进 7 个社区党群服务中心建设,持续开展“双创”工作,完成佳园北里、青年公寓零散片区拆迁清零任务,持续推进全面从严治党、扫黑除恶斗争、不担当不作为专项治理,提升社区群众获得感、幸福感、安全感。

(金翠红)

【街域经济】　2019 年,双环邨街道突出抓好优化营商这个关键,全力服务软环境建设,积极推进“一制三化”改革,初步完成综合受理模式,按照“前台综合受理,后台集中审批,充分授权到位”原则,率先在全区实现五个窗口办理业务;做好扶贫协作和对口支援工作,为贫困地区捐款 6 万余元;积极发动企业参与消费扶贫,共认购扶贫产品 2 万余元。

(张生朋)

2019 年 12 月 18 日,双环邨街道商会第三届换届大会召开　　（双环邨街道提供）

【城市管理】　2019 年,双环邨街道扎实落实“双创”工作责任,组织对自治社区清整 180 余次,协助准物业社区清理百余次,督促物业社区清整 80 余次,出动清整人员 3600 余人次,清理垃圾堆物 727 车次,销毁僵尸车辆 13 辆,治理占路经营行为 600 余起,治理店外摆卖行为 300 余起,批评教育违规占路摊贩及商户 900 余人,治理违章信息牌、灯箱广告、LED 灯等共 210 余处，拆除各类违法建设 88 处 1209.02 平方米，超额完成 2019 年整体拆违工作任务。

（高　军　刘红权）

2019 年 1 月 28 日，双环邨街道贯彻"区创文创卫攻坚行动"誓师大会召开　（双环邨街道提供）

【就业服务】　2019 年，双环邨街道坚持便民为民的服务理念，落实就业再就业扶持政策，开展"一走四送"（上门走访，送就业政策、送就业岗位、送职业指导、送培训信息）再就业援助月活动，办理灵活就业保险补贴 465 人次。开展就业创业、小额贷款政策等宣传活动 4 次，发放宣传单 300 余份、新增录入招聘单位 60 个，采集就业岗位 619 个。

（李　欣）

2019 年 9 月 17 日，双环邨街道举办高校未就业毕业生招聘会　（双环邨街道提供）

【社会保障】　2019 年，双环邨街道组织开展"筑基"工作，对低保、特困、低收入、重病重残家庭及临时困难户开展地毯式入户走访调查，全年累计发放各类救助金 1203.4 万元，办理老年证 724 人，发放敬老卡 620 张。发放居家养老服务护理补贴 25 人 9.52 万元，发放百岁老人营养补贴 3 人 2.80 万元，发放丧葬补贴 31 份 5.58 万元。接待咨询、来访、办理各项房屋补贴事项群众 5040 余人次，办理各类住房租房补贴 66 件，公租房事项办理 29 件，限价房事项 23 件，公有租金核减 25 件。

（李芙蓉）

2019 年 12 月 29 日，碧春园第二社区慰问社区残疾家庭，并送去春节问候和慰问品（双环邨街道提供）

【优抚工作】　2019 年，双环邨街道大力推进优抚工作规范化运行，在碧春园社区、佳园北里社

2019 年 9 月 24 日，浩达公寓社区组织迎国庆文艺演出，图为社区退役军人合唱团表演节目（双环邨街道提供）

区和浩达公寓社区打造三所精品退役军人服务站。开展退役军人信息采集、悬挂光荣牌工作，光荣牌悬挂1047户，对32名优抚对象给予相应定量补助。

(张丽雯)

**【社区文化】** 2019年，双环邨街道组织开展群众性文体科普活动，完善碧春园第二社区、佳园南里、佳园北里三个社区图书室建设，举办“我读书我快乐”阅读活动，开展文体活动52次，公益培训讲座20余次，受益群众2000余人次；以“全民健身日”为活动契机，积极开展群众体育活动，参与居民600余人；组织参加红桥区群众文艺创作表演大赛，获得戏曲类一等奖；成立双环邨街道科学技术协会，建立各社区科协组织；加强社区队伍管理与志愿者团队建设，共注册志愿者服务团队40支，志愿者5686人。

(李月红)

2019年6月28日，双环邨街道举办“歌颂伟大祖国 歌颂伟大的党”庆祝建党98周年文艺演出

(双环邨街道提供)

**【综治维稳】** 2019年，双环邨街道实施领导包户维稳责任制，落实责任干部和网格员具体包保负责，严格落实街道、社区双排查、双化解、双稳控责任，保证“一带一路”国际合作高峰论坛、中华人民共和国成立70周年大庆、十九届四中全会等重要时期的安全稳定；全年共开展隐患排查41周次，排查生产经营单位、居民住宅5025家次，整改隐患2416处；通过网格化管理平台上报事件25124件，办结率100%；坐席事件87件，办结率100%；吹哨28次，办结率100%。

(张 宁 张凯东)

2019年8月26日，双环邨街道召开庆祝中华人民共和国成立70周年活动期间涉稳重点人员稳控工作部署会

(双环邨街道提供)

**【人口与计划生育】** 2019年，双环邨街道紧紧围绕实施全面“两孩”政策及计划生育利益导向民生工程，办理一孩生育登记193个，二孩生育登记56个，再生育审批6例，发放独生子女费2万余元；积极开展出生缺陷防控宣传活动，为38对育龄夫妇进行免费孕前优生检查；为71名失独及27名一级残的特扶家庭人员办理意外伤害保险，为今年满60岁或有特殊疾病的6名特扶人员办理爱心就医卡，为全街50名特扶人员更换爱心就医卡。

(崔新建)

2019年5月14日，佳园南里社区组织开展便民服务一条街活动

(双环邨街道提供)

【党建工作】　2019年，双环邨街道高起点、严标准开展“不忘初心、牢记使命”主题教育活动，组织全体党员开展“六个一”活动，围绕“六大专项攻坚行动”，自选动作、提前谋划，开展“党建百日作战”攻坚克难活动，抓好社区党群服务中心达标建设，截至10月底，街道8个社区党群服务中心建设均已达标。

（李芙蓉）

2019年9月10日，双环邨街道传达市委“不忘初心、牢记使命”主题教育电视电话会议精神

（双环邨街道提供）

【纪检监察】　2019年，双环邨街道纪检监察工委充分发挥党内监督专责机关作用，履行好监督职责，结合“一抓三补四强化”专项工作、“不忘初心、牢记使命”主题教育，以不作为不担当十项治理重点内容为遵循，深入查找存在突出问题，运用“第一种形态”13次，其中通报批评2次，责令书面检查2次，谈话提醒5次，批评教育4次，

2019年10月24日，双环邨街道组织党员干部参观天津市警示教育中心　（双环邨街道提供）

给予1名同志党内严重警告处分，1名同志党内警告处分，进一步强化广大党员干部的纪律意识，社区党组织、机关科室的监督意识。

（刘海岩）

【民族团结】　2019年，双环邨街道推进民族团结融合，开展第26届民族团结月系列活动，加强清真食品监管，对清真食品经营点位进行排查，坚督宗教场所安全生产情况，慰问困难穆斯林家庭，维护地区民族团结、稳定发展。

（李瑞起）

2019年9月18日，双环邨街道举办“壮丽70年奋斗新时代，我和我的祖国共成长”暨双环邨街道碧春园第二社区第二届民族文化艺术节

（双环邨街道提供）

【棚户区改造】　2019年，双环邨街道落实区委、区政府棚户区“三年清零”行动计划工作安排，

2019年2月13日，双环邨街道传达区棚户区改造“三年清零”攻坚誓师大会会议精神

（双环邨街道提供）

对街域内零散片佳园南里青年公寓、佳园北里平房进行拆迁改造,结合实际情况制定一户一策的动迁方案,拆迁面积共计3000余平方米,122户居民全部完成搬迁,实现场清地平。

(李笑楠)

## 和苑街道

【概况】 红桥区和苑街道办事处地处红桥区西部,北起大明道南侧建筑围墙外立面,南至南岭道北侧建筑外墙外立面,西起宏美带钢厂和英昌钢琴铸件有限公司东侧围墙外立面,东至罗浮路东侧建筑围墙外立面(此范围指和苑西区一期),北起大明道南侧建筑围墙外立面和玉门西里、玉门中里、玉门东里花墙外立面,南至铁北路北侧房屋外立面、建筑围墙外立面,西起罗浮路东侧建筑围墙外立面,东至营雅路、小营雅路西侧房屋外立面、建筑围墙外立面。不包括北起大明道南侧建筑围墙外立面,南至鸿明道北侧建筑围墙外立面,西起罗浮路东侧建筑围墙外立面,东至小罗浮路东侧建筑围墙外立面(此范围指和苑起步区),京沪高铁路南侧围栏,西北半环快速路中心线,西青道北侧人行道缘石所夹区域。辖区内有14个自然小区,下辖6个社区居委会,分别为梦和园社区居委会、康和园社区居委会、全和园社区居委会、营和园社区居委会、和苑家园社区居委会、名景家园社区居委会。入住居民12621户、26107人,转入户籍6136人。办事处地址:红桥区营玉路4号,邮编:300121,联系电话:60825623。

2019年,和苑街道党工委、办事处高举习近平新时代中国特色社会主义思想伟大旗帜,深入贯彻落实党的十九大和十九届二中、三中、四中全会精神,全面贯彻习近平总书记对天津工作提出的“三个着力”重要指示精神,全街上下敢于担当、攻坚克难、善作善成,圆满完成主题教育、创文创卫、市委改革创新1号工程等重点工作任务。

(司　宁　孙　源)

【党建工作】 2019年,和苑街道深入开展“不忘初心 牢记使命”主题教育实践活动。党工委把抓好主题教育作为重大政治任务来谋划推进,通过专题读书班、四项“初心”活动、红色基地现场教学等形式不断强化理论武装。主题教育期间深入开展调查研究,形成高质量调研报告8篇,推出一系列惠民举措,检视查找问题13类28条,逐一细化并制定针对性整改措施,一大批居民反映强烈的难点问题有效解决。探索跨行政区党建引领共建合作模式,与宝坻区大白庄镇党委签署共建协议,在街道营和园社区开通直通车生活超市为辖区居民供应新鲜果蔬。完善“社区党委——网格支部——楼门党小组”的纵向党组织体系,把各级党组织嵌入到网格实现深度融合,创新性推出“四则互动”工作模式(用加法推进制度建设,用减法优化决策流程,用乘法整合

2019年4月26日,和苑街道党工委召开和苑街道大工委联席会议 (和苑街道提供)

社区资源，用除法提升工作效率）。

（司　宁　孙　源）

【基层治理】　2019年，和苑街道建立社区党群服务中心接待群众的“一口式”服务体系，在接待中严格执行“首问负责”制，制定网格员“三知四必到”工作机制（即：对网格内党员情况必知、重点人群情况必知、特需人群情况必知，突发事件必到、矛盾纠纷必到、群众有需求必到、有待办事项必到），倡导辖区居民参与基层自治，用好社区社会组织联合会，把在联合会登记注册的70余支社会组织队伍纳入到39个基础网格内，形成“一网格一特色”。“七彩和苑”志愿服务团队开展“早看窗帘晚看灯”“美丽星期一”等活动。

（司　宁　孙　源）

2019年10月31日，河东区政法委书记带队到街道参观学习　（和苑街道提供）

【创文创卫】　2019年，和苑街道组织开展“棚改居民唱响爱国情”“辉煌七十载、奋进的天津”“我和我的祖国”等大型网络直播活动。连续举办《天津市文明行为促进条例》主题宣讲10余场，发放宣传资料9000余册，并在此基础上开展文明交通、文明祭扫等各类活动。办理中央环保督查回头看信访投诉件4件，以防治环境污染、遏制生态破坏为重点，对工地等重点点位进行每日巡查。与区职能部门做好沟通衔接，加强对“煤改电”后期散煤复燃的检查，做好经常性巡视和快速治理。

（司　宁　孙　源）

2019年10月，和苑街道组织工作人员和辖区居民、志愿者开展卫生清理　（和苑街道提供）

【民生保障】　2019年，和苑街道发放各类救助金和补贴180余万元，188名困难居民受益。为34人发放生活补贴，为8名残疾人办理居家托养服务。全年举办职业招聘会2次，对72名失业人员进行技能培训，帮扶就业困难人员193人。为辖区老年人提供营养配餐、医养结合、文化活动等优质服务，“老人家”食堂，可同时为百名以上老年人提供配餐服务。

（司　宁　孙　源）

2019年10月18日，和苑街道组织宣传城乡居民养老保险政策　（和苑街道提供）

【安全稳定】　2019年，和苑街道深入摸排涉黑涉恶违法犯罪线索，建立群防群治工作体系，广泛开展教育宣传,完成全国“两会”、庆祝中华人民共和国成立70周年和中共十九届四中全会等重要时期的维稳任务。彻底整改解决和苑家园消防隐患问题。

(司　宁　孙　源)

2019年4月9日,和苑街道组织学习贯彻天津市扫黑除恶“打伞”专项斗争推进会议精神大会

(和苑街道提供)

**【纪检监察】** 2019年,和苑街道纪检监察工委开展违反中央“八项规定”精神问题自查自纠,持续整治形式主义、官僚主义。开展“一抓三补四强化”专项行动,深入排查整治违反中央政策侵害群众利益“土政策”。开展受处理或处分党员帮助回访工作,帮助干部改正错误、放下包袱、轻装上阵。组织街道干部参观“新中国反腐第一大案”展览。成立社区纪检监察工作联络站,打通纪检监察“最后一公里”。

(司　宁　孙　源)

2019年2月21日,和苑街道组织党员干部到区警示教育基地参观“新中国反腐第一大案”展览

(和苑街道提供)

# 区域经济

# 商务工作

【概况】　2019年,天津市红桥区商务局(以下简称区商务局)深入学习贯彻落实习近平新时代中国特色社会主义思想,扎实开展“不忘初心、牢记使命”主题教育,以党建为引领,抢抓京津冀协同发展战略机遇,坚定不移推动高质量发展。完成外贸进出口额21.15亿元,同比增幅16.89%,其中外贸出口额18.95亿元,同比增幅31.32%,以上两项指标增幅均列全市第一位。完成社会消费品零售总额231.96亿元,同比增长7.5%。全年共引进企业302户,超额完成目标。新增注册资本金2.35亿元,其中注册资本金5000万元以上的企业2户、1000万元~5000万元的企业4户,中粮利金公司、合一房地产等优质企业落户。全市“环境整洁菜市场”暗访评比中,红桥区排名保持前三名。超额完成消费扶贫5000万元指标任务。

(付丽霜)

【夜间经济】　2019年,红桥区形成运河新天地、摩天轮、凯莱赛、新五爱道四个夜间经济聚集地,四个夜市各具特色,错位经营,共同发展。运河新天地夜市以“夜津城 · 寻味红桥”为主题,于5月18日在全市率先开业,市委书记李鸿忠、市长张国清到夜市调研指导,得到新闻联播、新华网等央媒的关注。

(付丽霜)

2019年5月18日,运河新天地夜市开街

(区商务局提供)

【对外开放】　区商务局研究制定《2019年服务贸易专项资金及外经贸发展专项资金使用方案》,帮助企业获得各项扶持资金250万元,促进企业做大做强。帮助天津友圣发国际贸易有限公司获得天津市外贸综合服务试点企业认定,填补红桥区外贸综合服务新业态空白,为小微企业开展进出口业务提供便利化服务。帮助扩大企业进出口渠道,营造优质营商环境。

(付丽霜)

【菜市场建设】　2019年,区商务局为保障居民“菜篮子”,切实解决百姓买菜难问题,结合占路市场清撤工作,加快菜市场建设步伐,新建金领、佳园里、二号路、碧春里、一号路5个菜市场,总面积近8000平方米,新增摊位400余个,全区在营菜市场共20个,较去年同期翻一番。

(付丽霜)

2019年1月18日,二号路菜市场开业

(区商务局提供)

【智能制造】　2019年,区商务局加快推进智能制造产业政策落地,加大政策宣传力度,积极培育申报重点项目,分三个批次先后申报七〇七所、卓朗科技、艺点意创等多个智能制造项目,争取专项资金1056万元。不断提高企业自主研发能力,推动市级企业技术中心建设,年内新增中

海油化工市级企业技术中心。

（付丽霜）

2019年5月16—19日，区商务局组织区内企业参加第三届世界智能大会 （区商务局提供）

【通信基础设施建设】 2019年，区商务局配合铁塔、联通、移动等运营主体，协调解决区域内56个通信基础设施建设难题。结合5G移动网络建设，制定《红桥区通信基站站址布局专项规划》并完成初审，推动完成32个公共资源站址对外免费开放，加快推进区域5G网络建设布局，持续提升通信基础设施建设水平。

（付丽霜）

【楼宇招商】 2019年，区商务局推出陆家嘴金融广场（两座）、正融科技大厦（两座）、大成广场、中保财信大厦6座楼宇，重点引进企业总部落户，楼宇新注册企业1115户，新增注册资本金47亿元。组织泛太平洋酒店、假日酒店、万怡酒店等与楼宇入驻企业开展洽谈对接，为企业创造良好的商务配套环境。向企业广泛宣传红桥区政策措施，营造优质营商环境。

（付丽霜）

【企业转型升级】 2019年，区商务局稳步推进区内中小企业结构优化、产业升级、动能装换、提质增效，落实天津市三年万企转型行动方案，完成国家科小、专利提升、电商转型、专精特新企业103家，100%完成市工信局下达的任务。

（付丽霜）

【消费扶贫】 2019年，区商务局组织相关企业多次到受援地区考察调研，研究制定《红桥区关于促进消费扶贫补贴奖励实施方案》。利用津洽会、扶贫展会以及鹏欣水游城等资源举行受援地区农副产品展销会，积极拓展消费扶贫方式方法。组织推动相关企业购买、收购受援地区农副产品，全年采购受援地区农副产品6309万元，超额完成5000万元消费扶贫任务。

（付丽霜）

【再生资源回收站（点）清理】 2019年，区商务局对22家再生资源回收点位进行现场摸排，并送达自行搬离通告，组织相关部门对3家大型回收站进行集中清理，至年底，全区22家再生资源回收站（点）全部清理完毕。

（付丽霜）

【百日行动】 2019年，区商务局开展“打清整”百日行动，对区内原有21家注册直销企业进行地毯式摸排，对不合格企业促其整改，对有变更的企业促其尽快完成变更手续，至年底，完成变更手续企业1家，撤出红桥区市场网点2家。全区有直销公司1家、直销网点18家。

（付丽霜）

【安全稳定】 2019年，区商务局组织专项培训，压实企业主体责任，提高企业风险防控化解能力；聘请安全专业第三方为区内商贸企业进行安全检查。加大打击非法加油加气工作力度，整治点位6处。认真排查和化解各类风险和问题，确保敏感时期、重大节日商贸系统安全稳定。扎实开展扫黑除恶专项斗争，全面深入排查，广泛宣传，确保无死角。

（付丽霜）

# 合作交流

【概况】 2019 年 1 月,天津市红桥区招商局更名为天津市红桥区政府合作交流办(以下简称区政府合作交流办),加挂红桥区招商局牌子。一年来,区政府合作交流办深入领会习近平总书记在京津冀协同发展座谈会上重要讲话精神和在解决“两不愁三保障”(稳定实现农村贫困人口不愁吃、不愁穿;保障义务教育、基本医疗和住房安全)突出问题座谈会上的重要讲话精神,严格落实全面从严治党主体责任,围绕合作交流和招商引资两项核心任务,借助各类资源平台,担当作为、真抓实干,完成全年各项任务。

(孙志鹏)

【招商引资】 2019 年,全区完成国内招商引资到位额 52. 94 亿元,同比增长 113. 8%;新增注册企业 3183 户,同比增长 10. 7%,注册资金 164 亿元,同比增长 55. 3%,其中 1000 万元以上企业 215 户。抓住抓好承接北京非核心功能疏解“牛鼻子”,加大人力物力投入,成立红桥区驻北京招商办公室,加强干部培训管理,加大项目洽谈力度,接待走访中国电子、国药药材、中国黄金、正大集团、清华互联网研究院、华鸿集团等多家企业,共有 23 家北京企业落户红桥区。创新工作招法,结合重点产业、招商目标企业资源库和“北京产业地图”,研究制定《红桥区精准承接北京非首都功能国内招商专项工作方案》,实行优势产业弹性对接和重点区域对接相结合,力争提升北京招商工作成效。加强政策服务吸引力,对重点项目落地实施政策扶持上的“一企一策”,加大扶持力度,以国药药材股份有限公司、中国电子系统技术有限公司等为代表的京企在红桥区成功落户。

(孙志鹏)

【招商宣传】 2019 年,区政府合作交流办密切走访交流,学习先进地区招商经验招法,赴上海、重庆、深圳等地上门招商,累计走访接待龙湖集团、非凡中国、壳牌集团、爱康鼎科技等百余家企业。举办主题招商活动,先后组织召开红桥投资贸易洽谈签约会、土地推介会、北京推介会、重庆推介会等系列宣传活动,集中推介红桥区重点项目、配套政策及营商环境,提升红桥知名度和美誉度,签约项目 30 余个,协议投资额 150 亿元。积极参加津洽会、世界智能大会、亚布力论坛等市级活动,依托更广阔平台宣传红桥,树立良好的对外开放形象。

(孙志鹏)

2019 年 3 月 22 日,红桥区举行投资贸易洽谈签约会重点项目签约仪式 (区政府合作交流办提供)

【招商团队建设】 2019 年,区政府合作交流办坚持以红桥区招商引资领导小组为引领,强化制度管理,建立并完善“三个一批”招商项目报送、区领导“面对面”服务重点企业、招商信息报送

2019 年 5 月 9 日,红桥区推介会暨光荣道科技园产业规划发布会召开 (区政府合作交流办提供)

制度，完善周调度、月通报、季总结机制，加强工作效果考核。强化招商力量建设，组建红桥区驻北京招商办公室，选派年轻干部，科学调整全区13个招商责任单位招商职能，结合主业精准招商，举办系列招商培训活动近10次，提升招商干部招商主动意识和业务能力，形成最大化招商合力。

（孙志鹏）

**【营商环境优化】** 2019年，区政府合作交流办持续推进"一制三化"改革和"双万双服促发展"活动，完善新政务服务中心和雄安驿站两个服务企业硬件基础，提供全方位服务，着力解决企业"痛、难、堵"点问题，把服务直接送到企业家门口；严格落实《天津市优化营商环境条例》、"民营十九条"等市级政策，设立"红桥机会清单"，制定出台《红桥区服务关爱企业九项行动方案》，为到红桥的企业家提供"九有"服务（办事有效率、约见有安排、税费有减免、落户有帮办、产业有扶持、泊车有便利、营商有驿站、就医有预约和项目有推送），做到软硬双轮驱动，让企业家投资在红桥、兴业在红桥、满意在红桥、富强在红桥。

（孙志鹏）

2019年9月14日，红桥区党政代表团赴重庆召开招商推介会　（区政府合作交流办提供）

**【东西部扶贫协作和支援合作】** 2019年，红桥区进一步加大东西部扶贫协作和支援合作工作力度，全年组织红桥区与受援县高层互访11次。组织召开区委常委会专题研究扶贫工作5次，其他区级专题部署数十次，选派6名党政干部赴甘肃两县挂职，76名专技人才赴两县开展人才支援。全年为受援县开展培训班37期，培训干部人才2474人次。共向受援县拨付6689万元，募集社会各界款物总额857.1万元，帮扶资金在两个受援县实施36个项目，带动贫困人口万余人。在合水县新注册成立5家公司企业，在碌曲县新注册成立1家公司企业开展消费扶贫和产业带动，全年完成消费扶贫总额6172.1万元。通过吸纳就业、建立利益联结机制带动建档立卡贫困人口脱贫4356人，帮助合水县贫困人口到其他地区就业2300人。深化街道与乡镇、社区与村结对，各街道累计捐款4.8万元，捐物折合人民币2.71万元。开展结对认亲工作，组织区级领导和正处级干部共153人与合水县的100户贫困户、碌曲县的53户贫困户结对认亲，实现结对认亲全覆盖。加强对结对贫困户的管理和联系，结对领导干部给结对认亲户送去慰问信和价值300元的爱心包（棉被、毛毯）。借助第29届天津运河桃花文化商贸旅游节、津洽会等各类平台，宣传合水县、碌曲县农产品和文化旅游项目。参展2019年天津市中秋节消费扶贫展销会，组织参加天津市"为祖国喝彩，用真情扶贫"扶贫产品展卖会等活动，大力提升受援县农特产品在天津市市场占有率，高标准完成全年东西部扶贫协作和支援合作各项工作任务。

（孙志鹏）

2019年10月17日，红桥区扶贫产品展销季在天津西站南广场开幕　（区政府合作交流办提供）

# 驻区企业

## 中海油天津化工研究设计院有限公司

**【概况】**　2019 年,中海油天津化工研究设计院(以下简称中海油天津院)紧紧围绕高质量发展主线,围绕生产经营中心工作,贯彻落实新发展理念,坚持正确的政治方向,坚持既定发展目标,在各方面取得长足发展。充分发挥宣传效能,弘扬天津院企业文化。2019 年,《光明日报》、天津广播电视台电视新闻中心、天津日报集团《求贤》杂志等国内多家重要媒体 10 余次对天津院进行宣传报道;两次入选学习强国。“蔚蓝力量”志愿团队赴淋河村、太阳村开展帮扶献爱心志愿活动。不断将创新元素融入企业文化内核,积极参加海油发展第二届创新创业大赛并斩获多个奖项,为天津院进一步打造更具活力的创新生态系统、建立高质量的创新创业平台积蓄力量。

（张　晖）

**【党建工作】**　2019 年,中海油天津院党委认真学习贯彻落实习近平新时代中国特色社会主义思想和中共十九大和十九届二中、三中、四中全会精神,高标准组织开展“不忘初心、牢记使命”主题教育。全国政协委员刘红光向全国两会提交《关于保留稠油税减征优惠,加大稠油勘探开发力度的提案》,为中海油集团公司直接降低成本 6 亿元。“刘红光工作室”对天津院的各项工作产生积极影响,促进科研成果转化和生产经营推广。天津院与蓟州区马伸桥镇淋河村结对帮扶定点扶贫工作取得实效,建成 1300 平方米村级组织活动场所,新建产业扶贫项目每年可为村集体提供 15 万元稳定收益。

（张　晖）

**【科技研发】**　2019 年,中海油天津院获得科技奖励 18 项,新建平台 5 个,获得发明专利 52 件,制修订国家和行业标准 57 项,获得工信部、天津市、集团公司、海油发展各级新立课题 43 项,申报国家自然科学联合基金、石化科技指导计划项目、海油发展重大专项等项目 69 项,获得天津市科技支撑项目等立项 41 项,完成天津市科技小巨人领军企业培育重大项目等验收 11 项。天津院被推举为中国工业水处理智能化联盟理事长单位。核心技术开发不断深入,近十项催化技术取得突破性进展。催化剂、石油开采、海水淡化、污水处理等领域的 10 余项成果转化水平显著提高。

（张　晖）

**【市场引领】**　2019 年,中海油天津院市场经营工作继续保持高速增长,在国内石油、煤炭、化工大型企业市场取得进展。催化剂与炼油助剂、水处理、行业服务三大板块快速发展,一大批新的科研成果成功实现工业化应用。防爆技术一体化服务正式列入集团公司一级集采,中创新海公司发放全国首张防爆 3C 认证资格证书,环评中心拓展至土壤及地下水修复新领域。文莱、伊拉克等海外市场稳中求进。

（张　晖）

**【创新平台建设】**　2019 年,中海油天津院在更大范围整合资源和要素,努力打造更高水平的全球化开放式创新平台。完成工信部产业技术基础公共服务平台、中国石油和化工联合会科技平台等 4 项集团公司级和国家级创新科技平台申报及1项科技平台验收。加大力度推动产业化基地建设,新能源材料生产基地项目加紧建设;科技成果产业化基地项目取得实质性进展;危化品经营许可证、易制毒经营许可证完成申请工作;防爆电气产品中国强制性产品认证(CCC认证)机构和防爆电气产品中国强制性产品认证(CCC认证)检测实验室获得双重资质,行业服务领域进一步拓展。

(张 晖)

## 天津卓朗科技发展有限公司

**【概况】** 2019年,天津卓朗科技发展有限公司(以下简称卓朗科技)业务指标继续保持高速增长,员工人数从年初530余人增长至818人,成为中国软件500强企业、云计算100强企业。

2019年,卓朗科技先后成立卓朗安全科技公司、四川公司、辽宁公司、新疆公司4家公司。截至2019年年底,卓朗科技在全国设有12家分、子公司,业务覆盖百余个城市,服务覆盖包含党政、国防军工、制造业、金融、教育、医疗等行业在内的22个行业。公司共拥有4座数据中心、15744个机柜,并建设有4个联合创新中心和2个研发中心。卓朗科技面向智慧城市和智能制造等领域,始终坚持为企业、政府和各类组织提供安全可信、稳定可靠、智能开放和有竞争力的产品、服务与解决方案,同业务伙伴开放合作,持续利用先进的信息技术不断为客户创造价值,释放机器潜能,丰富个人工作,激发组织创新。

(蒋 婷)

2019年5月16日,卓朗科技创始人、总裁张坤宇(左)在第三届世界智能大会上接受中央电视台《朝闻天下》节目采访 (蒋婷 摄)

**【客户服务】** 2019年,卓朗科技为中国华电、仁和药业、中国人民银行、公安大学等客户交付ICT基础设施;为中国电信、首钢、南开大学、音乐出版社等云计算客户提供云基础架构软件和服务;为中国中车、国家电网、国家海洋局、长春市政府等政府及行业客户构建复杂业务系统和应用软件。截至年底,共有300余个政府机构,1.20万余家企业,2600余个学校、医院和社会组织,成为卓朗科技的数字化转型合作伙伴。

(蒋 婷)

**【技术创新与应用研究】** 2019年,卓朗科技研发投入超过7700余万元。持续的研发投入不断转化为公司向客户提供创新产品、高效服务的能力。公司在研发上加大投入力度,昆仑云基础架构软件、红舟服务器等产品性能大幅提升,国产化生态建设初步形成。顺利完成与飞腾、海光、华为、九思软件、中标麒麟等国产操作系统兼容

2019年5月16-19日,卓朗科技工业软件、工业互联网安全产品、视频云服务和办公云服务等多项核心软件产品亮相第三届世界智能大会(蒋婷 摄)

适配。公司视讯产品“萝卜开会”正式研发上线,注册量突破5万,日活跃量达到2500人;“打卡助手”更名“完美工事”,日活突破10万人,在苹果应用商店商务榜排名第14,产品海外版也成功在东南亚和北美等多个国家正式上线。通过国际合作,卓朗工业防火墙、下一代威胁防御网关等硬件设备研制成功并推向市场。网络靶场、态势感知、鲲鹏互联MCU、朗图和朗数大数据软件等一系列软件产品相继研发成功。

(蒋 婷)

【科技成果积累】 2019年,卓朗昆仑云成为“OpenStack”基金会全球20席黄金会员之一,和IDC联合发布容器技术白皮书。通过积累,卓朗科技成功拥有完整的高级别资质体系,涵盖软件、集成、涉密、安全和IT服务等领域。2019年,卓朗科技获得涉密信息系统集成——软件开发业务方向甲级资质,通过CMMI成熟度第5级认证,通过信息技术服务运行维护标准符合性二级认证,获得信息化建设及服务能力评价一级资质。公司坚持尊重和保护知识产权,截至2019年底,卓朗科技拥有发明专利18项,软件著作权180项,科学技术成果登记129项。公司员工发表高水平学术论文89篇,出版技术类专著5部,起草国家标准1项。

(蒋 婷)

2019年9月9日,卓朗科技与OpenStack签订战略合作协议后,OpenStack基金会成员参观卓朗科技

(张博 摄)

【社会服务】 2019年,卓朗科技树立以人民为中心的理念,加大扶贫投入,向甘肃省合水县捐款100万元,购买特色农产品30万元,结对慰问红桥区困难群众、学生28人。公司组织志愿服务队参与第29届运河桃花节开幕式和中华人民共和国第十届残疾人运动会暨第七届特殊奥林匹克运动会火炬传递(红桥区)等活动,不断回馈社会,不断服务群众。

(蒋 婷)

2019年10月15日,卓朗科技向甘肃省合水县捐赠善款100万元

(董萌萌 摄)

【党建工作】 2019年,卓朗科技始终坚持全面从严治党,深入学习贯彻习近平新时代中国特色社会主义思想,扎实开展“不忘初心、牢记使命”主题教育活动。公司党委先后组织员工参观“伟大的变革——庆祝改革开放40周年”大型展览,参与红桥区“我和我的祖国”主题职工书画展、

2019年6月28日,卓朗科技公司员工参与“永远跟党走”天津市网信系统“不忘初心、牢记使命”主题教育大型视听党课

(刘子豪 摄)

"永远跟党走"天津市网信系统"不忘初心、牢记使命"主题教育大型视听党课、"党旗领航·聚力发展"第二届红桥区"两新"组织文化艺术节,拍摄《我和我的祖国》快闪等活动,弘扬以爱国主义为核心的民族精神和以改革创新为核心的时代精神。公司党委坚持党管干部、党管人才原则,大力在企业高管、业务骨干中发展党员,通过夯实"张坤宇劳模创新工作室",广泛开展"'最强工程师'技术比武大赛"等活动,引导企业员工争当改革先锋、技术能手、创新标兵。2019 年度,公司先后涌现出区级以上先进集体 9 个,其中市级以上先进集体 5 个。公司党委经中共天津市委网络安全和信息化委员会授予"天津市互联网企业和网络社会组织党建工作示范点"荣誉称号。公司员工获得区级以上优秀个人 10 人次,其中市级以上优秀个人 2 人次。公司创始人、总裁张坤宇荣获"庆祝中华人民共和国成立 70 周年"纪念章,在公司营造了担当尽责、锐意进取、干事创业的浓厚氛围。

(蒋　婷)

## 天津鹏欣水游城

**【概况】** 天津鹏欣水游城(以下简称水游城)坐落于天津市红桥区大丰路西侧,毗邻天津西站,是集购物、餐饮、娱乐、文化等为一体的一站式时尚家庭型购物中心。作为第五代商业模式主题购物公园,水游城倡导时间型消费、体验型消费和激发型消费,其一站式多元化生活,为人们引导了多种未知生活的可能,充分打破了传统商业模式的目的性消费。2019 年,水游城荣获"城市力量年度影响力商圈""2019 奇点(中国)绿色商业生态价值论坛城市影响力商业项目""天津 2019 态度城市盛典年度区域经济带动商业"等荣誉,获"2019 天津商业风云评选商业风云项目年度城市商业地产影响力奖""2019 天津商业金地标奖""2019 新浪微博天津年度商业人气大奖"及"2019 年度中国商业发展论坛优秀地产运营项目"奖。

(王铭瑄)

**【运营管理】** 2019 年,水游城不断对馆内业态进行调整和升级,由区文化和旅游局授牌,水游城地下一层"拾堂"街区完成升级改造正式营业。挖掘教育源点,打造"怀旧校园风"主题小吃街,开启"商业+文化"新模式。活动邀请区商务局、旅游和文化局、市百货协会、街区商业代表共同参加启幕仪式。"拾堂"街区的落成大大提升了水游城在商圈内的影响力。

(王铭瑄)

**【行销活动】** 2019 年,水游城继续在创意营销活动中推陈出新。儿童节上线星童俱乐部儿童会员卡,实现当日客流 6.8 万人,会员新增近千人,创上半年新高。水游城"乐活无限"8 周年庆店庆当日,客流突破 7 万人次,总销售额 653 万元,活动总曝光量超 2000 万次。通过创新行销方式及媒介形式,创造开业至今销售及客流新高,提升了水游城品牌的社会影响力。春节期间,水游城"游鲤相伴"主题美陈荣获美陈网颁布的第三届"金灯奖"。

(王铭瑄)

**【招商管理】** 2019 年,水游城逐步强大品牌阵容,相继引进华为、波司登、VICUTU 等高端零售品牌。基于整体客群女性顾客为主流,歌莉娅、百芙川、树生活等女装品牌纷纷入驻。为应对客流年轻化的趋势水游城陆续引进九木杂物社、POPMART 贩卖机等时尚潮玩。地下一层“拾堂”街区完成改造后在原有商铺的基础上又新增 30 余家潮品小吃店。

（王铭瑄）

## L+MALL 天津陆家嘴中心

**【概况】** L+MALL 天津陆家嘴中心（以下简称陆家嘴中心）是上海陆家嘴金融贸易区开发股份有限公司在商业领域的全新力作，项目地处天津城市副中心成熟商圈。项目占据城市交通核心枢纽，地铁西北角站上盖，配备 3000 余个车位。陆家嘴中心所处区块涵盖高端住宅、写字楼、高端酒店以及外籍公学，聚集中高端消费力人群、商务办公客群及中高档消费家庭，培养区域内互动式社交体验，形成高集群化精准核心客群，打造地标式城市综合体。陆家嘴中心总面积 11 万平方米，项目主体分为地上七层、地下一层，集精品零售、特色餐饮、儿童体验、主题娱乐、生活家居、服务配套等多元业态功能于一体，打造反向寻车、室内定位、互联网+理念，移动端便捷会员服务，营造智能便捷感受。陆家嘴中心获 2019 天津商业风云评选年度城市商业格局发展推动奖、年度商业风云人物之年度区域特别贡献奖、2019 新浪·微博天津年度商业影响力奖。

（刘　佳）

**【安全生产管理】** 2019 年，陆家嘴中心始终如一贯彻落实“安全第一、预防为主、综合治理”的安全十二字方针，完成陆家嘴集团公司和陆家嘴股份公司下发的各类统计上报任务 16 次，传达各级领导下发的安全生产指示通知共计 50 次。对各岗位员工进行每月不低于 4 次，每次不少于 10 人的安全培训。组织集中消防疏散类培训 7 次，消防设施测试联动 8 次，反恐应急类演练培训 5 次，防汛演练 1 次，消防站义务消防员日常工作培训及其他类安全预案演练培训 10 次。

（刘　佳）

2019 年 10 月，陆家嘴中心组织开展消防疏散演练　（陆家嘴中心提供）

**【店庆活动】** 2019 年，陆家嘴中心新增商户 27 家，在营店铺 125 家，9 月 21—22 日，开展以“一陆绽 FUN”为主题的开业一周年庆活动。在此期间累计进店客流 17.80 万人，销售额突破千万元。联动各商家推出专属折扣、折上返券、黄金立减、幸运抽奖等多项优惠让利活动，策划快闪舞、陆家嘴中心年度销售贡献奖仪式、一周年庆生、时尚童模走秀等活动，特别引入国际知名形

2019 年 9 月 22 日，陆家嘴中心开业一周年　（陆家嘴中心提供）

象大黄蜂助阵。

（刘 佳）

【员工关怀】 2019年，陆家嘴中心完成各项培训及企业文化活动52场，其中外训12场、内训10场，培训覆盖率92%。陆津分享组织26场，平均每场参与员工15人次。企业文化活动4次，平均参与员工83人次。项目考察5次，参与人数41人次。

（刘 佳）

2019年12月，陆家嘴中心举办“打造高绩效团队管理干部培训” （陆家嘴中心提供）

【身心发展】 2019年，陆家嘴中心组织员工体检78人次，公司注重关爱员工身心健康，积极倡导鼓励员工积极锻炼身体并提供相应场地及器械，实现积极工作、健康生活。建立图书借阅、休闲娱乐区、开展一周年暖心活动、第三届陆津朗读活动、第一届职工运动会、每月不同主题员工生日会。

（刘 佳）

2019年，陆家嘴中心图书借阅区新增大量图书供员工学习阅览 （陆家嘴中心提供）

【社会公益】 2019年，陆家嘴中心在发展经营的同时，也始终坚持社会价值高于企业利润的理念，坚守社会责任，力争成为优秀的企业公民，致力于社会公益事业，积极参与社会各界文化和公益活动。联合芥园街道举办“垃圾不落地，城市更美丽”公益活动，带动芥园街道周边社区50组家庭110人及6家商户积极学习垃圾分类常识参与竞赛宣传。联合芥园街道党工委，举办守护星愿公益活动，带领师生和党员深入了解自闭症儿童的特殊性。联合区科协举办“礼赞共和国智慧新生活”活动，带动区科技局、团区委、区环保局、区市场监管局及各街道党工委走进陆家嘴项目，6家涉及科技生活相关店铺了解5G的网络组成和发展趋势、智能改变生活、新能源新技术等。联合区消防救援支队，举办“致敬英雄——消防员体验”活动，组织陆家嘴金卡会员10组家庭20人一起走进红桥消防支队，向消防英雄致敬。

（刘 佳）

2019年7月12日，陆家嘴中心联合芥园街道举办“垃圾不落地，城市更美丽”公益活动

（陆家嘴中心提供）

## 天津津酒集团有限公司

**【概况】** 2019年,天津津酒集团有限公司(以下简称津酒集团)全年销售收入完成2.31亿元,比上年同期2.10亿元增长10%;盈利502万元,比上年同期131万元增长35.31%;产值完成1.97亿元,与上年同期的1.76亿元增长12.15%;从业人员年人均报酬增长率7%。

2019年,津酒集团混合所有制改革项目成功在天津市产权交易中心挂牌,标志着津酒集团混改进入具体实施阶段。2019年,津酒集团职代会审议通过混改企业职工安置方案;与渤轻集团及天津市产权交易中心沟通,制定津酒集团混合所有制改革进场交易材料,经律师事务所审核后,上报渤轻集团审核批准;确定新公司章程及公司治理结构;津酒集团混改实施方案经天津市国资委和天津市深改小组审批通过;6月27日正式进入挂牌程序。公开择优引进外部投资者,未产生符合条件的意向投资方。2019年,津酒集团荣获“天津市2018年度食品安全与质量优秀企业”“2018年度酒类流通行业诚信建设示范单位”称号。

(王秀颖)

**【品牌宣传】** 2019年10月26日,第101届全国糖酒商品交易会在梅江会展中心落下帷幕,津酒集团新品高端龙腾天下系列酒,传统经典帝王风范、扁风壶系列酒,传统直沽系列酒,曾获得1984年银质奖章的“白盒津酒”和复古产品“骆驼瓶天津大曲”,均在展会上展出。产品陈列井然有序,各个展架安排专属销售人员接待和讲解,让参观者全面了解津酒品牌。

(王秀颖)

**【科技研发】** 2019年,津酒集团积极开展科技研发活动,完成《优化入池条件提升原酒出酒率》《津酒窖池窖泥技术攻关》等项目申报立项。全年科技研发投入481.81万元,科技投入率2.57%,新产品产值1.25亿元,产值率63.70%;优化技术及产品配方,稳定提升产品质量,全年酒体设计勾调新品、产品配方升级等各类小样80余个,确定使用配方11个;白酒质量安全追溯体系运行有效,与天津市质量安全追溯平台完成对接,入选工信部全国白酒质量安全追溯体系首批12家试点企业。

(王秀颖)

**【安全生产】** 2019年,津酒集团加强安全监督

2019年10月26日,津酒集团参加第101届全国糖酒商品交易会 (津酒集团提供)

2019年6月16日,津酒集团开展消防演练 (津酒集团提供)

检查、隐患整改工作,2019年共签订各级安全责任书410份,签订率100%,全年安全检查850余人次,查出整改各类安全隐患319项,投入隐患整改及安全技术改造资金31万元,整改率100%,安全生产总投入87万元;开展"防风险、除隐患、遏事故"主题安全生产月活动,组织消防安全联合应急演练,提高职工安全意识及应急处置能力。完成污水处理项目在线监测设备调试比对及项目整体验收工作,并调试运行,实现项目建设与运行无缝对接;依据酒及饮料行业排污许可技术规范及锅炉排污许可技术规范,完成排污许可证申报工作。

(王秀颖)

## 天津正鑫商贸有限公司

【概况】 2019年,天津正鑫商贸有限公司(以下简称正鑫公司)强化管理严规范,优质服务讲诚信,凝心聚力抓经营,经济效益得到新提升,企业发展再上新水平。全年实现销售4320.15万元,同期对比增加433.20万元,增幅11.15%。按全年销售收入计算,企业应实现利税348.02万元,由于增值税率降低,少实现销项税66.45万元,实际实现利税281.57万元,同期对比减少20.50万元。正鑫公司严格落实企业规章制度,规范运行程序,加强核算管理,印发《关于重申经营管理的若干规定》《关于重申加强食品安全管理的通知》等文件。

(王月琴)

【企业增效】 2019年,正鑫公司把握假日经营,常规营销,确保经济效益稳步增长。一季度抓春节,拼销售,以美化环境营造节日气氛,备齐节日商品搞好陈列,落实责任分解指标,全员动员力拼销售。节前公司充实人力到东北角正兴德茶庄,与职工共同抢抓销售,正兴德茶叶实现销售最大化,春节期间各单位以充足货源,优质服务,做好特色产品元宵制售。一季度实现销售1416.67万元,比上年同期对比增加118.47万元,增幅9.17%,实现首季开门红。二季度抓住清明节、五一劳动节、端午节商机,以明前绿茶及时进津上柜展卖,糕点小包装展示,丰富茶叶、糕点、礼品盒种类,自制粽子现场包制,传统特色,多种口味,增加销售。至6月底实现销售2383.18万元,与同期对比增加211.58万元,增幅10.33%,实现时间过半,任务超半。三、四季度抓好暑期营销,中秋、国庆黄金销售期,突出津味月饼,传统糕点销售。全年在弘扬中华老字号和津门老字号经营上下功夫,正兴德茶叶和传统糕点成为企业效益增长点,全年指标提早实现。

(王月琴)

【安全工作】 2019年,正鑫公司高度重视安全工作,以公司勤检查,商场日巡查,及时排查隐患,重点部位责任落实到人。对祥德斋第二门市部、风采里正兴德茶庄更换电线及照明设施,为老糕点厂重新安装一套电源线及保险设备,为2个基层单位重新更换燃气表、燃气开关,对茶叶批发部机器大修。

(王月琴)

## 天津西站

【概况】　天津西站位于天津市红桥区邵公庄街新村街社区居委会西站前街1号,北临子牙河、南邻南运河。车站普速场中心里程为137千米+831米处,高速场中心里程为11千米+711米处。车站上行方向与南仓站南信号相邻,下行方向与天津车务段曹庄站相邻。车站站界为东起下行进站信号机136千米+961米,西至上行进站信号机141千米+042米,全长4千米+081米。天津西站枢纽由中央站房、无站台柱雨棚、四角A、B、C、D辅楼、东西高架桥及落客平台、出租车道及行包地道等附属建筑组成,总建筑面积22.9万平方米。站场有24台26线,其中从北向南依次为津保车场4台4线、普速车场2台4线、津秦京沪高速车场12台12线、京津城际车场6台6线。车站设人工售票处4处。日常开行旅客列车241列,周末246列,高峰线277列。在职干部职工934人,党员317人。

(段韶宁)

【设备管辖及担当任务】　2019年,天津西站管辖天津西、天津南、廊坊、沧州西、德州东5个京沪高铁车站、津霸客专胜芳站。管辖京沪普速136千米+961米至141千米+042米,京沪高铁59千米+237米至316千米+256米,津秦高铁0千米+0米至12千米+474米,南仓城际高速联络线110千米+495米至122千米+058米,津霸客专0千米+0米至36千米+934米,石济客专204千米+953米至212千米+002米,合计管辖里程329.12千米。

(段韶宁)

【生产与经营】　2019年,天津西站(包括各中间站)完成运输收入40.89亿元,发送旅客2873.13万人。实现连续安全生产2963天。通过全站干部职工的不懈努力,天津西站先后获得中国铁路北京局集团有限公司2019年度“三保三增”劳动竞赛优胜单位、政务调研先进单位、质量管理先进单位、计划生育红旗单位、武装工作先进单位、护路联防先进单位、食品安全先进单位等荣誉称号。

(段韶宁)

# 综合经济管理

# 发展和改革

【概况】　2019 年,天津市红桥区发展和改革委员会(以下简称区发展改革委)做好经济运行分析,全面把握运行特点,高标准开展经济研讨工作,加强合作交流,深化产业扶贫,推进京津冀协同发展战略深入实施。开展"双万双服促发展"活动,提升区域发展环境,践行绿色发展理念,加快建立节能减排长效机制,推进居民小区公共充电桩建设。履行价格管理和粮食管理职能,有效维护市场秩序,持续改善民计民生,推动区域经济高质量发展。

2019 年,红桥区实现地区生产总值同比增长 8.5%;完成区级财政收入 19.2 亿元;完成固定资产投资同比增长 11.1%;新引进、注册企业 3452 户。

(薛宏资　牛　艳)

【国家战略实施】　2019 年,区发展改革委分析研究京津冀协同发展推动进展、查找问题短板、安排部署重点工作。召开"一基地三区"(全国先进制造研发基地,北方国际航运核心区、金融创新运营示范区和改革开放先行区)重点项目座谈会、2019 年京津冀协同发展工作推动会,切实掌握项目进展,开展实地督查,对"雄安驿站"、光荣道科技产业园、西站前广场地块、西于庄片区、工行远程银行中心职场、新东方分校等重大项目和点位进行调研检视,核实验证落实程度,协调解决实际问题,扎实推动全区京津冀协同发展工作有序开展、高效落实。

2019 年 2 月 24 日,区发展改革委组织召开研究推进京津冀协同发展有关任务落实工作协调会

(区发展改革委提供)

(张戈布)

【产业扶贫】　2019 年,红桥区成立产业帮扶工作领导小组,赴甘肃省庆阳市合水县开展扶贫考察调研等工作。研究制定《红桥区高质量推进东西部扶贫协作和支援合作 2019 年产业帮扶专项工作方案》《红桥区企业到扶贫协作和支援合作地投资落户的扶持办法》。编制产业目录和项目册,对赴受援地投资落户的扶贫企业给予政策支持。完成 4 家贸易公司挂牌,2000 万元投资到位及带动 2500 人就业。

(张戈布)

2019 年 9 月 25 日,区发展改革委组织赴合水县实地开展结对帮扶工作　(区发展改革委提供)

【区域发展环境优化】　2019 年,区发展改革委深入开展"双万双服促发展"活动,在全市率先进行"天津市政企互通服务信息化平台"全覆盖试点,对接办、转办、承办、答复、回访等进行全程规范、快办快结,切实提高办理效率,确保各项机制、政策、制度落地见效。通过服务体系标准化、服务平台智能化、服务机制便利化等措施,多措并举破解难题,让企业家的需求第一时间

得到满足。

（朱顺华）

【政务和社会诚信体系完善】 2019 年，区发展改革委制定《红桥区加强政务诚信建设实施方案》，开展集中治理诚信缺失突出问题提升社会诚信水平行动，针对电信网络诈骗、涉金融领域失信问题等 20 项诚信缺失突出问题开展专项治理。做好“天津市政企互通服务信息化平台”全覆盖试点，积极探索和建设区信用信息共享平台，完成平台项目招投标工作，为做好全区的社会诚信工作打下坚实基础。

（朱顺华）

【产业升级】 2019 年，红桥区启动“十四五”规划编制工作，研究制定红桥区“十四五”规划编制方案，邀请天津社科院专家进行培训讲座，提高区内规划队伍业务水平，广泛走访调研，深化课题研究成果。产业定位调研、调整和深化工作有序开展，制定出台《发挥北方枢纽优势打造“服务雄安新区、对接京冀”桥头堡》十项措施。通过充分研讨，将京津冀城市微中心和国家大运河文化保护传承利用示范区两个重大项目提交市发展改革委申请纳入国家和天津市“十四五”规划。

（祝 耀）

2019 年 9 月，区发展改革委召开“十四五”规划前期研究课题评审会 （区发展改革委提供）

【节能减排】 2019 年，区发展改革委加快建立节能减排长效机制，确定区内 2019 年度重点用能单位，组织能源管理负责人备案。向天津市报备“能耗”双控目标，制定工作方案，向行业主管部门和重点用能单位分解能耗“双控”指标。发挥节能资金支持引导作用，支持节能改造和节能技术推广。在全区范围内组织开展全国节能宣传周社区宣讲、节能知识专业培训、节能知识答题等系列活动，分发节能宣传材料 5 万余份，推动各领域节能减排宣传工作。红桥区居民小区公共充电桩建设任务如期完成。

（祝 耀 牛 艳）

2019 年 6 月，区发展改革委开展 2019 年全国节能宣传周“绿色发展 节能先行”节能宣传活动

（区发展改革委提供）

【项目投资管理】 2019 年，红桥区项目投资管理工作以领导包联为抓手，以解决立项、入库等实际问题为切入点，促进投资快速增长。做好投资指标分析与研判，深挖项目投资潜力，为重点工程申请中央预算内资金支持，加强重大项目储备，对全年计划投资项目的各项指标落实情况实施动态监管，做好投资项目入库、纳统等工作，及时跟进项目前期工作进度，使项目能在最短时间内实现有效投资。全年累计实现投资 95 亿元，同比增长 10%，投资增速继续保持中心城区前列，新开工项目成为全区投资增长的主动力，新开工 5000 万元以上重大项目 10 个。

（牛 艳）

【服务业引导】 2019 年，区发展改革委结合“十四五”规划目标定位和区情,研究制定红桥区《促进高端服务业集聚发展行动方案》,明确四大产业定位和五大产业带,确立重大项目、推进机制和支持政策。深入研究现代服务业发展趋势和发展路径,起草完成“十四五”服务业专项规划初稿。组织开展创新转型向现代服务业转型认定工作。深入区内服务业企业开展帮扶,解决企业落户、场地使用、消防设施等问题。全年区内现代服务业项目争取国家级、市级服务业专项资金共千余万元。

(张戈布)

**【价格管理】** 2019 年,区发展改革委完成碧春里一期、二期经济适用住房价格核定工作,下半年启动营和园 1~4 期的经济适用住房价格核定工作,涉及居民 3800 余户,全年累计完成核定住房价格工作涉及居民近万户,审核各类材料及票据千余份。准确上报市场价格监测周报、月报、季报,价格监测分析和节假日数据波动等材料。完成涉纪、涉案价格认定工作。共受理各类案件 166 件,涉及标的金额 736 万元,其中,公安类案件 158 件,涉及标的金额 147 万元;纪检监察案件 8 件,涉及标的金额 589 万余元。

(郑开勇)

**【粮食管理】** 2019 年,区发展改革委严格落实粮食安全区长责任制,做好粮食管理工作,开展粮食库存数量和质量大清查工作,落实粮食流通统计制度,健全应急供应体系,完善粮情监测预警体系,增强宏观调控能力,多措并举推进粮食应急保障体系建设。为保证生产安全,多次前往杨庄子粮库开展隐患事故排查,发放安全管理告知书,督促安保人员加强值守。开展粮食安全隐患事故排查和第 39 个世界粮食日宣传活动,传承爱粮节粮美德,提高粮食安全意识。

(周 洁)

2019 年 10 月 16 日,区发展改革委开展主题为“粮食安全,人人有责”的世界粮食日和粮食安全系列宣传活动 (区发展改革委提供)

## 统 计

**【概况】** 2019 年,天津市红桥区统计局(以下简称区统计局),坚持以习近平新时代中国特色社会主义思想为指导,全面贯彻中共十九大和十九届二中、三中、四中全会精神,深化统计管理体制改革,坚决防范和惩治统计造假弄虚作假,积极推进红桥区第四次全国经济普查工作,加强数据解读分析,着力提升“数库”与“智库”建设水平,为打造绿色城区建设美丽红桥提供统计保障。2019 年,红桥区地区生产总值同比增长 8.5%(按可比价计算,下同)。其中,第二产业增加值同比增长 11.9%;第三产业增加值同比增长 8.2%。全年城镇常住居民家庭人均可支配收入 4.61 万元,同比增长 7.4%。

(朱亚娟)

**【防范和惩治统计数据造假】** 2019 年,区统计局结合“不忘初心、牢记使命”主题教育专项整治工作,印发《红桥区统计造假专项整治工作方案》。从规范统计行为和方法、加强统计造假源头防控、强化统计数据质量内控机制和外部监督、纠正和查处统计造假问题、严肃问责统计造假责任单位和责任人 5 个方面进行梳理,明确各项防范和惩治统计造假举措，完善专业统计数据采集、整理、评估制度以及数据质量控制办法。加强统计普法宣传，将统计法律法规教育纳入党员领导干部培训计划，积极推动统计法律进党校，使各级领导干部重视统计、用好统计、不干预统计，提高知法、用法、普法、执法能力，利用微信公众号、联网直报平台等开展网络普法宣传。利用统计开放日、“12·4”法制宣传日及重要普查时间节点开展主题宣传活动，不断增强统计调查对象统计责任和法治意识。加大统计执法检查力度，把保障“四经普”数据质量作为2019年统计执法的重点，杜绝虚报、瞒报、漏报、错报。严肃问责追责统计数据造假、弄虚作假行为。

（祝凯庆　朱亚娟）

**【第四次全国经济普查】** 2019年1月1日，第四次全国经济普查登记工作启动，区普查办坚持依法普查、科学普查、创新普查，获得“第四次全国经济普查国家先进集体”称号。全区35个领导小组成员单位形成普查联动机制。区普查办严抓培训、登记、审核、核查等环节，建立健全普查数据质量追溯和问责机制，强化各级普查机构和人员依法普查意识，加大对普查违纪违法行为的防控监督力度，确保依法依规开展普查。6月份，红桥区接受国家检查组事后质量验收，经抽查红桥区普查数据质量符合控制标准。通过普查，全面摸清全区第二产业和第三产业分布。

（佟志欣）

**【统计服务】** 2019年，区统计局坚持以核算为引领，完成涉及国民经济各行业常规统计调查。严格执行限额企业申报条件、要求和流程，坚决拒绝未达限额企业入库。实行数据动态监控和数据异动查询制度。重点关注企业数据波动变化，在系统审核的基础上加大人工审核力度，做到即审、即改、即验，对发生异常波动的数据马上过问、立即纠正，确保数据质量。强化分析研究，从主要经济社会指标的变化情况、结构变动及目标任务完成情况，尤其是短板指标加强监测分析，及时预警，提出对策和建议，为决策提供参考依据。2019年，区统计局共编发统计分析、统计信息、工作动态近300篇，按时编发《统计年鉴》《统计月报》《统计公报》，将为人民服务落到实处。

（刘雨冬　朱亚娟）

**【专项调查】** 2019年，区统计局重点围绕劳动力调查实施细则、劳动力调查相关制度、数据质量监控、工作质量检查开展劳动力调查工作。认真做好调查摸底、调查小区图绘制、入户调查、调查表填报、登记录入、复查规范和事后质量控制等各项重要工作。统筹做好城乡代码划分调查、农民工调查工作，随时关注调查进度，协调解决入户困难问题，确保调查及时准确。配合国家统计局天津调查总队完成网购调查等工作。

（佟志欣　朱亚娟）

# 审　计

**【概况】** 2019年，天津市红桥区审计局（以下简称区审计局）积极推进审计管理体制改革，推进审计全覆盖，着眼促进经济高质量发展，聚焦打好“三大攻坚战”（防范化解重大风险、精准脱贫、污染防治），强化“真审、严审、全审、深审”，依法履行审计监督职责，切实发挥“经济体检”作用，以审计之为助力“美丽红桥”建设取得新进展。2019年，红桥区审计机关完成审计单位40个，查出主要问题金额6957万元，其中违规金额190.98万元、管理不规范金额6766.02万元，出具审计报告和专项审计调查报告48篇，被批示、采用9篇。审计处理处罚金额3237.52万元，其中应上缴财政81.84万元、应调账处理金额3155.68万元；移送司法机关、纪检监察机关和有关部门处理事项14件,移送处理人员1人,移送处理金额109.67万元。审计促进整改落实有关问题金额3083.02万元。开展红保住房建设有限公司审计、红桥房产总公司系统改革专项审计,服务区委、区政府宏观决策。全年提出审计建议33条,被采纳12条;提交审计信息149篇,被批示、采用133篇次。向社会公告审计结果1篇。

(陈柏羽)

**【重大政策贯彻落实跟踪审计】** 2019年,区审计局紧紧围绕深化供给侧结构性改革、促进积极财政政策落实等重大政策措施,持续开展跟踪审计,将政策落实跟踪审计列入每个审计项目必审内容。先后开展对红桥区“扩大城区学前教育资源奖补”“支持普惠性民办幼儿园发展奖补”项目资金管理及绩效情况、区科技局及所属事业单位和主管的行业协会涉企收费及科技创新政策和减税降费政策落实、清理拖欠民营企业中小企业账款等情况专项审计调查,着力推动项目落地、政策落实。

(陈柏羽)

2019年3月14日,区审计局在区教育局启动2019年第一轮重大政策措施落实情况跟踪审计工作

(张萌　摄)

**【财政审计】** 2019年,区审计局开展区级预算执行、部门预算执行和决算大数据全覆盖审计,重点审计区级财政管理和部门预算执行、重大政策措施落实、公共和民生等专项资金管理使用等方面情况,促进提高财政资金使用绩效。运用大数据审计手段,对160家一、二级预算单位的部门预算执行情况进行联网实时全覆盖审计。按季度跟踪区政府性债务变动情况,推动区政府防控债务风险。确保资金使用安全,为全区经济发展提供保证。

(陈柏羽)

2019年6月28日,在区人大常委会会议室召开红桥区第十七届人大常委会第二十二次会议,会议听取并审议区审计局局长李萍受区政府委托所作的《关于2018年红桥区预算执行情况和其他财政收支的审计工作报告》

(李春娟　摄)

**【经济责任审计】** 2019年,区审计局坚持以领导干部权力运行和责任落实为重点,加大区管领导干部经济责任审计力度,促进领导干部履职尽责、担当作为。拓展经济责任审计内容,将信息系统、扶贫助困、减税降费、清理拖欠民营企业中小企业账款、统计数字造假等情况纳入必审事

2019年4月4日,区审计局召开领导干部经济责任审计进点会,启动2019年新一轮经济责任审计工作

(张萌　摄)

项，推动国家政策措施贯彻落实。开展对区人防办、天津市第五十一中学等11个单位17名领导干部的审计，查出违规问题金额175万元、管理不规范资金1897.8万元。随市审计局同步开展宝坻区检察长异地交叉审计。加强与区纪委监委、区委组织部协同联动，报送审计查出问题整改台账，形成工作贯通和监督合力。

（陈柏羽）

【固定资产投资审计】 2019年，区审计局对2018年红桥区老旧小区及远年住房改造工程、三条石小学建设项目进行审计，揭示老旧小区部分道路改造质量不达标等问题。选派4名干部与市审计局相关处室组成审计组对南开区保障性安居工程开展异地交叉审计。

（陈柏羽）

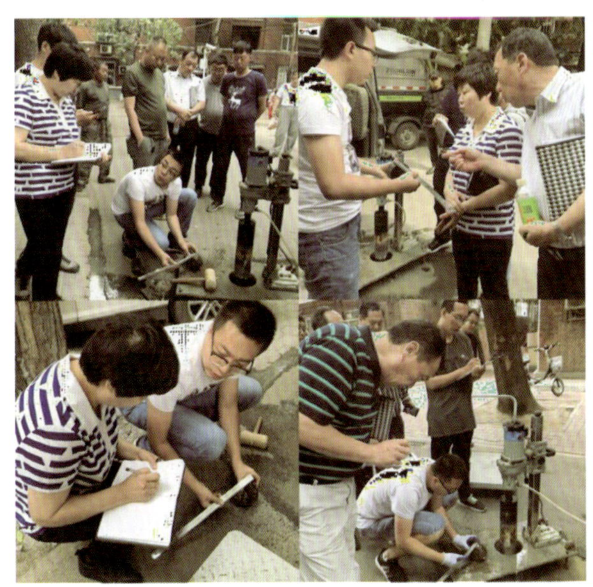

2019年6月10日，区审计局工作人员到老旧小区及远年住房改造工程小区对道路工程质量进行检测 （刘琪 摄）

【民生审计】 2019年，区审计局开展区文化和旅游局“三馆一站”（文化馆、图书馆、博物馆、综合文化站）免费开放经费、全区残疾人生活用水电燃气补贴资金、街道系统创文创卫专项经费审计。选派1名审计干部赴甘肃省参加市审计局组织的东西扶贫协作和对口支援项目资金延伸审计。开展区生态环境局水质自动监测项目审计，推动实现经济发展和环境保护双赢。

（陈柏羽）

2019年7月10日，区审计局选派审计骨干赴甘肃省受援地参加天津市审计局组织实施的东西部扶贫协作和对口支援项目资金的延伸审计工作

（区审计局提供）

【联网实时审计】 2019年，区审计局开展对51个一级预算单位和109个二级预算部门全覆盖审计、2个学校预算执行审计、公安红桥分局视频监控网系统建设专项审计。一级预算单位全部联网，教育、卫生系统全部下属单位及其他部门部分二级预算单位财务数据联网，联网单位数量170余家。

（陈柏羽）

2019年2月20日，区审计局召开2018年区级部门预算执行情况审计调查集中进点会（李春娟 摄）

【内部审计】 2019年，区审计局下发年度内部审计工作要点。指导配合区拆迁总指挥部尝试对17个拆迁指挥部动迁服务费开展内部审计。

创新指导方式,组织对区教育局、区住建委、区卫健委3个条口二级预算单位开展统配交叉内部审计工作。开展内部审计工作调研,摸清机构改革后区属单位内部审计机构变化情况,分析制约内部审计工作发展的因素,制定相应举措推动内部审计工作向纵深发展。坚持实行审改分离,以"边审边改+审后整改"的新模式推动审计整改关口前移,开展整改攻坚行动,对近三年审计查出的问题进行梳理汇总,实行整改挂销号清单制度,持续紧盯问题整改,确保整改工作见底到位。

(陈柏羽)

2019年2月1日,区房屋征收和拆迁总指挥部组织召开棚改项目服务费内部审计推动会,启动全区棚改项目服务费内部审计工作　(张彤　摄)

## 市场监督管理

【概况】 2019年,天津市红桥区市场监督管理局(以下简称区市场监管局)深入贯彻落实区委、区政府和市市场监管委的工作部署,持续推进大部门市场监管新优势,全局上下转观念、长本领、提标准、重实效,系统治理内外安全隐患,基础保障工作取,提升服务发展质量,全面加强党的建设。

(肖忠生)

【行政审批】 2019年,区市场监管局深化商事登记制度改革,优化准入政策,全领域推行容缺承诺登记制度。2019年,全区市场主体总量3.72万户,较上年同期新增7277户,增长8.42%,其中企业2869户,增长14.77%。注册资本153.10亿元,增长57.36%;共为3059户企业、4812户个体工商户办理"多证合一"营业执照。提高审批效率,推行企业开办"一窗通"系统操作,为257户企业办理新设登记;落实好名称自主申报制度,推行企业登记100%全程电子化和电子营业执照工作,企业开办时间压缩至1天。优化企业注销办理流程,精简申请材料,降低注销成本。办理"食品经营许可证"登记988件,其中新办509件、变更271件、注销195件、补证13件。

(肖忠生)

【服务市场主体】 2019年,区市场监管局配合区政务服务办推进"证照分离"改革,释放企业创新创业活力,推进营商环境法治化、国际化、便利化。落实好各类市场主体登记身份信息实名验证管理。严格执行市场准入负面清单管理制度要求,对明确列出的禁止和限制投资经营的行业、领域、业务等以外的各类市场主体皆依法平等进入,切实做到各种所有制企业一视同仁。按照《外商投资准入特别管理措施(负面清单)(2018年版)》要求为64户外资企业办理注册登记。充分利用改革新政服务企业,加强简政放权、放管结合、深化服务各项政策落实,狠抓简化办事流程、缩短办理时间、降低办事门槛等工作,收到中煤(天津)地下工程智能研究院有限公司等企业赠送的锦旗6面、表扬信3封。中煤水文局地质勘查有限公司、中电(天津)信息技术研究院有限公司、大账房(天津)共享经济信息咨询有限公司等区重大、重点项目顺利落地。积极为企业融资,办理股权出质设立12户,出质股权数额29.86亿元,被担保债权数额92.71亿元。

股权出质注销2户,出质股权数额1.80亿元,被担保债权数额3.70亿元。帮助区内4家企业申报天津市标准化资助项目资金54万元。2019年,全国市场监管动产抵押登记系统面向社会公众,在互联网上提供统一的服务窗口,实现动产抵押登记业务一站式办理和查询业务,上半年共受理4件网上动产抵押登记业务,租赁借贷金额7.50亿元。全程网上申请、递交材料、预审、审核、出证、公示,为企业减轻负担。

(肖忠生)

2019年6月18日,区市场监管局为企业排忧解惑助力项目顺利落户获赠锦旗(区市场监管局提供)

【标准化管理】 2019年,区市场监管局制定《红桥区加强质量认证体系建设促进全面质量管理实施方案》和2019年绩效考评指标。开展"两节""六一"儿童节强制性认证产品专项检查工作。对大型超市、商场、都行商城等流通主渠道获得强制性认证产品合规性开展专项检查。重点对家用电器、儿童玩具等热点产品进行检查,涉及生产厂家150余个,产品型号400余种。做好流通领域消防产品强制性产品认证监督检查。集中对辖区内销售消防产品的商户进行检查,检查商户6家,涉及产品5种。对大型超市、农副产品市场等流通主渠道的有机认证合规性开展专项检查。核查有机酸奶、有机酱油、有机蔬菜、有机酸菜、有机速冻蔬菜等有机产品6种,证件齐全,无违法行为。贯彻落实国家市场总局有关综合防控儿童青少年近视工作,加强对区内儿童青少年近视综合防控,制定工作方案。加强对制配镜计量的监管,集中力量摸清本辖区眼镜制配单位的底数,建立"眼镜制配单位数据库"。下半年对本辖区眼镜制配单位实施"双随机、一公开"计量专项监督检查,检查眼镜店14家次、计量器具42台,未发现有计量器具过期未检等违法情况。引导验光配镜单位合理配备、正确使用、科学维护和管理计量检测仪器,提高计量管理水平,规范制配镜计量活动,推进诚信计量示范单位的创建工作。指导区所筹建验光配镜计量器具检定所需的社会公用计量标准,具备对验光配镜计量器具的检定能力,为防控儿童青少年近视工作提供计量技术保障。推动企业标准自我声明公开工作落实,贯彻实施《天津市企业产品和服务标准管理办法(试行)》,定期对平台的企业和标准信息录入情况进行监管,截至12月底,信息平台录入企业48家,上报标准256个,涵盖产品311种。开展认证机构现场核查,会同市市场监管委认证处和审核专家对区内创新海(天津)认证服务有限公司开展新认证机构资质持续符合性现场核查,督促问题整改。加强流通领域电动自行车产品监督管理,集中对辖区内销售电动自行车产品的商户进行检查,共检查销售电动自行车产品商户5户,未发现违法行为。加强能源计量管理,以能源计量为切入点,到天津津酒集团、中嘉花园供热站2家企业,开展为企业服务活动,完善企业计量检测体系,提高企业计量管理水平,促进企业节能降耗。开展能效标识专项执法检查,出动执法人员12人次,检查销售企业2家,涉及冰箱、空调、洗衣机、电风扇、电热水器、微波炉六大类12个品牌及型号。对登发装饰城开展水效标识检查,抽查销售坐便器商户3家,涉及生产企业8家,产品型号47种。执法人员现场宣传贯彻《水效率标识管理办法》,对《中华人民共和国实行水效率标识的产品目录》《中国水效率标识基本样式》等相关规定进行讲解。强化民生计量监管,全年出动执法人员124人次,检查单位68家,检查计量器具1052台。抽查定量包装商品及预包装食品12批次,合格12批次。受理计量投诉7起。对辖区内的封闭菜市场、餐饮店、加油站、超市在用强检计量器具进行集中检查。加大对医疗卫生单位的监督力度,检查医院9家次、计量器具448台件,未发现使用不合格计量器具及超周期使用强检计量器具的违法行为。对制造、销售计量器具单位、法定计量检定机构和建标单位进行检查,共检查制造、销售单位4家、计量器具35台,未发现计量违法行为。对区内法定计量检定机构和建标单位进行检查,重点检查社会公用计量标准证书、企业最高计量标准证书和计量标准器及检定装置证书等情况。共检查3家、计量器具36台,经查全部符合要求。开展安全防护类计量器具检查,重点检查在用压力表等计量器具的配备、检定和管理情况,共检查企业5家、计量器具354台件,全部具有有效期内的计量检定证书,未发现计量违法行为。开展法定计量单位抽查,对东北角新华书店、天津学之友文化传播有限公司计量单位使用情况进行抽查。共抽查科技出版社出版的科技图书18册,人民教育出版社出版的中学教辅18册,浙江少年儿童出版社出版的小说类图书12册,海燕出版社出版的历史类图书12册,商务出版社出版的地理类图书12册,经抽查未发现使用非法定计量单位的违法行为。"世界计量日"在麦德龙超市开展现场宣传活动,现场接待和咨询50余人次,发放各种宣传材料50余份,免费为群众检定血压计10台,人体秤5台,解答有关计量问题。9月20日,在桃花园东里社区居委会开展计量便民服务日活动,

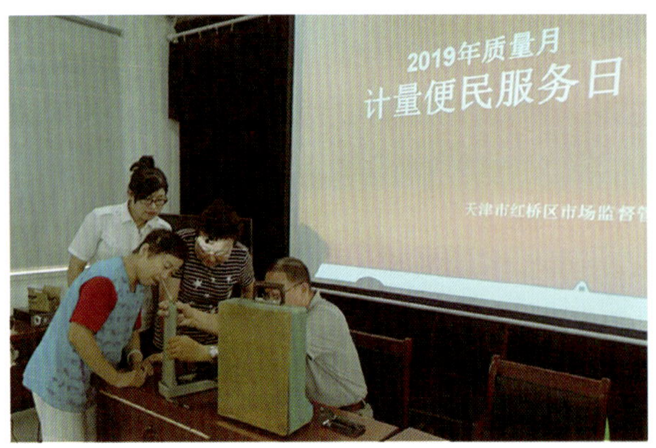


2019年4月22日,区市场监管局开展计量便民服务日活动 (区市场监管局提供)

接待群众20余人,免费为群众计量血压计10台,发放宣传材料20余份,向群众解答有关血压计保养和使用问题。"世界认可日""世界标准日"期间,在微信公众号宣传标准化和认证相关知识,向企业、认证机构、经营商户发放宣传宣传材料百余份,张贴宣传海报,对相关知识进行讲解和宣传。

(肖忠生)

**【食品安全监管】** 2019年,区市场监管局加大违法违规行为整改和查处力度,全年出动执法人员3664人次,检查食品销售经营者1832户次,检查食品生产企业8家次,检查摊贩5020户次,规范生产经营行为401件。严厉打击食品安全领域违法违规行动,累计查处各类食品安全违法违规行为33件,其中一般程序28件,简易程序5件;累计罚没款310.66万元,移送案件5件。强化校园及其周边食品经营监管,与区教育局协调联动,对校园食品安全检查工作进行全面部署,对全区10个学校食堂、44个幼儿园食堂、65个采取校外配餐单位、2个区内为学校提供配餐的企业和364户校园周边食品经营者进行全面排查。出动执法人员3818人次,检查学校食堂、供餐单位及校园周边食品经营者1310户次,食品类监督抽检44批次,组织指导食品经营者开展自查516次,发现留样记录不规范、留样冰箱温度过高、食品容器标识不清等问题或隐患327个,整改完成288个,约谈学校食品安全负责人1人次,撤换食品原料供货商4个,更换供餐单位2个,责令改正50户,培训从业人员1834名,发放培训材料2219份。强化食用农产品监管,以落实食用农产品进货查验和记录制度、建立入场销售者档案等8项工作为重点,对区内18家标准化菜市场进行全面检查。辖区内所有食用农产品集中交易市场均建立食用农产品市场准入等食品安全管理制度,入场食用农产品销售者标准化档案建立完成率100%。各菜市场配备专人进行食品安全管理及快速检测,做到每日公示食用农产品快检信息。开展食用农产品质量安全专

项整治工作，对18家标准化菜市场主办单位负责人进行集中约谈，对集贸市场管理工作进行实地走访。邀请专业检验人员对市场快检人员进行专题培训，统一发放快速检测试剂，指导市场主办单位履行快速检测责任。针对普遍存在的场内摊位号标注不齐全、快检室脏乱、快检室兼用办公室等问题进行全面整治，对于排查发现的市场开办者未履行相关制度的行为，依法下达责令整改通知书并立案调查，累计立案3件。规范食品“三小”（小餐饮店、小食品店、小作坊）经营行为，开展“三小”行业集中整治行动，全区累计新办许可证和备案证经营单位2326户，全区449辆早餐车全部备案完毕。累计发放各类指导书、承诺书、标准清单1.50万余份。对接街道办事处，确定拆除违建食品经营棚亭74户，对不具备食品经营条件的25户进行停业整顿，安装防鼠板3100块，完成装修整改1531户，集中办理健康证1450张。以提升全区食品“三小”行业质量水平为重点，启动“迎大考、再攻坚、必决战”专项行动，全力规范辖区食品“三小”经营行为。全面执行“四有一净”提升工作标准，即有证、有照、有健康证、有公示栏，操作环境干净整洁。以全区11个属地市场监管所为单位，分别成立专项工作组，逐户进行排查、现场指导，不断促进食品经营单位转型升级。中秋、国庆两节期间，选派46名业务骨干，对口支援11个市场监管所。局内成立由分管局长任组长的11个专项行动工作小组，分管领导到一线现场指挥，各市场监管所全员投入到一线，实行“早、白、夜”三班工作制，自早6点至晚9点实行定点监管，加大监管频次。累计整改完成893户，停业整顿51户，依法查处16户。落实“创建食品安全示范城”（以下简称“创城”）关于抽检工作的要求，按照“食品检验量达4份/千人”标准，全面启动“创城”专项抽检工作。完成各类食品安全监督抽检1140批次，检测结果不合格20批次，合格率98.2%，累计立案9件，移送公安机关2件，中止1件。打击清理整顿保健品乱象，累计出动执法人员2556人次，检查相关经营主体1822户次，组织集中宣传150场次，张贴条幅、海报1122张，发放《致红桥市民的一封信》3.2万封；刊发专项整治专刊15期，累计立案15件，结案14件，因协查函收到的回函材料不齐全问题未办结1个，罚没款合计68.73万元。联合整治“保健”市场乱象百日行动“回头看”、整治食品安全联合行动等专项活动，开展保健食品科普宣传39场次，科普宣传1731人次。对保健食品经营主体开展规范保健食品标签标识检查424家次、打击虚假违法保健食品广告检查339家次、打击保健食品虚假宣传检查338家次、打击传销和非法直销检查255家次、打击保健食品非法添加等违法犯罪行为检查270家次。建立保健品“打、清、整”长效监管机制，持续开展保健品及保健食品专项治理回头看行动。开展食品摊贩大整治百日行动，制发《红桥区食品摊贩食品安全告知书》2000份，组织铃铛阁街道办事处、市场监管部门加大对南大寺周边食品摊贩的综合治理，对食品摊贩未将公示栏悬挂于明显位置的行为，责令其立即整改；对五爱道夜市中的1户经营者未持有效健康证，5户食品摊贩卫生脏乱差等情况，当场下达6份行政警告。对3户食品摊贩未建立进货台账并留存进货票证的违法行为进行立案查处，罚款2000元。共出动执法人员7227人次，检查食品摊贩5353户次，发现问题397个。通报街综合执法部门在辖区政府限时限地区域外经营食品摊贩2件。简易程序立案4件，结案4件；对重点点位早餐车食品安全情况开展督导检查，共出动执法人员27人次，检查摊贩131户，发现问题12家，均处置完毕。全面启动“创城”“整治食品安全问题联合行动”宣传工作，制作发放“创城”宣传手提袋、宣传围裙、“携手共创国家食品安全示范城市致红桥区市民的一封信”3000余份，印制张贴宣传海报5000余张、“创城”宣传桌贴2410张。制作动画短片1个，宣传片分别在“美丽红桥”“红桥市场监管”官方微信公众号发布，辖区内全部中小学、幼儿园、民办托幼机构全覆盖播放,自10月21日起,在区有线电视进行每日播放。《天津日报》于7月12日对红桥区"三小"行业整治成果进行宣传报道。开展保健食品"五进"专项科普宣传活动。开展保健食品进社区2次,进网络平台2个,进校园全域覆盖,进商城4次,进企业1次,进车站等人员密集场所1次,活动参与人数846人次,累计发放宣传材料820份。组织开展食品安全宣传周,发放各类宣传资料5.24万份,张贴宣传画、播放公益广告,制作展牌、制作标语2361个(条),解答群众咨询4009人次,媒体报道9次,组织各类专访、讲座、培训113次。6月19日上午,红桥区2019年食品安全集中宣传活动在陆家嘴中心举办。现场解答百姓咨询百余人次,发放宣传资料400余份。

(肖忠生)

2019年9月25日,市市场监管委主任林立军(前排左三)一行到区内菜市场,就整治食品安全问题联合行动和国庆期间食品消费品安全工作进行调研督查 (区市场监管局提供)

**【药品药械监管】** 2019年,区市场监管局做好药品和医疗器械行政许可审批工作,完成药品经营企业各类审批事项103家次。其中,药品经营许可证筹建审批7家,新开办7家,换证23家,许可事项变更60家,GSP证发证6家。完成医疗器械经营企业各类审批事项273件。其中,医疗器械经营许可证审批19件,二类器械备案30件,网络备案57件,许可事项变更141件。完成药品、化妆品、医疗器械抽检工作,完成抽验送样任务。其中,基本药物抽验69批次,中药饮片抽验10批次;医疗器械国家抽验5批次、市级抽验8批次;化妆品抽验22批次。开展各项药品、化妆品、医疗器械专项监督检查,对《中华人民共和国药品管理法》《医疗器械监督管理条例》《化妆品卫生监督条例》等法律法规进行现场讲解,增强企业自律意识,将事后监管处罚向事前防范转变。开展非法收售药品清理打击工作,制定《2019年红桥区市场监管局打击非法收售药品行为专项整治行动方案》。成立专项工作领导小组,加大对辖区内市人民医院、市中医药研究院附属医院、红桥医院、红桥中医院、前园道、西关街及千里堤等重点区域,以及各街道卫生服务中心、社区以及农贸市场周边的巡查力度。国庆期间出动执法人员巡查1654人次,与药品零售企业执业药师在岗执业专项检查、中药饮片质量集中整治工作等专项检查相结合,共检查药品经营、使用单位354家次,巡查市场、楼群685处次,取缔摊点、窝点27处,没收药品563盒。加强与区医保局、区卫生健康委等部门对医疗机构的联合检查。对辖区内医疗机构药品进货渠道,购进企业资质等进行检查。开展不良反应监测、投诉举报处理及案件查办工作,收到药品、医疗器械、化妆品不良反应报告590例,处理平台转办举报投诉64起。加大案件查处力度,全年共立案19起、结案10起,罚没款6万余元,移送公安机关药品涉嫌犯罪案件3起。开展辖区药品经营单位量化等级评定工作,制定《2019年红桥区药品零售企业量化分级管理及放心药店创建工作实施方案》,向辖区内参评药品零售企业进行推动部署,完成辖区2019年药品零售企业量化分级管理及放心药店评价工作。开展药品、医疗器械和化妆品宣传工作。发放各类药品、医疗器械、化妆品宣传手册3000份,接待市民与患者1500余人次。

(肖忠生)

**【消费维权】** 2019年,区市场监管局畅通消费者诉求渠道,推行线上线下一体化维权。每季度编制投诉举报分析,对维权工作特点进行梳理,提高投诉举报处理信息化、智能化水平,为保健品大起底、环保检查、扫黑除恶、质量考核等工作做好线索提供。健全诉求回馈考核,提升投诉举报平台运行效率,严格投诉举报工作处理时限和处置程序,实现消费纠纷的网上接收、网上跟踪督办。依法受理投诉举报4922件。开展"诚信服务·放心消费"创建活动,引导服务行业组织及经营者制定服务标准,提升服务质量,完善消费纠纷处理机制,推进消费者投诉工作站建设。"3·15"期间,以《中华人民共和国消费者权益保护法》《中华人民共和国广告法》《中华人民共和国食品安全法》《中华人民共和国药品管理法》《中华人民共和国产品质量法》等法律、法规为重点,组织各部门广泛开展普法宣传。组织企业参加消费维权工作座谈会,研讨消费维权热点、难点问题,共同推动消费维权工作。组织辖区内红星美凯龙、华润万家超市、欧亚达商场、麦德龙超市4个大型卖场负责人开展行政约谈和现场培训指导。推进消费维权进商场、进超市、进市场、进企业工作,全面推动小额消费纠纷快速解决暨无障碍退换货、消费环节经营者首问和赔偿先付等自律制度落实,将消费维权作为企业的义务纳入企业管理中。加强对消费维权知识学习和研究,指导各部门完成延期回复、不满意工单回复、信访、信息公开、现场答疑千余人次。

(肖忠生)

2019年6月19日,区市场监管局在陆家嘴中心进行现场宣传 (区市场监管局提供)

【特种设备安全监管】 2019年,区市场监管局受理特种设备注册登记222件;受理特种设备安装改造维修许可换证2件。全年开展8项专项执法检查工作,累计出动执法人员1724人次,检查特种设备使用单位376家,全面开展特种设备事故隐患排查治理工作,出动830余人次到现场检查,检查电梯使用单位140余家,检查电梯1700余台,未发现重大安全隐患,个别使用单位存在未及时张贴电梯检验合格标志等不规范使用的现象,均当场完成整改。春节期间,对水游城、市中医药研究院附属医院、陆家嘴商业广场、津酒集团有限公司、红星职业中等专业学校、云兴家园小区6家特种设备使用单位进行现场检查。"两会"期间,对物美超市水木天成店、河北工业大学等重点使用单位进行现场检查。制定《红桥区市场监管局特种设备隐患排查治理专项行动工作方案》,组织辖区内特种设备使用单位开展自查自纠,并进行现场监督检查。专项行动中发放自查表203家,自查中未发现安全隐患;累计出动650余人次,检查特种设备使用单位160余家,检查设备1800余台,未发现安全隐患。"五一"期间,对人员密集场所天津西站和天鸿大厦进行现场检查,对在用设备的运行情况、检验情况、管理情况、应急预案等内容进行监督检查。国庆期间,对64家特种设备使用单位传达部署隐患排查整治行动,组织自查自纠,其中对1家加气站发放告知书,并组织签订承诺书。共检查特种设备使用单位64家次,出动执法人员208人次,发现隐患3家,现场整改1家,下达现场指令书2份,全部完成整改。下发液化石油气专项行动通知,组织各市场监管所对各自辖区内是否存在无证充装、非法充装等违法行为进行排查,未发现非法充装液化石油气站点。推进辖区内电梯应急处置平台建设工作,督促辖区相关单位落实电梯应急处置要求,科学规划布局电梯应急救援公共服务网点。做好电梯应急识志的发放、更换及补发工作,以特种设备安全监察平台为依托做好电梯数据库的日常维护和信息更新工作,督促区内电梯使用、维保单位完善应急救援处置程序。全区电梯应急处置平台覆盖率80%。依托电子监管网,结合日常监管,利用监察网开展预警设备治理工作,共预警设备1475台(套)。对预警设备进行提示,保证设备在检验有效期内的使用。

(肖忠生)

2019年1月30日,区市场监管局开展节前特种设备安全监察工作 (区市场监管局提供)

【广告监管】 2019年,区市场监管局对保健品、保健食品广告、医疗美容广告、轻钢别墅广告等15项开展广告专项治理工作。以互联网和传统媒体为专项工作重点,加强对食品、保健品、保健食品市场的广告监管。在办理广告发布登记工作环节中,提示区内各期刊主办单位落实广告经营单位主体责任,加强广告发布审核,严禁发布违法广告。在"百日行动"中,广告案件立案4件,结案3件,1件正在协查中。落实整治食品安全联合行动的重点任务要求,进一步开展保健食品广告专项整治,加强虚假违法保健食品广告的案件查办工作,立案1件。加强医疗美容市场监管力度,严肃查处违规发布医疗美容广告行为,开展医疗美容广告专项治理行动。共检查医疗美容机构560户次,监测检查广告370条次,其中互联网广告17条次。期间对5家企业进行行政指导提示,要求未取得"医疗广告审查证明"的不得发布医疗广告,重点审查未经卫生健康部门审查批准和篡改审批内容发布医疗美容广告。以加强广告导向监管为2019年广告监管工作的核心和出发点,严厉打击有违社会主义精神文明建设和有悖中华民族优秀传统文化要求的有毒有害广告,严厉查处妨碍社会公共秩序或者违背社会良好风尚的低级庸俗广告。做好公益广告宣传工作,积极联系辖区内涉及LED屏广告发布企业,布置落实相关工作,并对公益广告的播放情况进行检查。组织开展广告监管"双随机、一公开"工作,抽取区内108户单位进行检查,重点检查广告发布登记情况,以及广告经营者、广告发布者建立、健全广告业务的承接登记、审核、档案管理制度情况,并在区市场监管局门户网站进行公示。

(肖忠生)

【市场监管】 2019年,区市场监管局牵头或参与各类专项治理工作30项。深入开展扫黑除恶专项斗争,组织召开专门会议和全体会议9次,制定整改落实方案等文件11份,移送问题线索2个,制定《红桥区市场监管局扫黑除恶专项斗争"一案同查"制度》《红桥区市场监管局扫黑除恶专项斗争领导小组工作规则》,组织下发各类宣传品近3000份,张贴海报500余份。开展"行政案件大起底",排查各类案件463件,未发现涉黑涉恶线索;开展打击整治黄赌毒与黑恶势力交织违法犯罪深挖彻查保护伞专项工作,制定工作方案,自9月起,全局共出动干部268人次,检查969户次,移送区扫黑办涉嫌案件2件。制发《红桥区市场监管局2019年非法集资风险排查整治活动实施方案》,成立排查和化解非法集资风险专项行动领导小组,将预防和处置非法集资工作经常化、制度化、规范化。参加全区"携手筑网 同防共治"防范非法集资主题宣传月活动,向广大群众传授非法集资的特征和识别方法,提高群众的风险辨识能力。张贴海报51张,分发宣传材料、购物袋、纸巾等370份,循环播放防范非法集资视频10次,参与大型集中宣传活动1次,在微信公众号发布文章5篇。截至11月1日,全局通过自行排查,配合区处非办、公安红桥分局排查市场主体共200余户次,出动人员500余人次,经执法人员宣讲法律规定,51户自行注销，变更营业执照8户，迁出企业3户，列入异常名录32户；经局长办公会研究，对2户处以吊销营业执照行政处罚。持续开展保健品“打清整”活动，重点整治6种违法行为，解决保健品制售假劣、非法营销、虚假宣传等群众反映强烈的问题，规范全区保健品市场秩序，遏制针对老年人群体违法营销保健品的行为，提升广大消费者对保健品的安全消费意识和辨别能力。累计出动干部百余人次，排查市场主体150余户次，发放宣传材料300余份。打清整期间，立案5件，办结4件，罚没款60.78万元。开展“大气污染防治百日攻坚”“夏季蓝天使命”及“臭氧污染防控专项行动”，制定相关工作方案，共出动干部3600余人次，车辆700余台次，检查各类商户1700余户次，报送各类信息报表104次。对因私开门脸、违建等原因无法办理营业执照和许可证的8家单位，责令立即停业，并与街道联合开展封堵、拆除工作。加大野生动物保护力度，组织各部门增加检查频次，研究制定《红桥区关于全面加强野生动物保护长效机制建设的实施意见》，成立以区市场监管局为牵头单位、公安红桥分局、区城市管理委、区综合执法局、区卫生健康委、各街道、棚改总指办为成员的清理清查组。依法加强野生动物保护监管工作，共出动监管人员2164人次，检查餐饮单位1631户次，药品零售企业111家次，商品交易市场61家次，食用农产品经营单位48户次，向餐饮单位发放野生动物保护承诺书百余份。多次联合公安红桥分局、区综合执法局、咸阳北路街道办事处对千里堤古玩城、一号路批发市场、千里堤市场进行检查。约谈主办单位，落实主体责任，督促市场主办单位进行日常巡查，深入了解市场管理员对野生保护动物品种的知晓情况，督促市场主办单位禁止一切非法贩卖野生动物的行为，常抓日常巡视不松懈。8月25日，千里堤花鸟鱼虫市场正式更名为千里堤市场。继续深入开展“网剑”专项行动，严格规范电子商务经营者经营行为，严厉打击网上销售假冒伪劣产品、不正当竞争、侵犯消费者权益和公民个人信息、网络传销等网络市场违法行为。检查网站、网店233个次；实地检查网站、网店经营者155个次，督促网络交易平台删除违法商品信息9条，责令整改网站4个次。查处网络违法案件9件，累计罚没款5.36万元。畅通群众投诉举报通道，自专项行动开展以来共受理投诉举报213件，办结191件。向企业、个人宣传《中华人民共和国电子商务法》96人次，提升电子商务经营者自我管理能力和自律水平。督促辖区内交易型网站积极落实主体责任，公示营业执照，亮照率100%。以旅游、房地产、汽车等行业为重点，开展合同监督监测和专项整治行动。由传统的“线下”合同监管向“线上线下一体化”合同监管转变，将合同抽样工作与双随机工作紧密结合，完成合同格式条款监督监测抽样17户，指导监管所查处相关案件1件。做好全国糖酒会会外展酒店交易秩序保障筹备工作，制定《第101届全国糖酒商品交易会规范交易秩序工作方案》《全国糖酒商品交易会食品安全应急预案》，成立专项领导小组，组建以稽查三科为主的餐饮保障线，以各业务科室为主的全面保障线，以各监管所为主的实战培训线，由三线人员组成保障队伍，明确责任分工，负责糖酒会的日常保障。对会展酒店加强行政指导。研究制定《规范交易告知书》，对参展商作出行政告知，规范其交易时间和交易行为。自10月18日起，抽调业务骨干组成专业执法队伍，每日出动执法人员20余人次，分组逐一对参会展商证照资质进行核对，逐户建立档案，对参会展商的索证索票情况进行检查。会展期间，完成资质审查305户；午餐晚餐被保障人员1370人次，留样13份，现场快检64份。在全区范围内开展大清整活动，对宾馆、酒店、夜市、车站、大型卖场开展巡查，重点治理假冒伪劣、商标侵权、虚假违法广告等行为，张贴通告15份，清理违法广告7处。设立糖酒会保障协调组和糖酒会秩序保障组，保障协调组负责内场交易秩序的监督管理及投诉举报处置工作，并在泛太平洋酒店设立投诉举报台，现场办公，及时受理；秩序保障组跟随区政府联合工作组开展全面巡查任务。开展高考期间通信器材专项检查,组织各监管所加强对辖区内商品交易市场、校园周边经营单位中经营通信器材商户的检查,禁止销售窃听、窃照专用器材及“三无”等国家禁止销售商品的违法违规行为。共出动执法人员44人次,检查42户,未发现违法违规行为。2019年,区市场监管局查办市场类案件立案54件,办结49件,罚没款178.11万元,货值金额16.74万余元。结案数同比上年增长17%,罚没款金额同比增长19%。案件类型包括虚假宣传、商标侵权、违法广告等。查扣、没收侵权商品共10262件。

(肖忠生)

2019年7月31日,区市场监管局联合街道办事处、派出所及综合执法等多个部门开展野生动物联合检查　(区市场监管局提供)

**【知识产权管理】** 2019年,全区各类市场主体提出专利申请1143件,授权专利657件,拥有有效发明专利1033件。全区各类市场主体提出商标注册申请1858件,核准注册1213件,拥有有效注册商标5562件。全年受理消费者和知识产权权利人知识产权投诉举报16件。制定2019年“4·26”世界知识产权日商标宣传周活动安排,结合“双万双服”活动,开展商标、专利知识产权工作宣传,引导区域市场主体增强知识产权运用和保护意识。宣传周期间,悬挂“严格知识产权保护,营造一流营商环境”“尊重知识、崇尚创新、诚信守法”宣传条幅22幅,发放《科技型中小企业知识产权管理118问》《商标注册申请指南》《中华人民共和国商标法》《商标法实施条例》等各类宣传资料500余册,召开知识产权企业座谈会,提升社会公众和企事业单位的知识产权保护意识。在中海油天津化工研究设计院有限公司开展“专利挖掘布局”培训,培训内容围绕专利布局、专利制度的核心、专利申请流程、技术交底书——如何从法律角度讲技术创新转化为专利等4个方面展开,组织工作人员对中铁第六勘察设计院集团有限公司隧道设计分公司、天津津酒集团有限公司、天津协盛科技股份有限公司等知识产权重点企业开展走访调研,了解企业市场运营情况,宣讲专利资助相关政策,从知识产权保护的角度对企业在商标、专利应用方面提出建议,鼓励企业积极申请商标、专利等知识产权,并针对企业在知识产权保护方面提出的问题进行解答。查询、掌握红桥区中华老字号、津门老字号授权企业情况和持有地理标志产品企业情况。建立专利企业数据库,搭建2个红桥区企业知识产权工作微信群,搭建和完善知识产权信息传播平台。完成红桥区《政府工作报告》中关于“全年完成新增专利申请1000件,新增专利授权400件”的工作任务。加大侵犯知识产权执法打击力度。制定《红桥区市场监管局2019年度商标专用权保护专项行动方案》,强化商标专用权知识产权保护执法力度,确立以保护老字号商标、驰名商标、著名商标为保护工作重点,加大对侵犯注册商标专用权违法行为的打击力度,维护企业合法权益,净化市场竞争秩序,营造良好营商环境。受理消费者和知识产权权利人投诉举报16件,立案26件,结案18件,罚没款13.50万元,没收侵犯注册商标专用权商品6284件。按时完成非正常专利整改、专利实力状况统计、知识产权示范校、全国专利调查、营商环境评价、天津市专利奖申报、国家知识产权优势企业申报等工作,配合市知识产权局开展整顿知识产权代理中介机构“蓝天”专项整治行动。开展侵权商品集中销毁活动,将近两年在知识产权执法中没收的侵犯注册商标专用权的白酒、服装服饰、玩具及不合格食品等共4600余件、3000余公斤,予以无害化销毁。

（肖忠生）

【价格监管】 2019年，区市场监管局落实价格举报、投诉案件256件。其中，举报件208件，占比81.3%；投诉件38件，占比14.8%；咨询件10件，占比3.9%。8890便民热线承办单72件，全部办结。信访件2件，均办结。北方网“政民零距离”网络留言承办单4件，均办结。“人民网”地方领导留言板承办单1件，已办结。开展医疗卫生系统专项检查工作，对辖区内的医疗机构进行随机抽签，选定红桥区中医医院和红桥区西于庄街社区卫生服务中心2个单位为检查对象。通过现场实地检查、调阅收费清单、随机询问就诊人员和核算相关账目等方式，对两所医疗机构进行价格检查，未发现存在价格违法行为。春节、中秋、国庆期间，加强粮油肉禽蛋菜奶盐等生活必需品和月饼等节日食品的市场价格监管。重点加强对物美水木天成店、华润超市西青道店、红星美凯龙红桥店等大型商场超市、商品零售企业的价格法律法规宣传，督促经营者完善促销方案，规范价格行为。重点关注“糖酒会”相关行业的价格监管。对辖区内酒店、连锁酒店进行巡查，巩固明码标价成果，引导酒店合理定价，保持价格稳定，避免价格出现大幅波动。开展转供电不合理加价专项检查工作，召开红桥区开展转供电不合理加价专项检查工作部署会，对全市2019年降低一般工商业电价的政策进行讲解。对辖区内茶叶城（店）进行专项检查，提高明码标价覆盖率。对辖区内2个出租车企业的收费情况进行提醒告诫，宣传明码标价相关规定。参加由区住房建设委牵头，区发展改革委、区委网信办、公安红桥分局和区市场监管局联合开展的红桥区整顿房地产租赁市场秩序专项行动。对房地产经纪机构、住房租赁企业开展涉及住房租赁中介机构违法违规问题进行大检查。维护停车行业价格秩序，与红桥交警支队、区城市管理委沟通，摸清停车场底数。约谈公众停车公司红桥片区负责人，发放提醒告诫函，要求企业严格落实明码标价制度，加强内部管理，做好员工政策培训，自觉规范价格行为，主动接受社会监督。对区内4家医院、20家产业园区及楼宇等商业载体的停车场进行实地检查，发放提醒告诫函，并对公众道路停车收费情况进行抽查。要求明码标价不规范的停车企业进行整改，对发现的其他违法问题线索上报并移交有关部门。

（肖忠生）

【质量监管】 2019年，区市场监管局组织开展危险化学品企业安全隐患排查专项整治工作，部署目录内危化品经营及经营活动中使用单位的检查。对全部17家企业送达《开展危险化学品企业隐患自查整改的通知》，要求企业自查整改，并进行现场检查。组织开展塑胶玩具产品增塑剂问题、儿童用品专项治理及儿童和学生用品安全守护行动。落实生产、经销企业主体责任，对辖区内儿童玩具、学生文具、校服、校园跑道原材料等4类重点产品生产企业进行摸排，经排查辖区内无4类重点产品生产企业。加强对校园周边商店、文具店、大胡同等重点区域经营场所的监管，重点检查标签标识、进销货台账等，对销售者经营范围、资质进行审查，杜绝超范围经营行为，对销售商户进行约谈教育，督促其执行进货查验制度，全局共出动428人次，检查门店197家次。在学生和儿童用品流通领域监督抽检，抽检童鞋6批次，全都合格；书包2批次，1批次不合格，完成不合格商品的后处理工作。以食品用纸包装、电线电缆、防爆电气、砂轮、特种劳动防护用品、危险化学品及其包装物、容器为重点产品，开展重点工业产品专项整治行动。排查生产企业，对销售经营者重点检查是否建立和执行进货验收制度，是否销售无生产许可证、无强制性产品认证产品等方面，未发现生产、销售无生产许可证、强制认证产品的违法行为。开展安全帽等特种劳动防护用品专项监督检查，无安全帽、安全网、安全服生产企业，一家安全带生产企业生产地已搬迁至北辰。共出动执法人员 12 人次,未发现生产销售假冒伪劣产品、无证生产等违法行为。做好工业产品生产许可证获证证后监管及企业信息更新工作,加强对列入国家工业产品生产许可证发证产品目录的食品相关产品生产企业事中事后监管,督促获证企业严格按照生产许可证相关要求开展生产经营活动,全部建立监管档案。做好流通领域监督抽检及不合格后处理工作,对学生书包、童鞋、电水壶、休闲服装、电视机、面巾纸、坐便器、车用汽、柴油等九大类共 73 批次商品进行流通领域监督抽检,对 1 批次不合格书包完成不合格商品的后处理工作,4 批次不合格商品正在处理中。对 6 批次柴油和 3 批次尿素水溶液开展区级监督抽检,所检商品全部合格。加强质量强区工作,召开区质量工作会,制定全区质量工作 2019 重点工作任务台账和开展服务业质量提升行动工作安排。宣传贯彻落实《质量发展纲要(2011—2020 年)》(以下简称《纲要》),深入推进实施"质量立区"战略工作,不断加快经济发展方式的转变,引导企业树立质量为先、信誉至上的经营理念。强化企业在质量提升中的主体地位,先后走访天津协盛科技有限公司、正融大厦等企业,积极推动质量基础设施建设,推动引导质量技术服务机构建设,帮助企业解决质量难题,推动各行业积极参与国家和市级各类项目申报工作。落实"双万双服"活动服务企业、服务发展,发动天津宏仁堂制药、天津正本电气股份有限公司、天津市圣威科技发展有限公司、天津市华云自动化技术装备有限公司等企业参加天津市质量攻关主题讲座培训会,鼓励企业积极申报质量攻关项目,以质量攻关助推企业加快发展。牵头组织开展质量月活动,以"政府重视质量,企业追求质量,人人关注质量"为主题,深化"放管服"改革,优化营商环境,增强各类市场主体活力,深化供给侧结构性改革,实施质量立区,保障质量安全,提升产品、工程和服务质量,助推经济社会高质量发展。

(肖忠生)

**【信用监管】** 2019 年,区市场监管局建立年报情况每周通报制度,定期将未年报的市场主体名单通过内网平台发布,实时掌握年报动态信息,适时督促年报开展进度。做好宣传服务工作,累计发送提示信息 12.89 万条,印刷发放年报宣传折页 6000 份,利用个体民企协会理事会、区行政审批大厅电子屏等途径宣讲年报政策。各监管所指派专人负责年报咨询事项,加强对未年报企业、个体工商户的指导服务,主动上门,深入市场、商城等主体集中区域指导协助市场主体报送年报。向全区招商引资部门发送《关于做好招商引资企业 2018 年度年报工作通知》及未年报企业名单,并联合区楼宇办召开楼宇经济工作会,积极拓展年报催报渠道,形成年报合力。全区应报企业户数 11871 户,实际报送企业户数 10162 户,平均年报率 85.6%;应报个体工商户 19453 户,实际报送 8958 户,平均年报率 46.05%。做好经营异常名录和严重违法失信企业名单管理工作,共有 1954 户次企业被列入经营异常名录,10616 户次个体工商户被标记为经营异常状态,依申请将 190 户企业移出企业经营异常名录、188 户个体工商户恢复正常记载状态。建立待列严企业名单台账,按时梳理并实行动态管理,主动加强对待列严企业的宣传引导,告知信用风险,提示履行相关义务,指导申请移出经营异常名录,鼓励企业重塑信用,诚信经营。落实协同监管和联合惩戒机制,规范具体操作流程和工作机制,明确联合惩戒信息传递机制。截至 10 月底,统计 1954 户企业的协同监管和联合惩戒信息,对当事人实施不予通过"守合同重信用"企业公示活动申报资格审核、不予授予相关荣誉称号(天津名牌、著名商标、质量奖)、资格不予评级或荣誉授予、限制许可、给予警告等协同监管和联合惩戒措施。做好行政机关联合奖惩监管系统管理工作,及时办理联合奖惩工作事项,在开展行政许可、资质资格评定、评先评优等事项前,登录系统查询相关主体的信用记录并回填结果。

(肖忠生)

【登记监管】 2019年,区市场监管局组织开展上半年市场主体公示信息及登记事项“双随机、一公开”工作,抽查企业125户,随机选派检查人员48人,公示检查结果1250条,实现双随机抽查结果公示率100%。组织开展下半年公示信息和登记事项“双随机、一公开”工作,共随机抽取企业369户、个体工商户648户。

(肖忠生)

【专项治理】 2019年,区市场监管局加强仓储物流企业场所安全监管工作,印发《关于进一步加强仓储物流企业场所安全监管工作的通知》,明确工作内容、方法措施和工作要求,逐项排查是否有超范围经营行为、是否经营仓储或物流业、是否存在安全生产隐患问题,记录仓库面积和主要储存物料。截至10月底,共排查265户涉及仓储物流的市场主体,发现1户超范围经营问题,罚没款750元。组织开展成品油经营企业监管工作,指导各监管所对本辖区成品油市场进行监管,共检查成品油经营10户,列入异常2户。与区住房建设委、区司法局、区国资委等单位配合市检查组对红桥区三条石小学项目、天津市民族文化宫重建项目等开展实地检查。督查工程建设领域相关单位,全面梳理和汇总相关数据,未发现拖欠农民工工资问题。组织成立铁路安全隐患大排查大清理专项行动领导小组,制定下发《红桥区市场监管局2019年铁路安全隐患大排查大清理专项行动方案》《红桥区市场监管局关于深入开展铁路安全隐患大排查大整治专项行动的通知》,共发现19户铁路沿线商户,其中1户属民用废旧物资收购站,已搬迁,未发现存在安全隐患行为。开展游泳场所专项监督检查行动,制定《红桥区市场监管局2019年游泳场所专项监督检查行动方案》,明确游泳场所专项检查的职责分工、实施步骤和工作要求,制作《游泳场所专项监督检查排查记录》《游泳场所排查统计表和排查台账》下发各市场监管所,部署和指导各所开展专项检查工作。完成20户游泳场馆的排查工作,其中天津华业希望房地产开发有限公司泛太平洋大酒店存在超范围经营问题,下达责改措施。参加由区商务局牵头组织的再生资源回收站集中整治联合执法行动,通过规范一批、迁出一批、查处一批的方法,规范整治废品回收行业乱象。并与相关部门联合对2家再生资源回收站下达通告,完成限期清理,24个再生资源回收站(点)全部规范整治完毕。下发《关于做好海砂经营情况摸底排查工作的通知》,要求各监管所把建筑用砂作为重点检查项目,检查砂的来源是否合法合规,同时配合住建部门工作,检查建筑工地违规使用海砂的违法行为,各监管所均未在辖区内发现经营海砂问题。开展治理无证无照经营整顿人力资源市场秩序打击“黑中介”行动。7月,下发《红桥区关于开展治理无证无照经营整顿人力资源市场秩序打击“黑中介”的通知》,与“双随机”检查相结合,对符合“列异”“列严”条件的企业,及时依法处理;对违法违规情节严重的,依法吊销营业执照。对涉及住房租赁中介机构开展无照经营治理工作。下发《关于开展对涉及住房租赁中介机构无照经营治理的通知》,未发现存在对未取得营业执照擅自开展房地产经纪业务的行为。

(肖忠生)

【餐饮监管】 2019年,区市场监管局为确保春节用餐高峰期间餐饮食品安全,组织区内承办节日包桌、300平方米以上大中型餐饮服务单位及欧亚达、凯莱赛、水游城、陆家嘴商圈共181户餐饮单位190余人连续召开春节餐饮食品安全约谈会。7月4—5日,连续两天组织区内烧烤、自助餐经营者及各类单位食堂负责人共120户餐饮单位200余人召开夏季餐饮食品安全培训会。中秋、国庆期间,组织欧亚达、凯莱赛、水游城、陆家嘴商圈及凯莱赛小吃街餐饮共183户209人召开节日餐饮食品安全专题培训会,发放学习材料200余份。对餐饮服务提供者食品安全定期自查自评工作进展情况进行督促和强调,进一步强化餐饮服务提供者食品安全主体责任意识。落实学校食品安全要求,联合区教委组织区内所有中小幼、大中专院校食堂、配餐单位、送餐单位召开春季、秋季校园食品安全工作推动会。累计240余家企业主要负责人400余人参加受训,就生熟食品容器使用、菜品留样、幼儿园水果分割、自查报告等方面进行讲解和培训。完成全区所有50家校园食堂、3家集体用餐配送单位(2家配餐单位停业未经营)全覆盖检查。全区所有学校、幼儿园、托幼机构食堂及集体用餐配送单位全部完成视频式明厨亮灶。对4家为区内学校供餐的外区集体用餐配送单位A级资质进行审核。组织各类设有食堂学校、幼儿园、托幼机构、集体用餐配送单位和用餐单位共97家签订餐饮食品安全承诺书。以各类学校坐落地点为圆心,对校园范围100米内的78户和欧亚达、凯莱赛商圈内51户餐饮单位开展监督检查。特别对小餐饮单位超范围经营凉菜现象,积极指导其定制凉菜操作柜,消除食品安全风险。高考前开展考点周边大中型餐饮单位参考人员订餐摸底调查,核实各餐饮单位在高考期间考生订餐情况,经核实2个考点周边1公里范围内共计12家大中型餐饮单位无考生订餐情况;高考期间共出动执法人员8人,对2个考点周边1公里范围内共计12家大中型餐饮单位开展巡回监督检查;对检查中发现的从业人员上岗时发帽佩戴不齐、工作服不洁、冰柜冰箱内食品码放不齐等问题当场指导整改,确保高考期间师生、家长用餐安全。引导不具备建立食堂单位向供餐单位索取资质和供餐协议备案,指导签订送餐协议23家。严格落实“不忘初心,牢记使命”四部委联合开展校园食品安全整治工作要求,与秋季校园食品安全专项检查相结合,对检查中发现问题的2个单位进行立案处理。在春节、“五一”、国庆节前,对节日期间承办节日包桌、婚宴包桌餐饮单位和大中型餐饮单位开展肉类、蔬果、餐具洁净度、凉菜间紫外线照度、食用油快检工作,累计开展节日快检样品483批次。在职业技能大赛期间,对在红星职专赛点食用的月坛供餐进行餐温快检,确保参赛人员食用的菜品温度不低于60℃,保障参赛代表2100人次就餐安全。全国第十届残运会暨第七届特奥会群众棋类比赛期间,对各类原料进行瘦肉精、农残、酸价等快检,消除潜在食品安全隐患;持续在每餐前对凉菜间紫外线照度、凉菜操作人员手部、熟食冷藏设施内壁、加工凉菜用刀墩、餐饮具洁净度进行快检,确保食品制作安全;对每日三餐菜品餐温进行快检,确保从熟制到用餐在2小时之内,并确保菜品制作温度不低于70℃,摆台热菜品温度不低于60℃;监督做好菜品留样工作,确保每餐所有菜品留样。共进行快检258件,保障1478人次参赛选手和志愿者用餐安全。对第101届全国秋季糖交会区内驻点单位泛太平洋大酒店进行全程餐饮食品安全保障,进行快检74件,确保饭店制作1124份套餐盒饭安全,确保参会商户和保障人员用餐安全。

(肖忠生)

2019年1月30日,区市场监管局开展节前食品安全检查 (区市场监管局提供)

**【反不正当竞争和反垄断监管】** 2019年,区市场监管局组织开展反不正当竞争和反垄断监管,开展“打击传销、规范直销”及查处虚假宣传等各类不正当竞争违法行为,共查处违反《中华人民共和国反不正当竞争法》案件立案9起,结案15起,罚没款42万余元。坚持防微杜渐,打早、打小、打苗头,始终对打击传销行为保持高压态势,夯实“无传销区”成果。积极联系完美、安利、无限极等直销服务网点的区域负责人，要求企业暂停所有会议报备，督促企业开展自查自纠，严禁组织参观、集中上课或者其他形式的聚会活动，严格落实退换货制度，严查虚假宣传行为。组织召开2019年打击传销工作联席会议，公安红桥分局等28个成员单位参加会议。制发《红桥区2019年打击传销专项整治工作方案》，对打传工作进行安排部署。与公安红桥分局、区金融局等相关单位联合检查，共出动执法人员322人次，检查辖区直销企业、网点等经营主体110户次。检查辖区直销企业及直销服务网点110户次，立案调查2件，结案2件。针对近期流通领域通信器材及移动电信业务中群众反应强烈、存在侵害群众合法权益、扰乱市场经济秩序等突出违法经营行为，组织开展流通领域通信器材及移动电信业务违法行为专项整治行动。出动执法人员178人次，检查企业860户次，立案3起。

2019年2月15日，红桥区“打清整”领导小组联席工作会议召开　　（区市场监管局提供）

（肖忠生）

【计量检定】 2019年，区市场监管局对全区医疗卫生相关在用计量器具进行全面检查，对区内从三甲医院到社区卫生服务中心的计量器具实行全覆盖检定，为全区医疗卫生体系做保障。对和平区、河东区、南开区的部分医院进行数字心电图机的检测服务，为全市医疗保障做出贡献。对区内各大菜市场和超市的衡器进行强制计量检定，坚决执行强检政策，对相关企业和摊贩全部免费。“5·20”世界计量日期间，在麦德龙超市门前为居民进行免费的血压计检定和人体秤检定。9月17日，到桃花源东里社区，为社区居民进行免费的血压计检定。为各市场监管所受理的有关纠纷的需求，及时到现场进行计量器具检定，出具公平合理的检定结论。对区内快递企业、邮局等单位在用的衡器进行强制检定。对区内各个单位在用压力表进行深入检查，对相关压力表进行检定，为全区各单位冬季供暖和正常生产生活的安全防护工作提供保障。

（肖忠生）

## 应急管理

【概况】 2019年，天津市红桥区应急管理局（以下简称区应急局）深入学习习近平总书记关于安全生产和应急管理工作的重要论述和指示批示精神，全面落实国家、市、区安全生产工作要求，进一步落实安全生产“党政同责、一岗双责、失职追责”制度，强化安全红线意识，深入开展行政执法检查工作，扎实推进安全隐患专项整治，有效防范生产安全事故发生，完善应急预案体系建设，全面落实防汛责任制，为“打造绿色城区，建设美丽红桥”提供坚强安全保障。

（郭　蕊）

【安全生产责任落实】 2019年，区应急局深入贯彻落实《天津市党政领导干部安全生产责任制实施细则》，制定《红桥区区级党政领导安全生产职责任务分解表》并印发至各部门、各单位，对每一名区级领导职责进行梳理分解，逐一明确责任领导、职责内容、责任部门、时间要求，进一步优化全区安全生产责任体系。坚持“战区制、主官上”，领导干部以身作则，多次带队赴一线督导检查安全生产工作。每逢重大节日、重大活动，必对安全生产工作形势再分析、再认识，对安全生产工作任务再部署、再落实，对安全生产事故翻旧账、常反思,推动全区上下形成“主官齐上阵,共同保安全”的浓厚氛围。

(郭 蕊)

**【安全生产执法】** 2019年,区应急局加大安全监管执法力度,配齐配全移动执法终端装备,实施执法全过程记录,着力整治执法中的“好人主义”。全年检查生产经营单位320家次,依法对存在违法违规行为的31家生产经营单位立案查处。

(郭 蕊)

**【隐患排查专项整治】** 2019年,区应急局扎实开展“事故隐患排查治理集中行动”“安全隐患大排查、大起底、大整改专项行动”“保安全迎大庆隐患排查整治集中行动”和“大干60天,全力保安全”隐患排查治理等专项行动,开展红桥区安全生产集中整治工作。

(郭 蕊)

**【双控体系】** 2019年,区应急局全面推进风险管控和隐患排查体系建设。推动防范关口前移,充分发挥安全生产隐患排查治理体系作用,有效预防重特大安全事故发生。全区安全生产隐患排查治理信息化系统共注册企事业单位341家,做到100%上线,其中企业排查率84.3%,上报率87.68%,系统内隐患上报总数16267项,隐患整改合格率98.8%。对长期不排查运行或不上报隐患问题的10家企事业单位依法进行立案查处,共处罚款5万元。组织推动企业风险管控工作,完成20%区域内重点企业及全部危化企业的风险评估工作。

(郭 蕊)

**【重大安全隐患治理】** 2019年,区应急局完成和苑家园、龙悦花园等9个小区消防安全隐患治理,对长庚老年公寓地下空间、天鸿大厦地下空间长期非法占用、畅景家园地下车库大量存放易燃物品、福居公寓小区地下空间安全隐患等一批事故隐患进行彻底治理。设立100万元应急专项资金,用于处置发生自然灾害、安全生产及应急突发事件等不可预见资金支出以及“8890”“12350”等群众举报反映的紧急安全生产事项处置。

(郭 蕊)

**【危化品夏季专项检查】** 2019年,区应急局深刻吸取江苏盐城“3·21”特别重大事故教训,开展危化品夏季专项检查。出动检查人员38人次,专家5人次,检查危化企业19家次(包含复查4家次),下达各类执法文书24份,发现隐患8项,全部整改完毕。

(郭 蕊)

**【仓储和物流企业(场所)安全生产专项整治】** 2019年,区应急局摸底排查出区内有仓储物流企业52家,其中,面积500平方米以上的14家,面积200~499平方米的14家,面积100~199平方米的24家,未发现危化品仓储单位。落实检查、复查仓储物流企业242家次,检查出各类安全隐患184项,完成整改隐患184项,整改率100%。

(郭 蕊)

**【安全生产月】** 2019年6月是第18个“安全生产月”,区应急局以“防风险、除隐患、遏事故”为主题,开展安全宣传咨询日、安全生产公众开放日、多部门联合应急演练、安全生产和应急管理法制培训班等系列宣传活动。“6·16”安全生产宣传咨询日活动中,区委宣传部、区城市管理委、区应急局、公安红桥分局、区消防救援支队等18个单位的工作人员参加活动,现场设立咨询台18处,展出安全生产和应急管理展牌16块,向过往群众发放各类宣传材料3000余份。在陆家嘴中心广场主会场开展安全生产方针政策和法律法规、防灾减灾救灾常识、应急救护和避险知识等公民安全常识宣传,推出安全小游戏、VR/AR安全体验等形式新颖的宣传活动;在津酒集团分会场开展“安全生产公众开放日”暨联合应急演练活动，通过演练检验预案、锤炼队伍，提高事故应急救援能力，搭建企业与社会公众沟通的桥梁。

（郭 蕊）

2019年6月16日，“6·16”安全生产宣传咨询日活动在陆家嘴中心举行（钟文婧 摄）

【教育培训实现全覆盖】 2019年，区应急局于年初与第三方公司签订法制培训工作合同，以月度为单位在全区范围内开展法制培训活动7次，涵盖范围包括街道办事处、行业主管部门、重点行业领域生产经营单位，围绕《中华人民共和国突发事件应对法》《中华人民共和国安全生产法》《生产安全事故应急条例》《地方党政领导干部安全生产责任制规定》等法律法规和双重预防控制控制机制运行、应急管理体系建立、应急响应实战及气象灾害知识讲解等业务实践，邀请专家学者对区安委会各成员单位安全生产分管负责人和责任科室主要负责人等开展全覆盖培训。

（郭 蕊）

2019年6月26~28日，区应急局组织区安委会成员单位和区内重点企业在西青宾馆举办安全生产和应急管理培训讲座（牛士杰 摄）

【安全生产检查指导手册印发】 2019年4月，区安全生产执法监察执法大队（以下简称区安全生产执法大队）搜集17部国家、地方和行业法律法规，30余项国家、行业标准，经相关专家论证和局领导班子审议通过后，印制《天津市红桥区安全生产检查指导手册》5000册，用于指导全区各级相关机关单位对安全生产工作的监督检查和企业自学、开展内部培训，促进企业落实安全生产主体责任意识和安全管理工作的提升。

（郭 蕊）

2019年4月，区应急局印制《天津市红桥区安全生产检查指导手册》（郭蕊 摄）

【安防网在线监测平台】 2019年，安防网在线监测平台接入危化品经营企业1家（天津市灯塔油漆销售有限公司红桥分公司），集团加油站9家（中石化8家、壳牌1家），基本信息上传完整。全区无重大危险源企业。自2019年9月，开展危险化学品在线监测平台专项检查活动，对发现的问题进行督促整改。

（郭 蕊）

【应急预案和应急演练】 区应急局制定《天津市红桥区应急管理局关于印发2019年应急预案编修工作实施方案的通知》，逐步分解任务，全面制定关于应急预案编修工作计划。全年组织开展应急演练2次,参与演练处置78人次,现场观摩60人次。5月20日,区应急局联合市排水六所、区排水所共30人,在湘潭道、西站后广场地道等西站周边地区开展应急排水联合演练;6月16日,区应急局联合区消防救援支队、蓝星救援队48人,召集津酒集团、化工研究院等企业,开展综合应急演练。

(郭 蕊)

2019年6月16日,区应急局联合区消防救援支队等在津酒集团开展综合应急演练 (丁萌 摄)

**【应急救援队伍】** 2019年,红桥区积极打造以区消防救援支队为主体的多层次专业应急救援队伍,构建以民兵队伍为依托的综合性应急救援队伍,整合以蓝星救援队等社会力量为依托的志愿应急救援队伍,促进各类应急救援力量立体化交叉化渗透发展,确保遇到紧急情况和突发事件,有效有力发挥救援作用,及时妥善应对各类突发事件,做好党和人民的守夜人。

(郭 蕊)

**【防灾减灾日】** 2019年5月12日是第11个全国防灾减灾日,主题是"提高灾害防治能力,构筑生命安全防线"。区应急局牵头联合区人防办、区住房建设委、区卫生健康委、区城市管理委、区教育局、区民政局、区生态环境局、区商务局、站区办、区红十字会、区委宣传部、区有线台、各街道办事处、区消防救援支队、蓝星救援队等,在公园广场、社区、学校等全面开展防灾减灾宣传、隐患排查和演练等活动。

(郭 蕊)

**【安全度汛】** 2019年,区应急局充实调整防汛组织机构,明确职责,加强领导,合理安排防汛应急专项财政资金,制定防汛工作应急预案,配齐人员和防汛物资设备,全力做好各项汛期准备工作。全年开展专题和综合防汛应急演练4次,累计参演220余人次。健全完善值班值守、风险会商研判等工作制度,加强对里巷道路、拆迁片区、居民小区、平房片区、地道涵洞等易积水点位的排查处置工作,排除解决新春花苑、铃铛阁拆迁片清真寺门前、西沽北菜园、红桥医院、丁字沽春风里等重点点位存在的汛情隐患,确保全区安全度汛。

(郭 蕊)

# 财政　税务

# 财 政

**【概况】** 2019年,天津市红桥区财政局(以下简称区财政局)坚持稳中求进工作总基调,牢固树立过紧日子的思想,加力提效实施积极的财政政策,统筹做好稳增长、促改革、调结构、惠民生、防风险各项工作,促进全区经济持续稳中向好,减税降费政策效应持续释放,结构调整、市容市貌、城市建设、民生改善等方面取得明显成效。

2019年区级一般公共预算收入完成19.11亿元,完成预算100%,比上年增长5%。其中,税收收入12.71亿元,增长8.5%,占一般公共预算收入的66%,比上年提高2个百分点;非税收入6.40亿元,与上年基本持平。区级一般公共预算支出39.20亿元,完成调整预算的100%,增长11%。新增地方政府专项债券收入50亿元。调整后区级政府性基金预算支出为52.99亿元,从政府性基金预算财力上保证当年收支平衡。国有资本经营收入500万元,完成预算100%,比上年增长150%。国有资本经营支出500万元,完成预算100%。按照财政体制市财政统筹安排编制社会保险基金预算,全年无区级社会保险基金收支预算。市财政对红桥区专项转移支付10.67亿元,其中一般公共预算10.33亿元,政府性基金预算3406万元。年末,全区政府债务余额129亿元,其中一般性债务6亿元,专项债务123亿元,全部用于土地收储和棚户区改造。

(周 路 柴围围)

**【减税降费政策落实】** 2019年,区财政局坚持减税降费2.94亿元。推进增值税实质性减税,严格落实一般纳税人享受减税优惠。严格落实可享受企业所得税优惠的小型微利企业标准,政策范围覆盖90%以上的纳税企业。落实个人所得税附加扣除政策,切实降低中低收入者负担。落实“津八条”、民营经济“十九条”和“红桥双十条”,全面落实取消城市基础设施配套收费政策。

(周 路 柴围围)

**【发挥职能】** 2019年,区财政局加大重点领域支出力度,通过发行棚改专项债券筹集资金,确保棚户区改造提前实现清零。兑现各类企业优惠扶持政策资金8200万元,大力推进产业升级,培养骨干财源,助推区域经济发展。通过统筹盘活存量、强化执行约束等多项措施,加快财政资金拨付,全区财政“八项支出”(一般公共服务支出、公共安全支出、教育支出、科学技术支出、社会保障和就业支出、医疗卫生与计划生育支出、节能环保支出、城乡社区支出)46.71亿元,同比增长8%。

(周 路 柴围围)

**【服务重点工作】** 2019年,区财政局严格落实国家重大决策部署,加强区域协同,主动融入、服务京津冀协同发展重大国家战略,安排专项资金设立“雄安驿站”,服务雄安新区,承接北京非首都功能疏解。投入6800万元,支持86个社区党群服务中心提升改造,实现105个党群服务中心达标。

(周 路 柴围围)

**【政策和资金支持】** 2019年,区财政局强化政策支持和资金保障,支持打好三大攻坚战。防范化解政府债务风险。强化政府债务限额管理，实行债券资金全过程动态监控机制，全力以赴降低债务风险水平。突出精准扶贫、精准脱贫，全面落实“升级加力、多层全覆盖、有限无限相结合”的工作要求。拨付甘肃省合水县、碌曲县对口援助资金2380万元，完成6315万元消费扶贫、人才支援、劳务协作等各项目标任务，全力支持对口支援和东西部扶贫协作。坚持绿色发展不动摇，强化财政资金配置，统筹安排资金5135万元，聚焦打赢蓝天、碧水、净土保卫战。

（周 路 柴围围）

**【保障和改善民生】** 2019年，区财政局安排专项资金1.20亿元，实施老旧小区及远年住房提升改造。安排资金1.93亿元，严格落实城镇低保、低收入家庭和特困人员救助政策。安排资金1630万元，新增10个一级老人家食堂，105个二级老人家食堂，建成4所养老院，新增床位372张，实现每千名老人拥有30张养老床位的国家标准。安排专项资金1066万元，新增学前教育学位3920个，大幅增加优质幼儿园供给。一般公共预算的民生领域支出占财政总支出的86%。安排就业支出4794万元，落实“海河英才”和“子牙人才”计划，统一社区工作者等五类人员薪酬待遇，城镇登记失业率控制在3%以内。安排教育支出11.05亿元。安排卫生健康支出4.23亿元，加大公立医院机构运行发展投入，免费向56.50万人提供基本公共卫生服务。安排文化旅游体育支出3744万元，完善公共文化服务体系。安排专项经费3700万元，安排燃气锅炉低氮改造及供热补贴2500万元，保障创文创卫和市容综合整治工作经费。安排专项经费1200万元，助力创建国家食品安全示范城市。

（周 路 柴围围）

**【预算管理改革】** 2019年，区财政局坚持实行零基预算。强化资金统筹，促进管理方式转变和效能提升。在行政开支上打好“铁算盘”，压缩一般性支出2500万元。项目安排实行“零基数”，坚持“有保有压、突出重点”。加强结余结转资金清收，进一步扩大清理范围，收回单位存量资金2.40亿元。积极盘活存量资产，开展清理盘点专项行动，实现盘活资产收入1.08亿元。

（周 路 柴围围）

**【财政管理】** 2019年，区财政局采取强化培训、重点督导、现场帮扶等方式推进全区行政事业单位内部控制建设和实施，组织开展行政事业单位资产清查核实和出租出借专项清查工作，做好现值60.78亿元行政事业单位国有资产管理，开展新旧会计制度衔接培训，完成全区会计核算软件平台搭建及政府会计准则制度新旧衔接。做好预决算信息公开工作，提高政府工作透明度。强化财政投资评审和政府采购管理，完成财政投资评审项目181个，送审资金10.47亿元，审定资金9.72亿元，审减7448万元，资金节约率7%，完成采购金额7亿元，节约资金2502万元，资金节约率4%。进一步规范社保资金，准确核算非财政拨款社保资金，对社保资金进行动态监管，提高社保资金科学化精细化管理水平。严格控制隐性债务规模，落实债务化解责任，加快推进土地出让进度、缩短棚改项目周期化解债务，使用相应的土地整理成本和收益归还隐性债务，保证完成隐性债务化解任务。

（周 路 柴围围）

# 国有资产监管

**【概况】** 2019年3月,天津市红桥区国有资产监督管理委员会变更为天津市红桥区人民政府国有资产监督管理委员会(以下简称区政府国资委)。区政府国资委坚持以习近平新时代中国特色社会主义思想为指导,深入贯彻习近平总书记视察天津时重要指示以及在京津冀协同发展座谈会上的重要讲话精神,强化责任担当,深入推进国有企业改革工作向纵深发展。加强国有资本收益管理,上缴区财政国有资本经营收益共计1.08亿元。积极搭建"四公司一中心"(区国投公司、区国资经营公司、区城市建设类公司、区房产总公司和区退出企业职工托管中心)国有资产运作架构,落实股权划转工作,争取国有资产尽快归口管理。积极推进供给侧结构性改革,注销红教修建公司等11家国有企业,加快推进空壳企业出清。加强经营性房产管理,接收管理行政事业单位和街道及生产服务管理经营性房产共289处。

(孙 莹)

**【国企党建】** 2019年,区政府国资委不断加强国企党建,为国企健康发展提供保障。组织开展"不忘初心、牢记使命"主题教育,深入领会习近平新时代中国特色社会主义思想,接管原区商务委党委管理的天宝集团党委、国源红公司党支部、区国资经营公司党支部、区城投公司等4个党组织,党员82人,完成城建类党组织整合。完成5个基层党组织选举工作。指导国有企业把党建写入公司章程。深化各基层党组织和在职党员"双报到"工作,协助社区开展创卫工作。召开全区国资系统党员干部警示教育大会1次,110余人参加。组织参观区检察院警示教育基地1次。组织国资系统党员集中轮训5次,近500人次参加。开展机关党支部主题党日活动4次。组织基层党组织观看革命教育影片《周恩来回延安》3次、主题漫画展2次。

(孙 莹)

**【国企改革】** 2019年,区政府国资委全面启动国企改革各项工作,严格对照国企改革工作台账,指导推动各相关单位落实各项改革任务,基本搭建"四公司一中心"国有资产运作架构,即:以天津市红保住房建设有限公司为依托的棚改投融资公司——区国投公司,以天津市红桥区国有资产经营有限公司为依托的国有资产经营公司——区国资经营公司,以区城建类企业为依托的城市建设公司——区城建类企业,成立区企业职工托管中心——区企业托管中心。完成区国资经营公司、区国投公司2个公司股权划转工作,落实城建类企业股权划转工作。建立天津市红企职托中心,承接全区国有企业职工托管工作,健全区企业托管中心组织体系和服务功能。积极推进大福来公司混改工作。完成大福来公司人员安置、清产核资、审计和资产评估,将区国资经营公司持有的大福来公司100%股权到天津产权交易中心进行挂牌转让,由天津耳朵眼炸糕餐饮有限责任公司以950万元成功摘牌,发展壮大老字号品牌,实现国有资产保值增值。推进供给侧结构性改革,妥善安置好空壳企业人员,处理好企业债务债权问题,做好空壳、僵尸企业出清工作,完成红教修建公司、群众影院、区国投公司下属隆舜泰公司、金桥餐饮商贸总公司下属7家子公司、建发公司下属潞建信公司注销工作。积极筹措资金和房产,支持区1号工程暨社区党群服务中心提升改造工程建设。积极筹措资金进行融资服务，3次为区国投公司和红保公司增资58亿元，支持全区棚户区改造工作。发挥区政府国资委党委保障作用，支持区国资经营公司推动运河新天地夜市建设和金领、泰达城、碧春园、一号路菜市场建设工作。

（孙 莹）

【国资监管】 2019年，区政府国资委不断优化国资监管体系，促进国有资产保值增值。做好行政事业单位和各街道管理房产统一管理工作，将全区行政和全额事业单位经营性房产、各街道生产服务管理处房产及下属企业房产移交至区国资经营公司，共接收房产289处，其中接收行政事业单位32处，街道及生产管理处186处，其他公司71处。建立健全房产管理系统，加强房产使用效益管理。加强国有资本收益管理，积极上缴区财政国有资本经营收益共1.08亿元。其中，区国投公司上缴区国库国有资本经营利润2500万元；区国投公司对天津市虹融创业投资担保有限公司减资4000万元；大福来公司股权转让收入838.38万元；区国资经营公司整合上缴资金3500万元。加强国有资本监管，逐步健全国有资产监管体制机制，制定印发《红桥区国资监管清单（备案清单）》《红桥区国资监管清单（审核清单）》《关于对红桥区政府国资委监管的“三公司一中心”财务管理意见》及《关于对红桥区政府国资委监管的“三公司一中心”经营管理意见》，以制度化、规范化、程序化方式，切实履行监管职责。探索建立智慧国资监管平台，以信息化手段，加强对国有企业的财务和资金管理，加强监管有效性，防控风险。组织全区国有及国有控股企业开展资金管理清查规范工作，清查企业55个，清查核实账户251个，涉及资金59.46亿元。通过委托第三方审计，对发现的问题逐一进行问询，要求企业进行落实整改。

（孙 莹）

【企业帮扶】 2019年，区政府国资委加大企业帮扶指导力度，优化营商环境。落实安全生产责任，与履行出资人职责及监管的5家重点国有企业签订安全生产责任书和消防安全责任书，在重大节日及敏感时间节点，处级领导干部分别带队深入履行出资人职责的国有企业的重点点位和安全场所开展安全稳定检查，共出动50余人次。充分利用各种资源开展招商工作，积极与国投公司和国资经营公司对接，筹备拟定小型招商推介会。利用下属的直接监管企业区国投公司和区国资经营公司的载体资源，积极寻找可用房屋，为全区各招商部门提供房源。配合完成全区招商大会，组织邀请10家企业参会。对区政府国资委近2年来招商引资的7家重点企业经营情况和信用状况进行了摸底调查。开展“双万双服促发展”活动，帮助企业解决实际问题，促进全区经济持续健康发展。区政府国资委处级领导带队多次走访区国投公司、区国资经营公司、中嘉花园供热站、区建设开发总公司、天宝集团托管中心等企业，为企业深化国有企业改革、股权转让、薪酬制度、房屋调换等相关问题进行解答、指导和帮助。为区政府国资委引进的3户对区域经济做出贡献的企业申请并发放红桥区扶持产业发展专项资金8万元。为天宝集团行政事业编离退休人员3人申请并拨付一次性死亡抚恤金，共计37万余元。积极推进中央和市管驻区国企职工家属区“三供一业”（供水、供电、供热和物业管理）、市政社区管理等职能分离移交和市政移交工作。稳步推进国有企业职工薪酬体系建设，聘请第三方人力资源公司，对区政府国资委履行出资人职责的国投公司和国资经营公司薪酬体系建设进行统一规范，以定员定岗为基础,完善与企业经济、社会效益挂钩的经营业绩考核激励机制,合理确定并规范企业负责人和职工薪酬水平。经反复调研论证,完成2家公司薪酬等级明细、薪酬设计方案及相应考核及管理制度的初稿,待经公司认可并报有关部门同意后落实。

(孙　莹)

## 金融工作

【概况】 2019年,天津市红桥区金融工作局(以下简称区金融局)认真贯彻党中央和市、区委关于金融工作的方针政策和决策部署,坚持防风险、促发展并重,服务全区经济社会发展。着力优化金融行业营商环境,成功引进渤海银行红桥支行、天津银行第六中心支行等各类企业39家。积极搭建银企对接平台,每季度组织银企对接活动,加快推动金融服务实体经济。积极鼓励区内民营企业利用多层次资本市场加快发展,推动2家企业完成股改。做好防范和处置非法集资工作,调整完善区防范和处置非法集资领导小组,组织开展防范非法集资宣传月活动,加强非法集资专项排查整治,完成"e租宝"案核实登记工作。健全地方性金融机构日常监管机制,定期对非银金融企业经营活动进行现场检查,切实防范金融风险。

(李嘉宾)

【银企对接平台】 2019年,区金融局以"深化合作实现共赢,助力中小企业成长"为主题,举办大型银企对接会4次,13家金融机构和130余家有融资需求的企业参加,承办市内四区银企对接会,推介一批优质科技企业参加,增进企业与银行机构的交流互信。推荐区内3家企业参加市金融局和人民银行天津分行组织的重点建设项目推介会,帮助企业拓宽款融资渠道。注重银企对接情况后续跟踪,积极"撮合"银企合作,提高对接成功率。

(李嘉宾)

2019年7月19日,区金融局组织开展红桥区银企政融资合作交流会　　(区金融局提供)

【金融事业发展】 2019年,区金融局积极谋划红桥区金融业发展规划,承担"十四五"总体规划中的"芥园道金融街"专项课题研究。为融入天津"一基地三区"特别是"金融创新示范区"建

2019年9月27日,区金融局组织召开芥园道金融街课题征求意见座谈会　　(区金融局提供)

设，打造芥园道金融街、推动金融业向高层次、聚集化迈进开展深入研究，在充分调研基础上，召开银行、保险、证券、典当等地方性金融机构、外资金融机构等金融业代表企业参加的座谈会，深入中国银行、建设银行等20余家金融机构，倾听他们对红桥金融业发展的意见建议，形成打造芥园道金融街区研究成果。

（李嘉宾）

【防范非法集资宣传】　2019年，区金融局开展防范非法集资宣传月活动，举办大型处非宣传活动4次，组织进社区、进养老院、进学校等系列宣传活动39场。建立健全防范非法集资社区网格员队伍，深入开展社区网格员、居民群众培训讲座230余次，参与群众3万余人。区处非办工作人员面对群众关心的防范非法集资问题，以案说法，向群众阐明非法集资与正规理财产品的区别，进一步提高群众防范意识和防范能力。

（王树轩）

2019年10月31日，区金融局组织社区网格员参观天津市金融博物馆并开展防范和处置非法集资专题培训　（区金融局提供）

## 税　务

【概况】　2019年，国家税务总局天津市红桥区税务局（以下简称区税务局）以减税降费为主题，以组织收入为主业，以优化服务为主线，以全面推进从严治党为主责，开展各项工作，共组织区级税收收入9.57亿元，同比增长13.3%。

（李　蕊）

【减税降费】　2019年，区税务局成立减税降费工作领导小组，统筹协调各项工作。落实小微企业普惠性减税政策，走访企业做好跟踪调研；持续深化增值税改革，完成生产、生活性服务业纳税人的行业核实，开展针对性辅导，确保加计抵减政策应享尽享。做好社保费降率工作，确保自收自支事业单位社会保险缴费负担实质性下降。2019年，实现政策性新增减税降费4.37亿元。

（李　蕊）

【征收管理】　2019年，区税务局筛选确定112户重点税源企业，跟踪收入进度，全面动态监管，加强房地产等重点行业管理，了解企业项目销售情况，加大土地增值税清算力度，对各项目实施专人管理，做到应征尽征。完成企业所得税汇算清缴工作，2018年度企业所得税汇算清缴申报率99.2%。做好房产税、城镇土地使用税征收管理，2019年共入库房产税、城镇土地使用税1.65亿元。完成机关事业单位社保费和城乡居民养老保险费和医疗保险划转，推行移动端缴费和客户端系统应用，全年共征收城乡居民基本养老保险费0.03亿元,城乡居民基本医疗保险费0.13亿元,征收机关事业单位社会保险费及职业年金8.89亿元。

(李 蕊)

**【扫黑除恶】** 2019年,区税务局开展案件翻查工作,对1165户次企业进行涉黑涉恶线索排查,对366件稽查案卷进行大起底。开展线索摸排,通过筛查稽查案件,将1户涉嫌团伙作案的企业按程序进行移交。加强宣传,累计发放宣传材料4000余份,向企业群发短信近87000条。

(李 蕊)

**【纳税服务】** 2019年,区税务局制作图解自助办税、微课堂、快闪舞蹈、减税降费鼠标垫等具有红桥税务特色的宣传产品,提供更有针对性的服务。组建直联企业服务小组,为企业量身打造集咨询、辅导、培训为一体的特色纳税服务。整合办税服务厅,组建24小时综合自助办税服务厅,为纳税人提供全时段服务,进一步完善"就近办税、便捷办税、多点办税、一站办税"的新型便利化办税格局。

(李 蕊)

# 城市建设与管理

# 住房和建设管理

**【概况】** 2019 年，天津市红桥区住房和建设委员会(以下简称区住房建设委)坚决贯彻落实机构改革部署要求，充分整合行政职能，切实履职尽责，坚决推动“三个着力”在住建系统的全面落实，民心工程提速增效，重点项目强势推进，核心业务持续向好，保障体系不断完善。2019 年，区住房建设委完成招商引资企业 50 家。引进注册资金 1000 万元以上企业 4 家，注册资金 5000 万元以上企业 1 家。

(刘桂平)

**【棚户区改造】** 2019 年，红桥区提前完成棚户区改造“三年清零”任务。截至 11 月 1 日，提前两个月率先完成 66.26 万平方米棚改“三年清零”任务，且超额完成 7.51 万平方米，实际完成棚改工作 3.33 万户、73.77 万平方米，超过 15 万人受益。10 余个棚改项目为全区释放土地 3000 余亩，为区域路网、公共配套等社会民生设施建设创造条件，新建风貌里、胜灾等 12 个社区党群服务中心，改扩建幸福社区、彰武楼等 9 个社区党群服务中心。

(朱建琨)

**【旧楼区提升改造】** 2019 年，区住房建设委创建项目组织代建制、标段划分战区制、三会联动协调制等工作机制，创造“改造+物业+互联网”模式，率先引入 EPC 总承包模式，实现设计、改造与后期管理无缝衔接，破解资金和后期养管难题。2019 年完成 79 个小区 260.39 万平方米老旧小区及远年住房改造任务，受益居民 3.5 万户。

(张　鹏)

**【历史遗留房地产项目产权证办理】** 2019 年，区住房建设委历史遗留项目产权证办理工作涉及项目 10 个、居民 14199 户。通过上门办公、无休对外等方式，实行零距离服务、绿色通道服务，解决居民办证难问题。纳入全市历史遗留房地产项目产权证办工作范围的 10 个项目产权证发放工作达到应办尽办。经与不动产登记事务中心核查，截至年底，办理不动产登记 1.28 万件，发证率 90.04%。

(高冬洁)

**【住房保障】** 2019 年，红桥区住房保障工作深化政策普惠和便民服务。全年完成受理公租房申请 900 户，发放资格证明 745 户，新办理入住 859 户；受理定向安置房 2174 户，发放资格证明 2174 户，新办理购房 8214 户；受理限价商品房 224 户，为 212 户发放资格证明，新增购房 166 户；受理廉租住房实物配租 10 户，发放资格证明 9 户，新增配租 2 户；受理廉租住房租房补贴 512 户，发放资格证明 506 户，新增发贴 441 户，经济租赁房租房补贴受理 500 户，发放资格证明 493 户，新增发贴 435 户。第二季度全市住房保障窗口单位集中测评中，红桥区以 96 分的全市历史最高成绩，位列全市第一名，全年获得群众送来锦旗 4 面和表扬信 2 封。

(王晓丽)

**【土地整理】** 2019 年，区住房建设委做实项目复盘，优化整理程序，实现流程管控阶段化、环节化、节点化；进一步完善“两库一网”(土地项目储备库、开发企业名录库和工作联络网)，把握整理节奏，做到出让一批、整理一批、收购一批、储备一批，持续释放区域土地资源。2019 年 5 月 15 日，天津五十一中南地块竞拍活动在天津市土地交易中心举行，最终由天津市润盛置业有限公司以14.50亿元的价格成功竞得土地，折合综合楼面价15179元/平方米，为红桥区带来4350万元契税收入。该地块内配建3000平方米的幼儿园用地，增加教育资源的投入，大力发展素质教育，提高区域整体教育水平。

（周晓薇）

**【物业管理】** 2019年，区住房建设委推动维修资金有效使用，使用专项维修资金和应急解危资金1927.96万元，受益居民4.87万户，应急解危专项资金完成划拨222.04万元，受益居民9448户。接待投诉专线来电4240余次，召开相关单位联席会60余次，接待业主来访520余人次。8890受理3722件，其他渠道948件，共计4670件。加大物业社区卫生清整力度，在帮扶行动中，采取分组包片形式紧盯现场发现问题及时整改，帮扶小区17个。推动洪湖雅苑等16小区消防安全隐患整改，召开物业项目创卫工作部署会，对创卫标准、时间节点进行全方位部署安排；对部分整改未达标的项目联合街道共同召开物业企业约谈会，再次明确标准提出要求，全力助推全区创文创卫工程。

（胡炳林）

2019年8月20日，区住房建设委召开《天津市商品住宅专项维修资金使用办法》培训会

（区住房建设委提供）

**【河长制工作】** 2019年，区河（湖）长办认真贯彻落实生态文明建设思想，利用多种宣传载体开展河（湖）长制工作宣传活动；同时开展“清四乱”、黑臭水体排查、“百日清河”、“三无”船只（无船名、无船舶证书、无船籍港的船只）清理、整治“野泳”、打击涉河（湖）领域违法犯罪等专项行动，共清理“三无”渔船61只，出动人员150余人次，劝阻并清退31起非法放生行为。

（王大鸢）

2019年5月9日，区河长办会同市海事、渔政及属地公安、综合执法、街道等机关部门开展联合执法行动，清理北运河辛庄桥附近非法船只

（区住房建设委提供）

**【房屋管理】** 2019年，红桥区排查出全区既有严重损坏房屋3004户7.30万平方米，危房28户386万平方米，年初及时上报市住房和城乡建设委。接待处理外檐脱落、灰片开裂等10余个小区40余处问题点位，挖掘既有玻璃幕墙建筑，新发现10处及时上报并录入玻璃幕墙系统，累计录入幕墙系统67处。完成人民医院等34个点位玻璃幕墙检查工作。2019年共完成区公用公房全年修缮1.80万平方米，总修缮费用300.21万元（含抢修、碎修、监理费及造价咨询费）。

（刘宝山　张跃进）

**【划转公产房屋管理职能】** 2019年，区住房建设委组建成立红桥区房屋管理中心，将区房产总公司4个科室（劳动人力资源科、经营管理科、修缮工程科、窗口信访办）的职能划转到区住房建设委;将其下属 8 个房管站职能划转到区住房建设委。区住房建设委进行整合,组建成立红桥区房屋管理中心,明确为全额拨款事业单位,对各房管站进行业务指导。各房管站作为区住房建设委下属单位,明确为全额拨款事业单位,履行房屋安全管理、房屋装饰装修管理、房屋产籍管理、房屋及其设备修缮等服务职能。

(孙　悦)

**【建筑工程及市场管理】** 2019 年,区住房建设委围绕工程建设领域欠薪问题,着力研究保障农民工工资长效机制建设,制定《建筑工人工资支付工作管理方案》。全面检查红桥区建筑工地农民工薪资支付情况 3 次,下达检查、问题情况通报 5 份,约谈 4 次。修订完成《职责移交承接期建设工程消防验收工作方案》,并报区长办公会审议通过,完成天津市少年宫、陆家嘴超级折扣店等 31 个装修改造项目和红咸雅苑一期工程联合验收的消防验收工作。

(张　鹏)

2019 年 10 月,红咸雅苑一期工程联合验收的消防验收现场　(区住房建设委提供)

**【设施养护及管理】** 2019 年,区住房建设委坚持以养护管理为中心,明确目标任务,扎实推进各项工作有序开展。完成路灯、交通设施、标志标线等养护工作。协调民畅道与团结路交口电力开闭站迁改,8 月底工程竣工。全年共掏挖检雨井 45.51 万座,占全年计划的 102%;管道疏通 93.40 万米,占全年计划的 102%;维修检雨井 2719 座,占全年计划的 101% ;补配井盖 876 个(套),其中包括非自管产权 528 个(套),自管产权 348 个(套)。完成红桥区 408 处混接点排查,制定改造方案,2019 年计划完成 130 处点位改造,圆满完成任务。团结路地道改造工程为红桥区 2019 年民生实事项目暨 20 项民心工程,区住房建设委积极协调各相关单位,优化施工工序,制定项目周例会制度、现场巡查制度,全力推进项目进度,于 12 月底实现主路临时贯通。

(李　宽)

宁城楼新建雨污管道　(区住房建设委提供)

**【海绵城市建设】** 2019 年,红桥区全面推进区内海绵城市建设,深入推进新建小区、新建项目海绵城市建设,在旧楼改造中加入海绵城市改造内容,结合老旧小区改造,采用 EPC 形式在 60 个旧楼改造小区组织进行建设。在区内选取较大面积、积水问题严重并具有示范效应的和苑起步区 C 地块作为海绵城市试点。红桥区全年拟新建道路 10 条,在道路设计中增加海绵城市设计,确保新建道路均能达到海绵城市要求,7 条道路开始组织施工。重点实施的西沽片区内,西沽公园完成海绵城市的改造和水体治理。红桥区全区海绵建设项目 78 个,总占地面积 216.93 万平方米,占全区建成区面积的 10%。

(董向博)

**【基础设施建设】** 2019 年,区住房建设委推进民生项目建设及区域内道路申报、立项等前期手续办理工作。年内丁字沽零号路及勤俭支道界外工程、海源道(团结路—天平路)、保康东路完工并投入使用。积极推动保康中路和本溪路建设,力促光荣道科技产业园区路网完善。子牙河北路(西站西大桥—大红桥)、子牙河北路(平津道—西站西大桥)、保康路等项目开工。进一步推动子牙河北路(向东南路—咸阳路)、海源道(海源中路—红旗北路)等多条道路前期工作。

(董向博)

【内部管理】 2019年,区住房建设委圆满完成机构改革各项任务,坚持"稳中应变、稳中求进",瞄准"五个率先",即率先完成人员转隶、率先完成职能整合、率先完成制度创新、率先实现战斗合力、率先展现改革成果,实现原区建委、区房管局、区市政局、区房产总公司的职能有效整合,378名机关干部的任免、联审、人事及保险关系转隶工作均全部完成,工资关系率先纳入工资统发,同时完成全部科级及以下干部任免工作。夯实制度基础,严格规范标准,落实信访工作条例,主动化解职责范围内信访事项。全年共接待个人访1580人次,受理来电咨询4440余次。受理来信1.98万余件,其中"8890"热线1.90万件,智慧网158件,政民零距离768件。办理信息公开520件,政府信息公开意见征询142件。化解"四访"信访积案5件。法律诉讼共30余件,出庭80余人次。加强区住房建设委微信公众平台的日常运营管理,优化提升微信工作平台版面设计,发挥好微信公众号的政治理论宣传作用,"红桥住建"公众号粉丝量1557人。2019年共推送文章372篇,平均阅读量127人次,单篇文章最高阅读量2451人次。加强财务管理、审计监督,强化内控管理,制定出台《内部管理制度》,严格审计制度和流程,确保资金使用、固定资产管理更加安全规范。

(周 彬 刘倩倩)

## 规划和自然资源管理

【概况】 2019年3月机构改革后,原天津市规划局红桥区规划分局更名为天津市规划和自然资源局红桥分局(以下简称规划和自然资源红桥分局),为市规划和自然资源局派出机构,主要负责本辖区自然资源的合理开发利用工作,落实空间规划体系并组织实施,承担本辖区职责范围内历史文化名城、历史文化街区以及历史建筑的规划管理工作,推动规划和自然资源领域科技发展等职责。2019年,规划和自然资源红桥分局以习近平新时代中国特色社会主义思想为指导,深入学习贯彻中共十九大精神和十九届四中全会精神,学习贯彻习近平总书记关于规划和自然资源领域的重要指示批示精神。深入开展"不忘初心、牢记使命"主题教育,不断提升红桥区规划和自然资源工作管理水平,坚持集约节约利用土地,为"打造绿色城区、建设美丽红桥"提供规划和自然资源保障。

(张 磊)

【规划编制】 2019年,规划和自然资源红桥分局学习借鉴雄安新区和北京城市副中心先进规划建设理念,科学编制西于庄、大胡同等重点区域和重点地块城市规划设计;对区内商务商业用地进行合理布局,明确15个具备建设条件的地块报审,为区商务商业楼宇提供空间载体;与相关部门加强沟通,对教育、文化、体育、养老等设施开展现状和规划情况梳理工作,为专项空间布局提供基础数据支撑。

(王 莹)

【专项工作】 2019年,规划和自然资源红桥分局对中共中央国务院《大运河文化保护传承利用规划纲要》及《天津市关于大运河文化保护传承利用的工作方案》进行深入解读和分析,按照南运河、北运河流经红桥区段核心监控区的建设要求,认真做好西沽南地区城市设计编制工作,为运河沿线规划建设项目做好政策解读。多次对红桥区大运河核心监控区内项目审批情况等基本信息进行梳理上报,积极对涉及到的项目进行服务。加强对中共中央国务院《关于建立国土空间规划体系并监督实施的若干意见》的研究,充分认识建立国土空间规划体系工作的重要意义,明确编制要求并对编制任务细化分解研究,为下一步红桥区空间规划编制做好准备。

(王 莹)

【"十四五"规划】 2019年,规划和自然资源红桥分局按照红桥区"十四五"规划编制方案要求,以"优化西站地区交通组织建设研究"为题,积极参与红桥区"十四五"规划专项课题研究,结合开展"三站一场"(天津西站、天津站、天津南站和天津滨海国际机场)提升工作,组织相关部门对西站地区交通组织的优化和建设问题进行专题研讨,科学编制课题,助力推进红桥区高质量发展。

(王 莹)

【低效用地再开发】 2019年,规划和自然资源红桥分局组织开展城镇低效用地调查摸底工作,全面摸清区内低效用地规模、分布和改造开发潜力,确定合理开发改造范围,积极推进数据建库工作,为提升红桥区土地利用效率提供保障。落实土地储备三年滚动计划和2020年土地储备计划,通过土地动态监测监管系统,了解土地储备计划工作相关情况及问题,审查区土地整理中心编制的《土地储备三年滚动计划和2020年土地储备计划》,做好红桥区年度土地储备计划工作。

(王 莹)

【第三次国土调查】 2019年,规划和自然资源红桥分局组织开展第三次国土调查土地利用现状调查成果区级复核工作。成立红桥区第三次全国国土调查领导小组,加强工作研究推动,明确复核工作要求。与各街道办事处共同进行图纸确认修改,现场调研复核异议数据,确保复核工作实事求是,全面真实、准确到位。

(张 菡)

【土地资源管理】 2019年,规划和自然资源红桥分局依法依规办理国有建设用地使用权划拨手续,自2019年7月市规划和自然资源局下放土地供应有关职权,分局主动担当,认真审核要件,准备供地方案,顺利完成9个项目的土地划拨手续。办理国有划拨土地上与住宅相连的底商等房屋转让办理土地出让工作,全年完成底商转让补缴土地出让金合同12份,涉及22套房产,补缴土地出让金共472.48万元。开展建设用地使用权划拨补办出让工作。全年为申请单位开具《土地出让项目地价评估条件》18份,召开地价确认会4次,21个地块通过地价确认会确认地价,土地出让方案向区政府报送。完成国有建设用地使用权租赁工作,坚持每个项目必看现场、违法建设坚决移交的原则,按照规定办理国有建设用地使用权租赁手续2件,共收取年租金72215元。加强国有建设用地供后监督管理,依法规范用地行为,促进土地资源节约集约利用,严格落实《关于建立土地利用动态巡查制度加强建设用地供后开发利用全程监管的通知》《自然资源部关于健全建设用地"增存挂钩"机制的通知》《国土资源部关于推进土地节约集约利用的指导意见》等文件,多次赴项目现场对5-北-1项目做好动态巡查工作。

(张 菡)

【建设项目管理】 2019年,规划和自然资源红桥分局积极推动区党群服务中心建设,主动与各街道办事处及区相关部门对接研究,多次组织赴现场进行调研,会同区住建委等相关部门研究项目，听取方案汇报，每周将项目进展情况汇总，协调各部门解决审批中存在的难题。2019 年，配合 11 个新建党群服务中心建设，完成胜灾社区等 4 个地块的规划调整工作。

（王　莹）

【重点地块规划建设】 2019 年，规划和自然资源红桥分局为落实完成棚改“三年清零”计划，对区棚改地块的规划建设工作提前研究，严格履行规划调整及方案审查程序。西于庄、铃铛阁地块控规必要性论证经市政府批复后，按照程序要求开展调整方案论证。完成单家面铺、碧春园幼儿园、机电工艺学院等项目的土地细分导则调整工作。研究推动群众影院地块、光荣道产业园地块、子牙河北路、子牙河南北路泵站、和苑西区二期以及团结村地块的规划调整方案论证工作，为下一步区重点地块出让提供规划条件。积极推动区内重点区域发展建设，对西于庄地区、铃铛阁地块和大胡同地区等重点地块开展规划调整工作，对单家面铺、五十一中南和光荣道 5-北-2 等出让地块提出策划方案，严格方案审查程序，发挥市局与区政府桥梁纽带作用，促进区重点地块尽快开发建设。

（王　莹）

【重点项目审批】 2019 年，规划和自然资源红桥分局加紧推进“1001 工程”实施建设，多次赴现场进行踏勘，超前服务项目，提前审查方案。邵公庄变电站核发“建设工程规划许可证”，本溪路变电站、营洁路变电站核发“建设用地规划许可证”。进件受理《选址意见书》、“建设用地规划许可证”，缩短红桥区档案馆项目审批时限，完成“建设工程规划许可证”核发。多次对中医医院项目进行现场服务，主动对接设计和项目单位，对方案提前进行审查，对存在的问题多次组织会议研究。推动碧春园幼儿园项目进展，在《选址意见书》阶段，提前审查设计方案，通过“以函代证”，同步开展施工图审查，加快项目进度，核发“建设工程规划许可证”。主动服务天津市失智老人康复照料中心项目，协调相关科室调整细分导则，优化设计方案，确保项目指标满足规划要求。

（刘　颖）

【市政规划管理】 2019 年，规划和自然资源红桥分局坚持做到配套项目提前审查，及时与市局、各专业配套部门紧密结合，对专业方案先行研究，避免因市政配套项目审批周期而造成项目竣工延时。2019 年，重点推动海源道、民畅道、西关北街、团结路、丁字沽零号路、子牙河北路、子牙河南路、竹山南道、竹山中路及竹溪路等市政道路建设。推动站前西地块和南广场景观广场地块电力切改工程以及红咸雅苑、竹山雅苑、桥湾苑、泰盈科技大厦等配套管线工程。为支持建设单位办理相关手续，先行为邵公庄 110 千伏变电站电源线工程和营洁路 110 千伏变电站电源线工程优化规划营商环境。2019 年共核发“以函代证”4 件。

（高　喆）

【规划行政许可和行政审批】 2019 年，规划和自然资源红桥分局深化“五减”“四办”改革（五减：减事项、减材料、减环节、减证照、减时限；四办：马上办、网上办、就近办、一次办），贯彻落实“双万双服”活动精神、“津八条”、“一制三化”审批制度改革要求，实现申请材料“一表式审批”，简化规划许可，压缩审批时限，开展“就近办”“一次办”“马上办”“网上办”，不断提高规划审批效率，努力提高企业满意度，促使企业项目尽早开工。利用“一张蓝图、多规合一”平台，做好项目二阶段牵头工作，强化多部门协同。坚持业务案件会审制度，严格规范审批流程，提升集体决策水平。2019 年，共办理业务案件 122 件次，其中，核发《选址意见书》20 件，规划条件 8 件，“建设用地规划许可证”20 件，“建设工程规划许可证”11 件，“标准地名证”2 件；办理市政类项目核发《选址意见书》24 件，核发“建设用地规划许可证”8 件，“建设工程规划许可证”（市政)29 件。

(刘　颖)

【规划验收】　2019 年,和苑西区一期幼儿园、正融科技大厦、红桥区职工大学新扩建教学楼项等 8 个建设项目申请规划验收,通过业内审核与现场查验,均符合规划验收相关要求,经分局业务会审会通过,共计核发《建设工程规划验收合格证》8 件,发证面积 58.40 万平方米。

(骆庆华)

【执法监察】　2019 年,规划和自然资源红桥分局制定巡查路线图、月巡查计划表、节日巡查表,坚持每月对辖区按路线巡查。2019 年共巡查 44 次,对辖区内在建的竹山雅苑、竹溪雅苑、泰盈科技大厦、禧瑞花园等 21 个在建项目进行过程查验 17 次,参加全市双随机一公开工作 10 次。2019 年收到综合执法部门需协助调查规划许可情况来函 1502 件,经核查,1502 个项目均未在分局办理规划许可手续,并分别将查询结果函复所属街道综合执法部门。

(骆庆华)

【违法建设清理整治】　2019 年,规划和自然资源红桥分局多次召开违法建设清理整治专项行动工作会,帮助协调解决核查中发现的问题,推动违法建设核查工作,对区内各街道违法建设核查工作情况进行汇总并将核查结果上报市规划和自然资源局。

(骆庆华)

【信访工作】　2019 年,规划和自然资源红桥分局坚持以人民为中心的发展思想,耐心细致与群众沟通,做好思想动员工作和普法宣传教育,保障全区社会和谐稳定。2019 年共接待群众来访 81 次 109 人,接待率 100%;接群众电话来访 140 次,答复率 100%。智慧信访系统转件 10 件,答复率 100%。收到依申请信息公开 112 件,均进行书面答复。答复“8890”“政民零距离”共 24 件次。完成行政复议 2 件。

(骆庆华)

## 生态环境保护

【概况】　2019 年,天津市红桥区生态环境局(以下简称区生态环境局)坚持以改善环境质量、解决环境突出问题为切入点、突破口,以落实中央环保督察整改和天津市生态环境保护督察为契机,统筹打好大气、水、土壤污染防治攻坚战和生态文明建设持久战,积极推进生态环境保护工作。2019 年 1 月,红桥区组建区生态环境局,为区政府工作部门,正处级单位,实行以市生态环境局为主的双重管理体制。

(杨　涛)

【大气污染防治】　2019 年,区生态环境局完善工作机制,强化科学调度,定期召开工作例会通报分析空气质量状况及各街道空气质量监测排名情况。组建红桥区大气污染防治攻坚行动工作群,及时转办污染问题,加大执法处罚力度,压实整改落实责任,督导问题及时解决。开展秋冬季污染防治攻坚行动。对辖区内建筑施工工地、拆迁工地等落实“六个百分之百”(施工工地周边 100%围挡;物料堆放 100%覆盖;出入车辆 100%冲洗;施工现场地面 100%硬化;土方开挖 100%湿法作业;渣土车辆 100%密闭运输。)控尘措施情况进行检查。牵头组织开展夏季蓝天使命暨大气污染防治百日攻坚行动,对全区污染源全面摸排,加强数据科学研判分析,强化网格管理,妥善应对重污染天气。2019 年,红桥区环境空气质量综合指数 5.61,PM2.5 平均浓度 55 微克/立方米,环境空气质量综合排名全市 16 个区中列第9位。

（杨　涛）

2019年4月19日，区污染防治攻坚战指挥部办公室、区蓝天办、区生态环境局、区住房建设委前往油脂厂地块进行现场检查　（区生态环境局提供）

【水污染防治】　2019年，区生态环境局对区内河道全岸线开展入河排污（水）口步行排查，排查口门89个。推动各类口门封堵41个，对境内20个在用雨水口门、5个雨污混流口门及其他各类口门实施重点巡视、动态管控，全年共完成雨、污口门上游131处混接点排查及改造工作任务。推动完成天津津酒集团有限公司污水处理设施及自动在线设施项目建设，实现减量实时在线监管。积极开展河面治理，推动子牙河游泳俱乐部清拆并恢复原貌，严格开展河道巡查，实时关注水质监测数据和水质变化趋势，确保河面无漂浮物、无入河排污。修订《红桥区地表水考核细则》，将口门监管纳入全区地表水绩效考核工作，按季调度水污染防治重点项目落实情况，加强对涉水重点问题的督办解决，全面推动全区水环境质量改善。2019年，全区考核断面累计达标率100%，全市排名第一；天津市地表水环境质量全年累计排名全市第十。

（杨　涛）

2019年8月28日，区领导带领区政府办、区河长办、区生态环境局、区城市管理委、区住房建设委、西于庄街道办事处主要领导及相关工作人员对子牙河游泳俱乐部点位问题开展河道巡查

（区生态环境局提供）

【土壤污染防治】　2019年，区生态环境局强化土壤污染管控和修复，开展重点行业企业调查和场地初步调查及评估，全年完成11个地块场地初步调查及风险评估，5个地块进行场地初步调查及系统上报工作，1个地块经过初步调查和详细调查后进入修复治理的准备阶段。制定《红桥区2019年永久性保护生态区域考核计划》，完成区内33块标桩查找、坐标位置核查、图片整理上传、周边环境情况记录等标桩巡查工作，严防土壤污染风险。

（杨　涛）

2019年9月27日，区生态环境局到西于庄街道礼貌楼社区党群服务中心项目地块进行土壤污染状况初步调查　（区生态环境局提供）

【全国第二次污染源普查】　2019年，区生态环境局推进第二次全国污染源普查工作。选聘普查员，对全区各类污染源开展普查，共清查工业源1455家、生活源锅炉26家，最终确定符合普查条件的工业污染源40家、不符合普查条件状态为其他的工业污染源24家、生活锅炉25家、生活源社区117家、移动源加油站9家，为全区

环境管理提供数据支持。

(杨　涛)

2019年1月21日,区普查办组织指导员和普查员开展普查数据核实录入工作(区生态环境局提供)

【危险废物监管】 2019年,区生态环境局全面落实危险废物管控要求,召开危险废物、医疗废物产生单位培训会6次,宣贯法律法规、技术规范,针对全区在册60余家医疗机构开展全覆盖检查、帮扶、整改,确保危险废物规范化管理。对全区50余家危险废物产生单位进行网上转移申报,对30余家医疗废物产生单位开展线下转移联单审批,组织开展危险废物管理考核专项检查工作,遏制固体废物非法转移和倾倒,加强危险废物全过程监管。

(杨　涛)

2019年7月9日,区生态环境局开展危险废物规范化管理现场指导检查　(区生态环境局提供)

【排污许可证审核发放】 2019年,区生态环境局组织全区锅炉行业、酿造行业30余家单位开展排污许可证培训、填报申请,做好排污许可证审核发放前期工作。对审管联动网传送的报告书、报告表及备案项目做好建设项目的环评审批事中事后监管工作。完善规划、土地、园区、环境准入等相关佐证材料,为推动"三线一单"(生态保护红线、环境质量底线、资源利用上线和环境准入清单)编制工作打好基础。

(杨　涛)

【机动车管控】 2019年,区生态环境局加强移动源监管,严控机动车污染。交管部门密切协作,每周4次开展路检路查和遥感检测工作。加强非道路移动机械监管,对辖区施工工地的非道路移动机械排放情况开展专项检测行动,严禁排放不合格机械和冒黑烟机械进场作业。对辖区内用车大户建立"一户一档",实施精细化管理,实现达标排放。定期对辖区内7个公交场站、2个长途客运站等机动车停放地内的运营车辆开展执法检测,确保移动源污染排放得到有效控制。对群众举报"冒黑烟"车辆开展追车溯源执法检测工作,对违法超标车辆依法严厉查处。全年共出动检测人员1806人次,检查点位888家次,手动检测机动车3422辆、遥感检测车辆51.15万辆,其中494辆机动车经检测超标,红桥交警支队当场进行处罚。检测非道路移动机械416台,环境行政执法支队对2台未提前申报检测超标机械进行立案处罚。

(杨　涛)

2019年10月1日,国庆节期间,区生态环境局对西站公交场站内车辆尾气排放情况进行检测

(区生态环境局提供)

【生态环境执法】　2019年，区生态环境局加强对新、扩、改建项目的环评和“三同时”执行情况、污染治理设施运转情况开展执法检查。针对扬尘、工业企业、河道等进行强化监管巡查。对辖区医院开展放射源环境污染隐患抽查，发现隐患及时处理。加强中高考噪声管控，做好绿色护考工作。加强环境应急建设和环境安全监管，重污染天气预警期间对全区各相关单位落实重污染天气应急响应措施开展巡查，组织突发环境事件应急演练，有效防止事故发生，保障环境安全。全年出动执法人员千余人次，检查扬尘、工业企业等污染源350余次。及时处理群众反映环境问题，全年办结“8890”“12369”、微信、政民零距离等各类平台转办件共计2389件，全部保质保量完成，办结率100%。

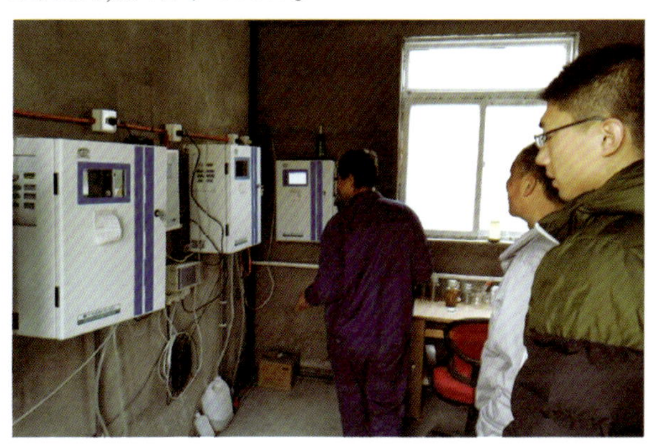

2019年2月25日，区环境行政执法支队对天津津酒集团有限公司新建废水处理站和在线监控设备进行现场检查　（区生态环境局提供）

（杨　涛）

【餐饮业油烟治理】　2019年，区生态环境局制定《红桥区油烟治理专项行动实施方案》，规范餐饮油烟执法，督促餐饮经营商户安装和正确使用油烟净化设施，保证操作期间正常运行，定期清洗油烟净化设施。对区内餐饮业加强巡查，全年共出动执法人员1578人次，检查餐饮单位789家次。组织执法人员联合街道办事处对子牙河南北两片早餐摊点进行执法检查，携带便携式油烟监测装置对其油烟排放情况进行现场监测，共检查早餐摊点134家，出动执法人员268人次。

（杨　涛）

2019年11月21日，区生态环境局对餐饮商户进行夜查　（区生态环境局提供）

【环境法制宣传】　2019年，区生态环境局积极宣贯《天津市文明行为促进条例》，组织全局执法人员开展网上学法用法学习考试，提升执法人员依法行政能力和水平。强化行政处罚调查立案工作，全年累计下达责令改正违法行为决定书30件，立案30件，下达行政处罚决定书27件，处罚57.6万元。开展各类生态环境保护宣传活动，“6·5”世界环境日组织开展“美丽中国我是行动者”同唱环保歌活动，寒假组织中小学生开展假期社会实践走进环境教育基地活动，春节前夕开展禁放烟花爆竹宣传，地球日组织开展保护地球进校园活动。

（杨　涛）

2019年5月21日，区生态环境局在陆家嘴广场开展的环保科技宣传活动　（区生态环境局提供）

【环境监测】　2019年，区生态环境局开展环境空气、地表水监测分析、自动水站人工比对,石油类新项目扩项、油类红外分光光度法的方法变更和现场持证考核工作。对大红桥、井冈山桥两座国家地表水水质自动监测站9项实时数据进行审核,出现异常数据立即与第三方运维公司核实、标识,保证数据报送工作及时、真实、有效。按时上报环境空气质量、地表水环境质量、水功能区、声环境、重点排污单位等相关检测数据1500余个,为构筑生态环境监测网络提供基础保障。成立环境空气质量数据保障小组,开展勤俭道国控点位每日小时数据的对外发布和日报、周报、月报编制工作。实时紧盯监测数据,对异常波动值及时研判、分析,为有效调度和精准治理提供技术依据。

(杨　涛)

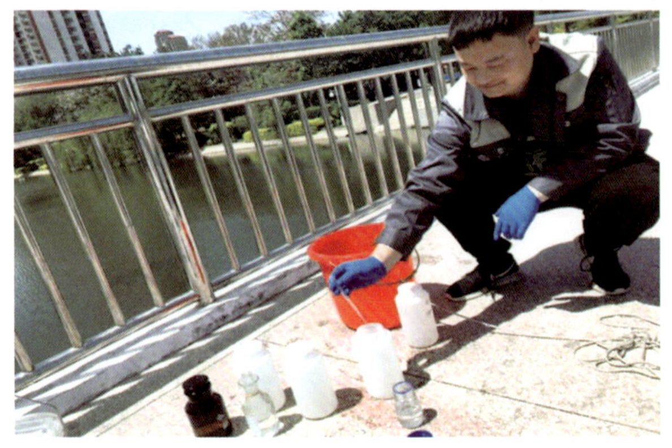

2019年5月6日,区生态环境局会同三方检测机构在井冈山桥断面进行地表水采样

(区生态环境局提供)

## 城市管理

**【概况】** 2019年,天津市红桥区城市管理委员会(以下简称区城市管理委)始终坚持以人民为中心的宗旨,紧紧围绕“打造绿色城区、建设美丽红桥”目标要求,紧密结合创卫、创文“双创”和“双万双服促发展”活动有关部署要求,扎实开展各项工作,努力创建干净整洁、规范有序、清新靓丽、生态宜居的国家卫生城区、天津市文明城区。

(王　颖)

**【园林绿化管理】** 2019年,区城市管理委实施园林绿化工程项目6个,分别为西沽公园水体清淤工程;唐家湾集贸市场、千里堤花鸟鱼虫市场、凤城楼小区绿化提升工程;四新道及零号路绿化提升改造工程;子牙河滨河公园(渔村)堤岸景观绿化工程;子牙河滨河公园(渔村)堤岸加固工程和铁道钢公园提升改造工程,共提升改造绿地面积1.65万平方米,新建绿地面积14万平方米,河道清淤3.70万立方米,河岸加固400米,栽植苗木4000余株,土方工程10万立方米,铺装4万平方米,总投资7330万元。

(王　颖)

子牙河滨河公园　　(区城市管理委提供)

**【环境卫生管理】** 2019年,区城市管理委全面开展创卫市容环境卫生整治工作,督导环境建设公司、领军环保公司组织各种类型车辆全覆盖对全区83条机扫水洗道路450万平方米开展联合作业,严格执行“扫、吸、冲、洗、保”五步作业法,每天安排3个班次,根据天气湿度变化,日均出动各类机扫水洗作业车辆60余部,开展喷雾、洒水、洗路、收水、吸尘作业,强化非机动车道、便道道牙、护栏、中心隔离带、便道冲洗等细节作业;深入开展居民社区市容环境卫生问题整治百日

攻坚行动，利用40天时间，对全区297个居民小区6308处堆物、圈占问题进行全面清理，6月10日，启动新一轮社区环境卫生整治工作，整合全区包保单位、主管单位、各街道社区等力量，对居民社区再次进行集中攻坚，彻底治理违法圈占、僵尸车和乱堆乱放等问题，清除社区和楼道内堆积杂物、小广告、卫生死角等，规范垃圾桶管理，保证生活垃圾日产日清，确保居民社区管理干净有序；深入开展春季环境卫生清整活动和和“迎中华人民共和国70周年”市容环境清整工作，清扫背街里巷环境卫生，清理城中村、结合部垃圾堆物，清除棚改片区垃圾带帽问题，擦拭垃圾箱桶、马路家具等，清洗全区70座环卫公厕、12座垃圾转运站、189部机扫水洗车辆和垃圾清运车辆；深入开展铁路沿线整治，全部完成43个问题点位的整改工作，对铁路沿线开展常态化监管，防止问题反弹；深入开展生活垃圾分类工作，制订《2019年红桥区生活垃圾分类工作实施方案》，开展垃圾分类进机关、进医院、进学校、进社区“四进”宣传活动，先后举办各类宣传活动200余次，发放宣传海报5000余份，宣传材料3万余份，制作宣传画板200块，打造海上花苑等9个精品垃圾分类示范小区，惠灵顿国际学校等5个精品垃圾分类示范学校及颇具红桥特色的陆家嘴周边地区垃圾分类精品示范区，发放精品社区居民家中分类桶和分类垃圾袋1.40万余户。

（王　颖）

**【市容秩序管理】**　2019年，区城市管理委打造背街里巷示范道路，对四新道、零号路及西关北里地区进行综合提升整治。粉刷建筑10余万平方米，粉刷平房围墙5600平方米，规范牌匾2900平方米，门脸改造6500平方米，改善居民出行环境和商户经营氛围。春节前，开展对区重点道路及节点进行春节节日气氛布置工作，完善民生基础设施建设。

改造后的四新道　（区城市管理委提供）

（王　颖）

**【考核和数字化管理】**　2019年，区城市管理委数字化平台共采集、上报案件195516件，立案194997件，立案率99.73%，派遣至区属处置单位案件146496件，结案135741件，结案率92.66%。利用公安所属的2736个视频监控点位和536个社区视频监控点位，进行巡视巡察，及时发现各类城市管理问题，通过呼叫指挥系统的99部呼叫手台进行呼叫和图片传输，实现各类问题快速发现、快速解决。办理完成各类投诉6068件，提升群众满意度，积极落实社会治理网格化工作要求，全年完成104件战区网格的吹哨报道案件。

（王　颖）

**【城市公用事业】**　2019年，区城管委进一步完善“治理车辆超限超载”组织架构，完善制度，细化治超考核标准，加大夜间治理超限超载的力度。结合“护城河二号”联合行动及“迎国庆保畅通促发展”京津冀百日会战等专项行动，实施8次夜间治超联合行动，联合红桥交警支队、公安红桥分局、区综合执法局等单位，出动200余人次、80余车次，在芥园道与红旗路交口、子牙河南路永乐桥交口及快速路与光荣道交口设卡，对违章违法车辆进行拦检，为百姓生命安全保驾护航。截至2019年12月底，道路养护维修共完成8.07万平方米，累计维修113条区管道路，其中车行道养护维修3.31万平方米；人行道养护维修4.22万平方米；里巷养护维修5424平方米；调整井子108座；调整树穴61个；更新侧石

4315 米;更新缘石 1798 米。

(王　颖)

【供热服务】 2019 年,红桥区集中供热面积 1776.51 万平方米,供热户数 26 余万户,实现供热全覆盖。直属站供热总面积 1047.60 万平方米,供热户数 15.80 万户。三个专业供热公司供热面积 580.75 万平方米,供热户数 7.60 万户,两个社会供热单位供热面积 148.16 万平方米,供热户数 2.90 万户。12 月 26 日,红桥区政府与天津能源投资集团有限公司签订《供热整合意向协议》,协议约定红桥区政府将中嘉花园供热站和佳园里供热站供热运行管理权移交给天津能源投资集团有限公司。

(王　颖)

## 城市管理综合执法

【概况】 2019 年,天津市红桥区城市管理综合执法局(以下简称区综合执法局)认真履行职责,充分职能作用,合理摆布、突出重点、整体推进、严格管理,以推动"双创"工作为落脚点,以"不忘初心,牢记使命"主题教育为契机,积极投身于"创文创卫"、棚户区改造、污染防治、五年违法建设专项治理、共享单车治理及校园周边治理、队伍建设、综合执法体制机制改革等工作当中。2019 年度,区综合执法局被评为第三批国家级节约型公共机构示范单位。

(徐增辉)

【市容环境治理】 2019 年,区综合执法局紧盯全区"双创"攻坚行动安排,强化道路秩序"十乱"问题治理。制定专项整治工作方案,按照分步实施、整体推进、高标准落实的工作方式,配合属地街道持续开展主干道路环境秩序治理工作,促进道路环境秩序质量提高。组织推动各项专项整治,下达专项整治方案,加强督办考核,深入推进属地街道落实"双创"攻坚以及迎国庆市容环境综合整治工作任务,做好道路环境秩序、社区违法圈占、街景立面广告等治理工作。全年共出动执法人员 72000 余人次,巡查治理道路 76000 条次、社区 29000 余处次,治理占路经营、店外摆卖 23000 余处次,清拆社区违建、圈占 4600 余处,清理各类违规牌匾、信息牌、窗贴、布标等 17000 余处次,持续开展日间、夜间道路专项检查,针对 32 条主干道路和 4 个重点地区"十乱"秩序问题,协助、督促主干道路大队及时进行治理;对支线道路"十乱"的问题及时向属地街道下达督办,督促整改;对于市"随手拍"、区督导组检查反馈的问题点位不断提高治理标准,促进问题根治。

(徐增辉)

【服务重点工程】 2019 年,区综合执法局全力服务棚户区改造工作,安排专人配合属地全面做好入户调查动员等工作,统筹全局力量投入棚改强执保障任务,累计参加各项强执任务 95 次、拆违任务 43 次,完成西于庄、丁字沽、铃铛阁、同义庄、运六等各片区强执保障任务。将棚户区违法建设整治、消除安全隐患、服务棚改头号民心工程与全区创文创卫攻坚行动紧密结合,将服务棚改与消除安全隐患行动有机结合,确保达到消除隐患、拆除违建、清整市容、促进棚改的工作效果。会同棚改总指挥部、属地街道、各相关职能部门,对保康中路、丁字沽平房区、集平里拆迁片内违法建设开展专项清拆行动,共拆除各类违法建设及已征收房屋 3000 余平方米。

(徐增辉)

【大气污染防治】 2019 年,区综合执法局全力打好"大气污染防治"攻坚战,在修订完善重污染天气应急工作预案,制定专项攻坚行动三年作战实施方案，不断强化露天烧烤治理，制定下发《关于加强露天烧烤、马路餐桌专项治理工作通知》，从晚间延时管理、建立健全台账、加强巡查考核、专项督导推动等多角度，指导全区各属地执法队实施专项治理行动，2019 年，累计查处露天烧烤 265 处次、查处露天焚烧 24 处。对热点难点问题进行集中治理，会同城市管理、市场监管、属地街道等部门对区内“马路餐桌”开展夜间不定期突击集中整治，查处芥园街道伊兰饭店、丁字沽街道四喜龙虾、西沽街道胡同里小吃街等难点点位。

（徐增辉）

【发挥职能作用】 2019 年，区综合执法局协调组织重要执法活动，提升道路秩序管理水平，以最高标准迎接市联查考核、创卫检查考核以及中高考、“运河新天地”夜市开业等重要保障任务，全年下发迎检保障通知 30 余份，组织落实保障任务 50 余次。推动“双创”治理工作深入开展，积极与各属地街道进行工作对接，主动帮扶、支援、协助属地街道开展城市管理难点点位的清理整治，参加西关大街及大寺周边、长庚老年公寓、水木天成小区、亿城堂庭小区等重点违法建设点位的清拆工作。配合属地完成天津之眼地区市容环境整治以及违章棚亭的拆除。组织开展日间“十乱”及晚间露天烧烤、马路餐桌专项联合执法行动，对丁字沽一号路、丁字沽南大街、复兴路、纪念馆路等地区进行集中整治。解决边界不清对属地街道执法工作造成困扰，对全区“插花地”情况进行汇总、分析，向市城市管理委进行汇报，并协调多次与西青区综合执法局、属地执法大队进行联系沟通，现场进行管界对接，全力服务属地开展工作。

（徐增辉）

【共享单车治理】 2019 年，区综合执法局强化共享单车管理，努力破解共享单车乱象。针对共享单车秩序混乱、运维不到位以及共享电单车违规投放等问题，先后召开专题会议 10 次，下达限期整改通知 17 份，约谈单车企业负责人员，对单车日常管理标准提出明确要求，要求企业增加运维力量全面保障创卫工作，对各单车企业累计立案 13 起。组织开展不间断的违规车辆清运、管理工作，共出动搬家车辆 1500 余辆次，暂扣违规共享单车、电单车 44500 余辆，现场督促单车企业规范摆放、运维调度车辆 30000 余辆，在创卫工作中积极配合属地街道对社区内的共享单车进行及时清运，联系企业对报废单车进行回收处理，保障辖区单车秩序管理常态化。创卫检查期间，与区双创办、区城市管理委进行对接，由一线包保人员协助做好零散车辆的收集、摆放工作，现场摆放单车 30000 余辆次。加快速度推进停放线位施划工作，全年累计施划停车线位 660 余处、1.80 万余米。针对车辆投放量大、重点点位潮汐式集中停放等问题，创新工作招法，每天带领单车企业共同进行路面巡查，发现集中投放点

2019 年 3 月，区综合执法局开展“创文创卫”入户宣传工作 （区综合执法局提供）

2019 年 3 月，区综合执法局开展违规共享单车车辆清运工作 （区综合执法局提供）

位现场调度企业运维车辆进行及时、快速清理;梳理辖区重点点位,由单车企业专职运维人员进行定点管理;针对天津之眼地区特殊性,在该地区设置“电子围栏”,规范通行秩序。

(徐增辉)

**【违法建设治理】** 2019年,区综合执法局紧密围绕“五年拆违”工作目标,有序组织推动违法建设治理稳步开展。牵头制定并下发《天津市红桥区违法建设专项治理2019年工作计划》及拆违专项资金使用说明,推动违法建设治理工作深入开展。红桥区违法建设统计总存量3.54万间、面积48.71万平方米,通过治理累计销账3.46万间、面积47.28万平方米,完成全区存量销账进度的97.07%。拆除台账外违法建设近1.36万间、面积14.59万平方米。

(徐增辉)

**【文明条例落实】** 2019年,《天津市文明行为促进条例》(以下简称《条例》)颁布实施,区综合执法局组织执法人员深入学习《条例》,通过街头宣传、发放宣传单、夜间工地巡查现场宣传教育等多种形式,落实谁执法谁普法责任制。加大《条例》城市管理方面的处罚力度,2019年,按照《条例》累计简易处罚9起,一般案件立案处罚5起。

(徐增辉)

**【报亭整治】** 2019年,区综合执法局牵头制定《红桥区报刊亭综合整治工作实施方案》,印发专项治理《通告》,协调各职能部门及报刊亭产权单位,开展专项治理工作,对全区110处未取得占路设置许可审批手续,违规设置的报刊亭进行清撤吊离。组织有关部门对原经营者存在实际困难或身体残疾的点位进行联合审查,先行对符合设置标准的20处报刊亭进行重新设置,使之重新成为城区文明建设的重要窗口和公共文化服务阵地。

(徐增辉)

**【夜间运输撒漏】** 2019年,区综合执法局每日安排执法人员从晚18时至早6时,全方位开展晚间运输撒漏专项治理工作。通过深入工地宣传、重点点位监控相结合等方式,加强日常管理,对存在扬尘撒漏的违法行为进行严管重罚,全年累计出动执法人员2500余人次、执法车辆990余辆次,对全区在建的26个施工作业单位开展巡查治理工作,对渣土运输作业工地宣传教育319次,对发生道路污染的工地和个人立案处罚14起。

(徐增辉)

## 红桥城市建设投资有限公司

**【概况】** 2019年,天津市红桥城市建设投资有限公司(以下简称区城投公司)全力以赴抓好棚改征迁、历史遗留产权证办理、民计民生项目建设、国有资产盘活等重点工作。在各安置房项目尚未启动大维基金的基础上,主动作为,积极协调各方力量,落实资金,妥善解决各安置房项目的售后维修500余次,相关配套设施完善问题,保障居民正常生活。解决人民网、北方网、民意直通车、“8890”等群众来信访督办问题270件,接待来访及外单位咨询700余次,开具住房证明300余户。公司财务部和销售部密切配合,收取万余户居民房款,代收契税维修基金印花税并及时上缴区住建委和区税务局。财务部启动会计数据电子化工作,将下属治达公司2006—2018年度的会计数据补录入财务软件,梳理历年合同及项目文件,为项目决算审计固化做好准备工作。

(李子楠)

**【棚户区征收改造】** 2019年,区城投公司征收中心在春节前同时启动2个项目，至2019年10月提前完成全部任务。全面推进红桥区定向安置房销售管理工作，对接安置全区80%以上的征迁居民，共签署购房协议4700套，办理房屋进住4500套。

（李子楠）

【安置房产权证办理】 2019年，区城投公司全面开展区内历史遗留项目万余户居民的产权证办理工作，工作人员入户通知，优化业务流程，使群众少跑道，办成事，全部完成合同签署，代收、代缴契税7816户，实现7750余套房屋的产权证办理。

（李子楠）

【项目进度及手续办理】 2019年，区城投公司着眼于满足群众生活需求，加快推进民生配套项目代建进度。西站消防中队项目前期手续办理齐全，各专业配套已进件，建筑主体封顶；三条石小学项目供热管线切改完成，主体施工至二层，各专业配套已进件；红桥区档案馆项目前期手续完成，正在进行桩基施工；西沽卫生院项目前期手续完成，待开工；红桥中医院项目完成前期相关手续并于2019年5月完成移交；新建707、礼貌楼、风貌里、胜灾楼、洛川里、勤俭桥、红光楼、世春里8个社区党群服务中心，实现开工建设；区纪委监委、区委巡查机构办公用房装修及信息化系统建设项目完成相关建设手续并施工完成；碧春里幼儿园项目正在办理前期手续。全力解决各历史遗留项目程序问题，公司开发的暖洋家园项目坐落于北辰区，完成商品房预售登记、房地产首次登记，取得住宅4号楼及4、5号楼地下室“不动产权证”共175本，完成消防验收相关准备工作；益春里项目完成土地证、供前证、销售许可证、商品房预售登记、商品房首次登记、总登并实现办理产权证；碧春园一期、二期A地块项目完成地籍调查、房地产权证、供前证、用地批准书、划拨决定书、建设工程规划许可证、开工证、验收合格证、销售许可证、商品房预售登记、商品房首次登记、总登并实现办理产权证；碧春园二期B地块项目完成地籍调查、供前证办理。

（李子楠）

【盘活资产】 2019年，区城投公司抓住国企改革机遇，完善房产管理工作，收缴租金共812万元，完成过户41户，公房出售45户。优化管理模式，创新经营理念，对管理的3个菜市场进行重新布局，发现问题及时整改，力争在严峻的市场形势中创收。承担停工7年的光荣道旁城建大厦项目续建启动牵头工作，经过与第三方投资单位的多轮洽商，形成合作框架协议，有序组织项目前期审计及场调工作。

（李子楠）

【安全生产】 2019年，公司严格安全生产监督管理责任，严密防范各类安全生产事故，提高消防安全意识。组织安全知识答题、普法竞赛活动；邀请河西防火中心对全公司各级安全人员进行消防培训；对公司楼内及公车内所有灭火器进行换新；多途径宣传教育禁烟，防患于未然。汛期安排人员24小时巡视。严格落实安全监管责任，启动排查安全隐患工作，对在建项目（三条石小学、西站消防中队项目等）、所有出租房产、各处办公地点进行安全隐患排查及安全责任传导，坚决杜绝安全事故发生。在开展“不忘初心、牢记使命”主题教育安全专项整治的活动中，对已整改的问题再落实，立改真改，确保专项整治工作抓紧抓实，以整改成果检验主题教育的实效。

（李子楠）

## 天津市潞河环境建设有限公司

【概况】 2019年，天津市潞河环境建设有限公司（以下简称潞河环境公司）主要负责全区441

万平方米主干道路和道路两侧绿地清扫保洁,包括56条主干道路清扫保洁、机械水洗和清融雪,28条支干道路机械水洗;107座公共厕所日常清理、保洁、消杀、除碱、清掏、化粪井清吸及公共厕所服务设施维修保养;区内10座垃圾转运站运行与维修及生活垃圾清运工作;负责全区道路及西沽公园、桃花园、44座小公园的日常养护和园林绿化建设工作。负责全区主干道路210万平方米园林绿化公共设施养护管理、绿地保洁和园林绿化工程设计,负责社区93万平方米绿地养护和1.6万余株树木养护。

(刘群生　闫　芝)

**【爱国卫生】** 2019年,潞河环境公司保障双创专项验收,对全区的垃圾死角、楼根树穴进行彻底清理,对果皮箱、城市家居进行冲洗擦拭,对作业三轮车进行冲洗。对班组卫生进行清整。每天派职工积极配合各社区工作,认真履行社区环境巡查职责,积极参与卫生清扫等工作。组织队员对队部大院环境开展全面卫生整治,对所有作业车辆进行清洗,彻底消除大院内的卫生死角及杂物垃圾。累计出动司机、抱管、维修班人员30余人次,共清扫清整垃圾、杂物2车。保持辖区范围内无明显废弃物、无乱挂乱摆现象,院落和门前责任区内墙根干净、地面干净、无卫生死角。

(刘群生　闫　芝)

2019年5月17日,潞河环境公司组织各部门职工到三段社区开展卫生清洁工作　(闫芝　摄)

**【环境清整及维护】** 春节期间,环卫工人坚守一线,加大清扫保洁力度,对城市家具和果皮箱全面擦洗清掏,对商铺门前垃圾进行清理收集;加强道路水洗力度,出动80人次,安排出班4组,车辆40车次,每日进行清洗作业,采取“错时错峰”作业模式,保证全区84条道路的环境整洁。做到垃圾日产日清,制定春节期间垃圾高产清预案,及时调整清运作业时间与班次,11座垃圾转运站采取延时作业模式,直运压缩车增加5个班次,中转站中转车增加41个班次,有偿服务班增加10个班次,共清运垃圾2718吨,日均垃圾453吨,日产最高589吨。确保各环节运行稳而不乱,同时保证车容车貌整洁,做到车走地净,保障双创工作在春节期间不放松。加大全区公厕巡查力度,确保各公厕化粪井清吸调派车辆及各公厕设施设备维修工作的调度,确保各公厕正常运行。春节假期出动吸粪车70余车次,巡查及设备设施维修用车28车次,共出动人员560余人次。加大对西站站区广场环境卫生管理,加强巡查力度,及时清理垃圾点位,确保春节期间游客出行安全,有力提升西站站区环境水平。加强园林绿地日常巡查和清理,春节期间出动20人及车辆3部,修理河北大街破损防寒1处;卫生保洁200万平方米,摘除树挂30余处。做好西沽公园安全维护,对园内全天候秩序进行合理安排、维护、保洁及文明游园引导。

(刘群生　闫　芝)

2019年2月6日,潞河环境公司下属垃圾清运队职工对管辖范围内的垃圾进行清理工作

(闫芝　摄)

# 西站地区综合管理

【概况】 2019年,天津西站地区综合管理办公室(以下简称西站站区办)紧紧围绕“打造绿色城区、建设美丽红桥”的发展目标,以天津市“三站一场”环境服务提升改造为契机,加强站区安全管理,全方位排查站区内存在的安全隐患,督促各相关单位落实整改,确保站区安全稳定;结合扫黑除恶治乱专项行动,联合站区各成员单位加强对站区内黑车、离车揽客、叫座等乱象治理,加大站区反恐安保力度,做好“春运”“暑运”等客流高峰时期秩序保障;以创建国家卫生区为抓手,严格落实属地管理责任,协调潞河环境公司加大站区扫保力度,督促各单位加强环境卫生管理,提升站区市容环境水平;加强站区生态环境保护建设,加大站区施工扬尘、餐饮油烟等问题的排查治理力度,强化站区内河道的巡视检查,坚决打赢蓝天、绿水保卫战。完善站区依法行政制度,加强执法人员法治培训,提高站区工作人员的依法行政水平,组织开展法治主题宣传,营造站区全民遵法守法的良好氛围;结合创建天津市文明城区工作要求,深化站区服务理念,创新服务招法,在节假日等客流高峰期组织高校大学生在站区开展志愿服务活动,提升站区服务水平;完成西站北广场北出站口“雄安驿站”装饰装修,打造红桥区服务雄安、对接京冀的桥头堡;推动扶贫攻坚各项工作任务落实,配合区扶贫办在天津西站南广场举办“为祖国喝彩,用真情扶贫”——2019年天津市对口帮扶地区特色商品展销季活动;建立健全铁路巡路工作机制,加强铁路巡路专职队伍建设,定期组织召开联席会议,及时通报巡路发现的问题隐患,督促各责任部门落实整改;联合公安红桥分局西站派出所等单位加强“春运”、全国第十届残运会暨第七届特奥会、第三届世界智能大会、新生新兵接运等客流高峰及重大活动期间站区秩序维护及综合服务保障,打造天津西站地区良好的窗口形象。

(张锡凯)

【提升整治】 2019年,站区办以提升西站地区环境及服务为主攻方向,在西站地区实施标志标识提升、基础设施保障、站容站貌改善、运营秩序治理、运力衔接优化及服务体验提升“六大工程”。西站站区办结合站区实际,将“六大工程”27项任务细化分解为45项具体工作,逐项抓好工作落实。期间在西站南北广场、西站西大桥辅路等重点点位增设30余处引导标识,在长途客运站广场增设1组移动式公共卫生间,在地下出租车蓄车区新增1处文明出行宣传灯箱,在西站南广场增设2个服务岗亭,购置3辆志愿服务电动车,更换出租车蓄车区的地下通道照明灯百余个;加强对出租车蓄车区和旅客上客区运营车辆管理,重拳整治出租车乱象;完成西站北广场北出站口“雄安驿站”装饰装修,打造红桥区服务雄安、对接京冀的桥头堡;协调天津市轨道交通集团津轨商业公司在西站北地下停车场设立合规网约车接驳区;协调联通、电信等单位对西站地区移动网络信号进行提升改造。

(张锡凯)

2019年8月28日,天津市交通运输委党委书记、主任王魁臣(左二)组织各相关单位在天津西站地区召开现场会,研究西站周边道路组织优化工作

(张锡凯 摄)

【安全管理】 2019年,站区办制定和完善《西站地区安全生产工作计划及应急预案》,定期召开站区安全生产工作会议,研究总结站区安全生产

形势,与站区成员单位签署《安全生产责任书》。开展危险化学品企业隐患排查治理、“防风险保平安迎大庆”消防安全执法检查、交通枢纽和大型城市综合体消防检查等安全隐患排查整治专项行动。加强重大活动及重要时期站区安全检查,督促各单位做好安全隐患排查和整改。积极开展安全生产、消防安全宣传,联合区应急局、区消防救援支队等部门开展消防安全演练,引导广大干部职工提升安全防范意识,增强安全防范本领。2019年西站站区办组织召开站区安全生产及消防安全工作部署会议7次,制定工作方案17个,动员站区各单位组织安全培训20余次,集中宣传活动5次,发放宣传材料300余份,联合区应急局和区消防救援支队组织安全检查80余次,查出安全隐患55处,隐患整改完成55处。在安全生产月、“11·9”全国消防日等重要时期组织站区10余家单位,百余人开展实地消防演练。

(张锡凯)

2019年8月21日,站区办组织站区各成员单位开展天津西站地区消防演练 (苏岩 摄)

**【秩序治理】** 2019年,西站站区办以扫黑除恶治乱专项行动为抓手,加强与站区各单位的联防联动,协同公安红桥分局西站派出所、公安公交分局西站派出所、铁路公安处西车站派出所等单位多次开展联合清理行动及大型宣传活动,加强对站区内黑车、离车揽客、叫座等乱象的治理,营造人人参与的扫黑除恶治乱氛围。加大站区反恐安保力度,制定站区反恐工作预案,增设拒马等反恐防暴设施,增加站区重点点位的巡查频次,邀请公安红桥分局对站区工作人员进行反恐技能培训,提高站区工作人员的快速反应和协同配合能力。做好“春运”“暑运”“十一”国庆节、第三届世界智能大会、全国第十届残运会暨第七届特奥会、新生新兵迎送等客流高峰时期及重要活动期间的秩序保障。2019年西站站区办与市交通运输综合行政执法总队红桥支队、站区各公安派出所组织联合清理百余次,开展黑车专项治理行动30余次,打击非法揽客专项行动40余次,纠正违规停靠、落客车辆7万余件次,全年办理一般程序案件67起,处罚金额15.82万元。

(张锡凯)

2019年3月25日,站区办联合市交通运输综合行政执法总队红桥支队在天津西站地区及周边开展联合清理行动 (刘辑书 摄)

**【环境卫生】** 2019年,西站站区办以创建国家卫生区为抓手,严格落实属地管理责任,24小时对站区进行无死角巡查,督促站区各成员单位加强各自区域内的环境卫生管理。组织干部开展创卫攻坚行动,全面清理站区内的卫生死角。加强站区生态环境保护建设,通过日常巡查、重点抽查和施工前审批等措施加强对站区内施工扬尘、餐饮油烟等问题的排查管控,建立问题台账,逐项推动整改。按照重污染天津应急响应要求,落实管理责任,确保重污染天气期间站区内无违规施工作业和影响空气质量的违法违规行为。协调潞河环境公司加大对西站南北广场及各功能区域的扫保、水洗力度,增加扫保频次,保证站区环境卫生高标准、常态化。督促区园林绿化部门做好站区内绿地植被的养护、修整。联合区生态环境局网格员加强对站区内河道的巡查管控，确保站区内无偷排漏排等影响河水质量的违法违规行为。加强站区周边共享单车日常管理，划定共享单车停靠区域，确保站区周边共享单车摆放整齐有序。构建天津西站地区网格化管理平台，严格落实网格化管理，以“吹哨报道”的方式推动解决站区内破损石材维修、绿地杂草清除等重点难点问题。

（张锡凯）

2019 年 3 月 3 日，站区办组织干部利用周末休息时间开展站区卫生死角清理行动，图为西站站区办干部在西站南广场铲除地面上的口香糖痕迹

（张锡凯　摄）

**【法治建设】**　2019 年，西站站区办以站区法治建设工作为主线，进一步完善站区依法行政相关制度，制订《天津西站地区综合管理办公室行政执法全过程记录工作规定》和《天津西站地区综合管理办公室重大疑难案件会商制度》，将行政执法全过程记录工作制度化，重大疑难案件以会商形式研究确定，使依法文明执法落在实处。加强执法人员法治培训，每月向各科室印发一期法治学习资料，每季度组织开展一次集中法治培训，每半年组织一次法律知识考试，开展“以案释法”学习活动，强化执法科室法制工作考核，以考核促学习，以学习促实践，提高站区工作人员依法行政水平。加大《天津市文明促进条例》宣传力度，组织以《中华人民共和国宪法》《中华人民共和国国家安全法》等为主题的法治宣传活动，营造天津西站地区全民遵法守法的良好氛围。

（张锡凯）

2019 年 4 月 15 日，站区办在西站南广场组织开展以“维护国家安全，人人有责”为主题的法治宣传活动

（陈钰东　摄）

**【文明服务】**　2019 年，西站站区办以创建天津市文明城区及“三站一场”环境服务提升整治为契机，不断深化服务理念，创新服务招法。完善《天津西站地区综合管理办公室执法人员行为规范》，持续开展正风肃纪活动，狠抓执法人员行为管理。调整保安队伍年龄结构，推动站区保安队伍由管理型向服务型转变。发挥高校志愿服务者力量，在重要节假日和重大活动期间邀请大学生志愿者在天津西站地区开展环境卫生清整、取售票流程指导、方向指引、文明宣传等志愿服务活动。加强与天津西站等客运部门沟通，根据车次变化及时更新发放《天津西站国铁列车时刻表》等便民宣传材料。完善站区服务设施，在西站南广场增设 2 个服务岗亭，购置 3 辆志愿服务电动车，随时为旅客提供服务。2019 年西站站区办组织召开文明服务专题会议 5 次，印发《天津西站国铁列车时刻表》《致广大旅客的一封信》《天津西站服务指南》等便民宣传材料万余册，为残疾旅客提供轮椅借助和送站服务 20 余次，帮助旅客搬放行李 2000 余次，解答旅客咨询 10 余万次。

（张锡凯）

【铁路巡路】　2019 年,西站站区办建立健全铁路巡路工作机制,制定铁路沿线突发事件应急预案,加强铁路巡路专职队伍建设,深入开展铁路巡路、信息反馈、推动隐患治理等工作,每天向属地街道及相关部门反馈巡查工作中发现的问题,及时梳理问题及处置结果,每月向区委政法委(区平安办)汇报工作情况。协调站区各成员单位深入开展天津西站地区铁路护路联防工作,排查站区内防尘网、彩钢板房等铁路沿线安全隐患,联合公安红桥分局西站治安派出所、铁路公安处西车站派出所等单位开展铁路护路知识培训及宣传活动,提高站区各成员单位及旅客的铁路安全意识。2019 年西站站区办出动巡线队员 2800 余人次,发现涉路隐患 1200 余处次,推动属地责任单位整改 800 余处次,自处置问题隐患 35 处。

(张锡凯)

2019 年 7 月 10 日,站区办巡路队员在铁路沿线进行例行巡查　　(张璨　摄)

【春运及重大活动保障】　2019 年,西站站区办提前分析研判春运形势,制定《2019 年天津西站地区春运工作实施方案》,组织站区内各成员单位召开天津西站地区春运工作会议,细化任务分工,强化责任落实。联合公安红桥分局西站派出所等单位加强全国第十届残运会暨第七届特奥会、第三届世界智能大会、第十四届全国大学生“恩智浦”杯智能汽车竞赛等重大活动期间站区秩序维护及综合服务保障工作。配合市征兵办在西站南广场举办 2019 年天津市新兵起运欢送仪式。协调站区各单位做好高校新生接站工作,为天津地区 19 所高校 60 余辆接新生车辆提供服务保障。2019 年春运期间,铁路天津西站(本部)发送旅客 128 万余人,同比增长 46 万余人,增幅 56.4%。

(张锡凯)

2019 年 9 月 11 日,站区办配合市征兵办在西站南广场举办 2019 年天津市新兵起运欢送仪式

(赵妍　摄)

# 社会事业

# 科　技

**【概况】** 2019年1月,天津市红桥区科学技术委员会正式更名为天津市红桥区科学技术局(以下简称区科技局)。原天津市红桥区科学技术委员会(天津市红桥区知识产权局)的知识产权管理职责,划分至区市场监管局,更名后的区科技局不再保留区知识产权局牌子。2019年8月,红桥区科学技术协会独立。

2019年,区科技局坚持以习近平新时代中国特色社会主义思想为指引,以习近平总书记对天津工作提出的“三个着力”重要要求为元为纲,认真贯彻习近平总书记视察天津重要指示和在京津冀协同发展座谈会上重要讲话精神,全面深入实施创新驱动发展战略,进一步发挥科技创新在全面创新中的引领作用。全区新认定国家科技型中小企业190家,雏鹰企业32家、瞪羚企业3家。新增天津市级高新技术企业19家,全区累计达到88家。国家高新技术企业总量达到79家。技术合同登记交易额43.5亿元。

(师　慧)

**【京津冀协同发展】** 2019年,区科技局全力抢抓京津冀协同发展等国家重大战略历史性窗口期,多次赴北京考察对接企业和项目,引入中煤(天津)地下工程智能研究院有限公司、世航科技、乐猩科技等项目,推动同程艺龙网约车项目取得全国网约车线上能力认证。组织区内企业在世界智能大会进行专场展示,猪八戒众创空间有限公司组织分论坛。紧密对接七〇七研究所、中海油天津化工研究院,摸清检验检测企业资源。推动中海油天津化工研究院、天津天复检测技术有限公司等,面向中小企业提供大型科学仪器开放共享服务,共获得市财政服务补贴31.60万元。招商工作完成区发改委备案企业193家,注册资本7.65亿元,其中亿元以上企业4家,千万以上企业11家。

(师　慧)

2019年3月14日,中煤天津设计工程有限责任公司与天津城建设计院有限公司战略合作签约仪式

(区科技局提供)

**【光荣道科技产业园建设】** 2019年,区科技局坚持在完善顶层设计、健全工作机制和优化创新生态上持续用力,成立光荣道科技产业园建设工作领导小组,明确20余个职能部门工作职责,建立工作例会、督查督办等工作机制,成立天津光荣道科技产业园服务有限公司,创新园区管理机制。与赛迪顾问股份有限公司合作,为园区制定长期发展定位策略。启动国家级人力资源产业园建设,加快保康东路等园区道路建设,瑞玺大厦等在建项目建设顺利。园区新增注册各类市场主体累计1731家,税收收入7240.30万元,初步形成新一代信息技术、人工智能等主导产业集群。

(师　慧)

2019年3月14日,区科技局组织召开光荣道科技产业园整体规划会议　(区科技局提供)

**【区域经济发展】** 2019年，红桥区新认定国家科技型中小企业190家，超额完成年度目标。自7月份启动雏鹰瞪羚评定工作，评定雏鹰企业32家、瞪羚企业3家。新增天津市级高新技术企业19家，全区累计达到88家。国家高新技术企业总量达到79家。技术合同登记交易额43.50亿元。鼓励企业加大研发投入，规上企业完成研发投入4.10亿元，推动34家企业申请研发后补贴278.72万余元，较上年同期增长155%。艺点意创被评为天津市技术领先性企业，宏仁堂被认定为老字号企业技术创新。重点企业新增科技计划立项5项，争取专项资金630万元，申请到位科技计划项目资金260万元。积极落实各项科技政策，累计争取各类财政资金支持千余万元，其中为卓朗科技争取市区财政资金426.74万元。指导艺点意创打造专业化众创空间，作为天津市唯一一家企业参与“设计之都”申报工作。

（师　慧）

2019年5月21日，区委副书记、区长袁家健（左五）带队深入中船重工七〇七研究所了解企业发展需求，帮助企业解决实际困难（区科技局提供）

**【科技企业创新】** 2019年，区科技局持续优化营商环境，结合“双万双服”工作到40余家科技企业调研，协调解决同程艺龙网约车项目等50余个问题。制定红桥区科技企业成长培育计划，注重分类指导、精准帮扶，建立科技型企业塔型全生命周期扶持体系。组织培训会5场，分类设计政策“套餐”，让企业用好、用足各项科技政策。将技术合同交易市场作为成为科技与经济结合的纽带，技术合同登记交易额43.50亿元。把金融作为助推科技创新的重要力量，1家企业实现天津场外交易市场（OTC）挂牌，帮助区内众多科技型企业对接信用贷款。扩大创新券、助创券作用，出台助创券2期，助推科技型企业初创期发展。坚持人才第一资源理念，推荐3人入选天津市创新人才推进计划，推荐杰出企业家、新型企业家7人，办理“双一流”院校毕业生补贴等。

（师　慧）

2019年4月24日，由市科技局主办，市高新技术成果转化中心、区科技局承办的“2019年度技术合同认定登记减免税政策专题培训会——市区专场”在卓朗科技园区举办（区科技局提供）

**【科学普及】** 2019年，区科技局结合文明城区创建工作，以科普社区共建、科普知识推广、科技企业发展、科学精神培育为目标，面向社区群众和公务员，在科技活动周、全国科普日等时间节点，组织开展系列科普活动，增强全社会尊重知识、相信科学的浓厚氛围。

（师　慧）

2019年5月20—27日，区科技局围绕“全域科普、全员参与、全民共享”主题，组织开展第33届科技周系列活动（区科技局提供）

# 教　育

【概况】　2019 年,红桥区有公办初中 11 所,民办初中 2 所,区属公办高中 5 所,市属公办高中 2 所,民办高中 2 所,公办小学 19 所,民办小学 1 所,各类型幼儿园 30 所,特殊教育学校 1 所,中等职业学校 1 所,职工大学 1 所。在职教职工 5237 人,在校中学生 7069 人、在校高中学生 4561 人,职教学生 4375 人,成职学生 4896 人,在校小学生 1.94 万人,在园幼儿 6393 人。

2019 年,红桥区人民政府与河北工业大学合作办学,原天津市五十一中学更名为河北工业大学附属红桥中学,新村小学更名为河北工业大学附属红桥小学。红桥区教育局(以下简称区教育局)与雄安新区容城县教育局签订《人才资源共享协议》,走进天津市逸阳文思学校、雄县一小,开展“携手京津冀 协同促发展”活动。完成天津三中、天津五中、民族中学、新华和苑学校、佳春中学创新实验室建设并全部投入使用。投资 3000 余万元,对 17 所学校实施 19 项维修工程项目,项目内容涵盖校舍安全隐患排除、校舍设施提升改造、运动场地维修翻新等多方面,其中投入 1300 余万元完成民族中学外檐维修工程。完成红桥区老年大学提升改造,红星职专成功承办全国职业院校技能大赛沙盘模拟企业经营赛项和京津冀地区 ARE 模拟企业经营挑战赛,12 月 20 日,鲁班工坊在马里共和国揭牌。组织召开“庆祝新中国成立七十周年 大力弘扬新时代尊师风尚”红桥区教育大会暨庆祝中华人民共和国成立 70 周年和第三十五个教师节大会,对各级各类优秀教师进行表彰。叶鸿琳评为全国优秀教师,红星职专评为天津市教育系统先进集体,王冰等 16 人评为天津市优秀教师,郝丽艳评为天津市优秀教育工作者。组建红桥区第四届师德宣讲团。

(唐宏婕)

【教育经费收入与支出】　2019 年,区教育经费总收入 14.91 亿元,比上年的 14.14 亿元增加 7713 万元,增长 5.46%。其中,国家财政性教育经费收入 13.68 亿元,捐赠收入 35 万元,事业收入 1.04 亿元,其他教育经费收入 1750 万元。全年教育经费总支出 15.88 亿元,比上年的 13.99 亿元增加 1.89 亿元,增长 13.52%。其中,教职工人员经费支出 12.35 亿元,比上年的 11.14 亿元增加 1.21 亿元,增长 10.83%,学校运转、校舍建设、设备购置等支出 3.53 亿元,比上年的 2.84 亿元增加 6846 万元,增长 24.06%。

(唐宏婕)

【招生工作】　2019 年,红桥区小学一年级新生人数为 3176 人,其中天津市户籍 2722 人,随迁子女 454 人。红桥区培智学校新生人数为 25 人。13 所学校参加初中招生工作。其中民办校 2 所,招生计划 470 人,公办校 11 所,招生计划 2300 人。民办校最终录取 470 人,公办校随机派位录取 2122 人,返回红桥区升学 12 人。所有应届小学毕业生均保有学位。初中在校生 7069 人。普通高中学校(包括艺术类高中学校、市重点高中学校、其他高中学校)实际录取 1226 人,各类中职学校(五年制高职和中高职衔接系统培养技能型人才项目试验学校及专业、中职学校“三二分段中职接高职”类专业、其他各类中职学校)实际录取 642 人。高中在校生 4561 人。

(唐宏婕)

【服务社会】　2019 年,红桥区投入体育场馆提升改造专项资金 280 万元,在天津市率先启动运动场和体育馆同时向社会开放,做到免费开放与有偿开放相结合。首批向社会开放天津三中、民族中学和泰达实验中学体育场馆。每周开放时长 25 小时以上,办理免费健身卡的居民 2300 余人。

（唐宏婕）

2019 年 7 月 29 日，红桥区举行学校体育场馆向社会开放运营服务签约仪式　（区教育局提供）

**【三级监控平台建设】** 2019 年，红桥区投入 741 万元，将 20 所公办园原有摄像头 1808 个增加到 2070 个，实现全覆盖无死角的要求。在区教育局建设区级监控中心及存储中心，新增显示器 19 块、服务器 38 个，用于部署区级幼儿园、托幼点安全管理平台和存储民办幼儿园、托幼点的视频。动员 11 所民办幼儿园及 27 个注册托幼点，自行投入资金 114 万元，把原有 535 个摄像头提升到 1269 个、建设园级管理平台、存储网络。截至年底，3339 个摄像头完成调试，实现所有已注册幼儿园、托幼点公共区域视频监控覆盖率 100%，实现覆盖全区“信息可实时汇总、图像可远程调用、应急可视频指挥”的幼儿园安全管理目标。

（唐宏婕）

**【学前教育资源建设】** 2019 年，红桥区成立学前教育资源建设与规范监管攻坚领导小组，制定《红桥区学前教育资源建设两年（2019—2020 年）攻坚行动方案》，红桥区人民政府第 101 次区长办公会议审议通过学前教育资源建设专项资金 1 亿元。实施民办幼儿园举办权招投标，引进民办教育集团 1 家。利用既有建筑改扩建幼儿园 4 所，新建配套幼儿园 2 所，接收配套幼儿园 1 所，民办幼儿园普惠性认定 4 所。抽调 12 名优秀教师、干部，成立幼儿园筹备组 4 个。规范监管无证园，在全区备案托幼点 27 个。

（唐宏婕）

**【技能竞赛】** 2019 年，区教育局启动第九届红桥区中小学班主任技能竞赛，竞赛以“练内功、强素质、展风采”为主题，全区 34 所中小学，分别制定校级活动方案，开展校本培训。全区各中小学开展笔试、论坛、答辩等多种形式的校级班主任技能竞赛和学区组间的观摩活动，加强校际间的学习交流。红桥区第九届中小学班主任技能竞赛区级决赛在河北工业大学附属红桥中学举办，63 位教师参加“我的带班育人方略”区级笔试考核，34 位优秀班主任进行“我的带班育人方略”宣讲和情境答辩竞赛。6 名教师获中学组一等奖，8 名教师获小学组一等奖。

（唐宏婕）

2019 年 11 月 15 日，区教育局举办“练内功、强素质、展风采”第九届中小学班主任技能竞赛

（区教育局提供）

**【教师队伍建设】** 2019 年，区教育局印发《红桥区教育系统落实新时代中小学幼儿园教师职业行为十项准则及中小学幼儿园教师违反职业道德行为处理办法的实施意见》。开展 2019 年区级优秀教师、优秀教育工作者评选，对 172 名教师进行表彰。组织开展“坚定理想信念，做‘四有’好教师”主题大讨论和师德演讲比赛。组织全体教职工签署师德承诺，为每名教师建立师德档案。开展红桥区“幼儿园教师和保育员能力提升计划”培训，启动第六周期继续教育，开展中小

学区级学科面授工作。全年教师交流238人,其中骨干教师146人,占参加交流教师数的61.3%;义务教育学校符合交流条件教师904人,参加交流教师191人,占21.1%,其中骨干教师119人,占参加交流教师数的62.3%。

(唐宏婕)

【无证幼儿园治理】　2019年,区教育局完成63所无证幼儿园(以下简称无证园)治理。成立红桥区无证园攻坚治理领导小组,区委副书记、区长任组长,副区长任副组长,相关责任部门主要负责人为成员。区教育局牵头区卫生健康委、区市场监管局、公安红桥分局、区应急管理局、区消防救援支队和各相关街道办事处,指导检查3轮,开展联合检查近百次。经治理,红桥区63个无证园,6个提升为民办幼儿园,28个备案成托幼点,29个关停或转型。

2019年9月4日,区领导带队、区教育局牵头七部门对无证园进行实地调研　　(区教育局提供)

(唐宏婕)

【东西部扶贫协作】　2019年,区教育局选派48名教师赴甘肃、新疆、西藏、四川等省对口支援。与甘肃省碌曲县、合水县学校“手拉手、结对子”,其中碌曲县中学2所、小学9所、幼儿园7所,合水县中学8所、小学19所、幼儿园4所。教师进修学校选派教研员前往送教,合水县23人次,碌曲县54人次,受益教师1400余人。接待到区跟岗学习培训中小幼校长、教师44人。

(唐宏婕)

# 驻区高校

## 天津商业大学

【概况】　天津商业大学原名天津商学院,由商业部和天津市人民政府于1980年创建。1998年,学校实行中央与地方共建、以地方管理为主的管理体制。2007年,学校更名为天津商业大学。学校占地近1340亩,建筑面积近51万平方米,教学科研仪器设备总值5.46亿元,中外文藏书214.55万余册,中外文数据库99个,电子图书508.55万册。有54个本科专业(方向),67个硕士点,在校生2.27万人,其中研究生1490人,本科生2.12万人,成人本科生5人,成人专科生8人。学校共有教职工1447人,拥有专任教师959人,其中正高级职称166人,副高级职称382人;具有博士学位者444人,硕士学位者328人。有省部级重点学科7个、教育部工程研究中心1个、天津市工程中心1个、天津市重点实验室2个、国际联合研究中心2个,天津市人文社会科学重点研究基地2个,天津市高校智库2个,国家级实验教学示范中心2个、天津市级实验教学示范中心8个,天津市级虚拟仿真教学实验中心1个,国家级众创空间1个,市级教学名师11人,市级教学创新团队2个,市级教学团队11个。学校具有推荐优秀应届本科毕业生免试攻读研究生资格,以及港澳台研究生招生资格和同等学力人员申请硕士学位授予权。

2019年,天津商业大学全职引进教育部长江学者奖励计划特聘教授、国家万人计划领军人才陈冠益教授。国际经济与贸易、电子商务、酒店管理(中美合作)专业入选首批国家级一流本科专业建设点。金融学等8个专业入选首批天津市一流本科专业建设点。获批国家虚拟仿真实验教学项目1项,天津市虚拟仿真实验教学建设项目10项。

(吴常青)

【教育经费收入与支出】 2019年,天津商业大学实际收入7.86亿万元,较上年增加753.75万元,增长率0.97%。其中,财政补助收入5.20亿元,较上年增加533.57万元,增长率1.04%;教育事业收入1.98亿元,较上年增加176.72万元,增长率0.90%;科研事业收入1781.22万元,较上年减少757.79万元,减少率29.85%;其他收入4951.20万元,较上年增长801.25万元,增长率19.31%。实际支出8.32亿元,较上年增加3354.16万元,增长率4.20%。其中,人员经费支出4.37亿元,较上年增加1321.60万元,增长率3.12%;公用经费支出3.95亿元,较上年增加2032.56万元,增长率5.43%。

(吴常青)

【党的建设】 2019年,天津商业大学开展"不忘初心、牢记使命"主题教育,引导党员干部教师为践行"两个维护"夯实思想根基、锤炼忠诚担当品格、筑牢育才报国信念。开展庆祝中华人民共和国成立70周年系列活动。完成巡视整改任务,推动全面从严治党向纵深发展。修订《天津商业大学章程》,把坚持党的全面领导要求载入《章程》,确保党的领导贯穿管党治党、办学治校全过程。组织召开学校第二次党员代表大会,进一步明确学校事业发展的中长期奋斗目标,作出面向未来的"三步走"战略安排,提出"区域性、应用型、商科特色"的办学定位。贯彻落实学校思想政治理论课教师座谈会议精神,完善"大思政"格局工作机制,制定《关于突出重点、深化"331大思政"工作格局建设的实施意见》,聚焦思政课程、课程思政、管理育人、服务育人4个重点领域制定专项方案,建立覆盖全校各岗位的育人指引,形成"1+4+N"制度体系,畅通"三全育人"路径(全员全程全方位),打通"最后一公里"。180名师生圆满完成新疆于田县实习支教工作。推进辅导员专业化职业化发展,辅导员队伍实现1∶200配备要求;思政课教师引进取得重要进展。

(吴常青)

【教育教学】 2019年,天津商业大学召开本科教育工作会议,开展教育思想大讨论,形成以"核心的商科理论知识、基本的商务运营能力、正确的商业价值观"为主要内容的"商学素养"内涵。完成2019版本科专业人才培养方案和研究生培养方案的制定工作。加强一流专业建设,国际经济与贸易、电子商务、酒店管理(中美合作)专业入选首批国家级一流本科专业建设点。金融学等8个专业入选首批天津市一流本科专业建设点。会计学、财务管理专业通过澳洲会计师公会国际认证。落实专业动态调整机制,撤销专业2个,停招专业5个,拟新增专业4个。立项校级金课108门,建设在线开放课程16门,开设商学素养、创新创业、美育、文理互选四个模块的选修课131门。实践教学学分占总学分的比例平均提升到31.03%。新签订校企合作协议55个。食品与药品、热能与动力工程国家级实验教学示范中心通过教育部年度考核。获批国家虚拟仿真实验教学项目1项,天津市虚拟仿真实验教学建设项目10项。1个团队获评全国大中专学生志愿者暑期社会实践活动优秀团队。

(吴常青)

2019年10月30日,天津商业大学本科教育工作会议在学校图书馆国际学术报告厅召开

(张孟凯 摄)

【科学研究和社会服务】 2019年,天津商业大学制定学科建设重点发展规划,明确“商科特色”一流学科建设的战略定位和发展思路。进一步明确市级重点学科建设思路、突出效果导向,推动学科建设取得新进展。聚焦领军人才和学术骨干、科研项目与经费、高水平平台和高水平成果等指标,推进博士学位授权学科建设。教育部长江学者奖励计划特聘教授、国家万人计划领军人才陈冠益教授全职到校工作,担任动力工程及工程热物理学科带头人。获批国家自然科学基金项目、国家社会科学基金项目8项,教育部人文社会科学研究项目9项,其他省部级项目32项。科学引文索引(SCI)、社会科学引文索引(SSCI)、中文社会科学引文索引(CSSCI)等高水平论文215篇,其中基本科学指标数据库(ESI)高被引论文1篇,实现零突破。授权发明专利31项,转化专利25项。获批天津市科技进步三等奖1项,天津市青年科技奖1项、天津市社会科学优秀成果奖10项。《天津商业大学学报》获评全国高校社科优秀期刊。发挥冷链物流等学科优势开展科技帮扶,《天津日报》等媒体以《“科技套餐”惠农增收》为题报道学校科技帮扶工作。提交决策咨询研究成果23份,1项成果被中共中央办公厅信息综合室刊物采用。新增企业科技特派员52人,获评天津市优秀科技特派员19人,《人民日报》等多家媒体报道学校企业科技特派员工作。

(吴常青)

2019年6月14日,天津商业大学学科工作会议在图书馆国际学术报告厅召开 (张孟凯 摄)

【创新创业教育】 2019年,天津商业大学完善意识养成、知识学习、能力培养、素质提升“四位一体”的创新创业教育体系,构建商工相融、复合培养的创新创业人才培养模式。获第五届中国“互联网+”大学生创新创业大赛全国铜奖1项、天津市级奖励11项,1个创业团队获评第八届中国创新创业大赛先进制造行业总决赛优秀企业奖,众创空间孵化的1个企业被认定为国家级高新技术企业,入选天津市创新型企业领军计划。获批大学生创新创业训练计划国家级项目38项、市级项目74项。获得全国性学科竞赛奖励66项、省市级竞赛奖励319项。天商微渡众创空间连续4年获评天津市A级(优秀)高校众创空间。

(吴常青)

【师资队伍建设】 2019年,天津商业大学落实“新时代高校教师职业行为十项准则”,制定《教职工师德失范行为处理暂行办法》《全面落实研究生导师立德树人职责的实施细则》等制度。设立专家指导委员会,通过专家进校园、专题定制研修班等方式,全面提升教师师德修养和业务能力。党委副书记、校长主讲的师德必修课获市级“优秀师德必修课”展播活动精品课。聘请中国科学院周远院士和中国工程院朱蓓薇院士为学校名誉教授。聘请清华大学航天航空学院张兴教授为学校客座教授。入选天津市创新人才中青年科技领军人才1人,获评天津市特聘教授制度青年学者2人,获批市级教学名师1人,获批市级教学团队2个。遴选第三批“青年英才百人计划”人选8人,选派16名中青年骨干教师出国研修学习。新入职教职工68人,其中专任教师57人,博士学位专任教师24人。获评“全国优秀教师”1人,获评“天津市优秀教师”3人,获评“天津市最美女教师”1人。

(吴常青)

【国际交流与合作】 2019年,天津商业大学3个中外合作办学项目通过教育部年度评估,酒店管理(中美合作)专业在2019—2020年度中国大学分专业竞争力排行榜中获评五星、排名第三。成功举办第二届国际谷物科技协会(ICC)亚太区国际粮食科技大会。新增合作院校2所,新签合作协议6个。聘请国外专家学者38名。选派84名教师和117名学生赴国外交流学习。接待来访268人次。设立百万留学生奖学金,录取“一带一路”沿线国家学历留学生11人,在校学历留学生达到22人,接收长短期留学生134人。

(吴常青)

2019年11月8日,天津商业大学在天津新技术产业园区承办“第二届ICC亚太区国际粮食科技大会” (冯际良 摄)

**【综合改革】** 2019年,天津商业大学持续深化人事分配制度改革,针对改革过程中存在的问题,到基层一线开展调研,补充修订绩效考核指标体系。深化人才培养体制机制改革,实施专业动态调整、课程改革、学生学业多元评价、学业预警、教学质量白皮书等一系列举措。推进校院两级管理体制改革,实现实习实践经费、预算额度调整、设备采购等部分权限逐步下放,深化“放管服”,落实学院办学自主权。建立常态化申报、动态化统筹的财务项目管理机制。完善学校采购和招投标管理制度,下放部分招标权限。严格审计监督,加强党对审计工作的领导,修订完善《内部审计工作规定》等文件。

(吴常青)

**【美丽和谐校园建设】** 2019年,天津商业大学3栋2.4万平米学生公寓投入使用;完成校园电力综合提升改造。3号、4号教学楼安装空调,启动学生公寓空调安装工作。青年教师公寓、供电系统、瑞德厦食堂等维修改造工程竣工验收。22号楼维修改造工程扎实推进,金工车间维修改造项目启动施工。推进智慧校园建设,完成26栋楼宇的无线网络升级改造,无线网络覆盖率90%以上,云数据中心虚拟机382台。打造“家”文化品牌,新建爱心母婴室1间,新(扩)建职工小家4个,开展服务活动90余场。开展文献传递、课题咨询、学科分析等工作。创建“天商共读”阅读文化品牌,1名学生获全国大学生“悦读之星”称号。严格落实安全稳定责任制,健全安全防范体系、预警机制和应急处置机制。

(吴常青)

## 河北工业大学

**【概况】** 河北工业大学占地199.9万平方米,校舍建筑面积98.18万平方米。现有教职工2712人,在1631名专任教师中有正高级职称434人、副高级职称613人、中级职称561人,1125人具有博士学位;博士生导师320人,硕士生导师1252人。全日制在校生30091人,其中普通本科生23111人、硕士研究生6255人、博士研究生725人。学校设有18个教学机构,拥有73个本科专业,拥有1个国家“世界一流学科”建设学科、2个国家重点学科、4个河北省强势特色学科、20个河北省级重点学科、2个天津市重点学科、9个博士后科研流动站、10个一级博士学位授权点、26个一级硕士学位授权点、7个专业学位类别(含工商管理硕士和高级管理人员工商管理硕士)、17个工程硕士授权领域。拥有包括省部共建国家重点实验室、国家级工程技术研究中心、国家地方联合工程实验室、省部共建协同创新中心在内的国家和省部级科研平台67个。河北工业大学城市学院设有15个系,55个本科专业,在校生4904人。截至年底,学校固定资产总值 29.96 亿元,其中教学科研仪器设备 9.46 亿元,藏书 245.5 万册。

2019 年,河北工业大学召开中国共产党河北工业大学第五次代表大会,顺利完成学校领导班子及中层干部换届选举工作。全校应换届的党支部全部完成换届,全校专任教师党支部书记“双带头人”比例为 100%,1 个党支部入选第二批“全国党建工作样板党支部”。充分发挥学校思想政治工作委员会统筹协调作用,持续推进习近平新时代中国特色社会主义思想“三进工作”(进教材、进课堂、进头脑),加强马克思主义学院学科建设水平和思政理论课建设,获首届全国思政课教学(展示)竞赛活动全国特等奖 1 项。落实《世界一流学科建设工作方案》,顺利完成国家、河北省“双一流”建设中期评估工作,工程学、材料科学、化学三个学科领域在 ESI 前 1%中的排名稳步提升。新增 4 个省级科研平台,2 个省级平台被认定为天津市重点实验室,2 个省级科研平台年度评估获得优秀,1 个省级平台顺利通过验收;学校位列“中国高校专利实力 100 强”第 73 位,获得天津市专利金奖 1 项,以第一作者身份在《自然》杂志(Nature)上发表论文,与金风科技、富士康集团、华为技术有限公司开展深入合作。完善人才梯队建设,新增国家级人选 5 人。拓宽合作办学渠道,共建“河北工业大学芬兰校区”和“河北工业大学亚利桑那工业学院”。出台本科专业动态调整实施办法,设立智能制造工程、数据科学与大数据技术专业,21 个专业入选首批一流本科专业“双万计划”建设点。

(王建昆　肖盛光)

【教育经费收入与支出】 2019 年,学校教育经费总收入 16.45 亿元,比上年增加 2.3 亿元,同比上升 16.25%。其中:河北省一般公共预算拨款 9.57 亿元(基本支出拨款 4.05 亿元、专项项目拨款 5.52 亿元)、学费和住宿费收入 3.39 亿元、科研事业收入 1.99 亿元、其他收入 1.48 亿元。全年经费总支出 21.42 亿元,比上年增加 5.38 亿元,同比上升 33.54%。其中:教育事业支出 17.26 亿元、行政管理支出 0.96 亿元;后勤保障支出 1.1 亿元、离退休支出 0.53 亿元、科研事业支出 1.57 亿元。

(王建昆　张艳楠)

【学科建设】 2019 年,河北工业大学材料科学、化学、工程学在 ESI 前 1%排名稳步提升;组织完成天津市特色学科群中期评估材料编制和报送工作;顺利通过国家、河北省“双一流”建设中期评估工作;组织完成国家“双一流”建设大学动态监测体系及世界一流学科建设动态监测指标体系的试填报工作;完成 2019 年度学校人工智能学科建设现状和情况的编制和报送工作。

(李亚函　张艳楠)

2019 年 4 月 23 日下午,教育部党组成员、副部长翁铁慧(左)到河北工业大学调研(河北工大提供)

【教育教学】 2019 年,河北工业大学在全国 31 个省(自治区、直辖市)招收本科生 6901 人,其中本科一批 5901 人、本科三批 1000 人。本科一批在河北省“理工类”“文史类”开档分数分别高出控制线 86 分、58 分,且第一志愿全满,位居河北省高校首位;天津市“理工类”开档分数高出控制线 186 分且第一志愿全满。招收博士研究生 163 人,其中硕博连读生 109 人、公开招考 54 人。招收硕士研究生 2226 人,其中全日制硕士研究生 1985 人(学术学位 1060 人、专业学位 925 人),非全日制硕士研究生 241 人(专业学位 241 人:工商管理硕士 200 人、公共管理硕士 41 人),含录取推免硕士生 31 人、“退役大学生士兵”专项计划硕士研究生20人。授予博士学位92人、硕士学位1896人,为1763名研究生办理就业派遣手续。完成2019届河北工业大学3701名本科毕业生离校派遣工作,就业率98.68%;完成2019届河北工业大学城市学院3157名本科毕业生离校派遣工作,就业率51.76%。新增河北省优秀博士论文4篇、优秀硕士论文20篇。组织立项教育部协同育人项目22项、省级英语专项3项、河北省高等教育学会课题20项、学校教改项目134项、推荐省级普通教改项目35项;持续优化本科专业结构,出台本科专业动态调整实施办法,设立智能制造工程、数据科学与大数据技术专业,21个专业入选首批一流本科专业"双万计划"建设点,其中,15个专业入选国家级一流专业建设点,6个专业入选河北省一流专业建设点;新增土木类、数学类、交通运输类、公共管理类、机械类5个招生类别;完善本科人才培养方案;出台课程思政建设实施意见,启动课程思政"双百工程"建设项目,在首届全国思政课教学(展示)竞赛活动中,获全国特等奖1项。创新研究生招考机制,探索本科生直博和"申请-考核"选拔机制;优化研究生课程设计、修订研究生培养方案;完成3个硕士学位授权点抽评、7个硕博学位授权点布局工作。在第十二届全国大学生节能减排社会实践与科技竞赛全国总决赛首次斩获全国特等奖1项、全国三等奖4项,突破历史最好成绩;在2019年"挑战杯"河北省大学生课外学术科技作品竞赛入围终审决赛数量和省特等奖数量均再次居全省第一;在第四届河北省大学生创新创业年会中获特等奖3项、一等奖2项,总成绩居全省第一。在中国高等教育学会最新发布的2014—2018年中国高校创新人才培养暨学科竞赛评估结果中排位全国第67名。

(王建昆　张艳楠)

**【科学研究】** 2019年,河北工业大学全年到校科研经费近2.2亿元。获批国家基金88项,其中,国家基金重大科研仪器研制项目1项、重点项目3项;获批科技部重点研发计划项目7项,其中作为项目牵头单位3项;新增4个省级平台,2个研究中心列入省级工程研究中心筹备建设序列,2个实验室被认定为省市级重点实验室;启动4个研究院建设,与金风科技就能源项目深化合作,与富士康集团共建"智能机器人研究院",与华为技术有限公司围绕智慧校园规划与建设,联合开展深入合作研究;全年共获省部级以上科技奖励15项,获得河北省科学技术奖10项,其中,一等奖5项(作为第一完成单位3项),二等奖3项(作为第1完成单位2项);获得天津市科学技术奖5项,其中二等奖3项(作为第一完成单位2项)。科研论文中,SCI论文850篇、EI论文176篇。授权专利475项,其中发明专利240项,284项计算机软件到国家版权局进行软件登记。不断完善"军工三证"体系建设,完成"国军标质量管理体系再认证"工作。河北工业大学京津冀发展研究中心入选中国智库索引(CTTI)高校智库百强榜A+级;承办的"何梁何利基金高峰论坛暨图片展"。产学研成果获"中国高校科技成果交易会优秀组织奖""优秀项目展示奖""第二十届中国国际工业博览会高校展区优秀展品二等奖"等多个奖项,获第九届中国技术市场协会金桥奖。逐步形成科技园品牌特色,北辰园区、沧州园区、邢台园区入驻企业330家,园区总体纳税额近3亿元。"工学坊"众创空间创新创业团队新增35个,稳步推进"一院一品"基地建设。

(王建昆　张艳楠)

**【师资队伍建设】** 2019年,河北工业大学实施"元光学者"计划,"元光学者"达268人;新增国家级人选5人、新增河北省高端人才2人、"百人计划"6人,共计96名优秀人才到校工作;博士后入站31人,近半数为师资博士后,全职博士后引进呈几何式增长;国家公派高级研究学者及访问学者(含博士后)项目11项,推荐录取率73%,较上年增长175%;获批2019年科技部高端外专引智重大项目 2 项,1 人获批 2019 年河北省“外专百人计划”。

(李亚函　张艳楠)

**【学生工作】** 2019 年,河北工业大学共有 225 名学生获得省级三好学生、优秀毕业生荣誉称号;4 个班集体获得省级优秀班集体荣誉称号。124 名研究生获国家奖学金,96 名研究生被评为省级优秀研究生毕业生。向 6689 人发放包括国家奖助学金、校级奖学金及各类社会奖学金在内的所有奖助学金共计 3339.02 万元;为 1874 名学生提供勤工俭学岗位,发放勤工俭学补助 247.1 万元;为家庭经济困难学生办理助学贷款累计 1339.72 万元,减免学费、住宿费等各类费用 217.88 万元。推动辅导员队伍专业化、职业化建设,开展“三走进一引领”(进课堂、进宿舍、进心灵,开主题班会走价值引领主线)专项工作,建设“石榴籽”少数民族工作室。河北省第五届辅导员职业技能大赛荣获本科组决赛一等奖和优秀组织奖,培育辅导员工作精品项目,2 个项目获得河北省辅导员工作精品项目三等奖。2019 年参与社会实践师生万余人次,累计组建实践团队 800 余支,荣获“知行计划”等项目全国银奖 1 项、全国铜奖 3 项、最佳传播奖 2 项。完成“第二课堂”2.0 版本建设,全面启动校企合作运作模式。

(王建昆　李亚函)

**【国际交流与合作】** 2019 年,河北工业大学录取 37 个国家共 165 名学历留学生,4 人成功申请中国政府奖学金“高校研究生”博士项目,9 人成功申请“丝绸之路”本科项目,获批河北省地方政府奖学金招生名额 9 人,中国政府奖学金——商请项目获批 1 名留学生招收名额。学校与芬兰拉彭兰塔工业大学、拉赫蒂应用科学大学正式签署合作协议,共建“河北工业大学芬兰校区”,拉赫蒂应用科学大学与廊坊分校、建艺学院分别签署战略合作协议;继续推进“河北工业大学亚利桑那工业学院”的申报审批工作;明确廊坊分校国际化办学定位,与爱尔兰沃特福德理工大学在电子信息工程专业共同开展合作办学项目,建立法国巴黎高等计算机学院亚洲总部,实现学生、学校、企业与区域多方共赢。新增中外合作办学项目生 221 人,中外合作办学项目生总数 790 人,来华留学生 270 人;2019 年组织举办“第 5 届反问题、设计与优化国际会议”“第二届建筑 3D 打印国际会议”“第二届华夏骨科生物材料转化会议”和“2019 年中澳土木、材料和环境论坛”等国际会议;发起组织第二届“外国院士校园行”活动,召开首届国际化建设工作会议。全年共派出 92 批 180 人次赴国(境)外访问并进行学术交流;获批 2019 年创新型人才国际合作培养项目 3 项,国家公派高级研究学者及访问学者(含博士后)项目 11 项,推荐录取率 73%,较上年增长 175%;获批 2019 年科技部高端外专引智重大项目 2 项,1 人获批 2019 年河北省“外专百人计划”。

(王建昆　张艳楠)

**【学校基本建设】** 2019 年,河北工业大学稳步推进学校机构改革,优化机构设置和功能布局;制定或修订涉及议事规则、人事制度改革、师德师风建设、人才培养、科研成效管理、国际化建设、校园安全等 41 项规章制度。开展保密管理和宣传教育活动,全年未发生失、泄密事件。搭建大型仪器资源共享平台,成立先进材料分析与测试中心。入选“高校国家知识产权信息服务中心”,成为国家首批、津冀区域内唯一的获批高校。加快推进化工海洋学院教学实验楼、博士教师公寓的施工建设进度,新开工建设电气控制计算机信息学院教学实验楼和多功能风雨操场。提升北辰校区学生就餐和住宿环境,实现宿舍空调全覆盖。深入开展安全宣传教育,加强逐级责任制建设,严抓隐患排查整改工作。进一步完善数字化校园服务系统,与移动合作实现 5G 信号全覆盖;完成北辰校区教学楼无线局域网

(Wi-Fi)系统升级改造,满足学校教学过程的网络接入需要。积极加强校友联系、优化校友服务,利用校友捐赠的奖助学金资助在校生150余人次。

(王建昆 李亚函)

**【党建工作】** 2019年,河北工业大学深入开展“不忘初心、牢记使命”主题教育,坚持每两周一次的“两学一做”学习教育,扎实推进“两学一做”学习教育常态化制度化,认真落实党委主体责任。学校召开中国共产党河北工业大学第五次代表大会,顺利完成学校领导班子及中层干部换届选举工作。全校应换届的党支部全部完成换届,全校专任教师党支部书记“双带头人”比例达100%,1个党支部入选第二批“全国党建工作样板党支部”,成功入选全省首批高校党建工作标杆院系、样板支部和“双带头人”教师党支部。学校党委党校组建的志愿讲师队伍,分7个方向进行备课,2019年全年为发展对象和预备党员3400余人开展培训,开设讲座80讲。出台《校院两级党委理论学习中心组学习规则》,严格落实校院两级党委理论学习中心组学习“1112”制度(每月至少组织1次集中学习,每季度至少组织1次主题研讨,每年至少举办1次读书会,每年至少举办2次理论报告会或专题讲座)。发挥学校思想政治工作委员会统筹协调作用,持续推进习近平新时代中国特色社会主义思想“三进工作”。牢牢把握意识形态领导权,夯实意识形态工作思想基础,做好意识形态阵地和网络舆情研判工作,建立健全意识形态工作机制,制定《关于进一步加强和改进意识形态工作的实施意见》等系列文件方法。严明党的政治纪律和政治规矩;加强干部队伍作风建设,坚持全面从严治党,聚焦党风廉政建设和反腐败斗争。加强对干部联系基层、离津(廊)请假、个人有关事项填报、因私出境、干部集中培训和网络培训等一系列干部日常管理工作。全面落实省管高校纪检监察体制改革要求,推动全面从严治党向基层延伸,向纵向发展,巩固拓展落实中央“八项规定”精神成果,持续不断纠正“四风”。实施全家窑美丽乡村建设工程、正阳东引水入户工程、正阳东村民中心建设工程、正阳东藜麦种植工程、方家梁村前道路工程等惠及全体村民的特色工作,为脱贫攻坚战的最终胜利和乡村振兴奠定坚实基础。开展新媒体宣传工作,《你好,我是河北工业大学,今年115岁了》《今天,河北工大、华为、中国移动联手做了一件大事》阅读量突破10万,分别斩获全国高校官微单篇阅读量全国第二名、全国第四名;全年学校各类新闻事件在《中国教育报》《河北日报》《天津日报》等多家媒体发布报道600余篇次;连续三年获得“津媒十佳校媒”称号,获得“全国校媒十佳运营创新奖”和2018年度中国高校校报好新闻奖3项;加强与红桥区的文化交流与合作,成功举办第29届运河桃花节,打造“桃花学府”品牌活动。

(王建昆 张艳楠)

## 文化和旅游

**【概况】** 2019年,天津市红桥区文化和旅游局(以下简称区文化和旅游局)紧扣隆重庆祝中华人民共和国成立70周年这条主线,在统筹推进全面从严治党,加快构建现代公共文化服务体系,落实文化惠民、文化旅游融合发展、文化遗产传承保护、文化旅游市场规范管理等方面实现新突破,为“打造绿色城区,建设美丽红桥”凝聚广泛的精神力量和坚实的文化支撑。

(陈龙菲)

**【系列文化活动】** 2019年,区文化和旅游局隆重举行“壮丽70年 奋斗新时代”红桥区庆祝中华人民共和国成立70周年文艺演出,举办天津市第九届老年文化艺术节,艺术节期间举办各类活动5项,吸引全市各区2000余人次参加。举办红桥区第十七届社区文体艺术节暨第二届群众文艺创作表演大赛。“我们的中国梦—文化进万家”活动有效推进文化惠民,组织开展3大类、130余项群众文化活动。开展红桥历史文化主题展进校园、进社区活动,累计接待学生、游客3000余人次。

(石启砺)

2019年9月23日,“壮丽70年 奋斗新时代”红桥区庆祝中华人民共和国成立70周年文艺演出在民族中学举办　(区文化和旅游局提供)

**【现代公共文化服务】**　2019年,区文化和旅游局推进总分馆制建设,图书馆分馆实现10个街道全覆盖,建成20个图书馆社区服务点,服务点总数达到69个,覆盖率超过50%。3个街道综合性文化服务中心和4个社区综合性文化服务中心获全市首批达标基层综合性文化服务中心。区文化馆选派10名专业干部出任各街道分馆副馆长。各街道综合性文化服务中心与文化馆签署文化馆街道分馆合作共建协议。

2019年11月20日,区文化和旅游局在区图书馆召开“向群众汇报”——红桥区提升公共文化服务效能工作推动会　(区文化和旅游局提供)

(石启砺)

**【文艺协会】**　2019年,区文化和旅游局指导成立区舞蹈家协会、摄影家协会、民间艺术家协会、书法家协会、美术家协会作为区文联下属文艺团体。召开红桥区文学艺术界联合会成立大会,会上选举况瑞峰为区文联主席,姚景卿、郭鸿春、卢贵友、张春林、冯耕岑为区文联副主席,王秀安为秘书长,范鹏为副秘书长。

(石启砺)

2019年12月30日,红桥区文学艺术界联合会成立暨第一次会员代表大会在红桥区图书馆召开　(区文化和旅游局提供)

## 2018年红桥区公共文化大事一览表

表4

| 序号 | 时　　间 | 地　点 | 主　题 | 活动内容及效果 |
|---|---|---|---|---|
| 1 | 2019.1.11 | 丁字沽街道文化站小剧场 | “送文化到一线 中国梦进万家”活动启动仪式 | 2019年春节期间,组织开展“红色文艺轻骑兵”小分队下基层演出、“迎春送福文化大拜年”“新春文化之旅”文化惠民服务三大类、130余项群众文化活动,用文化形式深入宣传贯彻习近平新时代中国特色社会主义思想和党的十九大精神 |
| 2 | 2019.2.11 | —— | 第十八届群星奖 | 红桥区创作音乐作品《我的国》入围天津市7个拟代表天津市参加第十八届群星奖评奖作品 |

续表

| 序号 | 时　　间 | 地　点 | 主　题 | 活动内容及效果 |
|---|---|---|---|---|
| 3 | 2019.2.19 | 三岔河口思源广场 | “祝福祖国 唱响天津”快闪活动 | 唱出红桥人民欢庆元宵佳节的喜悦之情,唱出红桥人民对新中国成立70周年的美好祝福,唱出红桥人民紧密团结在以习近平同志为核心的党中央周围,为实现中华民族伟大复兴的中国梦不懈奋斗的壮志豪情。市文化和旅游局党委副书记唐海波到场指导 |
| 4 | 2019.4.7 | 津湾广场 | “祝福祖国 赞美家乡”天津市第四届市民文化艺术节开幕式 | 红桥区文化馆2名专业干部在开幕式上演出原创作品《我的国》 |
| 5 | 2019.5 | 区文化馆 | “践行文明条例,倡导文明行为”主题漫画展 | 漫画展由区文明办、区文化和旅游局共同主办,区文化馆承办,旨在宣传贯彻《天津市文明行为促进条例》,提高广大群众对该条例的认识,强化群众文明意识,引导群众珍惜爱护创文成果,养成良好文明行为 |
| 6 | 2019.5.27—6.7 | 新疆和田地区 | “春雨工程”天津市文化志愿者边疆行活动 | 红桥区文化馆选派戏曲干部井立娜和声乐干部李安娜随天津市文化志愿者团队深入新疆维吾尔自治区和田地区全程参与本次活动。活动期间,演员和团队在和田县、皮山县、墨玉县、洛浦县、策勒县、于田县、民丰县及和田市“七县一市”开展文艺演出10场 |
| 7 | 2019.6.19 | 区文化中心院内 | 天津市第九届老年文化艺术节开幕式 | 本次老年文化艺术节活动以“壮阔七十载 共圆中国梦”为主题,由市文化和旅游局、红桥区人民政府主办,红桥区文化和旅游局、市群众艺术馆承办。活动由2019年6月持续至9月 |
| 8 | 2019.8.13 | 文件 | 7处基层综合性文化服务中心获全市首批达标称号 | 市委宣传部、市文化和旅游局发布《关于公布天津市第一批达标基层综合性文化服务中心名单和启动第二批达标基层综合性文化服务中心申报验收工作的通知》(津文旅公共〔2019〕30号),正式公布天津市第一批达标基层综合性文化服务中心名单。红桥区西沽、和苑、三条石3个街道综合文化服务中心和西于庄街道翠溪园、铃铛阁街道新春花苑、三条石街道千吉花园、御河湾4个社区综合性文化服务中心成为全市首批达标基层综合性文化服务中心 |
| 9 | 2019.9.17 | 区文化中心院内 | 红桥区第二届群众文艺创作表演大赛决赛 | |
| 10 | 2019.9.19 | 区文化中心院内 | 天津市第九届老年文化艺术节合唱比赛决赛暨闭幕式 | 闭幕式上,来自全市各区的12支合唱团队用歌声抒发对伟大祖国70华诞的真挚祝福。比赛最终决出一等奖2个,二等奖4个,三等奖6个。持续3个月的天津市第九届老年文化艺术节圆满落下帷幕 |

续表

| 序号 | 时　间 | 地　点 | 主　题 | 活动内容及效果 |
|---|---|---|---|---|
| 11 | 2019. 9. 23 | 民族中学礼堂 | “壮丽70年 奋斗新时代”红桥区庆祝中华人民共和国成立70周年文艺演出 | 活动由中共红桥区委、红桥区人民政府主办,中共红桥区委宣传部、红桥区文化和旅游局承办。来自全区各行业的干部群众代表以一场精彩的主旋律文艺演出礼赞新中国70华诞 |
| 12 | 2019. 10. 18 | 区文化馆 | “笔墨诉初心 丹青绘清风”廉洁文化作品展开幕式 | 活动由红桥区纪委监委、红桥区文化和旅游局主办,红桥区文化馆承办。展览持续至10月30日 |
| 13 | 2019. 11. 20 | 区图书馆 | 红桥区文化和旅游局“向群众汇报”提升公共文化服务效能工作推动会 | 社区群众代表,各街道办事处有关负责人,区“不忘初心、牢记使命”主题教育第五巡回指导组负责人出席会议。会上,区文化和旅游局负责人向与会群众汇报近年来全区公共文化服务体系建设成果和下一步重点任务,并向社区红色文化志愿辅导员代表颁发聘书,对红色文艺轻骑兵小分队进行授旗。各街道综合性文化服务中心与区文化馆交换总分馆制建设协议。街道综合性文化服务中心、区文化馆、社区红色文化志愿辅导员代表分别作表态发言 |
| 14 | 2019. 12. 30 | 区图书馆 | 红桥区文学艺术界联合会成立暨第一次会员代表大会 | 参加这次会议的区文联会员代表共56人。会议根据《章程》《办法》规定,选举产生区文联委员会委员13人。区文联委员会选举况瑞峰为区文联主席,姚景卿、郭鸿春、卢贵友、张春林、冯耕岑为区文联副主席,王秀安为秘书长,范鹏为副秘书长 |

(石启砺)

**【文化产业】** 2019年,区文化和旅游局在正融科技大厦设立图书馆分馆,实现通借通还。组织接待上海德必文化创意产业发展(集团)股份有限公司到区考察。组织协调区内有关企业完成2019年度市级重点文化项目申报,红桥区3个项目入选。组织区内2家单位参加第十四届中国北京国际文化创意产业博览会。天津艺点意创科技有限公司获第五批天津市文化产业示范基地。

2019年12月21日,正融科技大厦图书馆分馆揭牌仪式在正融科技大厦举行(区文化和旅游局提供)

(石启砺)

**【非物质文化遗产保护】** 2019年,红桥区人民政府正式公布第八批区级代表性非遗项目,新增8个区级代表性项目。曹宁等8人获评第四批市级非遗代表性项目代表性传承人,张旭等24人增补成为区非遗代表性项目代表性传承人。“宏仁堂紫雪散传统制作技艺”等3个市级代表性项目入围市申报第五批国家级非遗代表性项目推荐名单。定期开展"非遗进校园"活动,非遗阐释传播力度进一步增强。为"高派押花葫芦制作技艺"代表性传承人设立传承工作室。指导区内部分非遗代表性传承人发起成立区民间艺术家协会。组织区内传统技艺类非遗代表性项目参加首届"天津礼物"旅游商品大赛。

(石启砺)

2019年6月19日,非物质文化遗产代表性项目展示活动在红桥区文化中心举办

(区文化和旅游局提供)

【文物文博】 2019年,区文化和旅游局做好拆迁片区内文物征集工作,征集入馆晚清时期民宅抱鼓石1对、民国时期民居木质门板5扇、青砖万余块,房屋构建20余件,生活用品10余件。对义和团纪念馆65块石碑采取就地保护、异地安置等方式进行有效保护。做好五十一中学地块文物保护工作,推进西站主楼、北洋大学堂旧址、瑞蚨祥绸布店、吕祖堂、曾公祠等文物保护单位修缮保护利用工作。指导棚改指挥部做好河北省航运局旧址、马家店遗址的保护工作。重点做好对西沽南棚改区内的3处不可移动文物巡查的工作。

(王 啸)

2019年12月,天津市义和团纪念馆开展防雷改造工程 (区文化和旅游局提供)

【旅游开发】 2019年,红桥区举办第29届天津运河桃花文化商贸旅游节。自3月18日开幕,历时7天,接待中外游客近110万人次。"桃花搭台,经济唱戏",东西扶贫、京津冀协同发展尽展风采,西沽公园会场"特色小吃闪亮津门",营业额突破150万元,拉动周边消费300万元以上。举办各类文化活动50余场次,参与演出人员3000余人次。参展9月6日至8日在梅江会展中心举行的2019中国旅游产业博览会,红桥区展区位于N5展厅,以"打造绿色城区,建设美丽红桥"为主题,发放各种旅游宣传资料3000余份。举办第十届天津相声节,于9月17日开幕,由京津冀等地29家合作单位、35家参与单位共同参与,邀请中国曲艺家协会主席姜昆、全国曲艺表演场所协作发展联盟主席李金斗等20余位著名演员及嘉宾参加。本届相声节推出10场专场演出。特推出探讨相声文化如何提升城市影响力的"高峰论坛"、以"传承与创新"为主题的老艺术家公益讲座、相声剧、快板书等系列活动。观众人数突破5000人,七天节庆期间陆家嘴商业中心客流环比增加20%,销售收入环比增加15%,周边住宿餐饮

2019年3月18日,第29届天津运河桃花文化商贸旅游节开幕 (区文化和旅游局提供)

行业收入环比增加 10%。

(徐　明)

【运河文化】 2019 年,区文化和旅游局打造运河游船项目,运河仿古游船在古运河南运河边试运行。这些仿古游船分别是乌篷船、画舫、平顶三种船型。在红桥区正融科技大厦孚真书店内,北京相声演员张嘉庆表演评书《漫话水西庄》,利用新媒体等多种方式讲述红桥故事。

(徐　明)

2019 年 12 月 21 日,北京相声演员张嘉庆在正融科技大厦表演评书《漫话水西庄》

(区文化和旅游局提供)

【协同发展】 2019 年,区文化和旅游局邀请河北省沧州市旅游局参加第 29 届天津运河桃花文化商贸旅游节等活动,开展文化旅游交流,共同宣传两地文化旅游资源和旅游线路。利用中国旅游产业博览会影响力,为河北省沧州市搭建灯箱展台,为其进行旅游宣传推介。相声节期间邀请北京市、河北省的文艺团体和演员到津参演。受邀参加 2019 年沧州市旅游产业发展大会,考察大运河沿线文化旅游项目,与京津冀各省市旅游部门交流研讨。区文化馆与北京市通州区文化馆、保定市群众艺术馆、张家口市群众艺术馆签署友好馆合作协议。图书馆与北京市门头沟区图书馆、秦皇岛市图书馆共同建立地市级图书馆协同发展联盟。开展“祖国华诞 · 书香同行”京津冀朗读大赛,三地提交作品 200 余个,其中天津地区 76 个。

(徐　明)

2019 年 10 月 18 日,区文化和旅游局参加 2019 年沧州市旅游产业发展大会(区文化和旅游局提供)

【扶贫工作】 2019 年,区文化和旅游局在第 29 届天津运河桃花文化商贸旅游节期间,开展碌曲、合水旅游宣传推介及特色产品展卖活动。前往碌曲县、合水县开展调研,研究制定《红桥区文化旅游精准扶贫专项工作方案》。动员各民主党派、工商联、党外知识分子和社会新阶层代表组成首批旅游扶贫团,走访合水县对口帮扶项目,每人认购 300 元爱心大礼包。开展文化扶贫交流合作,区图书馆向庆阳市合水县图书馆无偿捐赠图书 300 册,文化馆向甘南州碌曲县文化馆捐赠电钢琴 2 台。

(徐　明)

2019 年 9 月 25 日,旅游企业到合水县贫困家庭慰问　　(区文化和旅游局提供)

【文化市场管理】 2019 年,区文化和旅游局先后组织区内各类经营性文化企业负责人集中开展行业培训，参观“践行文明条例 倡导文明行为”主题漫画展，召开全区文化市场安全工作推动会和平安文化市场建设工作推动会，落实全区创文创卫重点点位巡查任务，指导从业人员向社会群众现场普及“扫黑除恶”相关知识，完成全区文化市场主体年度核验工作。通过认真梳理权责清单，移交区新闻出版（版权）局各项职权。联合区行政服务办完成经营性文化企业许可证定期更换。

（孙铁华）

2019年5月20日，区文化和旅游局组织辖区经营性文化企业负责人参观“践行文明条例 倡导文明行为”主题漫画展（区文化和旅游局提供）

**【专项治理】** 2019年，区文化和旅游局召开2019年度“扫黄打非”工作会议，部署2019年全区“扫黄打非”工作。区文化市场行政执法大队联合相关单位开展“清源”“净网”“护苗”“秋风”“固边”5个专项行动，重点打击邪教迷信、淫秽色情、非法政治性出版物，清查非法出版物源头。丁字沽街道配合公安机关破获“瞄影网”案件，作为全市唯一的街道代表，获全国“扫黄打非”进基层示范点。开展“扫黄打非”宣传教育活动，向社区居民发放宣传资料2000余份，“扫黄打非”宣传品600余件。

（孙铁华）

2019年4月26日，区文化和旅游局在仁爱花园社区举办“绿书签”宣传活动（区文化和旅游局提供）

**【平安文化市场建设】** 2019年，红桥区文化市场行政执法大队巡查各类文化娱乐经营场所536家次，出动人员1536人次，下达《安全隐患整改通知书》4份，约谈2家歌舞娱乐经营场所负责人，2家网吧负责人，完成整改各类安全隐患10余项，有效杜绝了重大安全责任事故发生，确保了全区文化市场的安全稳定。

（孙铁华）

2019年5月1日，区文化和旅游局联合区文化市场行政执法大队对辖区经营性文化企业开展劳动节期间文化市场安全隐患排查专项行动（区文化和旅游局提供）

**【读书活动】** 2019年，区文化和旅游局世界读书日期间开展“书香红桥——全民读书月”活动，组织主题讲座7场、主题展览3场，阅读推广活动5场，“书香红桥”在线书法、朗诵线上比赛，点击量突破百万。组织全区中小学生参加天津市中小学生“好书伴我成长”读书系列活动，报名参赛学校34所，参赛学生超过万人次，28名中小学生分别在绘画、剪纸、故事比赛三项活动中获市级一、二、三等奖，5名教师获市级优秀辅导教师奖,42 人分别获四项活动区级一、二、三等奖。红桥区图书馆组织开展传统品牌活动“老年艺术节征文”评选活动、“津城悦读之星”评选工作、“御河讲坛”公益讲座。开设御河讲坛·红桥故事系列讲座,举办讲座 63 场,其中“红桥故事”系列讲座 14 场。红桥区少儿图书馆举办“走进图书馆”阅读体验活动,组织丁字沽小学、外国语小学在校师生及家长参观红桥区少儿图书馆。组织“庆祝新中国成立 70 周年”中老年读书征文大赛、红桥故事主题讲座 7 场、主题展览两场。全年为部队、学校送书 5000 册。

2019 年 5 月 7 日,红桥区外国语小学参观体验红桥区少儿图书馆　(区文化和旅游局提供)

(田立锋　刘　南)

### 2019 年红桥区图书馆借阅统计表

表 5

| 项　　目 | 单位 | 指标 |
|---|---|---|
| 流通总人次 | 万人次 | 49.07 |
| 其中:书刊文献外借人次 | 万人次 | 17.06 |
| 书刊文献外借册次 | 万册次 | 54.59 |

### 2019 年红桥区少儿图书馆借阅统计表

表 6

| 项　　目 | 单位 | 指标 |
|---|---|---|
| 流通总人次 | 万人次 | 29.56 |
| 其中:书刊文献外借人次 | 万人次 | 5.37 |
| 书刊文献外借册次 | 万册次 | 16.95 |

## 广播电视

**【概况】** 2019 年,天津广播电视网络有限公司进行组织框架调整,红桥分公司与南开分公司资源整合、架构合并,成立天津广播电视网络有限公司南开红桥分公司(以下简称广电南开红桥分公司),新公司成立后积极贯彻落实全区安排部署和政策实施,真抓实干、脚踏实地,确保各项工作平稳有序发展。为提高节目制作水平、更好的服务广大市民,原红桥分公司节目部与总公司导视频道进行合并、资源共享,成立品牌运营中心。公司主营数字电视业务、宽带接入业务、数字专项接入业务、链路业务、节目编播业务等。

(王　薇)

**【新闻宣传】** 2019 年,广电南开红桥分公司节目部全年共播发新闻 260 期。继续做强做优《美丽红桥我来拍》《青春梦想在行动》《情暖红桥》

《监督台》《阅读》《天文探索》新闻品牌栏目，播发各档栏目261期。完成人大、政协两会、棚户区改造、20项民心工程、不担当不作为主题教育、创文创卫、扫黑除恶、残运会火炬传递、建国70周年庆祝活动、不忘初心牢记使命主题教育等宣传报道工作，同时配合区委宣传部拍摄并制作播发“相约桃花节”和“民心工程大家谈”专题访谈类节目10期。与区司法局、区卫健委合作编播《释法说理》9期和《健康文明讲坛》12期两个专题性栏目。

（王　薇）

**【服务用户】** 2019年，广电南开红桥分公司原用户管理部整合重组为家客业务部，下设两个营业厅，服务全区有线电视用户及宽带用户的业务办理。家客业务部业务包括数字电视开通、迁移、报停、互动节目订购及收视费的收取；宽带业务的开通、迁移等业务。

（王　薇）

**【基础建设】** 2019年，广电南开红桥分公司新建、改造、提升机房，优化网络质量，提高网络传输安全，并为各大重要领域提供基础建设及技术支持，如公安系统、公安交管系统、医疗服务系统、教育系统等。其中，几个领域比较重要的项目为：公安红桥分局旧楼改造接入技防网监控点位光缆接入工程，区卫生健康委定点医疗机构部分点位光缆建设工程；公安交管系统交管局监控点位光缆接入工程，区教育局光缆接入业务，为全区三级联网平台百兆VPN光缆接入工程。

（王　薇）

**【业务拓展】** 2019年，广电南开红桥分公司积极参与区内信息化建设项目，实现公安系统跨项目之间任意监控、调用，多项可联通，教育系统三级监控平台，市教委、区教育局、本地（公办、民办）幼儿园监控点位全覆盖任意调看的目标。与中国电子共同建设、优化红桥区旧楼改造项目监控工程、红桥区综合治理管理平台项目监控工程。

（王　薇）

## 卫生健康

**【概况】** 2019年，天津市红桥区卫生健康委员会（以下简称区卫生健康委）全面推进健康红桥建设，不断深化医药卫生体制改革，在全区建设14个医联体，家庭医生签约18.20万人次，为患者让利6396万元。西沽街道社区卫生服务中心迁建工程启动建设。建成7个“120”急救站点，提前一年半在全市各区率先完成任务。顺利通过天津市慢性病综合防控示范区建设审核。2019年，本级直属卫生机构18个，社会办医医院14个，门诊部22个，诊所、保健站26个。

（田彩云　王　欢）

**【卫生体制改革】** 2019年，区卫生健康委全面深化公立医院改革，加强公立医院党建，推进薪酬制度改革，2所公立医院、5所民营医院完成医院章程的制定。建设14个医联体，包含妇女保健、眼科、心脑血管疾病等专业，形成补位发展模式。红桥医院与10个社区卫生服务中心将脑卒中、心衰、慢性支气管炎纳为分级诊疗新增病种，可进行双向转诊。基层医疗卫生机构门急诊数达到212.37万人次，占全部门诊总量的70.68%。家庭医生签约18.2万人，为居家卧床老人提供上门服务6400余人次，针对常见慢性病推出动脉硬化检测、康复理疗等18个个性化签约服务包，新纳入常用药品300余种。启动实施“提升社区慢病用药保障季度攻坚”专项行动，强化基层与二三级医院用药衔接、基层药品精准保障。严格落实基层药品保障11条惠民措施，药品零差率让利6396万元。

（田彩云　王　欢）

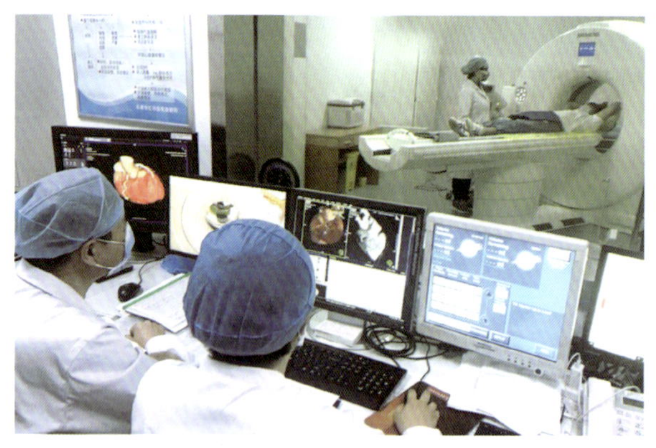

2019 年,红桥医院开展腹腔镜微创手术

(周姝　摄)

【医政管理】　2019 年,区卫生健康委推进临床路径管理,红桥医院临床路径管理达到 11 个专业 62 个病种,专业覆盖面 100%。中医医院达到 3 个专业 9 个病种,出院患者入组率 88.6%。红桥医院建设国家级卒中防治中心,溶栓卒中患者 72 例,平均 DNT 控制在 45 分钟,溶栓心梗患者 27 例,平均 DNT 控制在 23 分钟,纳入天津市卒中急救地图。芥园街道、三条石街道、铃铛阁街道社区卫生服务中心启动标准化全科门诊建设。开展“优质服务基层行”活动,达到国家基本标准要求 7 个,达到国家推荐标准要求 1 个。二级医院成立患者门诊服务中心、住院患者服务中心、投诉受理中心。通过社区卫生服务中心全国“基层医疗机构呼吸疾病规范化防治体系与能力建设项目”评审,芥园街道社区卫生服务中心被认定为基层医疗机构呼吸疾病规范化防诊治体系与能力建设项目优秀单位,在全市处于领先地位。

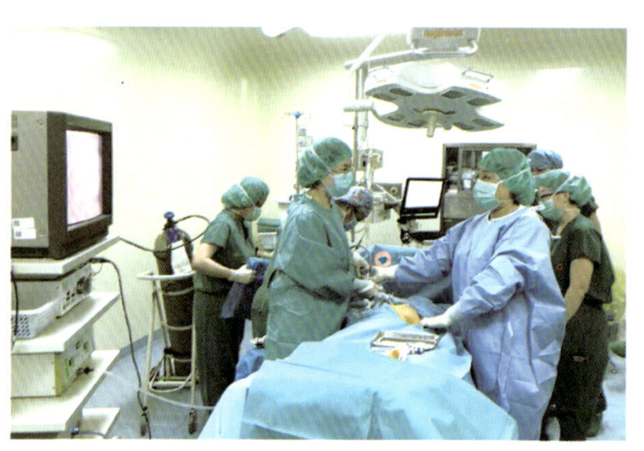

2019 年,红桥医院利用最新引进的 64 排螺旋 CT 为患者进行心脏冠脉 CT 造影检查　(周姝　摄)

(田彩云　王　欢)

【中医药管理】　2019 年,红桥区全区通过全国基层中医药工作先进单位复审。完成基层中医药服务能力提升工程“十三五”行动计划,国医堂新增诊疗设备 105 台(套),开展适宜技术项目 10 种以上,超过全市标准。国医堂特色正在形成,丁字沽街道中医康复、芥园街道中医除痛、西于庄街道围产期保健、铃铛阁街道颈肩腰腿疼专病等特色都得到周围百姓认可和欢迎。社区卫生服务中心可提供 80 类中医适宜技术,较同期增加 7 种。中医医院骨科加入国家中医药管理局区域中医诊疗中心,针灸科加入国家中医药管理局区域针灸诊疗中心。

(田彩云　王　欢)

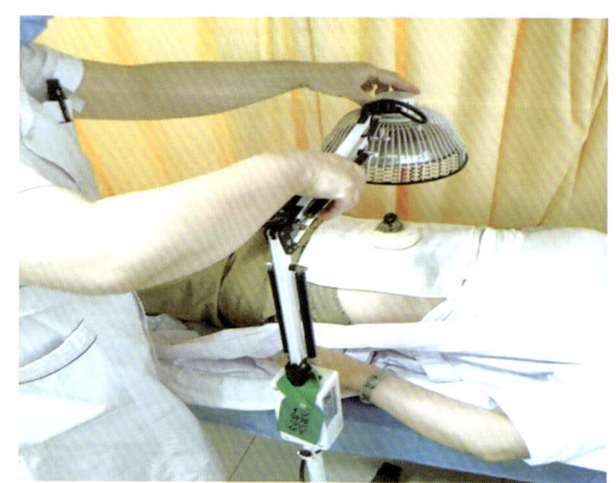

2019 年,红桥区中医医院医生为患者进行脐灸治疗　(刘奕然　摄)

【疾病预防控制】　2019 年,区卫生健康委统计全区甲乙类传染病报告发病率控制 201.42/10 万,报告甲乙类传染病 12 种 1176 例。收到传染病预警信息 239 条,响应率 100%。启动第四轮全国艾滋病综合防控示范区工作。完善区、街、居三级性精神疾病管理治疗网络,严重精神障碍患者管理率 90.08%。通过天津市慢性病综合防

控示范区验收、成功创建第三批国家级健康促进区。

（田彩云 王 欢）

2019年6月26日，区疾病预防控制中心性病艾滋病科工作人员参加“国际禁毒日”宣传，向群众介绍艾滋病相关防治和检测知识，发放宣传品

（周晶 摄）

【妇幼保健】 2019年，区卫生健康委落实《天津市妇女儿童健康促进计划(2013—2020年)》，20项惠民项目全部完成，42项指标全部达标，10万人次受益。全区未发生孕产妇死亡事件，高危孕产妇管理率100%，婴儿死亡率、5岁以下儿童死亡率均低于全市指标。为748对待孕夫妇免费开展孕前优生健康检查，为2.47万名已婚育龄妇女开展免费妇科病普查。免费为本市户籍孕妇进行胎儿染色体非整倍体无创基因检测1236人。

（田彩云 王 欢）

2019年6月28日，红桥区妇女儿童保健和计划生育服务中心启动胎儿染色体非整倍体无创基因检测惠民项目 （刘明红 摄）

【卫生执法监督】 2019年，区卫生健康委完成打击医疗美容乱象专项整治行动，联合公安红桥分局、区市场监管局对辖区医疗美容机构、生活美容机构等400余家开展拉网式排查。完成保健品打击清理整顿专项行动，检查各类机构163家次。查处违法案件62件，罚没收入8万余元。建立健全小区直饮水、现制现售饮用水管理工作机制。加强事中事后监管，推进“一制三化”政策落实。

（田彩云 王 欢）

2019年6月14日，区卫生计生综合监督所对区内重点场所创卫工作进行督导检查 （李珺 摄）

【社区卫生】 2019年，区卫生健康委免费基本公共卫生服务提质扩面，人均基本公共卫生服务经费财政补助标准提高至80元，建立居民电子健康档案建档53.4万人次，建档率94.61%，老年人、高血压、糖尿病患者健康管理率均超过市级标准。免费为50~60岁居民开展心脑血管疾

2019年5月20日，区卫生健康委组织区疾控中心及部分社区卫生服务中心，在西沽公园开展“携手家庭医生，共筑健康生活”主题宣传活动（周姝 摄）

病筛查1.26万人。免费为乙肝密切接触者接种疫苗1237人。完成50~60岁居民大肠癌筛查近2.66万人。完成40~74岁居民恶性肿瘤早诊早治筛查6091人。开展7~9岁适龄儿童窝沟封闭筛查9405人。完成7所学校儿童青少年视力筛查2329人。

(田彩云　王　欢)

**【科研与教育】** 2019年,区卫生健康委申报天津市中管局科研项目3项,申报引进应用新技术填补区空白4项。3所社区卫生服务中心与中研附院开展糖尿病肾脏疾病慢病管理科研合作。3人入选国家级人才培训项目,1人入选市卫生健康委人才培养计划,2人获得家医团队师资培训优秀师资荣誉,1人被评为社区管理人员优秀学员。

(田彩云　王　欢)

**【对口帮扶】** 2019年,区卫生健康委向甘肃省合水县、碌曲县派出专业技术人员35人,接收到津进修卫生专业技术人员34人,与5个县级医疗机构签订帮扶协议。组织召开京津冀卫生计生综合监督案例评析交流会。落实“双万双服”工作,积极解决企业在平台上提出的问题,发放扶持资金20余万元。完成市、区两级重点工作医疗保障任务312批次,派出医护人员606人次。

(田彩云　王　欢)

**【人口和家庭公共服务】** 2019年,区卫生健康委实施全面二孩政策,完成登记2359人。开展创建幸福家庭活动,开展圆梦女孩志愿行动。落实特殊扶助政策,发放帮扶资金2535.46万元。开展整治“两非”(非医学需要的胎儿性别鉴定和选择性别人工终止妊娠)专项行动,加大出生人口性别比综合治理工作力度,出生人口性别比控制在98.03。

(田彩云　王　欢)

**【老龄健康工作】** 2019年,区卫生健康委开展丰富多彩的敬老活动,作品选送到天津市“敬老月”文艺展演演出。卫生健康系统各基层单位,为老年人送上秋冬养生保健知识讲座、口腔健康讲座、健康查体活动和义诊等服务,开展老年人就医服务月活动,进一步方便老人就诊。各街道对困难孤寡老人开展送温暖、结对子活动,为辖区老人提供生活帮助和便利服务,在“敬老月”期间开展走访慰问困难老人活动。

(田彩云　王　欢)

2019年10月16日,区卫生健康委组织社区老年人参加市委组织部、市老龄委举办的“歌新中国七十周年辉煌 颂初心使命精彩华章”2019年“敬老月”老年文化社团文艺展演　(韩琳　摄)

**【爱国卫生】** 2019年,区卫生健康委全面推动国家卫生区创建,做好病媒生物防制工作,设置灭鼠毒饵站点位5500余个。安装捕蝇笼3000余个。设置1.5万个消杀点位。对全区无物业及准物业社区的公共区域进行灭蟑作业。加强全区控制吸烟监督管理力度,推进无烟单位建设,组织开展控烟执法检查行动。

(田彩云　王　欢)

**【基本建设】** 2019年,区卫生健康委下属的西沽街道社区卫生服务中心启动新址新建,院前医疗急救体系跨越提升,提前完成20项民心工程之一的建设7个急救站点任务。区属医疗机构全部完成智慧门诊建设,区域影像信息管理系统、心电信息管理系统、检验信息管理系统、远程会诊系统运行良好,检查结果互认,全年服务2万人次。

(田彩云　王　欢)

# 医疗保障

【概况】 2019年,天津市红桥区医疗保障局(以下简称区医保局)全面落实国家和市医保局工作部署,以服务辖区参保人群为宗旨,持续开展“打击欺诈骗取医疗保障基金安全”专项行动,深入打击欺诈骗保,认真贯彻落实医疗生育保险政策,宣传解读医疗保障基金监管法律法规,强化定点医药机构和参保人员法制意识,规范医疗保障秩序,切实维护基金安全,保障参保人员合法权益,努力开创全区医疗保障事业新篇章。

(杨 玲)

【健全组织机构】 2019年1月,区医保局正式挂牌成立,进行机构职能整合,建立党组、政务管理工作制度框架,编印《红桥区医疗保障局工作制度汇编》。组织开展“不忘初心、牢记使命”主题教育,党组书记带头讲党课4次,中心组专题学习研讨14次,组织党员专题学习19次。机关党支部深入贯彻落实《中国共产党支部工作条例(试行)》,推进机关党支部标准化规范化建设,开展“追随总书记的脚步,体验科技创新”“重温新中国史,走好新时代长征路”等主题党日活动,切实提升党员干部思想政治素质和综合能力。

(杨晓芳)

2019年10月24日,区医保局、区金融局、区体育局联合开展“追随总书记的脚步,体验科技创新”主题党日活动,走进科大讯飞智汇谷新建人工智能体验中心体验智慧教育、智慧医疗、智慧司法、智慧家居、智慧城市等方面的技术和产品

(区医保局提供)

【打击欺诈骗保 维护基金安全】 2019年,区医保局组织开展主题宣传月活动,强化定点医药机构和参保人员法制意识,在全区营造坚决打击欺诈骗保行为、加强医保监管的良好氛围。组织区内定点医药机构签订年度医疗服务协议,强化培训监督管理。开展“打击欺诈骗保 维护基金安全”专项治理,成立打击欺诈骗保专项行动领导小组和检查组。通过约谈、限期整改、暂停协议等方式对违规机构进行相应处理,强力打击欺诈骗保行为,截至10月底,对73家医疗定点机构开展81户次检查,对其中37家医院进行44次户次检查,对36家药店进行37户次检查,实现了全区定点机构全覆盖。共查出各类违规问题33例,实施协议处理33例,其中暂停协议3家、暂停联网2家、约谈整改28家、暂停药师资格1人,追回违规基金16家共22.16万元。

(刘 勇)

2019年3月18日,区医保局在陆家嘴中心广场举行以“打击欺诈骗保 维护基金安全”为主题的集中宣传月启动仪式 (杨晓芳 摄)

【监督检查】 2019年,区医保局探索形成宣传发动、政策触动、打击主动、上下互动、部门联动的“五动”工作模式。充分运用互联网技术和信息化手段,探索方便快捷的举报渠道,积极构建“人人可监督”“时时可举报”的群众监督网络。联合相关职能部门,形成监管合力,加大医保定点机构的日常检查频次,从源头上杜绝非法倒实

医保药品、骗取医保基金的行为。与区卫生健康委、区市场监管局配合,对辖区69家医疗机构和重点医师,召开医保监督检查现场教育培训会。先后对宝坻区口东等三家卫生院进行医保监管飞行检查及对辖区内三级医院进行医疗保障服务协议考核。

(刘　勇)

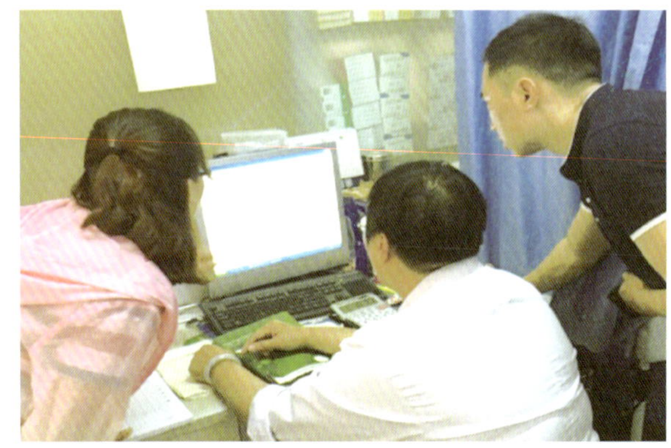

2019年5月8日,区医保局联合相关职能部门开展执法检查　(刘勇　摄)

【医保精准扶贫】 建立困难群众医疗救助制度,加快分诊治疗体系建设,认真落实完善职工大额医疗费救助制度,开展重特大疾病医疗救助工作。持续推进符合条件的养老机构内设医疗机构纳入医保定点。与市社科联、天津中医药大学联合对城市困难群众因病致贫、因病返贫情况进行摸底调研,为细化扶贫工作措施、摸清区内困难群众参保底数、实施精准扶贫提供信息支持。

(刘　勇)

2019年8月16日,区医保局与市社科联、天津中医药大学签约,联合对城市困难群众因病致贫、因病返贫情况进行摸底调研　(杨玲　摄)

【服务区域重点工作】 2019年,区医保局积极与结对包保社区对接,主动联系报到,推进"契约化"共建。机关党员主动到社区报到,结合"创文创卫"等全区重点任务,参加社区义工服务,发挥医保工作职能,为社区群众开展医保政策宣传、解答老百姓关心关切医保问题。落实"扫黑除恶"工作要求,加大宣传力度和扫黑除恶知识普及度,为平安红桥建设贡献力量。

(杨　玲)

2019年10月8日,区医保局与结对包保社区对接,联合大胡同社区党群服务中心,为社区老年人讲解医保政策和智能手机挂号方法　(牛芃　摄)

## 体　育

【概况】 2019年,天津市红桥区体育局(以下简称区体育局)以不断满足人民群众日益增长的体育需求为基本出发点,扎实办好群众体育活动,积极推进全民健身活动蓬勃开展,不断提高竞技体育水平,繁荣发展体育产业,实现全区体育事业均衡、协调、全面发展。

(吴　镇)

**【全国残运会】** 2019年8月，全国第十届残运会暨第七届特奥会火炬传递在红桥区圆满举行。残运会象棋比赛在红桥区举办，全国20个省市地区的44名参赛选手，经过为期三天的比赛，决出肢体残疾组、听力残疾组、视力残疾组3个组别共6块金牌。

（吴 镇）

2019年8月，全国第十届残运会暨第七届特奥会象棋比赛赛场 （区体育局提供）

**【全民健身活动】** 2019年，区体育局搭建群众体育队伍交流平台，组织开展特色体育活动，举办“奋进新时代 红火中国年”健身大拜年活动、全民健身运动会暨中小学春季阳光体育运动会、庆祝“五一”劳动节暨迎接中华人民共和国成立70周年健身展示活动、第十七届家庭趣味运动会、第六届天津红桥武术节暨红桥区第九届全民健身运动会启动仪式等大型体育活动。助力国家级卫生城区和天津市文明城区的创建工作，开展《文明行为促进条例》宣传活动；联合区医保局开展“打击欺诈骗保 维护基金安全”骑行宣传活动；与区委统战部等部门联合举办“同心共建文明城区 同路共倡扶贫助困”主题实践活动；与区卫生健康委等部门共同举办2019年红桥区“5·20”中国学生营养日大型宣传活动、2019年红桥区全民营养周大型宣传活动等。推广健步走、健康跑、健身骑行“活力三项”运动，推动群众性足球、篮球、排球三大球和乒乓球、羽毛球、网球三小球运动项目，发展健身健美、广场舞、游泳、轮滑等群众健身项目，鼓励开展健身气功、风筝等传统趣味运动项目，开发适合不同人群、不同地域和不同行业特点的特色运动项目。开展全区在职职工工间操培训活动9场，包括第三套市民广播操、太极八法五步、健身排舞3种培训项目，全区职工参与培训300余人次。

（吴 镇）

2019年2月12日，西沽公园健身会健身大拜年活动中腰鼓队的《欢乐腰鼓》展示 （区体育局提供）

**【全民健身中心】** 2019年，区体育局推进“15分钟健身圈”建设，加快全民健身中心工程进度，红桥区东侧部署有西沽公园全民健身中心，西侧完成和苑全民健身中心建设，北部明珠园健身中心建设初具规模，南部有铃铛阁全民健身中心，中心区域新建成丁字沽街社区智慧健身中心。智慧健身中心项目建设占地面积2305平方米，包括室内面积508平方米，室外面积1797平方米，其中笼式足球709平方米，多功能运动场683平方米，智能健身步道405平方米。室内建立起以信息监管系统、运动环境系统、智能配套系统为中心的三位一体的智慧社区健身系统；室外搭

2019年7月28日，西青道健身中心正式对社会开放 （区体育局提供）

载智能健身步道系统,采用物联网智能传感器、大数据及人工智能等技术的智能化平台。

(吴　镇)

**【场馆社会化运营】** 2019年,区体育局对西沽空气膜游泳馆进行社会化试运营,调动发挥社会力量,拓宽发展渠道,发展具有红桥特色的体育场馆经营之路。租赁天津燃料油集团房屋,通过招投标进行场地社会化投资和运营,建成集跆拳道馆、篮球馆、羽毛球馆、乒乓球馆、击剑馆等多功能为一体的西青道健身中心,满足周边健身群众的健身需求和业余体校青少年训练和比赛需要。

(吴　镇)

**【竞技体育】** 2019年,由区体育局输送的选手高杨参加意大利国际乒乓球公开赛,获得男子双打和男子团体2枚金牌。红桥区选手苑芷琳荣获2019年世界国际象棋青少年锦标赛冠军。柔道项目参加2019天津市中国式摔跤二青会选拔赛青少年锦标赛,获得金牌2枚、银牌2枚。乒乓球项目参加2019天津市青少年乒乓球锦标赛,获得金牌6枚、银牌5枚、铜牌3枚,其中3名队员达一级运动员技术等级,5名队员达二级运动员技术等级。击剑项目参加2019天津市青少年击剑冠军赛,获得金牌1枚、银牌4枚、铜牌1枚。游泳项目参加2019天津市青少年游泳锦标赛,获得金牌3枚、银牌4枚、铜牌6枚。跆拳道项目参加2019年青少年跆拳道比赛。网球项目参加2019年天津市青少年网球锦标赛。39人参赛28人获得名次。足球项目参加2019年室内五人制足球冠军赛,获得U12组季军。

(吴　镇)

2019年4月,红桥区选派运动员参加天津市青少年乒乓球锦标赛　　(区体育局提供)

**【体育场地普查】** 2019年,区体育局牵头成立区第七次体育场普查工作领导小组,将体育场地普查工作列入重要工作事项。梳理出体育场地657处,较第六次全国体育场地普查增加218处,增长率49.66%;总面积较第六次全国体育场地普查增加3.69万平方米,增长率10.26%;人均场地面积0.82平方米。

(吴　镇)

**【安全检查】** 2019年,区体育局加强对高危险性体育项目的监管,红桥区共有16个游泳场馆,除2个长期停业以外,均定期对经营高危险性体育项目的企业和个人工商户进行检查,进一步提高游泳场所经营单位的主体责任意识和管理水平,提升公众的公共卫生安全意识。对全区公共体育设施进行安全隐患排查,建立健全长效管理机制,定期检查、维护,确保设施安全、正常使用,保障群众体育健身活动的安全。

(吴　镇)

2019年4月,区体育局对惠灵顿体适堡游泳馆开展游泳场所专项监督检查　　(区体育局提供)

# 社会生活

# 人力资源和社会保障

【概况】　2019 年,天津市红桥区人力资源和社会保障局(以下简称区人社局)坚持以习近平新时代中国特色社会主义思想为指引,围绕"民生为本、人才优先"工作主线,稳步推进就业、社保、人事人才、劳动关系、对口支援等各项工作,为全区高质量发展提供坚实保障。

(刘　洋)

【就业创业】　2019 年,区人社局实施积极的就业政策,巩固提升就业成果,举办"海河英才 · 子牙行动"红桥区京津冀大学生就业创业论坛、"子牙人才荟萃红桥"京津冀大型专场招聘会、"春风行动"等各类专项活动 40 余场,提供就业岗位 5000 余个。全年实现新增就业 3.4 万人。全区共有大学生创业孵化基地 3 家,见习基地 23 家。全年发放大学生创业就业扶持资金 2000 余万元,发放创业担保贷款 6 笔、49 万元。认定各类就业困难群体 4300 余人,鼓励企业吸纳就业困难人员 3200 余人,享受社会保险补贴和岗位补贴 4300 余万元,帮扶零就业家庭、低保家庭人员至少一人就业,其他各类就业困难群体就业率 90%以上。发挥失业保险稳岗功能,加强失业动态监测,给予 200 余家参保单位援企稳岗补贴 1300 余万元。

(刘　洋)

2019 年 3 月 12 日,区人社局在区青创园组织开展"春风行动"公益招聘会　　(区人社局提供)

【技能培训】　2019 年,区人社局举办创业培训班 8 期,培训人员 230 人。实施红桥区职业技能提升行动,开展培训 123 个班次,培训 6040 人,给予培训补贴 1700 余万元;开展非补贴性职业技能培训 185 个班次,培训 4100 人次;给予 541 人次参保职工学历、技能提升补贴 69 万元。评审驻区企业初级职称 55 人。积极宣传落实"海河工匠"政策,中船重工七〇七研究所职工李基伍获天津市 2018 年度"海河工匠"荣誉称号。

(刘　洋)

2019 年 9 月 9 日,区人社局召开红桥区职业技能提升行动部署会　　(区人社局提供)

【对口帮扶】　2019 年,区人社局在甘肃省合水县举办 2019 年"春风行动"暨天津市红桥区用工企业大型招聘活动,为求职者提供就业岗位 3000 余个,达成就业意向 120 人。受援两县到津就业、省内就业、省外就业的贫困人口分别是 113 人、636 人、2300 人,接收贫困学生就读职业

2019 年 8 月 20 日,区人社局在甘肃省合水县召开东西部扶贫劳务协作工作推进会(区人社局提供)

院校或推荐就业120人，创业致富带头人培训133人。面向甘南籍大学生公开招聘事业单位人员1名。面向合水建档立卡户中尚未就业的大学生招聘劳务派遣人员12名。

（刘　洋）

**【社会保障】** 2019年，区人社局进一步健全社会保障体系，筑牢社会保障安全网。全区城镇职工养老保险参保8.1万人，工伤保险参保7万人，失业保险参保7.7万人。继续实施全民参保登记计划，联合社保红桥分中心、各街道，开展“进社区、进楼门、入商户、访住户”参保行动，调查摸底，鼓励全民参保。对辖区内用工集中区域进行常态跟踪服务，做好政策宣传解读，及时提供社保经办服务，不断扩大社会保障覆盖面。给予3万人发放失业保险金和灵活就业社保补贴2.3亿元。建立红桥区工伤预防工作联席会议制度，做好工伤预防工作；完成工伤认定273起，工伤鉴定213人。完成失业、灵活就业人员档案、退休、药费垫付报销等管理工作，全年共办理退休3000余人，提供个人档案服务2300人次，接收个人档案6600余份，转出档案1600份。

（刘　洋）

2019年10月18日，区人社局开展全民参保宣传月活动　（区人社局提供）

**【人事人才】** 2019年，区人社局加大引才聚才工作力度。深入实施天津市“海河英才”行动计划和红桥区的“子牙人才”计划，全年共受理人才落户1.4万人，完成落户1万人。积极推进人力资源服务产业园的建设，与企业初步达成共建合作协议；与中天人力和北方人才等人力资源公司达成入驻园区的意向。万科泊寓勤俭道店获批第三批天津市人才公寓，总建筑面积6123平方米、房屋187套，满足各类人才的住房需求。加强事业单位人事管理，实施区房产总公司及各街道事业单位机构改革，办理人员转隶、安置、岗位聘用等人事变动相关手续441人。全年招聘事业单位人员390人。推进公立医院薪酬制度改革试点，落实好事业单位及机关工勤人员的工资收入分配政策。开展干部人事档案数字化扫描及图像高清处理工作，完成1002卷数字档案制作。

（刘　洋）

2019年11月23日，由区委组织部、区人社局共同主办，天津《求贤》杂志社承办的京津冀大学生就业创业论坛在区红星职业中专会议中心二楼报告厅举办　（区人社局提供）

**【劳动关系】** 2019年，区人社局完善劳动关系协调处理机制，组织23家企业全部按时完成薪酬调查。全年有效劳动合同人数5.5万人，续签5700人。依托“人社在线”建立和谐企业信息发布平台，发布和谐企业培训、申报信息。举办和谐劳动关系大讲堂活动2次，帮助企业预防和化解劳动关系风险。规范劳动人事争议仲裁，认真履行法定职责，严格按照规章制度办事，全年受理各类劳动争议案件803件，结案747件（其中调解311件、裁决436件），时效内结案率100%，为职工挽回经济损失1100余万元。规范劳动保障维权执法，发挥联席会议协调机制，推动农民工欠薪问题彻底解决，共接待来访建筑业农民工200余人次，涉及在建项目10余个，均妥善解决。全年接待投诉举报案件 171 起,查处 157 起,为劳动者追回工资福利待遇 200 余万元。启动农民工应急周转金垫付员工被拖欠工资 20 余万元,解决怡乡春竹海鲜酒店欠薪案农民工实际生活困难。妥善处理原天地合装饰设计工程有限公司大规模拖欠工资行为,坚持每天派人到现场配合区信访办安抚业主及员工情绪,维权员工得到妥善安置。2018 年度保障农民工工资支付工作考核排名全市第三,为优秀等级。荣获 2019 年全国清理整顿人力资源市场秩序专项行动先进单位,受到人社部通报表扬。

(刘　洋)

2019 年 10 月 24 日,区人社局在区青创园组织开展 2019 年和谐劳动关系大讲堂活动(区人社局提供)

## 民政工作

**【概况】** 2019 年,天津市红桥区民政局(以下简称区民政局)救助低保、低收入、特困供养群众 15.50 万人次,累计发放各类保障金 1.60 亿元。完成 86 个社区党群服务中心提升改造,创建 12 个美丽社区、1 个精品社区。按照每千名老人拥有 30 张养老床位国家标准,新建 4 所养老院,新增床位 372 张,面积 8234.36 平方米。全年办理婚姻登记 7920 件。

(刘　畅)

**【社会救助】** 2019 年,全区共有低保户 7565 户 1.10 万人,低收入家庭 489 户 894 人,特困人员供养 112 户 112 人。低保金由 920 元提高到 980 元,低收入家庭救助金由 276 元提高到 294 元。发放残疾人两项补贴 3534.10 万元,特殊医疗救助金 366.80 万元,困境儿童救助金 606.90 万元,丧葬补贴 86.80 万元,慈善救助 8.39 万元,“两节”(元旦、春节)送温暖慰问合计 1370.70 万元。新批低保 852 户 1339 人、低收入家庭 131 户 246 人。停发低保 1780 户 2631 人、低收入家庭 399 户 755 人。完成 2493 户住房保障的规范管理。累计向甘肃省合水县捐款 212.20 万元,集中采购 30 万元受援地区农特产品用于春节期间慰问困难群众。组织养老院、准物业公司开展“消费扶贫”,累计消费 20 万元。开展“问需帮困十个百户”专项行动,为 130 户困难家庭免费赠送安装冷气扇。落实“筑基”工程,发挥“区、街、居”民政力量为主的社会救助主动发现“三级联动”机制作用,访查低保家庭 3748 户、特困供养家庭 17 户、低收入家庭 267 户、残疾人 9995 户,重病患者 2529 户,边缘困难家庭 959 户。发放“政策一目清”明白纸 23 万余张,张贴社会救助公告栏 9527 个。

(刘　畅)

2019 年 7 月 31 日,区民政局社救科到三条石街道检查社会救助公告栏张贴情况　(李智　摄)

**【社会养老服务】** 2019 年,红桥区出资 106 万元为全区 10.22 万名 65 岁以上老年人和 24 家养老院入住老年人投保助老健康御险,3420 名老年人登记报案,理赔 512 人次,赔付金额共 89

万元。为28名百岁老人累计发放百岁老人营养补贴31.50万元。发放敬老卡1.09万张,为户籍转入老人补办敬老卡98张,办理老年证5500本,为全区5263人次困难老年人发放居家养老服务补贴111万元。打造“红桥区智慧养老运营服务平台”,免费发放智能手环和应急呼叫器400个。全区10个街道全面推广老人家一级食堂建设工作,共建成一级老人家食堂12个、二级老人家食堂107个,实现老人家食堂全覆盖。聘请天津钢管集团鸿远电气技术有限公司和天津市昊安安全卫生评价监测有限公司,对全区养老院综合安全情况进行检查。督促15个养老院设置喷淋系统,施工总床位1638张,总面积1.81万平方米。开展养老院陪餐工作,确保养老院食品安全。

(刘　畅)

2019年6月12日,区民政局在和苑街道国和园老吾老活动中心组织召开“夕阳无限 让爱回家”助老智能手环发放仪式 (宫泽　摄)

【社区建设】 2019年,红桥区共有122个社区党群服务中心,其中105个应达标社区党群服务中心和17个拆迁片。全年对每百户不足30平方米的86个社区党群服务中心进行全面提升改造。全区105个应达标社区全部实现达标,总面积8.60万平方米,较提升改造前增加4.90万平方米,每百户面积达到40平方米。联合区委组织部出台《天津市红桥区关于进一步开展社区减负工作的实施意见(试行)》《天津市红桥区关于推行街片长制实施方案(试行)》《天津市红桥区关于建立“小区管家”志愿服务队伍实施方案(试行)》《天津市红桥区社区工作事项准入制度实施意见》,下发《关于建立职能部门工作事项进社区反馈机制的通知》,初步建立起职能部门分派工作事项进社区的反馈机制。清理各部门下派事项87项,减少社区居委会出具证明数量585个,清理相关职能部门在社区设立工作机构和加挂牌92个。建立10个街道共计210人的街片长队伍。面向社区居民、社区志愿者公开招募小区管家1059人。全区共20个旧楼小区实行旧楼区管理准入退出机制,引入碧桂园智慧物业服务集团股份有限公司天津分公司进驻千禧园社区开展服务。创卫工作中,加大对旧楼区环境开展考核巡查频次,累计对旧楼管理单位处罚1.10万元,推动问题整改400处。推动各街道、社区拉运堆物、装修渣土2800车。全区9个街所辖192个旧楼区长效管理工作年度考核结果平均得分85.49分,其中优秀小区32个、良好小区160个,总体优良率100%。红桥区被评定为“2019年度天津市旧楼区长效管理工作优秀区”。

(刘　畅)

2019年8月17日,建泊物业管理有限公司自行购买洒水车,在新家园东里社区清洁小区路面 (李鹍　摄)

【社会专项事务】 宣传《天津市文明行为促进

2019年10月1日,区民政局婚姻登记处登记员加班为新人办理结婚登记手续 (刘垚　摄)

条例》,组织召开“树立文明殡葬新风,摒弃封建迷信陋习”“都市文明集体公祭”活动。完成社会组织年检年报和网上信息核对,其中社会团体61个、民办非企业113个。完成101个社会组织党建工作“两个覆盖”(党的组织全覆盖、党的工作全覆盖)。133个备案社区社会组织按照属地管理原则,纳入街道备案管理。清理299个因拆迁清片、棚户区改造搬迁失联备案类社会组织。办理婚姻登记7920件,其中结婚登记3868对,离婚登记2916对;补发结婚登记证838对,补发离婚登记证297对;撤销婚姻登记1件;登记合格率100%。

(刘　畅)

## 退役军人事务管理

**【概况】**　天津市红桥区退役军人事务局(以下简称区退役军人局)于2019年1月3日组建成立。区退役军人局为区政府工作部门,内设办公室、综合业务科2个机构。下设天津市红桥区军队离休退休干部休养所、天津市红桥区退役军人服务中心2个公益一类事业单位。新机构组建后,全局认真学习贯彻习近平总书记关于退役军人工作重要论述精神,特别是习近平总书记在天津考察时的重要指示要求,贯彻落实天津市退役军人事务局和区委、区政府的工作部署,严格履行职能职责,边组建机构、边推进工作、边建章立制、边解决问题,边落实任务、边谋划发展,各方面工作有序推进、有效落实。

(田春亮)

2019年1月29日,天津市红桥区退役军人事务局揭牌并正式搬入新址办公　(王皓　摄)

**【服务保障】**　2019年4月,天津市红桥区委退役军人事务工作委员会成立,制订出台《中共天津市红桥区委退役军人事务工作委员会工作规则》《中共天津市红桥区委退役军人事务工作委员会办公室工作细则》,充分发挥党委牵头负责的退役军人工作决策议事协调机制作用。按照全覆盖和有机构、有编制、有人员、有经费、有保障“五有”要求,在全区建立退役军人服务中心(站)133个,其中区级退役军人服务中心1个,街道退役军人服务站10个,社区退役军人服务站122个,形成横向到边、纵向到底、覆盖全员的退役军人服务保障网络。

(田春亮)

2019年7月5日,天津市退役军人局局长王宝强(右二)一行到红桥区调研退役军人服务中心(站)建设情况　(王旭　摄)

**【关爱退役军人协会(站)成立】**　2018年10月31日,天津市红桥区关爱退役军人协会成立,设会长1名、副会长3名,分别由地方和军队退休的老同志担任。推动在全区各街道相应成立关爱退役军人协会、社区建立关爱退役军人服务站,健全完善全区关爱退役军人服务体系。坚持政治建会原则，在区、街道关爱退役军人协会成立功能型党支部11个，各街道退役军人功能型党支部在街道党工委的领导下，积极开展退役军人党建工作，把广大退役军人凝聚在党组织周围，增强退役军人归属感、荣誉感、使命感、责任感。突出“关爱”宗旨，积极开展与退役军人交朋友活动。2019年，全区各级关爱退役军人协会共交朋友1471人，做到一次见面、长期联系、定期走访。

（田春亮）

2019年9月30日，市关爱退役军人协会会长苟利军（左一）一行在副区长徐卫京（右一）的陪同下，到红桥区看望慰问红旗楼社区离休老军人

（王皓　摄）

**【思想政治工作】**　在春节、“八一”建军节期间，区退役军人局开展退役军人大走访系列活动，为全区退役军人和优抚对象发放慰问金和慰问品，以全区开展创文创卫工作为契机，结合《天津市文明行为促进条例》的实施，向全区广大退役军人发放《倡议书》，倡导全区退役军人做文明行动的践行者，做文明创建的参与者。推荐区内退役军人中的先进代表参加“天津最美退役军人”评选，通过区有线电视台对他们的先进事迹进行报道，引导广大退役军人和干部群众不断从先进典型身上汲取精神营养。结合中华人民共和国成立七十周年和“不忘初心、牢记使命”主题教育活动，开展学习红桥区优秀退役军人先进事迹系列活动，以身边的典型榜样激励全区退役军人永葆政治本色、坚守初心使命，建设美丽红桥。

（田春亮）

2019年5月，区退役军人局会同区委宣传部、区关爱退役军人协会向全区广大退役军人发放《倡议书》

（田华　摄）

**【服务保障】**　2019年，区退役军人局妥善解决部分退役士兵社会保险接续问题，成立红桥区部分退役士兵社保接续工作专班，定期召开专题推动会，开设一站式服务窗口12个，印发各类宣传页3500余份，累计接待退役军人及家属2500余人，初步统计需补缴保险人数1989人，录入系统1796人。全面落实退役军人法律服务工作，成立红桥区退役军人法律服务工作站，为退役军人提供法律服务。至年底累计接待咨询来访人员140余人次。

（王　旭）

2019年8月1日，区退役军人局会同区司法局举行红桥区退役军人法律服务工作站授牌启动大会

（王皓　摄）

**【安置就业】**　2019年，区退役军人局扎实开展移交安置工作，科学制定工作方案，全面落实“阳光”安置，实现退役士兵服役期间表现量化评分排序选岗，实行接转组织关系、办理落户等“一站式”服务，接收退役士兵、军转干部、离退休人员、

伤病残人员。开展“穿上军装是保卫者，脱下军装是建设者，都是中国特色社会主义事业奋斗者”主题教育活动以及退役军人适应性培训，帮助退役军人实现人生“华丽转身”。制定优惠政策，研究出台《红桥区自主就业退役士兵就业创业保障措施》。组织开展退役军人专场招聘会 2 场，近百人与用人单位达成就业意向。

（王　旭）

2019 年 11 月 22 日，区退役军人局组织召开 2019 年度符合政府安排工作条件退役士兵安置选岗大会　（王旭　摄）

【拥军优抚】　2019 年，区退役军人局全面开展退役军人和其他优抚对象信息采集和悬挂光荣牌工作，为全区退役军人和其他优抚对象建档立卡，建立退役军人和其他优抚对象数据信息库，为进一步做好退役军人服务保障工作奠定坚实基础。开展双拥共建工作，全区累计投入 60 万元用于春节、“八一”建军节期间走访慰问天津警备区和驻区部队，为部队官兵送去党和政府的关心与温暖。打造区消防救援支队“消防科普教育基地”、西沽公园“双拥文化长廊”、红桥广场“双拥主题雕塑”、雷锋小学“雷锋展室”等一系列双拥活动载体，形成具有红桥特色的双拥品牌。吸纳社会力量，开展“关爱退役军人、真情奉献功臣”主题爱心拥军活动，营造爱军拥军的良好社会氛围。执行重点优抚对象抚恤补助政策，认真做好重点优抚对象各种身份认定和各项待遇落实工作，确保各项优抚资金及时足额发放到位。

（王　旭）

2019 年 7 月 18 日，区双拥工作领导小组办公室、区退役军人事务局、区关爱退役军人协会共同举行“关爱退役军人 真情奉献功臣”爱心拥军捐赠启动仪式　（王皓　摄）

【褒扬纪念和军休服务管理】　2019 年，区退役军人局大力弘扬英烈精神，组织开展“传承 · 2019 清明祭英烈”主题宣传教育活动。烈士纪念日期间，在平津战役纪念馆举行“不忘初心，牢记使命”红桥区各界群众全国烈士纪念日向人民英雄敬献花篮仪式，深切缅怀革命先烈的丰功伟绩。提高军休干部服务管理水平，注重发挥管委会和关工委的作用，以丰富文化活动为抓手，巩固“文化养老”成果，结合清明节、“七一”、国庆节等重要节日，组织表彰大会、座谈会和参观培训等系列活动，引导军休干部到学校、社区开展扶贫救困和宣讲活动，激发军休干部爱军、爱党、爱国热情。

（田春亮）

2019 年 4 月 2 日，区退役军人局、区关爱退役军人协会在天津市平津战役纪念馆举行“传承 · 2019 清明祭英烈”主题宣传教育活动　（王旭　摄）

# 人　物

# 国家级荣誉

## 2019 年度学雷锋志愿服务最美志愿者获奖情况一览表

表 7

| 序号 | 姓名 | 所属社区 | 荣誉称号 | 授予单位 | 推荐单位 |
|---|---|---|---|---|---|
| 1 | 赵永华 | 双环邨街佳园北里社区居民 | 2019 年度学雷锋志愿服务最美志愿者 | 中央文明办 | 区文明办 |

(区委宣传部提供)

## 2019 年度全国巾帼建功标兵获奖情况一览表

表 8

| 姓名 | 工作单位全称 | 获奖时间 | 荣誉称号 | 授予部门 | 推荐单位 |
|---|---|---|---|---|---|
| 王红榕 | 天津市红桥医院 | 2019 | 全国巾帼建功标兵 | 全国妇联 | 区妇联 |

(区妇联提供)

## 2019 年度全国巾帼文明岗获奖情况一览表

表 9

| 序号 | 工作单位全称 | 获奖时间 | 荣誉称号 | 授予部门 | 推荐单位 |
|---|---|---|---|---|---|
| 1 | 天津市红桥区人民法院民事审判四庭 | 2019 | 全国巾帼文明岗 | 全国妇联 | 区妇联 |
| 2 | 和苑街道办事处梦和园社区居委会 | 2019 | 全国巾帼文明岗 | 全国妇联 | 区妇联 |

(区妇联提供)

## 2019 年度全国最美家庭获奖情况一览表

表 10

| 序号 | 姓　名 | 工作单位全称 | 获奖时间 | 荣誉称号 | 授予部门 | 推荐单位 |
|---|---|---|---|---|---|---|
| 1 | 张金兰家庭 | 双环邨街道碧春园第二社区居民 | 2019. 5 | 全国最美家庭 | 全国妇联 | 区妇联 |
| 2 | 赵鑫家庭 | 天津市红桥区和苑街社区卫生服务中心 | 2019. 5 | 全国最美家庭 | 全国妇联 | 区妇联 |

(区妇联提供)

# 市级荣誉

## 2019 年度天津市“三八红旗手”获奖情况一览表

表 11

| 序号 | 姓名 | 性别 | 工作单位全称 | 获奖时间 | 荣　誉　称　号 | 授予部门 | 推荐单位 |
|---|---|---|---|---|---|---|---|
| 1 | 王雪荔 | 女 | 中共红桥区纪委、红桥区监委 | 202003 | 天津市三八红旗手 | 天津市妇联 | 区妇联 |
| 2 | 朱建琨 | 女 | 红桥区住房和建设委员会 | 202003 | 天津市三八红旗手 | 天津市妇联 | 区妇联 |
| 3 | 刘姝怡 | 女 | 红桥区双环邨街碧春园党群服务中心 | 202003 | 天津市三八红旗手 | 天津市妇联 | 区妇联 |
| 4 | 刘静 | 女 | 天津市红桥区司法局 | 202003 | 天津市三八红旗手 | 天津市妇联 | 区妇联 |
| 5 | 李璐 | 女 | 天津市红桥区中医医院 | 202003 | 天津市三八红旗手 | 天津市妇联 | 区妇联 |
| 6 | 高超 | 女 | 天津市第三中学 | 202003 | 天津市三八红旗手 | 天津市妇联 | 区妇联 |
| 7 | 胡玲珺 | 女 | 天津市民族中学 | 202003 | 天津市三八红旗手 | 天津市妇联 | 区妇联 |
| 8 | 王鸿玉 | 女 | 红桥区铃铛阁街道党群服务中心 | 202003 | 天津市三八红旗手 | 天津市妇联 | 铃铛阁街道 |

（区妇联提供）

## 2019 年度天津市“三八”红旗集体获奖情况一览表

表 12

| 序号 | 工作单位全称 | 获奖时间 | 荣　誉　称　号 | 授予部门 | 推荐单位 |
|---|---|---|---|---|---|
| 1 | 红桥区西于庄街社区卫生服务中心预防保健科 | 202003 | 天津市三八红旗集体 | 天津市妇联 | 区妇联 |
| 2 | 红桥区政府政务服务办公室审批事务服务中心 | 202003 | 天津市三八红旗集体 | 天津市妇联 | 区妇联 |

（区妇联提供）

## 2018—2020 年度天津市文明单位获奖情况一览表

表 13

| 序号 | 单位名称 | 荣誉称号 | 授予单位 | 推荐单位 |
|---|---|---|---|---|
| 1 | 天津市红桥医院 | 2018-2020 年度天津市文明单位 | 市文明办 | 区文明办 |
| 2 | 红桥区人民政府政务服务办公室 | 2018-2020 年度天津市文明单位 | 市文明办 | 区文明办 |
| 3 | 红桥区税务局 | 2018-2020 年度天津市文明单位 | 市文明办 | 区文明办 |
| 4 | 中国船舶集团有限公司第七〇七研究所 | 2018-2020 年度天津市文明单位 | 市文明办 | 区文明办 |
| 5 | 中铁十五局集团第五工程有限公司 | 2018-2020 年度天津市文明单位 | 市文明办 | 区文明办 |
| 6 | 天津卓朗科技发展有限公司 | 2018-2020 年度天津市文明单位 | 市文明办 | 区文明办 |
| 7 | 市公安局红桥分局 | 2018-2020 年度天津市文明单位 | 市文明办 | 区文明办 |
| 8 | 红桥区双环邨街道办事处 | 2018-2020 年度天津市文明单位 | 市文明办 | 区文明办 |
| 9 | 红桥区西沽街道办事处 | 2018-2020 年度天津市文明单位 | 市文明办 | 区文明办 |
| 10 | 红桥区双环邨街社区卫生服务中心 | 2018-2020 年度天津市文明单位 | 市文明办 | 区文明办 |
| 11 | 红桥区住房和建设委员会 | 2018-2020 年度天津市文明单位 | 市文明办 | 区文明办 |
| 12 | 红桥区铃铛阁街道办事处 | 2018-2020 年度天津市文明单位 | 市文明办 | 区文明办 |
| 13 | 中共红桥区纪律检查委员会、红桥区监察委员会 | 2018-2020 年度天津市文明单位 | 市文明办 | 区文明办 |
| 14 | 中共红桥区委党校 | 2018-2020 年度天津市文明单位 | 市文明办 | 区文明办 |
| 15 | 红桥区城市管理委员会 | 2018-2020 年度天津市文明单位 | 市文明办 | 区文明办 |
| 16 | 红桥区审计局 | 2018-2020 年度天津市文明单位 | 市文明办 | 区文明办 |
| 17 | 市公安局红桥分局南头窑派出所 | 2018-2020 年度天津市文明单位 | 市文明办 | 区文明办 |
| 18 | 中煤天津设计工程有限责任公司 | 2018-2020 年度天津市文明单位 | 市文明办 | 区文明办 |
| 19 | 红桥区教育局 | 2018-2020 年度天津市文明单位 | 市文明办 | 区文明办 |
| 20 | 市公安局交通警察总队红桥交警支队 | 2018-2020 年度天津市文明单位 | 市文明办 | 区文明办 |
| 21 | 红桥区三条石街道办事处 | 2018-2020 年度天津市文明单位 | 市文明办 | 区文明办 |
| 22 | 红桥区三条石街社区卫生服务中心 | 2018-2020 年度天津市文明单位 | 市文明办 | 区文明办 |
| 23 | 天津艺点意创科技有限公司 | 2018-2020 年度天津市文明单位 | 市文明办 | 区文明办 |
| 24 | 红桥区芥园街社区卫生服务中心 | 2018-2020 年度天津市文明单位 | 市文明办 | 区文明办 |
| 25 | 市公安局红桥分局双环村派出所 | 2018-2020 年度天津市文明单位 | 市文明办 | 区文明办 |
| 26 | 红桥区人民政府国有资产监督管理委员会 | 2018-2020 年度天津市文明单位 | 市文明办 | 区文明办 |
| 27 | 红桥区消防救援支队 | 2018-2020 年度天津市文明单位 | 市文明办 | 区文明办 |
| 28 | 红桥区消防救援支队西站消防救援站 | 2018-2020 年度天津市文明单位 | 市文明办 | 区文明办 |
| 29 | 红桥区消防救援支队丁字沽消防救援站 | 2018-2020 年度天津市文明单位 | 市文明办 | 区文明办 |
| 30 | 红桥区国有资产投资有限公司 | 2018-2020 年度天津市文明单位 | 市文明办 | 区文明办 |
| 31 | 天津陆津商业管理有限公司 | 2018-2020 年度天津市文明单位 | 市文明办 | 区文明办 |
| 32 | 天津鹏安投资有限公司(天津鹏欣水游城) | 2018-2020 年度天津市文明单位 | 市文明办 | 区文明办 |
| 33 | 天津奥尚户外装备有限公司(本部) | 2018-2020 年度天津市文明单位 | 市文明办 | 区文明办 |
| 34 | 国网新源控股有限公司检修分公司 | 2018-2020 年度天津市文明单位 | 市文明办 | 区文明办 |

续表

| 序号 | 单位名称 | 荣誉称号 | 授予单位 | 推荐单位 |
|---|---|---|---|---|
| 35 | 天津旭海津药医药有限公司 | 2018-2020年度天津市文明单位 | 市文明办 | 区文明办 |
| 36 | 天津市圣威科技发展有限公司 | 2018-2020年度天津市文明单位 | 市文明办 | 区文明办 |
| 37 | 天津安达集团股份有限公司(本部) | 2018-2020年度天津市文明单位 | 市文明办 | 区文明办 |

(区委宣传部提供)

## 2018—2020年度天津市文明社区获奖情况一览表

表14

| 序号 | 单位名称 | 荣誉称号 | 授予单位 | 推荐单位 |
|---|---|---|---|---|
| 1 | 红桥区三条石街千吉花园社区 | 2018-2020年度天津市文明社区 | 市文明办 | 区文明办 |
| 2 | 红桥区和苑街梦和园社区 | 2018-2020年度天津市文明社区 | 市文明办 | 区文明办 |
| 3 | 红桥区三条石街尚都家园社区 | 2018-2020年度天津市文明社区 | 市文明办 | 区文明办 |
| 4 | 红桥区铃铛阁街睦华里社区 | 2018-2020年度天津市文明社区 | 市文明办 | 区文明办 |
| 5 | 红桥区西于庄街绮水苑社区 | 2018-2020年度天津市文明社区 | 市文明办 | 区文明办 |
| 6 | 红桥区和苑街康和园社区 | 2018-2020年度天津市文明社区 | 市文明办 | 区文明办 |
| 7 | 红桥区芥园街水西园社区 | 2018-2020年度天津市文明社区 | 市文明办 | 区文明办 |
| 8 | 红桥区芥园街河庭花苑社区 | 2018-2020年度天津市文明社区 | 市文明办 | 区文明办 |
| 9 | 红桥区双环邨街新佳园东里社区 | 2018-2020年度天津市文明社区 | 市文明办 | 区文明办 |
| 10 | 红桥区咸阳北路街七〇七社区 | 2018-2020年度天津市文明社区 | 市文明办 | 区文明办 |
| 11 | 红桥区邵公庄街千禧园社区 | 2018-2020年度天津市文明社区 | 市文明办 | 区文明办 |
| 12 | 红桥区丁字沽街潞河园社区 | 2018-2020年度天津市文明社区 | 市文明办 | 区文明办 |
| 13 | 红桥区西沽街河怡花园社区 | 2018-2020年度天津市文明社区 | 市文明办 | 区文明办 |
| 14 | 红桥区西沽街湘潭道社区 | 2018-2020年度天津市文明社区 | 市文明办 | 区文明办 |

(区委宣传部提供)

## 2018—2020年度天津市文明校园获奖情况一览表

表15

| 序号 | 单位名称 | 荣誉称号 | 授予单位 | 推荐单位 |
|---|---|---|---|---|
| 1 | 天津市第三中学 | 2018-2020年度天津市文明校园 | 市文明办 | 区文明办 |
| 2 | 天津市第八十中学 | 2018-2020年度天津市文明校园 | 市文明办 | 区文明办 |
| 3 | 天津市第五中学 | 2018-2020年度天津市文明校园 | 市文明办 | 区文明办 |
| 4 | 红桥区文昌宫民族小学 | 2018-2020年度天津市文明校园 | 市文明办 | 区文明办 |
| 5 | 红桥区洪湖里小学 | 2018-2020年度天津市文明校园 | 市文明办 | 区文明办 |

(区委宣传部提供)

## 第二届天津市文明家庭获奖情况一览表

表 16

| 序号 | 姓　名 | 所属社区 | 荣誉称号 | 授予单位 | 推荐单位 |
|---|---|---|---|---|---|
| 1 | 赵永华家庭 | 红桥区双环邨街佳园北里社区 | 第二届天津市文明家庭 | 市文明办 | 区文明办 |
| 2 | 吴伟强家庭 | 红桥区芥园街河庭花苑社区 | 第二届天津市文明家庭 | 市文明办 | 区文明办 |
| 3 | 王秉谦家庭 | 红桥区丁字沽街十三段社区 | 第二届天津市文明家庭 | 市文明办 | 区文明办 |
| 4 | 曹向开家庭 | 红桥区西沽街水木天成第一社区 | 第二届天津市文明家庭 | 市文明办 | 区文明办 |
| 5 | 陈高斯家庭 | 红桥区铃铛阁街睦华里社区 | 第二届天津市文明家庭 | 市文明办 | 区文明办 |
| 6 | 回宝旭家庭 | 红桥区丁字沽街北平房社区 | 第二届天津市文明家庭 | 市文明办 | 区文明办 |
| 7 | 孙海波家庭 | 红桥区西沽街水木天成第三社区 | 第二届天津市文明家庭 | 市文明办 | 区文明办 |
| 8 | 任津瑶家庭 | 红桥区芥园街隆春里社区 | 第二届天津市文明家庭 | 市文明办 | 区文明办 |

（区委宣传部提供）

## 第五届天津市未成年人思想道德建设工作先进单位获奖情况一览表

表 17

| 序号 | 单　位 | 荣誉称号 | 授予单位 | 推荐单位 |
|---|---|---|---|---|
| 1 | 红桥区军休所关工委 | 第五届天津市未成年人思想道德建设工作先进单位 | 市文明办 | 区文明办 |
| 2 | 红桥区三条石街御河湾社区 | 第五届天津市未成年人思想道德建设工作先进单位 | 市文明办 | 区文明办 |

（区委宣传部提供）

## 第五届天津市未成年人思想道德建设工作先进工作者获奖情况一览表

表 18

| 序号 | 姓　名 | 单　位 | 荣誉称号 | 授予单位 | 推荐单位 |
|---|---|---|---|---|---|
| 1 | 刘　瑾 | 红桥区人民检察院第二检察部副主任 | 第五届天津市未成年人思想道德建设工作先进工作者 | 市文明办 | 区文明办 |
| 2 | 俞　静 | 红桥区妇联妇儿工委办公室主任 | 第五届天津市未成年人思想道德建设工作先进工作者 | 市文明办 | 区文明办 |
| 3 | 张珊珊 | 红桥区西沽街网信办主任 | 第五届天津市未成年人思想道德建设工作先进工作者 | 市文明办 | 区文明办 |

（区委宣传部提供）

## 2019年天津市学雷锋志愿服务"六个一批"先进典型获奖情况一览表

表19

| 序号 | 姓　名 | 单　位 | 荣誉称号 | 授予单位 | 推荐单位 |
|---|---|---|---|---|---|
| 1 | 赵永华 | 双环邨街佳园北里 | 2019年天津市优秀志愿者 | 市文明办 | 区文明办 |
| 2 | 汤甜甜 | 红桥区融媒体中心 | 2019年天津市优秀志愿服务工作者 | 市文明办 | 区文明办 |
| 3 | | 红桥区跃小阳光圆梦服务队 | 2019年天津市优秀志愿服务团队 | 市文明办 | 区文明办 |
| 4 | | 红桥区千禧园社区夕阳红志愿者服务队 | 2020年天津市优秀志愿服务团队 | 市文明办 | 区文明办 |
| 5 | | 红桥区彩虹温暖志愿服务一条街项目 | 2019年天津市优秀志愿服务项目 | 市文明办 | 区文明办 |
| 6 | | 红桥区铃铛阁街南头窑社区 | 2019年天津市优秀志愿服务社区 | 市文明办 | 区文明办 |
| 7 | | 红桥区红桥医院志愿服务V站 | 2019年天津优秀V志愿服务站 | 市文明办 | 区文明办 |

（区委宣传部提供）

## 2019年度优秀"五爱"教育阵地获奖情况一览表

表20

| 序号 | 单　位 | 荣誉称号 | 授予单位 | 推荐单位 |
|---|---|---|---|---|
| 1 | 红桥区三条石街千吉花园社区 | 2019年优秀"五爱"教育阵地 | 市文明办 | 区文明办 |

（区委宣传部提供）

## 2019年度优秀"五爱"教育阵地优秀辅导员获奖情况一览表

表21

| 序号 | 姓　名 | 单　位 | 荣誉称号 | 授予单位 | 推荐单位 |
|---|---|---|---|---|---|
| 1 | 王秀章 | 西沽街水木天成第三社区"五老"辅导员 | 2019年优秀"五爱"教育阵地辅导员 | 市文明办 | 区文明办 |
| 2 | 周　楠 | 和苑街营和园社区辅导员 | 2019年优秀"五爱"教育阵地辅导员 | 市文明办 | 区文明办 |
| 3 | 韩梦帆 | 双环邨街浩达公寓社区辅导员 | 2019年优秀"五爱"教育阵地辅导员 | 市文明办 | 区文明办 |

（区委宣传部提供）

## 2019年度天津市基层理论宣讲先进集体获奖情况一览表

表22

| 序号 | 单位名称 | 荣誉称号 | 授予单位 | 推荐单位 |
|---|---|---|---|---|
| 1 | 红桥区丁字沽街道理论宣讲团 | 2019年度天津市基层理论宣讲先进集体 | 市委宣传部 | 区委宣传部 |

（区委宣传部提供）

## 2019年度天津市基层理论宣讲先进个人获奖情况一览表

表23

| 序号 | 姓　名 | 工作单位 | 荣誉称号 | 授予单位 | 推荐单位 |
|---|---|---|---|---|---|
| 1 | 张春生 | 红桥区邵公庄街道 | 2019年度天津市基层理论宣讲先进个人 | 市委宣传部 | 区委宣传部 |

（区委宣传部提供）

# 人物简介

## 全国巾帼建功标兵——王红榕

王红榕，天津市红桥医院儿科主任。大学毕业即从事儿科临床一线工作至今27年，临床经验丰富，为患儿诊治疾病、解除痛苦，履行健康卫士的神圣职责。随着医疗技术水平的飞速发展，对医务人员的要求也明显提高，她跟踪前言，努力钻研业务知识，不断学习新理论、新知识，熟悉掌握本专业的国内外发展动态和趋势，学以致用，创造性开展工作，勇于承担“急、难、危重”病人的抢救与治疗。她每周坚持四天专家门诊、一天教学查房，严格执行三级查房制度，指导下级医师诊治疑难杂症、抢救危重症。积极组织全科人员参加市内外儿科学术活动及新业务培训班、聘请知名专家到院会诊、讲课、每年分期分批选送业务骨干到三级医院进修学习，通过多途径、多渠道提高全科人员的业务水平，为科室梯队建设储备人才。近年来，她在儿科期刊上发表省市级学术论文15篇。娴熟的技术源于高度的奉献精神，儿科患者众多，工作繁重，作为科室主任，她以身作则，只要病人需要，她时时刻刻都把自己当作值班医师随叫随到，无论是儿科门诊，还是急诊、肠道门急诊、抢救室、病房等到处都能见到她忙碌的身影。她不忘初心，牢记“全心全意为人民服务”的宗旨，在平凡的医疗岗位上，多次挽救患儿的生命，默默地奉献，忘我的工作，有一分热、发一分光。多次获得先进个人、区级三八红旗手及优秀党员等荣誉称号。

## 全国最美家庭——张金兰

张金兰，一名普通党员，自2006年退休后，始终发挥余热，积极主动配合社区工作，被聘为双环邨街社区理论义务宣讲员，坚持与时俱进，努力学习理论知识，不断提高自身理论水平，一人负责3个社区居委会的宣讲工作，以良好的党风推进形成良好的社会风尚，每年开展各类宣讲工作10余次，受益人数百余人次。

关爱社区青少年健康成长。张金兰作为社区关工站的成员，认真做好“关工委”工作，关心下一代青少年的健康成长，大力弘扬爱国主义精神，在五爱教育征文中撰写的《我们热爱五星红旗》一文被评为优秀文章。为推进未成年人的思想道德建设，在寒暑假期间对青少年开展假期安全教育、雷锋精神及“强道德、树信念”等主题宣讲活动，让青少年们从小知道明德、诚信、有为。

主动关爱老年人。在“万千百十”行动计划中，充分发扬孝老爱亲的精神，主动联系困难户苏奶奶作为帮扶对象，为苏奶奶祝贺八十岁大寿，重阳节自费购买慰问品，收集“微心愿”送去关爱。积极参加社会公益事业，参加红桥区福康养老院爱心联盟活动，每周日为老人们包饺子，陪老人们聊天，让老人们感受到社会大家庭的温暖，给老人们带去快乐，让爱充满社会。

参加巾帼志愿服务。张金兰被聘为“巾帼心向党，建功新时代”巾帼大宣讲的宣讲员，她认真准备宣讲材料，采取入户讲座等方式进行宣讲，让中共十九大精神走进百姓家中。并以自身经历作“弘扬中华民族传统美德，发挥正能量，传承好家风”的宣讲，在红桥有线电视台及美丽红桥网上发表。

传承好家风，从娃娃抓起。张金兰说：“她的良好家风树立，源于儿时母亲的谆谆蒙教，做人要诚实、善良、厚道。”这是她遵守的，也是她向子孙辈传承的家风。外孙女儿由她带大，从小就对外孙女儿进行“不以善小而不为，不以恶小而为之”的思想教育，并且经常带她参加一些社会实践及公益活动，她参加为养老院老人献爱心活动，八月十五还用她的压岁钱，为老人们买水果，从小懂得尊老爱亲。

主动参与社区志愿者服务活动。作为平安志愿者经常参加社区平安巡逻和维稳执勤工作，积极参加社区的创文创卫清整活动，始终冲在志愿服务第一线，无论是寒冬还是酷暑，毫无怨言，以一颗炽热的心，圆满完成任务。用自己的实际行动，积极践行志愿服务精神，充分发挥新时代高素质新女性在社会、家庭中的独特作用。

张金兰多次被评为优秀共产党员、区级优秀基层宣讲员、红桥区退休教育工作者“老有所为”先进个人等光荣称号，在第三届“红桥好人”评选中获得提名奖。

## 全国最美家庭——赵鑫

赵鑫，34岁，天津市红桥区和苑街道社区卫生服务中心护士。丈夫刘振岳，35岁，红桥医院中医科医生。

爱岗敬业，共同进步。赵鑫夫妇都是医务工作者，闲暇之余时常交流工作体会，相互学习，相互理解。为了更好地护理患者，解除患者的疼痛和对患者做好健康教育，赵鑫常常向丈夫请教一些临床方面的问题，刘振岳碰到自己不精通的护理问题时，也会和赵鑫一起探讨。

夫妻平等，尊老爱幼。在小家庭里，他们是夫妻是父母，在大家庭里，他是儿子女婿，她是女儿儿媳，他们都把对方的父母当成自己的父母，相同对待。为了使女儿能够更加健康的成长，他们夫妻努力提高自身文化素质和修养，率先垂范为女儿做出榜样，做好孩子的第一任老师，孝敬父母以身作则，做一个积极乐观坚强的人。

夫妻同心，风雨同舟。赵鑫的婆婆在10多年前患脑出血后偏瘫在家，又患有糖尿病、高血压，需要长期用药，为方便婆婆看病，赵鑫利用所学专业，给婆婆打胰岛素，输液，帮助她康复锻炼。2016年末，赵鑫的爱人响应国家号召，递交援疆申请书，那个时候赵鑫的母亲刚刚做完甲状腺肿瘤切除术，家里还有年迈的奶奶和年幼的孩子，这个家很需要他，可是国家和人民更需要他，他去新疆是为解除更多人的痛苦，是为国家的医疗事业发展。在他援疆期间，赵鑫独自撑起家庭的大伞，老人看病就医、孩子上学教育……不断地解决这些问题，现在他顺利完成国家交给的任务光荣归来。

## 最美志愿者——赵永华

赵永华，74岁，红桥区双环邨街佳园北里志愿服务队的一员。1993年下岗后，自愿从事志愿服务已经26年。先后获得“爱心捐助奖”“全国孝亲敬老之星”“中华孝亲敬老楷模提名奖”，赵永华家庭曾获得“全国敬老孝老最美家庭”“第九届全国五好文明家庭”“天津市2017年度最美家庭”等荣誉称号。服务中赵大爷将“奉献、友爱、互助、进步”的志愿精神融入家庭和生活。助困难人之力、付社会需要之行，是赵永华及全家人在志愿服务方面应守的初心和应担的使命。

1993年，赵永华从天津机械链条厂下岗。不久，老伴孙秀兰也内退，当时家里有两位老人，孩子还在上学。全家仅靠赵大爷老伴儿内退的420元退休金度日，生活一下子陷入困难。社区居委会为他们送去下岗再就业的申请表，为他们出谋划策想出路。感动之余，赵大爷经过一番思考：虽然收入少了，但是在家里照顾老人和孩子的时间却多了。于是，赵大爷和爱人一边努力用仅有的420元钱维持家用，一边在社区中自愿地做好事，没有再就业。上世纪90年代初还没有“志愿者”这个称号，当时他们所做的工作，统称“学雷锋做好事”。这一做就是26年，学雷锋已经成为赵永华的一种生活方式。

1997年,赵永华从一张报纸上看到关于遗体捐献的报道。遗体捐献当时在中国是一项新生事物,天津医科大学第一任校长朱宪彝去世时“四捐”的举动让赵永华深受触动。赵大爷夫妻俩决定申办遗体和眼角膜捐献,却不想就此开展一场长达5年的拉锯战。夫妻两人“双捐”得交800元公证费用,相当于妻子两个月的退休金。并且申办手续复杂需要子女签字,赵永华夫妻遭到子女的强烈反对。在赵永华夫妻的坚持下,终于2002年3月31日和老伴儿办完公证手续,成为天津市第一对申办“双捐”的夫妻。他们在自家门口钉上一个牌子“天津市遗体捐献志愿宣传小组”,家庭电话成为“捐献热线”,每天十几个电话问询。小组和热线的成立也是赵永华那5年努力的铺垫。在赵大爷的努力宣传下,2006年年底天津市司法局规定:全市各公证处办理遗体捐献等公益捐赠行为公证一律免费,后来工本费也省去了。小组和热线的成立近20年来,赵永华宣传帮助2000余人申办遗体、器官、角膜捐献手续。赵大爷还会定期到捐献志愿者家去做家访。

在赵永华夫妻的父母相继年迈去世后。自1998年开始,他们无偿认养河北区92岁的孤老人潘宝性,接进家里敬为父母一起生活。此后,赵永华夫妻先后认养14位困难孤老进行终身赡养。这些老人们都是没有儿女、没有财产、没有人照料的困难老人。其中,有的是流浪老人,有的是监视老人,有的是“路倒”老人,他们把老人接进家里,无偿照料尽儿女之情。其中已为11位老人养老送终。照顾老人不仅要投入精力,而且还要投入不少财力。这对于月收入仅千余元的赵永华来说,肩上的担子并不轻松。为了改善老人们的伙食,他时常到路边捡拾饮料瓶、废纸箱变卖。而自己从1993年开始没买过一件新衣服。现在,赵永华几乎每天都会蹬着自行车,到养老院或老人们的家里看望。在赵永华心里,没有什么比看到老人们在他们夫妇俩的照料下开心地生活更让他感到欣慰,也没有什么比说自己不图名利、奉献爱心,更让他感到自信与自尊。同时,在社区志愿服务中,赵永华创建并实施家庭按月度按对口计划捐款这种捐助方式。26年来,赵永华家庭向市区慈善协会、市区妇联青少年基金会、市区红十字会等慈善机构累计捐款22.68万元。

2002年,赵永华夫妻无偿赡养老人的过程中,总有很多人打电话咨询相关事情。于是赵大爷在天津市中老年时报总编的建议下,于2002年3月5日“学雷锋日”正式创建“永华热线”。为困难家庭服务、为老人服务、为儿童及孩子们服务、为病残人服务、为求助者服务(五服务)。老伴在家接听热线电话,赵永华负责服务在求助者身边。“热线”成立17年来与120余人结为“帮扶对子户”,坚持24小时服务。山西一位老人从机关离休后由于孤独,老人精神压力大,通过天津中老年时报时常和赵大爷夫妻聊天,半年后老人精神缓解,给报社写信说:她现在心情很好,有天津“热线夫妻”陪同说话聊天,感谢天津。

赵永华同时也是佳园北里志愿服务队的一员,自创文创卫工作开展后,赵永华全家志愿成立“社区家庭巡逻服务小分队”,并制定“小分队”服务制度。主动参与社区巡逻服务,清整社区内垃圾箱,维持社区卫生,向路人宣传创文创卫知识,并协助居委会维持社区安全稳定。2013年,在社区居委会的关心下,赵永华和老伴儿创建并成立“社区家庭爱心小屋”,对辖区青少年进行道德教育。6年来,“爱心小屋”与社区“青少年教育基地”携手进行“五爱”教育,通过赵大爷的志愿服务,也让更多孩子懂得爱国、爱劳动、爱助人的道理。

赵大爷说:他虽然是一名老年志愿者,但是活着加倍干,死后做遗体捐献,还能用遗体继续为社会服务、为人民服务。这就是赵大爷作为一名老年志愿者的初心和幸福。

# 附　录

# 2018 年统计资料

## 二〇一八年全区户籍人口、户数构成情况

表 24

| 项目名称 | 二〇一八年 | | 二〇一七年 | | 二〇一八年比二〇一七年 | |
|---|---|---|---|---|---|---|
| | 人口(人) | 比重(%) | 人口(人) | 比重(%) | 增减(人) | 增幅(%) |
| 全区总人口 | 506725 | 100.00 | 502241 | 100.00 | 4484 | 0.89 |
| 其中:男性 | 251601 | 49.65 | 250202 | 49.82 | 1399 | 0.56 |
| 女性 | 255124 | 50.35 | 252039 | 50.18 | 3085 | 1.22 |
| 全区总户数 | 209234 | | 208008 | | 1226 | 0.59 |

## 二〇一八年全区城市居民收支及主要商品人均消费情况

表 25

| 项目名称 | 计量单位 | 二〇一八年 | 二〇一七年 | 同期比(±%) |
|---|---|---|---|---|
| 人均可支配收入 | 元 | 42891 | 40272 | 6.5 |
| 1. 工资性收入 | 元 | 26461 | 24387 | 8.5 |
| 2. 经营净收入 | 元 | 1083 | 1019 | 6.3 |
| 3. 财产净收入 | 元 | 1362 | 1247 | 9.2 |
| 4. 转移净收入 | 元 | 13985 | 13619 | 2.7 |
| 其中养老金或离退休金 | 元 | 14470 | 14276 | 1.4 |
| 人均消费性支出 | 元 | 31298 | 28720 | 9.0 |
| 1. 食品烟酒 | 元 | 10664 | 10247 | 4.1 |
| 2. 衣着 | 元 | 1988 | 1857 | 7.1 |
| 3. 居住 | 元 | 5536 | 5286 | 4.7 |
| 4. 生活用品及服务 | 元 | 1403 | 1271 | 10.4 |
| 5. 交通通信 | 元 | 4313 | 3376 | 27.8 |
| 6. 教育文化娱乐 | 元 | 3414 | 2809 | 21.5 |
| 7. 医疗保健 | 元 | 3130 | 3104 | 0.8 |
| 8. 其他用品和服务 | 元 | 849 | 770 | 10.2 |

## 二〇一八年全区分行业增加值完成情况

表 26　　单位:亿元

| 项　目 | 2018 年 |
|---|---|
| 总　计 | 168.22 |
| 第二产业 | 12.18 |
| 工业 | 6.22 |
| 建筑业 | 5.96 |
| 第三产业 | 156.04 |
| 交通仓储邮政业 | 3.36 |
| 批发和零售业 | 17.45 |
| 住宿和餐饮业 | 3.60 |
| 金融业 | 22.23 |
| 房地产业 | 32.49 |
| 其他产业 | 76.91 |

## 二〇一八年全区规模以上工业企业生产经营情况(一)

表 27　　单位:万元

| 项　目 | 工业总产值(当年价格) | 资产总计 | 流动资产合计 | 实收资本 |
|---|---|---|---|---|
| 总　计 | 66875 | 160070 | 109726 | 69661 |
| 酒、饮料和精制茶制造业 | 18096 | 28502 | 20252 | 9700 |
| 纺织服装、服饰业 | 3179 | 1343 | 1331 | 10 |
| 有色金属冶炼和压延加工业 | 4628 | 13423 | 7880 | 1018 |
| 通用设备制造业 | 13964 | 14216 | 10659 | 2100 |
| 专用设备制造业 | 1694 | 7879 | 7332 | 1290 |
| 铁路、船舶、航空航天和其他运输设备制造业 | 22670 | 44791 | 41951 | 19770 |
| 电气机械和器材制造业 | 2644 | 13793 | 5876 | 4225 |
| 水的生产和供应业 | 0 | 36123 | 14445 | 31548 |

## 二〇一八年全区规模以上工业企业生产经营情况(二)

表 28 单位:万元

| 项　目 | 营业收入 | 主营业务收入 | 营业成本 | 主营业务成本 | 营业税金及附加 | 主营业务税金及附加 | 营业利润 |
|---|---|---|---|---|---|---|---|
| 总　计 | 75575 | 74929 | 52816 | 52380 | 3149 | 3132 | 4777 |
| 酒、饮料和精制茶制造业 | 15655 | 15631 | 8293 | 8278 | 2647 | 2647 | 105 |
| 纺织服装、服饰业 | 3152 | 3152 | 2730 | 2730 | 11 | 11 | 77 |
| 有色金属冶炼和压延加工业 | 5217 | 5217 | 4716 | 4716 | 14 | 14 | 45 |
| 通用设备制造业 | 13249 | 12883 | 11089 | 10821 | 60 | 44 | -510 |
| 专用设备制造业 | 1483 | 1483 | 706 | 706 | 14 | 14 | -3 |
| 铁路、船舶、航空航天和其他运输设备制造业 | 24211 | 24198 | 17164 | 17155 | 198 | 198 | 3730 |
| 电气机械和器材制造业 | 2886 | 2644 | 2289 | 2147 | 16 | 15 | -361 |
| 水的生产和供应业 | 9723 | 9722 | 5829 | 5828 | 190 | 190 | 1695 |

## 二〇一八年限额以上批发和零售业企业生产经营情况

表 29 单位:万元

| 年　份 | 资产总计 | 本年折旧 | 所有者权益 | 营业收入 | 营业利润 | 利润总额 | 所得税费用 | 应付职工薪酬 |
|---|---|---|---|---|---|---|---|---|
| 二〇一八年 | 813999 | 1465 | 216206 | 979556 | 277 | 2332 | 1683 | 16267 |
| 二〇一七年 | 869307 | 2052 | 195984 | 811555 | -2451 | -1263 | 4736 | 17004 |
| 二〇一八年比二〇一七年(±%) | -6.4 | -28.6 | 10.3 | 20.7 | — | — | -64.5 | -4.3 |

## 二○一八年全区地方财政收支完成情况

表 30　　单位:万元

| 项目名称 | 地区财政收入 | | | 项目 | 地区财政支出 | | |
|---|---|---|---|---|---|---|---|
| | 2018 年实际完成 | 2017 年实际完成 | 同比增减(%) | | 2018 年实际完成 | 2017 年实际完成 | 同比增减(%) |
| 总计 | 182156 | 172799 | 5.41 | 总计 | 454807 | 404637 | 12.40 |
| 一、增值税 | 27433 | 27140 | 1.08 | 一、城乡社区事务 | 45191 | 35693 | 26.61 |
| 二、企业所得税 | 8582 | 12631 | -32.06 | 二、教育 | 108362 | 98840 | 9.63 |
| 三、个人所得税 | 5822 | 5583 | 4.28 | 三、医疗卫生与计划生育 | 40686 | 33599 | 21.09 |
| 四、房产税 | 14565 | 11889 | 22.51 | 四、科学技术 | 3267 | 3209 | 1.81 |
| 五、契税 | 26376 | 37832 | -30.28 | 五、社会保障和就业 | 141293 | 136536 | 3.48 |
| 六、罚没、行政性收入 | 3958 | 4905 | -19.31 | 六、节能环保 | 3737 | 4229 | -11.63 |
| 七、专项收入 | 7682 | 8155 | -5.80 | 七、文化体育与传媒 | 3804 | 4361 | -12.77 |
| 八、其他收入 | 87738 | 64605 | 35.81 | 八、其他支出 | 108467 | 88180 | 23.01 |

# 2019年统计资料

## 二〇一九年全区户籍人口、户数构成情况

表31

| 项目名称 | 二〇一九年 | | 二〇一八年 | | 二〇一九年比二〇一八年 | |
|---|---|---|---|---|---|---|
| | 人口(人) | 比重(%) | 人口(人) | 比重(%) | 增减(人) | 增幅(%) |
| 全区总人口 | 509338 | 100.00 | 506725 | 100.00 | 2613 | 0.52 |
| 其中:男性 | 252055 | 49.49 | 251601 | 49.65 | 454 | 0.18 |
| 女性 | 257283 | 50.51 | 255124 | 50.35 | 2159 | 0.85 |
| 全区总户数 | 209819 | | 209234 | | 585 | 0.28 |

## 二〇一九年全区城市居民收支及主要商品人均消费情况

表32

| 项目名称 | 计量单位 | 二〇一九年 | 二〇一八年 | 同期比(±%) |
|---|---|---|---|---|
| 人均可支配收入 | 元 | 46079 | 42891 | 7.4 |
| 1.工资性收入 | 元 | 28461 | 26461 | 7.6 |
| 2.经营净收入 | 元 | 1174 | 1083 | 8.3 |
| 3.财产净收入 | 元 | 1536 | 1362 | 12.8 |
| 4.转移净收入 | 元 | 14909 | 13985 | 6.6 |
| 其中养老金或离退休金 | 元 | 15389 | 14470 | 6.4 |
| 人均消费性支出 | 元 | 33258 | 31298 | 6.3 |
| 1.食品烟酒 | 元 | 11077 | 10664 | 3.9 |
| 2.衣着 | 元 | 2133 | 1988 | 7.3 |
| 3.居住 | 元 | 6145 | 5536 | 11.0 |
| 4.生活用品及服务 | 元 | 1559 | 1403 | 11.1 |
| 5.交通通信 | 元 | 3822 | 4313 | -11.4 |
| 6.教育文化娱乐 | 元 | 3812 | 3414 | 11.7 |
| 7.医疗保健 | 元 | 3473 | 3130 | 10.9 |
| 8.其他用品和服务 | 元 | 1237 | 849 | 45.8 |

## 二〇一九年全区分行业增加值完成情况

表 33　　单位:亿元

| 项　目 | 2019 年 |
| --- | --- |
| 总　计 | 181.37 |
| 工业 | 4.88 |
| 建筑业 | 7.50 |
| 交通仓储邮政业 | 3.29 |
| 批发和零售业 | 14.85 |
| 住宿和餐饮业 | 4.33 |
| 金融业 | 20.44 |
| 房地产业 | 42.43 |
| 其他产业 | 83.67 |

## 二〇一九年全区规模以上工业企业生产经营情况(一)

表 34　　单位:万元

| 项　目 | 工业总产值(当年价格) | 资产总计 | 流动资产合计 | 实收资本 |
| --- | --- | --- | --- | --- |
| 总　计 | 71600 | 132900 | 8505 | 69608 |
| 酒、饮料和精制茶制造业 | 19706 | 27752 | 1943 | 9700 |
| 纺织服装、服饰业 | 2720 | 880 | 76 | 10 |
| 有色金属冶炼和压延加工业 | 3903 | 12832 | 747 | 1018 |
| 仪器仪表制造业 | 8044 | 9737 | 810 | 3327 |
| 通用设备制造业 | 12475 | 1062 | 89 | 3337 |
| 计算机、通信和其他电子设备制造业 | 14473 | 30779 | 2930 | 16443 |
| 电气机械和器材制造业 | 282 | 13454 | 555 | 4225 |
| 水的生产和供应业 | 9997 | 36404 | 1355 | 31548 |

## 二〇一九年全区规模以上工业企业生产经营情况(二)

表 35　　单位:万元

| 项　目 | 营业收入 | 主营业务收入 | 营业成本 | 税金及附加 | 营业利润 |
| --- | --- | --- | --- | --- | --- |
| 总　计 | 68059 | 67984 | 44477 | 3190 | 5625 |
| 酒、饮料和精制茶制造业 | 18752 | 18725 | 10076 | 2786 | 1402 |
| 纺织服装、服饰业 | 3503 | 3503 | 2746 | 15 | 225 |
| 有色金属冶炼和压延加工业 | 4051 | 4051 | 3196 | 7 | -62 |
| 仪器仪表制造业 | 8151 | 8128 | 4527 | 80 | 1812 |
| 通用设备制造业 | 11902 | 11902 | 9258 | 63 | -133 |
| 计算机、通信和其他电子设备制造业 | 11361 | 11361 | 8493 | 50 | 1060 |
| 电气机械和器材制造业 | 336 | 317 | 251 | 1 | -445 |
| 水的生产和供应业 | 10003 | 9997 | 5930 | 188 | 1766 |

## 二〇一九年限额以上批发和零售业企业生产经营情况

表 36　　单位:万元

| 年　份 | 资产总计 | 本年折旧 | 所有者权益 | 营业收入 | 营业利润 | 利润总额 | 所得税费用 | 应付职工薪酬 |
| --- | --- | --- | --- | --- | --- | --- | --- | --- |
| 二〇一九年 | 844775 | 2590 | 209117 | 1654975 | -10266 | 3253 | 2439 | 17705 |
| 二〇一八年 | 813999 | 1465 | 216206 | 979556 | 277 | 2332 | 1683 | 16267 |
| 二〇一九年比二〇一八年(±%) | 3.8 | 76.8 | -3.3 | 69.0 | — | 39.5 | 44.9 | 8.8 |

## 二〇一九年全区地方财政收支完成情况

表 37　　单位:万元

| 项目名称 | 地区财政收入 | | | 项目 | 地区财政支出 | | |
|---|---|---|---|---|---|---|---|
| | 2019 年实际完成 | 2018 年实际完成 | 同比增减(%) | | 2019 年实际完成 | 2018 年实际完成 | 同比增减(%) |
| 总计 | 191100 | 182156 | 4.91 | 总计 | 502151 | 454807 | 10.41 |
| 一、增值税 | 29000 | 27433 | 5.71 | 一、城乡社区事务 | 49806 | 45191 | 10.21 |
| 二、企业所得税 | 9500 | 8582 | 10.70 | 二、教育 | 117828 | 108362 | 8.74 |
| 三、个人所得税 | 6500 | 5822 | 11.65 | 三、医疗卫生与计划生育 | 42172 | 40686 | 3.65 |
| 四、房产税 | 16000 | 14565 | 9.85 | 四、科学技术 | 5047 | 3267 | 54.48 |
| 五、契税 | 46000 | 26376 | 74.40 | 五、社会保障和就业 | 149650 | 141293 | 5.91 |
| 六、罚没、行政性收入 | 3500 | 3958 | -11.57 | 六、节能环保 | 3742 | 3737 | 0.13 |
| 七、专项收入 | 8500 | 7682 | 10.65 | 七、文化体育与传媒 | 3977 | 3804 | 4.55 |
| 八、其他收入 | 2050 | 1941 | 5.62 | 八、其他支出 | 4057 | 4743 | -14.46 |

(区统计局提供)

# 报告选编

## 天津市红桥区人民代表大会常务委员会工作报告(节选)

——在天津市红桥区第十七届人民代表大会第六次会议上

2020 年 1 月 6 日

红桥区人大常委会主任　郑会营

### 2019 年主要工作回顾

2019 年是新中国成立 70 周年,是全面建成小康社会关键之年,对红桥来讲,是发展历程中硕果累累、极不平凡的一年。区人大常委会深入学习贯彻习近平新时代中国特色社会主义思想,全面贯彻党的十九大和十九届二中、三中、四中全会精神,坚持党的领导、人民当家做主、依法治国有机统一,紧紧围绕区委工作要求和重点任务,认真履行宪法法律赋予的各项职责,为打造绿色城区、建设美丽红桥作出积极贡献。

一年来,召开常委会会议 9 次,听取审议专项工作报告 19 项,作出决议、决定 15 项,提出审议意见 7 项,深入区委确定的棚户区改造、招商引资、创文创卫、安全稳定"四场硬仗"和民生实事项目现场等 100 余个点位开展执法检查、视察和调研 70 余项。任免国家机关工作人员 227 人次。备案审查规范性文件 7 件。

**一、坚持提高政治站位,坚定正确政治方向**

常委会牢牢把握人大机关的政治属性,严守党的政治纪律和政治规矩,进一步树牢"四个意识"、坚定"四个自信"、做到"两个维护",确保人大工作沿着正确方向发展。

坚持强化理论武装。常委会始终坚持以政治建设为统领,坚持不懈用党的创新理论武装头脑,不断深化对习近平新时代中国特色社会主义思想特别是关于人民代表大会制度的重要思想的理解和认识,全面增强贯彻落实习近平总书记对地方人大及其常委会工作重要指示精神的自觉性和坚定性,深入学习领会,持续推进落实,着力在学懂弄通做实上下功夫、见成效。

深刻把握党的十九届四中全会精神实质。常委会认真学习领会党的十九届四中全会的重大意义和精神实质,牢牢把握坚持和完善中国特色社会主义制度、推进国家治理体系和治理能力现代化的总体要求和制度安排,进一步增强贯彻落实的政治自觉、思想自觉和行动自觉。常委会紧紧围绕全会部署要求,深入思考做好新时代人大工作的重大原则、思路举措和重点任务,研究制定贯彻落实的具体措施,充分发挥人大职能优势,为全面提高基层社会治理能力和治理水平贡献力量。

深入开展"不忘初心、牢记使命"主题教育。常委会坚决贯彻"守初心、担使命,找差距、抓落实"的总要求,发扬自我革命和勇于斗争精神,以深化理论学习为基础,以深入调查研究为依托,全面落实"四个对照""四个找一找"重要要求,努力从思想、政治、作风、能力、廉政等方面,深入查摆问题，紧密结合十项专项整治，不折不扣抓好整改落实，有效推进常委会各项工作，全面提升贯彻落实党中央决策部署和市、区委工作要求的能力水平。

**二、坚决落实区委工作部署，维护改革发展稳定大局**

常委会坚决落实区委部署要求，着力推动区委确定的棚户区改造、招商引资、创文创卫、安全稳定“四场硬仗”顺利实施。

全力助推棚改“清零”。常委会按照区委要求，紧扣“清零”目标的实现，抽调多名干部投身棚改一线，积极参与多个片区的棚改任务。领导班子成员多次集体深入航空机电、聚顺里、铃铛阁等棚改分指挥部和项目现场调研，抓住棚改攻坚阶段的工作特点和疑难问题，围绕提前超额完成任务建真言、谋良策、出实招。专题听取全区棚改“三年清零”工作报告，集中视察依法服务保障棚改工作推进情况，组织100余名代表以专项视察、实地调研、提出建议、走访慰问、扶贫助困等形式助力棚改，形成上下同心、合力攻坚的良好氛围。

着力服务招商引资。招商引资作为事关区域经济社会发展的大事要事，一直是常委会高度关注的重点工作。常委会下大力气推动营商环境持续优化，组织代表深入40余家企业、职能部门开展专项调研、帮扶，在摸透情况的基础上，听取审议区政府关于民营企业发展相关政策落实情况的报告，开展中小企业促进法和市优化营商环境条例执法检查，积极主动为企业发展创造良好条件。领导班子成员深度参与“双万双服促发展”活动，定期深入意库创意、圣威科技、鹏安集团等20余家驻区企业、重点工程项目走访帮扶，针对企业反映的基础设施配套不足、消防安全、停车难等问题，积极协调有关部门加快落实。

深入推动创文创卫。常委会对区委“双创”工作要求始终做到行动迅速、确保落地见效。提出“双创正在进行时”的号召，直接参与创文创卫重点任务部署推动，加强与社区的联系协作，动态调整深化结对包保工作安排，全年不间断开展包保访察、志愿服务、走访慰问等活动100余次。200余名人大代表以不同形式响应常委会发出的倡议书，集中开展“助力创建人大代表当先锋”主题日活动，为全区创文创卫营造氛围、取得成效贡献力量。

积极维护安全稳定。安全稳定事关经济社会发展大局和人民群众福祉，必须常抓不懈。领导班子成员紧扣党的十九届四中全会、70周年大庆等敏感时期和关键节点，认真落实30余件信访积案化解包保责任，面对面倾听信访群众诉求，力促问题得到圆满解决。机关信访注重稳定群众情绪，强化督办重要信访事项，为相关部门化解案件起到有力的推动作用。常委会向全体代表发出助力红桥争创全市首个“无黑”城区公开信，对全区扫黑除恶专项斗争工作开展全方位、多角度监督检查，切实维护社会和谐稳定。

**三、坚持突出问题导向，着力增强监督实效**

监督权是宪法和法律赋予人大及其常委会的重要职权。常委会切实履行法定监督职责，把有效监督与有力支持、发现问题与推动落实统一起来，不断增强监督实效性、针对性。

全程监督民生实事项目落实。2019年首次开展人大代表票决民生实事项目，这是推动人大工作实践创新的重要成果。常委会高度重视经人大代表票决产生的20个民生实事项目落实情况，制定并实施民生实事项目监督工作方案，成立20个“一对一”监督工作小组，先后发动120余名人大代表参与各环节工作，组织20多次班子成员督察、人大代表视察、分组调研活动，全程跟踪、全面覆盖、持续监督、确保落实。

推动提升红桥发展质量。深入贯彻落实习近平总书记在津视察和京津冀协同发展座谈会上的重要讲话精神，精心谋划落实京津冀协同发展重大国家战略专项视察，支持和促进实现更高水平的协同发展。倾力助推环保攻坚和生态宜居城区建设,听取审议环保工作报告,对水污染防治法、水污染防治条例开展执法检查,围绕打造生态宜居环境、加强城市精细化管理、完善城市基础设施建设等11个项目开展深度视察,并提出具有针对性的意见建议。

围绕保障和改善民计民生强化监督。聚焦群众反映的热点问题,听取审议红桥区推进国医堂建设、提升中医药服务能力情况的报告,对完善院前医疗急救体系、残疾人就业等6项工作开展视察和跟踪检查。着眼解决"一小"突出问题,瞄准红桥区教育教学质量存在的问题,组织开展专题询问,促进教育教学质量提升;同时,对义务教育法等3项教育领域的法律法规开展执法检查,围绕学前教育学位目标落实、学校安全管理等4项议题进行全方位视察调研,促进有关工作深入开展。

全力推进法治红桥建设。认真落实依法治区要求,加强司法工作监督,听取审议区法院扫黑除恶专项斗争工作、区人民检察院民事行政检察工作情况的报告,助推人民调解法贯彻落实,促进提高司法公信力。注重发挥"法律巡视"监督利剑作用,以暗访为重要手段,在《天津市文明行为促进条例》实施的同时,上下联动、同步开展执法检查,推动形成讲文明、树新风的浓厚氛围。按照市人大常委会要求,完成社区矫正法、市基本医疗保险条例等6项立法、修法调研工作,助推提升立法质量。

**四、坚持代表主体地位,更好发挥代表作用**

常委会充分尊重代表主体地位,不断完善工作机制,提高服务保障水平,推动代表工作不断深化和拓展。

深入推动"家、站"标准化建设。人大代表之家和人大代表联络站,已经成为广大代表摸情况、听诉求、联系选民的重要阵地。为夯实阵地基础,常委会制定《关于加强和规范人大代表之家和人大代表联络站建设的意见》,召开家、站规范化标准化建设推动会、研讨会。全年完成8个代表之家和51个代表联络站规范化建设,实现标牌标识、制度规章、展示宣传"三上墙"。在硬件建设提质增效的基础上,继续探索家、站开展活动的创新模式和有效途径,全年1400余人次代表开展各项活动近400次,接待选民4000余人次。

着力增强代表建议办理实效。常委会不断完善督办机制,修订代表建议、批评意见办理工作办法,聚焦重点难点问题听取建议办理和督办情况报告,召开多种形式的协调会、推动会、研讨会并开展现场专题视察30余次。坚持重点难点建议由班子成员牵头督办,加大和促进代表与承办部门的沟通联系,促进真办快办办结。对91件区内承办的代表建议全部办复完毕,数十条建议转化为稳增长、促改革、惠民生的具体措施。

从严从实开展代表培训管理。加强代表培训是提升代表依法履职能力、增强履职尽责使命感的重要途径,依托人大讲堂、常委会会前讲座、专委会和街道人大工委业务学习等平台,围绕贯彻落实党中央大政方针、人民代表大会制度理论、区域经济社会发展和法律法规等举办各项培训60余场,培训代表近1500人次。严格代表履职监督管理,完善代表履职报告记录制度,组织75名代表向选区述职,推动代表更好履职尽责。

丰富闭会期间代表活动。常委会注重丰富闭会期间的代表活动,扎实推进"五比五看",扩大代表对常委会、专委会工作的参与,组织180余名人大代表参加立法调研、视察检查、政策宣讲、志愿服务、扶贫助困、社会监督、征求意见等活动100余次。坚持听民声、聚民智、解民忧,广大代表为社区办实事160余件,为各界捐赠款物60余万元,救助困难群众144户,特别是部分代表立足工作领域和岗位,在深度参与东西部扶贫协作方面做出积极贡献。

服务保障市人大代表依法履职。常委会注重提升市人大代表服务保障水平,认真做好区选市代表会前视察及市人代会服务工作,开展市人大代表向区人大常委会述职活动，加强与市人大代表联系。组织市人大代表参加市、区有关部门开展的学习培训、座谈研讨、征求意见和现场监督等活动20余次，积极协助市人大代表梳理、提交、督办意见建议26件，全力做好保障工作。

**五、坚持深化人事任免，依法决定重大事项**

常委会坚持民主集中制原则，依法行使任免权、决定权，确保党的主张通过法定程序成为全区人民的共同意志。

依法做好选举和人事任免工作。认真落实市、区委要求，圆满完成常委会主任和副主任、代理区长、监察委代理主任、副区长等人事任免、选举任务。依据选举法及有关规定，组织相关选区补选19名出缺的区十七届人大代表。坚持党管干部与人大常委会依法任免相统一，不断提升人大任免的政治性、严肃性、权威性。制定落实宪法宣誓和任前法律知识考试制度监督检查实施意见，专题组织旁听常委会新任命法官、检察官的庭审活动，全年组织95人次开展宪法宣誓，进一步强化任免程序制度严格规范。

严格落实人大讨论、决定重大事项制度。着眼于形势任务需要，常委会修订讨论决定重大事项的规定，完善工作机制和运行程序，对贯彻执行人大决议决定提出要求。认真贯彻落实党中央和市、区委关于报告国有资产管理情况的部署，听取审议全区行政事业单位国有资产管理情况专项报告，强调规范资产统收流程，充分发挥国有资产效益。听取审议财政预算、决算、审计等5个专项报告，修订常委会预算审查监督办法，加强对重点支出、政府债务审查，强化预算绩效管理。

**六、坚持加强自身建设，提高履职能力水平**

常委会主动适应新形势新发展新要求，制定加强“两个机关”建设的实施意见，不断改进工作作风，强化自身建设。

扎实推进能力建设。全面加强常委会领导班子建设，严格落实请示报告制度，注重思想引领，努力使班子的政治能力与担负的职责使命相匹配。制度体系建设效果显著，全年制定完善中心组学习办法、专题询问办法、视察调研暂行办法等决策议事程序、思想政治建设、机关政务管理方面20余项工作制度。依法完成监察和司法委员会、社会建设委员会更名、设立工作，5个专委会在立法调研、参与监督、服务代表等方面的运行机制更加健全。继续加强对基层人大工作的指导，完善街道人大工作体系，使人大工作覆盖面进一步扩大。

着力推进机关建设。对常委会组成人员依法履职提出新的明确要求，进一步增强常委会议事效率和决策水平。大兴学习调研亲民尚能之风，领导班子成员带头深入基层，了解群众所思所盼，努力使人大工作更接地气、更合民意。全面加强机关干部队伍建设，加大选拔培养力度，提升业务能力素质，7名干部持续参与援藏和全区重点工作，围绕庆祝新中国成立70周年开展系列活动，强化爱国主义意识。高度重视人大理论研究和信息宣传工作，全年刊发各类文稿200余篇，有力传递人大声音。

回顾过去一年的工作，虽然取得一些成绩，但也清醒地认识到，按照党中央对人大工作提出的新要求，面对全市、全区经济社会发展新形势，常委会工作仍然存在很大的差距，特别是学习贯彻习近平总书记对地方人大及其常委会工作作出的重要指示精神不深入，加强“两个机关”建设还需加大力度；全面推动人大监督理论创新和实践创新意识不强，监督的连贯性、系统性、实效性和刚性需要进一步强化；提升代表工作水平的机制不健全，服务保障代表依法履职的能力还需进一步增强。必须高度重视这些问题，虚心听取代表和各方面的意见建议，制定切实有效的措施，确保人大工作水平实现有效提升。

## 2020年的主要任务

2020年是全面建成小康社会和“十三五”规

划收官之年,也是红桥站在新时代新起点上坚持生态立区、教育兴区、土地强区,走好内涵式、集约型、绿色化高质量发展之路的重要一年。区人大常委会要坚持以习近平新时代中国特色社会主义思想为指导,全面贯彻党的十九大和十九届二中、三中、四中全会精神,增强“四个意识”、坚定“四个自信”、做到“两个维护”,坚持党的领导、人民当家做主、依法治国有机统一,在区委的坚强领导下,紧紧围绕区委工作部署和改革发展稳定大局,高起点谋划、高标准推进、高水平做好各项工作,努力开创新时代人大工作新局面。

### 一、在牢牢把握正确政治方向上达到新高度

注重强化理论武装。常委会要着力增强理论学习的针对性、系统性、实效性,在学懂弄通做实上下更大功夫,确保学习贯彻习近平新时代中国特色社会主义思想达到新高度、新视野、新水平。要深入贯彻习近平总书记关于坚持和完善人民代表大会制度的重要思想、对地方人大及其常委会工作作出的重要指示精神,准确把握科学内涵、基本特征和本质要求。要进一步完善中心组集体学习、常委会会前学习、专委会专题学习、人大代表履职学习、机关工作人员日常学习五个层面的学习机制,切实把学习成果转化为做好新时代人大工作的具体实践。

全面贯彻落实党的十九届四中全会精神。常委会要切实把思想和行动统一到全会精神上来,主动向党的十九届四中全会深刻阐明的新时代人大制度的政治定位、鲜明特色和重点任务聚焦,充分认识人民代表大会制度在推进国家治理体系和治理能力现代化中的性质、地位和作用,突出特点优势,服务保障基层社会治理,更好发挥根本政治制度的功效。

### 二、在坚持围绕中心服务大局上迈出新步伐

坚决贯彻党中央决策部署和市、区委工作要求。要充分发挥密切联系人民群众的优势,努力做党中央和市区委部署要求的坚定执行者、改革发展稳定的有力推动者、社情民意的忠实代表者,重点围绕京津冀协同发展、防范化解重大风险、精准脱贫、污染防治、高质量发展等加强学习,结合人大实际研究贯彻措施,确保各项重大决策部署在区人大及其常委会得到全面贯彻和有效执行。要坚持重大问题、重大事项、重大活动及时向区委请示,主动报告常委会工作情况,落实好请示报告制度。

全力推动区委重点任务落实。要紧紧围绕生态立区、教育兴区、土地强区履行职责,在思想认识、责任担当、工作举措上严格落实区委要求,继续深化棚改后土地整理、招商引资、创文创卫、安全稳定等服务保障,做到区委工作的重心在哪里,人大工作的重点就放在哪里,努力提升服务中心大局的深度。要针对监督工作、代表工作和自身建设中的薄弱环节,精心谋划改进措施,崇尚实干、狠抓落实,全力促进创新发展、民生改善、依法行政、公正司法,以人大各项工作之“进”为全区发展做出贡献。

### 三、在提升人大监督效能上实现新突破

用足用好各种监督形式。常委会要把区委要求干的、政府重点干的、人民群众期盼干的作为监督工作重点,瞄准突出问题,完善监督的具体组织方式和工作方法,加强全过程筹划,提高听取审议专项工作报告的质量和效果。按照区委确定的任务,安排重点项目开展专题询问,增强刚性效果。执法检查要敢于较真碰硬,深入查找法律法规实施中带有普遍共性的突出问题,并督促整改落实。

推动人大代表票决的民心工程项目落地落实。要进一步深化完善民心工程人大代表票决制,充分发挥专委会、街道人大工委职能作用,成立监督工作小组,丰富拓展监督形式和手段,组织代表对民心工程项目推进情况进行全程跟踪监督,让监督更精准、更有力、更实效,确保项目落实取得良好的政治效果和社会效果。

要突出重点依法开展监督。聚焦公共秩序、交通出行、社区生活、公共环境等方面的突出问

题,对红桥区贯彻执行《天津市文明行为促进条例》开展执法检查,提升城区文明水平。围绕事关全区改革发展稳定全局的重大问题和人民群众普遍关注的突出问题,全面加强落实京津冀协同发展战略、扫黑除恶专项斗争、年度环保目标完成、“十四五”规划编制、大运河文化遗产传承保护、“一老一小”工作、“七五”普法规划实施等监督力度。预算审查监督重点向支出预算和政策拓展,加强全口径审查和全过程监督,提高监督的效率和效能。

**四、在发挥代表主体作用上展现新作为**

深化“四机制一平台”建设。完善代表学习培训机制,组织代表开展多形式、分专题的学习培训,注重培训成果转化,不断提高代表的政治素质和履职能力。健全代表联系群众机制,全面加强人大代表之家和社区人大代表联络站规范化标准化建设,畅通社情民意表达和反映渠道,健全代表反映群众意见要求的处理反馈机制。创新代表激励监督机制,组织更多代表参与监督工作,不断拓宽代表参与常委会、专委会工作的范围和渠道,组织好代表专题调研、集中视察、执法检查等活动,督促代表更好履职尽责。改进代表建议督办机制,规范代表建议的提出、交办、办理、督办、反馈等各环节工作程序。推进代表活动平台建设,继续深化“五比五看”活动,增强代表活动吸引力。

全面提升街道人大工作水平。要始终把充分发挥街道人大工委作用、提高街道人大工作水平作为基础性工作常抓不懈,加强街道人大工委建设,指导完善工作制度,着力在组织视察调研、服务代表履职、深化联系选民等方面提升工作效能,立足街域开展特色活动,推动形成上下一体、密切配合的基层人大工作新格局。

**五、在加强常委会和机关建设上取得新成效**

巩固深化“不忘初心、牢记使命”主题教育成果。立足人大工作实际,围绕建立“不忘初心、牢记使命”的制度要求,建立健全巩固和深化学习教育、调查研究、检视问题、整改落实成果的长效机制,把解决突出问题作为出发点和落脚点。要坚持以政治建设为统领,着力强化思想、组织、作风、纪律和能力建设,为提高常委会履职能力奠定坚实思想基础。要站在守初心、担使命的高度,切实履行全面从严治党主体责任,全力抓好区委巡察整改任务落实,进一步营造风清气正的政治生态。

持续加强作风建设。要主动适应新要求、抓住新机遇,深化“两个机关”建设和对人大工作规律的认识,进一步健全工作制度,定期深入基层听取意见,加强和改进调查研究工作,加大信息宣传力度,努力建设政治过硬、本领高强的工作队伍,推动人大工作更具时代特色和创造活力。

# 以习近平新时代中国特色社会主义思想为引领<br>全面推进红桥区人民政协工作高质量发展(节选)

——在政协天津市红桥区第十四届委员会第四次会议上

2020年1月5日

红桥区政协主席　杨　焕

## 2019年工作回顾

2019年是中华人民共和国成立70周年,是中国人民政治协商会议成立70周年,也是决胜全面建成小康社会的关键之年。一年来,在市政协的正确指导下,在区委的坚强领导下,区十四届政协及其常委会以习近平新时代中国特色社会主义思想为指导,全面贯彻中共十九大和十九届二中、三中、四中全会精神,以习近平总书记对天津工作提出的“三个着力”重要要求为元为纲,进一步增强“四个意识”、坚定“四个自信”、做到“两个维护”,认真贯彻落实习近平总书记关于加强和改进人民政协工作的系列重要讲话和中央、市委政协工作会议精神,深刻把握新时代加强和改进人民政协工作的总体要求,认真履行政治协商、民主监督、参政议政职能,在履职方向上讲政治、强引领,在服务中心工作上讲大局、强担当,在创新载体渠道上讲开拓、强作为,在完善工作机制上讲实效、强管理,在严格工作作风上讲实干、强纪律,始终保持坚定的政治定力、永不懈怠的斗争精神和求真务实的工作作风,在本职岗位上贡献力量、在政协舞台上贡献智慧,不断推动红桥区人民政协工作高质量发展。

### 一、坚持以习近平新时代中国特色社会主义思想为引领,在实现党对人民政协全面领导上得到新加强

坚持和加强党的全面领导。主动接受区委领导,严格执行重大问题请示报告制度。将中央、市委政协工作会议精神和区政协贯彻落实意见及时向区委常委会作专题汇报,区政协年度工作要点、协商计划、全委会议和常委会议筹备召开等重大事项向区委请示报告。坚持区政协党组工作向区委汇报,自觉把区政协工作纳入区委整体工作部署。认真落实区委重要决策部署,及时反馈政协委员的意见建议,保证区委对政协工作的集中统一领导落实到履职工作全过程,做到区委有号召、政协有行动,区委有部署、政协有落实。

扎实开展“不忘初心、牢记使命”主题教育。按照中央和市、区委部署,认真贯彻“守初心、担使命,找差距、抓落实”总要求,将学习教育、调查研究、检视问题、整改落实贯穿始终,推动主题教育取得扎实成效。邀请中央党史研究室原副主任李忠杰教授,以“中国共产党人的初心和使命”为主题作辅导报告并举办专题学习交流会。主题教育期间,召开专题学习研讨23次,进一步加深对习近平新时代中国特色社会主义思想的理解。党组成员带头深入基层开展调查研究,举办调研成果交流会,密切政协同各界群众的联系。征求各方面意见建议68条,校准加强和改进政协工作的用力方向。聚焦问题清单和十项专项整治整改,健全完善加强理论学习、严格委员履职等方面制度机制17项,切实解决工作中

存在的问题,真正将主题教育成果体现在实实在在的干事成效中。

打牢共同思想政治基础。充分发挥人民政协作为统一战线组织的重要作用,协助党和政府认真做好协调关系、理顺情绪、化解矛盾、增进团结的工作。始终把坚持和发展中国特色社会主义作为巩固共同思想政治基础的主轴,全年组织政协委员参加市政协远程春秋讲堂6期,召开工作培训会1次,举办"红桥政协大讲堂"5场,开展座谈研讨3次,累计700余人次委员参与,围绕学习贯彻全国"两会"、中共十九届四中全会和中央、市委政协工作会议精神等主题进行集中宣讲和学习交流,引导政协各参加单位和广大政协委员,进一步增进对中国共产党和中国特色社会主义的政治认同、思想认同、理论认同、情感认同。

充分发挥政协党组领导作用。区政协党组坚持把抓好党建作为最大政绩,全面肩负起实现党对人民政协领导的重大政治责任,充分发挥把方向、管大局、保落实的领导作用,确保把党中央大政方针和决策部署不折不扣贯彻落实到政协全部工作中。坚持每周五集中学习、每季度检查学习笔记制度,围绕专委会视察调研等内容组织研讨,切实发挥党组理论学习中心组引领作用。强化制度建设,修订完善党组议事规则、"三重一大"议事规则,带头推动党内政治生活严起来、实起来、强起来。加强对机关党组工作的领导,定期研究部署机关党的建设工作,指导机关党组制定工作规则、议事决策规则以及加强自身建设等5项制度。

实现党的组织和党的工作全覆盖。认真落实新时代党的建设总要求,探索实行政协党组成员联系界别委员、党员委员联系党外委员等制度,切实发挥党员委员先锋模范作用。提升专委会党建工作水平,围绕学习中共中央《关于加强新时代人民政协党的建设工作的若干意见》和市委实施意见,开展党建专题研讨交流,坚定思想自觉和行动自觉。健全临时党组织制度,在区政协十四届三次会议期间组建大会临时党委,各专委会组建临时党支部;在各专委会课题组外出调研期间设立临时党组织,过好双重组织生活,努力做到哪里有政协委员哪里就有党的工作,哪里有党员哪里就有党的组织,哪里有党的组织哪里就有健全的组织生活和党的组织作用的充分发挥,推动党的组织对党员委员的全覆盖、党的工作对政协委员的全覆盖。

**二、坚持以人民为中心的发展思想,在助推全区打赢"四场硬仗"中实现政协委员新作为**

全力助推打赢棚户区改造攻坚战。聚焦市区棚户区改造"三年清零"行动计划,坚持以担当作为践行初心使命,举政协之力加快推进棚改收官。3名驻会副主席亲自蹲点包片、干在一线,带领指挥部全力以赴做好冲刺攻坚。充分发挥政协人才荟萃、智力密集的优势作用,开展"委员走进拆迁户"活动,以真心、诚心赢得人民群众的信任,体现政协组织的感召力、亲和力和凝聚力。截至11月1日,区政协先后承担的10个片区、11630户的拆迁任务全部实现清零,圆满完成区委交办的工作任务。天津电视台、《天津日报》《今晚报》刊登播出红桥区政协担当作为的先进事迹;《人民政协报》第8413期、《求知》杂志2019年第九期刊发红桥区政协在拆迁工作中的履职成效。

积极助力创文创卫工作。认真落实全区双创誓师大会精神,严格落实包保责任,积极联系相关部门解决包保社区在检查验收过程中存在的突出问题,持续巩固提升社区双创工作成果。组织委员深入社区、学校宣讲身心健康知识,宣传创文创卫工作要求及进展成效,倡导自觉践行《天津市文明行为促进条例》,主动融入社区共建。围绕创建"国家卫生城区"和"天津市文明城区",组织委员深入开展调研,提出意见建议,为提高人民群众的获得感、幸福感献计出力。领导亲自带队,多次组织政协委员、企联会企业家和机关干部深入包保社区开展集中清整劳动,为全力决战创建国家卫生城区尽心竭力、作出贡献。

围绕区域发展献智献策献力。落实新发展理念,进一步深化委员"四个一"活动。集中智慧,为美丽红桥建设献一计。围绕经济社会发展、民计民生改善、城市建设等提出135条建议。创新思路,为壮大区域经济招一商。发挥委员优势作用,引进工商银行总行远程银行中心、陕西建工第二建设集团有限公司天津分公司、国药(天津)商贸有限责任公司等企业落户红桥;盘活空置载体303厂区,引进成立鑫叁零叁产业园区。深入走访,为帮扶委员企业支一招。落实"双万双服促发展"部署要求,走访天津津酒集团等16家企业,协调解决发展中的实际困难。情系百姓,为惠民生献爱心办一事。动员和组织委员及机关党员干部以多种形式向对口帮扶地区捐款93.65万元,为打赢脱贫攻坚战、决胜全面建成小康社会贡献力量。

坚决维护区域和谐稳定。积极发挥政协组织在社会治理中的重要作用,与市政协社会法制委就"扫黑除恶专项斗争和创建'无黑'城市"开展联合调研,组织委员积极建言献策,提出有参考性的意见建议。接待香港青年交流团到卓朗科技有限公司考察,使他们亲身感受天津红桥的发展成就,进一步激发爱国热情。落实市、区委"走百街入千家,万名党员干部'四访'"活动要求,化解群众难题19件。立足自身职能,发挥民族宗教界委员作用,积极参加民族团结月活动,在"盖德尔夜"走访慰问穆斯林群众,促进民族团结、宗教和睦、社会和谐。

**三、坚持政协"三大职能",在发挥专门协商机构作用上迈出新步伐**

政治协商贯穿全过程。坚持以制定实施年度协商工作计划为抓手,把协商民主体现在政协履行职能全过程、贯穿于开展工作各方面。8位副主席和秘书长于4月至6月带领课题组,赴先进地区和相关部门进行学访调研,提升建言资政的准确度。140余名委员结合各自提案,深入兄弟区和基层一线开展调研,不断加大调研深度和广度。在政协红桥区第十四届委员会第三次全体会议上,各民主党派、工商联提出调研建议7篇,积极协商议政。在第十八次常委会第三次专题议政会议上形成9篇高质量的调研成果,区委、区政府主要领导对委员提出的意见建议给予充分肯定。会后,区长亲自安排部署,政府有关部门积极采纳、主动落实,有力推动协商成果转化。

民主监督扎实推进。紧扣党政工作的要事、民生改善的实事和社会治理的难事,以多种形式开展民主监督。围绕全区四场硬仗,在棚户区改造、创文创卫工作、打赢扫黑除恶攻坚战、保障和改善民生等方面开展监督性履职活动。组织部分委员参加区级领导班子、领导成员述职述廉评议和红桥区人民政府2019年度廉政工作会议,组织部分委员参与2019年度全面从严治党满意度调查,应邀对"征迁摇号选房""小升初"随机派位、"幼儿入学信息登录"等进行现场监督。尊重委员在建言献策活动中的主体作用,进一步提高提案办理质量,全年共审查立案140件并转交区政府办理,在规定期限内全部办复完毕。

参政议政提质增效。坚持科学发展,关注民计民生,不断提升参政议政水平。积极搭建知情明政平台,邀请区政府主要负责同志通报区情;组织委员参加西于庄城市规划和控规调整解读会,拓宽参政议政的视野和思路,为发挥主体作用创造良好条件。组织文化、少数民族界别委员对市民族文化宫建设开展帮扶服务,从运营发展、功能设置等方面提出意见建议。组织各专委会深入开展人民政协理论研究,围绕政协履职、政协历史、党的建设等主题，形成《完善建言资政和凝聚共识“双向发力”的制度、程序、机制》等12篇理论研究文章。充分发挥社情民意信息“直通车”作用，针对反映的企业消防检测难、小区停车难、旧楼改造维护不到位、街道社区“双创”疑难问题等形成8期重点社情民意专报，其中3期得到区政府有关领导批示，7期已得到圆满解决。

**四、坚持强基固本，在提升“两支队伍”履职能力和本领上取得新进展**

激发委员履职热情。以庆祝中华人民共和国和中国人民政治协商会议成立70周年系列活动为契机，组织委员广泛参与、深度融入，不断强化为国履职、为民尽责的内在动力。举办庆祝中华人民共和国暨中国人民政治协商会议成立70周年大会，充分激发委员爱党爱国爱政协的政治热情；举办“奋进新时代 奋进新征程 政协委员展风采”主题演讲，市、区领导为两届获奖委员颁发证书，展现红桥区委员在时代大潮中的奋斗风采；举办“我和我的祖国”主题书画展，书画艺术家委员用自己的笔墨和一技之长表达对祖国的深情厚意。支持委员开展富有特色的活动，与天津市政协文化文史委联合举办“童声嘹亮”美丽中国 我是行动者 红桥区少年儿童“6·5”环境教育颁奖宣誓唱响活动；文化文史委创作的《三条石》文学作品出版发行，取得较好社会反响。区政协常委、文化文史委主任李清资创作歌曲《永远跟党走》参加全国政协开展的“我和我们的政协”主题歌曲征集活动，入选《庆祝人民政协成立70周年歌曲征集活动作品集》，并在北京受到中共中央政治局常委、全国政协主席汪洋的亲切会见；同时作为天津市唯一候选人入围全国“最美基层政协委员”评选。提案委委员李锐钧荣获第六届“全国自强模范”称号，参加在人民大会堂举办的全国自强模范暨助残先进表彰大会，受到习近平总书记的亲切会见并合影留念；他创作的巨幅国画《双凤朝阳》作品赠送给在天津举办的全国第十届残疾人运动会暨第七届特奥会组委会，树立红桥区政协委员良好形象。

大力加强委员队伍建设。着眼新时代新任务，注重强化对委员的教育、服务、管理和引导。组织部分委员参加全国政协地方委员培训班，开拓委员视野，提升履职能力。开展新任委员培训，教育引导委员深刻认识政治身份、切实珍惜政治荣誉，从思想上政治上扣好履职的第一粒扣子。严格落实委员履职规则，实行委员履职“积分制”，引导督促委员主动完成“五个一”要求、做好委员作业，常委交好履职报告。坚持主席、副主席联系委员制度，走访委员及委员所在单位，参加专委会和界别小组开展的各项活动。动员组织委员积极参加市政协举办的书法绘画作品展，上报的11名委员书法绘画作品全部入选，得到市政协好评。

全力打造政治过硬的政协机关。落实区委对政协机关政治巡察反馈意见，补短板、强弱项，修订机关财务管理等一系列制度。开展深化政治性警示教育“一抓三补四强化”专项行动，加强党风廉政建设，坚决肃清黄兴国、张泉芬、赵建国、杨茂顺、李可恶劣影响。深化同全市各兄弟区政协和不同地区互动交流，接待柳州市政协、长春市宽城区政协、南开区政协、河北区政协学访，介绍工作做法，相互借鉴经验。认真筹建政协文史展室，完成文史资料征集、筛选和布展大纲制定，做好布展前准备工作。加强内外宣传工作，制作完成2019年政协委员风采宣传片，更新机关宣传栏和学习园地7期，出刊《红桥政协信息》50期，发布政协微信公众号动态56条，在人民政协网、《天津日报》、《求知》杂志、美丽红桥微信公众号等媒体报刊刊发稿件十余篇，进一步提升政协工作社会影响力。加强机关干部队伍建设，先后有7人得到提拔和进一步重用。

过去的一年，政协工作中还存在着差距和不

足,主要是:学习习近平新时代中国特色社会主义思想还需要进一步深化,新时代加强政协党的建设的途径方法还需要进一步探索,对标中共十九届四中全会新要求、发挥专门协商机构作用的制度机制还需要进一步完善,推动建言资政和凝聚共识“双向发力”还需要进一步强化,界别作用发挥还需要进一步增强。对这些问题,要高度重视,认真研究解决。

## 2020 年主要任务

2020 年是全面建成小康社会和“十三五规划”的收官之年,也是全力打造绿色城区、建设美丽红桥的攻坚之年。区政协工作的总体要求是:坚持以习近平新时代中国特色社会主义思想为引领,全面贯彻中共十九大和十九届二中、三中、四中全会精神,进一步增强“四个意识”、坚定“四个自信”、做到“两个维护”,对标对表《中共中央关于新时代加强和改进人民政协工作的意见》,按照中央、市委政协工作会议要求和区委部署,巩固拓展“不忘初心、牢记使命”主题教育成果,牢牢把握新时代人民政协新方位新使命,坚持党对人民政协工作的全面领导,探索新时代专门协商机构作用的发挥,推动人民政协制度在坚持中发展、在巩固中完善,聚焦区委中心工作履职尽责,为红桥区改革发展稳定凝聚智慧和力量。

### 一、加强党对政协工作的全面领导

旗帜鲜明讲政治,加强党的创新理论武装,把坚持党的领导贯穿到政协全部工作之中,切实落实党中央对人民政协工作的各项要求。自觉在区委领导下开展工作,制定出台区政协重大问题请示报告制度,做到区政协重要工作、重要会议、重大事项等及时向区委请示报告,确保政协工作正确的政治方向。发挥区政协党组领导作用,贯彻落实中共中央《关于加强新时代人民政协党的建设工作的若干意见》和市委实施意见,进一步强化制度建设和实践,加强对机关党组、专委会党组织的领导,实现党的组织对党员委员的全覆盖、党的工作对政协委员的全覆盖。发挥党员委员在思想政治引领、凝聚共识、合作共事等方面的模范作用,影响带动广大委员发挥在政协工作中的主体作用、界别群众中的代表作用和本职工作中的带头作用,切实把党中央大政方针和决策部署贯彻落实下去,转化为人民群众的共识。

### 二、加强思想政治引领广泛凝聚共识

紧紧围绕区委中心工作,坚持党政点题、政协解题,集中开展走访调研,充分发扬民主和增进团结相互贯通、建言资政和凝聚共识双向发力,使人民政协成为坚持和加强党对各项工作领导的重要阵地、用党的创新理论团结教育引导各族各界代表人士的重要平台、在共同思想政治基础上化解矛盾和凝聚共识的重要渠道。深入学习党的创新理论,建立习近平新时代中国特色社会主义思想学习座谈会制度,引导参加人民政协的各党派团体和各族各界人士在学懂弄通做实上下功夫,夯实团结奋斗的共同思想政治基础。建立健全走访看望委员制度和谈心谈话制度,开展“大走访、大调研”活动,听取意见建议,回应关切、交换看法、沟通思想、增进共识。针对社会各界关注的问题和界别群众的利益诉求,开展民主监督视察,加大民生提案征集督办力度,反映社情民意信息,积极协助区委、区政府做好思想引领、协调关系、理顺情绪、化解矛盾的工作。发挥统一战线组织功能,坚持大团结大联合,加强同民主党派成员、党外知识分子、非公有制经济人士、新的社会阶层人士的交流沟通;推动各民族交往交流交融,引导宗教和社会主义社会相适应;加强同港澳台同胞、海内侨胞的交往交流,正确处理好一致性和多样性的关系,努力推动形成最大向心力、画出最大同心圆,为加快美丽红桥建设汇聚起强大正能量。

## 三、加强专门协商机构作用发挥

坚持人民政协作为专门协商机构的性质定位，落实好专门协商机构的制度机制，进一步强化“有事多商量、遇事多商量、做事多商量”的特点和优势。紧紧围绕区委和政府工作的重点、群众生产生活的难点、社会治理的焦点确定协商议题，认真制定并执行落实年度协商计划，大兴调研之风，掌握第一手资料，用事实和数据说话，不断提升协商能力素质，更好地发挥人民政协在国家治理体系和治理能力现代化中的重要作用，为服务全区发展大局作出贡献。切实加强与党政工作的有效衔接，开好全体会议，发挥这一协商履职最高形式的作用，召开1次专题议政性常委会议和若干次专题协商会，邀请区委常委、区政府副区长开展“一对一”的对口协商，保证协商频次，提高议政质量，擦亮专门协商机构的“牌子”。推动政协协商向基层延伸，充分发挥街道社区委员联络中心作用，引导好群众诉求在政协渠道的表达，切实做到“人民政协为人民”。

## 四、加强政协制度建设，规范“两支队伍”管理

全面贯彻落实中央关于新时代加强和改进人民政协工作的最新要求，抓住工作制度建设这个“牛鼻子”，抓好“两支队伍”建设这个关键，切实发挥好人民政协制度的整体效能。建立健全以政协章程为基础，以协商制度为主干，覆盖政协党的建设、履职工作、组织管理、内部运行等各方面的制度，形成权责清晰、程序规范、关系顺畅、运行有序的制度体系。严格执行委员履职管理办法，加强委员履职考核，开展优秀提案评选，继续深化“四个一”活动，督促委员主动完成“五个一”要求，交出高质量的履职报告。组织第三届“奋进新时代 奋进新征程 政协委员展风采”主题系列活动。深化“6·5”世界环境保护日“童声嘹亮”活动，努力打造品牌，扩大社会影响力。发挥专委会基础性作用，组织召开各专委会工作座谈会，定期向常委会议报告专委会工作，组织委员开展经常性履职活动，夯实政协履职基础。发挥界别优势作用，调动参政议政积极性。强化提案办理，着力加强提案督办。开展理论研究，总结积累经验，推进实践探索。建成政协文史展室。着力提高区政协机关服务保障水平，优化干部队伍结构，完善考核管理机制。加强党风廉政建设，深化不作为不担当问题专项治理，支持派驻纪检监察组开展工作，从根本上铲除圈子文化、码头文化、好人主义滋生蔓延的深层土壤，持续肃清黄兴国、张泉芬、赵建国、杨茂顺、李可恶劣影响，努力营造风清气正弊绝的良好政治生态。

# 突出政治属性　强化监督职责<br>为红桥区高质量发展提供坚强纪律保障(节选)

——在中国共产党天津市红桥区第十一届纪律检查委员会第八次全体会议上

2020 年 1 月 22 日

区纪委书记、区监委主任　于　清

这次全会的主要任务是:以习近平新时代中国特色社会主义思想为指导,深入贯彻党的十九大和十九届二中、三中、四中全会精神,全面落实习近平总书记在十九届中央纪委四次全会上的重要讲话和中央纪委四次全会精神,落实市委十一届七次、八次全会,市纪委十一届七次全会和区委十一届十三次、十四次全会部署,回顾 2019 年全区纪检监察工作,部署 2020 年任务。

## 一、2019 年工作回顾

2019 年,在市纪委监委和区委坚强领导下,全区纪检监察组织坚持以习近平新时代中国特色社会主义思想为指导,增强"四个意识",坚定"四个自信",做到"两个维护",坚持稳中求进工作总基调,一体推进不敢腐、不能腐、不想腐,全区党风廉政建设和反腐败工作取得新实效。

### (一)持续深入学习贯彻习近平新时代中国特色社会主义思想,坚决做到"两个维护"

加强理论武装。把习近平新时代中国特色社会主义思想作为区纪委常委会、理论中心组和机关各支部学习首要内容,扎实开展"不忘初心、牢记使命"主题教育,出台《关于区纪委常委会带头把学习贯彻习近平新时代中国特色社会主义思想不断引向深入的意见》,建立理论学习、成效检视、政治监督"三项机制",形成贯彻落实的"闭环体系"。牵头做好主题教育专项整治工作,市委"民意直通车"转办的 196 件群众反映问题全部按期办结,满意率指标得到市委第三巡回指导组高度肯定。认真学习贯彻党的十九届四中全会精神,凝聚纪检监察工作高质量发展的强大动力。

强化政治监督。制定关于加强政治监督的工作方案,推动政治监督具体化、常态化。贯彻落实习近平总书记"三个着力"重要要求和重要指示批示精神,开展人防领域、违建别墅、土地管理领域违纪违法问题等专项治理,拆除违建别墅 4 栋,立案查处土地管理领域问题 2 件。聚焦全区重点工作精准发力,紧盯棚户区改造,推动开展专项警示教育,严肃查处李志忠、刘贺等在动迁安置工作中失职渎职、违纪违法问题。严明政治纪律政治规矩,查处违反政治纪律问题 5 起 7 人。

净化政治生态。主动加强对全区政治生态状况的分析研判,形成全区政治生态报告。针对市委约谈反馈问题整改,协助区委开展深化政治性警示教育"一抓三补四强化"专项行动,打好主体责任考核"翻身仗",红桥区 2019 年度主体责任考核结果优秀,被市委通报表扬。通过召开全区警示教育大会、编发警示教育读本、组织全覆盖参观区属警示教育基地等,强化思想震慑,肃清恶劣影响,受教育党员干部累计达 2.1 万余人次。组织各单位紧紧围绕授权、用权、控权环节,查找岗位风险点 814 处,制定风险防控措施

743 条，完善制度机制 586 项。

（二）牢固树立以人民为中心的发展思想，坚决整治群众身边腐败和作风问题

严查群众身边“微腐败”。继续开展扶贫助困领域腐败和作风问题专项治理，开展漠视侵害群众利益问题专项整治，紧盯东西部扶贫协作和对口支援项目，深化与甘肃省合水县纪委监委异地协作。查处群众身边“微腐败”问题 54 件次，处分 65 人次，第一种形态处置 18 人次。

深挖黑恶势力“保护伞”。强化宣传发动，建立领导包片包案、街所联动、线索移交等制度机制，查处“官伞”1 人，“警伞”13 人，党员干部直接参与黑恶犯罪 1 人，不作为不担当“庸伞”6 人，移送司法机关 7 人。针对红桥区查处的全国首例“套路贷”案件暴露出来的社区矫正工作中存在的问题，督促区司法局党组就问题整改召开专题民主生活会，组织全面自查自纠，健全 18 项制度，组织处理 24 人。

（三）贯彻惩前毖后、治病救人方针，做细做实监督第一职责

注重日常、抓在经常。涵养监督文化，通过廉洁家书、旁听庭审等形式浓厚廉洁文化氛围，强化党员干部廉洁自律意识。贯通运用“四种形态”，推动用好第一种形态，第一至第四种形态分别处理 688 人、145 人、12 人、17 人，前两种形态占比达 96.6%。加大对函询结果的抽查核实力度，比例达 24%。

健全监督体系。统筹推动“四个监督”，建立监督工作例会制度，开设监督“一线课堂”，强化信息共享、联动贯通，凝聚监督合力。推动监督向基层延伸，在 122 个社区建立纪检监察工作联络站，出台管理办法，推动发挥作用。对换届后社区两委班子成员开展“过筛子”式“回头看”，发现问题 10 起，查处 3 人。

深化回访教育工作。制定工作办法，开展专题培训，对 391 名受处分人纪律处分决定执行情况进行检查，对 57 名受处分党员干部开展回访教育，强化激励关怀。1 名曾受处分人员被提拔到领导岗位，3 名曾受处分人员被组织委以重任，实现良好政治效果、纪法效果、社会效果，得到市纪委主要领导批示肯定，红桥做法被《中国纪检监察》杂志刊发。

（四）驰而不息纠“四风”，推动作风建设向深向实

严肃查处违反中央“八项规定”精神问题。紧盯隐形变异的“四风”问题，持续开展明察暗访，巩固拓展落实中央“八项规定”精神成果，组织全区各单位各部门对落实中央“八项规定”精神问题再次自查自纠，推动问题整改清零，切实做到理旧账、清底账、防新生。全区查处违反中央“八项规定”精神问题 32 件次，处分 26 人次，第一种形态处理 8 人次。

持续整治形式主义官僚主义、不作为不担当顽疾。对市委不作为不担当问题专项巡视移交的 19 件问题线索全部按期办结，处分 7 人，第一种形态处理 1 人。全区查处形式主义官僚主义问题 104 起，问责 146 人；查处不作为不担当问题 117 起，问责 166 人次和 5 个党组织。严肃查处王秀文严重违纪、不作为不担当问题，并全区通报曝光。将“吹哨报到”机制落实情况纳入专项治理重点，对“胡同里小吃”市场问题涉及的有关职能部门，追责问责 19 人，得到市委主要领导高度肯定。

（五）聚焦发现问题、形成震慑，进一步发挥巡察利剑作用

深化政治巡察。明确政治巡察重点监督内容，量身定制符合被巡察党组织实际的“政治体检表”。对 26 个单位开展三轮常规巡察，发现问题 468 个，提出整改意见和建议 236 条，移交问题线索 21 件。健全巡察制度机制，切实配强配优巡察干部队伍，推动巡察工作提档升级。

抓实巡察整改。制定《关于加强巡察整改日

常监督的意见(试行)》,建立区委巡察组与区委组织部、区纪委监委监督检查室和派驻纪检监察组等联合检查整改评价机制,构建巡察监督与纪律监督、监察监督、派驻监督有序衔接、互为补充、协调一致的整改监督链条,以迎接市委巡视办调研巡查工作为契机,进一步推动历次巡视巡察反馈问题全部整改到位。

(六)不断深化纪检监察体制改革,激发制度效能

加强对全区纪检监察系统的领导。制定《关于加强街道纪检监察组织建设的实施意见》,组建街道纪检监察工委,采取全员培训、整建制抽调、调研督导等方式,督促街道纪检监察干部强化主责意识,推动深化“三转”。制定街道、区管事业单位、区管企业纪(工)委书记、副书记三个提名考察办法,强化“两个为主”。

深化派驻机构改革。制定《关于深化天津市红桥区纪委监委派驻机构改革的实施意见》,明确35项重点任务,通过听取汇报、定期约谈、述责述廉等方式督促履职,探索完善派驻监督领导体制和工作机制。结合机构改革调整派驻机构综合监督单位,将区人民法院、区人民检察院纳入派驻监督范围,增设驻区市场监管局纪检监察组,提升全覆盖质量。

(七)保持反腐败高压态势,巩固发展压倒性胜利

加大力度减存量、遏增量。拓宽群众监督渠道,启用“12388”统一信访举报电话,受理群众信访举报1916件次,其中检举控告类289件次。推动历史问题线索清零,累计处置问题线索331件,立案162件,处分168人,留置17人,移送司法机关10人,挽回经济损失3822.47万元;全年立案区管干部44人次。强化执纪审查安全工作,完善工作制度,在区纪委机关全面建成符合标准的谈话场所。

深化“以案三促”。建立“以案三促”工作联动机制,对查处的典型违纪违法案例中的79人次进行通报曝光,警示教育基地接纳参观达320余场,召开警示教育专题党课660余堂,通报分析违纪违法典型案例900余件次,召开专题民主生活会90余场,召开专题组织生活会900余场,针对典型案件制发纪律检查建议书和监察建议书29件次。

(八)坚持自我约束从严,锻造纪检监察队伍

突出政治建设。全面加强机关党的建设,完成支部换届,组织全体党员深入开展“不忘初心、牢记使命”主题教育。通过政治学习、忠诚教育、纪律警示、专题民主生活会等,强化纪检监察干部政治意识,努力打造模范政治机关。

促进能力提升。加强能力建设,把2019年定为“学习培训年”。建立学习小组,开展每周一学、每周一考,全年组织参训1400余人次。在区委坚强领导和支持下,完成4800余平方米的合署办公场所整修改造,全面改善办公条件。加快机关信息化建设,接入市纪委监委综合业务平台,立项建设综合办公系统。

严格纪律要求。制定区纪委监委机关为基层减负15条工作措施,切实改进工作作风,提升工作效能。健全内控机制,制定《红桥区纪委监委关于问题线索了结件抽查复核工作暂行办法》,共抽查复核79件。认真处置反映纪检监察干部的问题线索,函询7人次,全年共对4名纪检监察干部给予第一种形态处理。选聘23名特约监察员,自觉接受民主监督、社会监督、舆论监督。

经过一年的努力,全区政治生态明显好转,党员干部精神面貌大大改善;民意调查结果显示,群众对红桥全面从严治党满意度从全市第十名升至第四名。成绩的取得,离不开习近平新时代中国特色社会主义思想的科学指引,离不开市纪委和区委的坚强领导,离不开全区各级党组织

和党员、干部、群众的关心支持，离不开全体纪检监察干部的共同奋进。

肯定成绩的同时，也要清醒地看到，红桥区党风廉政建设和反腐败斗争形势依然严峻复杂，全面从严治党永远在路上。一是净化政治生态仍需持续用力，好人主义等问题依然较为突出。二是基层监督体系还不健全，群众身边腐败和作风问题时有发生。三是纪检监察干部队伍建设还存在一些短板，人员配备不齐全，能力素质有待提升，等等。对这些问题，必须引起高度重视，切实加以解决。

**二、2020 年工作任务**

2020 年是全面建成小康社会和“十三五”规划收官之年，做好纪检监察工作意义重大。总体要求是：以习近平新时代中国特色社会主义思想为指导，全面贯彻党的十九大和十九届二中、三中、四中全会精神，深入贯彻习近平总书记对天津工作提出的“三个着力”重要要求和重要指示批示精神，认真落实十九届中央纪委四次全会和市委十一届七次、八次全会，市纪委十一届七次全会，区委十一届十三次、十四次全会部署，增强“四个意识”，坚定“四个自信”，做到“两个维护”，坚持稳中求进工作总基调，协助党委持续深化全面从严治党，坚持和完善党和国家监督体系，强化对权力运行的制约和监督，一体推进不敢腐、不能腐、不想腐，在坚持和完善中国特色社会主义制度、推进国家治理体系和治理能力现代化中充分发挥监督保障执行、促进完善发展作用，建设高素质专业化纪检监察干部队伍，推动新时代纪检监察工作高质量发展，为决胜全面建成高质量小康社会和打造绿色城区、建设美丽红桥提供坚强保障。

习近平总书记在十九届中央纪委四次全会上的重要讲话，站在实现“两个一百年”奋斗目标的历史交汇点上，深刻总结新时代全面从严治党的历史性成就，深刻阐释中国共产党实现自我革命的成功道路、有效制度，深刻回答管党治党必须“坚持和巩固什么、完善和发展什么”的重大问题，对以全面从严治党新成效推进国家治理体系和治理能力现代化作出战略部署。全区各级纪检监察组织要把学习贯彻习近平总书记在十九届中央纪委四次全会上的重要讲话和中央纪委四次全会精神作为重要政治任务，结合工作实际认真抓好落实。要牢牢把握纪检监察机关政治属性，切实肩负起“两个维护”根本政治任务，一以贯之、坚定不移全面从严治党，把“严”的主基调长期坚持下去，以扎实有效的监督助推全区经济社会发展再上新水平。

要深入学习贯彻党的十九届四中全会精神，自觉把各项工作放到坚持和完善中国特色社会主义制度和国家治理体系的大局中来思考、谋划、推动，牢牢抓住监督这个基本职责、第一职责，精准监督、创新监督，深化纪检监察体制机制改革创新，以高质量党内监督、国家监察促进国家制度和治理体系提质增效，充分彰显中国共产党领导和中国特色社会主义制度的优越性。

（一）坚守初心使命，强化“两个维护”的坚定自觉

持之以恒学懂弄通做实习近平新时代中国特色社会主义思想。做到原原本本学、及时跟进学、融会贯通学，把区纪委理论学习中心组打造成学习习近平新时代中国特色社会主义思想的“示范班”。不断巩固深化主题教育成果，带头把学习贯彻习近平新时代中国特色社会主义思想不断引向深入。

做细做实政治监督。把“两个维护”作为新时代强化政治监督的根本任务，深化季度对标对表的成效检视机制，持续抓好习近平新时代中国特色社会主义思想和党的十九届四中全会学习贯彻情况的监督，加强对习近平总书记重要讲话重要指示批示精神和中央、中纪委、市委、市纪委、区委重大决策部署贯彻落实情况，全面从严

治党责任落实情况，以及党章党规和法律法规执行情况的监督检查，严明政治纪律政治规矩，严肃查处不敬畏、不在乎、喊口号、装样子的行为。

持续修复净化全区政治生态。明确政治生态年度重点任务和具体举措，强化检查考核，推动政治建设向深度掘进。持续开展码头文化、圈子文化、好人主义专项治理，坚决肃清黄兴国、张泉芬、赵建国等恶劣影响。加强政治生态分析研判，突出群众感知评价，为各区管单位、区管干部“精准画像”。加快规范廉政档案建设。加强对党内政治生活各项制度落实情况的监督检查，深化做实民主生活会监督。

一体推动“两个责任”落实。积极协助党委推进全面从严治党，健全向党委报告工作、提出建议等工作机制。通过约谈提醒、述责述廉、巡察检查考核等方式，加强对主体责任落实情况的监督。对落实“两个责任”不力，该问责不问责的，严肃精准追责问责，典型问题一律通报曝光。

（二）紧盯群众反映强烈的突出问题，集中开展专项整治

继续推进扶贫助困领域腐败和作风问题专项治理。聚焦低保资金拨付、救助款物发放等，推动开展拉网式排查，对贪污侵占、吃拿卡要、优亲厚友的从严查处，对扶贫助困工作中的形式主义官僚主义问题严肃问责。持续加强对东西部扶贫协作和对口支援工作的监督检查，推动扶贫工作任务落地落实。将群众身边腐败和作风问题纳入街道社区巡察重点内容，精准发现问题，形成有效震慑。

精准查处涉黑涉恶腐败和“保护伞”。严格落实中央督导“回头看”反馈意见，持续升级加力，全面翻查起底，继续加大“套路贷”等重点领域破“网”打“伞”工作力度。落实“一案三查”，严查黑恶势力违法犯罪涉及的腐败问题，彻查背后的“官伞”“警伞”“庸伞”，倒查主体责任和监管责任。坚持边打边治边建，深入剖析案件暴露出的监管不力、制度漏洞问题，推动健全长效机制。

深入开展民生领域损害群众利益问题集中整治。紧盯教育医疗、生态环保、食药安全等方面侵害群众利益的突出问题，监督推动各部门各单位压实主体责任，对重点问题直查快办，对失职失责问题严肃问责，保障区委、区政府生态立区、教育兴区、土地强区工作要求落实到位。

（三）持续深化纪检监察体制改革，推动健全监督制度体系

深入推进纪律检查体制改革。严格落实查办腐败案件以上级纪委领导为主的制度机制，强化工作部署、日常监督等方面的领导。推动完善对各级主要领导干部监督和领导班子内部监督制度，着力破解“一把手”监督和同级监督难题。强化对全区纪检监察组织的工作领导和业务指导，为各街道纪检监察工委、各派驻纪检监察组履职提供有力支撑。将街道纪检监察工委“三转”情况纳入巡察内容。严格落实基层纪工委书记、副书记提名考察办法，推进纪委书记、副书记交流任职。

健全完善派驻监督领导体制和工作机制。严格落实区纪委监委领导直接分管、监督检查室联系指导等制度，完善派驻机构考核办法，规范报告内容和程序，加强对派驻机构的领导。推进事业单位纪检监察组织建设，设立党委的，要相应设立纪委，并配备纪委书记和一定数量的工作人员。

促进纪法贯通、衔接司法。落实市纪委监委出台的监督检查审查调查工作办法、措施使用规定等，优化业务流程、审批权限等环节。健全监督检查和审查调查职能分离、部门分设工作机制，强化贯通制约。深化与公检法等部门协作，规范问题线索移送、重大案件协调等机制。深入对接以审判为中心的诉讼制度改革，完善办案程序、证据标准衔接机制，促进与司法机关、执法部

门互相配合、互相制约。

(四)加大监督工作探索力度，增强监督严肃性、协同性、有效性

做实日常监督。深化运用监督执纪“四种形态”，精准把握政策策略，依规依纪依法行使职权。用好谈话函询，提高谈话比例，对现职领导干部本级直接谈话比例不低于20%；对函询结果抽查核实比例不低于15%，对不如实说明问题的严肃处理。做好监督基础工作，经常性深入联系部门和单位调研谈话，全面掌握情况。深化帮扶回访教育，纳入主体责任检查考核和述责述廉，推进回访教育工作常态化规范化。落实市纪委监委“四个监督”统筹衔接意见，强化贯通协同、高效运转。

深化基层监督。坚持哪里有党组织，哪里就有纪检监察工作，健全完善基层监督制度和体系，推动监督制度化、常态化。充分发挥基层党组织和纪检监察组织监督作用，用好社区纪检监察工作联络站，强化培训指导，推动发挥作用，切实把问题发现在基层、解决在基层。

加强对权力运行的监督制约。紧盯“关键少数”、关键岗位，围绕权力运行各个环节，促进建立权力运行可查询、可追溯的反馈机制，压减权力设租寻租空间。用好纪检监察建议有力武器，推动重点行业领域监督机制改革和制度建设。以党内监督为主导，促进党内监督与人大监督、民主监督、行政监督、司法监督、审计监督、财会监督、统计监督、群众监督和舆论监督有机贯通、相互协调，形成对权力运行的全方位监督。

(五)深入贯彻落实中央八项规定精神，巩固拓展作风建设成效

紧盯老问题、新表现。坚守重要节点，深入治理享乐主义、奢靡之风，严肃整治“吃喝风”等问题。对违纪行为发生在中共十九大后的一律从严查处、一律公开通报曝光。坚决整治贯彻党中央和市区委决策部署只表态不落实、维护群众利益不担当不作为和困扰基层的形式主义官僚主义等问题，从严从快查处。加强对专项治理情况的精准研判，对问题集中、群众反映强烈的部门和领域开展“点穴式”整治；强化对区级机关领导干部履责情况的监督，坚决破除“中梗阻”。加大对落实“吹哨报到”机制不力问题的查处力度，实现同步跟进、同步转线索。

建立健全作风建设长效机制。健全严查“四风”反弹回潮工作机制，推动有关职能部门细化规定，巩固和扩大纠治成果。充分运用大数据手段，用好区纪委监委网站、微信公众号等举报平台。督促各部门各单位对相关制度的制定和执行情况开展“回头看”，认真检视制度建设方面存在的模糊地带、监管盲区、执行漏洞等问题。运用“四风”典型案件开展警示教育，强化党员干部廉洁自律意识。

(六)坚持发现问题与推动整改并重，实现巡察工作高质量发展

推动政治巡察具体化。紧扣“两个维护”，聚焦政治责任，围绕“四个落实”精准发现问题、纠正政治偏差。制定巡察工作指引，加强巡察人才队伍培训，规范业务流程。推动开展选人用人工作、落实意识形态工作责任制专项检查，提高监督质效。探索建立巡察办定人定向指导督导机制、巡察发现问题质量情况的分析报告机制，做实问题底稿审核、后评估等工作，促进巡察工作规范化。积极探索“巡街道带社区”等多种方式，推动巡察监督向基层延伸，实现全覆盖。

做好巡察工作“后半篇文章”。强化巡察机构统筹监督、纪检监察机关和组织部门日常监督、派驻机构全天候监督的整改监督机制。完善整改情况报告、公开等制度，健全巡察反馈问题对接、整改检查评价及结果运用机制，对整改不力的严肃追责问责。严格处置巡察移交问题线索，举一反三推动改革，完善体制机制，堵塞制度漏洞。

(七)构建一体推进不敢腐、不能腐、不想腐的体制机制,不断巩固和发展反腐败斗争压倒性胜利

保持惩治腐败的决心力度不变。突出重点从严惩治,对党的十八大以来不收敛不收手,严重阻碍党的理论和路线方针政策贯彻执行、严重损害党的执政根基的腐败问题从严查处,对主动投案者依规依纪依法从宽处理,对巨额行贿、多次行贿的严肃处置。加大国企、金融等领域反腐力度,严查资源、土地、规划、建设、工程领域违纪违法问题,对土地管理领域违纪违法问题再排查一遍,对以往发现和正在查办的问题线索再起底一遍,对已结案件的问题线索再翻查一遍。

做好查办案件"后半篇文章"。严格落实市纪委监委"以案三促"工作办法,用好纪检监察建议书、警示教育专题民主生活会等形式,对巡视巡察反馈问题以及案件查办、专项整治中暴露出来的问题,持续跟进、紧盯不放,以问题整改促进工作提升。充分发挥区反腐败警示教育基地作用,分类分层实施精准化、差异化、特色化警示教育,更多发挥身边人身边事警示效果。创新运用融媒体手段,加强思想道德和党纪国法教育,推动家风建设,打造有红桥特色的廉政文化品牌。

严把案件质量关。做好案件审核把关和监督制约工作,强化对案件办理的监督。深入推进"铁案工程"建设,常态化开展案件质量评查,以评促进、以查促改。完善案件质量责任体系,健全案件协作配合、业务培训等机制,建立内审员制度。压紧压实"四级责任",每季度开展安全专项检查,守住办案安全底线。

(八)适应形势任务需要,建设高素质专业化纪检监察干部队伍

强化思想政治引领。加强区纪委常委会政治建设,带头做到"两个维护",发挥示范引领作用。全面提高机关党建质量,严格落实党建工作责任制,发挥支部坚强堡垒作用。深入开展忠诚教育,打造政治坚定、对党忠诚、勇于担当的纪检监察铁军。

不断提升专业化水平。突出政治标准,注重工作实绩,选好用好纪检监察干部,给干事者舞台、为实干者撑腰,畅通干部成长空间。通过交流引进、集中抽调、临时借调等方式,充实办案力量。大力开展学习型机关建设,深化全员培训,强化实战练兵,提高干部政治素质、业务能力。加强机关文化建设,营造团结和谐、风清气正、奋进昂扬的机关氛围。真诚关心关爱干部,切实解决后顾之忧。

加强内部监督。严格执行监督执纪工作规则、监督执法工作规定,完善自身权力运行机制和管理监督制约体系,牢固树立法治意识、程序意识、证据意识。深入落实纪检监察干部监督工作意见,建立纪检监察干部廉政资料。严肃查处执纪违纪、执法违法行为,坚决清除"害群之马"。充分发挥特约监察员作用,深化"阳光纪检",健全接受各方面监督机制,公正规范履职。

大力推进信息化建设。全面推行市纪委监委综合业务平台,建成使用综合办公系统,做好纪检监察系统检举举报平台推广部署工作,深度对接区综合治理"三级平台、四级网格",提高监督办案信息化水平。加强纪检监察内网网络维护与安全管理。

# 天津市红桥区人民检察院工作报告(节选)

## ——在红桥区第十七届人民代表大会第六次会议上

2020 年 1 月 6 日

红桥区人民检察院检察长 张春明

### 过去一年主要工作的回顾

一年来,在区委和市检察院的领导下,在区人大及其常委会的监督下,深入贯彻落实党的十九大和十九届二中、三中、四中全会精神,牢固树立"四个意识",坚定"四个自信",坚决做到"两个维护",坚持以习近平新时代中国特色社会主义思想为指导,围绕全区中心工作,讲政治、顾大局、谋发展、重自强,忠诚履行法律监督职责,为维护红桥区经济社会发展、促进社会公平正义提供有力司法保障。

**一、坚定不移讲政治,坚持党对检察工作的绝对领导**

牢牢把握检察工作的政治属性,依法履行检察职责,全力维护社会大局的和谐稳定。

一是扎实开展"不忘初心、牢记使命"主题教育。紧紧围绕"守初心、担使命、找差距、抓落实"的总要求,运用宪法宣誓、交流研讨、专题党课、主题党日等活动,锻造和锤炼党性修养。截至目前共提出 220 项整改措施,已全部整改完成或取得阶段性成效,让问题"见底""归零"。

二是深入推进扫黑除恶专项斗争。持续加大"破网打伞""打财断血"工作力度,全年受理审查起诉黑恶案件 9 件 60 人。做好扫黑除恶"回头看"工作,按照中央第 12 督导组的反馈要求,切实做好"三个再一遍""两个大起底"工作,移交"保护伞"和黑恶案件线索 29 件,坚决铲除黑恶势力滋生土壤。

三是积极维护新中国成立七十周年期间社会安全稳定。完成与公安、特警、消防、医疗等部门联合反恐怖处置演练任务。依托"12309"检察服务中心,综合运用依法疏导、释法说理、司法救助等措施,坚持早排查、早预警、早处置,及时消除信访风险隐患,积极维护重要敏感时期政治安全和社会稳定,连续 13 年保持涉检网络零舆情、涉检进京零上访。

**二、坚定不移服务大局,依法保障经济高质量发展**

自觉把检察工作放到区域经济社会发展大局中谋划和推进,做到中心工作推动到哪里,检察工作就服务保障到哪里。

一是主动服务全区中心工作。认真贯彻落实习近平总书记来津考察和在京津冀协同发展座谈会上的重要讲话精神,研究制定《"服务雄安新区、对接京冀"十项措施》,为业务范围涵盖京津冀的重点企业提供法律咨询上门服务,为京津冀协同发展提供有力司法保障;深化政治性警示教育"一抓三补四强化"专项行动,配合区纪委接待全区党政机关、企事业单位约 1.4 万名党员群众来反腐败警示教育基地参观学习,坚决肃清黄兴国、张泉芬、赵建国等恶劣影响,推动政治生态持续优化;贯彻落实"战区制、主官上、权下放"党建引领基层治理体制机制创新,选派干警 250 余人次投入到区重点工程棚户区改造和"创文创卫"工作中,办理危害棚户区改造等重点工程的聚众扰乱社会秩序案、妨害公务案 4 件 19 人,有力保障"三年清零"任务顺利完成,充分展现检察机关的政治担当。

二是有力保障营商环境。严格落实"三个慎重"办理涉民企案件,积极开展涉民营企业案件立案监督和羁押必要性审查专项活动,强化捕后涉民营经济的案件筛查工作,切实把中央扶助民营企业的精神落实到位,让企业家在红桥扎根能放心、在红桥发展敢放手。组织开展“检察护航民企发展”主题检察开放日活动,邀请10余名民营企业家到院参观,了解法治诉求,更好地为经济发展提供优质检察产品和法治保障。

三是精准服务打好“三大攻坚战”。紧盯经济金融风险,办理非法吸收公众存款、集资诈骗等涉众型经济犯罪15件53人,涉案金额高达数亿元。利用院官方网站对涉众型经济犯罪办案节点进行公示,严厉打击破坏经济秩序犯罪。持续开展破坏环境资源犯罪专项立案监督,加强对生态环境的精准保护,有效提升生态环境治理法治化水平。积极开展结对帮扶,定点扶贫,将国家司法救助工作与精准扶贫有机结合,完成司法救助案件2件,发放司法救助金7万元,让检察工作顺人心、暖人心、聚人心。

**三、坚定不移维护国家安全和社会稳定,深入推进平安红桥建设**

依法履行维护社会和谐稳定职责,重拳打击严重犯罪,积极化解矛盾纠纷,为平安红桥、法治红桥建设做出积极贡献。

一是依法严厉打击各类刑事犯罪。审查逮捕各类刑事案件231件378人,审查起诉案件375件684人。严肃查办寇某电信诈骗案、“FV3”特大跨国电信诈骗案等群众反映强烈的犯罪,积极开展落实食品药品安全“四个最严”要求专项行动,有力维护人民群众的健康与用药安全,以“检察之为”增强人民的安全感、幸福感、获得感。

二是积极化解社会矛盾纠纷。坚持以人民为中心,严格贯彻落实对群众来信7日内程序性回复、3个月内办理结果或进展情况答复的工作要求,做到对“群众来信件件有回复”。升级改造12309检察服务中心,完善“一站式”检察服务,累计接待受理人民群众各类控告、申诉等来信来访163件414人次,受理案件54件,其中多起涉及拆迁、涉众类信访案件,真正做到牢把维稳关口,严守检察防线。

三是主动参与社会治理创新。邀请律师参与化解矛盾纠纷,进一步增强检察机关办理刑事申诉案件的透明度。开展“社区矫正专项巡查检察”“特赦专项”“看守所安全防范检察专项”活动,采用“定期巡察+不定点抽查谈话询问”的双轨检察模式,加强各类风险隐患排查,夯实平安根基,充分发挥社区矫正执行监督作用,提升社会治理法治化水平。

**四、坚定不移履行监督职能,严守社会公平正义防线**

始终坚持法律监督机关宪法定位,确定监督重点,转变监督理念,加大监督力度,拓展监督途径。努力让人民群众在每一起案件中感受到公平正义。

一是做实刑事诉讼监督。严把案件事实关、证据关和法律适用关,对不构成犯罪或证据不足的,依法不批捕78件151人,对犯罪情节轻微、依法不需要判处刑罚的不起诉46件58人。立案监督17件,对侦查活动中的违法情形及时发出纠正违法通知书和检察建议,切实维护法律公正与尊严。

二是做精未成年人犯罪预防检察工作。积极推进高检院关于校园安全建设的“一号检察建议”的落实,走访区学校、教育机构督导排查安全隐患,积极推动“检察长担任法治副校长”制度落地,由检察长担任天津第三中学法治副校长,用“检察温度”护航青少年健康成长。作为全市检察机关主会场,成功承办“携手关爱,共护明天”检察开放日活动,邀请全国人大代表、全国政协委员及社会各界进行体验互动,将百人互动VR普法教学带到课堂,打造未检普法新模式。

三是做优公益诉讼检察。与市场监督局、生态环境局和区政府创文办公室等建立信息反馈机制,拓宽线索来源,建立公益诉讼快速检测室,引入环境类、食品类快检设备,丰富公益诉讼的办案手段,为公益诉讼开辟新的办案途径。摸查公益诉讼线索46件,立案23件,有力地督促和规范行政执法机关依法履行职责,充分保障人民群众的合法权益。

**五、坚定不移推动创新发展，促进检察权公正高效运行**

准确把握检察工作新的时代坐标，切实把改革创新作为推动工作发展的内生动力，释放改革红利。

一是深化司法改革。顺利完成内设机构改革，坚持扁平化管理与专业化建设相结合，重新组建专业化刑事办案部门。推进“捕诉合一”办案机制，积极适应人民群众司法需求，设立专门的民事检察、行政检察和公益诉讼检察办案组。严格落实领导干部办案要求，入额院领导以主办检察官或独任检察官的身份直接办案，带动整体能力水平提升。

二是切实提高案件质量。制定合理的轮案规则和系统配置，确保分案工作与改革的要求顺利衔接。建立健全案件网上巡查和情况通报机制，认真对今年以来所办理的案件开展评查，评估案件运行态势，根据评查结果进行及时提示并督促整改，进一步增强办案的规范意识、责任意识和效果意识，不断提高办案质量和效率。

三是积极推进“智慧检务”工作。建成全市检察系统首家电子证据鉴定室，配备手机密码破解、毁坏手机内存提取、手机画像识别、云勘等多项前沿功能，利用“大数据”自行完成电子物证鉴定工作，成功破获梅某等特大网络诈骗案等在国内有较大影响的案件，打造出红桥检察智慧检务建设的新品牌。

**六、坚定不移落实全面从严治党要求，推进队伍革命化正规化专业化职业化建设**

坚持把队伍建设摆在突出位置，努力打造一支信念坚定、司法为民、敢于担当、清正廉洁的检察队伍。

一是充分发挥党建引领作用。始终坚持以抓党建带队建的工作主线，支部书记与行政部门负责人“一肩挑”，切实落实党建工作与业务工作同部署、同推进、同落实的要求。创新开展赴盘山烈士陵园主题党日活动，凝聚党员干警团结奋进的共识，激发干事创业的干劲，激活检察工作发展的内生动力。获得“全国青年文明号”等13项国家、省部级荣誉。

二是坚持从严治检不动摇。将推进治理不作为不担当问题常态化、制度化和全面从严治党相结合，以全面从严治党、从严治检的要求加大检务督察力度，确保检察队伍清正廉洁。充分运用“第一种形态”进行提醒谈话，监督关口前移。积极做好巡视反馈意见的整改工作。

三是自觉接受社会各界监督。主动接受人大、政协监督，及时向区委、区人大请示报告重要工作和重大案件办理情况，积极向区人大常委会汇报近三年开展民事行政检察工作情况。自制《秒懂检察的十大关键词》等新媒体作品，扩大检察工作的影响力。面向社区、面向百姓，听取对检察工作的意见建议，向群众汇报，虚心接受社会各界的广泛监督。

总结成绩的同时，也要清醒地认识到，检察工作还存在许多不足：一是与新时代新要求相比，检察机关服务保障经济社会发展的措施还有待深化细化；二是各项检察工作发展不平衡不充分问题还比较突出，法律监督还存在许多薄弱环节；三是对照“五个过硬”要求，党的建设和队伍管理水平还需进一步提高。对此区检察院将采取有力措施认真加以解决。

## 2020年的主要工作

2020年，区人民检察院将坚持以习近平新时代中国特色社会主义思想为指导，坚持稳进、落实、提升的工作总基调，以推动各项检察业务协调充分发展为目标，以打造新时代高素质检察队伍为保障，履行好各项职责使命，以高度的政治自觉、法治自觉、检察履职自觉为全区经济社会高质量发展保驾护航。

一是更加坚决地提高站位，在服务大局上有新作为。以巡视整改为契机，把讲政治落实到检察工作的各个方面，以更高站位融入中心保障大局，与区委中心工作同频共振。牢记人民检察为人民的初心使命，持续深入推进扫黑除恶专项斗争，坚决维护国家安全和社会稳定。以更大力度为民营企业服务,帮助民营企业纾困解难,为企业发展营造良好的营商环境。

二是更加有力地强化监督,在业务建设上有新提升。坚持在办案中监督、在监督中办案和“双赢多赢共赢”的监督理念,提升刑事侦查、审判和执行活动监督等刑事监督质效;深化控告申诉和未成年人检察监督,做强民事行政监督和公益诉讼监督,实现刑事、民事、行政、公益诉讼监督全面协调充分发展。

三是更加积极地推进改革,在科学发展上有新业绩。加快建立与新型办案模式相适应的司法管理机制,强化司法责任制,完善权力清单制度,进一步提高检察建议质量,把检察建议做到刚性。紧扣“惩防教治责”五字要求,推动未检工作机制创新。加快实施大数据智慧检务新工程,推动大数据、人工智能等科技创新成果同检察工作深度融合。

四是更加严格地管理队伍,在从严治检上有新气象。把政治建设摆在首位,教育引导干警坚定理想信念,坚守为民宗旨,广泛开展业务培训、岗位练兵,深入推进队伍专业化建设,不断提高干警履职能力。牢固树立严管就是厚爱的理念,着力锻造一支具有“铁一般信仰、铁一般信念、铁一般纪律、铁一般担当”的检察队伍。

## 红桥区人民检察院工作报告相关用语说明

“12309”检察服务中心:全国检察机关统一对外的智能化检察为民综合服务网络平台,通过“12309”网站、“12309”检察服务热线(电话)、“12309”移动客户端(手机APP)和“12309”微信公众号四种渠道,向社会提供更加便捷高效的“一站式”检察服务。该中心集合检察服务、检务公开、群众监督等功能,来访群众可在中心内获得控告申诉受理、国家赔偿和司法救助申请、案件管理、检务公开、法律咨询等综合性检察服务。

羁押必要性审查:人民检察院对被依法逮捕的犯罪嫌疑人、被告人,可依据自身职权或犯罪嫌疑人的申请,对其羁押必要性进行审查。对不需要继续羁押的,检察机关可以建议办案机关予以释放或者变更强制措施。

“定期巡察+不定点抽查谈话询问”:指在定期对全区司法所管理的社区矫正档案材料、教育等情况进行相对全面的审查的基础上,每周随机从全区社区矫正人员中抽取6名社区矫正人员进行谈话询问,进一步预防社区矫正检察中可能存在的脱管、漏管、虚管、管理不规范等问题。

“一号检察建议”:最高检于2018年10月19日向教育部发送的检察建议,针对校园安全管理规定执行不严格、教职员工队伍管理不到位,以及儿童和学生法治教育、预防性侵害教育缺位等问题,提出进一步健全完善预防性侵害的制度机制,加强对校园预防性侵害相关制度落实情况的监督检查,依法严肃处理有关违法违纪人员等建议。

公益诉讼:检察机关针对生态环境和资源保护、国有资产保护、国有土地使用权出让、食品药品安全等领域国家和社会公共利益情况,及时提起民事或行政公益诉讼,加强对国家和社会公共利益的保护。

“捕诉合一”办案机制:检察机关对本院管辖的同一刑事案件的适时介入、审查逮捕、延长羁押期限审查、审查起诉、诉讼监督等办案工作,原则上由同一办案部门的同一承办人办理,另有规定的除外。

智慧检务:是依托大数据、人工智能等技术手段,统筹利用以司法办案数据为核心的检察数据资源,建立检察大数据总体架构,进一步发展检察信息化建设的更高形态,是实现检察工作全局性变革的战略转型,也是影响深远的检察工作方式和管理方式的重大革命。

# 天津市红桥区人民法院工作报告(节选)

——在天津市红桥区第十七届人民代表大会第六次会议上

2020年1月6日

红桥区人民法院院长　李鹤贤

## 过去一年主要工作的回顾

2019年以来,在区委、区人大和上级法院的领导、监督、指导下,区人民法院以习近平新时代中国特色社会主义思想为指导,深入贯彻习近平总书记系列重要讲话精神,认真履行宪法和法律赋予的职责,全面落实市、区委决策部署,各项工作取得新突破,为全区改革发展稳定提供有力的司法保障。全年受理各类案件16871件,审执结16045件,同比分别增长18.63%和18.36%;结案率95.1%,诉讼标的总额达到46.7亿元。

**一、紧紧融入全区大局,保障经济社会持续发展**

全力保障打赢棚改攻坚战。坚持端口前移,院庭长多次深入各棚改指挥部,就棚改中难啃的“硬骨头”逐件研究,精准司法建议,将案件消化在诉前,为棚改清零赢得时间。充分发挥棚改派出法庭作用,扩大咨询调解覆盖面,全年共接待群众咨询3175人次,调解纠纷106件,力促铃铛阁、运输六场等遗留片区告捷。继续畅通“绿色通道”,加快办案节奏,审结涉征收拆迁案件927件,依法强制腾房25件,以法院力度、速度保证清零进度。不断彰显法律权威,对借棚改聚众扰乱社会秩序等违法犯罪行为坚决打击,依法重判严惩首要分子,起到审理一案、震慑一片、教育一方的积极效果。

竭力维护全区大局稳定。深入开展扫黑除恶专项斗争,依法审结王涛恶势力犯罪集团案及穆嘉关联案等涉黑涉恶案件8件,判处罪犯22人,形成对黑恶犯罪压倒性态势,穆嘉案被写入最高人民法院“两会”报告。坚持扫黑与“破网”“打伞”并重,落实“一案三查”,对近三年审理的3154件案件起底排查。严格审查民间借贷案件,坚决打击虚假诉讼和非法放贷,将30条疑似犯罪线索移送公安机关。突出“打财断血”,坚决铲除黑恶势力经济基础,彻底摧毁再犯能力,刑事涉案财产已执行到位491.7万元。圆满完成跨境电信诈骗案、非法吸收公众存款案、“全能神”邪教案等新类型涉众型重点案件审理,全年审结刑事案件319件,有力保护人民群众生命财产安全。

努力营造良好营商环境。认真落实民营经济“19条”,妥善审结股东出资、市场租赁、工程施工、金融借款等各类商事纠纷1739件,营造法治化营商环境。慎用查封、扣押、冻结等强制措施,最大限度降低对生产经营活动的不利影响,积极帮助困难企业开展自救。依法保护民营企业合法权益,对涉及某大型超市的牟利性打假行为予以遏制,依法驳回原告诉讼请求。积极助力区域供给侧结构性改革,依法审理天津酒精厂等国有企业破产清算案件,引导经济转型升级。积极开展“双万双服促发展”活动,赴银泰大厦等企业园区开展座谈交流,助推民营经济持续健康发展。

助力打造新型法治政府。坚持监督、支持行政机关依法行政与保护公民合法权益并重,强化城建类涉众型行政案件化解处置,审结行政诉讼案件171件,经协调和解撤诉49件。裁定准予执行行政行为519件,坚决维护行政机关执法权威。深化府院良性互动,健全联席会议机制,积极促进11名行政机关负责人出庭应诉,有效化解行政争议。延伸行政审判职能,与政府部门开展研讨21次,从司法审判角度为重大决策建真言、献良策。针对审判中发现的执法不规范等问题,发布行政审判白皮书,帮助提高依法行政意识和行政管理水平。组织领导干部旁听职务犯罪典型案件2次,以"零距离"的庭审筑牢拒腐防变思想底线。

**二、牢固树立为民宗旨,切实维护群众合法权益**

完善诉讼服务体系。提档升级"两个一站式"服务,加强智慧法院应用,全面开展网上立案、跨域立案、网上缴费、在线保全、电话送达、网络开庭等"互联网+"诉讼服务,让诉讼当事人少跑腿、零跑腿。引入大学生志愿者为群众提供程序性事项咨询、自助设备使用等服务。深化立案登记制改革,当场立案率达到98.7%。导诉机器人"小红妹"亮相央视《法治中国说》,向全国观众展示天津法院的现代化诉讼服务,全年接待诉讼群众24000余人次。保障律师执业权利,发出律师调查令720份。

加强民生权益保护。深化家事司法品牌建设,审结婚姻、继承等案件1107件,弘扬中华民族传统家庭美德,促进家风建设,家事审判庭被评为全国巾帼建功文明岗。妥善审结劳动就业、房屋买卖、医患纠纷、交通事故、食品药品等民生热点案件6098件,民事案件调撤率达到74.64%,切实以法治规范社会行为、引领社会风尚。高度关注困难弱势群体诉讼权益有效实现,依法为当事人减、缓、免诉讼费6.5万元,发放司法救助金97.8万元,确保解民所需、救民所急,体现司法人文关怀。

推进矛盾多元化解。继续加强解纷点位布局,成立洪湖里社区家事法庭,实现人员常驻,充分发挥法律咨询、矛盾预警、诉前调解、就地开庭多重功能,促进法治、德治、自治有机结合,助推社会治理能力现代化。与区司法局、律工委合作,在诉讼服务中心设立律师调解工作室,开展诉前、诉中矛盾纠纷调解,不断深化诉源治理。全年诉前调解纠纷1300余件,司法确认1264件,解答群众咨询2000余人次。

全力强化执行攻坚。推进切实解决执行难,组织开展涉民生、涉教育、涉土地等专项行动,执结案件4515件,累计查封、扣押房屋车辆3260宗,罚款、拘留24人,执行到位金额4.86亿元。切实保障全区重点部署,敢于动真碰硬,强制腾退铃铛阁中学、化工学校等处房屋12000余平方米。推动执行指挥中心实体化运行,网络查询、冻结银行存款3.6亿元,通过淘宝网、公拍网等司法拍卖成交金额1.97亿元。强化执行联动,与公安、铁路部门建立常态化线索推送反馈机制,实现人员、车辆精准定位和现场查扣。完善失信惩戒机制,累计发布失信被执行人1738人,采取限制消费2037人,有力推动红桥区诚信建设。

着力做好信访化解。开展信访事项"大起底、大攻坚"活动,积极协助、主动承担"天地和"、长庚老年公寓等重点隐患处置,切实加强风险管控,当好首都护城河,圆满完成新中国成立70周年等重要节点维稳工作。积极落实"四访"活动,进一步畅通信访渠道,切实听取民意、凝聚民心,推动问题实质解决。切实规范信访秩序,对4名非法信访、寻衅滋事造成恶劣影响的被告人依法处以刑罚。

**三、持续深化司法改革,有效促进审判质效提升**

继续强化审判监管。坚持放权不放任,强化法官会议职能,深化审委会制度改革,建立特定类型个案监督机制,探索推动类案和关联案强制检索,确保裁判尺度统一、法律适用统一。发挥头雁效应,院庭长带头承办重大、疑难、信访案件

7332件,占结案总数的45.7%。完善内部评查监督机制,常态化开展案件质量评查、裁判文书评查、庭审评查,加大发改案件考核权重,将追责机制落到实处。加强案件网上流程监管,定期开展审限监控和节点评查、长期未结案件清理,坚决遏制案件久拖不决和隐性超审限。

持续推进配套改革。深化以审判为中心的刑事诉讼制度改革,落实证人、鉴定人、侦查人员出庭作证,推进律师辩护全覆盖,为235名被告人指定法律援助律师。推进认罪认罚从宽制度改革,探索"一步到庭"审理模式,建成远程提讯系统,对部分案件在看守所就地远程审理,速裁程序审结案件125件,平均审理时间仅2.4天。深化案件繁简分流机制改革,努力实现轻重分离、快慢分道,50.51%的案件通过简易程序快速办理。不断释放改革红利,完成公务员职务职级套转,为67名干警调整职级,明确业绩导向,激发办案活力。

不断加强司法公开。依托互联网公开审判执行流程信息15752条,当事人可随时随地查询案件进展和流程节点,公布生效裁判文书7454份,开展庭审网络直播632次,在线观看网友达10余万人。落实普法责任制,不断加强法院传播力,在《今日说法》《法治天下》《都市报道60分》等中央和天津市品牌媒体刊发节目62期,微博、抖音等新媒体蓬勃发展,在全市法院长期保持领先位置,受到最高法院通报表扬,作品《矛盾漩涡》获得第四届平安中国"三微"比赛最佳微电影,代表全国政法系统参加第七届亚洲微电影艺术节并获优秀作品奖。

**四、不断加强队伍建设,筑牢公平正义坚强基石**

毫不动摇坚持党的领导。坚持把党的政治建设摆在首位,树牢"四个意识",坚定"四个自信",做到"两个维护",把党的领导贯穿到法院工作的全过程和各方面。扎实开展"不忘初心、牢记使命"主题教育,切实为民办事、抓好专项整治、解决突出问题。组织干警1500人次参加创文创卫各项任务,在奋力投身全区攻坚战中进一步砥砺初心、强化担当。认真开展政治性警示教育,全面彻底肃清黄兴国、张泉芬、赵建国等恶劣影响。严格落实意识形态责任制,维护审判领域意识形态安全。落实政治学习考勤打卡,建设一支部一特色党建文化交流墙,把党小组建在团队上,不断强化基层党组织组织力。

持之以恒加强作风建设。集中开展司法不严格、不规范、不公正、不文明问题等专项整治,逐项对照整治内容靶向治理,推动司法作风持续向好。落实干预案件"三个规定",开展审务督察42次,准确运用监督执纪"四种形态",及时对22人次提醒谈话、批评教育,抓早抓小防微杜渐。深化廉政风险排查,集中开展案款清理、卷宗清理,扎紧制度笼子,确保司法清正廉洁。

久久为功提升司法能力。以干部成长为出发点,打造学习交流平台,开展"司法理念大家谈"活动,挖掘身边的榜样,提高全院干警"见贤思齐"的自觉性。开展学习型法院建设,重视年轻干警培养,完善轮岗交流、传帮带机制,积极开展岗位技能练兵活动,锻造过硬本领。注重审判实务与理论调研相结合,促进学用相长,8篇论文、案例在全国获奖。

**五、自觉主动接受监督,不断加强改进法院工作**

一年来,区法院始终把自觉接受监督作为依法履职的重要保障和改进工作的动力源泉。向区人大常委会专题报告开展扫黑除恶专项斗争情况,严格贯彻落实常委会审议意见,2名法官接受案件评议。加强代表委员沟通联络,先后邀请、接待各级人大代表、政协委员视察、座谈、旁听庭审、参与调解、见证执行200余人次。依法接受检察机关法律监督,邀请检察长列席审判委员会3件次,共同维护司法公正。严格落实陪审员随机选取,陪审员参审案件1213件,一审陪审率97.74%。认真接受社会和舆论监督,召开新闻发布会 2 次,举办法院开放日 3 次,及时回应社会关切。

回顾一年来的工作,区法院认识到法院工作仍存在差距和不足:一是司法人民性落实还不强,人民群众在司法服务中的获得感和幸福感还有待进一步提升。二是司法改革配套机制建设仍有短板,资源整合、信息化建设等需要加快推进。三是案件数量连年增长,法官单兵作战能力不足、作风不硬等问题还比较突出,破解案多人少需要更多招法勇气。对此,区人民法院将正视问题,采取有力措施加以改进。

## 2020 年的工作打算

2020 年是全面建成小康社会和"十三五"规划的收官之年。区人民法院的总体工作思路是:坚持以习近平新时代中国特色社会主义思想为指导,认真学习十九届四中全会精神,深入贯彻落实中央和市、区委各项决策部署,充分发挥人民法院在国家治理体系和治理能力现代化中的职能作用,切实将国家制度优势、治理优势转化为服务大局、司法为民、公正司法的治理效能,在服务保障全区高质量发展中展现更大司法作为。

一是紧紧围绕大局履职尽责。全面贯彻总体国家安全观,严惩危害国家安全、公共安全和群众生命财产安全的各类犯罪,推动扫黑除恶专项斗争向纵深发展。牢牢把握审判执行工作重点,把防控风险、服务发展摆在更加突出位置,积极建设法治城市,创造良好营商环境,全力为民营经济持续健康发展保驾护航。妥善审理各类涉民生案件,着力破解执行难顽疾,为民生发展提供切实的司法保障。

二是坚决贯彻司法为民理念。推动诉讼服务转型升级,加快"两个一站式"诉讼服务中心建设,实现"三个集约",为人民群众提供更加优质高效快捷精准的诉讼服务。推进市域社会治理现代化,积极以法治方式破解治理难题,探索司法审判与网格化管理对接。切实发挥社区法庭作用,从源头化解矛盾纠纷,实现"案未立、事已了"。完善涉法涉诉信访机制,做好信访案件依法终结和帮扶化解。继续开展法治宣传教育,助推平安建设。加大司法救助和法律援助力度,增强群众在共享发展中的获得感。

三是全面深化司法体制改革。继续深化司法责任制改革,健全审判权运行机制,确保依法独立公正行使审判权。加强审判监督管理,持续激发改革内生动力,进一步提高审判质量效率。强化司法公开力度,切实满足人民群众的司法知情权、监督权和参与权,不断提高司法公信力。深化智慧法院建设,围绕群众、法官和管理需求进一步整合应用科技资源,在更高水平实现审判体系和审判能力现代化。

四是扎实加强法院自身建设。坚持把政治建设摆在首位,持之以恒推进队伍革命化、正规化、专业化、职业化建设,做到政治建设与业务建设并举,正风肃纪与建章立制结合,从严管理与关心爱护并重,努力建设忠诚干净担当的高素质法官队伍。加快推进诉讼服务中心改扩建等基础工程建设,为事业持续发展奠定坚实基础。

## 红桥区人民法院工作报告相关用语说明

1."一案三查":既要查办黑恶势力,又要追查黑恶势力背后的"关系网"和"保护伞",还要倒查党委、政府的主体责任和有关部门的监管责任。

2."两个一站式":即建设一站式多元解纷机制、一站式诉讼服务中心。

3."律师调查令":是指民事诉讼当事人及其代理律师因客观原因不能自行调查取证时,经当事人和代理律师申请并获受理案件的人民法院批准，由人民法院签发的供指定代理律师向相关单位、组织和个人调查收集特定证据、调查财产线索的法律文件。

4.“四访”：即开展“开门接访、进门约访、登门走访、上门回访”活动，用心用情解决群众反映的合理诉求。

5.“类案强制检索”：根据最高人民法院印发的《进一步加强最高人民法院审判监督管理工作意见（试行）》，为统一法律适用、保证裁判质量，要求承办法官在办理案件时，对已审结或者正在审理的类案和关联案件进行全面检索，并制作检索报告。

6.“律师辩护全覆盖”：根据最高人民法院、司法部要求，在全国开展刑事案件律师辩护全覆盖试点，对在刑事案件中没有委托辩护人的被告人，人民法院应为其指定法律援助律师，以实现控辩双方平等对抗，切实维护当事人合法权益、促进司法公正，彰显中国社会主义法治文明进步。

7.“一步到庭”：在符合刑事速裁程序条件的前提下，在被告人到庭后，当天一次性送达起诉书副本、权利义务告知书、传票等诉讼材料，并当庭宣判、当庭送达，结合运用远程提讯系统，被告人不必提押到庭即可当天完成全部诉讼程序，进一步提升刑事司法效率。

8.“三个规定”：即中共中央办公厅、国务院办公厅印发的《关于领导干部干预司法活动、插手具体案件处理的记录、通报和责任追究规定》，中央政法委印发的《司法机关内部人员过问案件的记录和责任追究规定》，最高人民法院、最高人民检察院、公安部、国家安全部、司法部联合印发的《关于进一步规范司法人员与当事人、律师、特殊关系人、中介组织接触交往行为的若干规定》，防止对案件办理进行干预或施加影响，确保公正廉洁司法。

9.“三个集约”：即在诉讼服务建设中，将全部对外服务工作、影响诉讼进程和审判效率的辅助性、事务性工作以及多元解纷工作集约在诉讼服务中心，目前正在部署推进诉讼材料送达、财产保全和评估鉴定集约办理工作。

# 关于天津市红桥区 2019 年预算执行情况和 2020 年预算草案的报告(节选)

——在红桥区第十七届人民代表大会第六次会议上

2020 年 1 月 6 日

红桥区财政局局长　韩　珺

## 一、2019 年预算执行情况

2019 年,全区上下以习近平新时代中国特色社会主义思想为指导,全面贯彻落实党的十九大和十九届二中、三中、四中全会精神,认真落实习近平总书记对天津工作的重要指示批示精神,在区委、区政府的坚强领导下,认真落实市、区委决策部署和区十七届人大四次会议关于预算的决议要求,坚持稳中求进工作总基调,坚持新发展理念,着力打好三大攻坚战,有力推动高质量发展,统筹做好稳增长、促改革、调结构、惠民生、防风险各项工作。全区经济持续稳中向好,减税降费政策效应持续释放,结构调整、市容市貌、城市建设、民生改善等方面取得明显成效,预算执行情况总体较好。

(一)预算收支情况

1. 一般公共预算

一般公共收入 19.11 亿元,完成预算 100%,比上年增长 5%。其中,税收收入 12.71 亿元,增长 8.5%,占一般公共收入的 66%,比上年提高 2 个百分点;非税收入 6.4 亿元,与上年基本持平。一般公共支出 39.2 亿元,完成调整预算的 100%,增长 11%。

2019 年区级一般公共预算收入为 19.11 亿元,加上预计市财政转移支付补助、上年结余,调入资金后预计红桥区累计一般公共预算财力为 39.2 亿元。

2. 政府性基金预算

2019 年新增地方政府专项债券收入 50 亿元,加上上年结余、市财政转移支付补助、调入资金后预计红桥区累计政府性基金预算财力可达到 52.99 亿元。调整后区级政府性基金预算支出为 52.99 亿元,从政府性基金预算财力上保证当年收支平衡。

3. 国有资本经营预算

国有资本经营收入 500 万元,完成预算 100%,比上年增长 150%。国有资本经营支出 500 万元,完成预算 100%。

4. 社会保险基金预算

按照财政体制市财政统筹安排编制社会保险基金预算,无区级社会保险基金收支预算。

5. 专项转移支付

市财政对红桥区专项转移支付 10.67 亿元,其中,一般公共预算 10.33 亿元,政府性基金预算 3406 万元。

6. 地方政府债务

2019 年年末,全区政府债务余额 129 亿元,其中一般性债务 6 亿元,专项债务 123 亿元,全部用于土地收储和棚户区改造。

(二)落实区人大决议和财政工作情况

2019 年,按照区人大十七届四次会议预算决议和人大常委会要求,牢固树立过紧日子的思想,加力提效实施积极的财政政策,深化供给侧结构性改革、着力打好三大攻坚战,全力做好“三保”工作,狠抓预算管理改革,强化财政科学运行,防范化解债务风险,各项工作取得新的进展。

1. 加力提效促发展,推动经济高质量转型

落实落细减税降费政策。坚持自加压力、主动作为,预计全年减税降费2.94亿元,用财政收入的“减法”换取企业效益的“加法”和市场活力的“乘法”。一是推进增值税实质性减税,严格落实一般纳税人享受减税优惠。二是严格落实可享受企业所得税优惠的小型微利企业标准,政策范围覆盖90%以上的纳税企业。三是落实个人所得税附加扣除政策,切实降低中低收入者负担。四是认真落实“津八条”、民营经济“十九条”和“红桥双十条”,全面落实取消城市基础设施配套收费政策,确保企业和人民获得政策红利,助推经济高质量发展。

充分发挥财政调节职能。聚焦区域经济发展形势和各方面支出需求,加大重点领域支出力度,增强政策的前瞻性、灵活性、有效性,更好引导企业预期和增强市场信心。一是用足用好债券资金。通过发行棚改专项债券,吸引社会资本,确保棚户区改造提前实现清零。二是发挥财政职能作用。兑现各类企业优惠扶持政策资金8200万元,大力推进产业升级,培养骨干财源,助推区域经济发展。三是保持较高水平支出强度。通过统筹盘活存量、强化执行约束等多项措施,打破常规、加大力度,加快财政资金拨付,全区财政“八项支出”46.71亿元,同比增长8%,强力拉动区域生产总值增长。

严格落实国家重大决策部署。一是牢固树立“一盘棋”思想,加强区域协同,主动融入、服务京津冀协同发展重大国家战略,安排专项资金设立“雄安驿站”,服务雄安新区,承接北京非首都功能疏解。二是投入6800万元,支持86个社区党群服务中心提升改造,实现105个党群服务中心达标。

2. 强化政策支持和资金保障,支持打好三大攻坚战

防范化解政府债务风险。坚持疏堵结合、稳妥处置、依法治理,规范政府举债融资机制,稳妥化解存量隐性债务,牢牢守住风险底线。强化政府债务限额管理,实行债券资金全过程动态监控机制,全力以赴降低债务风险水平。

加大扶贫助困支持力度。突出精准扶贫、精准脱贫,全面落实“升级加力、多层全覆盖、有限无限相结合”的工作要求,进一步强化财政投入保障,助力打赢脱贫攻坚战。全年拨付甘肃合水、碌曲对口援助资金2380万元,完成6309.6万元消费扶贫和857.1万元捐款捐物、人才支援、劳务协作等各项目标任务,全力支持对口支援和东西部扶贫协作。

积极支持开展污染防治。坚持绿色发展不动摇,强化财政资金配置,统筹安排资金5135万元,聚焦打赢蓝天、碧水、净土保卫战,推动生态环境质量持续改善。

3. 加强保障和改善民生,持续增强人民群众幸福感

扎实推进20项民心工程。坚持以人民为中心的发展思想,倾心尽力做好财力保障。一是着力改善群众住房条件。安排专项资金1.20亿元,实施老旧小区及远年住房提升改造。二是做好社会兜底保障。安排资金1.93亿元,严格落实城镇低保、低收入家庭和特困人员救助政策。三是着力解决“一老一小”问题。安排资金1630万元,新增10个一级老人家食堂,105个二级老人家食堂,建成4所养老院,新增床位372张,达到每千名老人拥有30张养老床位的国家标准;安排专项资金1066万元,新增学前教育学位3920个,大幅增加优质幼儿园供给。

加快推动社会事业发展。坚持基本民生投入只增不减,一般公共预算的民生领域支出占财政总支出的86%。一是实施更加积极的就业政策。安排就业支出4794万元,落实“海河英才”和“子牙人才”计划,统一社区工作者等五类人

员薪酬待遇,城镇登记失业率控制在3%以内。二是支持发展公平而有质量的教育。安排教育支出11.05亿元。三是加快卫生健康事业发展。安排卫生健康支出4.23亿元,加大公立医院机构运行发展投入,免费向56.5万人提供基本公共卫生服务。四是推动文化体育产业发展。安排文化旅游体育支出3744万元,完善公共文化服务体系。

着力推进“创文创卫创城”工作。安排专项经费3700万元,安排燃气锅炉低氮改造及供热补贴2500万元,保障创文创卫和市容综合整治工作经费。安排专项经费1200万元,助力创建国家食品安全示范城市。

4.狠抓预算管理改革,加快建立现代财政制度

坚持实行零基预算。强化资金统筹,促进管理方式转变和效能提升。一是创新资金配置方式。在行政开支上打好“铁算盘”,压缩一般性支出2500万元。项目安排实行“零基数”,坚持“有保有压、突出重点”。二是主动挖潜、盘活存量。加强结余结转资金清收,进一步扩大清理范围,收回单位存量资金2.4亿元。积极盘活存量资产,开展清理盘点专项行动,实现盘活资产收入1.08亿元。

持续深化财政管理。一是不断加强政府资产管理,做好现值60.78亿元行政事业单位国有资产管理;二是做好预决算信息公开工作,提高政府工作透明度;三是强化财政投资评审和政府采购管理,完成财政投资评审项目181个,送审资金10.47亿元,审定资金9.72亿元,审减7448万元,资金节约率为7%,完成采购金额7亿元,节约资金2502万元,资金节约率为4%。

过去一年,通过全区上下共同努力,财政收支实现平稳运行,保障经济建设、民生改善等重点任务有序推进,取得一定成效。同时财政工作还面临一些困难和问题:一是经济形势依然严峻复杂,不确定性因素较多,新动能支撑带动作用不强,财力保障基础不牢固;二是区属国有企业历史负担重、效益低,国有资本经营收益不高,国有资本经营预算收入规模偏小;三是民生领域还存在一些短板,距离群众对美好生活需求还有一定差距,仍需持续加大资金投入;四是区级债务规模较大,隐性债务化解、政府债务偿还支出压力较大。区财政局一定高度重视这些问题,在今后工作中采取切实可行的措施,努力加以解决。

**二、2020年预算草案**

(一)财政收支形势分析

2020年是全面落实减税降费、债务风险化解、扶贫助困攻坚的关键时期,外部经济环境更加错综复杂,不稳定不确定性因素依然较多,新增税源支柱效应尚不明显,财力保障基础不够牢固。同时,打好三大攻坚战、持续改善民生等刚性支出较多,紧平衡特征更加明显,预计财政收支平衡压力依然较大。必须要牢固树立过紧日子的思想,全面实施零基预算,着力强化财政基础管理,着力提升统筹调控能力,着力防范化解运行风险,努力促进经济社会高质量发展。

(二)指导思想和总体思路

以习近平新时代中国特色社会主义思想为指导,深入贯彻党的十九大和十九届二中、三中、四中全会精神,全面落实中央经济工作会议部署,严格落实市委、市政府和区委、区政府部署要求,抢抓京津冀协同发展重大历史机遇,坚持新发展理念,以供给侧结构性改革为主线,继续打好三大攻坚战,加快建立现代财政制度,全面实施预算绩效管理,防范化解债务风险,增强财政可持续性。

围绕上述指导思想,2020年预算编制严格遵循“四保一留一砍”的原则,按照“突出重点、统筹兼顾,厉行节约、注重绩效,坚守底线、防控风险”的总体思路,在预算安排和政策导向上着重把握五个方面:一是紧扣重大政策落实。把党中央和市、区委决策部署放在首位,强化“以财辅政”,增强制度执行力。二是积极服务“六稳”

“三保”。牢固树立“过紧日子”思想,严控一般性支出,强化区级财政运行监控,切实增强保“三保”能力。三是推进财政治理体系和治理能力现代化。深化财政体制改革,全面实施零基预算,加快构建全方位、全过程、全覆盖的管理体系。四是防范化解债务风险。加强债务风险监测,积极稳妥化解隐性债务,牢牢守住风险底线。五是推进依法行政、依法理财。强化向群众汇报意识,主动接受人大、审计及社会监督,认真落实人大预算审查监督要求,突出预算刚性约束,加大预决算公开力度,提高支出预算和政策透明度。

(三)预算草案

1. 一般公共预算收入预计和支出安排

一般公共收入预算 20.10 亿元,增长 5%。其中,税收收入预算 16 亿元;非税收入预算 4.10 亿元。收入预算编制的主要依据:一是税收收入与经济社会发展水平相适应,并综合考虑经济发展质量提升、增速加快和价格上涨等因素。二是考虑继续落实各项减税降费政策。加上预计转移支付、调入资金、上年结余等,预计财力为 36 亿元。

一般公共支出预算 36 亿元,与上年年初预算持平。

2. 政府性基金预算收入预计和支出安排

2020 年政府性基金预算调入资金加上市财政转移支付补助预计财力为 32.62 亿元,基金预算预计支出为 32.62 亿元,其中用于归还专项债本金 1 亿元,专项债利息 4.62 亿元,棚改购买服务兑付支出责任 27 亿元。主要考虑棚改释放巨大的土地空间,土地出让交易量将有所增长,市级返还土地出让收入增加。

3. 社会保险基金预算收入预计和支出安排

按照财政体制市财政统筹安排编制社会保险基金预算,无区级社会保险基金收支预算。

4. 国有资本经营预算收入预计和支出安排

2020 年预计国有资本经营预算收入 500 万元,国有资本经营预算支出 500 万元,与上年持平。

**三、保持战略定力,坚定信心,扎实推动财政工作取得新成效**

(一)持续聚焦重大战略,发挥财政政策支持引导

深入推动京津冀协同发展。主动对接服务北京非首都功能疏解和雄安新区建设,用足用好“雄安驿站”及现有市、区级产业扶持政策,借助一流的营商环境,积极承接符合红桥区功能定位的科研机构、高等院校、企业总部、金融机构等优质项目,以支持打造一批承接标志性工程为依托,培植支柱性财源。

全力支持打好三大攻坚战。着力化解债务风险,坚决遏制隐性债务增量,压实存量隐性债务化解责任,实时监控债务状况。决战决胜污染防治攻坚战,支持打赢蓝天、碧水、净土保卫战。全力做好对口支援和东西部扶贫协作资金投入,强化帮扶资金绩效管理,聚焦“两不愁三保障”,支持新一轮结对帮扶,全力以赴打赢脱贫攻坚战。

坚决兜住“三保”底线。坚持预算安排和库款拨付优先保障“三保”支出,切实压实“三保”支出主体责任。继续多渠道挖潜增收,在全面落实各项减税降费政策基础上,加大对重点项目、重点税源监控力度,确保税收收入应收尽收。持续强化闲置资金清理和闲置资产处理力度,认真落实好中央有明确规定的事项,不搞过高承诺,切实保障“三保”支出。

(二)持续深化供给侧结构性改革,夯实财政增收行稳致远基础

加快引育新动能。加大招商引税力度,落实落细各项减税降费政策,坚决禁止收过头税,切实减轻企业负担,持续激发市场主体活力,持续激励发展科级创新、智能制造等主导产业,做大做强新动能“底盘”。

大力实施创新驱动发展。深入实施“海河英才”“子牙人才”等各项人才引育政策,强化高端

人才引育,加快打造产业化创新平台,支持提升科技支撑能力,支持撒手锏产品、重点新产品研发,助推高科技企业成长壮大。深入推动科技金融创新,利用资本市场加快发展。

支持推动夜间经济发展。持续打造运河新天地、摩天轮、凯莱赛、新五爱道四个夜市升级版,突出特色、错位发展,激活夜间经济潜能。

(三)持续保障和改善民生,不断增进民生福祉

提升基本公共服务水平。扩大养老服务有效供给,加快建设居家社区机构相协调、医养健康相结合的养老服务体系。支持学前教育普惠发展,补齐5370个学前教育学位。实施更加积极的就业政策,保障重点群体就业。强化基本公共卫生服务投入,完善疾病防控、精神卫生、妇女儿童健康、医疗急救和老年健康服务体系。

支持社会治理体系建设。持续深化社会治理创新,做好社区基层组织运转保障,助力打好"扫黑除恶"专项行动收官战,为创建无黑城区继续提供支持,持续深化安全生产隐患大排查大整治工作,保人民群众生命财产安全,切实增强人民群众安全感。

打造宜人宜居宜业美丽城区。持续支持实施20项民心工程,织密筑牢兜底保障网。稳步推进老旧小区提升改造,做好冬季提前和延期供热财政补助,持续巩固深化"创文创卫"成果,支持打造食品安全示范区。

(四)持续强化资金绩效,提高财政资源配置效率

牢固树立"过紧日子"思想。坚持厉行勤俭节约、发扬艰苦奋斗精神,勤俭办一切事业,从严控制办公运行、会议差旅、公务接待、出国出境、论坛庆典、楼堂馆所等行政开支,从严管控一般性支出和"三公"经费。

严格规范基本支出管理。认真落实好中央有明确规定的事项,强化财政供养人员源头管控,优化项目安排顺序,对于"三保"、重点项目和政府偿债等5类支出优先予以保障,不搞过高承诺,确保财政平稳、可持续运行。

加快实施预算绩效管理。落实《中共中央国务院关于全面实施绩效管理的意见》,加快构建全方位、全过程、全覆盖的管理体系。加强项目预算审核,试点开展事前绩效评估,将审核和评估结果作为预算安排的重要参考。强化绩效目标管理,做好绩效运行监控,确保企业和人民获得政策红利,助推打造一流营商环境督促及时整改落实。突出绩效管理全面、刚性,强化结果反馈应用,对低效无效资金一律削减、长期沉淀资金一律收回,着力提高使用效益。

(五)持续强化财政资金监管,确保财政稳定运行

增强预算法定意识。严格执行区人代会批准的预算,进一步硬化预算执行约束,严控预算调整和追加事项,切实维护预算严肃性。坚持问题导向,强化审计结果反馈应用,完善预算安排与审计问题挂钩的工作机制。推进权责发生制的政府综合财务报告试点,继续落实政府向本级人大常委会报告国有资产管理情况制度。

推进依法行政和依法理财制度。强化向群众汇报意识,主动接受人大、审计及社会监督,认真落实人大预算审查监督重点向支出预算和政策拓展的要求,突出预算刚性约束,加大预决算公开,提高支出预算和政策透明度。

构建现代财政信息化体系。发挥信息化对财政管理改革的引领和支撑作用,围绕预算编制、执行、决算管理等核心业务,统一业务规范及技术标准,实行财政资金全生命周期管理,全力推进财政核心业务信息化水平。

# 红桥史话

## 从北洋大学走出的新中国中央人民政府委员——马寅初

走进绿树如茵的天津大学校园，在北洋广场古朴厚重的北洋大学堂纪念石亭南边，树立着一座半人铜像。他就是从北洋大学堂走出的著名经济学家、教育家和人口学家——马寅初。马寅初以“先天下之忧而忧，后天下之乐而乐”的胸襟，实事求是、大胆探索，以国家、民族富强为己任，其家国情怀为莘莘学子所敬仰，成为母校的骄傲。

### 绍兴望族

马寅初，字尹初，取名元善，浙江绍兴府嵊县人。据《会稽马氏宗谱》记载，“会稽马氏”远溯唐代，始终是绍兴望族。清初，德祥“文英堂”下马元杰（二十二世孙）谨遵祖训“三世不应举”，转入酿酒业而致富。绍兴自古以来，都被誉为“酒乡”。“绍兴老酒”醇厚香郁，久负盛名，是享誉海内外的八大名酒之一。马元杰之次子马子明为扩大酿酒业，乾隆年间迁居绍兴小皋埠，即马寅初的高祖。道光年间，马子明堂弟马子道迁居绍兴府嵊县浦口，创立“马万兴”商行。浦口镇位于黄泽江和剡江的交汇处，南来北往的商贩、船户汇聚于此，逐渐成浙东有名的水陆码头、水路交通枢纽。其东部四明山出产蚕茧、茶叶，沿黄泽江而下汇聚浦口，发往宁波、杭州及上海等地，商业地位显著。再加上黄泽江水质清纯，尤宜于酿造“绍兴老酒”。于是，马子明子侄及孙辈纷纷移居浦口，开设盐米店、南货店，以及“马懋记”等酒行，特别是“马钰记”酒坊，经营有方，闻名乡里。

同治五年（1866年）马庆常（马寅初之父）追随堂兄“马钰记”酒坊老板马赓良，定居浦口镇。马庆常（1851—1909），字棣生，秀才出身，以善酿酒而著称。早先以售米卖盐为营生，继而创办“马树记”酒坊。还与上海瑞纶丝厂经理张绛声合股兼经营丝茧，买卖兴隆，家资殷实。曾为当地修桥筑亭，置办水车、水枪等物，以备乡里之用，在当地有“好人家”之美名。马庆常先娶章学诚六世孙女为妻，早亡，留有四子。后娶绍兴越城水澄巷书香门第之女王氏为继室，育有一子（寅初）和两个女儿。

绍兴府物华天宝，人杰地灵。自东晋王羲之书写《兰亭集序》始，代不乏人，曾产生过许多著名的思想家和学者。以近代为例，诸如：著名教育家蔡元培、民主革命先烈秋瑾、伟大的文学家、思想家鲁迅，以及《中国通史简编》作者，史学大家范文澜等等，都名扬海内。

光绪八年旧历五月初九（1882年5月24日），马寅初出生在浙江绍兴府嵊县浦口镇，家中大排行第五。因为姓马，又是马年、马月、马日、马时出生，可谓“五马”俱全，因此乡间盛传“五马齐全，必定不凡”，作为佳话传颂一时。母亲王氏忠厚贤惠、精明能干，相夫教子，勤勉家政，对寅初影响极大。寅初5岁时，拜清末贡生吕笑夔为入启蒙老师，习《百家姓》《三字经》《千字文》等。吕为绍兴名士，思想先进，著述讲学，还与他人合营“薛源茧行”，是当地有名的绅商领袖。8岁入私塾，拜嵊县里东贡生俞桂轩为业师。俞氏系清七品文林郎陈光佑的门生，擅国学、工书法。从师五年，打下扎实的旧学功底。

父亲环顾其他子女多是羸弱，只有寅初自幼聪明伶俐，遂萌生出让其传承家业的打算，有意先让其做些管账理财的事，历练历练。父亲信奉“不打不成才”的管家理念，几乎达到严苛程度。寅初对背诵古书兴趣不大，常与发小竺鸣涛、邢契莘等在一起,形影不离,玩耍赌博,影响学业。故遭父亲严厉斥责与鞭打。[1]清光绪二十年(1894年)寅初离开浦口,赴绍兴学堂读书,寄宿在越城水澄巷外婆家。学堂推陈出新实行西式教育,教授数学、几何、算术等内容。甲午战争爆发,寅初痴迷数理,渐疏旧学,曾把旧书"撕掉",以明求学强国之志。

父亲观察寅初毫无科举之念,遂令其休学返乡,参与家中酒坊经营。为此父子之间有过一次对话。父亲说:"你帮我做事,熟悉一下铺子经营,将来成家后即可当管账先生"。寅初表示:"我对打点生意没有兴趣,希望到大城市去读书"。父亲见寅初抗命不从,便大声苛责说,"我算白养活你了,竟敢顶撞老子。给我跪下。"出于逆反心理,寅初反唇相讥"就是跪下,也要去念书!"父亲见说不服儿子,大动肝火,抓起鞭子劈头就抽。寅初忍着疼痛继续反抗,高喊道"就是打死我,也不做生意!"母亲听到,连忙上前一边夺鞭子;一边阻拦,寅初乘机爬起来,夺门而去。四顾茫茫,心潮起伏,便躲藏起来。父亲不依不饶,找到又是一顿暴打。遭此打击,性格刚烈的寅初想着自己继续读书希望破灭,痛不欲生,遂跑向黄泽江与剡江的交汇处投江自杀,抗议父亲专横与残暴。[2]

俗话说"天无绝人之路",寅初因祸得福,当他醒来时已躺在船工阿牛家的屋里。他被好心人搭救。寅初投河给父亲以极大的震撼,他知道儿子要读书的决心,是九条牛都拽不回来的。"知子莫如父",有鉴于此,马庆常做出让步。光绪二十四年(1898年)在大伯父的帮助下,寅初随瑞纶丝厂老板张绛声赴上海求学,并拜张为干爹。不久,被安排到一家教会所办的"中西书院"读书。所有的开支概由干爹张绛声供给,每月还给四毛小洋作为零用钱。

## 北洋读书

中西书院(有的称其为"育英书馆")是一所贵族子弟学校,学费昂贵,脩金年洋70元,膳宿费用年洋36元,油灯、茶水、仆工费年洋24元,体操(操衣、操鞋)费年洋21.95元,化学5元,物理、生物、植物各3元。以读英文为主,四年级设英文演讲课,兼修道德、经学、史学、文学、文法、动物学、算学、体操、物理、化学、身理学等课程。学生毕业后,大多就职于海关、邮政、电报等商政两界,前途一片光明。来到大上海,寅初眼界大开,接触到许多新思想、新观念,他"衣不求华,食不求蔬",如饥似渴地学习,常常秉灯夜读。一转眼5年多过去了,打下扎实的英文功底。寅初原先打算,在上海读上三五年书,学点英语,做一点小生意就知足了。可是,在戊戌变法期间出现一个响当当的名字:严复,闯进他的脑海,挥之不去。

严复,北洋水师学堂总办。甲午战争中方惨败,极大地刺激了严复的心。从光绪二十一年(1895年)2月至5月间伏案疾书,在《直报》上连续发表《论世变之亟》《原强》《辟韩》《原强续篇》《救亡决论》等五篇政论文章,发出雄狮般的怒吼,吹响变法维新的号角。他醒世疾呼:只有实行变法,否则必然亡国。于是他译著英国人托马斯·赫胥黎的《天演论》。光绪二十三年(1897年)12月,由《国闻汇编》连载,《天演论》主要取进化之意,因为"天演"是世界万物发展的根本法则。该书包含原著的第一部分和第二部分。严复译作不是简单的"复制",而是有选择地"意译",并针对中国现实状况进行评说。他不同意原著把自然界的生物进化论与人类社会关系、道德哲学分割开来;主张自然与社会的统一,熔宇宙自然过程与社会伦理过程于一炉,指出"物竞天择,适者生存"是自然进化规律,强调"天行人治,同归天演。"从而阐发"合群保种,与天争胜"的救亡图存理念,号召国民"世道必进,不可躐等",要改变落后挨打的被动局面,就要"黜旧扬新"走富国强军之路。第二年6月,《天演论》由卢勉之、卢慎之兄弟以《慎始基斋丛书》在湖北刊行。11月,《赫胥黎天演论》由吴汝纶作序、严复译著、吕增祥署检,由天津嗜奇精舍石印。接着,富文书局、上海文明书局、商务印书馆等多家相继印制出版,其中商务印书馆刊印达二十七次之多。《天演论》一经问世,就犹如黄钟大吕震撼华夏大地,风靡海内,轰动效应巨大,影响深远 。由此严复成为开启民智的一代宗师。

自打寅初接触到严复译著的《天演论》与《群学肄言》两本书后,总是爱不释手,反复诵读,几乎都能背诵下来。他从中汲取力量,表示一定要到产生伟大思想家严复并驰名中外的北方重镇天津去,考北洋大学,读书救国。

北洋大学是中国最早的综合大学,始创于光绪二十一年(1895 年)。全国招生,推行全英语教学,学生不但要学公共课,还必须选修工程学、电学、矿物学、机械学、律例学五门专业中的一门,管理严格,号称龙牌大学。庚子之役,校园被德军强行占领。光绪二十八年(1902 年)留美幼童唐绍仪担任津海关道会同北洋大学总办蔡绍基,利用西沽武库旧址进行改造,重建大学堂,新建教学大楼一座,利用库房改造的宿舍八座及其他附属设施。当地老百姓称"西沽大学"或"武库大学"。环境优雅,"一排高大的垂柳环绕校园的西面,那里濒临北运河的右岸,茂密的古树,精心设计的花园与运动场,使这个校园颇具美国和欧洲许多著名大学独有的气氛"。该校学制四年,校规明文规定,主课一门补考不及格就得留级。由于要求严格,训练学生有素,注重理论与实践相结合,学堂办得风生水起。光绪三十年(1904 年)3 月 20 日、21 日、22 日,大学堂连续在《直报》等报刊上刊登招生广告,马寅初闻讯抱着实业救国的理想,以优异成绩考取北洋大学堂矿冶专业。寅初总结说,考试"文章着重策论,做策论都仿效严先生的文体,"考北洋大学也靠熟读上述"两本书才录取的"。(3)

当时,大学堂刚刚复建,矿冶科的教学标本及资料都毁于"庚子之役"的老校区,可供研究的资料几乎没有,因此矿冶科的教学特点就是:到校外矿山实地学习,采用课堂教学与生产实习相结合。寅初跟着教授深入矿山、钻坑道是常有的事。宣化府的怀来县矿区,也就是今天的官厅水库一带的矿区都洒遍寅初的足迹。后来他回忆道:"当时在我国,都是采用土法开矿,没有任何安全保险设施,各种类型的爆炸事故经常发生。矿井里大小便到处皆是,粪便与煤块杂在一起,分也分不清。在坑下工作一天,出来之后,蓬头垢面,臭不可闻。""出矿坑后,又要背着测量器具和三脚架等到高山顶上画画。那时我是体弱的,担当不了这样的一个工作。""我当时就对自己说:'此路不通!'"(4)

## 留学耶鲁

马寅初能到美国留学有两个人发挥重要作用。一是北洋大学督办梁敦彦;二是留美学堂监督丁家立。

梁敦彦(1857—1924 年),字朝暲,广东顺德勒流龙眼连村岗人。同治十一年(1872 年)作为首批 30 名留美幼童官学生之一,随监督陈兰彬等赴美利坚共和国留学。在赫特福德中学、耶鲁大学法学系读书。归国后,任天津北洋电报学堂英语教习。光绪十年(1884 年)在两广总督张之洞处当谋士,追随左右,掌管文案。光绪三十年(1904 年)9 月,光绪帝颁谕:"直隶津海关道员缺,着梁敦彦补授,着即迅速赴任。"津海关道,事务极繁,不仅包括直隶的对外交涉,还有新式教育、兴办实业、修筑铁路等,非能力出众者难当此任。梁敦彦大施拳脚,一是识才善任,引荐詹天佑主持修筑京张铁路修筑,被袁世凯与清政府所采纳;二是利用比国、意国资金主持修建著名的天津金汤桥;三是在处理"南昌教案"上,敢于揭露真相,从混乱如麻的涉外事件中找出迎刃而解办法,表现出卓越的外交,深受袁世凯的青睐,朝廷赏加二品衔。他思想进取,办事果断,任北洋大学督办期间,整顿"北洋大学堂",支持和鼓励学生赴美留学。

丁家立 Charles DanielTenney(1857—1930),美国马萨诸塞州波士顿市郊人,传教士。早年在山西传教,光绪十三年(1887 年)在天津创办中西书院,自任院长,是租界出现的最早西式学堂。后来在直隶总督李鸿章府上担任家庭教师。光绪二十一年(1895 年)担任天津大学堂总教习。

他认为:在天赋能力方面,中国学生记忆力惊人,可谓天字第一,故而因材施教,推行全英语教学制度。光绪三十一年(1905年)9月,清政府派遣五大臣"出洋考察",直隶高等学堂学生吴樾利用暑假,携炸弹秘密潜入北京,以刺杀手段阻挠五大臣出洋。此事牵连到丁家立。光绪三十二年(1906年)2月,在各方压力下袁世凯解除丁家立直隶全省西学督导、保定直隶高等学堂总教习、北洋大学堂总教习职务,任"留美学堂监督"一职。

当时,大学堂总办丁惟鲁与总教习丁家立发生矛盾,状告到直隶总督兼北洋大臣袁世凯那里。为解决矛盾,梁敦彦推动学生留美,并提供经费保证。丁家立也希望自己在"留美学堂监督"位上有所建树。于是丁惟鲁顺水推舟,留学都是因"为师长之间意见而造成的幸运机会"。[5]丁家立把公事房设在美国波士顿剑桥镇,还在哈佛大学兼职授课。在梁敦彦、梁如浩督办的北洋大学堂,分别于光绪三十二年(1906年)护送34名、光绪三十三年(1907年)护送14名(还有北方其他省学生26名),即48名北洋学子赴美留学,是北洋大学堂公费派遣留学生最多时期。出国前,直隶总督袁世凯接见全体留学生,并颁布发给每人一张署有袁世凯签名的"留学证书"。

寅初在北洋大学期间于数学、物理、化学地质学等科均稍得门径。光绪三十三年(1907年)8月,以官学生的身份保送美国耶鲁大学,官费九百六十元。校方认可北洋大学所修学分12分,直接入读二年级。第一学年以自然科学为主课,选经济学为副科。所学课程有经济学、地质学、法语、历史、哲学等。初到纽黑文,住在湖地街91号,不久搬至威累大街66号学生宿舍。在读大四年级时,搬入费伊尔·威泽楼467号,与王正廷、唐瑄同住一室。

马寅初热心社团活动,参加"美国东部各州学生同盟",被同盟选为五名理政会成员之一;还是中国学生俱乐部的财务会计;并当选海军基金特别委员会主席,组织留学生捐款,曾多次获得高级讲演奖。他重视体育训练,诸如:游泳,采用热冷水浴健体法,并养成习惯,年年锻炼,日日坚持。

留学时期的马寅初

宣统二年(1910年)5月,马寅初获耶鲁大学B·A(文学学士学位)。因成绩优异,入选耶鲁大学荣誉会员。9月,考入哥伦毕亚大学研究生院,攻读政治学(部门经济学)。宣统三年(1911年)10月辛亥革命爆发,官费停发,许多学生辍学回国。好友王正廷致函说,"国内爆发革命,正是我辈回国效力的好时机"。寅初复书婉谢,表示,"了解美国的财政经济管理来整理中国的混乱情景,比做官要有一点贡献"。遂留下继续读书,在学费无着的情况下,他以擦皮鞋、扛猪肉、到码头扛木头做苦工、到饭馆刷盘子,靠勤工俭学挣学费及生活费。直至转年8月,国民政府重新发放学费为止,终于挺过最困难时期。民国3年(1914年)6月,他撰学的博士论文《纽约市的财政》通过答辩,专家委员会给予杰出评价,获得PH. D.(哲学博士)学位。哥伦比亚大学博士、历史学家何炳棣于《读史阅世六十年》一文中说,"经济及财商方面人才甚多,要以马寅初为最杰出,试看他的民国3年(1914年)出版的博士论文《纽约市的财政》,一直被认为标准著作。"[6]萨里格曼教授希望他留校担任助手,寅初辞谢老师,怀揣改造祖国经济的宏伟理想,于12月离美回国。

## 执教北大

然而残酷的现实,使他报国无门。遂于民国4年(1915年)转任北京大学法学教授,主讲银行货币学,走上教育救国之路。

北京大学原名京师大学堂,戊戌变法时期由光绪皇帝亲自批准,在和嘉公主府(景山东街,即北京大学理学院所在地)的基础上修建的。光绪二十四年(1898年)12月底正式开学,聘许景澄和丁韪良分别出任中学与西学总教习。大学堂在“庚子之役”中惨遭破坏。光绪二十八年(1902年)12月复校。学堂分为三院:一院在沙滩红楼,又称文学院,开有国文、哲学、历史、英文四门(后改称系);二院在景山东街,即原京师大学堂,又称理学院,开有数学、物理、化学、生物系;三院在北河沿,为清末的译学馆,又称法学院,国学的研究所设在那里。民国元年(1912年)5月,经民国政府批准京师大学堂改称“北京大学校”。马寅初在石驸马大街内后闸附近租了一处房子居住。

民国5年(1916年)12月,蔡元培出任北大校长。蔡元培(1868—1940)浙江绍兴府山阴县人。清末进士。光绪二十四年(1898年),弃官从教,曾任绍兴中西学堂监督、嵊县剡山书院院长、南洋公学特班总教习等。光绪二十八年(1902年),组织中国教育会任会长,创立爱国学社、爱国女学,被推为总理。光绪三十三年(1907年)赴德国莱比锡大学研读哲学、心理学、美术史等。民国元年(1912年)1月,任南京临时政府教育总长。民国4年(1915年)与李石曾等在法国组织勤工俭学会,并与吴玉章等发起组织华法教育会,提倡勤工俭学。

民国6年(1917年)1月,在北大开学典礼上(时,在校生一千五百余人),他发表就职演说,指出:“大学者,研究高深学问者也。”向学生提出“抱定宗旨”“砥砺德行”“敬爱师友”三项要求。蔡元培提出:“大学者,囊括大典网罗众家学说之学府也。”实行“思想自由,兼容并包”的办学方针,开展教育改革。遇到蔡元培,马寅初精神为之一振,积极投身教育改革。2月,致信校长蔡元培,建议改进学校评议会工作:提出:一、凡有兼职者,无论在教育机关与非教育机关,一律改为讲师;二、凡愿做教授者,须受一种极严之考试,由各系学生会与本系有关之各界人士(如经济系会同商会、银行公会、教育部以及各校之代表)妥商试题,以口试之方法实验之,国外回来的博士亦不例外。及格者得充教授。还表示“请自经济系,从寅初始实行,以提高教授人格”。[7]这个建议被部分采纳。

马寅初提出学校要创办学生银行,获得评议会通过。随后学生储蓄银行成立,推选为查账员、银行主席。12月,法科研究所成立,任经济门研究所主任,法科研究所首席专职研究员,即导师。开设“银行货币”等课程。发表《论法科应废止毕业论文》一文,主张废止“抄袭”“敷衍”的毕业论文,改为译书代替,即“审定译名”,获得教授会、研究所、校长等全体负责人赞同,还得到教育部拨发500元经费的支持。

他参加蔡元培发起“进德会”,为甲等会员。该会章程要求会员格遵“不嫖、不赌、不纳妾、不做议员、不饮酒、不吸烟”的戒条。他还是大学编译会评议员,负责编辑3月份校刊。校长蔡元培相继聘请胡适、李大钊、鲁迅、刘半农、梁漱溟、辜鸿铭、刘师培、黄节、吴梅、刘文典、陈垣、马裕藻、沈兼士、朱希祖、马衡、康心孚、李四光、王星拱、颜任光、钟观光、任鸿隽、李书华、丁西林、陶孟和、陈启修、王世杰等一批有创建的学者到校任教,师资队伍人才荟萃,盛极一时。民国7年(1918年)10月,北京大学改选教授评议会,实行教授治校方针。教职员工公选马寅初等十一人为评议员。11月,北京大学在天安门广场主办庆祝第一次世界大战胜利结束大会。会上,马寅初讲演《中国之希望在于劳动者》、蔡元培讲演《劳工神圣》、李大钊讲演《庶民的胜利》,“科学”、“民主”成为北京大学的一面旗帜,新文化运动的摇篮由此诞生。

民国8年(1919年4月),马寅初当选北京大学第一任教务长。5月,中国外交在“巴黎和会”上失败,愤怒的烈火像火山一样爆发。4日,北京大学等10余所学校学生走上街头,高呼“取消二十一条”“还我青岛”等口号,举行示威游行,学生“痛打章宗祥,火烧赵家楼”。当局拘捕北大等校学生32人,蔡元培校长愤而辞职离京。下午,马寅初、马叙伦、李大钊等赴教育部,面见傅增湘总长,请其设法挽留蔡校长。5日,北京专科以上学生实行总罢课,一场“外争主权,内惩国贼”的斗争声势浩大。马寅初以教务长身份参与主持北大日常事务,努力维持危局。

6月3日,北京20余所学校派数百学生,走上街头进行爱国宣传,遭到军警镇压,连续两天逮捕学生达千人,拘禁在北大三院内。当局的做法激起人们的强烈反抗,爱国运动迅速波及全国。马寅初召集紧急校务会议,团结全校教职工,维护学生利益、支持学生的爱国行动,并与当局周旋,赴教育部强烈要求让蔡元培复职,表示"如蔡不留任,北大教员将一体辞职",进行针锋相对的斗争。15日,教授陈独秀因散发《北京市民宣言》而被捕。马寅初联络京城大学和专科16所学校教育界知名学者70余人署名,致函警察厅关炳湘,营救陈独秀,"要求保释"。在全国人民的压力下,当局下令罢免曹汝霖、章宗祥、陆宗舆三个卖国贼的职务,27日致电巴黎专使并通电全国,拒绝和约签字。五四运动取得部分胜利。9月12日夜蔡元培返北京。转天马寅初拜访蔡元培,商讨北大开学事,20日北京大学正式开学。马寅初在五四运动中维护学校、支持学生,促成蔡元培返校过程中发挥重要作用,为此,身心疲惫,患上失眠之症,当一切平稳之后,遂请假调养。请由胡适代理教务长。

马寅初在学校还担任审计委员会委员长、入学实验委员会委员长。12月,他组织北京教职员罢工会议,被推为总务干事。与此同时,北京大中小学成立联合会,公推陶履恭为临时主席。马寅初代表联合会面见教育部次长及国务总理协商欠薪发放事未果。遂全市罢课,当局无奈,表示"一星期内迅予筹拨",欠薪罢课斗争取得胜利。

从民国4年至民国16年(1915—1927年)在北大执教11个春秋,在教学中,他强调学习和研究中要防止"两个不足":一是"营养不足",无一定文史基础,无科学理论上的准备,无第一手资料的汇集,搞出来的东西,非面黄肌瘦,即畸形发展;二是"消化不足",对于书本知识,消化不良。无论是古今名人或某个权威的学说,都要钻研、消化、思考,切忌囫囵吞枣,人云亦云,随波逐流,浅尝辄止。[8]对学生产生积极影响。马寅初除了在校讲授应用经济学,如银行学、货币学、财政学、保险学、交易所论,以及汇兑论外,还先后在北京、上海的学校、社会团体举办讲演达200多次,采用发表短文的方式,广泛介绍经济学知识,评论现实的经济问题,对传播经济学知识发挥积极作用。

这期间,他收集讲演近200篇,出版《马寅初讲演集》四卷本风靡全国,引起读者极大趣味,在金融,经济界产生较大影响,一举奠定在中国经济学上的学术地位。民国16年(1927年)奉系军阀张作霖下令撤销北京大学,马寅初离京南下。

## 仕途风云

马寅初的仕途经历,可以追溯到民国时期。返回祖国后,曾在财政部任统一金库评议员、交通部任铁路稽核员一类小官职,对"计划丈量,整理田赋"抱有希望。[9]但袁世凯称帝,政局混乱,财政与金融大悖事理,怀有一腔热血的马寅初无法施展自己的政治抱负。

"海阔凭鱼跃,天高靠任鸟飞"。北京日益衰落,昆明湖的池水太浅,马寅初希望走向宽阔的大海去搏击风浪。早在执教北大期间,就曾请假一年南下讲学,涉足金融,研究经济。民国16年(1927年)6月,蒋梦麟写信给北大的胡适说:"寅初兄想时会面,孑丈及同人等极愿其来浙担任经济一门,已函告伯兄转咨,兄如晤时亦乞代为劝驾。"[10]接着,蔡培元出面邀请。马寅初遂南下杭州,先住在西湖北山路保俶山南麓之"春润庐";后购新居举家搬迁至杭州市法院路27号"竹屋"。他说:"我由北京南下,来杭州、南京和上海,完全是由这里是全国的经济中心,有很多资料可供研究,在金融界工作,又比较容易接触这种资料的缘故。"[11]这一时期的主要活动有三方面:一是担任浙江省府官员,及中华民国南京政府立法院官员;二是主持经济社、开展讲学活动;三是涉足金融界。

民国16年(1927年)7月22日,出任浙江省政府委员,职衔为一级简任官,月薪大洋600元。

还兼任财政委员会主任,频繁出席省府会议。他发现在浙江吸食鸦片已成为公害,要求彻底清除这一恶习,并在省府的会议上正式提出《浙省禁烟条例(草案)》,获得通过。可是旧财政制定的“禁烟措施”,实行买卖权归商,行政权归官,名为禁烟,实系销烟。马寅初深入各地,发表讲演,表示“在职一天,必反对到底,决不妥协。”按照他的办法,从反对包商专卖入手,浙江禁烟取得一定成效。他任省农民银行筹委会委员,至民国17年(1928年)筹建农民银行完成。并提出《宁波市土地登记暂行条例》,获得通过,被公推为浙江财政审查委员会主任。他发表《田赋改革之必要》一文,在解析浙江田赋情况后,提出除旧布新的新思路。同时,担任杭州青年会总队长,开始实验设想中的农村信用合作制度,民间政声高涨,一度传说马寅初可能兼任杭州市长。

民国17年(1928年),国民政府立法院院长孙科派叶楚伦邀请马寅初到南京工作。11月,国民政府任命为立法院立法委员。民国22年(1933年)1月,兼任立法院财政委员会委员长。这是马寅初在南京国民政府中担任时间最长,也是最高的职务。马寅初步入上流社会,生活优裕,但仍不忘强国之志。仅以民国23年(1934年)《个人计划》为例,就提出四项个人努力目标(一)中国经济社方面:扩充永久社员为三百人;充实本社季刊内容;完善、美化社所;(二)研究方面:完成《中国经济改造》;(三)立法方面:起草《储蓄银行法》、修正《保险法》;(四)体育方面:练剑、爬山、强体健身。[12]马寅初常年主持财政委员会工作,召集会议,研究政策,制定方针,起草条例,修改章程,对中华民国法律体系的构建做出重要贡献。

操持中国经济社的运作,是马寅初社长在这个时期的重要活动。为提高研究水平,集聚经济界有志之士,扩大影响以寻求救国之路,民国12年(1923年)他联合经济学界前辈刘大钧、戴乐安等人,在北京发起组织“中国经济学社”。刘大钧任社长,寅初任副社长,总部设在浙江杭州宝石山,这是我国最早的经济学术研究性的群众社团组织。民国18年(1929年)公推马寅初为社长。中国经济社编辑和出版刊物,编辑有《经济学季刊》、《关税问题专刊》、《中国经济问题》、《经济建设》等杂志,以及社员们译著的多种经济丛书。至民国25年(1936年)社员发展多达700余人,著名教授、实业家、银行家,还有许多政府官员,都在网罗之中。诸如:宋子文、孔祥熙、邵元冲、陈布雷、胡适、张家傲等人,胡汉民和蔡元培是名誉社员,几乎囊括中国经济界、金融界、政府部门、高等院校的精英与专家。马寅初每年都主持经济社年会,事先预定专题,要求认真撰写会议论文,并选优秀论文出版,推动中国经济研究深入开展。主持修建中国经济社图书馆,还成立中国经济社浙江分会。

由于他有北大执教、担任教务长的经历,南京政府任命的第一个职务是:“中央研究院筹备委员及第三中山大学筹备员”,参与改革教育管理制度,实验“大学院”与“大学区制”。民国18年(1929年)出任南京中央大学经济系教授兼主任,并在上海交通大学、苏州东吴大学和浙江大学讲课。他到庐山军官训练团讲演、到陆军大学讲演;为蒋介石、冯玉祥讲授经济学,遇有制定经济政策或亟须解决财政经济问题时,蒋介石总是约请马寅初到私邸面谈讨论,实际上成为南京政府的最高经济顾问。

马寅初担任金融界的第一个职务:中国银行顾问。从北京大学建立学生银行,到撰写《不动产银行》,分析中国银行现状,参加上海中国银行新大楼落成、出席银行公会紧急联席会议,到发表《吾国银行行业历史上之色彩》,留下他不断深入研究金融业的印迹。外国在华设立公司,名目繁多,靠买空卖空大发横财的就有“万国储蓄会”。民国24年(1935年)1月,马寅初在南京陆军大学发表《有奖储蓄与民族自觉》的讲演,一针见血地揭露所谓“储蓄”的真相,使犹如吸血鬼般地“万国储蓄会”在东方大陆轰然倒塌,从此销声匿迹。

## 八年抗战

民国20年(1931年)“九一八事变”爆发,在不到三个月的时间里,东三省的大片国土沦丧。日寇为挟持末代皇帝溥仪去东北,于11月又发动"天津便衣队"暴乱。第二年1月,出兵突袭上海。傀儡政权"满洲国"建立后,日寇又觊觎华北,出兵长城一线,由此中国人民掀起反抗日本帝国主义侵略的声浪一浪高过一浪。《塘沽协定》签订后,日寇大搞"华北自治",中华民族到了生死存亡的紧要关头。民国24年(1935年)中国共产党发表《八一宣言》,提出"停止内战,一致抗日"的主张。这一时期,马寅初旗帜鲜明,发表大量言论,热情支持中国军民抗战。早在民国20年(1931年)11月他撰写的《交大抗日特刊序文》,就提出:"全国国民当以必死之心,必死之力,必死之情为武力之抵抗。"在国人掀起抵制日货运动时,他建议要抵制日本的大宗商品,比如棉纱、棉布等,让它感到疼痛。还在《长期抵抗之准备》一文中表示,存亡绝续,端在今日,愿全国奋起以争生存!他建议:从速增产粮食,转移集中上海的准备金,增筑铁路开发大西北,建设空军等。总之,要做好一切准备,迎接全民族抗日的到来。

国共合作统一战线建立后,马寅初于民国26年(1937年)7月4日,乘冯玉祥副委员长专车抵庐山,为战时训练团讲受经济课程。"七七事变"爆发后,马寅初出席谈话会,亲耳聆听蒋介石发表抗战宣言。接着,参加经济组座谈,讨论战时财政与金融问题。并参加庐山第二次座谈会,主张采取有效措施,以利长期抗战。不久,浙江抗日后援会成立,马寅初是该会委员之一。

民国27年(1938年)1月,马寅初抵达重庆,住南渝中学,任教于中央大学兼经济系主任。7月,出席在武汉召开的第一届国民参政会,第一次见到共产党人的代表,感觉"大家精神焕发,情绪高涨,确有一番蓬勃气象",表示"参政会是团结抗战的象征。"[13]他开始注重研究中国战时经济问题,看到国民党统治黑暗,循至滥发钞票,物价飞扬,形成通货膨胀,财政经济危机四伏。而抗日正面战场节节败退;四大家族孔祥熙、宋子文等人在后方利用权势,巧取豪夺,囤积居奇,大发国难财,置全国人民与水深身火热之中,马寅初气愤至极发出呐喊与不平的声音。蒋介石害怕"扰乱视听",找其谈话,许以驻美大使头衔,让马离开内地,遭到婉拒。为堵住马寅初的嘴,又派人稍话说可迁去北碚居住,还能帮助买到黄金、美元。为此,马寅初发表严正声明说"一、值此国难当头,我绝不离开重庆,去美国考察;二、为了国家和民族的利益,我要保持说话的自由,国民党政府的立法院没有多大意思,我绝不去北碚居住,并要逐渐同立法院脱离关系;三、不搞投机生意,不买一两黄金,一元美钞。有人想封住我的嘴,不让我说话,这办不到!"[14]想想昨天蒋介石在庐山发表抗日宣言,看看今天的如此混乱局面,马寅初痛心疾首便挺身而出,在重庆公开发表讲演,严厉抨击蒋介石政权的战时经济政策。

马寅初在重庆

民国28年(1939年)5月,担任重庆大学教授兼商学院院长,移居重庆大学公寓。不久,中国经济学社年会在重庆道口银行公会举行。作为社长他邀请主管财政的部长孔祥熙参会,在致开幕词时他说:"抗战以来,财政紊乱,物价不断上升,人民生活紧张,救亡图存,要从安定后方入手。经济社人才济济,应负起责任,共商对策挽此狂澜,集中力量作专题研究,以解危机"。并就法币贬值、大发国难财、如何稳定财政与政府信誉，三问孔祥熙。马寅初不避权势，敢于说出全国人民的迫切要求与心里话，获得与会者的热烈掌声。孔祥熙自知难园其说，狼狈不堪，乘会议暂时休息灰灰溜地走掉了。民国29年(1940年)3月，应邀在中央军政大学为前线受训将官授课，讲演题目为《加征资本捐税及临时财产税》，他指出，应该首先撤掉孔祥熙、宋子文“把他们的不义之财拿来作抗战经费”。将官们情绪激昂，热烈鼓掌。8月，会见冯玉祥。冯玉祥称赞说，“马寅初先生是热血抗战、有血性、有良心的人。”“他对一切不平的危害抗战的经济弊端知道得最清楚，知道国家实在太危险了，故不顾一切，到处大骂，揭其黑暗。”[15]从7月至10月，马寅初相继写成《提议对发国难财者开办临时财产税以充战后之复兴经费》《对发国难财者征收临时财产税为我国财政与金融唯一的出路》等文章，痛斥孔祥熙、宋子文贪污，要求立法会开征“临时财产税”，重征发国难财者的财产以充实抗日经费，要求从孔祥熙、宋子文开始外，还公然反对国民政府实行的通货膨胀政策。蒋介石如坐针毡，日夜不宁，派人说项，许以中央银行总裁、财政部长、全国禁烟总监三职任其挑选，马寅初不为所动。11月，在重庆实验剧院讲演，马寅初发表题目为《战时经济问题》讲演，指出：“那些豪门权贵，趁机大发国难财。前方吃紧，后方紧吃；前方流血抗战，后方麻将满贯。真是天良丧尽，丧尽天良！要抗战，就必须让这些吸血鬼拿出钱来！”“有人说蒋委员长领导抗战，是民族英雄。我马寅初认为根本不够资格。要说英雄，蒋先生也算一个，不过他只是家庭英雄，因为他庇护他的亲属家庭，危害国家民族！蒋先生若想做民族英雄，必须做得到四个字：大义灭亲！惩办孔祥熙、宋子文！”

马寅初的这些讲演极大地触动了四大家族的既得利益，对国民党政府统治构成严重威胁，蒋介石气急败坏，指令特务头子戴笠要好好管教管教“姓马的”。12月6日，马寅初被宪兵十二团吴团长“请走”拘禁起来，并投入贵州息烽集中营。第二年8月，转移至上饶集中营关押。而中央通讯社却发布一条消息说：“立法委员马寅初，奉命赴前方研究战区经济情况，业已首途。”企图在烟幕弹中对马寅初痛下杀手。中共中央南方局及时得到马寅初被捕的消息，立即会同重庆各界人士一道展开营救，并巧妙地在《新华日报》上公布消息。重庆大学师生在大礼堂召开“援马大会。”29日，延安《新中华报》头版发表《要求政府保障人权释放马寅初氏》的社论。重庆知识界、学术界掀起援马风潮。民国30年(1941年)3月，重庆大学进步师生为营救马院长早日出狱，举办遥祝马寅初六十寿辰“祝寿会”，《新华日报》及时刊登消息，引起国民党当局极度恐慌，连忙下令制止。30日，各界人士克服重重阻挠，来到重庆大学的一间大教室举办活动，并纷纷送贺联祝寿。还决定在校园内修建一座“寅初亭”，以志不忘。该亭由爱国将领冯玉祥题“寅初亭”匾额，黄炎培题挂匾“茅龙经岁困泥中，忙煞惊曹斗草童；报道先生今去也，一亭冷对夕阳红”。

周恩来一有机会就要求蒋介石释放马寅初，马夫人也不断找教育部交涉。美国总统罗斯福派特使见蒋介石，还带话说，“马寅初博士在美国留学期间，是我的同学，我很想见他，可以吗？”在国内外压力下，民国31年(1942年)8月蒋介石不得不释放马寅初返回重庆，被安置在歌乐山大木鱼堡五号。下禁令三条：“不准发表文章；不准任公职，不准讲演。”还假惺惺的表示：每月给1000元生活费，遭婉拒。10月，张澜在国民参政会三届一次会议上提呈，政府恢复马寅初之职业自由，以励直言而裨国政案。会后，虽然马寅初可以参加立法会会议，但规定出入须经歌乐山警察局批准，实际上仍处在软禁之中。蒋介石希望其移居北碚以便控制，马寅初以“山居清静适宜研究”，图书也好找为由推托不就。

民国33年(1944年)11月底，国统区民主运动高涨，在参政会上蒋介石被迫解除对马寅初软禁管制，宣布恢复人身自由。马寅初搬回重庆大学校园居住。民国34年(1945年)1月任重庆大学教授，3月重返商学院任教。6月，赴中央大学

民国31年(1942年)8月,马寅初出狱后被软禁在重庆歌乐山寓所

讲演《中国战后之福利经济》,还发表《思想何以要自由》等文章,迎接抗日战争的胜利到来。这期间,有三部著作出版:一是民国32年(1943年)1月《经济学概论》由重庆商务印书馆出版;二是民国33年(1944年)6月《货币新论》由商务印书馆出版,是民国时期比较货币学集大成之作;三是民国34年(1945年)11月《马寅初战时经济论文集》由作家书屋出版。

## 新中国成立前后

马寅初与共产党人接触,始于抗日战争时期的民国28年(1939年)。5月,在经济学家沈志远介绍下,结识中共代表团、南方局负责人周恩来,以及王若飞。在会见中,周恩来畅论抗日形势和今后中国人民应走的道路,并亲切而真诚地说:"马先生,你的情况我们已经了解,我们不仅认为你的主张是正确的,而且非常尊重先生的为人和奋斗精神,今后我们还将支持先生的抗日爱国行动!""我坚信,在中国共产党的领导下,中国人民必将战胜日本帝国主义,为中华民族带来无限光明的前途。"一席话如醍醐灌顶,长期积郁在马寅初心中的彷徨与苦闷,被一种崇高的理想与追求所代替。从此茅塞顿开,跟共产党走,成为一名杰出的爱国教授和捍卫民主与和平的志士。

而后,《新华日报》不断报道马寅初的消息,党组织从舆论上、行动上支持他的抗日爱国行动。民国34年(1945年)9月,毛泽东、周恩来、王若飞等率中共代表团赴重庆谈判。在重庆中共代表团办事处马寅初会见毛泽东,恳切谈话达两个小时。10月,当选为民盟中央临时干事会17名成员之一。不久,董必武、王若飞在曾家岩50号邀请民主党派负责人和无党派民主人士座谈国是,马寅初发言说:"组织群众,组织队伍,这是中国共产党的事情,中共对于这方面的工作是专家,我马寅初只会点单匹马。但是,只要为了国家的利益,我是一定跟共产党走的。"12月,马寅初参加旧政协举办的茶话会,他在会上呼吁从速打倒"官僚资本"。民国35年(1946年)2月,重庆各界在校场口召开"陪都各界庆祝政治协商会议成功大会",到会一万多人。一群暴徒扰乱会场,并手持凶器冲上主席台,将李公朴、郭沫若、施复亮、沈钧儒等人打伤。马寅初参加大会,其讲演稿被暴徒抢走,人也被打伤。"校场口事件"充分暴露国民党"假和平,真内战"的面目。第二天,他在家中接受记者采访,表示:"对于这个政府(指国民党政府),原来我主张改革,现在我主张推翻。"(16)

3月,上海商学院筹备委员会在重庆举办第一次会议,公推马寅初为主席,请先行赴沪接洽院址。时,国民党加紧对马寅初的控制与迫害,处境越来越危险。他支持学生运动,应重庆大学学生爱国运动会主席许显忠之请,书赠"碎身粉骨不必怕,只留清白在人间",鼓励其奋斗到底。4月,乘飞机离开重庆返回杭州,不久转往上海。应老友黄炎培聘请,在上海工商专科学校讲授经济学。5月,上海经济文化等18家团体,为纪念马寅初65岁寿辰举行联合欢庆茶会,献上"马寅初博士惠存 马首是瞻"锦旗一面,称赞他的不屈精神。他到南京中央大学讲演题目《我们怪什么》,对国民党政府进行抨击,还立下遗嘱。党组织派董必武等人到上海看望慰问他，更增强了斗志。他支持上海学生的“反饥饿、反内战、反破坏”示威大游行。10月辞去立法委员职务，与国民党政权彻底划清界限。

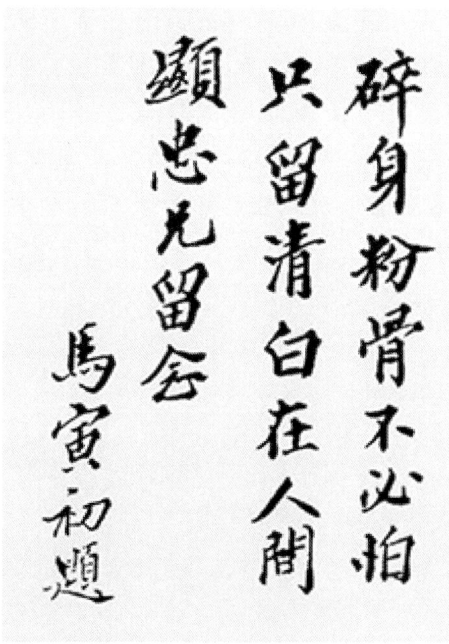


马寅初民国35年(1946年)题词

民国37年(1948年)4月，国立中央研究院成立，当选人文组唯一一位经济学院士。5月，在工商专科学校发表《五四感想》，热情颂扬青年“站在救国救民的最前线，勇敢地抱着自我牺牲的精神，去追求伟大的真理”。他在与朋友谈话中表示：国民党政府倒行逆施，腐败已极，民怨沸腾，大势已去。当顺应形势，迎接光明，不为反动派殉葬。[17] 11月，中共中央通知，邀请32位著名爱国人士尽快去解放区出席新政协。由于马寅初目标太大，如何撤离上海？颇费地下党组织的思量。1949年2月15日，马寅初化妆成厨师，在海关工作的孙恩元秘密护送下乘船抵达香港，受到中共代表潘汉年、方方、徐涤新、夏衍等人的热情欢迎。28日乘外籍豪华邮轮“华中”号离港北上。3月18日，经烟台、天津抵北平，军管会主任叶剑英、民主人士沈钧儒、马叙伦、郭沫若等人到车站迎接。从此，马寅初踏上解放区，并以极大的政治热情参加新民主主义中国的建设。

马寅初参加的第一项重大活动就是：25日下午前往西郊机场，迎接毛泽东主席、朱德总司令、周恩来副主席、中共中央、中央军委进驻北平，见证划时代的伟大历史场面。5月，出席在捷克斯洛伐克首都布拉格举办的“拥护世界和平大会”，担任中国代表团副团长。6月1日，华北人民政府任命为华北高等教育委员会副主任。15日，在勤政殿参加新政治协商会议第一次筹备会议，当选为常务委员会21名常委之一。他是第一组负责拟定出席中国政治协商会议单位及代表和第六组负责拟定国旗、国徽、国歌方案小组成员。21日，以政协筹备委员身份到上海、杭州等地访问。7月，参加杭州工商界发起的劳军筹备委员会，当选为劳军总会主任委员。9月，出席新政协第六次常委会，在讨论《共同纲领》时，建议加入“注重技术教育”的内容。21日，全国政协举行全体会议一致通过决议，当选会议主席团常委会委员、提案审查委员会委员，参与协商国旗、国徽、国歌等事宜。30日，参加中国人民政治协商第一次全体会议，以无记名投票方式，选举中央人民政府委员会主席、副主席和委员。晚六时，全体政协委员在天门广场举行纪念碑奠基典礼，由毛泽东宣读纪念碑文。礼毕回到会场听取选举结果：毛泽东当选主席，马寅初当选为56名中央人民政府委员之一。10月1日，下午2时，出席在中南海勤政殿中国人民政府委员会第一次全体会议，与会人员宣布就职。3时，在天安门广场出席中华人民共和国开国大典，亲耳聆听毛主席宣布“中华人民共和国中央人民政府成立”。马寅初是中华人民共和国建国的直接参与者，又是当选的中央人民政府委员之一，享此殊荣在北洋大学历史上，他是当之无愧第一人。

新中国成立初期，马寅初还担任三个重要职务。一是浙江大学校长。5月3日杭州解放，军管会主任谭震林，于8月26日任命马寅初为浙江大学校长。浙江大学历史悠久，创办于光绪二十三年(1897年)，是一所综合性大学，全校设立二十六个系、十个研究所，有在校生1600多人，教授、讲师400多人。在欢迎会上，他表示：“在人民政府领导下,响应毛主席的号召,同心协力,建设新浙江,建设新浙大。”浙大师生闻讯校长当选中央人民政府委员,特致电祝贺。返校后,他在健身房向全校师生员工报告全国政协开会经过,以及通过《共同纲领》盛况,解释《共同纲领》中的经济政策,号召浙大师生认真学习。马寅初给学生讲授《财政经济政策》课,阐述面临的困难与采取的政策;在青年团浙大总支部成立会上介绍学习方法;在形势报告会上开展政治形势教育。他号召全校师生员工,帮助国家克服财政经济困难,并题词“有困难,不隐瞒;有方法,就要做;有希望,要大家加倍努力!”并组织师生踊跃认购解放拆实国债。1950 年 4 月,召开第一次校代表大会,讨论如何办好新浙大。广大师生对校新行政、学制、课程设置、教学方法、师生关系、职工生活等方面发表各种建议提案 900 余条,创造民主办校新模式。还举办浙江民众夜校。清明节,亲率领广大师生赴凤凰山祭扫于子三烈士墓,继承革命传统,开展爱国主义教育。二是政务院财政经济委员会副主任。10 月 19 日,政务院财政经济委员会成立,陈云任主任,马寅初、薄一波当选为副主任,委员会成员 50 人。为工作方便与安全,组织上安排北京东总布三十二号宅院供其居住,配备秘书、警卫、厨师和专用吉姆车。11 月 21 日,马寅初针对财政窘困现状,向周恩来提出发行“建设国债”节约开支,实行成本会计的建议,经中央人民政府研究决定改称“解放拆实国债”发行。他频繁地参加高层会议,研究政策,制定方略。三是华东军政委员会副主席。上海解放后,7 至 11 月奸商曾掀起三次大波动,囤积居奇,兴风作浪、米价飞涨,经济斗争形势甚为复杂。马寅初到上海,华东军政委员会主席陈毅找其谈话,12 月初任命为华东军政委员会副主席。第二年 1 月,华东军政委员会成立,搬往上海永嘉路 563 号办公。作为中央政府委员的马寅初凭借对旧中国经济的洞悉,研究上海、杭州、南京等地报来的有关财政经济情况,及时向政务院财政经济委员会报告,成为中央政府与华东军政委员会沟通的重要管道之一。他在上海广播电台播讲《折实公债与人民的公债》,号召市民踊跃认购公债。面对上海 15 万人工人失业的局面,努力协助地方政府恢复厂家生产。仅以收购棉花为例,以合理价格国家收购的办法,既保护棉农利益、又使民族资产阶级不敢乱来,还使工人重新上岗,棉纺成品由政府开办公司外销与内销,从而稳定了上海局面。在与奸商斗争中,政府在沪宁一带存粮六七十万吨,当粮价上涨至 100 万元的时候,果断出手还是 23 万元价格,沉重地打击了奸商的嚣张气焰。[18] 在陈云的领导下,曾为稳定市场物价,制止通货膨胀,作出积极贡献。这一年,中国新经济学研究会在上海成立,公推马寅初为理事长,许涤新为副理事长,有理事 17 人。

马寅初新中国成立初为国家三级干部,繁忙地奔走于京、沪、杭之间,以及纷繁的政务活动使马寅初无限感慨:有一天,他指着自己过去的著作对秘书姜明(党员)说:“这些书都是我解放前写的,解放后一本书也没写过,简直成了政客。”[19]

## 北大校长

1951 年 6 月 1 日,马寅初调任北京大学第一任校长。与此同时,一大批优秀学子纷纷回国,如:吴文俊、王湘浩、黄昆、朱光亚、胡宁、唐敖庆、徐光宪、高小霞等人,应聘为北京大学教授。就任当天,在北大沙滩红楼前召开全校师生员工大会。他登台表示,在教育部直接领导下,只要全校师生互相学习、互相帮助,团结一致发扬北大的光荣革命传统和学术成就,就不会令人失望。并指出,知识分子的改造,关系重大,能在旧学的基础上,架起新的建筑,成为有用的人才。反之,如果抱残守缺、故步自封,从前所得的学士、硕士、博士,将被丢到废纸篓里。他勉励大家要奋起直追,努力改造,迎接大时代,保持北大作为最高学府的地位。

“十一”国庆,北大学生参加庆祝活动,他们精神焕发,肩扛“红楼”模型通过天安门广场时,在城楼的毛泽东十分高兴,向北大学生挥手致意,并回头向站在身后的马寅初问:"红楼还是原来的样子吗？有没有损坏?"马寅初表示:"一切还是原样,没有丝毫损坏。而且您和李大钊同志的工作室也对外开放了。"交谈间,突然下起滂沱秋雨,马寅初打电话通知学校食堂准备好姜汤,以防学生淋雨着凉而感冒。返校后,学生们围坐在校长身旁,一边喝着热腾腾的姜汤,一边聆听校长讲述天安门城楼上毛主席关心北大的故事,大家非常激动,心中感到十分温暖,纷纷表示努力读书报效祖国。

马寅初在北大师生中发起了一个以改造思想,改革高等教育为目的的学习运动,要求联系本人思想和学校情况,开展批评与自我批评。政务院总理周恩来十分关心学习情况,应邀到校为北大师生作《关于知识分子的改造问题》的报告,还亲自主持制订这项运动的目的与学习内容。并作为一项经验扩大到全国范围,为校系调整和教学改革打下思想基础。1952 年,中央人民政府决定仿照苏联模式进行院系调整,以配合优先发展重工业的国家战略,对各高校和研究机构间的人员及设备的进行调整。北京大学地质系和农学院分别并入北京地质学院和北京农学院;医学院独立为北京医学院;法律学系和政治学系参与组建北京政法学院;工学院并入清华大学,教育学系并入北京师范大学,中央民族学院、北京语言学院等院校;北京大学还抽调多位教授参与中国科学院建设。由清华大学、燕京大学的文、理科主体部分,以及辅仁大学、浙江大学、中法大学等高校的有关系科并入新的北京大学。调整后的北京大学共有:数学力学、物理学、化学、生物学、地质地理学、中文、历史学、哲学、西语、东语、俄语、经济学等 12 个系、33 个专业和 7 个专修科,一批知名学者云集北大,成为一所主要从事自然科学、人文科学等基础学科教学和研究的综合性大学。

同时,燕京大学校名撤销,由北京大学从三院迁至燕京大学校址,即今燕园。燕园由耶鲁大学毕业生墨菲规划设计,将玉泉山、西校门、办公楼、湖心岛一线作为东西向轴线,于民国 18 年

1952 年,马寅初在北京大学

(1929 年)投入使用的。搬迁后 1953 年新北大又购买承泽园、朗润园作为住宅区。学校要扩建,经费问题从那里来？马寅初表示:"不要紧,基建经费一定能够顺利解决的。"[20]在中央的关怀与马寅初的努力,经费圆满落实。于是学校向东扩建教学区,向南新建学生宿舍区,在中关园建造一批临时性平房,奠定了北京大学的基本格局。

一次,毛泽东找马寅初谈话,希望北大办成一流大学。马寅初不客气地说:"要兄弟把北大办成第一流大学,就要支持我的工作。"毛泽东笑着问:"要怎样支持呢?"马寅初说:"不要别的,兄弟点名要谁来北大讲演,请不要拒绝。"毛泽东欣然点头同意。有了尚方宝剑,在 20 世纪 50 年代周恩来、陈毅、李富春、陈云、薄一波、安子文,以及人民银行行长南汉宸等,都曾应邀到北大作报告。同时,还邀请社会各行各业的领军人物、著名专家、学者以及知名校友走进校园演讲、座谈,让师生零距离的接触一流人物,领略其风采。凡有政界要人、文化名流到北大讲演,马寅初总是搬上一把椅子坐在讲坛一侧,随时和主讲者交流或插话,一种特有的教育方式流传下来。

上级安排资格很老的干部江隆基担任北大

书记兼副校长，党政相处和睦。马寅初经常表示："如果没有江隆基同志，我办不了北大，这是老老实实的话。"在长期工作中大家配合逐步形成新北大优良的学风和校风，人们概括这种校风为"三严"（严密的教学计划、严格的基础训练、严谨的科学作风）、三基（基础理论、基本知识、基本技能）和"勤奋、严谨、求实、创新"八个字。然而，在当时的管理体制下，由一名非党人士当校长，没有实权是情理之中的事，马寅初的处境难免感到"孤寂"。但一有机会，他还会为新北大的利益呼吁和争取。在一次市委召开高等学校院长座谈会，对中国科学院到高校挖人的举动给予严厉批评，他说：过去吴有训为科学院拉人，就把浙江大学这所综合大学拆垮了。现在又不断到北大来拔尖，甚至一般教师也要拉。北大与科学院的关系不是双方批评一下就能解决问题的，需要中央来处理，才能公平解决。他认为："这是不管高校的死活。"对教学问题：他提出一个"学生政治课用的是苏联的本子，讲的是苏联的事，不结合中国的实际，不能真正提高学生的思想觉悟。匈牙利事件反映出学生思想很多基本问题都不清楚。"我们需要有自己的本子。一次，他接到学生投书，反映一位德国青年讲师教学水平不足，要求更换有水平讲师的建议。他重视这个问题，有碍于这个讲师是两国协定派来的，就对系里的外国留学生讲这件事，消息很快传到大使馆，那个水平不足的讲师不久被更换。

马寅初担任许多社会行政公职，工作再忙也不忘深入到学生中间。一年初冬，他到学生宿舍巡视发现宿舍很冷、学生的被褥难以抵御严寒。马上命令教务长登记造册，购买棉被，及时发放给学生。有一年，全市供煤紧张，北大供暖用煤不足，校办一筹莫展。马寅初到煤炭部找部长。工作人员告知部长不在，马寅初把车堵在煤炭部门口"等"部长，直至问题解决。他一再指示总务部们，一定把学生食堂办好，还亲自到食堂用餐，随时检查。一次，他利用出国的机会，为学生定制一批大、中、小号的搪瓷饭碗带回，分发给学生使用。1958 年北京大学组织数千名师生到十三陵水库参加义务劳动，马寅初与新到任的党委书记、副校长陆平一起到工地去看望广大师生。学生们见到近八十岁的老校长亲到沙尘飞扬的工地慰问，都很感动。一些学生忍不住喊道："向马老学习，做马老好学生。"

马寅初与北大学生

考虑工作方便，他住进北大燕南园六十三号。经常到颐和园万寿山爬山、走步锻炼身体，往返上下经常是三四遍。他如饥似渴地学习俄语，请一位名叫苏别兹的俄籍女青年教授，以适应中苏友好新局面。并以狄更斯"顽强的毅力可以征服世界上任何一座高峰"名句为座右铭，经过三年刻苦努力，不仅可以用俄语交谈，还能阅读俄文原版的书籍与报刊，运用俄语钻研有关社会主义的经济理论，结合中国实际，在学术研究领域取得成绩。

北京大学相继分别恢复、重建法律学系、图书馆学系和政治学系，到 1958 年物理系分为物理系、地球物理系、无线电电子系，至此北京大学共设置 18 个系。他认为：科学研究工作是高等学校，尤其是综合大学的一项基本任务。从 1954—1955 年开始有计划地开展科学研究，全校有 270 多为教师从事将近 300 各专题的研究。为国家培养出大批科学研究尖端人才，后来有 100 余人成为中国科学院和中国工程院院士，其中有以氢弹方面的研究成果，被称誉为中国"氢弹之父"的于敏，2014 年度荣获国家最高科学技术奖；"汉字激光照排系统之父"的王选获高科学技术奖；以及中国科学院院长周光召等人。

## 《新人口论》

马寅初认为：研究经济，不研究人口问题是

不行的。早在民国9年(1920年)就注意人口资料的搜集,曾发表《计算人口的数学》一文,把数学应用于人口学研究之中。而后,不断对人口问题与中国农村经济、农村经济与家庭观念、人口问题与发展生产力关系等课题研究,还对马尔萨斯的人口理论进行剖析与批判。

新中国成立后,党中央对于节育问题的态度日趋明朗,并接受计划生育这一新的概念。1954年马寅初回家乡浦口,通过调查感到解决人口问题的紧迫性与严重性。接着又两次赴浙江对10个县市的20个农业合作社和1个渔业生产合作社进行社会调查,掌握人口增长的第一手资料。结合1953年全国人口普查资料(当时人口6亿零193万,出生率千分之三十七,自然增长率为千分之二十。而后四年人口自然增长率高出,年均千分之二十二点二),按3%的净增长率计算分析,15年后全国人口将达9.3亿,于是1955年5月整理出一份题为《控制人口与科学研究》的发言稿。7月,在浙江人大小组会上提交。因多数代表不赞同,他认为时机不成熟,便主动收回了。

1956年党中央制订《一九五六年到一九五七年全国农业发展纲要(草案)》,在《纲要》第二十九条第三项中明确规定:要宣传和推广节制生育,提倡有计划地生育子女。周恩来在"八大"报告中也指出:"为了保护妇女和儿童,很好地教育后代,以利民族的健康和繁荣,我们赞成在生育方面加以适当的节制。"第二年2月,毛泽东在最高国务会议上讲话说:"六亿人口! 这里头要提倡节育,少生一点就好了。要有计划地生产。我看人类自己最不会管理自己。对于工厂的生产,生产布匹,生产桌椅板凳,生产钢铁,他有计划。对于生产人类自己就是没有计划,就是无政府主义,无政府、无组织、无纪律(毛主席这话引起全场大笑),这个政府可能要设一个部门,设一个计划生育部好不好?(又是一阵大笑)或者设一个委员会,节育委员会,作为政府的机关。"[21]听了毛主席的谈话,他对中国人口问题有了进一步深刻理解,于是决定花大力气修改自己过去的文稿。3月,在最高国务会议上畅谈"新人口论",得到毛泽东、刘少奇、周恩来等中央领导同志的赞赏。

马寅初认为:中国确实存在着严重的人口问题。"人口太多,本来有限的国民收入,被6亿人口吃掉一大半,以致影响积累、影响工业化"的进程。因此,"控制人口,实属刻不容缓,不然的话,日后的问题日益棘手,愈难解决"。1957年7月,马寅初把《新人口论》作为一项提案正式提交给第一届全国人民代表大会第四次会议。在提案中他严肃地批判马尔萨斯鼓吹的用战争、瘟疫和饥饿等手段来消灭现有人口的谬论,指出新人口理论在立场上与马尔萨斯论的本质不同。从人口增殖太快、资金积累得不够快、工业发展、科学进步、粮食短缺等多个方面来论证控制人口的必要性,强调普遍宣传避孕,切忌人工流产,从源头上搞好计划生育。"新人口论"建议分四步走:第一步,依靠普遍宣传,要破除宗嗣继承观念、破除"早生贵子""五世其昌""不孝有三,无后为大"等封建残余思想;第二步,俟宣传工作收到一定效果以后,再次修改《婚姻法》,实行晚婚,"大概男子二十五岁,女子二十三岁结婚是比较适当的"。第三步,如果"《婚姻法》修改之后,控制人口的力量还不够大,自应辅之以更严厉更有效的行政力量",主张生两个孩子的有奖,生三个孩子的要征税,生四个孩子的要征收重税,以征得来的税金作奖金,国家财政不进不出。第四步,"大力提高人口质量,提高人民的健康水平和知识水平"。只有提高人口质量,提高人们的知识水平,才能有科学技术和生产力的高速发展,国家人民才能富强起来。[22]5日,《人民日报》全文发表马寅初的《新人口论》。而后,他在《有计划生育和文化技术下乡》一文中进一步阐述:我向大会提出"'新人口论'其目的,一方面控制尚未出生之人口,一方面提高现有人口的物质和文化生活水平"。马寅初以"先天下之忧而忧,后天下之乐而乐"的学者良心,实事求是地对重大国策予以深入研究,提出具体方案供人民代表大会讨论,体现出一位经济学家的历史担当和家国情怀,成为一代中国知识分子的楷模。

然而“天有不测风云”,6月8日《人民日报》发表社论《这是为什么?》,一场反右运动开始了。1958年3月,北京大学召开双反运动誓师大会。许多老教授“引火烧身”,改造知识分子运动启动。经济系13名学生贴出《马寅初教导我们三大主义》的大字报,马寅初写《我对经济系二年级谈话的内容》一文表白心迹予以回答。接着,董玉昇等12名同学又贴出《马老应正视错误》的大字报,对马老的态度和情绪进行批评。这些大字报仍属“批评与自我批评”的范围内。但经济系教授樊弘贴出《在工商业社会主义改造问题上马寅初校长的立场是什么?》的大字报,指出马校长是“替资本家说话”,使批评与自我批评的火药味十足。4月,民主党派主办的《光明日报》介入,以“选自北京大学的大字报”的方式,选登两张批判马寅初哲学和人口论的大字报,将北京大学内部的“批评与自我批评”引向社会批判方向,使得马寅初陷入内外夹攻的困难境地。对此有人主张把马寅初定为右派,周恩来及时了解到情况,明确对中央统战部负责人徐涤新副部长说:“马寅初这个人有骨气,有正义感、是爱国的。他是我国有名的经济学家,国内外都由影响,不能划为右派。”[23]

其实《经济研究》和《数学与研究》早就自发地发表文章对马寅初提出的综合平衡论、价值规律以及“团团转”等问题开展学术性商榷。《光明日报》参与后,曾组织30余篇文章对马寅初理论进行批判。马寅初不服气,写了两篇长篇登载,予以答辩。通过论战,马寅初对《光明日报》的印象是“不光明”,发动“突然袭击实在不光明磊落”。1959年11月,马寅初在《新建设》杂志上发表《我的经济理论和哲学思想》一文,再次回应《光明日报》。于是,《光明日报》组织人力对马寅初“新人口论”及马尔萨斯主义进行批判围剿,新一轮论战更具火药味。马寅初自然无法接受,便在《新建设》上发表《附带声明》:提出:一是接受《光明日报》的挑战书;二是对爱护我者说几句表示衷心的感谢。并表示:“我虽年近80,明知寡不敌众,自当单枪匹马,出来应战,直至战死为止,决不向专以力压服不以理说服的那种批判者们投降。不过我有一个要求。过去的批判文章都是‘破’的性质,没有‘立’的性质;徒破不立。不能成大事。如我国的革命,只破而不立,决不能有今天。”[24] 12月19日,《新建设》杂志编辑部给北京大学党委发去一封公函,函中表示:转年第1期,将发表马老“重申我的请求”一文,但对民国28年(1939年)前马老的历史“不清楚”,请党委把关,直接将火引入北京大学。

北京大学党委将信函转载在北大校刊上,还“希望全体师生讨论”。一时间,学校开展报告会、讨论会、研究会再掀批判马寅初的热潮,什么“历史上几十年一贯反党。反社会主义,反马克思主义”、什么“攻击社会主义计划经济,歌颂资本主义自由竞争”、什么“中国的马尔萨斯”等等大帽子满天飞,校刊还连续登载批判文章。尤其是校办秘书韩萍卿,他在发言中提出:马寅初作为国家领导干部享受政府优厚的生活待遇,竟然持有巨额股票和股份,拿定息,收房租,这不是资本家是什么?马寅初替章伯钧、罗隆基说好话,这是与毛泽东所定的“章罗同盟”直接相对立。这些话对马寅初造成致命伤害。作为人大代表、民主人士马寅初向全国人大提案符合组织法律程序,应当受到保护。对“新人口论”的讨论允许存在不同意见,但在当时“百花齐放,百家争鸣”与反右斗争以及改造知识分子运动相互纠葛情况下,北京大学的做法使“一场表面由学术问题引起的批判,终因非学术问题而结束”。[25]

1960年1月3日,马寅初亲赴教育部向部长杨秀峰提出口头辞职。4日,正式递交辞职书。11日,他参加北大三会联合举办的“马寅初先生经济理论,哲学思想和政治立场讨论会”,到场有200余人,双方情绪严重对立。会上,马寅初在答辩中表示“兄弟是马克思一家也好,马尔萨斯一家也好,马寅初一家也好,20年后,政治家们遇到棘手的问题,会感到困难,他们会想到兄弟的‘新人口论’,他们会后悔的”。[26] 12日,他血压升高到190度,住院治疗。3月28日,国务院决定免去马寅初北京大学校长职务。

## 晚年生活

1960年3月18日，马寅初从北京大学搬回东总布胡同62号家中，随后就从人们的视线中消失了。

老友周培源登门看望。华东的同僚陈毅也来看他，表示说：受陈云同志的委托，“现在你受批判，所以我特地以老朋友的身份来看你”。“我和陈云同志都认为你的人口论主张和办法是对的，即使一万年，你马寅初在这个问题上也是正确的。”临别还一再叮嘱“希望保重身体！”这给马寅初带来些许温暖。

他先后参加北京政协东城区小组学习10余次，继续阐述自己的人口理论方面的主张。还就人口问题理论、防止个人崇拜问题、干部特殊化问题，向中央领导同志上书，坦率陈词。1962年1月，他以人大代表身份回浙江老家视察。上级指示县委“你们要事先做好各方面的准备工作，一发炮弹也不能让他搜集去”。于是接待人员“像敬佛一样敬他，像防贼一样防他。”因招待所条件太差，马寅初患感冒发烧转严重肺炎。当地医疗条件难以治愈，转浙江医院，虽痊愈但元气大伤，双腿行动不方便了。第二年，又被免去第二届全国人民代表大会常务委员会委员职务。1965年1月，参加第四届中国人民政治协商会议，被选为政协全国委员会常委。仍然享受小车、住房、秘书、司机、警卫、厨师等待遇。

晚年的马寅初

马寅初认为：“除了人口问题外，农业问题应及时研究，要早为之图，要花大力气，下苦功夫！”[27]于是利用赋闲托人四处收集资料，并闭门谢客专心致志地撰写《农书》，经过三春秋的辛勤劳作，百万字的《农书》初稿完成。他精心地把它收藏在一只藤箱内，待有机会公布。“文化大革命”期间，虽然在周恩来的指示下，有关部门对马寅初作了特殊保护，但在“破四旧”风潮中，马寅初及其家人担心《农书》可能带来麻烦，将其投入火炉中化为灰烬，甚为遗憾。1968年因病，一条腿瘫痪。1971年他读到周恩来批转的《关于做好计划生育工作的报告》，甚感欣慰。1972年4月，患直肠癌，在周恩来的关心下，由天津名医金显宅、王德元主持手术，效果较好。但第二次手术后，另一条腿也瘫痪了。周恩来派专人探望马寅初，马老一再表示：“周总理是我的救命恩人！共产党救了我的命！”1976年1月周恩来在北京逝世。当读到报上的讣告后，马寅初老泪纵横，泪如雨下。下午，拖着病体前往北京医院向周恩来遗体告别。他坐着轮椅三鞠躬，与告别的人流缓缓地瞻仰遗容。马寅初决定围灵再转一圈，向引导自己走上革命道路的挚友周恩来告别。

1976年金秋十月粉碎江青反革命集团，马寅初让家人用小推车推着随欢庆的人潮来到天安门广场，他知道江青反革命集团时代一去不复返。1978年2月，参加第五届中国人民政治协商会议，再次被选为政协全国委员会常委。第二年5月，新华社记者杨建业撰写一份《马寅初的家属希望尽快为马寅初落实政策》的调查报告，引起中央高度重视。6月，邓小平、陈云、胡耀邦等中央领导同志分别在有关文件上批示，为马寅初平反。7月16日，中央统战部副部长李贵文受党中央委托，登门拜访，并传达党中央意见“一九五八以前和一九五九年底以后这两次对您的批判是错误的。实践证明，您的节制生育的新人口论是正确的，组织上为您彻底平反，恢复名誉、希望马老能精神愉快地度过晚年，还希望马老健康长寿”。与此同时《光明日报》刊登记者邓加荣采写的《马寅初老先生访问记》宣传关于人口问题的非常有远见的理论,介绍他的近况,要求为他恢复名誉。北京大学呈《关于马寅初先生平反的报告》和《关于马寅初平反的决定》给北京市委。8月,《光明日报》发表田雪原《我为马寅初的新人口论翻案》和朱祖远《错批一人,误增三亿》文章,道出人民的心声。马寅初在接受记者采访时说:“今天《光明日报》带头呼吁为我和《新人口论》平反,把颠倒过去的理论再板正过来,我还是很感激你们的。希望你们向广大读者转达我的谢意。”

9月14日,北京大学党委召开会议,为马寅初彻底平反恢复名誉。15日,北京大学书记周林、副校长张龙翔以及师生等一行前往东总布胡同马家拜访。马寅初在客厅愉快地与校方领导及师生会面,并委托儿子马本初致答词,对党中央表示敬意,愉快接受北京大学名誉校长任命。表示:“我特别要感谢敬爱的周总理对我长期的关心,爱护与教育,终于使我在有生之年看到自己问题的解决。”“我很怀念北大,待身体允许时,我将要去学校看看。现在,请周林同志代我向全体师生员工致意,问候!祝大家身体健康、工作学习进步。”与此同时,《新人口论》由人民出版社出版单行本,发行23万册,被抢购一空。

12月经过中共中央委员会讨论批准,补选马寅初为全国人大常委。1980年8月,当选为政协全国委员会副主席。1881年2月,中国人口学会成立,当选为名誉会长。6月24日,北京大学、重庆大学、浙江大学等高校隆重集会庆祝马寅初任教65周年和百岁寿辰。重庆大学在校园内重建“寅初亭”。北京大学出版社出版《马寅初经济论文选集》。10月,亚洲议员人口和发展会议在北京举行。马寅初出任中国代表团顾问。各国专家向中国人口学会名誉会长马寅初博士致表彰信,盛赞他几十年来在人口研究领域研究上所作的杰出贡献。12月,联合国人口基金出版的《人口简讯》刊文,马寅初被誉为“节制生育之父。”(28)

1982年5月10日下午,马寅初因患肺炎、肺心病抢救无效,在北京医院病逝,享年101岁。根据马寅初的遗愿和家属的要求,丧事从简办理。火化后,一部分骨灰葬于八宝山公墓;一部分骨灰葬于浙江老家嵊县浦口母亲墓侧。

**文献注释:**


(1)左森 胡如光编《北洋大学人物志》,天津教育出版社,1990年5月版,4页。

(2)、(16)杨建业《马寅初传》中国青年出版社,1986年9月版,6页、101页。

(3)、(6)、(10)、(12)、(13)、(17)、(28)徐斌 马大成编著《马寅初年谱长编》,商务印书馆,2012年5月版,11页、25页、129页、253页、350页、432页和435页、650页。

(4)马元泉著《马寅初档案》方志出版社,2003年11月版,86页;徐汤莘 朱正直编选《马寅初选集》,天津人民出版社,1988年5月版,419页。

(5)、(11)、(14)马元泉著《马寅初档案》方志出版社,2003年11月版,86页、12页、15页。

(7)《马寅初全集补编》,465页。

(8)(左森 胡如光编《北洋大学人物志》,天津教育出版社,1990年5月版,9页。

(9)《马寅初全集》第二卷,205页。

(15)《冯玉祥日记》8月25日。

(18)徐汤莘 朱正直编选《马寅初选集》中国现代社会科学家选集丛书,天津人民出版社,1988年6月版,376页。

(19)《北大校长马寅初最近的一些思想情况》,见《高等学校动态简》第74期,1955年3月

22日,引自陈徒手著《马寅初在被打的苦涩旧事》,《读书》2011年第12期

(20)马元泉著《马寅初档案》方志出版社,2003年11月版,45页。

(21)《毛泽东传》,第625页,转自梁中堂著《马寅初考》,中国发展出版社,2015年1月版,26页。

(22)田雪原编《马寅初人口文集》,浙江人民出版社,1997年10月版,47至67页。

(23)彭华著《马寅初的最后33年》中国文史出版社,2005年7月版,161页。

(24)徐汤莘 朱正直编选《马寅初选集》天津人民出版社,1988年5月版,433页。

(25)梁中堂著《马寅初考》,中国发展出版社,2015年1月版101页。

(26)《北京大学记事》;《温故》(十八)广西师范大学出版社,2010年5月出版,见徐斌 马大成编著《马寅初年谱长编》,商务印书馆,2012年5月版,610页。

(27)邓家棠《马寅初传》第272页,转引自彭华著《马寅初的最后33年》中国文史出版社,2005年7月版,203页。

**参考书目:**

1. 张昌华《马寅初在北大二三事》,见《百姓生活》2015年4期。

2. 陈徒手著《故国人民有所思》,生活·读书·新知三联书店,2013年出版。

3. 北京大学网站 北大发展(PKUdevelopment)北京大学史苑,《新中国成立后十七年的北京大学》。

4. 叶沛婴《马寅初先生在重庆大学》、潘伦《马寅初先生面斥孔祥熙纪实》,见中国人民政治协商会议全国委员会文史资料研究会编《文史资料选辑》第73辑,中国文史出版社,76页、90页。

5. 周其湘《解放后第一任北大校长马寅初照片换来50万(图)》,《北京晚报》2010年4月2日。

6.《北京大学记事》见徐斌 马大成编著《马寅初年谱长编》,商务印书馆,2012年5月版,541页。

7.《走近马寅初》第75页,见梁中堂著《马寅初考》,中国发展出版社,2015年1月版,216页。

(井振武)

# 红桥区幼儿园一览表

表 38

| 编号 | 校　　名 | 校　　址 | 电话 |
|---|---|---|---|
| 1 | 天津市红桥区第一幼儿园 | 红桥区丁字沽五爱道 26 号<br>红桥区邵公庄建设里 2 条 7 号 | 86513211 |
| 3 | 天津市红桥区第一幼儿园和苑园 | 红桥区和苑西区鸿明道 3 号 | 86555975 |
| 4 | 天津市红桥区第三幼儿园 | 天津市红桥区芥园道日园路 1 号<br>天津市红桥区怡闲道 28 号 | 23726669 |
| 5 | 天津市红桥区第八幼 | 红桥区纪念馆路中嘉花园 | 86513213 |
| 6 | 天津市红桥区第十幼儿园 | 红桥区丁字沽一号路东大楼 61 号 | 86513258 |
| 7 | 天津市红桥区第十一幼 | 红桥区咸阳北路海源道 23 号 | 87703690 |
| 8 | 天津市红桥区第十四幼儿园 | 红桥区西于庄洪湖南路 4 号 | 86513218 |
| 9 | 天津市红桥区第十八幼儿园 | 红桥区丁字沽新村 1 条 17 号 | 86513219 |
| 10 | 天津市红桥区第十九幼儿园 | 红桥区佳园里佳园道 17 号 | 86513221 |
| 11 | 天津市红桥区第二十幼儿园 | 红桥区勤俭道植物园东里育苗路 5 号 | 86513223 |
| 12 | 天津市红桥区第二十二幼 | 红桥区本溪路昌图道 2 号 | 86513224 |
| 13 | 天津市红桥区第二十三幼儿园 | 红桥区千里堤佳园东里小区 | 86513226 |
| 14 | 天津市红桥区第二十四幼儿园 | 红桥区双环东路 6 号 | 26640946 |
| 15 | 天津市红桥区西北角回民幼儿园 | 红桥区西马路欢庆西胡同 20 号 | 27561192 |
| 16 | 天津市红桥区艺术体育幼儿园 | 红桥区湘潭道 68 号 | 86513055 |

（区教育局提供）

# 红桥区小学一览表

表 39

| 编号 | 校　　名 | 校　　址 | 电话 |
|---|---|---|---|
| 1 | 河北工业大学附属红桥中学 | 天津市红桥区丁字沽五爱道 30 号 | 86522139 |
| 2 | 天津市红桥区中心小学 | 天津市红桥区怡闲道 28 号 | 27560981 |
| 3 | 天津市红桥区邵公庄小学 | 天津市红桥区红旗路 30 号 | 27323150 |
| 4 | 天津市红桥区跃进里小学 | 天津市红桥区西青道幸福里平房 11 号 | 27730125 |
| 5 | 天津市红桥区红桥小学 | 天津市红桥区红桥北大街 105 号 | 86513193 |
| 6 | 天津市红桥区外国语小学 | 天津市红桥区咸阳北路兴城南道 6 号 | 86513176 |
| 7 | 天津市雷锋小学 | 天津市红桥区中嘉花园绮水苑旁 | 86513205 |
| 8 | 天津市红桥区桃花园小学 | 天津市红桥区红塔寺大道 1 号 | 86513207 |
| 9 | 天津市红桥区培智学校 | 天津市红桥区丁字沽一号路四新道 9 号 | 27326341 |
| 10 | 天津市红桥区洪湖里小学 | 天津市红桥区西于庄奋斗道 | 86513181 |
| 11 | 天津市红桥区清源道小学 | 天津市红桥区咸阳北路清源道 2 号 | 86513182 |
| 12 | 天津市红桥区佳春里小学 | 天津市红桥区佳春里小区 | 86513184 |
| 13 | 天津市红桥区西站小学 | 天津市红桥区大丰东马路 35 号 | 15722082705 |
| 14 | 天津市红桥区佳宁里小学 | 红桥区三号路佳宁里小区内 | 86513180 |
| 15 | 天津市红桥区佳园里小学 | 天津市红桥区千里堤外佳园里中心路 | 26661590 |
| 16 | 天津市红桥区实验小学 | 天津市红桥区丁字沽二号路 1 号 | 86513135 |
| 17 | 天津师范学校附属小学 | 天津市红桥区水木天成团结路 1 号 | 8778. 6153 |
| 18 | 天津师范学校和苑附属小学 | 天津市红桥区和苑西区营玉路 8 号 | 2773. 3367 |
| 19 | 天津市红桥区丁字沽小学 | 天津市红桥区零号路 35 增 1 | 86513198 转 8001 |
| 20 | 天津市红桥区文昌宫民族小学 | 天津市红桥区春雨路 1 号 | 87726060 |
| 21 | 天津市求真小学 | 天津市红桥区勤俭道 10 号 | 86513800 |

（区教育局提供）

# 红桥区中学一览表

表 40

| 编号 | 校　　名 | 校　　址 | 电话 |
|---|---|---|---|
| 1 | 天津市第三中学 | 天津市红桥区丁字沽一号路向东道 | 86513074 |
| 2 | 天津市第五中学 | 天津市红桥区团结路 6 号 | 86513077 |
| 3 | 天津市民族中学 | 天津市红桥区西青道 87 号 | 27322498 |
| 4 | 河北工业大学附属红桥中学 | 天津市红桥区北大街 58 号 | 27326961 |
| 5 | 天津市第八十中学 | 天津市红桥区光荣道 39 号 | 26371337 |
| 6 | 天津市第八十九中学 | 天津市红桥区洪湖东路 1 号 |  |

续表

| 编号 | 校　　名 | 校　　址 | 电话 |
|---|---|---|---|
| 7 | 天津市佳春中学 | 天津市红桥区佳春里 18 号 | 86513110 |
| 8 | 天津市铃铛阁外国语中学 | 天津市红桥区复兴路 11 号 | 27593005 |
| 9 | 天津市西青道中学 | 天津市红桥区西青道 171 号 | 27724746 |
| 10 | 天津市红桥区泰达实验中学 | 天津市红桥区赵家场大街 8 号 | 87322337 |
| 11 | 天津市红桥区新华中学和苑学校 | 天津市红桥区营玉路 6 号 | 27731801 |
| 12 | 天津市红桥区体育学校 | 天津市红桥区洪湖东路 1 号 | 27329943 |
| 13 | 天津市方舟实验中学 | 天津市红桥区凤城路 2 号 | 26583089 |
| 14 | 天津市怡和中学 | 天津市红桥区习艺所南街 4 号 | 86513090 |

(区教育局提供)

# 红桥区旅游景点一览表

表 41

| 景点名称 | 地　址 | 电　话 | 开放时间 | 交　通 |
|---|---|---|---|---|
| 估衣街 | 天津市红桥区新河北大街与北马路交口 | 87731866<br>万隆大胡同集团 | 提升改造中暂时关闭 | 37、600、606、658、856、903、907 等公交车均有停靠 |
| 西沽公园 | 天津市红桥区红桥北大街 3 号(光荣道与丁字沽一号路交口) | 86516925 | 6:00-21:00 | 5、22、34、879 等公交车均有停靠 |
| 天津义和团纪念馆 | 天津市红桥区芥园道与怡华路交口 | 27573656 | 9:00-17:00 | 52、800、961 等公交车均有停靠 |
| 平津战役纪念馆 | 天津市红桥区平津路 | 26535418 | 9:00-16:30 | - |
| 天津市三条石历史博物馆(福聚兴机器厂旧址) | 天津市红桥区三条石小马路 16 号 | 27270970 | 9:00-17:00 | - |
| 天津津酒文化园 | 红桥区丁字沽三号路(津酒集团内) | 26583957 | 9:00-16:00 | 地铁一号线在勤俭道-津酒集团站下,公交 606、47、48 等均有停靠 |

(区文化和旅游局提供)

# 红桥区非物质文化遗产一览表

表 42

| 级　别 | 项　目　名　称 |
|---|---|
| 国家级非遗项目 | 回族重刀武术 |
| | 益德成闻药制作技艺 |
| 市级非遗项目 | 普乐虫八蜡庙高跷 |
| | 百忍京秧歌高跷 |
| | 大福来锅巴菜制作技艺 |
| | 耳朵眼炸糕制作技艺 |
| | 汇蚨源手工布艺技艺 |
| | 功力门武术 |
| | 回族武高跷 |
| | 银碳导引养生功 |
| | 紫雪散传统制作技艺 |
| | 津派玉雕 |
| | 至美斋酱牛肉制作技艺 |
| | 高派葫芦押花传统手工技艺 |
| | 天津玻璃画染磨技艺 |
| | 一体多层镂空艺术木雕 |
| | 舒筋复骨传统诊疗技艺 |
| | 妙众堂黑豆茸传统制作技艺 |
| | 津老味煎饼果子传统制作技艺 |
| 区级非遗项目 | 榜书艺术 |
| | 天津老叫卖 |
| | 同心法鼓 |
| | 德馨斋路记烧鸡制作技艺 |
| | 庆发德汤面蒸饺制作技艺 |
| | 邵公庄（自立）萃韵老音乐会 |
| | 少林派“掌式门” |
| | 撒拉姬表演技艺 |
| | 赵氏正骨诊疗技艺 |
| | 何氏古琴制作技艺 |
| | （清真）恩顺德小李烧鸡制作技艺 |
| | 郭氏古船模复制手工制作技艺 |
| | （清真）马家药糖古法制作技艺 |
| | （清真）马家豆根糖制作技艺 |
| | 天津白酒（津酒）传统酿造技艺 |
| | 口技 |
| | 张氏糖艺制作技艺 |
| | 津菜传统技艺——红旗饭庄罾蹦鲤鱼 |
| | 津菜传统技艺——红旗饭庄炒青虾仁 |
| | 津菜传统技艺——红旗饭庄银鱼紫蟹火锅 |
| | 北派紫砂制作技艺 |
| | 王氏传统婚服制作技艺 |
| | 成氏铁夫膏制作技艺 |
| | 津门按跷传统疗法 |
| | 血府逐瘀处方及传统制作技艺 |

（区文化和旅游局提供）

# 公安红桥分局各派出所地址及为民服务电话一览表

表 43

| 窗口单位 | 详细地址 | 联系电话 |
|---|---|---|
| 红桥区人口服务管理中心 | 红桥区大丰东马路 37 号 | 26583016 |
| 大胡同派出所 | 红桥区北马路 86 号 | 27270370 |
| 双环村派出所 | 红桥区佳东道 6 号 | 26653088 |
| 芥园派出所 | 红桥区大丰路 8 号 | 27325305 |
| 南头窑派出所 | 红桥区怡闲道 30 号 | 27583928 |
| 三条石派出所 | 红桥区河北大街天桂里小区 5 号楼 | 27270166 |
| 邵公庄派出所 | 红桥区邵公庄横街 3 号 | 27320103 |
| 西沽派出所 | 红桥区涟源西路 32 号 | 87786655 |
| 咸阳北路派出所 | 红桥区凤城路 1 号 | 26370040<br>26378000 |
| 丁字沽派出所 | 红桥区丁字沽零号路 11 号 | 26545651 |
| 西于庄派出所 | 红桥区增产大街 90 号 | 26583000 |
| 光荣道派出所 | 红桥区五爱道 24 号 | 26370254 |
| 西站地区治安派出所 | 红桥区西站北广场管控中心北二楼 | 27274776 |
| 和苑派出所 | 红桥区鸿明道 5 号 | 27320110 |

（公安红桥分局提供）

# 索　引

# 索 引

说明:1. 本索引采用条目主题分析索引方法,主题词词首按汉语拼音音序排列。
2. 本年鉴综述、特载、专记、文献选编、人物、统计资料、附录部分不作索引。

## A



## B



## C



## D

## T



## W



## X



## Y